D1124171

LAROUSSE DE LOS PADRES

Embarazo, nacimiento, cuidados y educación

ES UNA OBRA

Esta obra ha sido realizada con la participación de los siguientes colaboradores:
EMBARAZO - PARTO: **Jacques Lepercq, Pascal Piver** *(dirección).* **Valérie Aubret, François Blanchet, Dominique Brault, Marie-Claude Constantin, Brigitte Faucheux, Christel Herault, Caroline Johannet, Hyacintha Lofé, Mireille de Maillard, Claudie Millot, Hélène Monclin, Marie-Charlotte Oddon, Georges Perez, Anne Poilleux, Marie Raher-Legros, Anne-Marie Robert, Claude Sallent, Valérie Tafforin.**

BEBÉS - NIÑOS: **Jacques Schmitz, Véronique Gagey y Patrice Manigne** *(dirección).* **Christiane Bousquet, Gérard Couly, Marc Epelbaum, Marielle du Fraysseix, Lucile Georges-Janet, Daniel Gorans, Jean Lavaud, Marie-France Le Heuzey, Valérie Manigne, Christian Mandel, Florence Plainguet.**
ADOLESCENTES: **Patrick Alvin** *(dirección).* **Marie-Pierre Archambeaud** y **Patrice Huerre.**

URGENCIAS: **Jean Lavaud** y **Jeanne Zeller.**

GLORASIO MÉDICO: **Didier Armengaud.**

OTROS COLABORADORES: **Sophie Beaumont, Monique Madier, Charlotte Gardiol, Lise Parent, Suzanne Dupras-Gyger, Isabelle Tesse.**

Edición original
Dirección editorial: **Laure Flavigny,** *con la colaboración de* **Agnès Dumoussaud** y **Anne Shigo.** Dirección artística: **Frédérique Longuépée** *con la colaboración de* **Jean-Pierre Fressinet.** Diseño: **Muriel Bensimon.** Maquetación: **Catherine Le Troquier.** Fotografía: **Hervé Gyssels,** *salvo las citadas en la p. 480.* Iconografía y coordinación de las fotografías: **Anne-Marie Moyse-Jaubert.** Ilustraciones: *pp. 11, 12 y 35,* **Michel Saeman**; *pp. 15 y 20.* **François Poulain**; *pp. 64, 65, 288 y 289,* **Frédéric Rébéna**; *pp. 362 a 364,* **Philippe Keller.**

Edición en lengua española
Coordinación editorial: **José M.ª Díaz de Mendívil Pérez.** Revisión y adaptación: **Dr. Adolfo Cassan Tachlitzky** y **Roser Alcaraz García,** *maestra y pedagoga.*

Título original: Larousse des parents

SPES EDITORIAL, S.L.
Aribau, 197-199, 3ª, 08021 Barcelona
Tel.: 93 241 35 05 Fax: 93 241 35 07
larousse@larousse.es / www.larousse.es

ISBN 84-8016-318-6
Depósito legal: CO. 984-2003
Impresión: Graficromo, S.A.
Impreso en España - Printed in Spain

«Está usted embarazada». La noticia suscita miles de interrogantes a todos los padres. ¿Cómo vivir el embarazo sin riesgos? ¿Nuestro hijo será normal? ¿Qué es la epidural? ¿El padre debe asistir al parto? ¿Es preferible dar de mamar al bebé? ¿A quién confío el niño cuando tenga que volver al trabajo?

Cuando el bebé nace surgen nuevas inquietudes: ¿ha bebido lo suficiente?; ¿por qué llora?; ¿puede dormir en nuestra habitación?; tiene fiebre, ¿será grave? Poco a poco el niño crece pero las dudas no desaparecen: ¿a los 2 años no debería ya pedir para ir al lavabo?; ¿a qué edad tiene que aprender a leer?; ¿cuándo puede empezar a hacer deporte?; ¿en qué momento hay que hablar a una niña de la regla? En la actualidad, son muchas las parejas en las que los dos cónyuges trabajan. También es más habitual que ambos se sientan responsables del cuidado y la educación de los hijos, a los que hay que alimentar, cambiar, guiar... en una palabra «educar entre los dos».

Conscientes de la importancia del futuro acontecimiento, preocupados ante las dificultades que van apareciendo, los padres buscan consejo sin saber muy bien a quién acudir. A menudo aislados, alejados de la familia, ya no pueden recurrir como antaño a sus propios progenitores, a un hermano o una hermana, en resumen, a todos aquellos que tradicionalmente transmitían un «saber» fruto más de la experiencia que de conocimientos reales. Paralelamente, la ciencia médica ha progresado considerablemente, aunque muchas veces se divulga de forma demasiado sensacionalista. Hoy en día, los padres han oído hablar de peligros de los que antes ni se sospechaba, como las malformaciones o la muerte súbita del lactante... También están informados de los medios que se aplican en ciertos casos graves: hormona del crecimiento, trasplante de órganos... Pero dónde pueden encontrar esos jóvenes padres, que leen y escuchan tantas opiniones, unas respuestas meditadas y tranquilizadoras a las preguntas que se plantean.

El *Larousse de los padres* está pensado precisamente para ellos. La redacción ha corrido a cargo de unos equipos de médicos y comadronas, apoyados por dietistas y psicólogos. Profesionales consumados y al mismo tiempo padres, se han esforzado por transmitir a otros padres sus conocimientos sobre el niño con exactitud, sentido común y simpatía.

La obra abarca el desarrollo del embarazo, el parto y el crecimiento del niño desde el nacimiento hasta las puertas de la adolescencia.

Asimismo se explica con la mayor claridad posible lo que distingue a un niño sano de otro enfermo. O se especifican las situaciones en las que los padres deben recurrir a un pediatra o un psicólogo. Ante todo se ha huido del sensacionalismo y las modas. Las respuestas a todas las preguntas se basan siempre que se puede en los aspectos fisiológicos y la experiencia con un lenguaje claro y sencillo.

Al final del volumen, un glosario ayuda a comprender los términos médicos y las enfermedades definiéndolas y comentándolas. Por último, unas magníficas ilustraciones completan y aclaran los textos.

El embarazo es a priori un acontecimiento feliz. El nacimiento de un hijo es motivo de gran alegría. Educarlo, una de las labores más apasionantes que existen, aunque muchas veces resulte muy difícil. Los autores han pretendido dar, con cariño, unos datos rigurosos y actuales; que por lo general sirven para tranquilizar. Confían en que la lectura de este libro sirva para despejar inquietudes injustificadas y ayude a percibir con claridad los riesgos reales. De esta forma se evitarán las actuaciones o actitudes inútiles, en algunos casos nefastas, y se fomentarán las conductas adecuadas.

Si lo consigue, el *Larousse de los padres* habrá alcanzado su objetivo: ayudar a los padres y favorecer el desarrollo del niño.

JACQUES SCHMITZ
PROFESOR DE PEDIATRÍA

Índice

CAPÍTULO 1

El embarazo

◆

El desarrollo del embarazo

Desde la concepción hasta los instantes que preceden al nacimiento del futuro bebé, el cuerpo de la madre experimenta constantes transformaciones para adaptarse a la vida del hijo que se está formando. Aunque al principio este nuevo ser se desarrolla imperceptiblemente, en realidad, a lo largo de los nueve meses de embarazo se prepara activamente para venir al mundo.

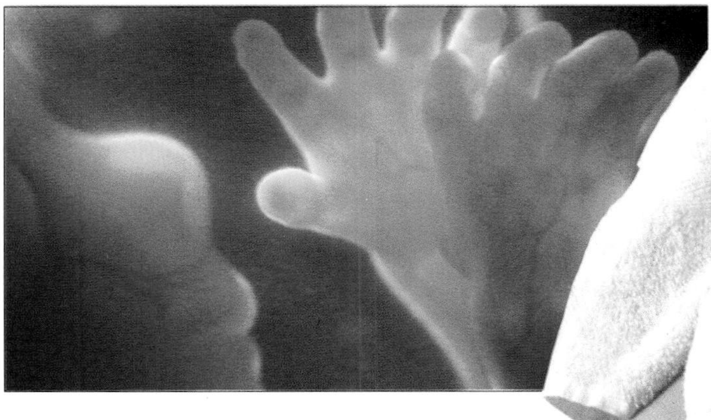

La concepción

En la actualidad, concebir un hijo suele ser más una decisión consciente que resultado del azar. Esta evolución se debe, en gran medida, a los recientes avances científicos y médicos que han hecho posible un conocimiento cada vez más preciso de cómo funciona el cuerpo humano.

CALCULE LA FECHA DE LA OVULACIÓN

Ciclo normal de 28 días: la ovulación se produce el 14.º día contando desde el 1.er día de la regla.
Ciclo largo de 35 días: la ovulación se produce el 21.er día contando desde el 1.er día de la regla.
Ciclo corto de 22 días: la ovulación se produce el 8.º día contando desde el 1.er día de la regla.
Fecha de su última regla: ....
Fecha probable de su ovulación: ....

La ciencia y la medicina han avanzado a pasos agigantados en este campo durante los últimos años, aunque todavía quedan muchas preguntas por contestar. Hoy en día, sabemos de forma precisa cómo se crea un ser humano y cómo se desarrolla a lo largo del embarazo. En cuanto a los futuros padres, pueden escoger cuándo desean un hijo con sólo dejar de utilizar, por ejemplo, el método de anticoncepción que estaban empleando hasta ese momento. Sin embargo, la concepción no deja de ser para ellos una experiencia a la vez emocionante y privilegiada. Entender el mecanismo natural no hace más que aumentar el carácter extraordinario de este acontecimiento que es muy importante para el ser humano.

Los órganos de la reproducción

La formación de un nuevo ser humano es fruto de la unión de dos células especiales, una que procede de la mujer y otra del hombre. Antes de describir cómo se consuma esta unión, recordemos cuáles son los órganos principales que intervienen en la función de la reproducción.

El aparato genital del hombre

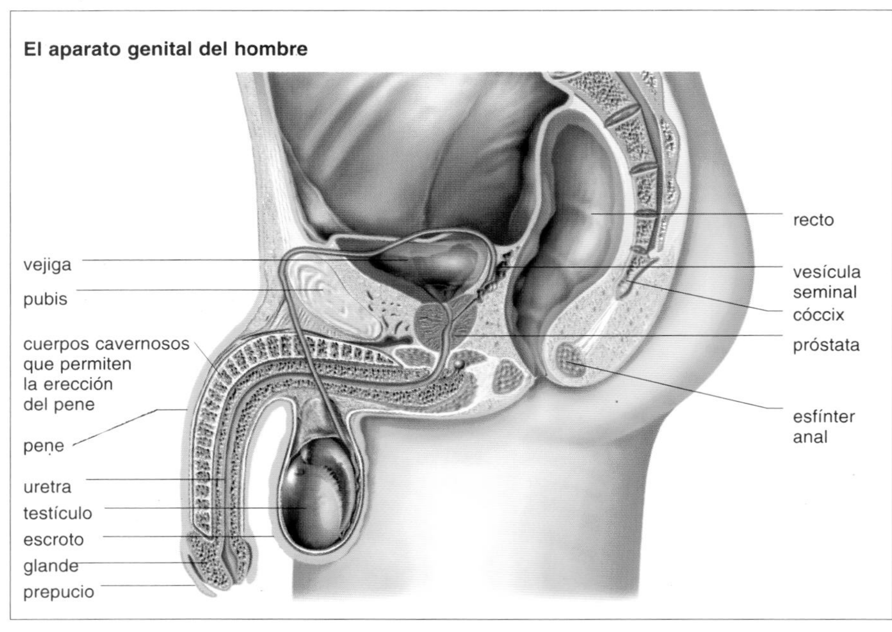

Los órganos genitales de la mujer
Son los ovarios, las trompas de Falopio y el útero. Desde la fecundación hasta el parto, éstos son los órganos que intervienen activamente en la concepción y el desarrollo del futuro bebé.

• **Los ovarios**. Los ovarios son dos pequeñas glándulas en forma de almendra que están situadas a cada lado del útero. Contienen de 300.000 a 400.000 células sexuales femeninas, los *ovocitos* u *óvulos*, término usado habitualmente. Los ovocitos provienen de células que se generan durante el 7.º mes de la vida intrauterina del feto niña y pueden ser fecundados a partir de la pubertad. Los ovocitos se encuentran dentro de los folículos, que a su vez están escondidos en el tejido del ovario. Desde la pubertad hasta la menopausia, siguiendo unos ciclos de 28 días por término medio, cada ovario produce alternativamente un ovocito fecundable, que se llamará *huevo* una vez fecundado.

La función principal de los ovarios es garantizar la ovulación. En el primer día del ciclo, un folículo que contiene un óvulo empieza a «madurar» en la superficie del ovario. Se abre alrededor del 12.º día contando desde el inicio de la regla. El óvulo se desprende del ovario alrededor del 14.º día del ciclo. Luego, pasará al pabellón de la trompa y empezará a bajar por el conducto que lleva hasta el útero. Una célula masculina, llamada *espermatozoide*, puede fecundar el óvulo a lo largo de este trayecto. Si el óvulo no se encuentra con ningún espermatozoide, y por lo tanto no es fecundado, no se implanta en el útero y degenera. En este caso se elimina con la sangre de la regla generada por la mucosa uterina, que al no producirse una fecundación se desprende 14 días después de la ovulación.

• **Las trompas de Falopio.** Son dos canales en forma de trompa que unen los ovarios con el útero: su pabellón recibe cada mes el óvulo que viene del ovario.

• **El útero.** Este músculo hueco revestido por una mucosa acogerá al huevo que se convertirá primero en embrión y luego en feto durante los nueve meses del embarazo. Fuera del período de embarazo, el útero mide 6 cm de largo y 4 cm de ancho, y pesa unos 50 g. En su base está cerrado por un cuello, a su vez atravesado por un canal. Por ese cuello uterino pasan los espermatozoides recogidos en la vagina durante el acto. También por él pasará el niño en el momento del parto.

El funcionamiento del conjunto útero-trompas-ovarios está sometido a la acción de las glándulas (como la hipófisis)

INICIO, DURACIÓN Y FINAL DEL EMBARAZO

El embarazo dura unos nueve meses, para ser más precisos de 280 a 287 días dependiendo de la mujer. Es muy importante poder establecer la fecha exacta del inicio del embarazo, ya que calcular el final del embarazo es fundamental: por un lado, a veces es necesario provocar el parto antes de tiempo y, por otro, hay que vigilar atentamente cualquier retraso del mismo (*véase* pág. 118).

El aparato genital de la mujer

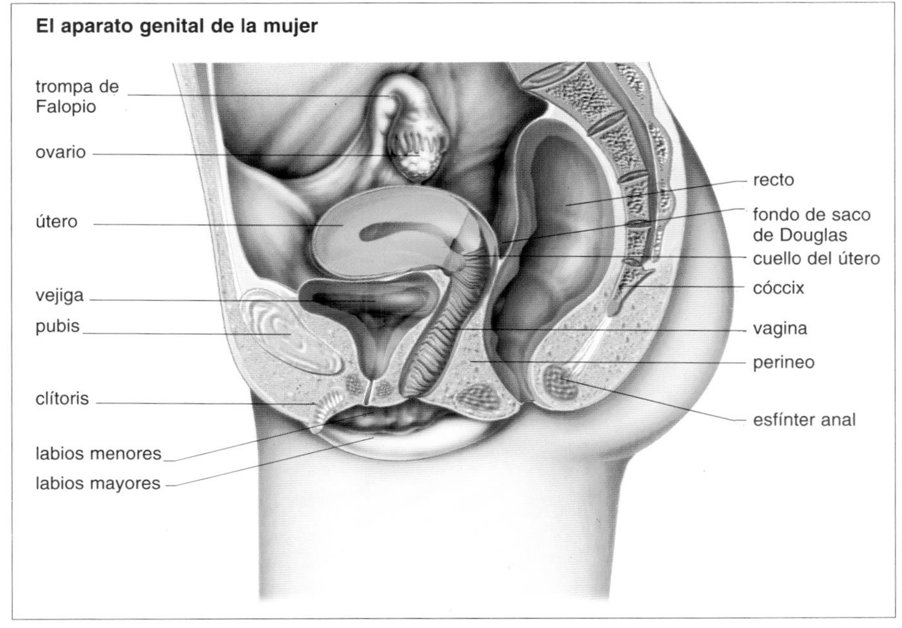

que dirigen la actividad hormonal del organismo.

Los órganos genitales del hombre
Los testículos fabrican, siguiendo ciclos regulares de 120 días, las células sexuales o espermatozoides. Los espermatozoides se desarrollan en los conductos seminíferos de cada testículo. A continuación, se encaminan a través de largos canales hasta las vesículas seminales, situadas a cada lado de la próstata. Desde la pubertad hasta el final de su vida, el hombre produce varios miles de millones de espermatozoides.

Durante la eyaculación, los espermatozoides son propulsados al exterior en el esperma a través del pene. Recogidos en la vagina, suben por el útero y sobreviven entre cuarenta y ocho y setenta y dos horas en el cuerpo de la mujer. Al aire libre, su vida sólo es de unas pocas horas.

La fecundación

Es el encuentro de los gametos (del griego *gamos*, «matrimonio»), que son las dos células reproductoras, femenina y masculina: el óvulo y el espermatozoide. Ocurre en una de las trompas de la mujer y tiene como consecuencia la creación de la primera célula embrionaria humana: el huevo.

El óvulo es transparente, esférico y mide una décima de milímetro. Posee un núcleo, un citoplasma, que le sirve de reserva para sobrevivir hasta llegar al útero cuando es fecundado, y está rodeado por una membrana gelatinosa, la zona pelúcida. El óvulo contiene 23 cromosomas. No puede moverse por sí solo pero, con la ayuda de los cilios vibrátiles y los movimientos musculares de la trompa, avanza lentamente en ese medio, en el que puede sobrevivir de doce a veinticuatro horas.

Los espermatozoides, por su parte, disponen de movilidad y poder fecundante. Están formados por una cabeza, que contiene el núcleo, y un flagelo para desplazarse. Al igual que los óvulos contienen 23 cromosomas. Mucho más pequeños que el óvulo, miden cinco centésimas de milímetro y avanzan a razón de dos o tres milímetros por minuto. Una vez depositados en la vagina durante la eyaculación, penetran en el útero por el cuello uterino y, en dos horas, llegan a la trompa de Falopio, donde está el óvulo.

Vencer la esterilidad

En la especie humana, la fertilidad natural no es del 100%: en cada ciclo una pareja sólo tiene, de media, un 25% de probabilidades de alcanzar la fecundación. Es evidente que puede producirse un embarazo en el primer contacto sexual si se ha mantenido en el momento preciso de la ovulación. Sin embargo, muchas veces, aunque las relaciones sexuales se realicen durante el período de fertilidad, no ocurre nada. Por regla general, sólo después de varios ciclos, y por lo tanto varios meses, se produce la fecundación. El plazo de espera es variable según las mujeres: de promedio es de tres a seis meses, pero puede alcanzar el año e incluso más. Sólo se habla de esterilidad conyugal cuando, al cabo de dos años, las tentativas de fecundación aún no han alcanzado su objetivo, lo que ocurre en el 10% de las parejas. Las causas del problema son numerosas y a veces es imposible determinarlas. En el caso de la mujer, los trastornos de la ovulación y una alteración de las trompas, de la mucosa uterina o del cuello uterino pueden causar la esterilidad. En el caso del hombre, puede deberse a anomalías de los espermatozoides: son anormales, su número es insuficiente o tienen poca movilidad. Algunas causas de esterilidad se pueden curar y sólo se opta por la fecundación asistida médicamente cuando los demás tratamientos no han surtido efecto. Entre los distintos métodos posibles el más conocido es el de la fecundación in vitro. Consiste en extraer varios óvulos maternos –cuya liberación se ha estimulado médicamente– mediante punción y ponerlos en presencia de espermatozoides (del marido o de otro donante) en el laboratorio. Los huevos resultantes de esta operación se transfieren al útero de la madre 48 horas después de la extracción. Es necesario implantar varios huevos para tener más posibilidades de embarazo –resultado al que se llega hoy entre un 10 y un 15% de los casos–, de donde proviene el riesgo de embarazo múltiple.

Aunque haya muchos espermatozoides (de 120 a 300 millones), de los varios millones que entran en la vagina sólo unos centenares llegarán hasta el óvulo para rodearlo por completo. Finalmente, sólo uno conseguirá introducirse en el citoplasma de la célula femenina para fecundarla.

Tras perder su flagelo, el espermatozoide penetra en el óvulo y su núcleo se agranda y se fusiona con el de la célula femenina: es la unión de los 46 cromosomas (23 de la célula masculina y 23 de la célula femenina) necesaria para la constitución del huevo. Cada cromosoma de la célula paterna forma un par con su homólogo materno. Desde ese instante, el sexo y los caracteres genéticos del hijo que va a nacer ya están concretamente definidos.

El huevo puede entonces encaminarse hacia el útero, al que llegará tres o cuatro días más tarde. Durante el camino, la célula inicial empieza a multiplicarse. Cuando el huevo ya está formado por una bola de células de una décima de milímetro que parece una mora –de donde procede su nombre de raíz latina *mórula*–, entra en el útero, donde escogerá un lugar para hacer su nido.

La nidación

En el momento de su entrada en el útero, el 4.° día, el huevo está compuesto por 16 células. Hasta el 7.° día posterior a la fecundación no se fijará en la mucosa. Estos tres días de libertad en el útero permitirán no sólo que las células sigan multiplicándose, sino que se diferencien y se organicen. Las del centro de la mórula crecerán y formarán el embrión propiamente dicho. Las del exterior formarán la envoltura, llamada *corion*, dejando entre medio una cavidad llena de líquido.

Por su parte, el ovario ha seguido trabajando: el folículo que encerraba al óvulo se ha transformado en el cuerpo amarillo y se ha puesto a fabricar una hormona, la progesterona, necesaria para la nidación del huevo en el útero. Otras hormonas, los estrógenos, segregadas durante la primera parte del ciclo, preparan los tejidos para la acción de la progesterona, que se fabrica durante la segunda parte del ciclo (*véase* pág. 22).

Bajo la influencia de estas dos hormonas, la mucosa uterina aumenta su grosor, es irrigada por numerosos vasos sanguíneos y enriquecida por sustancias nutritivas. El huevo va a enterrarse lite-

De la fecundación a la nidación

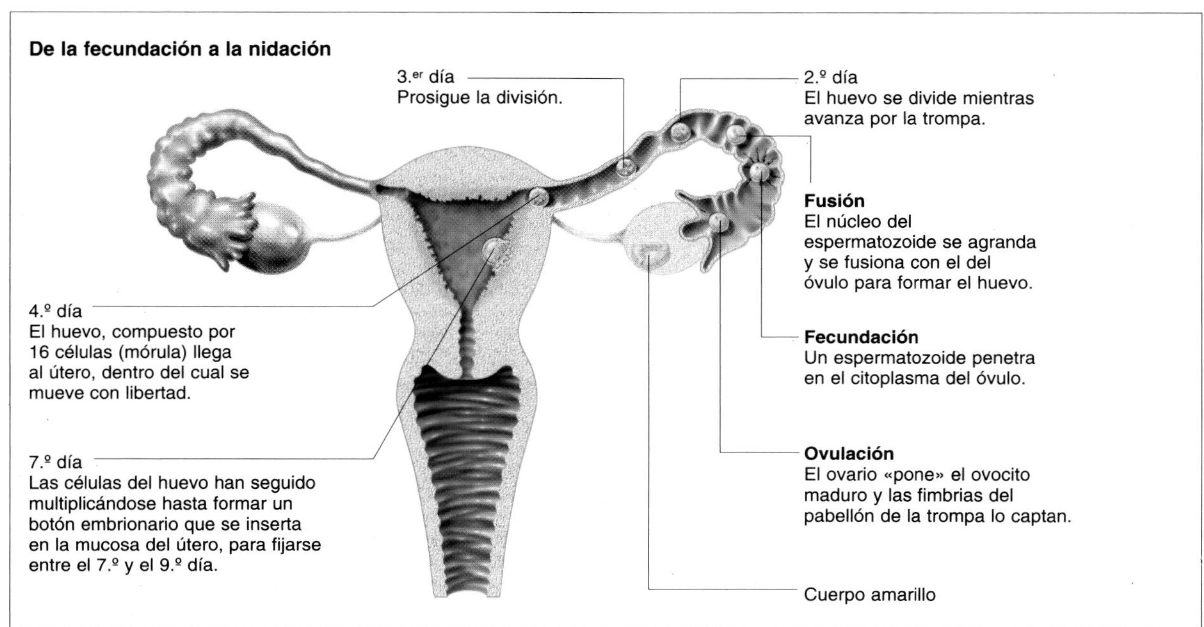

ralmente en esta mucosa para consolidar su implantación y seguir su crecimiento durante los nueve meses del embarazo.

El consejo genético

Concebir un hijo puede plantear a veces dudas importantes. Por ejemplo, si:
– ya se tiene un hijo que sufre una discapacidad física o mental;
– se tienen unos lazos de parentesco bastante cercanos (primos hermanos, etc.) con el cónyuge o compañero;
– la mujer o su compañero son portadores de una enfermedad o una malformación que temen transmitir a sus hijos (diabetes, hemofilia, etc.);
– se tiene más de 40 años y se desea ser madre, aunque se sepa que los riesgos de anomalías cromosómicas aumentan con la edad.

Una consulta al genetista, preferiblemente antes del embarazo, puede proporcionar algunas respuestas. El especialista intentará establecer los riesgos de recurrencia de una enfermedad hereditaria o evaluar si un antecedente concreto de enfermedad o anomalía accidental en la familia de uno de los dos futuros padres puede transmitirse.

Ahora bien, a pesar de que esta consulta suele llamarse «consejo genético», un nombre impuesto por el uso, cabe aclarar que el papel del genetista no consiste en prohibir o autorizar. No siempre podrá ofrecer una certeza, pero estudiará los riesgos que existen de que el hijo nazca con una discapacidad y ayudará a tomar una decisión.

Algunas nociones básicas

• **Las células**: miles de millones de células, de tamaños, formas y funciones diferentes, constituyen nuestro organismo. Están compuestas por un núcleo, un citoplasma y una membrana.
• El **ADN** (ácido desoxirribonucleico): constituyente esencial de los cromosomas del núcleo de la célula, esta molécula permite la transmisión de los caracteres hereditarios determinados por los genes.
• **Los genes**: elementos del cromosoma, constituidos por segmentos de ADN, condicionan la transmisión y la manifestación de un carácter hereditario determinado.
• **Los cromosomas**: agrupados por pares en el núcleo celular, son 46, entre los cuales hay un par de cromosomas sexuales, XX en la mujer y XY en el hombre. El óvulo tiene 23 cromosomas, de los que uno es X; el espermatozoide, 23 cromosomas, de los que uno es X o Y. La combinación exacta de los cromosomas sexuales determinará el sexo:
– (22 cromosomas + X) + (22 cromosomas + Y) = niño;
– (22 cromosomas + X) + (22 cromosomas + X) = niña.

Calcule la fecha de la ovulación por el método de la temperatura

Tómese la temperatura (por vía rectal) todas las mañanas antes de levantarse, en ayunas y a la misma hora. Anote la temperatura en un gráfico (se venden en farmacias). De esta forma irá dibujando la curva de su ciclo. Observará, con ligeras variaciones diarias, un período de temperatura baja (por ejemplo, alrededor de 36,5 ºC) y un período de temperatura alta (alrededor de 37 ºC) antes de que la temperatura vuelva a bajar la víspera de la nueva regla. De esta forma puede averiguar el momento de la ovulación: se produce el último día antes de la subida de la temperatura, a veces el primer día en que la temperatura empieza a subir; dependiendo de las mujeres, esta subida se produce en 24 horas o de forma escalonada a lo largo de varios días. El período de fertilidad máxima cubre el día de la ovulación y los dos o tres días que la preceden (porque los espermatozoides mantienen su poder fecundante durante dos o tres días). La fase de temperatura alta corresponde al período estéril del ciclo y se termina con la regla. Este método, que permite detectar los momentos de fertilidad y esterilidad máximos, también se usa en algunas ocasiones como método anticonceptivo, aunque su fiabilidad es algo relativa; su utilización es poco habitual hoy en día. En el caso de que la mujer haya quedado en estado, la temperatura ya no vuelve a bajar como debería antes de la regla.

¿Estoy embarazada?

Cuanto antes se entere del inicio de su embarazo, antes podrá tomar las precauciones que se imponen para que esos meses que preceden el nacimiento se desarrollen en las mejores condiciones, tanto para usted como para su futuro bebé.

Haya usted «programado» o no el embarazo, es muy importante saber en qué fecha precisa empezó. De esta forma, podrá beneficiarse de un mejor seguimiento y, además, podrá prever el momento del parto. Y esto puede resultar capital no sólo por razones prácticas sino también por motivos médicos.

Sin embargo, habrá que esperar varias semanas para que el médico confirme su estado recurriendo a pruebas más fiables que los síntomas eventualmente detectados. Si cree que está embarazada, no espere esa confirmación para tomar ciertas precauciones (*véase* pág. 51), ya que es precisamente en los primeros meses cuando el embrión es más frágil.

Los signos de embarazo

Aunque los cambios físicos que acompañan el inicio del embarazo pueden pasar inadvertidos en muchos casos, existen signos que anuncian el nuevo estado, mientras que otros sólo se detectan en un reconocimiento médico.

Las señales

Más que los posibles pequeños síntomas o malestares (*véase* al margen), que por otra parte sólo sufren algunas futuras madres al principio del embarazo, las primeras señales de alerta corresponden al calendario y, en algunos casos, al termómetro.

• **El retraso de la regla.** Para la mayoría de las mujeres, se trata del primer indicador. Aunque, en algunos casos, este retraso no es fácil de calcular ni de interpretar. La experiencia demuestra que puede darse sin que exista embarazo; por ejemplo, por culpa de ciertas enfermedades, después de un choque emocional o, incluso, de un cambio de forma de vida o de clima (por un viaje o durante las vacaciones). La proximidad de la menopausia, los ciclos irregulares, el uso de ciertos medicamentos y dejar de tomar la píldora anticonceptiva son otros de los factores que pueden provocar el retraso de la regla. Por lo tanto, nunca se puede afirmar, con seguridad del ciento por ciento, que una mujer que no tiene la regla está en estado.

• **La subida de la temperatura.** Si nota que la temperatura, en vez de bajar, se mantiene por encima de los 37 °C al final del ciclo y que la regla no llega, existen muchas probabilidades de que esté embarazada.

La persistencia de lo que los médicos llaman «meseta térmica» es la señal más segura del inicio del embarazo. Sin embargo, no es fácil de definir, especialmente en las mujeres que no utilizan el método de la temperatura (*véase* el cuadro de la pág. anterior). Además, el sistema del uso cotidiano del termómetro es engorroso y se ha convertido hoy en algo excepcional.

Lo que detectará el médico

La forma más segura de confirmar un embarazo sigue siendo el reconocimiento de un médico. Aunque, sin realizar análisis de laboratorio o una ecografía, el médico no podrá estar absolutamente seguro antes de pasado un mes y medio de embarazo, es decir, con la segunda falta de la regla.

Gracias al reconocimiento ginecológico (*véase* pág. 41), se confirmará una

---

LOS SIGNOS DEL EMBARAZO

Náuseas, con vómitos o sin ellos, al despertar o durante el día.
Pérdida de apetito o, por el contrario, necesidad de devorar.
Deseo irresistible o repugnancia marcada por ciertos alimentos.
Aversión repentina por ciertos olores o perfumes.
Acidez de estómago.
Mayor necesidad de dormir.
Estreñimiento no habitual.
Necesidad frecuente de orinar.
Sensación de cansancio.
Mayor emotividad o irritabilidad.
Sensación de hinchazón en todo el cuerpo.
Tensión y aumento del volumen de los pechos.

modificación del volumen, la consistencia y la forma del útero, que la mujer no puede detectar por sí sola. El médico verá que el cuello del útero está cerrado, tiene una coloración lila y presenta poco moco cervical. La modificación de los pechos podrá corroborar el diagnóstico: crecen y la areola se abomba como un cristal de reloj; los tubérculos de Montgomery, esas pequeñas excrecencias que existen en la areola del pecho, se hacen prominentes.

Las pruebas de embarazo

Algunas pruebas se expenden sin receta médica y las puede practicar la interesada; otras, las prescribe exclusivamente el médico.

Las pruebas de venta libre

Estas pruebas se realizan a partir de la orina. Se presentan en forma de cajitas con todos los accesorios necesarios. Son fáciles de usar, siempre y cuando se sigan bien las instrucciones, y ofrecen una respuesta rápida y fiable, positiva si se está embarazada y negativa en caso contrario. Pero, cuidado, en este último caso quizá se haya hecho la prueba demasiado pronto o la sensibilidad del método sea demasiado baja. Una orina poco concentrada también puede dar resultados erróneos.

Cuando la respuesta es negativa, lo más prudente es esperar algunos días y volver a hacer la prueba o consultar a un médico.

Las pruebas de laboratorio

Estas pruebas, que se efectúan a partir de la orina o de una toma de sangre, le permitirán saber si está embarazada enseguida y con toda certeza. Es el médico quien las solicita. El principio consiste en detectar una hormona que sólo se segrega cuando se está embarazada: la hormona gonadotropina coriónica (HGC). El papel de esta hormona se conoce bastante mal, aunque se sabe que es esencial para el mantenimiento del cuerpo amarillo al principio de la gestación. Segregada por el huevo desde el momento de la fecundación, la fabrica lo que luego se convertirá en la placenta (el trofoblasto) y después la propia placenta (*véase* pág. 35).

Las pruebas detectan la presencia de HGC en la orina o en la sangre.

• **Análisis de orina**. Se vierte una pequeña cantidad de orina, tomada de la orina muy concentrada de la mañana, en un tubo de ensayo y se la hace reaccionar con un suero que contiene anticuerpos de esta hormona característica del embarazo. La fiabilidad de esta prueba se sitúa en alrededor del 98%.

• **Análisis de sangre.** En esta prueba se controla el nivel de HGC en la sangre. La fiabilidad de esta prueba es del 100% y permite diagnosticar el embarazo en un estadio muy precoz, antes incluso del primer retraso de la regla.

¿Qué día dará usted a luz?

Para calcular el final del embarazo, es decir, la fecha teórica del parto, se puede proceder de las dos formas siguientes.

El cálculo en semanas de ausencia de reglas

Se añaden 41 semanas a la fecha del inicio de la última regla, fecha que las mujeres recuerdan mejor que la de la ovulación. Es el método de cálculo de los médicos. La fecha del nacimiento debería situarse 41 semanas después del 1.er día de la última regla. Si la fecha de inicio de la última regla fue el 1 de mayo, el parto será 41 semanas después, es decir, el 14 de febrero.

El cálculo en meses

Se añaden 9 meses de calendario a la fecha de la concepción, o 9 meses y medio al inicio de la última regla. La fecha de la ovulación se sitúa hacia el 14.º día de un ciclo normal de 28 días (*véase* pág.13). Por ejemplo, si la última regla se inició el 1 de mayo, la ovulación fue el 14 de mayo; el parto debería llegar nueve meses más tarde, es decir, el 14 de febrero. La fecha de la ovulación, y por lo tanto de la concepción, es fácil de calcular para las mujeres que usan el método de la temperatura. Este mismo sistema sirve si el embarazo se alcanza después de una única relación sexual durante el período de fertilidad. Sin embargo, será más difícil de aplicar si los ciclos son largos, cortos o irregulares, si se ha dejado de tomar la píldora anticonceptiva el mes anterior o si se ha olvidado la fecha de inicio de la última regla.

El *cuerpo de la mujer se transforma*

A lo largo de los días, en el cuerpo de la madre se producen cambios importantes, algunos visibles, otros no. Estas modificaciones anatómicas, químicas y fisiológicas sirven para proporcionar al futuro hijo los elementos indispensables para su desarrollo.

CUIDADO CON LOS PRIMEROS MESES

No todas las futuras madres sufren ligeros malestares y, si los tienen, no todas los padecen con la misma intensidad. Por regla general, se manifiestan a lo largo del primer mes y desaparecen al principio del segundo trimestre.
Si está embarazada, es el momento de pensar en una primera consulta. Hay que tomar ciertas precauciones (higiene alimentaria y modo de vida) a partir de los dos primeros meses.

Además de aumentar de peso, las modificaciones más espectaculares que experimenta el cuerpo de la futura madre son el cambio del tamaño del útero y de los senos. Sin embargo, también se registran algunos cambios más discretos en los sistemas circulatorio, respiratorio, urinario y digestivo.

El conjunto de los complejos procesos de transformación de materias y energía que se produce constantemente en el organismo, conocidos como *metabolismo*, al igual que las secreciones hormonales también indican que estos sistemas se adaptan a la nueva situación.

El *útero y los pechos*

El útero empieza a crecer desde el principio del embarazo. En nueve meses, su peso pasará de unos 50 o 60 g a más de 1 kg; su altura, de 6,5 cm a 32-33 cm, y su capacidad, de 2 o 3 mililitros a 4 o 5 litros (estas cifras son promedios que varían ligeramente según las mujeres y los embarazos). Al mirarse el cuerpo, la madre sólo verá auténticas modificaciones a partir del 4.° o 5.° mes, pero, al cabo de un mes o un mes y medio, el médico ya podrá, mediante la palpación, apreciar la transformación del útero: de triangular ha pasado a ser redondo, se ha flexibilizado y ya ha alcanzado el tamaño de una naranja.

Esta evolución proseguirá a lo largo de los meses. Los órganos como el estómago, los intestinos y la vesícula se irán adaptando, mientras que la pared del vientre, elástica, se distenderá poco a poco. La figura también cambiará y puede que el tronco se arquee, tirando hacia atrás los hombros para compensar el peso del abdomen.

Los pechos también empiezan a hincharse y aumentar de peso desde los primeros meses. Este desarrollo se acompaña a veces de picores y punzadas. Al cabo de unas pocas semanas los pezones sobresalen, la areola se oscurece, se abomba y aparecen pequeños bultos (los tubérculos de Montgomery).

Las venas de los pechos, que suelen estar muy irrigados durante el embarazo, se hacen más visibles. En algunas ocasiones, a partir del 4.° mes, rezuma de los pezones un líquido amarillento y viscoso: se trata del calostro. Si usted tiene pensado dar de mamar, el calostro constituirá el primer alimento del bebé después del parto (rico en albúmina y vitaminas, también servirá de purgante para el recién nacido; *véase* pág. 142), ya que la leche auténtica sólo aparece tres o cuatro días después del nacimiento.

La *circulación de la sangre*

La misión de la sangre de la madre es suministrar las sustancias necesarias para el desarrollo del feto y eliminar los desechos, utilizando como intermediario un órgano que se crea ex profeso durante el embarazo: la placenta (*véase* pág. 35).

La sangre
Entre el inicio y el final de la gestación, todos los vasos sanguíneos se dilatan y el volumen de sangre materna aumenta en un litro y medio aproximadamente: pasa de 4 litros a 5 o 6 litros. Los glóbulos rojos quedan así disueltos en una mayor cantidad de plasma –parte líquida de la sangre–. Como las necesidades de hierro aumentan, para prevenir una anemia por carencia de este elemento se prescribe a la futura madre un suplemento durante el curso del embarazo.

Las venas
El crecimiento del útero, que a lo largo del embarazo pasa de 50 a 1.500 g y de 6 a 33 cm de largo, dificulta a veces el retorno de la sangre desde los miembros inferiores hacia el corazón; las piernas tienen tendencia a hincharse y existe riesgo de aparición de varices. Si la vena cava inferior, que devuelve la sangre al corazón, queda comprimida por el útero, se pueden sufrir molestias, especialmente cuando se está acostada sobre la espalda. Para evitarlas, basta con desbloquear dicha vena: lo mejor es acostarse sobre el costado izquierdo, ya que la vena cava inferior pasa por la derecha del útero.

El pulso
La frecuencia cardíaca se acelera entre 10 y 15 latidos por minuto, incluso durante el sueño, y algo más en caso de gemelos. Suele oscilar entre 60 y 90 latidos por minuto. El gasto cardíaco aumenta en un 30 o un 50% desde el final del primer trimestre hasta el final del embarazo. El corazón late más deprisa porque tiene que bombear más sangre y todo el sistema cardiovascular se adapta a los esfuerzos adicionales que hay que realizar durante el embarazo.

La tensión arterial
Baja ligeramente durante los dos primeros trimestres del embarazo porque los vasos sanguíneos están dilatados. Al acercarse el final, la tensión vuelve a sus valores anteriores (de antes del embarazo), pero no debe sobrepasar 14/9.

La respiración

Quizá note que su voz cambia de tono o tiene ciertas dificultades para respirar

Piernas pesadas y varices

La sensación de pesadez en las piernas puede resultar molesta aunque no se tengan varices; pero sepa que no conlleva necesariamente su aparición. No esté de pie durante mucho tiempo seguido. Duerma con las piernas elevadas (con un cabezal o una almohada a los pies de la cama, bajo el colchón). Intente descansar durante el día, tumbándose con las piernas descubiertas si es posible. Evite los masajes de piernas excesivamente enérgicos.

Perfil de la madre en el 3.er, el 5.º y el 8.º mes

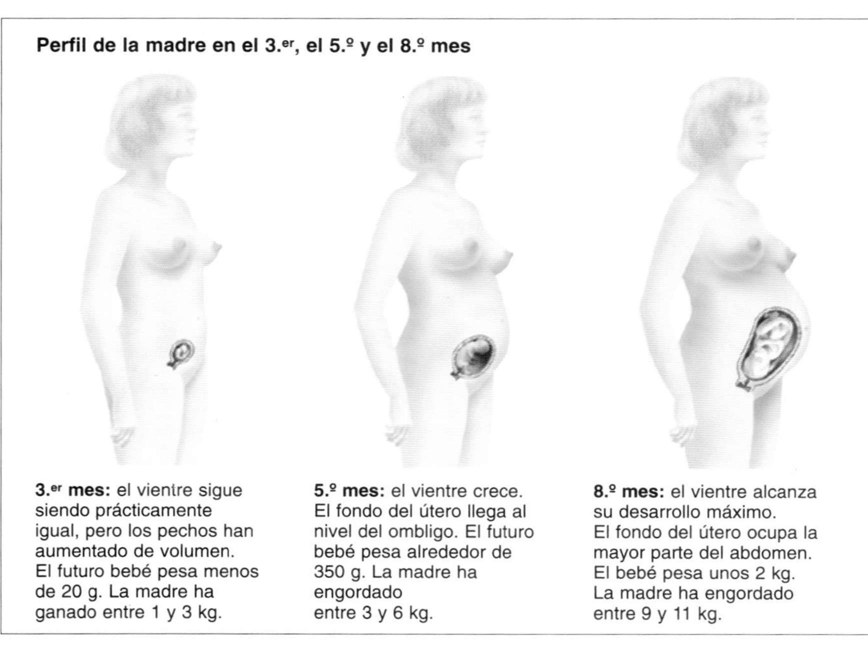

3.er mes: el vientre sigue siendo prácticamente igual, pero los pechos han aumentado de volumen. El futuro bebé pesa menos de 20 g. La madre ha ganado entre 1 y 3 kg.

5.º mes: el vientre crece. El fondo del útero llega al nivel del ombligo. El futuro bebé pesa alrededor de 350 g. La madre ha engordado entre 3 y 6 kg.

8.º mes: el vientre alcanza su desarrollo máximo. El fondo del útero ocupa la mayor parte del abdomen. El bebé pesa unos 2 kg. La madre ha engordado entre 9 y 11 kg.

por la nariz. Las modificaciones hormonales debidas al embarazo (*véase* más adelante) a veces provocan una congestión pasajera de la mucosa de la laringe, la tráquea y los bronquios. No se preocupe, todo volverá a la normalidad tras el parto.

Durante la última parte del embarazo, disminuyen el tono y la actividad de los músculos abdominales. El útero ha ido empujando poco a poco hacia arriba el músculo esencial de la respiración, el diafragma, lo que reduce considerablemente sus movimientos; la respiración pasa a ser «alta» o torácica. Por otra parte, la madre también respira por su bebé, cuyos pulmones no funcionarán hasta el parto; en cada inspiración, hay que obtener entre un 10 y un 15% de aire –y, por tanto, de oxígeno– más de lo normal sin acelerar la respiración. Esta «hiperventilación» tiene, además, la ventaja de ser beneficiosa para el feto, ya que hace bajar la presión de dióxido de carbono.

La *digestión*

Al igual que la vejiga o el estómago, el intestino se encuentra comprimido por un útero que no para de crecer. Sin embargo, los órganos maternos se adaptan y dejan sitio al feto, al líquido amniótico y a la placenta. Al parecer, es el efecto de las hormonas lo que más perturba el funcionamiento del sistema digestivo y provoca a veces ciertas molestias.

La boca

La secreción de saliva aumenta repentinamente al principio del embarazo. Las encías se vuelven más sensibles y sangran durante el cepillado. Los complementos de calcio, fósforo o flúor, que recomiendan algunos médicos de forma preventiva durante el embarazo, no protegen contra las caries dentales, que son, al parecer, más frecuentes durante este período. Hay que limitar el consumo de azúcar y seguir cepillándose los dientes tres veces al día después de las comidas. Es conveniente visitar con regularidad al dentista para que detecte y trate las caries durante la gestación. Si fuese necesario, se pueden efectuar radiografías dentales con ciertas precauciones (*véase* pág. 51). Recuerde que una buena dentadura es la mejor garantía de una mejor digestión.

El esófago y el estómago

Alrededor del 4.º mes de embarazo puede aparecer una sensación de ardor que

QUISIERA SABER

Mi nivel de colesterol ha aumentado; ¿es peligroso para el bebé?
• No, es normal que el nivel de colesterol aumente durante el embarazo: sirve de materia prima para producir progesterona, hormona que desempeña un papel crucial durante este período.

¿Son normales las secreciones de los pechos durante el embarazo?
• Sí. A veces, a partir del 4.º mes los pezones segregan un líquido amarillento, el calostro. Si tiene intención de dar de mamar, esta sustancia constituirá el primer alimento del bebé después del parto. La leche propiamente dicha aparece al tercer o cuarto día después del parto. Para evitar las irritaciones, elija sujetadores de algodón (si fuese necesario, ponga una compresa seca en las copas), preferible a los tejidos sintéticos.

¿Los ardores de estómago duran todo el embarazo?
• Las náuseas, la pesadez, el ardor de estómago o que la comida repita no es en absoluto agradable. Algunas mujeres padecen estas molestias durante todo el embarazo. Se pueden reducir evitando los alimentos ácidos y fuertes, y las comidas demasiado abundantes. ¡Sobre todo, no tome bicarbonato! Dormir en posición semisentada y algunos medicamentos podrán aliviarla si tiene algunas crisis.

¿Hay que comer sin sal durante el embarazo?
• No, los regímenes sin sal están incluso contraindicados. De hecho, la elevada tasa de progesterona conlleva por sí sola una pérdida de sal.

Tengo sensación de ahogo; ¿es un síntoma de un problema cardíaco?
• No, excepto si ya padecía problemas cardíacos. Será, sobre todo, durante los últimos cinco meses cuando sentirá ese ahogo. A medida que crece el útero, el diafragma –que es un músculo indispensable para la respiración– se ve empujado hacia la caja torácica y su recorrido se hace más corto.
Algunos ejercicios de respiración (*véase* pág. 97) la ayudarán a combatir esta sensación de ahogo.

surge del estómago y sube por el esófago hasta la garganta. Es la *pirosis*, fenómeno que persistirá hasta el parto y que muchas veces se agrava cuando se está acostada. Se debe a un mal funcionamiento momentáneo del sistema que, en condiciones normales, impide que los alimentos ingeridos vuelvan a subir.

Bajo la influencia de una hormona especialmente activa durante el embarazo, la progesterona, el estómago se vuelve más perezoso, menos tónico, y esto provoca a veces las náuseas que suelen tener algunas mujeres embarazadas. Los alimentos están más tiempo en el estómago, que se vacía con mayor lentitud; de ahí esa sensación inmediata de hartazgo cuando se come.

En cuanto a la alteración del funcionamiento del hígado, es mínima y, en todo caso, no es responsable de las náuseas del principio del embarazo.

Los intestinos

Al igual que el estómago y la vesícula biliar, los intestinos se distienden por efecto de la progesterona. El tránsito digestivo se ralentiza y puede generar también una tendencia al estreñimiento que se puede combatir con una alimentación adaptada (*véase* pág. 63). Este inconveniente puede, no obstante, tener un aspecto positivo: la lentitud de la digestión favorece la absorción por parte del organismo de los elementos nutritivos de los alimentos.

Eliminación de la orina

Al aumentar el peso del feto, el útero comprime la vejiga y se tienen ganas de orinar más a menudo. Además, el volumen de sangre ha aumentado y los riñones, encargados de filtrar y eliminar los desechos y las toxinas de la sangre, trabajan más. Las cavidades renales y los uréteres, que llevan la orina desde los riñones a la vejiga, están dilatados y son menos tónicos cuando se llega al final del embarazo.

Es bueno tener presente que durante la gestación es posible que pueda detectarse azúcar en la orina, sin que esto suponga un diagnóstico de diabetes. Aunque la presencia de azúcar en forma de lactosa es normal durante los últimos meses, la presencia de glucosa es señal de una pequeña anomalía en la filtración del riñón que muchas veces se debe a una hormona, la progesterona, que ralentiza las funciones renales.

El peso

Es muy recomendable llevar una alimentación equilibrada. Resulta inútil comer demasiado con el pretexto de que hay que comer por dos y es igualmente inútil, e incluso peligroso para el feto, comer menos para no engordar. Durante el embarazo se engorda 12,5 kg de media, pero esta cifra varía según la altura, el peso y la morfología de la madre. El feto, la placenta y el líquido amniótico transforman inevitablemente el útero, los pechos y la sangre de la futura madre. El volumen total aumenta para alcanzar, al final del embarazo, un peso de 8 kg. A esto se añaden alrededor de 4 kg de reservas de grasa que se acumulan con vistas a la lactancia.

Las modificaciones hormonales

El embarazo va acompañado de complejos procesos hormonales que permiten al organismo adaptarse a sus nuevas necesidades. Producidas por los ovarios cuando la mujer no está en estado y por la placenta durante el embarazo, estas hormonas son esenciales en la vida sexual y genital de la mujer: se trata, especialmente, de la progesterona y de los estrógenos.

El equilibrio entre estas hormonas permite la implantación del huevo en el útero; también son estas hormonas las que garantizan la supervivencia del feto gracias a su acción sobre los músculos lisos, como el útero, que impide las contracciones uterinas durante el embarazo. La única hormona que se segrega durante el embarazo (*véase* pág. 18) es la hormona gonadotropina coriónica, que interviene en el mantenimiento del cuerpo amarillo al principio del embarazo. A lo largo de la gestación, entrarán en juego otras hormonas, como la prolactina, que activa la modificación de los pechos con vistas a la lactancia, y la oxitocina, bajo cuya influencia se desencadenará el parto (*véase* pág. 121).

La adaptación del metabolismo

Las transformaciones químicas que, durante el embarazo, permiten al organismo satisfacer las necesidades de energía, reparar y producir nuevos tejidos y elaborar sustancias vitales no son, en general, tan espectaculares o sensibles como las mencionadas más arriba. Sin embargo, no dejan de ser igualmente fundamentales, tanto para la madre como para el futuro bebé.

La alimentación adquiere en este punto toda su importancia porque de ella dependen las aportaciones de calcio, proteínas, hierro, vitaminas, grasas, etc., que necesita el futuro hijo para pasar de un grupo de células, invisibles a simple vista, a convertirse en un ser humano de más de 3 kg en el momento del parto. El agua, la sal, los lípidos (grasas), los azúcares y las proteínas se transforman para suministrar al feto los elementos nutritivos que puede asimilar su propio metabolismo.

El agua y la sal

Durante el embarazo, para compensar la pérdida de sal debida al aumento del nivel de progesterona, el organismo retiene más agua y sodio. En un tercio de las mujeres en estado, esta retención provoca la aparición de edemas en las piernas, los tobillos o los pies. Si no son generalizados y no están asociados a una hipertensión arterial, los edemas no son peligrosos, aunque hay que vigilarlos y aliviarlos con, por ejemplo, cremas a base de tónicos venosos y, sobre todo, con el uso de medias elásticas. En todos los casos, un régimen bajo en sal resulta inútil y puede ser nocivo.

Los lípidos

El nivel de lípidos aumenta durante el embarazo. De los que circulan por la sangre, la placenta transforma el colesterol, que sirve para producir progesterona y es utilizado por el feto para fabricar otras hormonas. Durante los cuatro primeros meses, el organismo materno almacena reservas de grasa que utilizará más tarde para sus propias necesidades energéticas.

Los azúcares

Durante el embarazo, el organismo utiliza todos sus recursos para producir glucosa y favorecer el suministro de este preciado «carburante» al feto, ya que desempeña un papel fundamental en su propio metabolismo.

Las proteínas

Constituyentes esenciales de la célula, las proteínas son indispensables para la síntesis de nuevos tejidos. Intervienen en cada una de las etapas de las transformaciones metabólicas de los organismos de la madre y el feto.

Durante el embarazo, la madre tendrá que consumir alrededor de un 25% más de proteínas; éstas las encontrará en la carne, el pescado y los huevos (*véase* pág. 62).

A lo largo de los meses

• **1.er mes**
Ya no tiene la regla –es el signo más característico– y los pechos empiezan a crecer discretamente. Su cuerpo cambia. Algunas mujeres tienen pequeñas molestias.

• **2.º mes**
«Eso» todavía no se ve, pero los pechos se dilatan. Náuseas, irritabilidad, pesadez en las piernas, salivación excesiva, estreñimiento, frecuente necesidad de orinar, etc., son las reacciones normales del organismo que se adapta. También tiene a menudo ganas de dormir durante el día. Intente descansar más.

• **3.er mes**
El útero tiene ya el tamaño de un pomelo. ¿Quizá se siente usted mejor? Empieza a engordar, vuelve el placer por la comida: cuidado con la glotonería.

• **4.º mes**
El fondo del útero llega a la altura del ombligo. ¿Tiene mucho calor y suda? Es normal y es bueno: permite eliminar los desechos producidos por su organismo y el del bebé. El estómago y los intestinos se vuelven algo perezosos. ¡Cuidado con el estreñimiento!

• **5.º mes**
Consume cada día de 500 a 600 calorías más de lo habitual. El vientre se ha redondeado claramente. Enseguida se ahoga, aunque esta sensación se atenuará cuando el bebé baje para encajarse en la pelvis. Piense también en sus riñones: beba mucho, ayuda a eliminar.

• **6.º mes**
Engorda de 400 a 500 g por semana. Siga comiendo de forma equilibrada y haga un poco de gimnasia. ¿Duerme mal? Intente cambiar de posición, en especial acostándose sobre el lado izquierdo.

• **7.º mes**
Su corazón late más deprisa, la sangre circula más rápido, los órganos funcionan «al máximo de revoluciones», pero todo va bien.

• **8.º mes**
Se siente pesada. Tiene contracciones uterinas aisladas y le sorprenden algunos dolores difusos. Gracias a un juego de las articulaciones, la pelvis empieza a ensancharse en previsión del paso del bebé, que se pone en posición para bajar. Si todavía no lo hace, empiece a tomar calcio (leche y quesos) todos los días.

• **9.º mes**
El útero ha multiplicado su peso por 10 y su volumen por 500. El minúsculo huevo de los primeros días se ha convertido en un niño de 3 kg. Sus gestos son torpes: el centro de gravedad se ha desplazado. Tenga lista la maleta, pero no se ponga nerviosa. El parto puede llegar entre la semana 38.ª y la 41.ª sin que se pueda prever el día H.

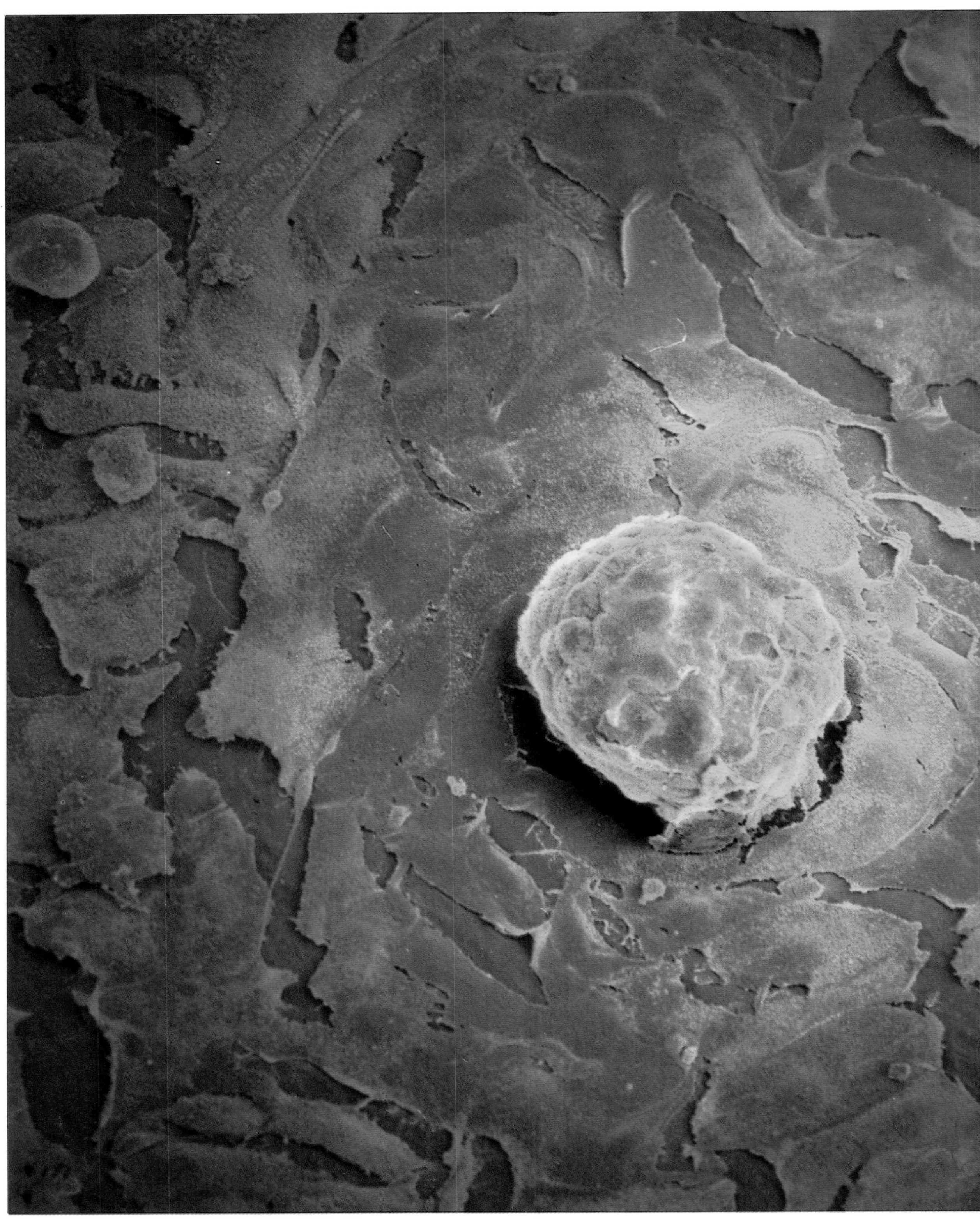

El *futuro bebé mes a mes*

Estas diez espectaculares páginas permiten seguir, semana a semana, la formación y la evolución del futuro bebé antes del nacimiento.

El 1.er mes

El embrión empieza a formarse en el huevo.

1.ª semana

El huevo, que surge de la fecundación, se desplaza a lo largo del tercio externo de la trompa uterina hacia la cavidad uterina, donde se implantará. Durante esta migración, experimenta varias multiplicaciones celulares.

2.ª semana

Se producen dos fenómenos importantes.
– El huevo se fija en la mucosa del útero: es la nidación. Iniciada el 6.° o 7.° día, termina el 12.° día y marca verdaderamente el comienzo del embarazo.
– En el huevo se forma el «disco embrionario», constituido por dos capas de células, u hojas: las células se multiplican y se diferencian para formar una estructura compleja. El diámetro del huevo es de alrededor de un milímetro.

2.ª *semana*: *El huevo (en el centro) se fija sobre la superficie de la mucosa del útero: es la nidación. Se «enterrará» poco a poco en esa mucosa para consolidar la implantación y seguir su crecimiento durante nueve meses.*

3.ª semana

Comienza a formarse la futura placenta, aparecen esbozos de vasos sanguíneos y de células sexuales, así como una tercera hoja del disco embrionario. Cada una de las tres hojas va a dar origen a tejidos especializados, que a su vez serán el origen de todas las demás células y, por lo tanto, de todos los órganos. Por ejemplo, de la hoja interna (endodermo) derivarán los órganos del aparato digestivo y los del aparato respiratorio; el sistema nervioso y los órganos de los sentidos se formarán a partir de la hoja externa (ectodermo); mientras que la hoja media (mesodermo) será el origen del esqueleto y de los músculos.

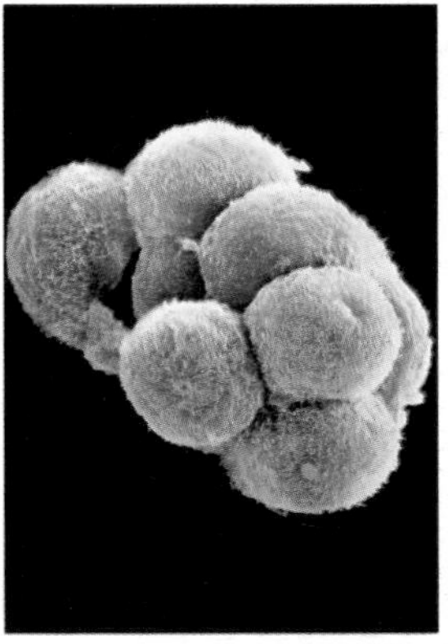

1.ª *semana*: *La célula inicial del huevo, procedente de la unión del óvulo y el espermatozoide, ha empezado a multiplicarse. Cuatro días después de la fecundación, cuando va a entrar en el útero, el huevo está formado por una bola de una quincena de células que lo hacen asemejarse a una mora; de ahí su apelativo de mórula. Las células del centro crecerán para formar el disco embrionario, es decir, el futuro embrión.*

4.ª SEMANA

Es un período de transición entre la formación del embrión (embriogénesis) y la de los órganos (organogénesis) del futuro bebé. Los primeros latidos cardíacos se manifiestan hacia el 23.er día.
El embrión adquiere su forma definitiva: se parece a una judía, con unas yemas que se convertirán en miembros; los órganos empiezan a desarrollarse. El embrión flota en medio de la cavidad amniótica, unido a la parte externa del huevo por el cordón umbilical, que se está formando.
Al final de este primer mes, el embrión mide 5 mm.

6.ª semana: *El embrión flota en el saco que contiene el líquido amniótico. En este estadio mide 1,5 cm. Cuando se ve de espaldas, se distingue claramente la médula espinal.*

EL 2.º MES

Del embrión al feto.

5.ª-6.ª SEMANAS

Se forman los dientes. El corazón se ha hecho tan grande que forma una pequeña protuberancia; se dibujan las cuatro cavidades cardíacas. Se desarrollan el estómago, el intestino, el páncreas y el aparato urinario.

7.ª-8.ª SEMANAS

Se individualizan los dedos de la mano y el pie, y los diversos segmentos de los miembros. Se empiezan a formar las glándulas sexuales. Paralelamente, se constituyen los músculos y los nervios, al igual que la médula ósea. Los elementos de la cara se ven con mayor nitidez: dos pequeñas prominencias corresponden a los ojos; dos hoyuelos, a las orejas; y una pequeña abertura, a la nariz y la boca. Al final de este segundo mes acaba el período embrionario; cuando han aparecido los distintos esbozos de órganos, el embrión toma el nombre de *feto*. Al final de esta fase, lo que todavía no es más que un embrión mide entre 3 y 4 cm y pesa de 2 a 3 g.

7.ª semana: *El embrión mide 2,5 cm. Los miembros y los dedos se individualizan. Los elementos que van a constituir la cara aparecen más claramente: se distingue en esta imagen la protuberancia de la oreja y el ojo derechos.*

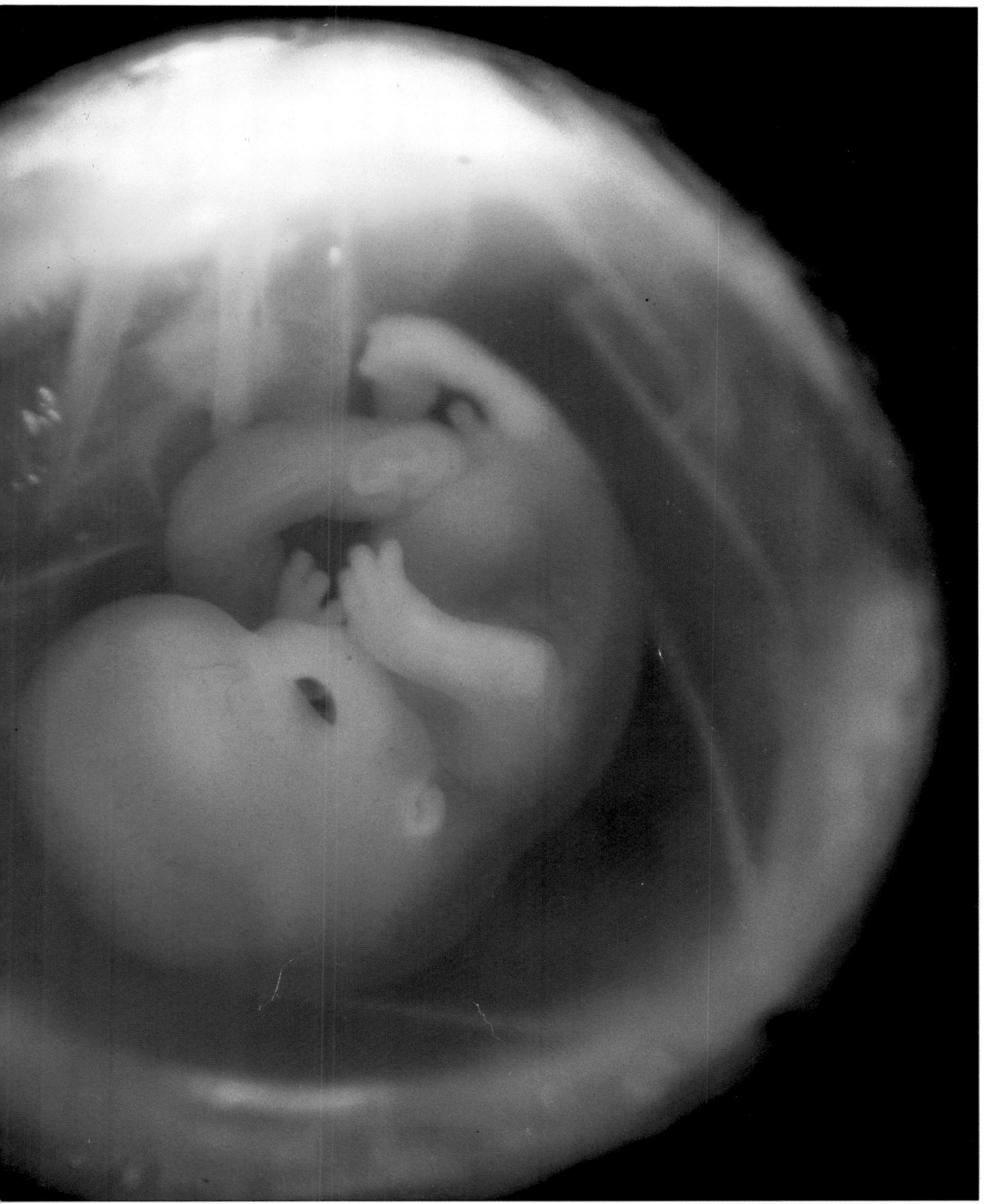

El 3.er mes

¿Es niño o niña?

9.ª-10.ª semanas
El hígado se ha desarrollado considerablemente; aparecen los riñones definitivos y el feto empieza a verter orina en el líquido amniótico. La cara se ve muy bien porque la cabeza se ha enderezado y, progresivamente, adquiere una forma más «humana»: el rostro está casi constituido. Los ojos, que estaban muy separados y situados a cada lado de la cabeza, están ahora de frente, recubiertos por los párpados; se dibujan los labios; y las orejas son como dos pequeñas ranuras. Los miembros se alargan, en especial los brazos.

11.ª-12.ª semanas
Aparecen los primeros huesos. El feto ha empezado a moverse, aunque tan débilmente que la madre todavía no puede notarlo. Se trata de movimientos no relacionados con ningún tipo de estímulo. Sin embargo, gracias al estetoscopio de ultrasonidos, los padres pueden oír los latidos del corazón de su futuro bebé. A lo largo de este mes se diferencian los órganos sexuales: los órganos sexuales masculinos se hacen patentes, aunque no sean visibles en la ecografía.

13.ª semana
Ya se puede medir la cabeza por medio de ultrasonidos. A partir de esta medición se calcula, con un margen de error de algunos días, el final del embarazo (y por tanto la fecha teórica del parto). El feto mide ahora 12 cm desde la cabeza hasta los talones y pesa 65 g.

El 4.º mes

Visible en la ecografía.

14.ª-15.ª semanas
Empieza a desarrollarse el sentido del tacto: por ejemplo, ya se han formado los receptores de la sensibilidad cutánea de los dedos. El aparato gustativo también empieza a funcionar y el feto se familiariza con el sabor del líquido amniótico en el que flota y que absorbe por la piel o tragándolo. La cabeza tiene un aspecto menos desproporcionado con respecto al resto del cuerpo. Las manos están completamente formadas.

16.ª-18.ª semanas
La piel ya no es tan fina, aunque sigue siendo transparente y deja ver los vasos sanguíneos. El cabello crece. Los músculos se fortalecen y los movimientos son más vigorosos: la madre empieza a sentirlos. Pero el esqueleto todavía no está osificado del todo. Para muchos padres, este 4.º mes es también el momento de una revelación: pueden ver a ese hijo del que habían oído los latidos, e incluso también pueden apreciar cómo se mueve gracias a la ecografía. Al final de este 4.º mes, el feto mide casi 20 cm y pesa 250 g.

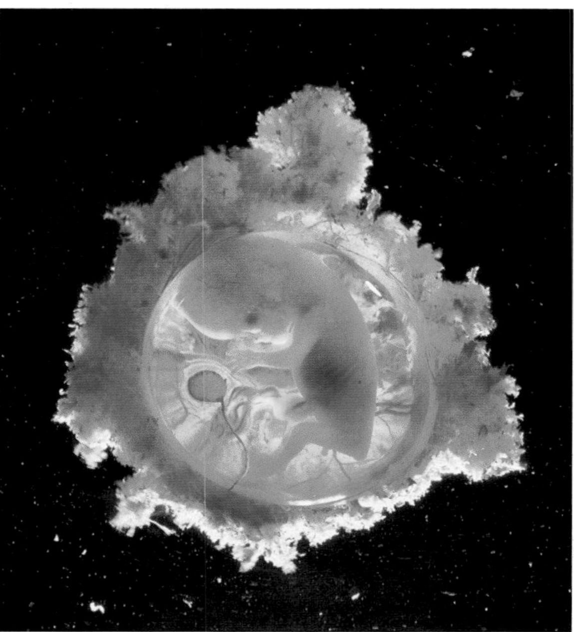

3.er mes: *El embrión se ha convertido en feto. El feto está bien instalado en la cavidad del útero. Sus órganos están ahora en su sitio y las diferentes funciones fisiológicas, listas para desempeñar su papel.*

4.º mes: *Las manos están completamente formadas. Se desarrolla el sentido del tacto. Si el feto toca el cordón umbilical con las manos, reacciona a ese contacto alejándose del «objeto» que ha encontrado.*

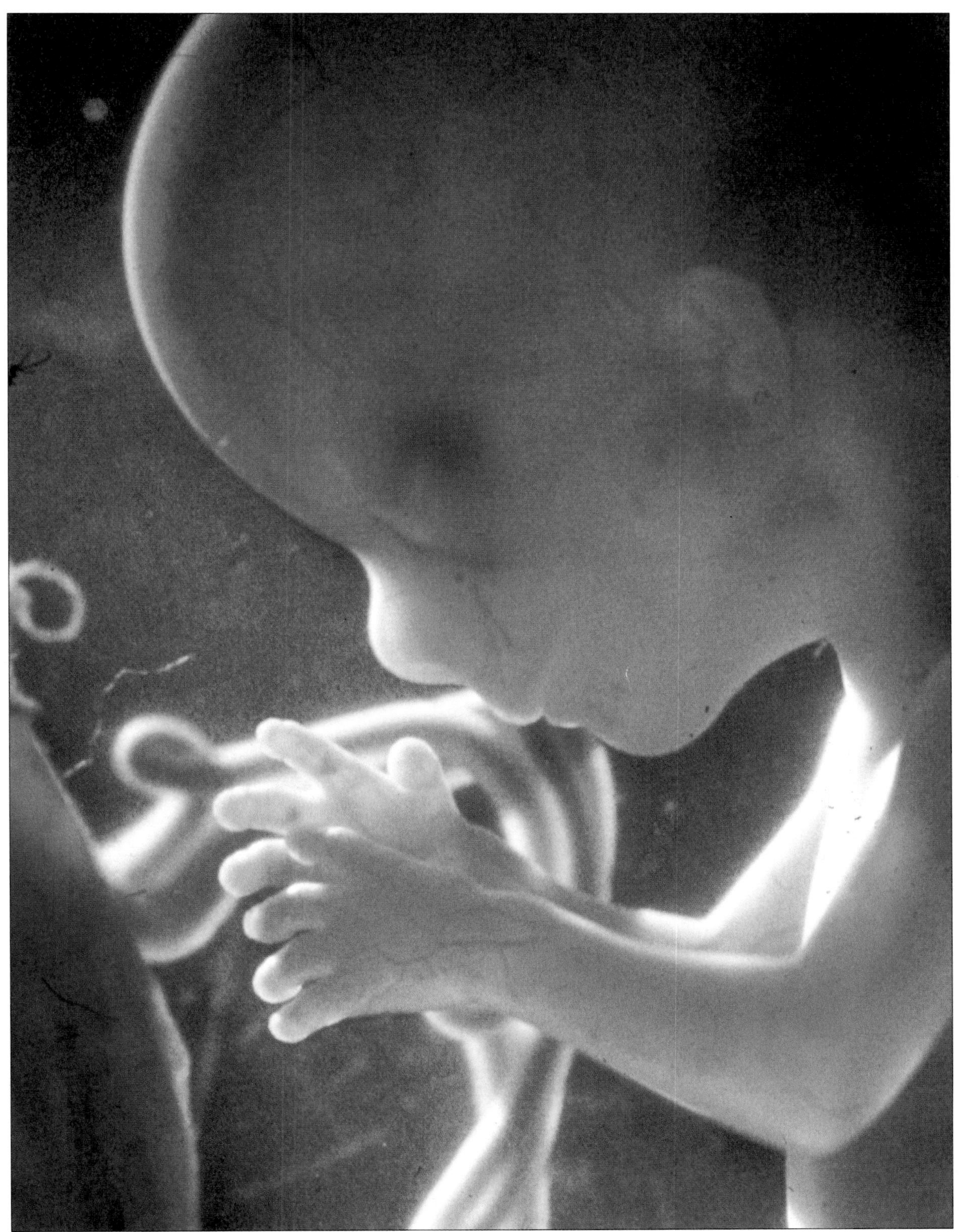

El 5.° mes

Se mueve mucho.

19.ª-20.ª semanas
Si se trata del primer hijo, ahora la madre siente cómo se mueve. Basta con un estetoscopio obstétrico para oír los latidos del corazón. La multiplicación de las células nerviosas ha llegado a su fin y, a partir de esta semana, el cerebro crecerá unos 90 g aproximadamente cada mes.

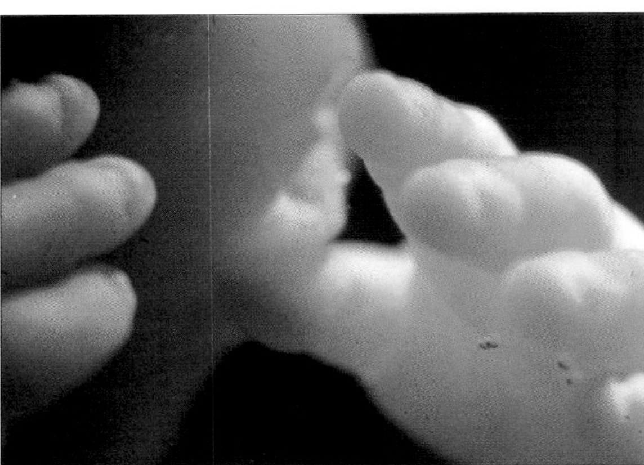

5.° mes: *El feto no se aleja ya de lo que toca con las manos (o los pies), como hacía unas semanas antes. Por el contrario, al contacto de sus manos suele abrir la boca e introducir el pulgar.*

21.ª-23.ª semanas
La piel sigue estando arrugada ya que todavía no contiene grasa, pero tiene un color menos rojizo. Hay más cabello en la cabeza.
En el extremo de los dedos, ya hay huellas digitales y uñas. La evolución del aparato respiratorio sigue su curso normal.
La diferenciación sexual ya es completa. El futuro bebé mide 30 cm y pesa 650 g.

El 6.° mes

Casi podría vivir fuera del seno materno.

24.ª-25.ª semanas
El feto sigue moviéndose mucho: de 20 a 60 movimientos cada media hora, lógicamente con variaciones a lo largo del día, ya que tiene fases de vigilia y de sueño, y empieza a reaccionar a los ruidos exteriores. Su cara se afina: se ven las cejas, el perfil de la nariz es más claro, las orejas son más grandes y se destaca el cuello.
A menudo, se chupa el pulgar. A veces, tiene hipo.

26.ª-27.ª semanas
Los pulmones alcanzan un estadio de desarrollo importante, aunque no estarán totalmente listos para funcionar hasta el final del 8.° mes. Si el bebé naciese de forma prematura, quizá podría sobrevivir, pero las posibilidades serían mínimas. Ahora mide 37 cm y pesa 1 kg.

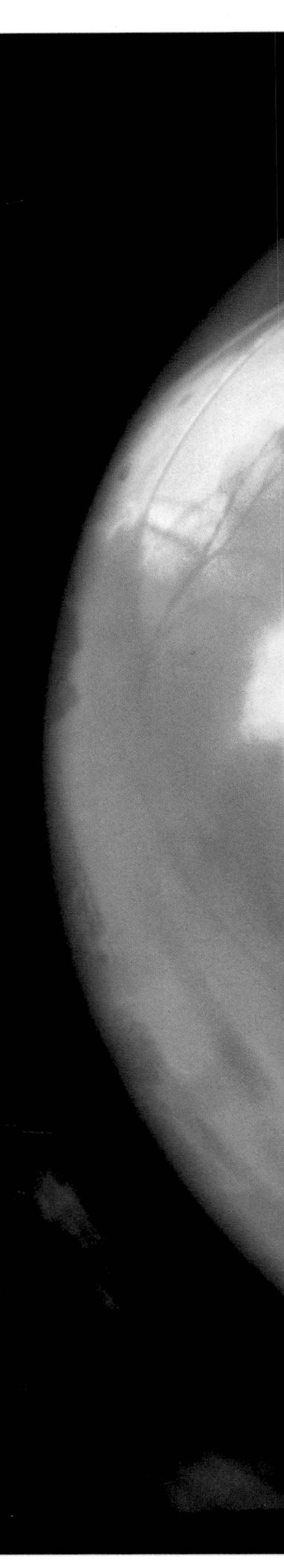

5.° mes: *Desde hace más de un mes, los órganos genitales se han diferenciado. Los órganos externos masculinos se ven ya con claridad. Durante el mismo período, el peso del futuro bebé se ha multiplicado por cinco y su altura se ha doblado: ahora mide 24 cm. La cabeza está menos desproporcionada con respecto al resto del cuerpo. Cada vez se mueve más.*

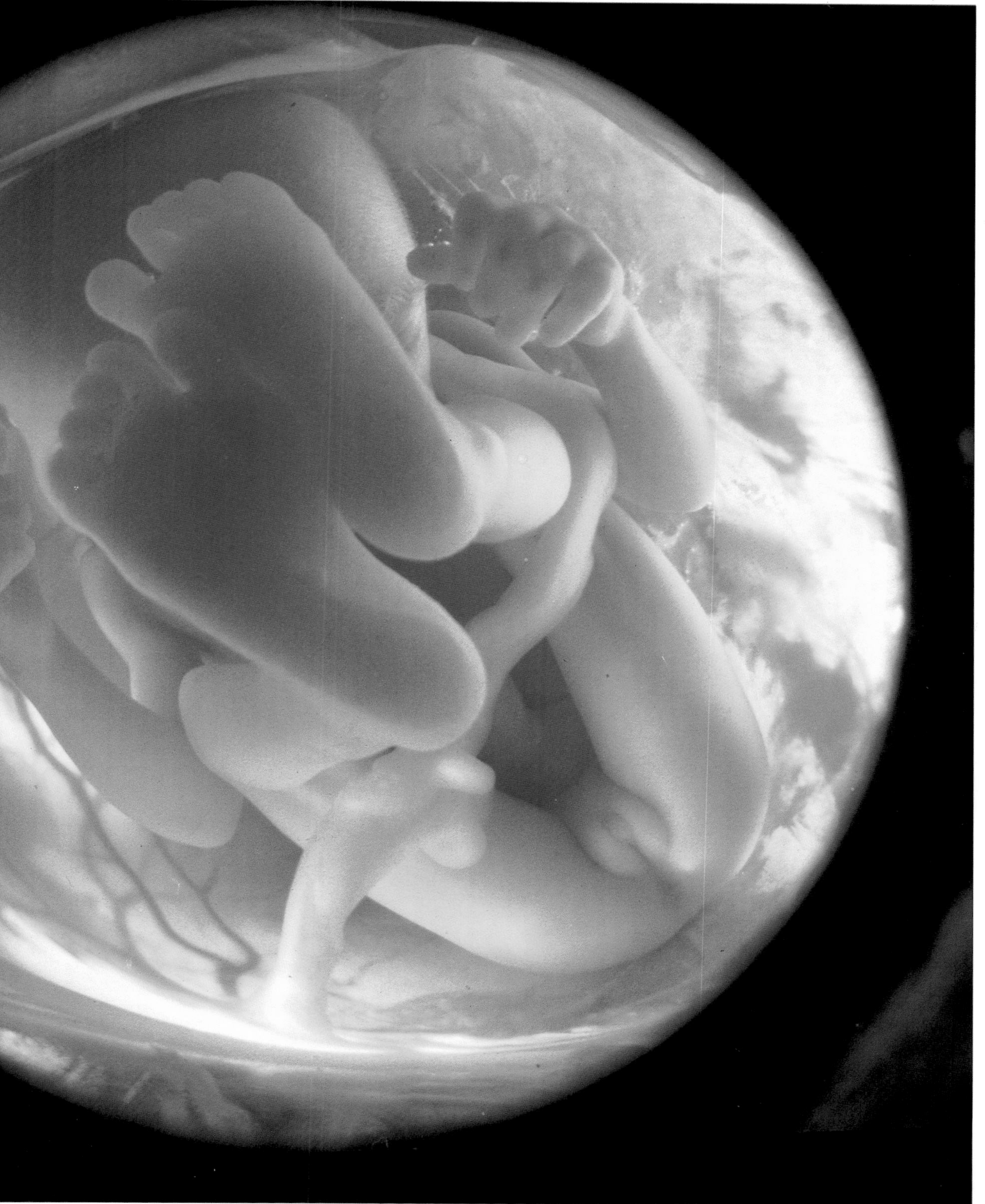

El 7.º mes

Oye.

28.ª-29.ª semanas
Los movimientos respiratorios del feto son cada vez menos desordenados. Los ojos ya se abren por completo. El estómago y el intestino funcionan; los riñones están casi acabados, aunque no estarán del todo preparados hasta después del parto.
El oído definitivo ya está en su sitio desde el final del 6.º mes y el feto es sensible a los sonidos y lo manifiesta: se sobresalta con los ruidos de las puertas que se cierran de golpe, se agita o se calma según la música que escuchan sus padres...

30.ª-31.ª semanas
El futuro bebé ha crecido tanto que el útero le empieza a resultar algo estrecho: se mueve mucho menos. Al final de este 7.º mes, mide 42 cm y pesa 1,5 kg o algo más.

6.º-7.º mes: *Ya se chupa el pulgar: un gesto reflejo que persistirá después del nacimiento. Aunque el tacto es el primer sentido que se ha desarrollado, ahora todos los órganos sensoriales del futuro bebé están despiertos. Es capaz de oír. Reacciona mediante movimientos a gran variedad de ruidos exteriores: portazos, voz de la madre o el padre, que naturalmente le llegan deformadas, pero que parece distinguir en el medio ya de por sí muy sonoro en que se baña...*

El 8.º mes

Termina de prepararse.

32.ª-33.ª semanas
Suele ser el momento que elige el feto para adquirir la posición definitiva para el parto; la mayoría de las veces, con la cabeza hacia abajo y las nalgas arriba. Los huesos siguen alargándose y ensanchándose. El futuro bebé traga mucho líquido amniótico y orina mucho.

34.ª-35.ª semanas
La placenta ha adquirido dimensiones importantes a causa del enorme volumen de lo que el feto absorbe y de los desechos que elimina.
El niño mejora su aspecto: una pequeña capa de grasa cubre la piel; poco a poco, el vello va siendo sustituido por una capa protectora, llamada vérnix caseosa, que, también desaparecerá.
El futuro bebé pesa 2,5 kg y mide 47 cm.

El 9.º mes

Va a nacer.

36.ª-37.ª semanas
La piel está lisa.
La capa de vérnix se ha desprendido parcialmente y flota en el líquido amniótico.
El cráneo todavía no está del todo osificado: las dos fontanelas, espacios membranosos que hay entre los huesos, se cerrarán algunos meses después del nacimiento.

38.ª-39.ª semanas
El futuro bebé dedica estas últimas semanas, sobre todo, a fortalecerse y ganar peso, y a crecer. Casi no se puede mover y seguramente estará encantado de poder salir. Al final de este mes pesa por lo general unos 3 kg y mide 50 cm.

8.º mes: *El bebé ha engordado y ha crecido mucho. Ocupa casi todo el espacio disponible, se encuentra cada vez más estrecho y tiene dificultades para moverse. Dentro de poco estará más a sus anchas, fuera de este medio líquido.*

Del embrión al bebé

	Peso	Tamaño
1.er mes		5-7 mm
2.º mes	2-3 g	30-40 mm
3.er mes	65 g	12 cm
4.º mes	250 g	20 cm
5.º mes	650 g	30 cm
6.º mes	1 kg	37 cm
7.º mes	1,5 kg	42 cm
8.º mes	2-2,5 kg	47 cm
9.º mes	3 kg	50 cm

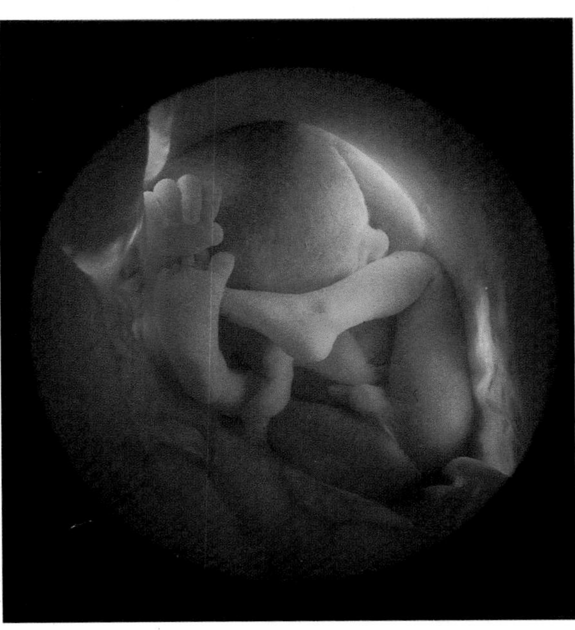

La vida del futuro bebé en el útero

Durante los nueve meses que pasa dentro del útero de la madre, el futuro bebé se desarrolla de forma extraordinaria: nunca más, después del nacimiento, el ser humano experimentará tales transformaciones.

LA PLACENTA: UN FILTRO MÁS QUE UNA BARRERA

Cuidado: casi todos los medicamentos atraviesan el filtro placentario. La placenta tampoco protege completamente al feto de los virus, bacterias o parásitos que pueden provocar una infección. No obstante, este traspaso no es automático y el peligro depende del estadio del embarazo y del seguimiento médico. En todos los casos, consulte con su médico y nunca tome medicamentos sin su consejo.

En la actualidad, se sabe mucho más que hace unos años sobre cómo se forman y empiezan a funcionar los principales órganos del bebé. Sin embargo, quedan muchos interrogantes por contestar. Los mecanismos que intervienen son bastante complejos. Algunos, como los que permiten alimentarse al futuro bebé, requieren órganos particulares, como la placenta, que son indispensables en el embarazo y sólo existen durante ese período. Los medios de que disponemos hoy en día, en especial la ecografía, demuestran que, bajo formas imperceptibles para la madre, el embrión manifiesta una importante actividad desde el principio del embarazo.

Hacia el 4.° mes, la madre empieza a notar que el niño se mueve. Las famosas «pataditas» serán quizá para ella la verdadera señal de que vive y crece un niño en su interior. Estos movimientos son la demostración de una vitalidad que se ha iniciado mucho antes de que la madre pueda darse cuenta. Los movimientos del cuerpo y los latidos del corazón traducen también el despertar de los sentidos del feto y su actividad dentro del útero, incluso aunque en los dos últimos meses del embarazo tendrá que portarse mejor por falta de espacio.

Primero, se alimenta

Para desarrollarse, el futuro bebé necesita «alimentos» y oxígeno; a medida que se forma, el organismo también tiene que deshacerse de residuos que hay que eliminar. Estos intercambios se operan con el cuerpo de la madre, al que el feto está conectado mediante unos «anexos»: la placenta y el cordón umbilical, a los que hay que añadir el saco amniótico (o bolsa de las aguas), es decir, las membranas y el líquido que rodean al feto. Estos anexos, que se han formado después de la fecundación, se eliminarán (después del nacimiento del niño) en el momento del parto llamado alumbramiento –salvo el líquido amniótico, que se evacua antes del nacimiento.

El líquido amniótico: el medio en el que vive el niño

A medida que aumenta de volumen, el embrión se aleja de la zona de implantación en la pared del útero. Al mismo tiempo, se forma una cavidad a su alrededor: es lo que vulgarmente se llama *bolsa de las aguas*. Rápidamente, dicha bolsa se llena de líquido. También aumenta de tamaño y acaba por ocupar completamente el útero hacia la 10.ª semana. El futuro bebé permanecerá en esta cavidad durante los nueve meses de gestación, flotando en el líquido amniótico (que toma su nombre de la membrana que lo rodea, el *amnios*).

El líquido amniótico desempeña varias funciones: mantiene al feto a temperatura constante, le permite moverse, lo protege de los golpes y de los microbios que podrían llegar del exterior por la vagina;

también aporta al niño agua y sustancias nutritivas que el feto absorbe a través de la piel o tragándolas. El feto elimina parte de este líquido cuando orina. El líquido amniótico se renueva constantemente. El estudio de su color y de las sustancias que contiene sirven para conocer el estado de salud del feto (*véase* pág. 50).

Pero el bebé se alimenta principalmente con los elementos que transporta la sangre de la madre y que llegan por el cordón umbilical, a través de la placenta.

La placenta

Placenta significa en latín «torta». En efecto, este órgano tiene la apariencia de una torta, pegada al útero, con dos caras. Una de las caras proviene de la transformación de la mucosa del útero en la zona donde se implantó el huevo (generalmente, en el fondo del útero), y la otra procede del embrión. El cordón umbilical, que une el embrión con la placenta está fijado a esta «cara fetal». El cordón contiene tres vasos sanguíneos: dos arterias para la circulación de la sangre del feto hacia la placenta y una vena para la circulación de la sangre de vuelta hacia el feto.

• **Una zona de intercambios entre madre e hijo.** Justo al principio del embarazo, el huevo está envuelto por una capa de células llamada *trofoblasto*: es la futura placenta. Estas células, que garantizan la nidación del huevo en el útero, se introducen en la mucosa uterina. Allí, proliferan y producen múltiples brotes. Así se forma una especie de árbol frondoso, con ramas muy enmarañadas que se dirigen hacia los vasos sanguíneos que irrigan el útero de la madre. La sangre del feto, por su parte, irriga los miles de pequeñas yemas situadas en el extremo de las ramas. Los intercambios (*véase* más abajo) se verifican entre ambos lados de las paredes de las yemas, sin que las dos sangres se mezclen.

La placenta se constituye entre la 4.ª semana y el 4.º mes del embarazo: está bien delimitada a partir del 3.er mes y los intercambios con el feto no están del todo establecidos hasta el inicio del 4.º mes. Luego, la placenta crece paralelamente al desarrollo del útero. Al final, se parece a un disco esponjoso de 20 cm de diámetro y 3 cm de grosor, y pesa de 500 a 600 g aproximadamente.

• **Una «torta» muy nutritiva para el feto.** Durante mucho tiempo se pensó que las circulaciones sanguíneas del feto y de la madre estaban en comunicación. Sin embargo, los fisiólogos han demostrado que existe una independencia absoluta entre las dos circulaciones y han definido el papel de la placenta como el de un filtro especializado situado entre la madre y el feto.

Posición del bebé en el útero

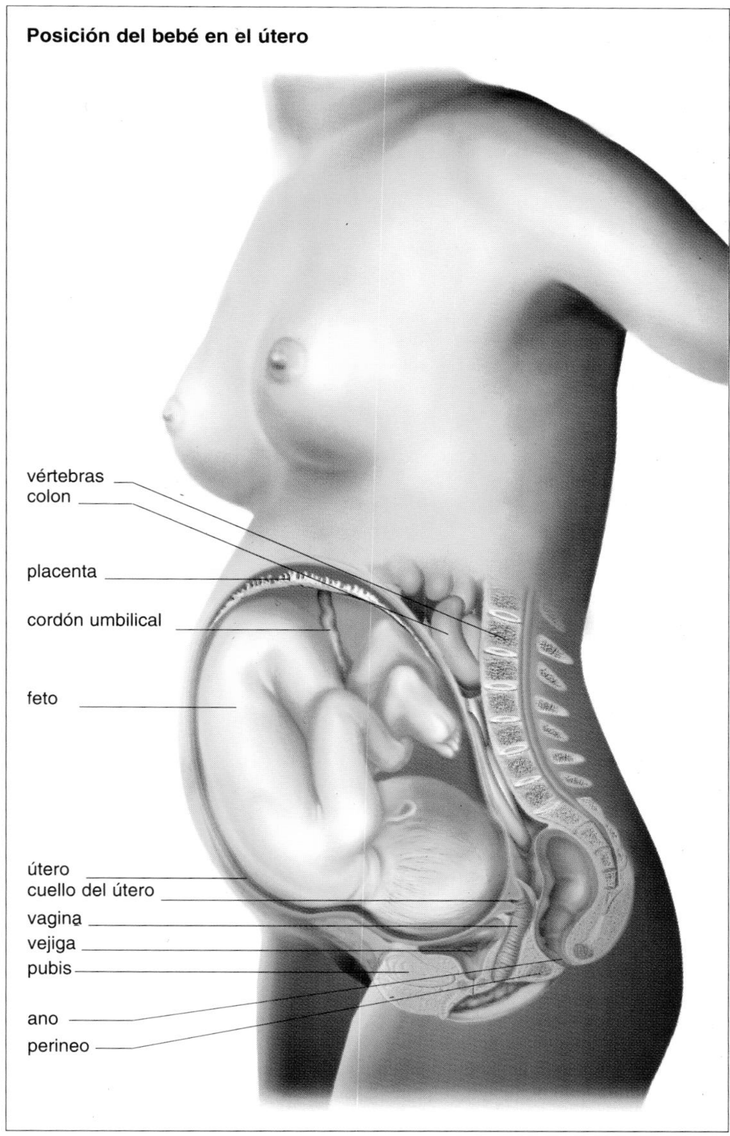

La sangre de la madre llega a la placenta por las arterias del útero. Las sustancias nutritivas y el oxígeno que transporta atraviesan el filtro placentario y, a través de la vena umbilical, llegan hasta el feto. La sangre del feto llega a la placenta por las arterias umbilicales. Está cargada de desechos y de dióxido de carbono que atraviesan el filtro placentario para pasar a la sangre materna. El organismo de la madre se encarga de eliminarlos (por los riñones y los pulmones), ya que los pulmones del feto sólo funcionan después del parto.

Los intercambios que se realizan en la placenta afectan principalmente y sobre todo al oxígeno y el dióxido de carbono, al agua, a las sales minerales y a los alimentos. Pero estos intercambios, que no siempre se operan en ambos sentidos, son selectivos. Por ejemplo, los iones (hierro, zinc, magnesio, cobre, yodo) y algunas vitaminas (B, C) atraviesan con facilidad la placenta; otras vitaminas (A, D, E, K) y los lípidos (grasas) sólo pasan en pequeñas cantidades.

La placenta no es sólo el órgano donde tiene lugar este mecanismo de intercambios vitales; también tiene otras misiones, algunas de las cuales todavía no se conocen muy bien: produce, por ejemplo, las hormonas necesarias para el buen desarrollo del embarazo y del feto. El organismo de la madre puede, sin duda, tolerar ese «injerto» que es el feto gracias esencialmente a la placenta.

Se mueve mucho

La primera «actividad» que tendrá el futuro bebé consiste en latidos cardíacos regulares, constantes y rápidos, que se manifiestan por primera vez hacia la 4.ª semana. Desde la 7.ª semana, el embrión se mueve. Primero se trata de vibraciones del cuerpo y de las extremidades y, luego, de ondulaciones o contorsiones del conjunto del cuerpo. Estos movimientos son espontáneos, independientes de cualquier tipo de estímulo. Hacen que el embrión se desplace, aunque de forma imperceptible para la madre; alcanzarán mayor complejidad a partir de la 10.ª semana.

Realiza algunos movimientos imperceptibles y tiene hipo

La ecografía ha permitido observar otros movimientos, más imperceptibles pero igualmente vitales. A partir de la 15.ª semana aparecen los primeros movimientos similares a los de una actividad respiratoria: dilataciones y contracciones de la caja torácica. Irregulares e intermitentes, se ven interrumpidos por suspiros e hipo (movimientos bruscos del tórax y el abdomen del feto). Este hipo, cuya frecuencia será mayor durante el tercer trimestre, es un fenómeno regular y normal; dura de uno a veinticinco minutos y se repite hasta seis veces al día.

Da «pataditas»

Hacia el 3.er mes los músculos y las articulaciones se han desarrollado y el feto puede mover los brazos y las piernas de forma independiente. Aparecen entonces las «pataditas» (para la madre, se tratará más bien de una sensación de roce en el útero). Algunas son rápidas, potentes y súbitas; otras, lentas y como perezosas. La actividad «rápida» se debe a un fuerte impulso que moviliza todo el cuerpo del feto y lo hace cambiar de posición. La actividad «lenta» sólo afecta a una parte del miembro, por ejemplo, la mano. Estos movimientos, que la madre sólo percibirá a partir del 4.º mes (sobre todo entre la 16.ª y la 20.ª semana), se producen regularmente del 5.º al 9.º mes. Su intensidad aumenta hasta el 7.º mes para disminuir después: a partir del 8.º mes, el bebé ha crecido tanto que el útero le resulta demasiado estrecho para poder moverse a sus anchas, aunque sigue moviéndose (*véase* al margen).

En la segunda mitad del embarazo, también se distinguen períodos de intensa actividad y otros de tranquilidad que parecen corresponderse con el sueño del feto. Durante el tercer trimestre, el feto duerme al mismo tiempo que su madre y también mientras ésta hace la digestión. En contrapartida, demuestra una mayor actividad física cuando su madre está sometida a una emoción o tiene estrés. De igual forma, reacciona moviéndose a los estímulos exteriores que llegan hasta sus órganos de los sentidos, como un portazo, moviéndose.

Vigile los movimientos del feto

Al final del embarazo, es normal que no perciba tan a menudo los movimientos activos de su bebé, ya que tiene menos sitio para moverse. Pero debe notar cómo se mueve al menos una vez cada doce horas. Si tiene alguna duda, en especial a lo largo de los dos últimos meses, no vacile en ir a la maternidad: los latidos de su corazón tranquilizarán a todo el mundo.

Sus sentidos despiertan

Hasta el final del siglo XIX se creía que los bebés eran ciegos y sordos cuando nacían. Hoy en día, se sabe que el feto dispone de sorprendentes dotes sensoriales al menos desde el 6.° mes de embarazo. Durante estos últimos años, varios estudios y experimentos han demostrado estas aptitudes precoces, que permiten al feto percibir estímulos y manifestar su sensibilidad a los ruidos, al tacto, al calor, a la luz, a los sabores...

Los descubrimientos más recientes nos hacen pensar que ciertas reacciones y actitudes que tiene el bebé cuando nace sólo son el reflejo de la historia de su vida fetal. Al parecer, el recién nacido guarda en su cuerpo la «memoria» de las sensaciones percibidas en el vientre de su madre.

Aguza el oído

Desde el punto de vista anatómico, el oído interno del feto está totalmente desarrollado a partir de la mitad del embarazo. ¿Quiere decir esto que el feto oye desde entonces todo lo que pasa a su alrededor? Aunque la función auditiva ha sido, sin duda, la más estudiada, las opiniones siguen siendo divergentes: ¿a partir de qué momento oye el feto?, ¿qué oye exactamente?

Lo cierto es que el bebé reacciona dentro del útero a una gran variedad de sonidos. No olvidemos que se encuentra en un medio que es muy sonoro por naturaleza: latidos del corazón de su madre, ritmo del flujo sanguíneo en su propio cordón umbilical o borborigmos en el intestino materno.

También se ha podido comprobar que el bebé percibe, al menos en los últimos tres meses del embarazo, ruidos exteriores como los portazos, la voz de su madre o de su padre, la música que escuchan... y que reacciona a esos estímulos por medio de movimientos. Incluso, responde a sonidos de frecuencia demasiado alta (por ejemplo, ultrasonidos) o demasiado baja para una oreja adulta.

Unas semanas o meses más tarde, el recién nacido se calmará cuando se acurruque contra el «corazón» de su madre: quizá porque recupera el recuerdo de los latidos escuchados cuando estaba en el útero.

Aprecia las caricias

Al igual que en todos los órganos de los sentidos, en la piel hay elementos especialmente sensibles a los estímulos: son los receptores de la sensibilidad cutánea. En el futuro bebé, estos receptores aparecen muy pronto (a las 8 semanas, en lo que se refiere a los de la boca y de la cara, a las 11 en los dedos) para alcanzar el nivel máximo de sensibilidad a partir del 6.° o 7.° mes.

Las reacciones provocadas por los estímulos del sentido del tacto evolucionan a medida que el feto se va desarrollando. Al inicio del embarazo, el feto tiene tendencia a alejarse de lo que toca con las manos o los pies: las paredes del útero, el cordón umbilical o algunas partes de su propio cuerpo. Si llega a tocar uno de esos «objetos», por ejemplo, con la planta de los pies, dobla los dedos y sube las rodillas.

Al contacto de las manos, la boca se abre, pero entonces gira la cabeza. Por el contrario, a partir del 6.° o 7.° mes, acercará la cabeza a las manos, meterá el pulgar en la boca y se lo chupará (un gesto reflejo que persiste después del nacimiento).

También reacciona claramente cuando se palpa o acaricia el vientre de la madre. Un método particular de preparación al parto, la haptonomía (*véase* pág. 102), utiliza estas posibilidades de contacto para desarrollar la comunicación entre la madre –y el padre– y el bebé que está en el útero.

Se considera que estas «caricias afectivas» pueden incluso desempeñar un papel importante en el desarrollo del futuro recién nacido (maduración del sistema nervioso durante el período fetal o relaciones posteriores del bebé con su madre).

Es más sensible al dolor que al frío

El feto no es sólo sensible a las caricias, como lo demuestra la intensidad de sus reacciones durante una intervención médica o quirúrgica practicada en el útero. Por ejemplo, cuando es necesario poner

---

Para evaluar el bienestar del futuro bebé

Los movimientos del embrión y del feto son «respuestas» a los estímulos internos o externos, y los ruidos de su corazón traducen directamente su estado. Estudiar el comportamiento del futuro bebé durante el embarazo es una buena forma de evaluar su desarrollo muscular y su madurez neurológica. Por este motivo, para apreciar el estado de salud del feto, lo que los médicos llaman el «bienestar fetal», se recurre principalmente a la vigilancia de la actividad física y los latidos del corazón. También se controlará sistemáticamente el ritmo cardíaco durante el parto, generalmente con un sensor fijado a un cinturón que se coloca alrededor del vientre de la madre.

una inyección en el abdomen para una transfusión sanguínea, se provoca claramente una sensación de dolor. Lo mismo ocurre cuando se efectúan manipulaciones *in utero*: entonces se observan modificaciones del ritmo cardíaco que podrían ser el reflejo de la incomodidad que experimenta el feto.

El feto es, sin embargo, poco sensible a las variaciones de la temperatura externa, ya que se atenúan ampliamente con el sistema de regulación térmica del cuerpo de la madre y con el líquido amniótico en el que flota el bebé. No obstante, se mueve más cuando el útero está expuesto a un calor intenso, por ejemplo, de un foco –reacción confirmada por el hecho de que, a la inversa, un recién nacido que tiene frío pierde su tono muscular (sufre «hipotonía»).

¿Cuándo empieza a ver, oír y oler el futuro bebé?

Algunos órganos de los sentidos funcionan desde el segundo trimestre del embarazo, aunque el despertar de los sentidos se produce durante el tercer trimestre.

Final del 3.er mes: el tacto y el gusto

Parece ser que el tacto es el primer sentido que aparece. Los receptores de la sensibilidad cutánea de los dedos, por ejemplo, están dispuestos desde el final del 3.er mes. Hacia la mitad del embarazo, los movimientos de respuesta del feto a las caricias del vientre de la madre son una demostración de su gran sensibilidad al tacto. También es el momento en el que el futuro bebé se familiariza con el sabor (especialmente los sabores dulces) del líquido amniótico que absorbe: desde el final del 3.er mes, su sistema gustativo está listo para funcionar.

Final del 6.º mes: la audición y la visión

El oído interno del feto está totalmente desarrollado desde la mitad del embarazo y su sistema auditivo funciona con normalidad entre el 6.º mes y medio y el 7.º mes (el nervio auditivo es el único nervio absolutamente funcional a partir de esta edad). Aunque, por supuesto, ¡es inútil intentar enseñarle ya lenguas extranjeras!

Pero, aproveche la ocasión para hacerle oír la voz de su padre. Del mismo modo que sucede con la voz de la madre, estos sonidos le llegan de forma completamente deformada, pero lo estimulan, y quién sabe si después del nacimiento no recordará su eco... En cuanto a los órganos de la vista del feto (especialmente la estructura del ojo), están lo suficientemente desarrollados como para permitirle ver a partir del 7.º mes.

Por el contrario, no se sabe a ciencia cierta desde cuándo posee olfato, aunque es muy probable que el futuro bebé perciba los olores mucho antes de salir al aire libre.

Es capaz de ver

Se sabe que el desarrollo del ojo se inicia en el 18.º día, que los músculos oculares se forman muy pronto y que los ojos del feto se mueven cuando duerme o cambia de posición.

La estructura del globo ocular es definitiva el 7.º mes, momento en el que, además, se abren los párpados. Actualmente, se tiene por tanto la certeza de que el feto –como ocurre en el caso de los hijos prematuros– es capaz de ver a partir de ese 7.º mes.

Pero ¿qué ve? Sin duda, no hay mucho que ver en su limitado campo de visión (que lo seguirá siendo tras el nacimiento, *véase* pág. 141). Sin embargo, los receptores visuales ya parecen ligeramente sensibles a la luz. Por ejemplo, cuando un estímulo es lo bastante intenso y contrastado como para atravesar la pared uterina y el líquido amniótico, como puede ser en el caso del sol o de un potente rayo de luz artificial, el futuro bebé reacciona moviéndose al cabo de algunos segundos.

Ya le gusta el azúcar

El feto se encuentra en un medio que podríamos calificar de «acuático» y es difícil saber qué percibe con la nariz y a qué es sensible su olfato. Pero, teniendo en cuenta la importancia que tienen los olores para el recién nacido (*véase* pág. 200), es fácil imaginar que la función olfativa no está absolutamente ausente en el bebé dentro del útero.

Por el contrario, sus reacciones en materia de gusto se conocen mejor. En este terreno, sus facultades están muy desarrolladas, ya que su sistema gustativo es activo a partir del 3.er mes. Su sensibilidad presenta una preferencia pronunciada por los sabores dulces.

Si, por ejemplo, se inyecta una solución azucarada en el líquido amniótico, el futuro bebé acelera y multiplica los movimientos de deglución (se constata este mismo fenómeno cuando la madre es una mujer diabética, ya que el índice de glucosa del líquido amniótico es también más elevado).

Después del nacimiento, seguirá manifestando una clara preferencia por todo lo dulce (*véase* pág. 200).

El seguimiento del embarazo

Desde el diagnóstico del embarazo hasta la última consulta antes de dar a luz, cada visita al médico es una ocasión para conocer el estado de salud de la futura madre, detectar posibles problemas y también de informarla y aconsejarla, lo que siempre la tranquilizará.

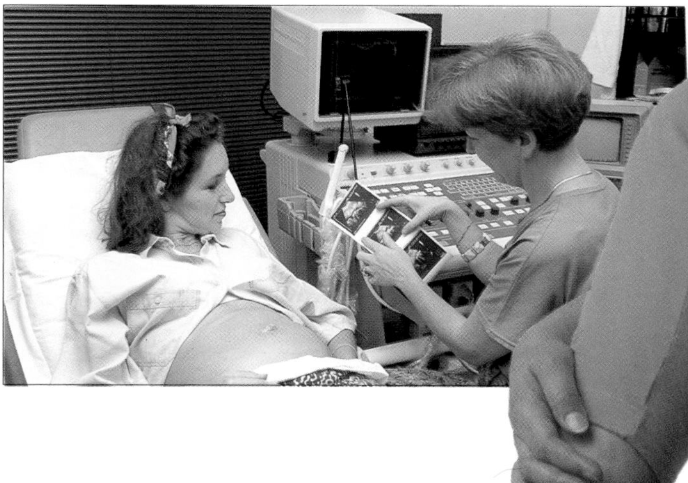

La primera consulta

La primera consulta es un momento esencial para el desarrollo del embarazo. Sirve para diagnosticarlo con certeza, calcular la fecha probable del parto, evaluar el historial médico y solicitar los análisis necesarios.

LOS OBJETIVOS

Diagnosticar el embarazo.
Calcular el final del embarazo.
Explorar su historial médico.
Detectar anomalías actuales.
Evaluar posibles riesgos posteriores.
Precisar la existencia de una enfermedad genética.
Solicitar los análisis complementarios necesarios (orina, sangre, determinación del grupo sanguíneo, etc.).
Informar, aconsejar y tranquilizar a la futura madre.

En principio, el primer reconocimiento prenatal debe realizarse antes del final del primer trimestre, es decir, antes de la 14.ª semana de ausencia de reglas (o amenorrea). Confirma el embarazo y sirve para poner al día el historial médico de la madre y prever el desarrollo de la gestación. También permite definir y prevenir los problemas que podrían requerir una vigilancia médica especial.

Es un buen momento para elegir quién, médico o comadrona, controlará el embarazo y dónde se desea dar a luz.

Varias consultas en una

Sea cual fuere el orden de las preguntas, el médico necesita la ayuda de la madre para poder actuar con eficacia. Para él, esta primera visita representa la posibilidad de conocerla desde el punto de vista médico y personal y, para la madre, la ocasión de hacer balance. El futuro padre no está obligado a acompañarla ni a pasar un reconocimiento médico, pero, si está presente, sus respuestas a las preguntas sobre sus antecedentes –que pueden influir en el futuro bebé– serán de gran ayuda y, por qué no, podrá exponer sus propias dudas.

La vida cotidiana

Lo primero que querrá saber el médico es la edad. Le preguntará la fecha y las características de las últimas reglas y establecerá la fecha previsible del parto (*véase* pág. 18). Le pedirá que le explique sus costumbres personales, profesionales, familiares y otras.

– personales: tabaco, nerviosismo, calidad del sueño, toma de medicamentos, alimentación, etc.;
– profesionales: transportes, cansancio, estrés, horarios, trabajo nocturno, etc.;
– familiares: otros hijos, ayuda en casa, etcétera.

No dude en confiarle las preocupaciones, sean de orden material o psicológico que tenga, al igual que los problemas en el trabajo o una cierta sensación de soledad.

El historial médico

Al margen de las afecciones o enfermedades graves (*véase* pág. 60) y las operaciones que haya podido padecer, la madre tendrá que enumerar los trastornos que sufre en la actualidad; por ejemplo, debe comentar si ha tenido una alergia, un problema ocular, dolores de espalda, migrañas, etc.

• **El historial ginecológico y obstétrico.** Una vez más, tendrá que contestar a una serie de preguntas: ¿la reconoce algún ginecólogo?, ¿cuándo fue la última consulta?, ¿el último frotis?, ¿ha tenido problemas ginecológicos en el pasado?, ¿qué tratamientos siguió?, ¿qué método anticonceptivo usaba antes de quedarse embarazada?

¿Se trata de un primer embarazo? Sobre todo, no se olvide de precisar si ha sufrido una interrupción voluntaria de embarazo o ha tenido un aborto. ¿Tiene hijos? ¿Cómo se desarrollaron sus anteriores embarazos? ¿Los partos? ¿Y después del parto? ¿Les dio de mamar? ¿Cuánto pesaban sus anteriores hijos al nacer? ¿Qué tal están hoy en día?

• **La historia familiar.** También tiene su importancia. Quizá haya oído hablar, en su familia o en la del futuro padre, de una predisposición a una enfermedad de tipo hereditario, como la diabetes o la hemofilia. Si ha consultado a un genetista antes del embarazo, ¿qué recomendaciones le hizo? (*Véase* pág. 16).

Una evaluación de la A a la Z

Ya está usted preparada para la parte más física del reconocimiento médico general. El médico la pesará, determinará su estatura y controlará su presión arterial. A continuación, pasará a la auscultación cardíaca y pulmonar. Pedirá un análisis de sangre para saber el grupo sanguíneo y el factor Rh, al igual que los del futuro padre (*véase*, más adelante, «La cuestión del factor Rh»).

El examen ginecológico

Se realiza sobre una camilla ginecológica, en la que estará tumbada sobre la espalda con las piernas abiertas y los pies sobre los estribos.

El médico empieza por un control del estado de la vulva y de la tonicidad de los músculos del perineo, que sostienen el conjunto cuello-útero-recto-vagina-vejiga; seguirá con la inspección de la mucosa de la vagina y del cuello del útero, que el médico puede ver a través de un instrumento –el espéculo– que introduce en la vulva para separar las paredes de la vagina y poder examinarla con detenimiento. Cuando hay secreciones de color blanquecino, pérdidas de sangre o lesiones visibles, el médico solicitará que se analicen unas muestras para descubrir, por ejemplo, una posible infección.

Seguidamente, el médico hará una palpación o tacto vaginal introduciendo uno o dos dedos enguantados en la vagina para palpar los ovarios y el útero desde dentro. De esta forma evaluará las modificaciones que ha experimentado este último, sabrá si se ha redondeado y flexibilizado y en qué proporción ha crecido, con lo que podrá comunicarle aproximadamente la edad del embrión o del feto. Para finalizar, realizará un reconocimiento de los pechos y de los pezones.

El diagnóstico del embarazo

En algunos casos es difícil estar seguro de que una mujer está realmente embarazada: si tiene ciclos irregulares y es difícil calcular un retraso de la regla; si se ha quedado embarazada justo después de dejar de tomar un anticonceptivo oral; si el retraso de la regla es demasiado corto para ser significativo o si la interpretación de los síntomas clínicos es errónea debido a una razón especial (retroversión uterina, fibroma, obesidad).

En estos casos, solamente un diagnóstico biológico del embarazo –análisis hormonal de la sangre–, prescrito por el médico, podrá confirmar o descartar el embarazo.

Los exámenes complementarios

En según qué países, algunos exámenes son sistemáticos, mientras que otros sólo se recomiendan. Sea como fuere, todos tienen su importancia para que el seguimiento del embarazo se efectúe en las mejores condiciones y se pueda prevenir cualquier problema.

La exposición al dietilestilbestrol

Entre 1965 y 1975, se llegó a recetar de manera casi habitual a las mujeres embarazadas un medicamento para prevenir los abortos durante el 1.er trimestre: se trata del dietilestilbestrol. Este producto se retiró del mercado en 1975, cuando se descubrió que las niñas que habían estado expuestas al mismo en el útero de su madre podían presentar posteriormente ciertas anomalías en el aparato genital.

Estas anomalías son responsables de esterilidad, abortos espontáneos durante los dos primeros trimestres del embarazo, una tasa de embarazos extrauterinos superior a la media, un riesgo de parto prematuro multiplicado por dos y un significativo riesgo de padecer cáncer del cuello del útero. Por lo tanto, si usted nació en esa época, intente averiguar, preguntando a su madre o a su ginecólogo, si ha estado expuesta al dietilestilbestrol durante su propia gestación, ya que entonces convendría que fuera vigilada con especial atención. Si lo sabe, el médico podrá diagnosticar lo antes posible un embarazo extrauterino, vigilará el estado del cuello del útero con regularidad, para detectar una amenaza de parto prematuro, y prescribirá reposo, incluso hospitalización a domicilio si el riesgo es grave. Si las modificaciones del cuello uterino son importantes, puede que efectúe un «cerclaje» al principio o durante el embarazo: esta operación consiste en cerrar el cuello del útero con un hilo; la realiza el tocoginecólogo, la mayor parte de las veces con anestesia general y no suele requerir más de un día de hospitalización (*véase* pág. 45).

• **Los exámenes más frecuentes:**
– análisis de sangre para obtener un recuento celular (hemograma) y determinar los niveles de hemoglobina y de azúcar (glucemia), conocer el grupo sanguíneo y el factor Rh, así como detectar niveles de aglutininas anormales (*véase* más adelante);
– análisis de orina que incluya una determinación de la presencia de albúmina o de azúcar;
– pruebas serológicas para determinar la exposición previa o el padecimiento actual de algunas enfermedades infecciosas, como la rubéola, la toxoplasmosis (enfermedad parasitaria que se contrae al comer carne cruda y que muchas veces transmiten los gatos; *véase* pág. 54), la sífilis o la hepatitis vírica;
– pruebas específicas para diagnosticar la infección por el virus del sida si hay antecedentes de situaciones personales o médicas de riesgo (mujeres casadas con hemofílicos, mujeres emigradas de África ecuatorial y del Caribe, mujeres que tienen muchas parejas sexuales, mujeres cuya pareja es bisexual y mujeres toxicómanas que utilizan jeringuilla; *véase* recuadro);
– un frotis cervical y vaginal si el último se remonta a hace más de un año;
– una ecografía para ver si el embarazo se ha iniciado sin problemas.

Sida y embarazo

El sida (siglas de «síndrome de inmunodeficiencia adquirida») es una enfermedad vírica que se transmite por vía sexual o sanguínea. El embarazo no parece tener ninguna incidencia sobre el desarrollo de la enfermedad en una mujer embarazada seropositiva (es decir, portadora del virus sin que presente ningún síntoma de la enfermedad). Por el contrario, en menos de un 10% de los casos, el virus se transmite al feto durante el embarazo.

Las consecuencias para el niño
Los conocimientos actuales no permiten todavía saber por qué se transmite el virus sólo en ciertos casos. Además, es imposible comprobar durante el embarazo si el feto está o no infectado.
La punción de sangre fetal está, en estos casos, completamente contraindicada, ya que se correría el peligro de inocular el virus a un bebé seronegativo. Sólo un porcentaje de los niños que nacen seropositivos desarrollan la enfermedad en los dos primeros años de vida. En cuanto al resto, los especialistas no tienen todavía suficientes datos para juzgar la evolución de su estado.

Lo que se puede hacer hoy en día
Cuando se descubre que una mujer es seropositiva al principio del embarazo, se le informa de los riesgos y ella puede llegar a decidir interrumpir su embarazo en cualquier momento. Si prefiere seguir con la gestación, será objeto de una vigilancia médica y obstétrica en la que interviene un médico especialista en enfermedades infecciosas. Además, se administra un tratamiento de carácter preventivo durante el embarazo y el parto para minimizar los riesgos de transmisión materno-fetal. Durante el parto, se refuerzan las medidas higiénicas.
Un equipo pediátrico se hace cargo del recién nacido. La lactancia está contraindicada. La madre, lógicamente inquieta, también necesitará una ayuda psicológica adecuada.

Los controles posteriores

Puede que después de esta primera consulta y de someterse a todas las pruebas solicitadas queden en su poder resultados de análisis, informes u otra documentación: asegúrese de guardar todo muy bien, ya que tendrá que pasar otros reconocimientos médicos en los que serán de utilidad. No considere que se trata de visitas puramente de rutina. Cada una tiene su importancia aunque todo sea siempre normal. En cualquier momento se podría detectar una anomalía que requiriese tratamiento o, incluso, un ingreso en el hospital.

Entre dos visitas, anote las preguntas que le surjan y confíe a su médico o comadrona todas sus inquietudes, aunque no le parezcan «razonables». No vacile en solicitar una consulta si detecta el más mínimo problema antes de la fecha establecida para la siguiente visita.

Después de la primera visita, quizá se pregunte quién está mejor preparado para llevar el seguimiento de su embarazo: su médico de cabecera, una comadrona, el tocoginecólogo, ¿por quién decidirse? Su elección no será la misma si vive lejos de un centro hospitalario, si tiene a su disposición los especialistas necesarios o si vive cerca de una maternidad. Exponga estas cuestiones a su médico de cabecera, quien la ayudará a analizar las distintas opciones y tal vez pueda aconsejarla un tocoginecólogo o una comadrona adscritos al servicio de maternidad. Si el seguimiento lo hace al margen del sistema sanitario público, inscríbase desde el principio del embarazo en la maternidad en la que tiene previsto dar a luz (algunas, por cierto, lo exigen). De esta forma tendrá un historial y podrá visitar a los médicos y las comadronas para hacer el seguimiento del embarazo. En todos los casos, hay que solicitar una pronta consulta médica si se detecta una anomalía en el desarrollo de la gestación.

La cuestión del factor Rh

Existen cuatro grupos sanguíneos principales, A, B, AB y O, así como diferentes subgrupos, entre los que el más conocido es el que se establece a partir del llamado *factor Rh*. Se trata de un grupo de sustancias antigénicas que se encuentran en la superficie de los glóbulos rojos y que difieren de una persona a otra. Según presenten o no en la sangre uno de estos factores en concreto, los individuos se dividen en Rh positivo (Rh+) o Rh negativo (Rh–); el 85% de la población es Rh+ y el 15%, Rh–.

¿Qué es la incompatibilidad Rh?

Entre los distintos grupos sanguíneos puede haber incompatibilidades que son la causa de algunos problemas. Si alguien recibe sangre incompatible con la suya, su organismo se defenderá de los agentes intrusos fabricando anticuerpos (llamados *aglutininas*) que atacarán a los glóbulos rojos extraños. Es el caso de las mujeres que son Rh– y han concebido con un hombre Rh+ un hijo a su vez Rh+ (situación que afecta alrededor de una embarazo de cada once).

Normalmente, la sangre del feto y la de la madre no se mezclan. Sin embargo, a veces algunos glóbulos rojos del feto pasan a la sangre de la madre durante el embarazo y, sobre todo, durante el parto, cuando la placenta se libera. El organismo de la madre Rh– los identifica como extraños y comienza a producir anticuerpos: se inmuniza contra estos glóbulos rojos Rh+. Las consecuencias sobre la salud de la madre son nulas, pero pueden perjudicar al niño o, más concretamente, a futuros hijos. Si se fabrican durante un primer embarazo, los anticuerpos no suelen ser lo suficientemente numerosos como para afectar gravemente al primer hijo. Pero esta situación planteará problemas a partir de los siguientes embarazos (siempre y cuando el hijo sea Rh+). Una vez fabricados, los anticuerpos permanecen en el organismo de la madre; pueden, por lo tanto, atravesar la barrera de la placenta, destruir los glóbulos rojos del feto y producir una anemia que podría ser moderada o muy grave y provocar la muerte del niño *in utero*.

¿Cómo prevenir y tratar la incompatibilidad Rh?

Se puede detener la fabricación de estos anticuerpos mediante la inyección de gammaglobulinas que neutralizan los glóbulos rojos Rh+. De esta forma, se administra a la madre Rh– que da a luz a un hijo Rh+ una inyección de gammaglobulinas justo después del parto, antes de que en la propia mujer se active el proceso de inmunización con la producción de anticuerpos. Esta inyección también será sistemática para este tipo de madres en todas las situaciones en las que la sangre pueda pasar del feto a la madre: interrupción de embarazo, aborto, embarazo extrauterino, etc.

Sin embargo, esta prevención sólo es útil cuando la madre no posee todavía anticuerpos. Si la mujer Rh– ya ha desarrollado anticuerpos, la vigilancia del feto durante un nuevo embarazo deberá tener en cuenta imperativamente su grado de anemia. La mayoría de las veces, se provocará el parto entre la 35.ª y la 39.ª semanas para que el bebé nazca antes de que la anemia sea demasiado grave. En los casos más graves o cuando el feto está seriamente afectado antes de alcanzar la madurez suficiente para sobrevivir (alrededor de 30 semanas de embarazo), se tendrá que proceder a una transfusión de sangre mientras se encuentre dentro del útero de la madre. Estas transfusiones sólo se practican en centros especializados. Si el embarazo está bastante avanzado, siempre se puede provocar el parto antes de tiempo y sustituir completamente la sangre del recién nacido mediante lo que se llama *exanguinotransfusión*.

¿Dónde y cómo dar a luz?

La familia y los amigos se prodigan en amables consejos, aunque contradicto-

El cálculo del término del embarazo

El final del embarazo es difícil de prever, ya que depende de la precisión de la fecha de la concepción, una fecha que a veces es complicado definir con exactitud (*véase* págs. 17-18). Sin embargo, se puede determinar el principio del embarazo (con un margen de tres días) gracias a la medición del embrión, lo que se puede hacer con una ecografía realizada al mes y medio o dos meses de gestación. A partir del 3.er mes, la ecografía proporciona una información menos precisa sobre la edad del feto. Para calcular el final del embarazo, se añaden nueve meses de calendario a la fecha de la concepción, o cuarenta y una semanas a la fecha de la última regla.

Escoger la maternidad

Cada centro tiene sus reglas de funcionamiento, y los aspectos prácticos tienen una gran importancia en el momento del parto: infórmese antes. ¿Su pareja podrá estar a su lado en la sala de parto? ¿Se le propondrá o impondrá la provocación del parto? ¿Tendrá a su disposición la epidural en cualquier momento? ¿Su hijo estará a su lado o en una nursery? ¿Tendrá una habitación individual, con cuarto de baño y teléfono? ¿Podrá escoger entre dar de mamar o el biberón? ¿Su hijo será alimentado cuando lo solicite o a una hora concreta? ¿Hay previsto un espacio para que conozca a sus hermanos mayores? ¿Los horarios de visita son flexibles o estrictos? Y finalmente, en los centros privados, ¿cuánto tendrá que pagar?

rios; nueve meses parecen una eternidad y usted cree que tiene todo el tiempo del mundo para pensar... Por regla general, tomará la decisión siguiendo las recomendaciones del médico. Pero es bueno pensar desde el inicio del embarazo en el sitio donde dará a luz, aunque sólo sea para informarse lo antes posible en el establecimiento deseado.

La elección debe guiarse por criterios como la calidad de los cuidados, el equipamiento del centro, la proximidad al domicilio y, naturalmente, la personalidad y el modo de vida. En todo caso, es indispensable respetar unas debidas reglas de seguridad.

Muchas madres desearían disociar el nacimiento, símbolo de vida, del hospital, símbolo de enfermedad. Cada vez es mayor el interés que existe por el parto en el domicilio o algunas modalidades especiales, como el parto en el agua; sin embargo, estas prácticas siguen siendo muy poco frecuentes. Además, los servicios de maternidad de hospitales y clínicas han mejorado no sólo las condiciones de seguridad sino también el trato con las pacientes.

Dar a luz en una maternidad

Los accidentes relacionados con el parto han disminuido desde que los nacimientos se realizan en el marco médico. Un establecimiento hospitalario tiene todo el personal necesario para el cuidado de la madre y del recién nacido. El equipo básico, disponible las 24 horas del día, se compone de una comadrona, un tocólogo y un anestesista. Si es necesario practicar una cesárea, se incorporan al equipo una enfermera y un auxiliar. Un pediatra se encarga de examinar al recién nacido y está dispuesto a intervenir de urgencia si tiene necesidad de alguna atención especial. La *sala de partos*, en la que tendrá lugar el acontecimiento, está equipada con todo el instrumental requerido para la ocasión y el oportuno material de reanimación por si surge algún problema. Cerca de esta sala hay un quirófano, donde en cualquier momento puede procederse a una cesárea. Siempre se dispone de una incubadora por si hay que mantener al bebé a una determinada temperatura o debe ser trasladado al servicio de neonatología (en el caso de que su estado exija de cuidados especializados). En resumen, está todo previsto para la seguridad de la madre y la del bebé.

Cuando se trata de embarazos de riesgo, se precisa una vigilancia particular o se declara una enfermedad durante el embarazo, lo mejor es contar con la perfecta seguridad de un establecimiento especializado, provisto de todos los medios de vigilancia e intervención. Es el caso, por ejemplo, de la necesidad de una operación inmediata del recién nacido en caso de una malformación.

Una vez haya decidido dónde dará a luz, sea previsora y no espere demasiado para pedir hora para una consulta. El equipo del centro se encargará de darle todas las indicaciones necesarias: las consultas que deberá realizar en el centro, los documentos necesarios para completar su historial, los trámites de inscripción para el parto, etc.

Dar a luz en casa

Habitual hace algunas décadas, el parto en el domicilio es hoy en día más bien raro: en los países industrializados, sólo una mujer de cada 1.000 da a luz voluntariamente en su casa, exceptuando los Países Bajos, donde esta proporción alcanza el 30% (aunque, en este país, para prevenir cualquier problema, unas ambulancias-hospital equipadas con material de reanimación aparcan delante del domicilio de la mujer que da a luz). Este sistema tiene sus adeptos y sus detractores. Los médicos no suelen mostrarse muy favorables, por motivos de seguridad. En casa, las posibles complicaciones que pueden plantearse durante el parto no se pueden diagnosticar ni tratar. Y nunca se pueden excluir los problemas, incluso en los casos de embarazos que se consideran a priori sin riesgos. La tasa de accidentes imprevisibles durante un parto (que requieren, por ejemplo, una cesárea en el último momento) es de un 8%. El principal peligro para la madre es que sea víctima de una hemorragia después del alumbramiento; hemorragia que no podría controlarse a tiempo. Tampoco hay que menospreciar la rapidez con la que, a veces, es necesario intervenir para reanimar al recién nacido o evacuarlo a un centro de servicios médicos especializados.

No obstante, el parto en casa puede tentar a algunas madres que temen el aspecto demasiado técnico y profesional del hospital, y que quieren recibir a su bebé en casa, con el padre, en un ambiente más íntimo y cálido. Un parto domiciliario se prepara con antelación. Tendrá que estar presente un tocólogo o una comadrona. También habrá que prever la posibilidad de evacuación urgente de la madre o el hijo a un centro hospitalario.

Dar a luz en el agua

El agua tiene propiedades relajantes innegables y parece también que acelera la dilatación del cuello del útero. Estas propiedades han llevado a explorar la posibilidad de dar a luz dentro del agua; una opción que se ofrece en algunas maternidades de nuestro medio. Sin embargo, este método está poco extendido, ya que requiere un equipo adecuado y una vigilancia constante por parte del personal médico. Es indispensable la proximidad del quirófano para acelerar el nacimiento en caso de urgencia o para tratar a la madre si se presentan algunas dificultades.

El parto se desarrolla normalmente en dos tiempos: primero en el agua, para la fase de dilatación del cuello del útero, y luego fuera del agua, en la camilla de partos, para la fase de expulsión. Una vez se ha iniciado el parto, la madre está alternativamente un cuarto de hora en una bañera llena de agua y un cuarto de hora en la camilla de partos para que la comadrona pueda controlar los latidos cardíacos del niño.

Como es lógico, la bañera deberá estar esterilizada y su forma particular permite adoptar muchas y diferentes posturas. Se añade agua caliente o fría, tal y como lo prefiera la madre. Un poco antes de la expulsión, la madre pasará a la camilla de partos donde se desarrollará el nacimiento propiamente dicho en las mismas condiciones que un parto clásico (*véase* pág. 123).

QUISIERA SABER

¿Es necesario que el padre esté presente en la primera consulta?

• No es indispensable, pero puede ser útil. Algunas de las preguntas que hace el médico le afectan directamente. Por ejemplo, el padre debe comentar si padece o ha padecido una infección transmisible que pueda haberse contagiado a la madre. Es importante saber si en su familia hay gemelos, una predisposición a la obesidad o la hipertensión, antecedentes de una enfermedad con componentes hereditarios, como la diabetes, o de alguna anomalía propia del recién nacido, como la luxación congénita de cadera.

¿Hay que abandonar todas las actividades deportivas durante el embarazo?

• Desde luego que no. Pero, cuidado con confundir actividad con exceso. Marcha, natación o gimnasia la ayudarán a prepararse para el parto y a volver a recuperar el tipo después.

¿El tabaco representa un riesgo para el bebé?

• Sí. Una madre que fuma 10 cigarrillos diarios corre más peligro de dar a luz un niño de poco peso.

¿Qué es un cerclaje?

• El cerclaje consiste en cerrar el cuello del útero con un hilo que el tocólogo quitará unos días antes de salir de cuentas. Esta operación se hace bajo anestesia general entre los 2 meses y medio y 3 meses de embarazo. Acompañado de un reposo absoluto durante la gestación, el cerclaje permite muchas veces prevenir un parto prematuro.

¿Se debe informar de una miopía o cualquier otro problema ocular?

• Sí. Puede ocurrir que la capacidad de visión disminuya durante el embarazo. Las mujeres que llevan lentes de contacto pueden constatar una disminución de la hidratación del ojo. La miopía puede empeorar; es prudente ir al oftalmólogo.

¿A partir de cuándo se nota que el niño se mueve?

• Es a partir del 5.º mes cuando se empieza a notar cómo da patadas, aunque haya empezado a moverse antes. Su fuerza crecerá todavía más en el 6.º mes; después, por culpa de la falta de espacio, se verá obligado a refrenar sus impulsos.

¿Cuántos kilos se engorda?

• Varía, según el peso habitual y la altura de la madre, entre 10 y 20 kilos. De media, el peso aumenta entre 10 y 12 kilos.

¿Es peligroso para el niño el herpes genital?

• La infección por herpes puede tener graves consecuencias en el sistema nervioso del bebé. Un brote de herpes genital en el momento del parto justifica automáticamente una cesárea.

El seguimiento médico del embarazo

El seguimiento del embarazo tiene como objetivo comprobar su buen desarrollo, detectar los problemas que podrían afectar a la madre o al bebé y prevenir los riesgos de un parto prematuro.

HACER BALANCE CON REGULARIDAD

Hasta el parto, cada consulta es el momento para hacer una evaluación de la adaptación de las costumbres en función del embarazo: reposo, alimentación, reuniones informativas, preparación al parto. No espere a las consultas obligatorias para comunicar al médico o a la comadrona que la atienden cualquier inquietud o, también, cualquier síntoma que note.

Consultas y reconocimientos regulares se han convertido en uno de los gajes de los embarazos –y de los partos– que se desarrollan en las mejores condiciones médicas. ¿Demasiado médicas? Quizá. Pero representan la garantía de una seguridad que no ha dejado de mejorar durante estos últimos años, tanto para la madre como para el hijo. Para una mujer embarazada, limitar los riesgos no es sólo aprovecharse de técnicas de control sofisticadas como la ecografía, sino también tomar ciertas precauciones, especialmente en lo que se refiere a medicamentos, vacunas y radiografías.

Las consultas

La primera consulta, que conviene efectuar siempre antes del final de 3.er mes, irá seguida generalmente por una visita médica mensual desde el 4.º hasta el 8.º mes del embarazo, y a partir de entonces quincenal o incluso semanal hasta que llegue el parto. Naturalmente, en caso de aparición de problemas concretos, por ejemplo, un riesgo de parto prematuro (hoy en día, todavía 1 de cada 20 niños nace antes de plazo), la madre podrá verse obligada a ir al médico más a menudo.

Las 6 preguntas de cada visita

El médico o la comadrona que la tratan, al interrogarla sistemáticamente sobre la evolución de su estado, intentará hacer una evaluación global de la situación.

• **¿Tiene contracciones uterinas?** Tiene la impresión de que su vientre se endurece. Es como si el útero se «hiciese una bola» por momentos; no tiene por qué ser doloroso, puede durar todo el embarazo y acentuarse al final. Pero, esas contracciones deben ser poco frecuentes y poco marcadas: menos de 10 por día antes del 9.º mes.

• **¿Tiene pérdidas de sangre?** En caso afirmativo, póngase a descansar de inmediato y llame al médico, que buscará las causas.

• **¿Tiene secreciones líquidas?** Puede tratarse de secreciones normales blanquecinas y un poco viscosas, de secreciones vaginales olorosas, con picores y quemazones locales en caso de infección, simples pérdidas de orina o –lo que es más preocupante– un derrame de líquido amniótico blanco opalescente y de olor insípido.

• **¿Nota cómo se mueve el bebé?** Primero, son una especie de roces (que reconocerá mejor en un segundo embarazo que en el primero) y, luego, auténticos movimientos, «patadas». En el último trimestre, a veces notará un sobresalto muy localizado: es el hipo del futuro bebé que refleja su bienestar. En ningún caso el feto debe dejar de moverse durante más de 12 horas (*véase* pág. 36).

• **¿Siente quemazón al orinar?** Si es así, puede significar que sufre una infección de orina.

• **¿Tiene fiebre?** La fiebre es muchas veces señal de infección y debe consultar con el médico sin demora.

El reconocimiento médico y el reconocimiento obstétrico

Siempre se compone de los mismos elementos: medición del peso (aumenta alrededor de 1 kg por mes los primeros seis meses y cerca de 1,5-2 kg por mes durante los tres últimos meses, es decir, un total de 10 a 15 kg); control de la presión arterial (la media es 12/7); examen de las piernas y los pies (la hinchazón es síntoma de edema).

El reconocimiento obstétrico girará sobre todo alrededor del niño. Al palpar el abdomen, el médico pretende identificar la cabeza, las nalgas, la espalda y la posición del feto. Mide la altura del útero con una cinta métrica para saber el volumen del feto y su desarrollo, y escucha los ruidos del corazón con el estetoscopio para verificar que son regulares (120 latidos por minuto). Con la palpación vaginal, mide la longitud del cuello uterino y verifica si está cerrado. En la última consulta antes del parto, comprobará la buena presentación del futuro bebé, que habrá adoptado una posición casi definitiva, así como las dimensiones de la pelvis de la madre.

Si ya ha habido que practicar una cesárea en un parto anterior o si la madre ha sido operada, por ejemplo, de un fibroma, el útero tendrá cicatrices. Las paredes del útero, pues, serán más o menos frágiles, pero ningún examen puede predecir si, a lo largo de un nuevo embarazo, resistirán o se desgarrarán con las contracciones uterinas, provocando un aborto tardío u obligando a realizar una cesárea a última hora. Este riesgo merecerá una atención especial durante la última consulta antes del parto. Si la pelvis es normal y la cesárea anterior no tuvo ninguna complicación, las cicatrices serán probablemente de buena calidad y no tendrá por qué ser necesaria otra cesárea, aunque muchos tocólogos tienden a decantarse por su práctica ante la mínima posibilidad de contratiempos.

Los exámenes complementarios

Se trata, una vez más, de verificar que todo va bien para poder, en caso contrario, tomar las medidas adecuadas.

• **El análisis de sangre.** Permite conocer el nivel de la hormona del embarazo, HGC, hacia la 16.ª semana. Un nivel elevado de esta hormona puede ser síntoma de una anomalía cromosómica y obligar a hacer una amniocentesis. Si la madre es Rh– (*véase* pág. 43) o si ha recibido una transfusión, también se buscarán en la sangre aglutininas anormales.

• **El análisis de orina.** Consiste en determinar la presencia de proteínas, albúmina y azúcar en la orina.

• **La ecografía.** En ausencia de anomalías evidentes, se realizan dos o tres ecografías durante el embarazo (*véase* más adelante).

• **La radiopelvimetría.** Esta radiografía, que no representa ningún peligro para el feto, permite medir las dimensiones de la pelvis materna. Suele prescribirse cuando el bebé se presenta de nalgas o si hay antecedentes de cicatrices uterinas y se realiza durante el 9.º mes.

La ecografía

Gracias a la ecografía, el futuro bebé aparece en forma de «imagen»; una imagen que el médico puede descifrar e interpretar, mientras que antiguamente sólo podía palpar y escuchar el feto. Este examen dura de veinte a cuarenta minutos. Se realiza en un hospital o en una consulta radiológica especialmente equipada. No es ni doloroso ni peligroso y, por lo tanto, es una herramienta muy valiosa para los embarazos de riesgo. Sin embargo, es caro y no es necesario utilizarlo por simple curiosidad.

¿En qué consiste la ecografía del embarazo?

El principio de la ecografía es el de un radar de ultrasonidos que permite, por ejemplo, detectar los submarinos. El oído humano no puede captar los ultrasonidos. Emitidos por una fuente, se reflejan sobre su objetivo y vuelven como un eco a la fuente, de donde viene el nombre de *ecografía*. En medicina –y en el caso de las ecografías del embarazo–, un cristal de cuarzo emite los ultrasonidos que, recogidos por un sensor, se amplifican y proyectan en una pantalla, donde se reconstruye la imagen del feto.

El especialista pasa por el abdomen de la mujer gestante un aparato emisor-receptor de ultrasonidos y comenta las imágenes que aparecen en la pantalla. Saca una fotografía de las más significativas,

---

Los síntomas que ponen sobre aviso

Contracciones. Unas contracciones del útero, dolorosas y frecuentes (cada 5 o 10 min.), asociadas o no a pérdidas de sangre, traducen una amenaza de parto prematuro. El reposo estricto es obligatorio, al igual que la abstinencia sexual.

Pérdidas de sangre. Al principio del embarazo, su aparición no es necesariamente dramática, aunque pueden ser el síntoma de un aborto precoz o un embarazo extrauterino. Más tarde, pueden significar anomalías en la placenta, con riesgo de hemorragia masiva.

Fiebre. Es síntoma de una infección. Si persiste más de 24 horas, no vacile en consultar a su médico.

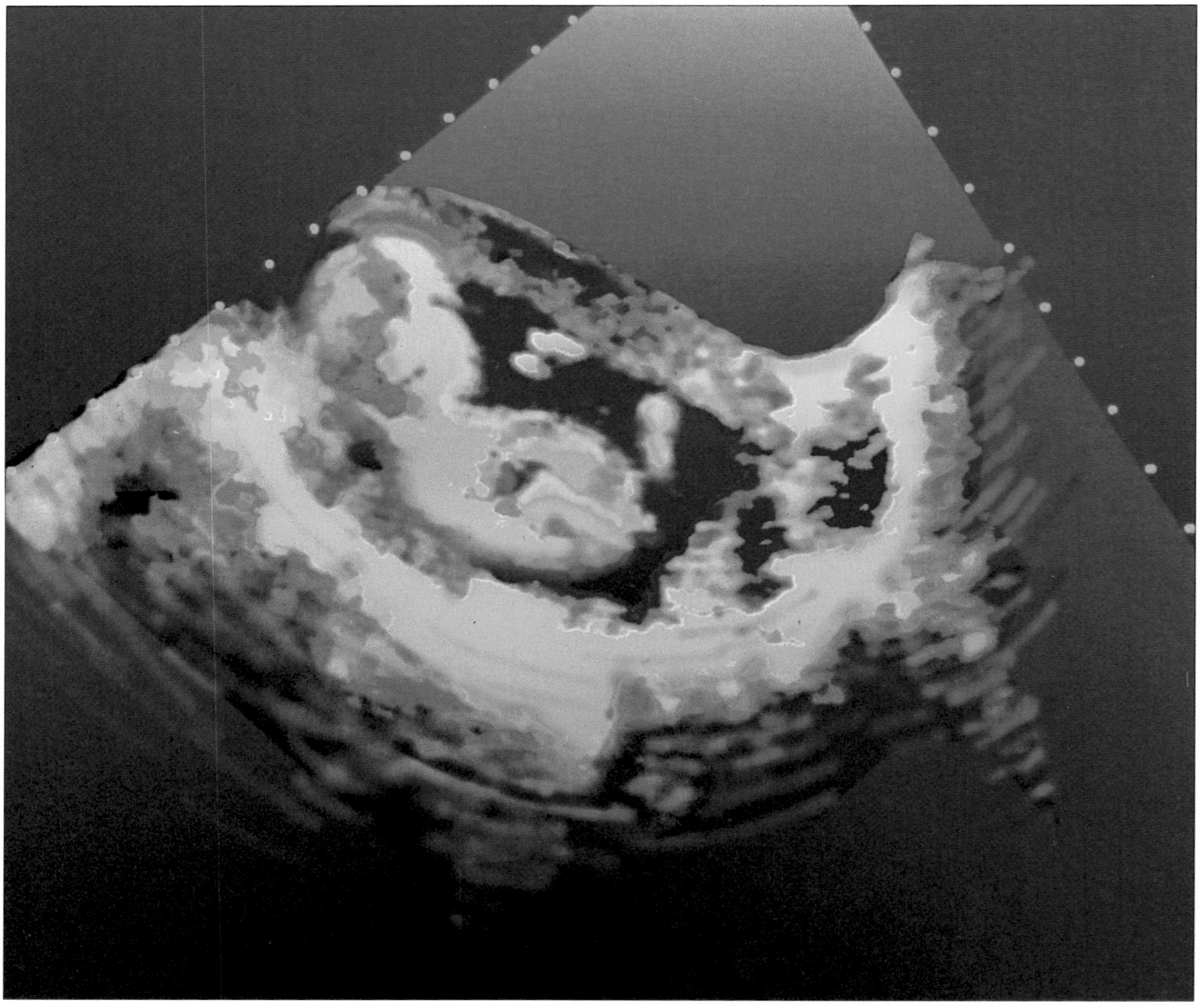

Imagen ecográfica △
Esta «imagen» del feto, tal como aparece en la pantalla durante una ecografía, no es una fotografía. Es una imagen reconstruida a partir de ultrasonidos captados a través del abdomen de la madre que, para poder entenderse, debe ser descifrada por un especialista.

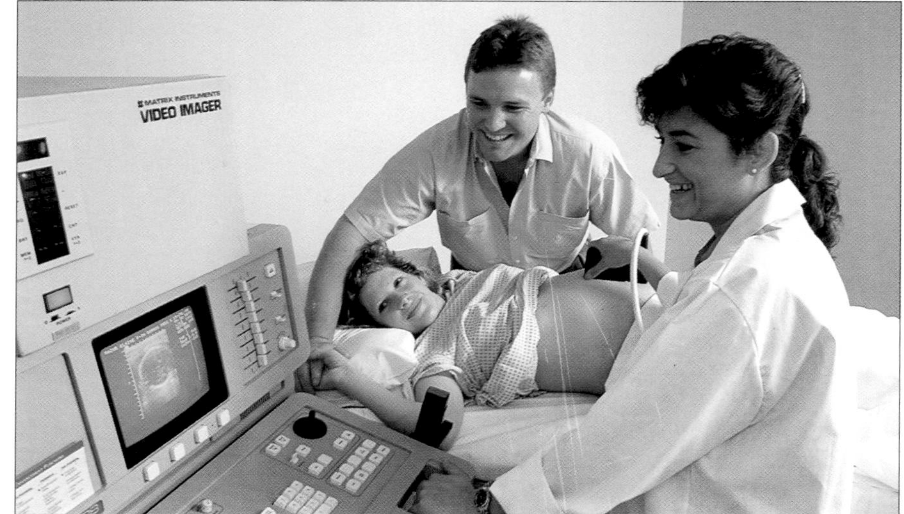

Examen ecográfico ▷
Efectuado en presencia del padre, este examen suele ser a menudo para él un momento emocionante que le ayuda a tomar conciencia de la realidad de su futuro hijo.

que se incluirán en el historial y servirán para controlar la evolución del futuro bebé entre las distintas ecografías. También puede utilizarse un aparato con forma de sonda que se introduce por la vagina: en este caso, las imágenes son más precisas, ya que la fuente está más cerca del útero.

¿Cómo se desarrolla el estudio?
Cuando se haga la primera ecografía, se le recomendará que vaya con la vejiga llena –beba un litro de agua tres cuartos de hora antes del examen–, ya que los ultrasonidos se transmiten mejor a través de un líquido. En las siguientes ecografías esto ya no será necesario gracias a la presencia del líquido amniótico desde el final del 1.er trimestre.

Antes de pasar el aparato por el abdomen, se aplica un gel que elimina las burbujas de aire y permite una visión mejor; en caso de que utilice una crema antiestrías, acuérdese de dejar de aplicársela una semana antes del reconocimiento.

Durante la ecografía, quizá se sorprenda por lo que ve en la pantalla: no es una fotografía, sino una imagen que, para poder entenderse, tiene que ser «leída», descifrada, por el especialista. Si el padre del bebé la acompaña, también verá la imagen; la ecografía es muchas veces el primer «contacto» con su futuro hijo.

Una vez se ha terminado el reconocimiento, podrá llevarse «fotografías» de lo que ha visto en la pantalla. A veces, se puede pedir que graben las imágenes ecográficas en cinta magnética.

Hacia la 22.ª o la 24.ª semana, si el ángulo de visión es bueno y usted desea saberlo, quizá el especialista pueda revelarle el sexo del bebé (sin embargo, hay que saber que el margen de error es de un 20%). A usted le corresponde avisar antes del reconocimiento si desea información o no sobre este particular (*véase* al margen). Y no se sienta decepcionada si «no se ve nada»; es posible que el bebé esté mejor situado la próxima vez.

Por regla general, se realizan dos o tres ecografías durante el embarazo.

• **La primera ecografía.** Realizada entre la 8.ª y la 12.ª semana, sirve para calcular el principio del embarazo y determinar si se trata de gemelos. Se puede medir el volumen del embrión. A partir de la 7.ª semana, la ecografía puede detectar los latidos cardíacos del embrión. A las ocho semanas, la imagen muestra la masa redondeada del embrión en la cavidad uterina. La cabeza, que constituye casi la mitad del tamaño total del embrión, se puede medir a partir de la 11.ª o 12.ª semana. Si el inicio del embarazo se ve perturbado por dolores o pérdidas de sangre, la ecografía permite diagnosticar una amenaza de aborto o de un embarazo extrauterino.

• **La segunda ecografía.** Se realiza entre las semanas 20 y 22 y permite, si el ángulo de visión es el adecuado, conocer el sexo del bebé. Pero, sobre todo, sirve para detectar una posible malformación del feto, ya que se puede aumentar la imagen de todos los órganos y pasarles revista. Ante una malformación, se puede considerar la interrupción del embarazo.

• **La tercera ecografía.** Se efectúa entre la 32.ª y la 34.ª semana, durante el 8.º mes, y no es indispensable si la gestación se desarrolla bien. Sirve para controlar el crecimiento del bebé y la cantidad de líquido amniótico. También permite localizar la placenta, definir la posición del feto y detectar una malformación tardía.

Otras técnicas de control del embarazo

Hay otros exámenes que permiten seguir con mayor precisión el estado del bebé en el útero. Estos exámenes sólo se efectúan cuando así se indica en la consulta genética o bien cuando se trata de gestaciones con problemas, ya que algunos de ellos comportan ciertos riesgos.

El Doppler
Este aparato, del tamaño de un lápiz, funciona con ultrasonidos y sirve para medir la velocidad de desplazamiento de los glóbulos rojos en la sangre dentro de los vasos sanguíneos (arterias uterinas, vasos del cordón umbilical, arterias cerebrales del feto). Sólo los especialistas usan el Doppler y está reservado a los embarazos de riesgo, cuando se teme un retraso en el crecimiento del feto.

Esta prueba se está generalizando rápi-

¿Niño o niña?

¿Hay que saberlo con antelación? Con la información sobre el sexo del bebé que va a nacer que puede proporcionar un examen ecográfico, el interrogante queda hoy en día abierto. ¿Tiene verdaderas ganas de saberlo o le cuesta resistirse a las posibilidades que ofrece la técnica? La verdadera pregunta es ésta. Lo mejor es que el padre y la madre estén de acuerdo, ya que cuando uno de los dos progenitores lo sabe, acaba siempre por revelar el secreto. Y si no lo hace, la espera no se comparte con serenidad. Reflexionen juntos sobre las razones profundas que les animan e informen sin complejos al médico de su decisión, sea cual sea, antes del examen.

damente, ya que permite establecer un auténtico mapa de la circulación sanguínea entre la madre y el feto, y es muy útil para determinar la vitalidad del feto y poder detectar sufrimiento fetal.

La amniocentesis

La amniocentesis consiste en la extracción de una muestra de líquido amniótico. La punción se realiza entre la 16.ª y la 20.ª semana de gestación, incluso antes; es indolora y rápida (uno o dos minutos), por lo que no requiere anestesia. Se realiza con la madre acostada, siempre bajo control ecográfico para localizar la placenta y el feto. La punción se practica con una aguja muy fina que atraviesa la pared abdominal, entre el pubis y el ombligo, hasta llegar al interior de la bolsa de las aguas para extraer entre 10 y 20 cm^3 de líquido amniótico. El riesgo de aborto relacionado con la amniocentesis es muy bajo (de 0,5 a 1%). Sin embargo, se recomienda a la madre que repose durante un día o dos después de la extracción.

El análisis de las células fetales recogidas permite, después de numerosas manipulaciones, establecer el mapa de los cromosomas (cariotipo fetal), con lo cual se puede conocer el sexo del hijo y diagnosticar anomalías cromosómicas, como la trisomía 21 (síndrome de Down). También se realiza un análisis bioquímico del líquido amniótico, lo cual permite diagnosticar otras alteraciones. Los resultados de esta prueba se conocen al cabo de quince días. La amniocentesis no es obligatoria aunque está recomendada para las mujeres de más de 38 años o en casos con antecedentes médicos concretos.

Es posible que la amniocentesis se realice en fases más avanzadas del embarazo, con distintas finalidades. Por ejemplo, puede practicarse hacia la mitad del embarazo si se piensa que puede haber una incompatibilidad Rh materno-fetal, ya que mediante el análisis del líquido amniótico puede determinarse si el trastorno está causando una destrucción de los glóbulos rojos fetales y es preciso instaurar un tratamiento (*véase* pág. 43). Cuando se efectúa al final del embarazo, la amniocentesis sirve para medir el grado de madurez pulmonar del feto cuando resulta necesario adelantar el parto.

NO TOME MEDICAMENTOS SIN CONSEJO MÉDICO

Nunca tome, para usted o su futuro hijo, ningún medicamento durante la gestación sin que se lo haya recetado el médico. Los somníferos, por ejemplo, causan dependencia y plantean un problema en lo que concierne a la lactancia: problema que afecta tanto a la madre como al lactante después del nacimiento.

La biopsia coriónica

Se trata de la toma de una muestra de las células que formarán la placenta –el tejido que da lugar a la placenta se llama *corion* y las células que lo forman son idénticas a las del feto. Esta toma se practica con ayuda de una aguja, al igual que la amniocentesis, o con una cánula que se introduce en el útero por las vías naturales. Se realiza siempre bajo un estricto control ecográfico, pero no requiere anestesia ni hospitalización.

La biopsia coriónica se puede efectuar a partir de la 9.ª semana y proporciona en pocos días los mismos datos que la amniocentesis. Sin embargo, comporta alrededor de un 5% de riesgo de aborto y, por lo tanto, está reservada a los embarazos en los que el peligro de transmisión de anomalías cromosómicas es muy alto.

La punción del cordón umbilical

Este examen consiste en la toma de una muestra de sangre del feto mediante una punción del cordón umbilical, por lo que se considera como una simple extracción de sangre. La punción se hace bajo control ecográfico y se puede realizar desde la 18.ª semana hasta el final de la gestación. Permite diagnosticar algunas enfermedades de la sangre (hemoglobinopatías, problemas de coagulación), detectar anomalías de los cromosomas y, sobre todo, saber si el feto está afectado por una enfermedad infecciosa de la madre, como la rubéola o la toxoplasmosis.

Cuidarse cuando se está embarazada

El efecto de los medicamentos, las vacunas y las radiografías en una mujer embarazada y su futuro bebé suscita temores legítimos. No obstante, una serie de precauciones permiten limitar considerablemente los riesgos. Si cae enferma durante la gestación (bronquitis, infección urinaria, simple catarro, etc.), sobre todo no tome ningún fármaco por su propia iniciativa. Consulte con su médico: sólo le recetará medicamentos que han demostrado ser inocuos para el feto. Si sufre de una enfermedad crónica (diabetes, cardiopatía), puede que el médico se vea obligado a modificar el tratamiento. De igual forma, hay vacunas inofensivas, mientras que otras son peligrosas (*véase* más abajo). En cuanto a las radiografías eventualmente necesarias, se realizarán bajo ciertas condiciones.

Medicamentos y embarazo

Una regla de oro: nunca decida usted misma qué medicamentos conviene tomar. Si ha tomado aspirinas antes de saber que estaba en estado, no se preocupe, pero sepa que algunos medicamentos presentan efectos secundarios nocivos para el feto, en especial al principio de la gestación. Siempre es mejor evitar los productos de los que se ignoran los efectos a largo plazo. De todo modos, el médico podrá ayudarla a combatir y curar algunos problemas o trastornos menores que pudieran presentarse.

• **Contra la tos.** Evite los preparados medicamentosos de venta en farmacias. Aunque los expectorantes que contienen carbocisteína no parecen presentar problemas, no deben tomarse antitusígenos, generalmente derivados de la morfina.

• **Contra el catarro.** Los productos para destapar la nariz sólo deben usarse de forma puntual.

• **Contra los dolores de cabeza y la fiebre.** El paracetamol no parece presentar riesgos en las dosis habituales, pero la aspirina, que tiene efectos sobre la coagulación de la sangre, está prohibida en el 2.° y 3.er trimestre y durante los quince días que preceden el parto.

• **Contra el cansancio y la anemia.** Aunque la alimentación sea equilibrada, las necesidades de hierro, vitaminas y oligoelementos son mayores durante el embarazo. Algunos médicos los recetan sistemáticamente durante la gestación para luchar contra una posible carencia.

También se pueden recetar algunos medicamentos para el futuro bebé. El organismo de la madre servirá de vehículo para esas sustancias que se usan para tratar algunas enfermedades congénitas (contraídas por el feto durante el embarazo) o trastornos del ritmo cardíaco del feto.

Vacunas y embarazo

En relación con sus consecuencias para la mujer embarazada o el feto, las vacunas se pueden clasificar en tres categorías.

• **Peligrosas.** Hay que evitar bajo todos los conceptos las vacunas contra la fiebre amarilla (salvo en casos de extremada necesidad, si se debe ir a un país donde la enfermedad es endémica), contra la poliomielitis por vía oral (vacuna Sabin, administrada en un azucarillo), o contra enfermedades menos graves como la tos ferina, las paperas, el sarampión y la rubéola (aunque no se haya detectado ninguna malformación del feto cuando la madre es vacunada al principio del embarazo).

• **Desaconsejadas.** Las vacunas contra la brucelosis (peligro de fuertes reacciones), la difteria (sólo en casos de urgencia), la rabia (sólo en casos de urgencia), la tuberculosis (BCG) y la fiebre tifoidea (riesgo de reacciones fuertes; además, el tratamiento de la enfermedad en la madre no tiene consecuencias en el feto).

• **Inofensivas.** Se trata de las vacunas contra el cólera, la gripe, la hepatitis B, la poliomielitis (sólo la vacuna inyectable Salk) y el tétanos.

RADIOGRAFÍAS Y EMBARAZO

Las mujeres embarazadas temen a menudo que les hagan radiografías. En realidad, aunque las radiaciones masivas comportan evidentemente riesgos graves, el diagnóstico médico por rayos X, o radiografía, no tiene consecuencias para el feto si se respetan ciertas condiciones, especialmente en función del momento de la gestación y la necesidad real de hacer una radiografía. Recuerde, sobre todo, que siempre hay que indicar que se está embarazada antes de una radiografía, incluso dental. Cuando existe la posibilidad de un embarazo, los exámenes radiológicos deben practicarse en la primera parte del ciclo, es decir, antes de la fecundación. Durante el 1.er trimestre de embarazo, las radiografías necesarias (por ejemplo, las de los dientes o las que se hacen para diagnosticar una enfermedad) se harán con un delantal de plomo que detiene las radiaciones y protege el abdomen. No se deben hacer reconocimientos que requieran varias radiografías, en especial si la región del cuerpo que hay que explorar está cerca del abdomen o si la gestación es reciente. Al igual que con los medicamentos, los riesgos mayores se sitúan entre el 15.º día y el 3.er mes. Durante el 2.º y 3.er trimestres, las radiografías (siempre con la protección de un delantal de plomo) se limitarán a los casos de diagnóstico de enfermedades graves. Al final del embarazo, la radiografía de la pelvis, o radiopelvimetría, que se realiza para apreciar la forma y las dimensiones de la pelvis materna y evaluar las posibilidades de parto por las vías naturales, es inofensiva.

Las posibles complicaciones

A lo largo del embarazo se pueden producir diversas complicaciones que comprometen su buen desarrollo, a veces de forma radical. Pero a menudo se puede detectar el peligro y adoptar las precauciones necesarias.

Algunas enfermedades, a menudo benignas fuera de la gestación, suelen ser peligrosas cuando afectan a una mujer embarazada. Otras complicaciones se deben a la propia gestación. Ante estos problemas, son indispensables la prevención y el control médico. Los riesgos de aborto o de parto prematuro, y de contagio del feto más o menos grave según la naturaleza de las enfermedades y el momento del embarazo en el que se contraen, deben incitar a la mujer embarazada a estar especialmente vigilante. La fiebre (a partir de 38 °C) es el síntoma principal de cualquier infección: es una señal de alarma que debe llevar a consultar rápidamente con el médico.

Las infecciones urinarias

Durante el embarazo, el riesgo de infección urinaria aumenta. Por una parte, el mayor nivel de progesterona dificulta el vaciado completo de la vejiga; por otra, la compresión del útero sobre la vejiga también tiene parte de responsabilidad. Este tipo de infección afecta a alrededor del 10% de las mujeres embarazadas y puede provocar un nacimiento prematuro del bebé.

Las mujeres que han padecido infecciones urinarias repetidas tendrán que controlarse y reaccionar sin demora ante los siguientes síntomas: dolor en la zona del pubis, deseo de orinar frecuente o sensación de quemazón cuando se orina. Sólo un análisis de orina permitirá identificar el germen responsable y establecer un diagnóstico preciso. Luego, el médico recetará un tratamiento antibiótico adecuado para prevenir la propagación de la infección hasta los riñones (pielonefritis).

La rubéola

La rubéola es una enfermedad vírica que afecta generalmente a los niños. Se caracteriza por una erupción cutánea y por la presencia de ganglios inflamados en el cuello. En los adultos, muchas veces pasa inadvertida. Esta enfermedad, en sí totalmente benigna, es peligrosa durante el embarazo: no para la propia madre, sino para el feto.

La rubéola puede ser causa de aborto o de diversas malformaciones del embrión: cataratas, malformaciones cardíacas, sordera o retraso psicomotor. No existe ningún tratamiento curativo eficaz para la rubéola y la vacunación está contraindicada durante el embarazo. El tratamiento, por lo tanto, sólo puede ser preventivo. Durante la primera consulta, el médico (*véase* pág. 42) le prescribirá un análisis de sangre (prueba serológica) para comprobar si está inmunizada contra la rubéola. Si ya ha padecido esta enfermedad o ha sido vacunada, el organismo habrá desarrollado anticuerpos –detectables en la sangre– que la protegen para siempre.

Si, por el contrario, no está inmunizada, debe evitar el contacto con niños que puedan ser portadores del virus. Por tanto, no olvide vacunar a sus propios hijos.

Establecer un diagnóstico
El período de incubación de la rubéola es de 14 a 21 días. Una mujer embarazada que ha estado en contacto con un niño

Evitar un aborto

Para prevenir el peligro de un aborto durante el 2.º trimestre o de un parto prematuro, hay que diagnosticar precozmente cualquier infección que afecte al organismo a lo largo de la gestación. No dude en acudir al médico si tiene fiebre, pérdidas de sangre o una simple duda; pero tampoco se inquiete en exceso. La mayor parte de las infecciones no tendrán consecuencias si se tratan a tiempo. Cuando se establece un peligro de aborto o de parto prematuro, es obligatorio seguir un reposo estricto. Se puede realizar un cerclaje (*véase* pág. 45) y el embarazo seguirá su curso natural.

afectado por la enfermedad debe hacerse un análisis (serología) durante los diez días siguientes al contacto. Un resultado negativo no permite establecer una conclusión definitiva y hay que realizar otro análisis 15 o 20 días más tarde. Sólo esta segunda prueba permitirá saber si ha sido contagiada o no. Los dos análisis deben realizarse en el mismo laboratorio para evitar cualquier error de interpretación.

Del mismo modo, si sufre una erupción cutánea sin motivo aparente, hay que pedir de inmediato una prueba serológica de la rubéola. Cuando no se puede deducir que la causa es una antigua inmunización, deberá pasar un segundo análisis 15 días más tarde.

Consecuencias para el feto
Las mujeres embarazadas que han contraído la rubéola deben esperar al 4.° mes de embarazo para saber si el niño que gestan se ha contagiado, ya que la punción de cordón umbilical para obtener una muestra de sangre del feto no se puede realizar antes. Sólo el análisis de sangre permite comprobar la presencia o ausencia de infección en el feto. Las consecuencias varían según el momento del embarazo en el que se contagia la madre.

• **Al principio del embarazo.** Los riesgos de malformación del feto son grandes (de un 50 a un 90% de los casos). En ese momento se puede optar por una interrupción del embarazo. Se pueden esperar también los análisis de la sangre fetal, pero, después de la 12.ª semana, un aborto es complicado, tanto desde el punto de vista técnico como psicológico.

• **En mitad del embarazo.** Los riesgos de malformación del feto son menores, pero no inexistentes: en un 15% de los casos, el niño tendrá secuelas. En este momento de la gestación, se puede hacer una punción de cordón umbilical: el análisis de la sangre fetal permitirá saber si el niño se ha contagiado o no, aunque no podrá determinar la gravedad de la infección. Consulte con el especialista todas sus dudas antes de decidir si seguir o interrumpir el embarazo. Si se decide seguir, será necesaria una vigilancia ecográfica regular.

• **Al final del embarazo.** Los riesgos de malformación del feto son nulos. Sólo existe una amenaza de infección pulmonar que justifica un control prolongado del recién nacido.

La toxoplasmosis

Esta enfermedad se debe a un parásito que vive en la carne y en la tierra. También los gatos son portadores (el animal se infecta al comer carne cruda o poco hecha) y pueden transmitir a sus amos el parásito que eliminan con sus excrementos. Esta afección, en sí inofensiva, puede tener graves consecuencias si una madre contagiada la transmite al feto por vía placentaria.

Diagnóstico y tratamiento
Hoy en día, en la primera visita de control del embarazo se solicita sistemáticamente una prueba serológica para así determinar si la mujer no ha tenido la toxoplasmosis o si la ha padecido previamente y ya está inmunizada frente a esta enfermedad. Es cierto que no existe ningún tratamiento preventivo, ya que no hay vacuna; sin embargo, si sabe que no está inmunizada, es conveniente adoptar algunas precauciones simples para evitar el contagio (*véase* al margen).

Para las mujeres no inmunizadas, es indispensable un control regular, con la práctica de pruebas serológicas repetidas durante toda la gestación, ya que la mayoría de las veces la enfermedad pasa inadvertida. Si se advierte un contagio reciente, un tratamiento antibiótico, recetado lo antes posible, reduce el peligro de contagio del niño al nacer, pero no atenúa la gravedad de la infección fetal cuando ésta ya existe.

Contagio del niño
En el caso de que la madre padezca la toxoplasmosis en el curso del embarazo, habrá que efectuar una punción del cordón umbilical para obtener una muestra de sangre fetal y poder determinar si el feto también ha sido contagiado.

Las consecuencias para el feto son distintas según el momento del embarazo en el que la mujer contrae la toxoplasmosis.

Para no contraer la toxoplasmosis

Alimentación
Cocine bien las carnes, en especial el cerdo, el cordero y el buey. Renuncie por completo al bistec tártaro.
Las carnes preparadas de forma industrial son preferibles a las carnes que se venden en los mercados o que vienen directamente de la granja. No vacile en comprar carne congelada (el toxoplasma muere a –18 ºC).
Lave con mucha agua todas las frutas y verduras que crecen a ras de tierra, sobre todo si las va a comer crudas (en especial, la lechuga).

Higiene
Lávese bien las manos antes de cada comida y después de manipular carne cruda o tierra.
Evite el contacto con los gatos. Si tiene uno, no lo alimente con carne cruda y haga que otra persona desinfecte su caja todos los días.

• **Durante la primera mitad del embarazo.** El peligro de transmisión de la enfermedad al feto no es muy alto (5 a 10% de los casos). Pero, en el caso de producirse, la infección resulta extremadamente grave, ya que afecta al sistema nervioso y ocular del niño. Si se confirma que el feto está gravemente afectado, se puede optar por la interrupción del embarazo. En caso contrario, se deberá seguir con el tratamiento hasta el parto para evitar la propagación de la infección a distintos órganos del feto. También será indispensable el control ecográfico regular del niño dentro del útero.
• **Al final del embarazo.** Los riesgos de contagio del feto son más altos pero las consecuencias de la infección son menos peligrosas para el niño. La gestación puede, por lo tanto, continuar bajo tratamiento.

La listeriosis

La listeriosis se suele contraer al ingerir alimentos contaminados por un bacilo, *Listeria*, en especial con productos lácteos no pasteurizados. Se trata de una enfermedad infecciosa benigna, excepto para la mujer embarazada, ya que si no se cura rápidamente, puede causar un aborto, un parto prematuro o la muerte del feto, que se contagia por mediación de la placenta.

En el adulto, la enfermedad se traduce por un estado febril comparable al que produce la gripe. Por lo tanto, cuando se tiene una fiebre inexplicable y persistente durante más de 24 horas, hay que pensar enseguida en la posibilidad de una listeriosis y hacerse un análisis de sangre para buscar el bacilo. Se debe recetar de inmediato un antibiótico que, administrado durante dos o tres semanas, suele bastar para bloquear el desarrollo de la infección.

El embarazo extrauterino o ectópico

A lo largo de su viaje hacia el útero, a veces el huevo ve interrumpida su progresión. En esos casos se desarrollará fuera del útero, en general en una de las trompas de Falopio. Este tipo de embarazos, llamados extrauterinos o ectópicos, no es viable: el feto suele morir antes del 3.er mes. Hay varios factores que favorecen un embarazo extrauterino: malformaciones del aparato genital, antecedentes de salpingitis u operaciones de las trompas.

El embarazo extrauterino se manifiesta la mayor parte de las veces con un dolor abdominal fuerte y repentino o con hemorragias, debidas a la ruptura de la trompa por la presión del embrión que crece. Estas hemorragias pueden producirse precozmente (y ser confundidas con simples reglas), pero también puede suceder que la hemorragia sólo se desencadene al cabo de dos o tres meses. En estos casos, puede resultar mortal para la madre.

Para prevenir este peligro, es necesario intentar detectar lo antes posible el embarazo extrauterino. Cuando la prueba del embarazo es positiva y, sin embargo, la ecografía no revela la presencia del embrión en el útero, el diagnóstico es muy probable. Se deberá confirmar con una laparoscopia. Realizada bajo anestesia general, la laparoscopia consiste en introducir en el abdomen (por una pequeña incisión en la pared abdominal) un aparato óptico que permite visualizar los órganos y a través del cual pueden introducirse instrumentos quirúrgicos en caso necesario. Si se confirma el embarazo extrauterino, se debe efectuar con urgencia una laparoscopia para retirar el embrión de la trompa. De esta forma se evitan las hemorragias internas, cuyas consecuencias pueden ser muy graves. Cuanto antes se lleve a cabo esta intervención, más oportunidades tendrá la mujer de conservar la trompa en buen estado para un futuro embarazo.

El parto prematuro

Durante el embarazo, el cuello del útero tiene una forma alargada y está cerrado. Alrededor de un mes antes de la fecha probable del parto, se acorta y empieza a abrirse. Cuando este fenómeno se produce demasiado pronto –a partir del final

PARA EVITAR LA LISTERIOSIS

Alimentación
Renuncie a la leche cruda, a la nata fresca a granel y a los quesos fermentados o prensados y no cocidos. Decántese más por la leche y la nata fresca pasteurizadas (UHT). Elija los quesos cocidos (roncal, gruyère, emmenthal, comté, parmesano, appenzell) o fundidos (crema de gruyère, etc.).

Higiene
Lávese bien las manos antes de cada comida.

del 6.º mes–, existe una amenaza de parto prematuro. Esta modificación del cuello suele estar asociada a contracciones frecuentes (cada cinco o diez minutos). Las causas de los partos prematuros son muy diversas, pero en el 50% de los casos son identificables: enfermedad infecciosa, malformación del útero o cuello del útero insuficientemente cerrado (a menudo, detectado en las mujeres cuyas madres tomaron dietilestilbestrol; *véase* pág. 41). Los embarazos de gemelos o trillizos, que provocan un aumento del volumen del útero, dan lugar más a menudo que los otros a partos prematuros. Finalmente, el exceso de actividad y la realización de trabajos duros constituyen también factores de riesgo.

Cuando, hacia el final del 6.º mes o principios del 7.º, se manifiesta la amenaza de un parto prematuro y la dilatación del cuello del útero es ya importante, la mujer debe guardar cama y, a veces, ser hospitalizada; es imperativo abstenerse de mantener relaciones sexuales. Incluso en los casos menos graves es absolutamente necesario el reposo. Se pueden recetar productos que actúan como sedantes uterinos y detienen las contracciones.

Sin embargo, la mejor terapia es la preventiva. El médico puede efectuar un cerclaje a las mujeres que ya han presentado riesgos de parto prematuro o han tenido abortos durante embarazos precedentes. Para las mujeres que tienen un trabajo duro o realizan largos trayectos cotidianos, es obligado el reposo. Finalmente, es esencial el control sistemático de las infecciones –en especial, urinarias– y su rápido tratamiento.

El aborto

Un aborto es siempre un acontecimiento dramático para una mujer, aunque no afecta para siempre a su organismo y no pone en peligro el éxito de futuras maternidades. Un segundo aborto es poco frecuente y, generalmente, se suele determinar la causa y poner un tratamiento adecuado. Dependiendo del momento de la gestación, un aborto se clasifica en precoz –cuando el embarazo se interrumpe espontáneamente en el 1.er trimestre– o tardío –cuando el embarazo se interrumpe entre el 4.º y 6.º mes.

El aborto precoz
Esta patología, relativamente frecuente (de 10 a 15% de los embarazos), ocurre cuando la madre tiene una enfermedad infecciosa o, lo más habitual, cuando el feto presenta anomalías cromosómicas. Estas anomalías normalmente no tienen carácter hereditario y no se tienen por qué reproducir durante una nueva gestación. Sin embargo, el peligro aumenta con la edad de la madre. Los primeros síntomas son hemorragias, contracciones uterinas o la desaparición de las señales de embarazo: tensión de los senos, náuseas. La ecografía permite establecer el diagnóstico al revelar que el embrión no se desarrolla y no tiene actividad cardíaca. Si es éste el caso, el médico procede a una evacuación mediante aspiración del contenido uterino. La duración de la hospitalización no excede de un día. A veces, la expulsión es espontánea y se manifiesta por una hemorragia. Pero, incluso en estas ocasiones, hay que consultar al médico para comprobar que la expulsión de los restos embrionarios ha sido total.

El aborto tardío
Se suele deber a una malformación del útero o a un cuello del útero cerrado de forma insuficiente. También se puede explicar por la presencia de una infección, como la listeriosis. El peligro de un aborto tardío se detecta a veces durante los diversos reconocimientos que se hacen a una mujer embarazada, especialmente cuando se constatan modificaciones en la longitud o apertura del cuello del útero. Si se sabe que existe esta amenaza, la mujer debe, en primer lugar, guardar un reposo absoluto y limitar sus movimientos a las simples necesidades de su higiene personal. En algunos casos, se realiza un cerclaje. Durante el 8.º mes, el ginecólogo retira el hilo que cerraba el cuello uterino y el parto puede realizarse de forma normal. Las mujeres que ya han tenido abortos tardíos deberán averiguar si tienen un anomalía en el útero. Este tipo de anomalías se tratan para evitar el riesgo de repetición.

Las anomalías de la placenta

Un embarazo puede presentar problemas por culpa de una mala inserción de la placenta, que acaba recubriendo u obstruyendo (parcial o totalmente) el cuello del útero. Otro tipo de complicación es que la placenta se despegue de la pared uterina antes del parto.

La placenta previa
Cuando la placenta cubre el orificio interno del cuello uterino y se interpone así entre el feto y la vagina, impide el parto por vía natural. Además, provoca un riesgo de hemorragia, ya que los vasos grandes del útero y la placenta se pueden romper.

Si una ecografía revela esta anomalía, llamada *placenta previa*, se deben tomar varias precauciones: es obligatorio el reposo, al igual que la abstinencia sexual; no se pueden practicar exploraciones vaginales. La mujer debe ser hospitalizada al final del embarazo y el parto sólo puede llevarse a cabo mediante cesárea.

El hematoma retroplacentario
Cuando la placenta se desprende –en parte o en su totalidad– durante los últimos meses de la gestación, suelen producirse hemorragias asociadas a contracciones uterinas dolorosas y permanentes. Las mujeres embarazadas que sufren de hipertensión arterial están más expuestas a este accidente, que puede acarrear la muerte del feto y desencadenar una grave hemorragia en la madre.

Para prevenir estas complicaciones, se debe practicar una cesárea con carácter de urgencia. El hematoma retroplacentario afecta a menudo a las mujeres que ya han tenido esta anomalía en un primer embarazo. Durante los embarazos ulteriores, la madre deberá ser hospitalizada al final de la gestación.

La hipertensión arterial y la toxemia gravídica

La hipertensión arterial puede tener consecuencias graves. El feto puede sufrir un retraso en su crecimiento (hipotrofia) debido a una nutrición insuficiente e, incluso, morir. La madre también puede padecer graves complicaciones, como convulsiones. La hipertensión arterial es también causa de muchos hematomas retroplacentarios.

Cuando la hipertensión se presenta asociada a edemas –de los miembros y, sobre todo, de la cara– y eliminación de proteínas en la orina (proteinuria), desemboca en el síndrome de toxemia gravídica. Esta complicación puede evolucionar hacia un estado convulsivo de la madre muy grave, llamado también crisis de eclampsia, que en ocasiones llega a provocar un coma. Los signos precursores de este tipo de crisis son zumbidos de oído y fuertes dolores abdominales. La madre debe ser hospitalizada sin tardanza y sometida a una estricta vigilancia.

Hoy en día, estas crisis son poco habituales, ya que a la mujer hospitalizada a causa de la toxemia gravídica se le practican numerosas pruebas que permiten juzgar su evolución y la del feto: ecografía, Doppler de la arteria umbilical, Doppler de las arterias cervicales, registro del ritmo cardíaco del feto... Según los resultados, el especialista decidirá si es imprescindible adelantar el parto o no.

El herpes genital

Se trata de un virus que generalmente produce vaginitis dolorosas y lesiones que afectan a la vulva o al interior de la vagina; aunque existen formas de herpes que no presentan síntomas. La prescripción de un tratamiento antivírico durante el embarazo es hoy en día objeto de controversias.

En caso de herpes genital de la madre, el principal riesgo para el feto es la infección durante el parto. Este tipo de infecciones son raras, pero muy graves. Por este motivo, se practica sistemáticamente la cesárea a todas las madres que sufren de herpes en el momento del parto.

Si ya ha tenido erupciones de herpes, tenga cuidado y avise al médico o a la comadrona. Si al acercarse la fecha del parto observa secreciones vaginales anormales, consulte enseguida con su médico.

La diabetes gestacional

Debido a los cambios biológicos inherentes al estado de la mujer embarazada, a veces se observa la presencia de diabetes durante la segunda parte de la gestación. Esta diabetes, llamada gestacional, se detecta mediante la búsqueda sistemática de glucosa (azúcar) en la sangre y la orina, a lo que se suma el control del peso de la madre y del volumen del feto en cada ecografía. Se sospecha de su existencia cuando la mujer ha dado a luz un primer hijo de más de 4,5 kg. Si se confirma el diagnóstico, se impone un tratamiento (régimen alimenticio adaptado o inyecciones de insulina). La diabetes representa una amenaza de muerte para el feto. Para prevenir este peligro, en ocasiones se provoca el parto entre la 37.ª y la 38.ª semanas. Después del nacimiento, se vigila al bebé, que podría sufrir una bajada del nivel de azúcar en la sangre (hipoglucemia).

PREVENIR

Contracciones dolorosas y frecuentes, pérdidas de sangre y fiebre son los principales síntomas que deben ponerla sobre aviso (*véase* pág. 47). Consulte también a su médico sin tardanza en caso de quemazón al orinar, edemas, cansancio o nerviosismo (puede ser una señal de una tensión arterial anormal), secreciones atípicas o ausencia de movimientos del feto al final de la gestación. Algunos problemas, cuando sobrevienen al final de la gestación, obligan a provocar el parto antes de tiempo. Actualmente, los médicos consideran que la vida del feto es viable a partir de los 6 meses y que un niño ya no es prematuro cuando nace después del 8.º mes de embarazo.

Los embarazos de riesgo

Los embarazos de riesgo son lo que presentan un peligro virtual para el niño y, algunas veces, también para la madre. En estas situaciones concretas, el control del embarazo exige un cuidado muy especial.

¿**Q**uiénes presentan embarazos de riesgo? Las mujeres que esperan gemelos, o trillizos; las mujeres muy jóvenes o, al contrario, de una edad relativamente elevada; las que sufren una enfermedad grave, y, finalmente, las que tienen dependencia del alcohol y de las drogas. En todos estos casos, el futuro bebé se encuentra más expuesto a los peligros de un parto prematuro, de una hipotrofia (es decir, que su peso sea notoriamente insuficiente) e incluso a la muerte dentro del útero.

Los embarazos múltiples

Nunca se debe descartar la posibilidad de tener gemelos, trillizos e, incluso, cuatrillizos, etc., sobre todo si existen precedentes en la familia o se ha recurrido a una técnica de reproducción asistida. Un reconocimiento clínico en el que se detecte un útero muy voluminoso puede hacer pensar en un embarazo múltiple, pero sólo la ecografía permitirá un diagnóstico inequívoco.

Las mujeres que esperan gemelos están más expuestas a los riesgos de toxemia gravídica, parto prematuro e hijos de peso reducido (hipotrofia). Por lo tanto, deben disminuir su actividad y someterse a controles con mucha regularidad. Aunque no sea necesario guardar cama constantemente, deberán reservarse períodos de reposo a lo largo del día. Se desaconsejan los desplazamientos largos y los viajes a partir del 5.° mes. Desde ese momento, el control médico será más extremado. Se harán frecuentes ecografías para detectar una posible hipotrofia del feto. Cuando el simple reposo en el domicilio no ha sido suficiente para eliminar la aparición de contracciones o modificaciones del cuello del útero, se debe hospitalizar a la mujer. En principio, no son necesarios el cerclaje ni un tratamiento preventivo de las contracciones; a menudo, el reposo es la mejor de las prevenciones.

Las precauciones que se han de tomar cuando se esperan gemelos deben reforzarse cuando se prevé la llegada de 3 hijos o más. Estos embarazos se viven a veces como un acontecimiento desconcertante, incluso angustioso. En estos casos, son muy útiles una buena información y una asistencia psicológica antes del parto.

Las madres muy jóvenes

Las adolescentes de entre 11 y 18 años están expuestas, a causa de su juventud, a un cierto número de peligros a lo largo de la gestación. Los problemas de toxemia gravídica, parto prematuro, malformaciones o hipotrofia del feto se dan con mayor frecuencia en las mujeres muy jóvenes que en las mayores. Existen varios motivos: las jóvenes (en especial, antes de los 15 años) tienen un organismo que no ha alcanzado aún la madurez completa. Muchas de ellas viven mal el hecho de estar embarazadas e intentan esconder su estado, con lo que el control será menos regular. Además, el modo de vida y las costumbres, en especial el consumo de tabaco o alcohol, suelen ser poco adecuados para el buen desarrollo de un embarazo, lo que ignoran por simple falta de

Esperando varios bebés

Un embarazo de gemelos o múltiple debe controlarse más que otros: cuanto antes se establezca el diagnóstico, antes se podrá iniciar el seguimiento médico. Consulte por tanto con regularidad a su médico y respete sus recomendaciones. La principal precaución que debe tomarse para evitar el parto prematuro es: reposo, sobre todo a partir del 5.º mes. Evite los trayectos y viajes agotadores y, si no puede hacerlo, no vacile en pedir la baja laboral. No descuide la alimentación (*véase* pág. 62). Si se siente desconcertada ante la perspectiva de dar a luz a 2 o 3 hijos (o más), no dude en buscar apoyo psicológico y ayuda a la hora de preparar el material de puericultura adecuado.

información. Por todo ello, se considera imprescindible que las adolescentes embarazadas reciban un adecuado apoyo psicológico y que se sometan a un control muy estricto, con consultas más frecuentes que permitirán detectar y tratar posibles problemas.

Embarazada a los 40 años

El número de mujeres que tienen un primer hijo con 40 años o más ha aumentado claramente durante estos últimos años en la mayoría de los países occidentales. Un primer embarazo a esta edad exige una vigilancia muy estricta. Hoy en día, por ejemplo, la amniocentesis se recomienda sistemáticamente a las mujeres embarazadas de más de 35 años para detectar posibles malformaciones congénitas del feto, en especial anomalías cromosómicas, cuya frecuencia aumenta con la edad materna. Los riesgos de aborto, parto prematuro e hipotrofia del feto también son mayores, ya que la mujer está más predispuesta a tener hipertensión arterial o a desarrollar un fibroma.

Finalmente, los casos de parto con cesárea son también más numerosos en las mujeres que tienen aproximadamente 40 años o más.

Las enfermedades crónicas

Las mujeres que tienen una enfermedad crónica, sea cual fuere –diabetes, enfermedad cardíaca o renal, etc.–, deben consultar al médico previamente, como mínimo desde el principio de la gestación y, si es posible, antes de quedar embarazadas para conocer los efectos de la enfermedad sobre el embarazo y, a la inversa, evaluar la incidencia del embarazo en la enfermedad. La futura madre deberá someterse a una vigilancia muy especial, muchas veces con la colaboración estrecha entre el médico que lleva su enfermedad y el especialista que sigue su embarazo.

Cuando se padecen determinadas enfermedades graves, como una afección cardíaca grave, el embarazo está radicalmente contraindicado, ya que podría poner en peligro la vida de la madre. Sin embargo, estos casos son raros. La mayor parte de las enfermedades pueden tratarse con suficientes garantías como para no impedir a una mujer concebir un hijo. A pesar de todo, la futura madre deberá someterse a un seguimiento riguroso y, a veces, será necesaria la hospitalización.

Los efectos de la droga

Las mujeres embarazadas toxicómanas se consideran pacientes de riesgo por varios motivos. A menudo son portadoras de hepatitis crónica o diversos virus, y el consumo de drogas compromete el buen desarrollo del embarazo. Además, muchas de ellas viven en condiciones de control médico que es insuficiente. Naturalmente, los peligros que afectan a la madre y su hijo dependen del tipo de droga.

Aunque los derivados del cannabis (hachís, marihuana) no producen malformaciones en el feto, sus efectos son idénticos a los del tabaco, razón más que suficiente para dejar de consumirlos. Las sustancias alucinógenas provocan abortos y malformaciones congénitas. Los opiáceos (morfina, heroína) y la cocaína generan una dependencia física y psíquica en la madre y, por consiguiente, en el niño desde su nacimiento.

Si la gestante interrumpe el consumo de este tipo de drogas de forma súbita, puede ser víctima de un síndrome de abstinencia y el feto puede morir. Toda tentativa de desintoxicación durante el embarazo implica la hospitalización (*véase* al margen). Cuando la madre no se ha desintoxicado durante el embarazo, un equipo de especialistas deberá hacerse cargo del niño desde el momento del nacimiento para intentar desintoxicarlo.

El uso habitual de cocaína durante el embarazo presenta otros peligros. Aumenta los riesgos de aborto, parto prematuro, hematoma retroplacentario y feto de peso excesivamente bajo. También puede provocar graves complicaciones (infarto de miocardio, convulsiones, hipertensión arterial, perforación intestinal), que ponen en peligro la vida de la madre y también la del niño.

Desintoxicación y embarazo

Los recién nacidos que tienen síndrome de abstinencia, debido a la interrupción súbita del consumo de droga, suelen ser víctimas de convulsiones, trastornos neurológicos y de conducta y, a veces, malformaciones digestivas, renales o cerebrales. Durante la gestación, la desintoxicación requiere hospitalización, ya que la cura debe ser progresiva. Además, para la mujer que inicia este proceso es indispensable una asistencia psicológica. A las mujeres embarazadas que se niegan o no pueden iniciar una cura de desintoxicación, al menos hay que aconsejarles que reduzcan las dosis. Por último, para una madre toxicómana está absolutamente contraindicado dar de mamar a su bebé.

La vida diaria

Alimentación, sueño, higiene, trabajo, desplazamientos: la vida cotidiana de la mujer embarazada se ve afectada por la gestación. Aunque no padezca las pequeñas molestias que puede suscitar su estado, debe adaptar sus costumbres y cuidar con especial dedicación su cuerpo.

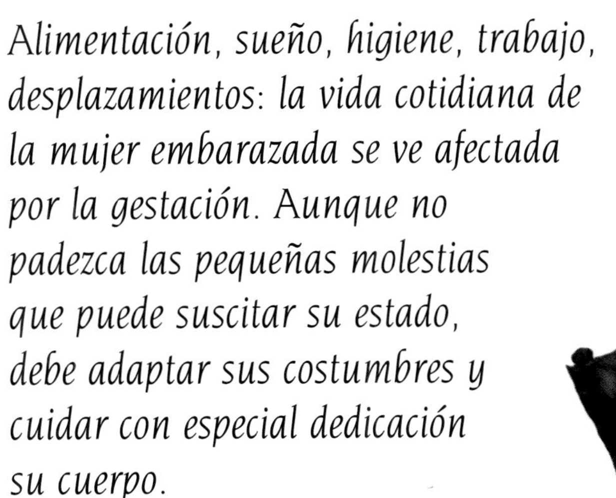

La alimentación

El organismo de la madre proporciona al futuro bebé todos los nutrientes que necesita durante los nueve meses de embarazo. Comer bien es por lo tanto importante, tanto para usted como para él.

LOS GRUPOS DE ALIMENTOS

Grupo 1: leche y productos lácteos. Aportan proteínas animales, calcio, materias grasas, vitamina A y vitaminas del grupo B.
Grupo 2: carne, pescado, huevos. Aportan proteínas animales, hierro, materias grasas y vitaminas del grupo B.
Grupo 3: verduras y frutas. Aportan glúcidos simples, fibra, vitamina C, caroteno, ácido fólico y sales minerales.
Grupo 4: cereales y derivados (entre ellos, el pan), patatas y legumbres. Aportan glúcidos complejos (almidón), proteínas vegetales, fibras, vitaminas del grupo B y sales minerales.
Grupo 5: las grasas de adición, la mantequilla y la nata fresca aportan vitamina A. Las margarinas y el aceite aportan ácidos grasos esenciales y vitamina E.
Grupo 6: productos dulces, postres, mermelada, azúcar, refrescos... Son fuentes de energía inmediatas.
Grupo 7: agua y bebidas varias. El agua es la única bebida indispensable.

Comer bien no significa comer por dos, sino alimentarse dos veces mejor. Hoy en día se sabe que la mujer embarazada ni debe engordar mucho ni hacer regímenes para no arriesgarse a provocar graves carencias en ella o en su futuro bebé. Las proteínas, que son como la materia prima del organismo y permiten construir y renovar los tejidos; los glúcidos (azúcares), que aportan energía; los lípidos (grasas), que sirven para fabricar el sistema nervioso del niño; las vitaminas, que se encuentran en las frutas y las verduras, y las sustancias minerales son, en resumen, los elementos que satisfacen las necesidades alimenticias.

¿Cuáles son sus necesidades?

Durante el embarazo, las necesidades variarán según el peso que tenía la madre en el momento de la concepción, el gasto de energía (¿hace usted deporte o lleva una vida sedentaria?, ¿trabaja?, ¿es su primer hijo?), las costumbres alimenticias (¿no desayuna?, ¿come deprisa al mediodía?, ¿es usted muy golosa?) y los aspectos hereditarios (¿es usted de una familia de personas delgadas o tiene tendencia a engordar fácilmente?).

El papel de las calorías

Las calorías son el carburante que procura energía al organismo. Cada alimento tiene un valor energético que se calcula en kilocalorías. Algunos aportan pocas; otros, muchas: 1 g de proteínas = 4 calorías, 1 g de glúcidos = 4 calorías, 1 g de lípidos = 9 calorías. De promedio, el organismo necesita de 1.800 a 2.200 calorías al día para funcionar con normalidad: debe mantener la temperatura a 37 °C, hacer trabajar los músculos y el cerebro, y cubrir las necesidades derivadas de la digestión. Cuanto más duras son las actividades, más calorías se consumen. Si no se come lo suficiente, el organismo recurre a sus reservas y se adelgaza. Si se come demasiado, las calorías se almacenan y se engorda.

Las necesidades de la mujer embarazada

En todos los casos, hay que cubrir las necesidades inherentes a la formación de la placenta, el aumento de las glándulas mamarias y de la masa sanguínea, el crecimiento del feto y la preparación de las reservas para poder dar de mamar (aunque no tenga previsto hacerlo).

Según la actividad física, una mujer de 25 años y peso normal requiere entre 1.800 y 2.200 calorías al día. Si está embarazada, añadirá 100 calorías a su ración habitual durante el primer trimestre, y sólo serán necesarias 250 calorías adicionales durante los dos últimos trimestres. Estas cifras son indicativas: es importante evitar los abusos, no saltarse ninguna comida y llevar una alimentación equilibrada, suficiente, variada y bien repartida a lo largo del día.

Equilibre su alimentación

Según su constitución física y su estatura, aumentará entre 9 y 12 kg durante el embarazo (*véase* al margen). Pésese con regularidad. El aumento de peso debe ser progresivo. Intente no «picar» entre las comidas. Oblíguese a hacer tres comidas, más uno o dos tentempiés (a media mañana y por la tarde).

Coma de todo

Durante el embarazo hay que comer de todo, aunque se deban controlar algunos elementos. En primer lugar, las proteínas: son indispensables para el buen desarrollo del niño y, en especial, de su cerebro. Si su alimentación habitual ya incluía una buena cantidad de proteínas (lo cual es muy probable), el suplemento aconsejado es sólo de 10 a 20 gramos al día. Las proteínas se encuentran en la carne, el pescado, los huevos y los productos lácteos. También contienen proteínas, aunque en menor cantidad, las legumbres y los cereales.

El calcio es necesario para la formación de los huesos y los dientes. Para garantizar las necesidades del bebé sin que la madre sufra una pérdida ósea, debe tenerse en cuenta el consumo de calcio. Los alimentos ricos en calcio son, en primer lugar, los productos lácteos y sus derivados. Además, hay que disponer de la cantidad necesaria de vitamina D, factor de absorción del calcio. La vitamina D se fabrica principalmente en la piel bajo la influencia de los rayos del sol. Por lo tanto, hay que exponerse suficientemente al sol. Los alimentos que más vitamina D contienen son los aceites de pescado, el hígado, los pescados grasos, los huevos y los productos lácteos no desnatados.

El embarazo se acompaña también de un claro aumento de las necesidades de hierro, sobre todo en los últimos meses. Lo encontrará en el hígado, la carne y el pescado, los huevos, las legumbres y, en menor cantidad, en las verduras y los cereales.

Beba mucha agua

El agua facilita los intercambios entre el organismo de la madre y del feto. Beba como mínimo entre 1 y 1,5 l de agua sin gas al día: de media, tres vasos en cada comida, más dos vasos por la mañana y otros dos por la tarde.

Además, puede beber té o café ligeros, infusiones, leche, zumos de frutas frescas sin azúcar, zumos de verduras y caldos de verduras.

Evite las sustancias nocivas

- **El alcohol.** Pasa directamente a la sangre de la madre y, por consiguiente, a la del futuro bebé a través de la placenta. Suprima por completo los alcoholes fuertes (aperitivos, digestivos, etc.). Renuncie a beber vino o cerveza durante los tres primeros meses (a causa de los riesgos de malformación para el niño durante este período clave). Luego, puede permitirse un vaso de vino en la comida o una copa de cava en una fiesta.
- **El tabaco.** El embarazo es un buen momento para que la madre (y el padre) dejen de fumar. La nicotina, el monóxido de carbono y el alquitrán tienen efectos nocivos, no sólo para los padres fumadores, sino para el feto y la placenta. El tabaquismo puede provocar abortos, nacimientos prematuros y niños de poco peso.

El aumento de peso durante el embarazo

El peso adicional que se adquiere durante el embarazo dependerá tanto de la alimentación como de la morfología, es decir, de la estatura y el peso habituales.

Los casos particulares

Comerá más si...

- Todavía no tiene 18 años y su crecimiento aún no ha terminado: necesita 2.500 calorías al día, además de leche y queso (*véase* también *¿Qué comer cuando se da de mamar?*, pág. 158).
- Tiene un trabajo que cansa mucho: de 2.200 a 2.500 calorías por día, con proteínas, glúcidos variados (simples y complejos), lípidos ricos en ácidos grasos esenciales y vitaminas del grupo B y C.
- Ya ha tenido varios hijos muy seguidos: de 2.200 a 2.500 calorías al día, reforzando la aportación de hierro, calcio, ácido fólico y sales minerales.
- Espera gemelos: en especial a lo largo de la segunda mitad del embarazo aumente su aporte calórico global consumiendo un poco de todo.

¿Cómo controlarse?

Es bastante sencillo controlar el aumento de peso gracias al índice de Quételet, cuya fórmula es la siguiente:

$$i = \frac{\text{peso en kilos}}{(\text{altura en m})^2}$$

Ejemplo: mide 1,56 m y pesa 50 kilos:

$$i = \frac{50}{(1{,}56)^2} = \frac{50}{2{,}4} = 20{,}8$$

Cuando i es inferior a 18, está usted muy delgada.
Cuando i está entre 18 y 20, está delgada.
Cuando i está comprendido entre 20 y 23, su peso es normal.
Cuando i es superior a 23, está fuerte.
Si tiene un peso normal, puede aumentar hasta 12 kg para que su bebé se desarrolle bien.
Si está delgada puede aumentar más (hasta 20 kg si está muy delgada).
Si ya está fuerte, puede intentar aumentar menos (de 7 a 11 kg), recurriendo a sus reservas.

Los menús de la semana durante el embarazo

Una alimentación variada, repartida en tres comidas principales, es suficiente para satisfacer las necesidades del organismo sin tener que recurrir a una cocina complicada.

Lunes

Desayuno

Una taza de té
Cereales con leche

Almuerzo

Una ración de gruyère

Comida

Apio con vinagreta
Osobuco con espaguetis
Una ración de queso emmental
Natillas de chocolate

Merienda

Un yogur de pera
Un bollo de leche

Cena

Sopa de verduras
Solomillo con guisantes
Una ración de brie
Fruta del tiempo

Martes

Desayuno

Un bol de leche chocolateada
Un brioche
Fruta del tiempo

Almuerzo

Un yogur

Comida

Aguacate con limón
Estofado de buey
Una ración de manchego
Fruta del tiempo

Merienda

Pan y queso de untar
Un vaso de zumo de frutas

Cena

Rábanos con mantequilla
Judías verdes
Una ración de Idiazábal
Un flan a la canela

Miércoles

Desayuno

Una taza de achicoria
Tostadas con mermelada
Fruta del tiempo

Almuerzo

Dos petits-suisses

Comida

Ensalada de pepino y champiñones
Endivias con jamón y salsa Mornay
Una ración de camembert
Una manzana al horno

Merienda

Un vaso de leche, aromatizada o no
Una rebanada de pan de pasas

Cena

Potaje al berro
Rape al horno
Arroz
Una ración de queso de bola
Fruta del tiempo

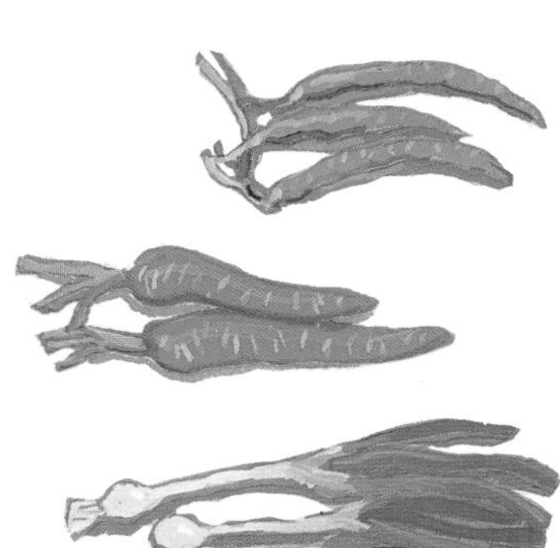

Jueves

◆

Desayuno

Una taza de café
Biscotes con queso fundido
Fruta del tiempo

Almuerzo

Un vaso de leche, aromatizado o no

Comida

Col cruda con manzana y uvas pasas
Pechuga de pavo a la jardinera
Una ración de roncal
Fruta del tiempo

Merienda

Un flan de pistacho
Galletas

Cena

Un pomelo
Un pedazo de asado de cerdo con lentejas
Queso fresco con piña en almíbar

Viernes

◆

Desayuno

Un yogur de cereales
Una taza de té con limón
Fruta del tiempo

Almuerzo

Una ración de gouda
Comida
Unas rodajas de salchichón curado
Espinacas con bechamel
Un filete de bacalao fresco
Una ración de brie
Fruta del tiempo

Merienda

Un vaso de leche, aromatizado o no
Un plátano

Cena

Alcachofas
Pollo con verduras
Una ración de mahón
Fruta del tiempo

Sábado

◆

Desayuno

Un vaso de zumo de frutas
Dos tostadas con camembert

Almuerzo

Un vaso de leche, aromatizado o no

Comida

Tomates en ensalada
Un filete de hígado de cordero
Una ración de queso de cabra
Macedonia

Merienda

Dos petits-suisses
Compota de manzana

Cena

Zanahorias ralladas con aceitunas
Calabacines rellenos
Una ración de queso de teta
Arroz con leche

Domingo

◆

Desayuno

Leche con chocolate
Pan tostado con miel
Fruta del tiempo

Almuerzo

Una ración de gruyère

Comida

Menestra de verduras
Salteado de cerdo con mostaza y salsifíes
Una ración de queso manchego
Fruta del tiempo

Merienda

Muesli con yogur

Cena

Sopa de tomate
Filete de merluza
Una ración de cebreros
Fruta del tiempo

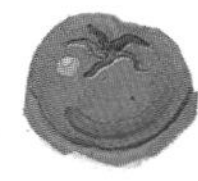

NO OLVIDE LA BEBIDA

Un litro de agua o más al día:
2 vasos por la mañana
3 vasos durante la comida
2 vasos por la tarde
3 vasos durante la cena

El sueño

El embarazo modifica inevitablemente algunas funciones del organismo. El sueño no escapa a esta norma. Puede resultar difícil dormirse o el sueño puede ser irregular a lo largo de estos nueve meses.

RELÁJESE

Acostada sobre la espalda, con los ojos cerrados, concéntrese en la respiración. Estire bien el cuello, hacia atrás y hacia delante, acercando la barbilla al pecho y bajando los hombros. Coloque las palmas de las manos en la parte baja del vientre para seguir con ellas el ritmo de la respiración. Respire lentamente hasta que consiga una espiración larga y lenta, seguida de una inspiración sin esfuerzo. A partir de ese momento, acuéstese de costado doblando las piernas. Coloque uno o dos cojines bajo la cabeza y otro entre las piernas. Siga atenta a la respiración y deje que su cuerpo se relaje cada vez más en cada espiración. Empiece por distender bien los músculos de los pies, suba hasta la pelvis y, luego, suelte el conjunto de la espalda y los riñones hasta los hombros. Relaje los brazos, el cuello y todos los músculos de la cara, dejando que los párpados se hagan pesados. Tendrá muchas posibilidades de dormirse.

¿Duerme usted bien? O, por el contrario, ¿tiene por naturaleza el sueño ligero? No se sorprenda si el embarazo altera sus costumbres en este terreno. Mientras que durante el primer trimestre no podrá resistirse al sueño, durante los últimos meses le resultará bastante difícil de conciliarlo.

Los *primeros meses*

Al principio del embarazo, sentirá probablemente un deseo irresistible de dormir en diferentes momentos del día. Este fenómeno es frecuente e incluso común. Se explica por las modificaciones hormonales que sufre el organismo y no significa que exista ningún problema especial de salud.

Dormir mucho

Esta tendencia a la somnolencia no siempre está exenta de problemas, sobre todo, si se trabaja fuera de casa. Pero, tranquilícese, desaparecerá al final del 3.er mes. Dentro de lo posible, es mejor no luchar contra esta necesidad de dormir. De forma espontánea, tendrá ganas de llevar una vida tranquila y no trasnochar. Aproveche para concederse largas noches de sueño e intente encontrar algunos momentos de reposo durante el día.

No se inquiete

Aunque sea menos habitual, para algunas mujeres el 1.er trimestre constituye curiosamente un período de noches agitadas. La espera de un bebé exige una preparación psicológica importante y la gestante puede ser víctima de una ansiedad que perturbe su sueño: miedo a no querer suficientemente a su hijo, aprensión ante el amanecer de una nueva vida necesariamente diferente... Este tipo de angustia es totalmente normal y no debe dudar en hablar de ello con su pareja o con un(a) amigo(a). Siga también los consejos del médico o de la comadrona para combatir el insomnio (*véase* al margen).

Aproveche la tregua

El principio del 2.° trimestre del embarazo es un período de calma en todos los aspectos. Las molestias del 1.er trimestre (náuseas, ansiedad) han terminado; las de los últimos dos meses aún no han empezado. El vientre se redondea y pronto notará cómo se mueve el bebé, cuya presencia se hace cada vez más evidente para los demás miembros de la familia.

Todos estos elementos contribuyen a crear un contexto de bienestar que favorece un sueño sereno. Además, todavía puede dormir en la posición que prefiera, incluido sobre el vientre: el feto se adapta a todas las posturas y no se siente nunca comprimido.

Los *últimos meses*

A partir del 5.° o 6.° mes, estas condiciones ideales desaparecen poco a poco. La madre tiene dificultades para encontrar una postura para dormir confortablemente, le asaltan pesadillas durante la noche o se despierta por los movimientos del bebé. Por este motivo muchas veces el final del embarazo está marcado por el insomnio. El insomnio no tiene ninguna incidencia sobre el futuro bebé, que sigue sus propios ritmos de sueño y vigilia. Sin embargo, el cansancio resultante puede obligarla a descansar algo más durante el día. Si, a pesar de todo, no consigue dormir, el médico le recetará sedantes o somníferos ligeros para que no acumule un exceso de fatiga antes del parto.

Movimientos que la despiertan
Al final del embarazo, el bebé se mueve más y estos movimientos pueden despertarla en plena noche. No hay remedio para este problema. Pero al menos, tranquilícese: un feto que despliega una gran actividad nocturna puede convertirse tranquilamente en un bebé que duerme bien durante la noche.

Calambres dolorosos
Si la despiertan unos calambres en las piernas o los pies, dése un largo masaje en los músculos afectados y, manteniendo la pierna bien estirada, tire de los dedos hacia usted hasta que el dolor desaparezca. Si no consigue solucionarlo, hable de ello a la comadrona o al médico, ya que estos tirones musculares pueden deberse a una carencia de vitaminas. Un tratamiento a base de magnesio o de vitamina B podría aliviarla.

Noches agitadas
Al margen de cualquier enfermedad física, puede que las noches se vean agitadas por los sueños. El embarazo implica todos estos cambios, y suele ser un período muy rico en sueños; aunque a veces éstos se conviertan en pesadillas, y especialmente durante los últimos meses, cuando las diferentes aprensiones que se tienen se expresan durante la noche: miedo al parto, miedo a tener un hijo anormal, miedo a no saber actuar después del nacimiento.

Estos temores son naturales y no debe vacilar en comentarlos durante las consultas médicas o las sesiones de preparación al parto.

¿Cómo dormir?

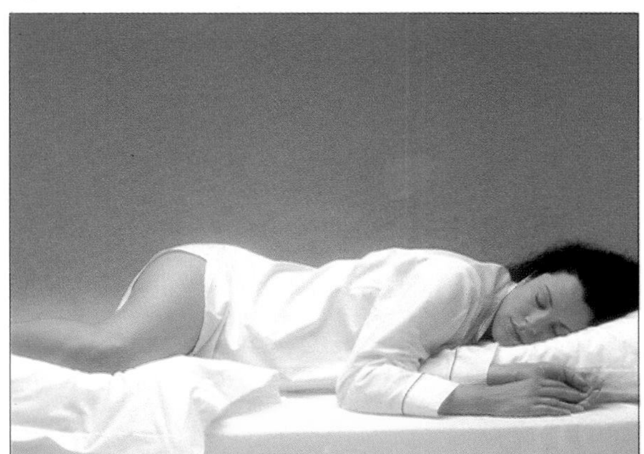

Sobre el lado izquierdo △
Cuando el volumen y el peso del bebé son considerables, dormir sobre el vientre es desagradable. Tumbada sobre la espalda también experimenta una sensación de malestar y ahogo. El útero ejerce presión en la vejiga y los vasos sanguíneos, lo que dificulta la circulación de la sangre y hace más difícil la respiración. Para evitar estos inconvenientes, acuéstese sobre el lado izquierdo.

Con un cojín ▽
Al tumbarse sobre el lado izquierdo, evitará ejercer presión sobre la vena cava, que devuelve la circulación sanguínea de la parte baja del cuerpo hacia el corazón y pasa a la derecha del útero. Quizá se sienta más cómoda si se coloca en la rodilla derecha una almohada o un cojín. No se preocupe si no está cómoda al principio: el cuerpo terminará adaptándose.

Las pequeñas molestias

Unas pequeñas molestias, debidas a los mayores esfuerzos que se le exigen al organismo, jalonan a veces el embarazo. No son una amenaza ni para su propia salud ni para la del futuro bebé, pero pueden alterar la vida diaria. Es razonable pedir soluciones que las alivien.

Lo que tiene	Lo que receta el médico	Lo que puede hacer
Anemia. Está cansada y pálida, se ahoga enseguida: le falta hierro y ácido fólico.	Hierro y ácido fólico a partir del 7.º mes. Unos análisis de sangre regulares para controlar el peligro de anemia y, si es necesario, un tratamiento para corregirla.	Coma berros, espinacas, lentejas, judías blancas, frutos secos, yema de huevo, hígado, chocolate, endivias, melón, queso, aguacates, pimientos e hígado de ave para el ácido fólico.
Ardor de estómago. El jugo gástrico sube con mayor facilidad hacia el esófago y le provoca ardores y eructos ácidos.	Algunos medicamentos alivian los ardores de estómago. (No tome bicarbonato.)	Evite los platos con salsas, las verduras crudas, las especias, las bebidas gaseosas, las grasas cocidas y el café. Duerma con el tronco elevado.
Calambres. Unos calambres en las pantorrillas y los pies la despiertan por la noche.	Magnesio y vitamina B_6 para atenuarlos.	Dése masajes en las pantorrillas de abajo arriba, tirando del pie hacia la pierna; ande con los pies descalzos; duerma con los pies elevados.
Dolor de espalda. A partir del 5.º mes, puede que sufra dolores de espalda; el útero ha crecido y tira de la columna vertebral.	Reposo, calor (bolsa de agua caliente o esterilla eléctrica); infiltraciones antiinflamatorias en caso de lumbago agudo o ciática.	Unos ejercicios cotidianos reforzarán los músculos del vientre y de la espalda; nade de espaldas; adopte una buena posición para andar, llevar cosas, etc. (*Véase* pág. 74.)
Dolores abdominales. Además de los tirones de los primeros meses, un 50% aproximadamente de las mujeres padecen dolores abdominales, en la ingle o en la región del sacro a partir del 5.º mes.	Vitaminas y relajantes musculares.	El reposo es la única regla que se puede adoptar para aliviar el dolor.
Dolores del pubis. Al parecer, los dolores del pubis durante el 3.er trimestre se deben a la acción de las hormonas sobre la unión de los huesos de la pelvis.	Las vitaminas del grupo B son a veces eficaces.	Aproveche cualquier momento de reposo.
Estreñimiento e hinchazón abdominal. Tiene estreñimiento desde hace poco o el estreñimiento habitual se agrava. Una hormona muy activa durante el embarazo, la progesterona, actúa sobre los intestinos, que se vuelven más perezosos.	Supositorios de glicerina y de aceite de parafina. El resto de los laxantes son peligrosos para usted y para el futuro bebé. Beba agua mineral rica en magnesio.	Coma verduras y ensalada; evite los alimentos con fécula, excepto el arroz; decántese por el pan semiintegral; beba un gran vaso de agua sin gas al despertarse; pasee durante media hora al día.
Fatiga, somnolencia. Durante los primeros meses, se siente cansada y tiene sueño sin ningún motivo aparente.	Nada especial, ¡descanse! (*Véase* pág. 66.)	Duerma todo lo que necesite. Haga la siesta si puede y acorte sus veladas.

Lo que tiene	Lo que receta el médico	Lo que puede hacer
Ganas de orinar. Tiene ganas de orinar más a menudo, ya que la necesidad aparece en cuanto la vejiga está medio llena.	Si nota quemazón al orinar, conviene hacer un análisis de orina y, si es necesario, aplicar tratamiento para combatir una posible infección urinaria.	Beba mucho para evitar los picores que surgen si la orina está demasiado concentrada.
Hemorragias de las encías. Las encías, más frágiles, sangran durante el cepillado.	Una limpieza de boca que realizará el dentista.	Elija un cepillo de dientes suave y aplíquese masajes en las encías.
Insomnio. Al final del embarazo, quizá sea víctima de insomnio. El futuro bebé se mueve más; los dolores y los calambres la despiertan.	Un somnífero suave en caso de insomnio más grave.	Coma poco por la noche; evite los excitantes; las tisanas podrán ayudarla a conciliar el sueño; haga un poco de relajación (*véase* pág. 66.) Duerma sobre una superficie dura.
Mareos y pérdida de conocimiento. Se deben a variaciones de la tensión arterial o a una bajada del nivel de azúcar en la sangre.	Si los problemas persisten, averiguar si los mareos tienen origen diabético o cardíaco.	Pase con suavidad de la posición acostada a la posición erguida; duerma preferiblemente del lado izquierdo; evite estar mucho tiempo seguido de pie.
Náuseas y vómitos. Desde la 3.ª semana hasta el 4.º mes, suelen ser frecuentes los vómitos por la mañana, las náuseas y la salivación excesiva; aunque no tienen consecuencias.	Medicamentos antivomitivos (antieméticos) y antinauseosos. Si vomita muy a menudo y adelgaza, quizá sea necesaria una hospitalización para combatir la deshidratación.	Por la mañana, levántese con suavidad; desayune en la cama si es posible. Coma poco de una vez, pero coma a menudo; evite los alimentos indigestos; beba mucho, descanse.
Pecho dolorido. Casi todas las mujeres embarazadas tienen los pechos hipersensibles durante los tres primeros meses. A veces, duelen los pezones.	Ninguna recomendación particular.	Lleve los pechos bien sujetos; cambie la talla de sujetador; decántese por el algodón; evite los pezones cuando se aplica cremas o lociones.
Prurito. Frecuente al final del embarazo, es de una intensidad variable. La causa puede ser una modificación del funcionamiento del hígado.	Un control hepático para descartar una enfermedad del hígado; antihistamínicos. (Los medicamentos a base de cortisona, tomados durante un plazo largo, favorecen las estrías.)	Evite los productos de higiene personal alergénicos (perfumes, desodorantes). Utilice un jabón neutro y ropa de algodón.
Salivación. A veces, la salivación aumenta mucho al final del embarazo y desaparece después del parto.	Ningún tratamiento puede evitarlo.	Intente tragar la saliva o escupirla cuando le moleste mucho.
Secreciones vaginales. Las secreciones vaginales abundantes, blanquecinas e inodoras se deben a las modificaciones hormonales. Cuidado: una secreción de líquido opalescente puede deberse a una fisura de la bolsa de las aguas.	Análisis para detectar cualquier infección vaginal. Las secreciones suelen ir acompañadas de picores o quemazón locales.	Cuide su higiene íntima; sobre todo, no realice duchas vaginales; decántese por las braguitas de algodón; evite los salva-slips, que favorecen las micosis y los gérmenes.
Transpiración. Suda más por culpa de las hormonas.	Nada especial.	Talco y lociones refrescantes sin alcohol. Dése un baño por la noche.
Varices, pesadez de piernas. Aparecen varices o se agravan las ya existentes, a menudo acompañadas de una sensación de pesadez, calambres, picores, hormigueo o hinchazón de las piernas y los tobillos. Estas molestias aumentarán hasta el final del embarazo y se atenuarán después del parto.	Medias elásticas de contención para impedir su desarrollo; tónicos venosos, cremas o geles, que pueden ofrecer un alivio momentáneo. Si las varices persisten después del parto, habrá que consultar a un especialista (flebólogo).	Evite los tacones planos, los calcetines con gomas, los pantalones ajustados, las botas, estar de pie, permanecer con las piernas cruzadas, fuentes de calor cerca de las piernas, tomar el sol y la depilación con cera caliente. Dése masajes ligeros; dúchese las piernas y los pies alternativamente con agua tibia y fría; duerma con las piernas elevadas.

La belleza y los cuidados corporales

Futura madre, la mujer embarazada no olvida, sin embargo, su forma física y su belleza. Algunos cuidados simples la ayudarán, sin duda, a paliar sin dificultades lo que podríamos llamar, púdicamente, las pequeñas servidumbres del embarazo.

LAS UÑAS

En general, las hormonas del embarazo tienen un efecto beneficioso en las uñas: se vuelven más duras y crecen más deprisa que de costumbre. Si, a pesar de todo, las encuentra más frágiles, déjeselas cortas. Volverán a crecer fuertes y vigorosas después del parto. Si suele limárselas y pintárselas, nada impide que siga haciéndolo.

Aunque es cierto que el cansancio, las modificaciones hormonales y el aumento de peso afectan más a unas mujeres que a otras, hay que saber también que algunos inconvenientes son perfectamente evitables... a poco que la interesada se preocupe. He aquí cómo sacar provecho de los cambios del cuerpo provocados por la gestación desde la cabeza a los pies.

El *cabello*

Nunca ha tenido tanto pelo ni éste ha estado tan bonito. Bajo los efectos de los estrógenos, hormonas que se segregan abundantemente (*véase* pág. 22), el embarazo mejora los cabellos secos y abiertos, e incluso frena la caída normal. Sin embargo, puede ser un problema para los cabellos grasos. No es grave, a condición de lavarlos con frecuencia con un champú suave y evitar, dentro de lo posible, secarlos con una fuente de calor excesivo o colocada demasiado cerca, cosas que acentuarían el problema. También se puede aplicar, después del champú, una crema de cuidado capilar que sea regenerante.

Algunos dermatólogos desaconsejan las decoloraciones y las permanentes durante la gestación para evitar reacciones alérgicas inesperadas. Nada impide usar tintes vegetales, menos agresivos.

Durante las semanas siguientes al parto, tendrá la impresión de que se le cae mucho pelo. En realidad, no se le cae más del que se le caía antes de quedar embarazada. Para paliar una caída de cabello que le parece excesiva, siempre puede seguir un sencillo tratamiento a base de vitaminas y cistina, que acelera la salida del

Los cuidados del cuerpo

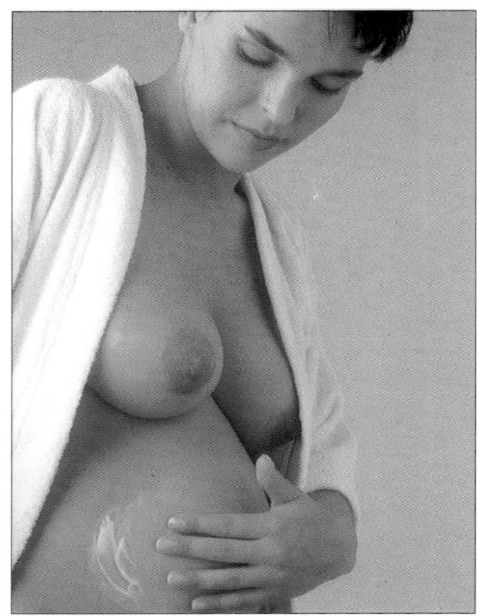

El vientre Δ
Dése un masaje en el vientre, desde el ombligo hacia las costillas y luego volviendo a bajar, con una crema con elastina.

cabello, y tomar sales de hierro durante dos o tres meses.

La piel

Durante el embarazo, la piel de la cara se embellece. Es más fina, más transparente. El reposo, la supresión del tabaco y el alcohol, y una buena higiene alimentaria mejoran evidentemente la tez. Sin embargo, el embarazo deja en el cuerpo unas huellas menos estéticas. No se abandone sin hacer nada ya que, hoy en día, no es sólo posible sino que es aconsejable cuidar y prevenir estos pequeños contratiempos.

La cara

Las hormonas secan la piel. Si usted ya tenía por naturaleza una piel seca antes de quedarse embarazada, cambie sus productos de belleza. Evite los tónicos a base de alcohol para no resecar aún más la epidermis y aplíquese una crema hidratante. Deje que su piel respire lo máximo posible y no se ponga maquillaje que obstruya los poros.

• **La máscara del embarazo**. Por culpa siempre de la acción de las hormonas, algunas mujeres (en especial las morenas) notan que están extrañamente pigmentadas. La «máscara del embarazo» (cloasma para los especialistas) aparece en forma de unas manchas oscuras casi simétricas en la frente, las sienes, los pómulos y las mejillas, de donde viene el nombre de *máscara*. Aunque, desgraciadamente, no existe ningún método para impedir esta acumulación de pigmentos que da esa sensación de manchas, se puede limitar evitando exponer la cara al sol –sin haberse aplicado previamente una crema de protección total– y todos los productos cosméticos perfumados y con alcohol. No dude en pedir consejo a su farmacéutico si las etiquetas de los productos no le parecen claras.

Por regla general, la «máscara» desaparece después del parto, aunque, eso sí, a veces muy poco a poco. Si, a pesar de todo, se mantiene, consulte a un derma-

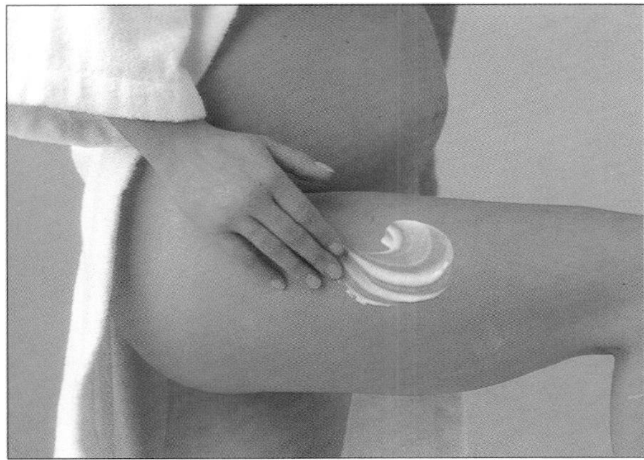

Las piernas △
Si nota las piernas pesadas, dése un masaje en los muslos con movimientos circulares regulares, desde el interior hacia el exterior. Puede utilizar una crema reafirmante con elastina o simplemente aceite de almendra. Pero no se haga muchas ilusiones sobre su eficacia para hacer desaparecer las estrías, aunque contribuya a mantener la elasticidad de la piel.

Los pechos ▽
Con las manos planas, realice ligeros masajes subiendo desde los pezones hacia el hombro.

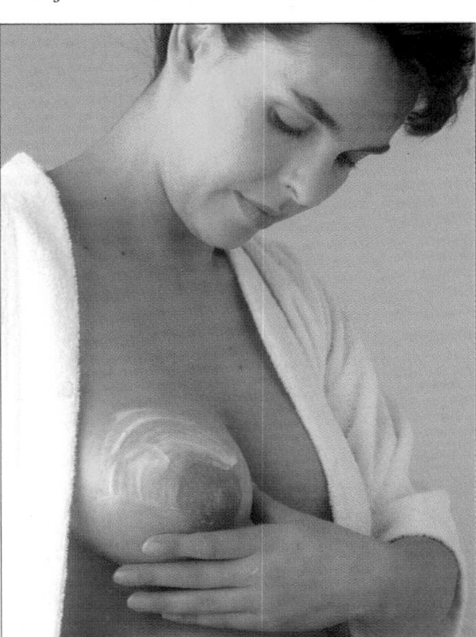

El calzado

¿Tropieza a menudo? Es absolutamente normal: el centro de gravedad se ha desplazado y las articulaciones son más débiles. No es el momento ideal para montarse encima de unos tacones altos que la desequilibren todavía más. Use, por lo tanto, zapatos planos y considere 3 cm como el máximo de tacón. En cuanto a las botas, olvídelas hasta el año siguiente, ya que comprimen la pantorrilla y podrían hinchar las piernas y los pies (edemas), e incluso provocar varices. Sepa que quizá se vea obligada a comprar zapatos de uno o dos números más del que usa habitualmente y, a veces, constatará que, mucho después del parto, sigue necesitando ese número mayor.

tólogo. Le recetará un preparado despigmentante y le aconsejará, sin duda, que nunca más vuelva a exponer la cara al sol sin una protección máxima (existen leches autobronceantes que consolarán en buena medida a las adeptas fervientes del bronceado).

• **Maquillaje y desmaquillaje.** Para el maquillaje, una sola regla: haga lo que quiera. Lo importante es que se sienta guapa. Simplemente, tenga cuidado con los productos con alcohol y perfumados, ya que durante el embarazo aumenta el peligro de padecer alergias. Para desmaquillarse, opte por los productos suaves y no astringentes.

• **El cuello, el escote y los brazos.** Entre el 2.° y el 5.° mes de embarazo, a veces aparecen pequeños puntos rojos en forma de estrella. No se preocupe: estos «angiomas estelares» suelen desaparecer dos o tres meses después del parto.

El cuerpo

¿Las areolas de los pechos se oscurecen, a veces aparece una línea morena y vertical en mitad del vientre, las cicatrices se colorean? Todo es normal y volverá a su estado previo dos o tres meses después del parto, cuando ya no esté bajo las influencias hormonales de la gestación. La línea morena se atenuará con ejercicios de musculación, que devolverán a la piel su elasticidad y la retensarán, aunque quizá tarde un poco en desaparecer.

• **Las estrías.** Si tiene predisposición y la piel ha perdido parte de su elasticidad, corre el peligro de que le aparezcan estrías rojizas que progresivamente se vuelven blanquecinas (su tono se atenúa a menudo algunos meses después del parto). Pueden aplicarse cremas antiestrías que además le hidratan la piel, pero nada evitará la aparición de esas estrías en el vientre, las nalgas, los muslos y los pechos. Las estrías no sólo están relacionadas con el aumento de peso, sino también con la elasticidad de la piel, que es hereditaria. Sin embargo, es recomendable darse un masaje cada día con una crema a base de elastina o, más sencillo, con aceite de almendra.

• **La higiene.** Los mismos consejos que en el caso de la cara: utilice productos no alergénicos. Lávese con un jabón suave y, si lo desea, aplíquese por la noche una leche suave y no perfumada para facilitar el buen equilibrio de la piel.

Los pechos

Aunque no utilice normalmente sujetador, llévelo durante el embarazo. Desde el principio, los pechos se hinchan bajo el efecto de la hipersecreción hormonal y la piel del pecho es muy frágil. Para que el peso de los senos no la distienda más de lo necesario, sosténgalos con un sujetador bien adaptado, con copas profundas y tirantes amplios. Póngaselo también por la noche y refuerce la tonicidad de la piel del pecho con duchas de agua fresca. A pesar de que su firmeza y su aspecto ya nunca serán iguales después del embarazo (y esto no tiene nada que ver con dar de mamar), puede conservar unos pechos muy bonitos... aunque quizá tenga que comprar sujetadores de talla superior.

El tipo

En primer lugar, adopte siempre posturas correctas en todas las actividades más habituales de su vida. Saber sentarse, tumbarse y estar de pie correctamente se convierte en algo más esencial que nunca en un momento en el que las piernas y la espalda pueden sufrir bajo el peso de una carga adicional. Por regla general, los médicos aconsejan no aumentar más de 10 o 12 kg durante la gestación, para evitar una sobrecarga ponderal. Pero muchas mujeres aumentan más de peso sin que por ello tengan un mayor número de problemas.

Su aspecto general dependerá también de cómo se vista. Los vestidos cómodos, en los que no se sentirá comprimida –sin olvidar un calzado bajo y de número adecuado (*véase* al margen)– no harán más que mejorar su tipo, ya que se sentirá mejor en su propio cuerpo.

La posición del cuerpo

Aprenda a estar de pie y sentada sin que le moleste el vientre. Realice con regularidad algunos movimientos sencillos de gimnasia o, incluso, un poco de deporte (*véase* pág. 84). Manténgase recta, basculando la pelvis hacia delante pero sin arquear los riñones ni contraer los abdominales. Gracias a unos ejercicios apropiados (*véase* págs. 74-79) puede también hacer trabajar con suavidad algunos músculos, como los de la espalda, que suelen ponerse especialmente a prueba durante el embarazo. Los ejercicios le permitirán ganar flexibilidad y control del propio cuerpo, con lo que obtendrá un auténtico bienestar físico.

La ropa

Ante todo escoja ropa cómoda, lo que no significa poco elegante. Con unas mallas, una camisa o un jersey amplios unirá comodidad y estética. Los fabricantes de ropa premamá ofrecen modelos que siguen las modas y, especialmente, pantalones muy adaptables, de talla variable y perfectamente cortados, que sirven desde el principio hasta el final del embarazo. Algunas mujeres llevan encantadas grandes camisetas (en verano) o jerséis muy amplios (en invierno) y destacan el vientre anudando un gran pañuelo por debajo. Todas las fantasías están permitidas, con una sola condición: que la ropa no apriete.

• **La ropa interior.** Elíjala de algodón para evitar alergias y micosis. Los tejidos sintéticos favorecen la proliferación de gérmenes vaginales, sobre todo durante el embarazo.

• **Medias y panties.** Dado que el uso de ligueros es casi imposible y que las gomas a medio muslo son poco recomendables para la circulación sanguínea, renuncie a las medias y lleve panties. Los encontrará especialmente concebidos para las mujeres embarazadas, aunque también puede usar los que utiliza normalmente cortándolos por la cintura. Si nota las piernas pesadas o tiene tendencia a las varices, compre medias elásticas compresivas. No se asuste del nombre: algunas resultan hasta bonitas, las hay en todos los colores y le proporcionarán una comodidad y un bienestar insospechados.

QUISIERA SABER

¿Es verdad que el acné desaparece durante el embarazo?

• Generalmente sí, pero por desgracia no para siempre. El acné vuelve, y muchas veces con más fuerza, después del parto. Si se agravase durante la gestación, como ocurre en algunas ocasiones, evite la exposición al sol y consulte a su dermatólogo para que efectúe una limpieza de piel y le recete un tratamiento local.

¿Qué son las estrías?

• Son unas marcas primero rojizas y luego blancas, en forma de rayas, que aparecen en la piel. Se deben a la rotura, y no a la distensión, de las fibras elásticas de la dermis en algunas pieles que son menos elásticas. Un aumento brutal de peso no es, por lo tanto, la única causa, aunque las favorece. Las estrías suelen surgir hacia el 6.º mes de embarazo. Las pieles más jóvenes parecen ser las más propensas.

¿Hay que llevar un cinturón de embarazo?

• No sólo su eficacia no ha sido nunca demostrada, sino que está totalmente desaconsejado en caso de embarazo normal. Si los músculos abdominales no trabajan, les costará mucho más volver a su tono normal después del parto.

En caso de pérdidas, ¿qué tipo de protección hay que utilizar?

• Cambie a menudo de braguita o utilice salva-slips (con moderación para evitar las irritaciones alérgicas). No se ponga compresas, salvo en caso de hemorragia, y descarte completamente los tampones a causa de los riesgos de infección.

¿Es cierto que durante el embarazo se debilitan los dientes y las encías?

• Con una alimentación equilibrada, no tendrá ningún problema de descalcificación. Por el contrario, muchas mujeres sufren gingivitis durante el embarazo por culpa de la fragilidad de los vasos sanguíneos y el sarro y la placa dental. Pida a su dentista que le haga una limpieza de boca y trate la gingivitis con enjuagues. Para mayor seguridad, haga que le recete flúor en comprimidos.

¿Tiene la piel con tendencia a ajarse durante el período de embarazo?

• Bajo la acción de las hormonas, la piel de la cara y del cuello pueden secarse un poco, lo que agrava la situación de las pieles naturalmente secas y frágiles. Puede poner remedio con unas buenas cremas de día y de noche.

La *gimnasia diaria*

A lo largo del embarazo, el bebé va aumentando de peso y desestabiliza el equilibrio habitual de la madre. Algunos ejercicios sencillos, realizados con regularidad, ayudan a que el cuerpo trabaje correctamente, con lo que se evitan los dolores de espalda.

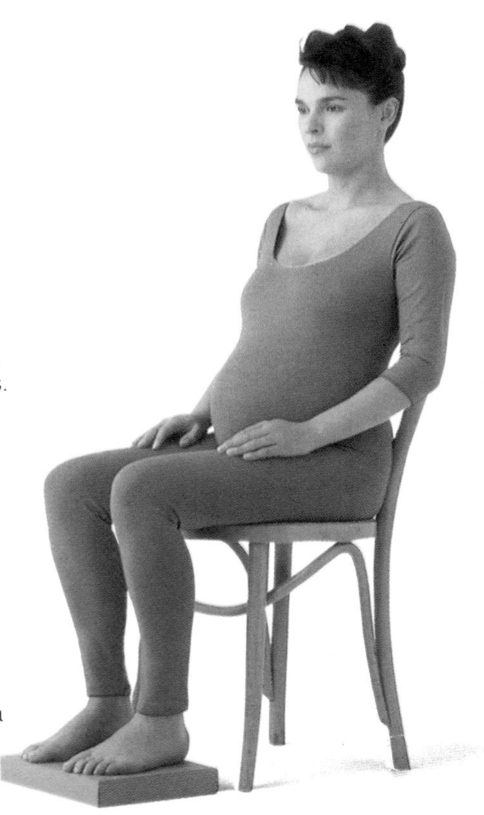

ESTAR DE PIE CORRECTAMENTE

Este ejercicio permite estirar las vértebras y los músculos cervicales. Póngase de pie con los pies ligeramente separados, a una distancia igual al ancho de su pelvis. Cierre los ojos. Intente concentrarse en cómo se mantiene en equilibrio. Nota cómo su cuerpo oscila suavemente de delante a atrás y de derecha a izquierda (véase, más adelante, «Basculación de la pelvis»). Imagínese entonces que tiene un jarrón encima de la cabeza y que intenta levantarlo sin que se le caiga.

SENTARSE CÓMODAMENTE

Para evitar ataques de ciática, dolores de espalda y trastornos de la circulación, cuando está sentada el eje de los muslos tiene que formar un ángulo recto con el del abdomen. El problema es que las sillas son siempre demasiado altas, lo que anima a cruzar las piernas para reequilibrar el cuerpo. Y la columna vertebral, desestabilizada, entorpece la circulación de los miembros inferiores. Solución: busque un apoyo para poner las piernas a una altura superior.

Tumbarse en el suelo

Está menos flexible y, quizá, le moleste el vientre. Éstos son algunos consejos para pasar de la posición erguida a la posición acostada sobre el suelo. Esta forma de actuar debe convertirse en un reflejo. Repita el ejercicio varias veces seguidas: le sorprenderá su sencillez.

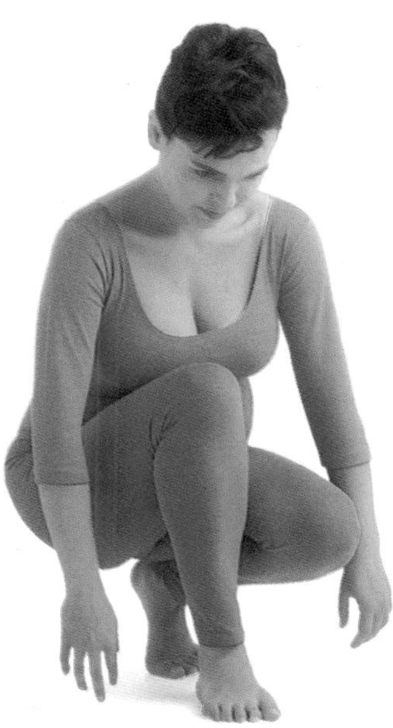

1. Primero, póngase en cuclillas manteniendo la espalda bien recta. De esta forma, todo el peso del cuerpo descansa en las piernas y no se fuerzan ni la espalda ni los abdominales.

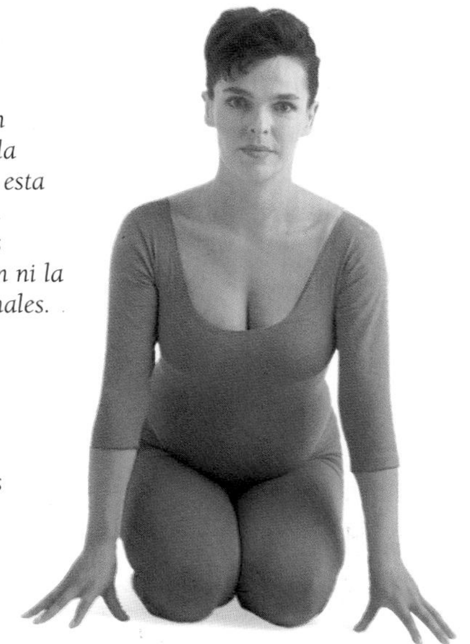

2. Luego, póngase de rodillas, con las nalgas apoyadas ligeramente en los talones.

3. Siéntese sobre el costado apoyándose en las manos. El eje del cuerpo debe desplazarse con suavidad.

4. Recuéstese suavemente sobre el costado y separe poco a poco los brazos, siempre apoyando las manos.

La posición tumbada sobre la espalda quizá le parezca muy incómoda. En ese caso, modifíquela recostándose sobre el lado izquierdo. Esta molestia se explica por la presión que ejercen el peso del feto y el volumen del útero sobre ciertos vasos sanguíneos. El útero por sí solo pesa 1 kg al final del embarazo; el niño, unos 3 kg; el líquido amniótico poco más de 3 kg y la placenta, 500 g. No es por lo tanto sorprendente que, con esta sobrecarga desacostumbrada, la pared de los vasos, aun cuando mantenga su tono, se comprima y en consecuencia el caudal sanguíneo se ralentice.

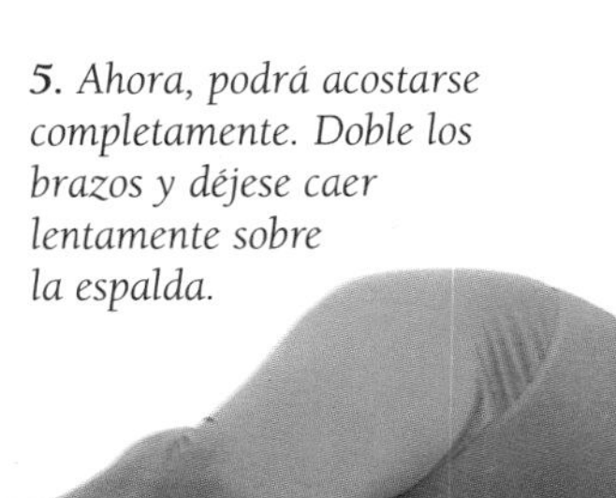

5. Ahora, podrá acostarse completamente. Doble los brazos y déjese caer lentamente sobre la espalda.

EJERCITAR LAS PIERNAS

Éste es un ejercicio que se debe practicar con regularidad para favorecer la circulación de la sangre en las piernas (a poder ser, después del «puente», que permite estirar la columna vertebral, véase p. 98). Repita el ejercicio con cada pierna varias veces. Si nota que se le cansa el muslo, puede sostenerlo con las manos.

1. Tumbada sobre la espalda y con las piernas flexionadas, respire libremente.

2. Levante la pierna derecha hasta la vertical. Efectúe movimientos circulares con el pie, primero en un sentido y, luego, en el otro. Baje después la pierna derecha y repita el ejercicio con la izquierda. Si levantar la pierna hacia el techo provoca dolores o tensiones, no la fuerce. Coloque simplemente el tobillo derecho sobre la rodilla izquierda (o a la inversa) y mueva luego el pie, siempre como si quisiese dibujar una circunferencia.

BASCULACIÓN DE LA PELVIS EN POSICIÓN ERGUIDA

Cuando está de pie, sobre todo al final del embarazo, el peso del bebé empuja el vientre hacia delante y le obliga a arquear la espalda. El siguiente ejercicio permite atenuar la combadura de la espalda manteniendo el vientre relajado. Repítalo varias veces seguidas e intente acordarse de rectificar su postura en cuanto se ponga de pie.

1. De pie, con los pies separados una distancia equivalente a la pelvis, sitúe una mano a la altura del ombligo y la otra en la depresión lumbar.

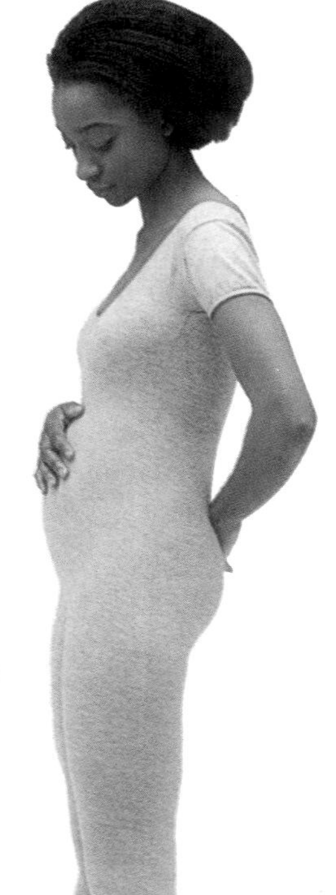

2. Deje que la mano de detrás resbale hasta las nalgas, mientras la que tiene en el vientre sube hacia el pecho. Permita que la pelvis siga este movimiento. El pubis sube hacia arriba. La curvatura lumbar se atenúa. El vientre está flexible.

Levantarse por etapas

Al levantarse por etapas, evitará los movimientos que debilitan la espalda y que los músculos abdominales trabajen en exceso.

1. Está tumbada de espaldas en la cama o el suelo después de un ejercicio. Flexione las piernas, con los pies planos, y gire hacia un lado.

2. Utilice la mano que queda arriba para apoyarse; incorpórese sobre el otro codo. Gírese para ponerse a gatas.

3. Compruebe que está bien apoyada en las rodillas y las manos. Acerque las manos hacia las rodillas.

4. Ponga un pie en el suelo, controlando que lo sitúa lo más cerca posible de la rodilla opuesta y manteniendo la espalda bien recta.

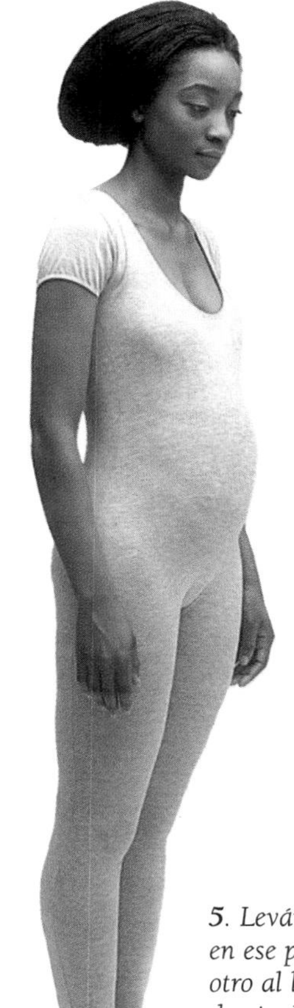

5. Levántese apoyándose en ese pie y poniendo el otro al lado. Ya está usted de pie. La combadura lumbar es la correcta.

Masaje del cuello y de la nuca

Un masaje de este tipo en la región del cuello y de la nuca, centro de muchas tensiones, favorece la relajación muscular y la circulación sanguínea en esta zona.

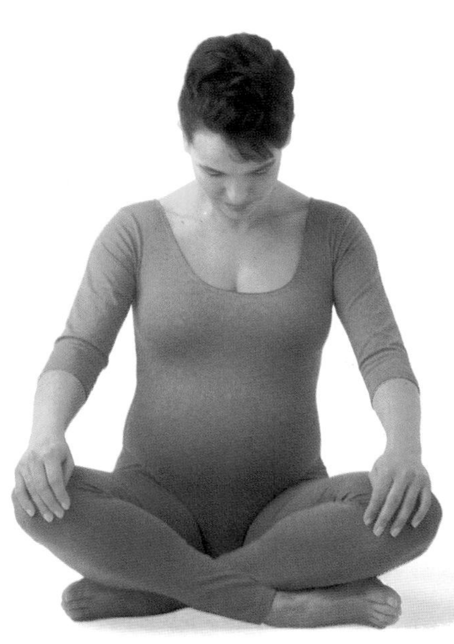

1. Empiece por adoptar una posición cómoda, por ejemplo, sentada con las piernas entrecruzadas. Levante un poco las nalgas para que el plano de los muslos esté en ángulo recto con el del abdomen. Manténgase recta con las manos sobre las rodillas. Cierre los ojos si le ayuda a concentrarse y a notar mejor los movimientos. Primero, efectúe movimientos de delante hacia atrás.

2. Empuje la cabeza hacia delante hasta que el mentón toque la parte alta del pecho. Luego, levante suavemente la cabeza.

3. Deje que la cabeza sobrepase el eje de los hombros y siga hacia atrás. Vuelva a levantar la cabeza y repita el ejercicio cinco veces.

4. Ahora, realice movimientos de derecha a izquierda. Primero, mire hacia delante y gire la cabeza manteniendo la barbilla a la misma altura.

5. Luego, gire la cabeza hacia el otro lado, como si dijese «no», cuidando siempre de no dejar caer la barbilla. Repita el ejercicio cinco veces.

La mecedora

Este ejercicio, que constituye un auténtico masaje de la espalda, alivia los frecuentes dolores lumbares que se padecen al final del embarazo. Se trata de un automasaje que se puede hacer en solitario y tantas veces como sea preciso. Antes de realizar los movimientos, debe desbloquear la espalda con el ejercicio del puente (*véase* pág. 98).

1. Correctamente tumbada sobre la espalda y con las piernas juntas, cójase las piernas justo por debajo de las rodillas. Los brazos deben estar relajados y no deben tirar de las rodillas hacia el pecho. Las manos sólo sirven para mantener juntas las rodillas.

2. Déjese caer suavemente sobre el costado izquierdo, pero sin pasarse, para no tener que esforzarse demasiado al volver a la posición inicial.

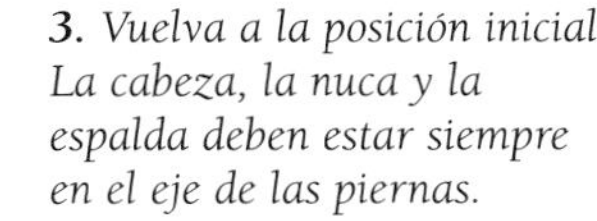

3. Vuelva a la posición inicial. La cabeza, la nuca y la espalda deben estar siempre en el eje de las piernas.

4. Déjese caer ahora hacia el lado derecho. Guíese por el movimiento, por su ritmo.

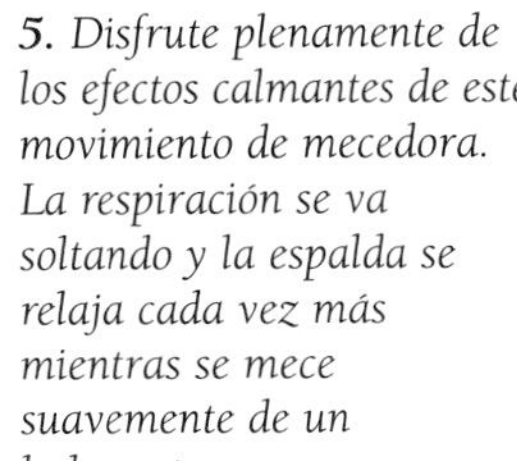

5. Disfrute plenamente de los efectos calmantes de este movimiento de mecedora. La respiración se va soltando y la espalda se relaja cada vez más mientras se mece suavemente de un lado a otro.

El trabajo durante el embarazo

Al igual que muchas mujeres de hoy en día, tiene usted una actividad profesional. Ahora que está embarazada, ¿qué se puede hacer para que el embarazo no sufra las consecuencias y que el trabajo tampoco se vea afectado?

LOS FACTORES DE RIESGO

Estar de pie durante más de tres horas.
Llevar cargas de más de 10 kg.
Trabajar en un ambiente frío, demasiado seco o demasiado húmedo.
Estar expuesta a un nivel de ruido alto o a las vibraciones de las máquinas.
Tener que realizar trayectos cotidianos de más de una hora y media.

El embarazo es un estado natural y no una enfermedad, pero a veces exige modificar un poco el modo de vida. ¿En qué medida afectará esta situación al trabajo? Y, a la inversa, ¿el trabajo puede influir en el desarrollo del embarazo? Estas preguntas requieren respuestas matizadas que dependen de cada mujer –de cómo se presenta el embarazo– y de la naturaleza del trabajo. Tampoco hay que olvidar que las mujeres que no trabajan fuera de casa suelen realizar un trabajo efectivo igualmente importante, se trate de las actividades del hogar o del cuidado de otros hijos.

Un efecto muchas veces saludable

Contrariamente a lo que se cree, el riesgo de parto prematuro es menor para las mujeres que ejercen una actividad profesional que para el resto. ¿Tiene, pues, un efecto saludable el trabajo? Indirectamente, sí.

Las mujeres que trabajan suelen estar mejor informadas y mejor controladas en el plano médico. Tampoco hay que olvidar que el trabajo no tiene por qué ser obligatoriamente agotador: seguir realizando una actividad que gusta, mantener el contacto con los colegas o los clientes y permanecer abierta al mundo exterior presentan también aspectos positivos en el terreno psicológico.

El ejercicio de una profesión no es, por lo tanto, en sí mismo un factor de riesgo para la gestante, aunque puede serlo en ciertos casos. Por ejemplo, las mujeres que ya han sufrido un aborto o un parto prematuro en un embarazo anterior y las que esperan gemelos o trillizos se arriesgan a que su(s) hijo(s) nazcan antes de tiempo.

Para prevenir ese peligro, deben descansar, lo que puede significar tanto limitar las labores domésticas como pedir una modificación del horario de trabajo o dejar de trabajar antes del plazo previsto por la legislación vigente. Pero, si el embarazo no presenta complicaciones particulares, no hay ningún motivo que impida que la futura madre siga trabajando si quiere hacerlo.

Condiciones de trabajo difíciles

No obstante, incluso en los casos en los que la gestación se presenta con normalidad, puede ocurrir que un trabajo por sí mismo duro constituya un peligro de parto prematuro.

Las mujeres embarazadas que trabajan en condiciones difíciles (alrededor del 20% de la población femenina activa) tienen hasta un 40% de partos prematuros, frente al 6% de media en los países occidentales. Bajo esta clasificación se pueden englobar principalmente cuatro categorías profesionales: las dependientas, el personal médico-social, las obreras especializadas y el personal de industrias de servicios. Las condiciones de trabajo de estos oficios suelen ser duras.

El trabajo en cadena, el estar de pie durante más de tres horas consecutivas o el transporte repetido de cargas pesadas (superiores a 10 kg) son evidentemente fuentes de cansancio perjudiciales para las gestantes. El propio entorno puede ser desfavorable: es el caso de los lugares con un nivel sonoro ambiente elevado, cuando hay que padecer las vibraciones de las máquinas o trabajar en una atmósfera muy fría, muy seca o especialmente húmeda.

Finalmente, una jornada laboral semanal superior a las 40 horas y unos trayectos cotidianos de más de una hora y media (lo ideal sería que no llegasen a sobrepasar la media hora) son también factores de riesgo que no son nada desdeñables.

Cuanto más alto es el número de factores negativos que conlleva un tipo de trabajo, más elevado es el riesgo de un parto prematuro. En ese caso, tendrá que pedir un traslado a otro puesto y, si fuese necesario, hablar con su médico si la empresa no quiere tener en cuenta su embarazo. No olvide que los ruidos, las malas posturas, el cansancio, etc., también deben vigilarse si ejerce una actividad profesional a domicilio. Esté alerta y téngalo presente.

Oficios que pueden ser peligrosos

En último lugar, existen profesiones que representan un peligro para la mujer embarazada y, en especial, para el feto, porque implican, por ejemplo, la manipulación de productos químicos tóxicos o la exposición a radiaciones.

Las enfermeras y las mujeres que trabajan en los servicios de radiología o en la industria química pueden verse afectadas por este tipo de peligros es conveniente tenerlo presente.

Si usted ejerce una de estas profesiones, tiene que tomar precauciones desde el principio del embarazo y consultar lo antes posible con el médico de su empresa. En los países occidentales, los sistemas de protección social suelen tener en cuenta estos casos particulares y el médico podrá intentar que la trasladen a otro puesto.

También, si trabaja en contacto con niños en calidad de maestra, enfermera de pediatría, etc., y no está inmunizada contra la rubéola, tendrá que ser aislada temporalmente si se declara una epidemia en el centro donde trabaja.

Cuidarse durante el embarazo

Según los países, la legislación prevé un cierto número de semanas de reposo antes de la fecha prevista del parto. Si es necesario, el médico que la sigue también puede prescribir bajas adicionales. Infórmese y siga algunas recomendaciones que, en la mayoría de los casos, son más cuestión de sentido común que de reglamentación.

En casa
Está claro que ahora que está embarazada no debe ponerse a hacer la limpieza general del año. Intente que la ayuden en las tareas cotidianas y en el cuidado de los niños. Al ver que la familia va a aumentar, ¿quizá tengan previsto mudarse? Si es así, intente hacerlo hacia la mitad del embarazo, mejor que al principio o al final. Si le han dado la baja laboral, siga escrupulosamente los consejos del médico o la comadrona que la tratan y saben lo que le conviene: una simple reducción de la actividad o, en algunos casos, un reposo en cama durante varias horas al día. Si puede permitírselo, contrate una empleada del hogar. No olvide interrumpir regularmente su actividad, tanto en casa como en el trabajo, para hacer algunos movimientos de relajación (*véase* pág. 74).

Su oficio
Tenga cuidado con el cansancio y el estrés. No multiplique las actividades que se añaden a su trabajo. Esté atenta a las condiciones en las que trabaja (*véase* al margen). Si ejerce una profesión especialmente dura, pida a su empresario o jefe de personal un cambio de puesto o, al menos, una reducción del tiempo de trabajo o un ajuste de los horarios.
Si su profesión la expone a productos tóxicos, hable con el médico de la empresa en cuanto sepa que está embarazada para obtener, durante la gestación, un traslado.

Los desplazamientos
Cuando tenga que utilizar los transportes públicos, no dude en hacer valer sus derechos: debe aprovechar la prioridad para ocupar los asientos. No corra por los pasillos del metro o para coger un autobús que está a punto de arrancar sin esperarla.
Tenga cuidado para no resbalar o tropezar en las escaleras.
No se precipite. De forma general, sea cual fuere el tipo de transporte, intente limitar la duración y el número de desplazamientos a lo largo del día (a poder ser, no más de media hora diaria).

Los *desplazamientos* *y los viajes*

Si el embarazo evoluciona sin problemas, nada impide viajar. Sin embargo, hay que evitar los desplazamientos largos a partir del 7.º mes: la posibilidad de un parto prematuro ya no se puede excluir, por lo que es mejor no alejarse mucho de la maternidad.

LOS BUENOS REFLEJOS

Para prevenir cualquier sorpresa desagradable, antes de salir de viaje pida a su médico o comadrona una carta que resuma los elementos que figuran en su historial.
En cuanto llegue, localice el médico o el hospital más cercano.
Durante la estancia, evite los programas demasiado cargados de actividades y vigile su alimentación.

A veces, los viajes están desaconsejados para las mujeres embarazadas porque pueden generar incomodidad y cansancio, y consiguientemente aumentar el riesgo de parto prematuro. Pero todo depende de las condiciones en las que vaya a desplazarse.

Los *medios de transporte*

No se pueden establecer comparaciones entre un paseo en bicicleta, un trayecto en autobús o en coche, y un largo viaje en tren o en avión. Para los desplazamientos fuera de la ciudad donde se vive, recuerde que el tren es preferible al coche, y el avión, al tren.

La bicicleta

Es un medio de transporte práctico pero incómodo. Somete al cuerpo a numerosas vibraciones y exige esfuerzos musculares poco recomendables para la mujer embarazada, sobre todo a partir del 4.º o 5.º mes. Renuncie a la bici en cuanto el vientre se redondee para evitar una caída que podría tener graves consecuencias para el futuro bebé.

El autocar y el autobús

Los recorridos cortos en autocar no plantean ningún problema, a condición de viajar sentada. Además, en los transportes urbanos suele haber plazas reservadas para las gestantes. De todas formas, procure no usar los transportes públicos en las horas punta y no corra para coger un autobús o un metro que esté a punto de salir.

El coche

En ciudad o para los trayectos cortos (menos de una hora), este medio de transporte no plantea ningún problema, siempre y cuando no se vaya demasiado deprisa y se eviten los recorridos con badenes o baches. No olvide que el cinturón de seguridad sigue siendo obligatorio para las embarazadas. Áteselo colocando la banda abdominal bajo el vientre y no alrededor, como tenía por costumbre. Naturalmente, descarte las excursiones en todoterrenos, que están formalmente desaconsejadas desde el principio del embarazo.

Para las distancias largas, conviene respetar una serie de reglas de prudencia que se basan, sobre todo, en el sentido común. Sea cual fuere el destino de las vacaciones, empiece a organizar la salida con antelación para evitar los preparativos febriles de última hora.

• **La primera norma.** Arrégleselas para pasar una consulta prenatal justo antes de la partida. El médico la auscultará y, en caso necesario, le desaconsejará este medio de transporte. Si lo considera oportuno, podrá recetarle algún medicamento para que no tenga contracciones.

• **La segunda norma**. No haga demasiados kilómetros seguidos. La recomendación que se suele hacer a todos los conductores de pararse cada dos horas está más justificada que nunca en el caso de una embarazada, teniendo en cuenta el cansancio que engendra un viaje en coche. No prepare, pues, fines de semanas en la carretera ni vacaciones turísticas en coche. Y, en cuanto llegue a su destino, ¡piense sólo en el reposo!

• **La tercera norma.** Sea usted la acompañante o la conductora, recuerde que la conducción debe ser tranquila, sin aceleraciones ni frenazos brutales.

El tren

A partir del 7.º mes, los trayectos en coche de más de tres horas están desaconsejados, ya que pueden provocar contracciones anormales. En las distancias largas, opte por el tren. En el tren, no está obligada a permanecer sentada durante horas: puede moverse por lo vagones y, en su caso, viajar de noche, acostada.

El avión

No tienen ningún peligro para la mujer embarazada y constituye el medio de transporte más indicado para las largas distancias. La mayor parte de las compañías aceptan llevar mujeres embarazadas hasta el 8.º mes. A partir de ahí, piden una carta del médico en la que autorice ese medio de transporte (para evitar los partos en el avión). Durante la duración del vuelo, coma con moderación y beba mucha agua. En la altitud, las piernas tienen tendencia a hincharse y con mayor motivo cuando se está embarazada. Instálese cómodamente, quítese los zapatos, haga algunos movimientos para relajarse y no dude en pasear por el pasillo (al menos una vez cada hora) para activar la circulación sanguínea de las piernas. Al llegar, la misma consigna que en el caso del coche: descanse.

Los viajes al extranjero

Una diferencia horaria importante y los bruscos cambios de clima o de alimentación exigen al organismo un gran esfuerzo de adaptación y generan un cansancio evidente: viajar a países lejanos tiene sus riesgos.

Evite, sobre todo, los países tropicales: la vacuna para la fiebre amarilla, obligatoria para ir a varios países, está contraindicada durante la gestación y esta enfermedad puede ser mortal.

También el paludismo, o malaria, es una amenaza para la vida de la madre (peligro de hemorragia) y la del hijo (peligro de aborto o parto prematuro). Recuerde que si viaja a un país donde el paludismo es endémico, debe tomar un medicamento para prevenir el contagio desde dos semanas antes de la partida y hasta varias semanas después del regreso: solicite instrucciones a su médico, que le recetará el producto más apropiado para su estado.

Sepa, finalmente, que para las tan típicas diarreas de los turistas no se dispone de ningún tratamiento preventivo fiable. Su principal peligro es que pueden provocar una importante deshidratación del organismo.

Antes de viajar al África tropical, a Asia o a América del Sur, infórmese sobre las enfermedades endémicas en esos países.

Las vacaciones de verano

Aunque cuando se está embarazada viajar exige tomar algunas precauciones, embarazo y vacaciones hacen buena pareja. Con la condición de ser siempre prudentes. Escoger el reposo o la relajación y evitar las excursiones peligrosas no impiden disfrutar de unas verdaderas vacaciones.

• Opte por la siesta lo más a menudo posible, preferentemente a la sombra o en una habitación fresca, antes que ir a visitar el castillo de los 500 escalones o recorrer con la mochila a la espalda las colinas circundantes.

• Intente no bañarse en los ríos, lagos o marismas, ni andar con los pies descalzos por el barro o la tierra húmeda. El agua suele contener parásitos que pueden penetrar la epidermis.

• Renuncie a las exposiciones prolongadas al sol en la playa o al borde de una piscina: pero ande por la orilla (con un sombrero en la cabeza y una crema de protección total en la cara) para aliviar las piernas.

• No olvide meter en las maletas una crema solar eficaz, gafas de sol, un sombrero, ropas amplias y frescas y calzado apropiado.

• No beba agua corriente, ni alimentos crudos (ensaladas, crustáceos), sobre todo en los países tropicales. Por el contrario, beba de dos a tres litros de agua mineral al día para luchar contra la deshidratación debida al calor, que se puede agravar en caso de diarrea.

• Ante la más pequeña alarma (fiebre, contracciones, pérdidas), no dude en consultar a un médico y no achaque estos posibles problemas, por ejemplo, al exceso de calor.

El deporte y el embarazo

¿El deporte es un peligro o, por el contrario, algo beneficioso para la embarazada? Sin duda, algo beneficioso, pero sólo con una doble condición: que se renuncie a los deportes demasiado violentos y que se practique el ejercicio físico con moderación.

Deportes proscritos

Hay deportes que, por su naturaleza, están contraindicados durante todo el embarazo: el windsurf (en cuanto el viento supera la fuerza 3), el esquí náutico, el salto de trampolín, el submarinismo y el piragüismo.
Otros también se desaconsejan por culpa del riesgo de caídas: la bicicleta –en especial la bicicleta de montaña (salvo los tres primeros meses)–, la equitación (exceptuando el 1.er trimestre), los deportes de combate y el esquí alpino.
Finalmente, algunos deportes exigen esfuerzos musculares excesivos para una mujer embarazada: el esquí de fondo y el tenis (sobre todo a partir del 4.º mes).

Las modificaciones del organismo debidas al embarazo no impiden realizar una actividad física regular, en especial durante los primeros meses. En el 2.º y, sobre todo, el 3.er trimestre, la situación es diferente: el útero, por su volumen, limita la movilidad del cuerpo e impide los movimientos normales del principal músculo respiratorio, el diafragma. Los músculos abdominales, distendidos, ya no desempeñan tan bien su papel de fijadores de la columna vertebral y la caja torácica. De ahí los dolores de riñones o las crisis de ciática que suelen afectar a algunas de las mujeres embarazadas y que les impiden realizar cualquier actividad deportiva. Pero, para prevenir estos problemas, el deporte es precisamente el tratamiento terapéutico que puede resultar más eficaz. También permite mantener el tono cardíaco y la capacidad respiratoria. Sólo hay que respetar una condición: saber moderarse.

¿Qué deportes practicar?

Si el embarazo no presenta ningún problema especial, andar, nadar y hacer gimnasia son muy adecuados para mantenerse en forma.

• **La marcha.** Es beneficiosa y no ofrece peligros. El *jogging* sólo debe practicarse a lo largo del 1.er trimestre. ¿Prefiere la bicicleta? Pues, ¿por qué no?; al menos al principio del embarazo, pero renuncie a la bicicleta de montaña. Cuidado con las caídas, son peligrosas para el bebé a partir del 2.º trimestre.

• **La natación.** Es el deporte ideal y se puede practicar hasta el final del embarazo sin restricciones. La natación mejora enormemente la circulación venosa. En caso de lumbalgia, nade sobre todo de espaldas.

• **La gimnasia.** Es una actividad física perfectamente adaptada al embarazo aunque nunca se haya practicado (*véase* págs. 74-79). Pero, ¡atención!; estamos hablando aquí de gimnasia, no de aerobic ni de musculación, que exigen un gran esfuerzo y están desaconsejados.

Saber moderarse

La tasa media de abortos (que se acerca al 15%) no es superior entre las adeptas al deporte. La frecuencia de los embarazos extrauterinos o de malformaciones del feto es también idéntica en las mujeres deportistas. La práctica moderada de un deporte no tiene incidencia sobre la duración del embarazo. Por el contrario, los esfuerzos físicos violentos y repetidos aumentan el riesgo de parto prematuro. Las sacudidas y las vibraciones que provocan ejercen una fuerte presión del contenido del abdomen sobre el cuello del útero, que se abrirá antes. Durante los grandes esfuerzos, el cuerpo segrega una gran cantidad de hormonas (adrenalina y noradrenalina) que producen contracciones.

La moderación es, por lo tanto, la palabra clave en cuanto se habla de práctica deportiva para las mujeres embarazadas. Se ha realizado un estudio sobre un grupo de veinte mujeres embarazadas sometidas a un ejercicio moderado durante los últimos seis meses del embarazo.

Al nacer, el peso y la vitalidad de sus bebés eran normales, totalmente comparables a los de los bebés en general. Por el contrario, los niños de mujeres que han efectuado grandes esfuerzos físicos tienen al nacer un peso inferior a la media.

La vida afectiva y familiar

El *embarazo no implica sólo modificaciones en el cuerpo de la mujer o en su forma de vida.* También *afecta a su vida íntima y a la de los que la rodean.* Un *futuro nacimiento es un acontecimiento trascendental, desconcertante incluso, pero que enriquece la evolución personal.*

La futura madre

El embarazo no sólo se traduce en modificaciones del cuerpo o en el modo de vida de la mujer. Es una experiencia personal incomparable que afecta también a las emociones y los sentimientos más profundos, que modifica las relaciones con los demás.

HABLAR DEL BEBÉ

Quizá se siente desconcertada por los sentimientos que suscita en usted el embarazo, aunque no sea la primera vez. Es totalmente normal. Pero es importante poder compartir estas emociones. La perspectiva de un futuro nacimiento afecta por igual a los demás miembros de la familia. Hable con el padre: él probablemente también está inquieto por un acontecimiento que no entiende del todo pero que afecta profundamente a la vida íntima de la pareja. Si ya tiene otros hijos, conteste a sus preguntas: sobre todo quieren que se los tranquilice. No dude en hacer partícipes de las dudas o inquietudes al médico o la comadrona que llevan su seguimiento.

La maternidad se percibe a veces como la coronación de la feminidad o la iniciación a la edad adulta, y es un momento esencial en la vida de una mujer y de una pareja. En nuestra sociedad occidental, donde el descenso del número de nacimientos hace valorar más a los niños, esperar un hijo representa para la futura madre un cúmulo de exigencias. Desde hace unas pocas décadas, la anticoncepción ha proporcionado a la mujer una libertad de elección desconocida hasta entonces. Sin embargo, esto no quiere decir que hoy en día le resulte más sencillo vivir su embarazo. Se supone que está capacitada para asumir su estado y «tener éxito» en su maternidad, al igual que en su vida amorosa y en su carrera profesional. Pero, esperar un hijo, traerlo al mundo y prepararle su espacio en el seno de la pareja y de la familia siguen siendo una aventura. Con el embarazo, la madre se sitúa en la encrucijada de sus propios deseos y de los de sus familiares más cercanos. De esta forma, es probable que a lo largo de esos nueve meses experimente sentimientos nuevos. No se asuste si la sorprenden, o incluso si la desconciertan; los comparte con muchas otras mujeres. No vacile en hablar de ellos.

Los cambios de los primeros momentos

Lo había esperado, lo había deseado: ¡está embarazada! Y feliz. Pero esta felicidad tan deseada se tiñe enseguida de una cierta nostalgia, de una cierta ansiedad e, incluso, de unas emociones encontradas que, a veces, le dan miedo. Está convencida de que ha alcanzado su sueño más dorado, pero la satisfacción que le provoca no está exenta de sombras. Su entorno todavía ignora su estado. Usted es la única que vive las primeras señales. Las preguntas la asaltan, pero no encuentra respuestas.

Una mezcla de alegría y preocupación

Quiere a ese hijo y al mismo tiempo no lo quiere; está contenta de estar embarazada y quisiera no estarlo; se siente orgullosa, pero muchas veces está a punto de estallar en sollozos; duda de su capacidad para ser una buena madre; llora ya pensando en la libertad perdida... Inquietud, culpabilidad, miedo a no estar a la altura: experimentará alternativamente sentimientos de amor y odio por su futuro hijo.

Lejos de ser anormal, esta «ambivalencia» –como suelen decir los psicólogos– es una etapa obligada en la evolución psicológica. Incluso aunque no lo sospeche, sólo es el eco de la crisis que atravesó durante su más tierna infancia, cuando se sentía perdida al levantarse, cuando tenía hambre y esperaba entre llantos la llegada de su madre, de la que dependía totalmente.

Una fragilidad muy real

Sometida a importantes modificaciones hormonales, físicas y psicológicas, la mujer embarazada suele ser a veces especialmente vulnerable: se siente abandonada, excluida, rechazada, como cuando era una niña; los psicólogos dicen que «sufre una regresión». Quizá revive emociones olvidadas de la infancia. Por ejemplo, usted se consideraba una mujer independiente y resulta que, ahora, exige la presencia de su madre cerca de usted; era más bien autónoma en sus actividades y, ahora, desea que su marido la mime. Tiene repentinos deseos de comer o, al contrario, las cosas le dan asco y náuseas...

La imagen idealizada de la mujer embarazada resplandeciente y elegante que puede con la gestación, la vida familiar y el trabajo le resulta completamente ajena; está cansada, nerviosa, llora por nada y se siente agresiva. El caparazón que se tiene habitualmente contra las tensiones y el estrés se ha agrietado. El embarazo la hace estar más atenta a sí misma, mientras que el mundo exterior le interesa menos; la depresión aprovecha la ocasión para manifestarse. Sepa, sin embargo, que de esta marea de emociones, a veces desagradables y momentáneamente desestabilizadoras, sacará las fuerzas y el valor necesarios para volver a arrancar y avanzar.

La felicidad de estar embarazada

Al lado de estos fenómenos perturbadores, existe la felicidad de estar embarazada. Es lo que la va a ayudar a relativizar las molestias físicas y otras preocupaciones de los primeros meses. El embarazo es también la confirmación palpable de la fecundidad, el acceso a otra etapa de su vida, el descubrimiento de una dimensión nueva y positiva de las capacidades personales.

Tiene un sentimiento de plenitud; se siente estimulada por la idea del hijo que va a nacer; ya lo considera como un ser que ha entrado en su vida; empieza a imaginar con entusiasmo su papel de futura madre. Sin embargo, afrontar la realidad no es siempre tan fácil como lo presenta el modelo ideal que los medios de comunicación o la publicidad proponen a las mujeres.

A usted le corresponde restablecer el equilibrio y no olvidar las dificultades, sino afrontarlas para superarlas mejor. Si tiene necesidad de una ayuda pasajera, no dude en confiarse al médico, la comadrona o la asistente social del servicio donde la tratan; podrán orientarla hacia psicólogos competentes y eficaces.

La calma del segundo trimestre

Al principio del embarazo, la mujer está absorbida por los cambios físicos y las pequeñas molestias. Y, hacia el 3.er mes, empieza una nueva etapa; el hecho de estar embarazada pasa a un segundo plano y se pone a pensar sobre todo en el niño que lleva dentro. Pero, si tiene más hijos, no se olvide de ellos e intente preservar el equilibrio de la pareja.

El reino del niño imaginario

Se imagina a su futuro hijo como un ser de pleno derecho, niña o niño, ya separado de usted. Sueña que consigue en su lugar todo lo que usted no pudo obtener cuando era niña. Para los psicólogos, esta «construcción» de la mente es el niño soñado por una madre ideal, milagrosamente sustraído a las duras realidades de la vida.

Si tiene conflictos con su propia madre, es este hijo imaginario, que no es más que una parte de usted misma, quien podrá ayudarla a reconciliarse con ella, al otorgarle a usted la categoría de madre.

Si ya tiene hijos, ha llegado sin duda el momento de anunciarles la noticia del futuro hermanito. Pero tenga en cuenta que sus otros hijos no serán claramente conscientes de que va a ser necesario esperar varios meses antes de ver al bebé, que quizá le preguntarán muchas cosas y probablemente no dejarán de manifestar sus celos (véase pág. 91). Los hijos mayores no deben sentirse abandonados en beneficio del que todavía no ha nacido. El amor fraterno se aprende desde el período del embarazo y también depende de usted.

No olvidar al padre

En cuanto al hombre que la ha hecho madre, no se olvide de reconocerle el lugar que ya tiene en la futura familia que están fundando entre los dos.

En lo que se refiere a las relaciones se-

Madres e hijas

Para una madre y su hija, un nacimiento es también la ocasión de volver a hablar de la infancia y de restablecer el hilo de una relación que se había amortecido y que se desarrollará, fecunda, en el respeto recíproco y la complicidad. La hija embarazada, y que pronto será también madre, se convertirá en la igual de su propia madre. Esta última podrá revivir, a través de su hija, parte de las emociones que acompañaron sus propios embarazos y le hará compartir su experiencia.

xuales (véase al margen), para la pareja el embarazo suele ser la ocasión de reajustar sus deseos, cada uno en función del otro y también en función del niño que va a nacer, al que deben empezar a prepararle su sitio. Su cuerpo sigue transformándose y quizá le cueste reconocerse. Empieza a dudar de sí misma: ¿todavía soy una mujer capaz de gustar?, ¿las relaciones sexuales con mi marido o mi pareja no harán daño al niño que llevo dentro?

Incluso en el caso de que haya decidido dejarse llevar por sus impulsos amorosos, no suele ser extraño que la falta de deseo físico del futuro padre se oponga a su ardor o a la inversa; la pareja experimentará «averías» sexuales. Algunas mujeres, felices con su embarazo, dejan provisionalmente su vida sexual en un segundo plano. Otras, por el contrario, ven cómo se libera su sexualidad gracias a la maternidad. A cada miembro de la pareja corresponde esforzarse por comprender los deseos del otro y saber adaptarse a las nuevas relaciones. Deseos fluctuantes, miedos irracionales: muchas veces la expresión de la ternura domina durante este período. Forma parte del aprendizaje de la maternidad y, también, de la paternidad.

Las relaciones sexuales

Salvo contraindicación claramente expresada por el médico (por ejemplo, riesgo de parto prematuro o contracciones uterinas sospechosas), o si está alarmada por pérdidas de sangre después de mantener relaciones sexuales, éstas son perfectamente posibles durante el embarazo, e incluso deseables. No sólo constituyen una forma de relajación muy beneficiosa, sino que también son un momento de intercambios privilegiados entre la futura madre y su pareja. El deseo sexual de los dos miembros de la pareja, ya sea que se mantenga estable, se amplifique o se atenúe, puede cambiar a lo largo del embarazo, y lo que hace debilitarse el de uno puede aumentar el del otro.

Todavía muchas preguntas

¿Y si su hijo crece demasiado? ¿Y si la desgarra en el momento del parto? A estas preocupaciones sobre usted misma se añaden las preguntas que se plantea sobre el niño: ¿será normal?, ¿no corre el peligro de sufrir por culpa de sus propias ansiedades? Aun en el caso de que no se las formule tan claramente, estos interrogantes a veces generan ideas oscuras y pesadillas terribles. No se las guarde para usted, no dude en hablar de ello. Muchas veces, la ecografía o los reconocimientos médicos la tranquilizarán y eliminarán un buen número de preocupaciones. Si no entiende la información que le dan, desde luego no vacile en pedir explicaciones más precisas.

Si se siente frágil, si espera sola a su hijo, le convendrá buscar un interlocutor ajeno a la situación que la ayudará a desdramatizarla y a que la asuma. Hay que saber que la familia no siempre está dispuesta a prodigar su ayuda sin contrapartidas, y sus intervenciones pueden tener un efecto contrario al deseado.

La impaciencia del final

Cuanto más se acerca el parto, más impaciente se siente la futura madre por conocer a su hijo. Pero puede ocurrir que se vea obligada a guardar cama durante las últimas semanas para evitar un parto prematuro.

Si éste es su caso, piense que estos momentos difíciles tienen también aspectos positivos. Le permitirán comprender los deseos e inquietudes que la embargan y de los que quizá no se atreve a hablar: la inquietud ante la perspectiva del nacimiento, el miedo a la violencia del parto, el deseo de quedarse para una y dentro de una al bebé, etc.

Aprender a ser madre

Si para los hombres resulta difícil convertirse en «nuevos padres» sin renunciar a una función paternal hoy en día amenazada o puesta en entredicho, no es más sencillo para las mujeres realizar su aprendizaje de madre. Los «modelos» han cambiado mucho en estos últimos años y las jóvenes embarazadas ya no disponen a su alrededor del ejemplo de esas madres, tías y primas que cuidaban de los niños en familia. Sin duda, se benefician de un seguimiento médico mejor; pero, aunque el progreso de la técnica –ecografía, epidural, etc.– tranquiliza en el plano físico, no impide que surja la ansiedad. En especial, cuando los mensajes que llegan a través de los medios de comunicación parecen tan desconcertantes como categóricos:

«No espere al nacimiento para hablar con su hijo»,

«Pida al padre que le hable también a través del vientre»,

«Las leches que se fabrican hoy en día contienen todo lo que necesita el bebé»,

«Es mejor amamantar que dar el biberón»,

«Con la epidural, ya no se siente nada»...

Un gran número de informaciones sesgadas y de consejos, a veces resultan totalmente contradictorios, y sólo consiguen aumentar el desconcierto de las futuras madres en vez de ayudarlas.

El miedo al parto

Tener miedo ante la idea del parto parece un sentimiento legítimo. Sin embargo, son muchas las mujeres que no hablan de ello o, incluso, que no se atreven a confesarlo. Esta inquietud es a veces muy anterior al embarazo. Aumenta generalmente durante las últimas semanas y llega a ser especialmente fuerte y obsesiva: ansiedad, pesadillas, insomnio...

La ansiedad es consecuencia en general del miedo al dolor y a sentirse agotada por un parto prolongado. Muchas veces se añade la pregunta: «¿estaré a la altura de las circunstancias?».

La mujer que va a dar a luz teme no encontrar la energía necesaria para empujar, quedar «desgarrada», tener que sufrir un episiotomía, necesitar la ayuda de fórceps, etc. Le asusta aún más la idea de padecer una inquietante distensión de los tejidos, de tener que ir al lavabo, simplemente, de chillar sin poder contenerse.

Estos miedos «sobre sí misma», sobre su propio cuerpo, se mezclan inconscientemente con el miedo a verse separada del hijo.

Todos estos temores son normales, habitualmente compartidos, aunque cada mujer los viva de una forma diferente. No cabe ninguna duda de que resulta difícil formularlos con claridad; sin embargo, para poder superarlos, primero es indispensable aceptarlos y hablar de ellos con el futuro padre, con otras mujeres o con el médico o la comadrona que la llevan...

Vencer el miedo es un sentimiento motor en muchas circunstancias de la vida.

Saber confiar en todo momento en una misma

No hay modelos a los que atenerse sin restricciones. El médico o la comadrona le darán información y puntos de referencia; la pareja, apoyo; una hermana mayor, una amiga, una colega o la madre le prodigarán consejos y consuelo.

Pero lo principal es confiar en una misma: cuando el bebé llegue, encontrará los gestos necesarios, aunque no sean del todo perfectos, pero esté completamente segura de que será capaz de realizarlo a la perfección cuando pasen algunos días.

Período de aprendizaje a la vez personal y recíproco, en el que dos seres se preparan para hacer sitio a un tercero, el embarazo es un momento de fecundidad.

Aunque reserve algunas sorpresas, a veces desconcertantes, no deja de ser una etapa privilegiada de la vida personal que la transformará, para hacerlas progresar, las relaciones con la pareja, la familia y los amigos.

Si el entorno no puede ayudarle a atravesar esta delicada etapa de las últimas semanas, piense que puede hacerse cargo de usted algún servicio hospitalario especializado. No dude en obtener información al respecto, y si es necesario utilice estos servicios.

Elegir el nombre

El nombre es para toda la vida. No olvide, por lo tanto, que un nombre que está de moda en una época puede no estarlo ya cuando su hijo sea un adulto. Basta con recordar a esos adolescentes actuales cuyos padres contestatarios bautizaron Mao en una época...

Es frecuente poner a los hijos el nombre de un ser querido desaparecido. Desde luego no se hace porque sí: a través del nombre «se regala» al niño la historia de aquel o aquella que lo ha llevado antes. Pero, para un niño, llevar el mismo nombre que otro hijo nacido antes que él y fallecido suele ser doloroso.

Un día quizá se pregunte quién es, si no fue concebido como sustituto y si ha sido objeto de esperanzas que se destinaban a otro.

El nombre forma parte de la identidad del ser humano, y nunca debe subestimarse su importancia.

Lo mejor es que la elección se haga entre los dos progenitores; que entre los dos sopesen los pro y los contra.

El nombre debe ser un reflejo de la historia, la cultura y las preferencias de los padres. Si uno de ellos es inglés y el otro español, llamar a una hija, por ejemplo, Cynthia, significa destacar su origen inglés.

Reflexionar sobre el nombre del futuro bebé no es, por tanto, una cuestión exclusiva del gusto personal de los padres.

Es una decisión importante que marca al o a la que lo lleva.

Hagan su elección con sentido común, preocupándose por la armonía del nombre y los apellidos, y pensando que su hijo algún día será adulto.

El futuro nacimiento y los hijos mayores

El anuncio de un nacimiento en la familia afecta a todos sus miembros, próximos o lejanos. El hijo único dejará de serlo, el benjamín se convertirá en el mayor... La familia crece y todos deben prepararse para hacer sitio al nuevo miembro.

Para evitar que los hijos mayores se enteren de la noticia por casualidad, en una conversación entre adultos, anúncieles usted misma el futuro nacimiento. Intente esperar a «que se vea» (en el 2.º trimestre), para reducir un poco su impaciencia: ya se imaginan al bebé como un compañero de juegos que anda y habla como ellos.

Acepte todas sus preguntas: esconden o revelan a menudo sus inquietudes. Conteste con sencillez, pero es inútil que la acompañen a las ecografías o a las consultas. Puede dejar que le toquen el vientre, pero sepa que la representación del bebé dentro del cuerpo de la madre es a veces angustiosa para los más pequeños. Tranquilícelos explicándoles, por ejemplo, que el cuerpo es como una casa con varias habitaciones: la cocina donde se come, la habitación donde duerme el bebé, etc.

Una espera muy larga

Antes de los 5 años, los niños no tienen ninguna noción del tiempo. No entienden que su hermanito o hermanita crezca tan despacio en el vientre de su madre, o que no andará justo después de nacer y cuando pase algún tiempo. Para ayudarlos a que tengan paciencia, explíqueles que a ellos también los tuvo que esperar durante mucho tiempo.

A los mayores, de más de 6 años, ofrézcales puntos de referencia concretos que tengan relación con sus conocimientos: el bebé nacerá después de las vacaciones, de las Navidades, etc.

Celos inevitables

En el fondo, la pregunta que se plantean es: ¿hay que ser un bebé para ser querido? Es mejor que los hijos mayores puedan expresar con libertad su deseo de tener una hermanita o un hermanito, y sus celos, su miedo a quedar excluidos o su agresividad. Todas estas reacciones pueden manifestarse antes del nacimiento, aunque lo normal es que sea después (*véase* pág. 229).

Quizá reclamen que se los vuelva a llevar en brazos o el biberón, o dejarán de ser limpios momentáneamente. No se inquiete y ayúdelos a preparar el sitio al nuevo bebé, tanto en casa como en sus cabecitas. Los hijos mayores deben estar seguros de que el recién llegado no les cogerá la ropa, ni los juguetes ni el amor de la madre. Hágales participar en el acondicionamiento del rincón o de la habitación del bebé: pero no olvide preservar su propio espacio.

El deseo de entender

«¿Cómo se hacen los bebés?» Es la gran pregunta que engloba todas las demás. Los niños se sienten cautivados por el relato de su nacimiento. El embarazo les interesa porque constituye también el origen de su propia historia. No vacile en contarles cómo nacen los niños y cómo eran ellos de bebés enseñándoles fotografías. No se sorprenda si el papel de los padres en la concepción es, para ellos, algo confuso. Lo que importa es ayudarlos a entender que ellos también nacieron del amor de sus padres.

Escuche a los hijos

Sea cual fuere su edad, los hermanos y hermanas nunca permanecen indiferentes ante la llegada de un nuevo bebé. No hay que excluirlos del acontecimiento ni forzarlos a participar. No los presione; reconozca sus dificultades y sus preocupaciones. Sobre todo, querrán que se los tranquilice sobre el amor que sienten los padres por ellos.

El *futuro padre*

El embarazo y el parto son cada vez menos un asunto exclusivo de la madre y el médico. El papel del padre es fundamental, tanto para la futura madre como para el niño. También se trata de un aprendizaje que empieza antes del nacimiento.

El padre suele estar cada vez más presente en todas las etapas del embarazo: la ecografía, muy particularmente, ha transformado la relación íntima con el hijo que lleva la compañera. Pero, aunque ser padre sea una función esencial, no se improvisa, y el instinto paternal, al igual que el maternal, es también una cuestión de práctica y de tiempo. Muchas veces, es labor de la madre dar al padre el lugar que le corresponde y que debe de reconocerle, incluso cuando se halla en la situación de tener que criar a su hijo sola. La capacidad de ser padre desde luego no se inventa; se aprende primero durante los nueve meses que dura el embarazo, en el intercambio cotidiano con la futura madre y, después, a lo largo de la educación del niño.

Una mezcla de deseo y responsabilidad

El futuro padre ve cómo se transforma el cuerpo de su mujer y cómo, a veces, su humor cambia inexplicablemente. Se espera de él que esté siempre presente, que reconforte y sea comprensivo, que aporte su ayuda material y asidua, y al mismo tiempo, debe aceptar que ese primer lugar que ocupaba en el corazón de la mujer que ama pase a ser llenado por el niño. Él también se encuentra más sensible y devuelto a su primera infancia, cuando debía compartir el amor por su madre con su padre. Para él, el futuro hijo puede representar un intruso: excluido de la relación directa madre-hijo, tiene que enfrentarse a una relación que lo desestabiliza momentáneamente. Puede que sienta celos por no poder tener hijos. Ante esta dificultad para aceptar el embarazo de la mujer y el deseo inconsciente de tener un hijo, algunos hombres expresan de manera espectacular este sueño irrealizable: engordan, sufren dolores de muelas, de estómago...

Ciertos hombres se sienten ajenos a lo que ocurre durante el embarazo. Otros no esperan el parto para convertirse en padres. A usted le corresponde decidir, sin crear sentimientos de culpa, cómo quiere vivir esos nueve meses de espera, sabiendo que hay varias cosas que puede hacer (*véase* al margen).

Un lugar que hay que encontrar y ocupar

Cada vez es mayor el número de hombres que asumen su parte de responsabilidad en la vida cotidiana de la pareja y la educación de los hijos. Sin embargo, aunque los papeles femenino y masculino se han acercado, se han hecho más intercambiables, ser padre o ser madre tienen significaciones distintas que no se deben confundir.

Para establecer una buena relación entre los tres, es necesario que el padre y la madre acepten el papel del otro y asuman el suyo. El hombre-padre es, antes que nada, la persona que ocupa un lugar en el corazón de la madre: es la persona a quien quiere y que la ha convertido en madre. Si le reconoce ese doble rol legítimo, la madre mantendrá con el hijo una relación especial, sin excluir por ello a su marido; el niño, por su parte, sabrá que cuenta tanto con su madre como con su

Prepararse para ser padre

Podrá:

Acompañar a su mujer al médico, en especial durante la primera visita, y ayudarla en los trámites que tenga que hacer.
Asistir a los exámenes ecográficos: verá la imagen de su hijo y oirá los latidos de su corazón.
Seguir las sesiones de preparación para el parto: es muy importante la participación activa del padre.
Tocar el vientre de la mujer para sentir cómo se mueve el niño; hablarle, ya que reacciona al sonido de la voz, y comenzar así a establecer lazos.
Tomar parte en las tareas cotidianas para descargar de trabajo a la futura madre. Hablarle también de lo que siente.

padre y tendrá a su disposición todo lo necesario para convertirse en un ser autónomo. Aunque sea la madre quien anuncia al hombre que va a ser padre, el padre le traspasa su primer apellido, situándolo de esta forma en la cadena de las generaciones, en la historia y la cultura familiar y social. Los psicólogos llaman *filiación simbólica* a este proceso indispensable en la formación de la personalidad.

Las fluctuaciones del deseo

A medida que pasan las semanas, las relaciones sexuales (*véase* pág. 88) quizá requieran algunos retoques: la posición cara a cara será cada vez más difícil durante los últimos meses y habrá que demostrar bastante imaginación, y comprensión, ya que el deseo de cada miembro de la pareja evoluciona. Puede ocurrir que uno de los dos, por culpa de la proximidad del bebé, tema hacerle daño o se lo imagine como una especie de testigo de las relaciones sexuales entre los padres. En realidad, el feto está bien protegido en el útero, aunque esta certeza no suele atenuar los sentimientos de miedo y vergüenza, y el amor físico sufre sus consecuencias. Algunos hombres conservan un intenso deseo por su compañera, pero la notan colmada por el embarazo y algo distante. La frustración que experimentan puede incluso ayudarlos a habituarse a la existencia del niño que está por llegar. Otros toman sus distancias y, momentáneamente, no soportan la idea de acercarse a una mujer que va a ser madre, como si se tratase de su propia madre.

 QUISIERA SABER

¿Es necesario que el padre esté presente en las consultas durante el embarazo?
• No es indispensable pero, si lo desea –al igual que la mujer–, puede ser útil. Algunas de las preguntas que plantea el médico durante la primera consulta le conciernen directamente (*véase* pág. 40). Después, el examen ecográfico es muchas veces para el padre un momento especialmente importante y turbador: su primer «contacto» visual con la realidad de ese hijo que va a nacer y que le cuesta representarse concretamente. En este proceso de descubrimiento y amor que poco a poco lo unirá con «su» hijo antes de que llegue a verlo, también será una etapa emocionante el momento en que perciba, al poner la mano sobre el vientre de su mujer, los movimientos del futuro bebé.

¿Puede participar el padre en las sesiones de preparación al parto?
• Sí, naturalmente, aunque no tenga la intención de estar presente en la sala de partos cuando llegue el gran día. Si se familiariza de esta forma con el desarrollo del embarazo y del parto, no se sentirá demasiado al margen de un proceso que no afecta a su cuerpo pero que, sin embargo, sí le influye personalmente. También estará así más capacitado para comprender y, si es necesario, apoyar a la futura madre a lo largo de este período. Algunos métodos de preparación, como la haptonomía (*véase* pág. 102), le ofrecen la posibilidad de una participación activa, que le permitirá, especialmente, recibir, tocar, acariciar y coger al recién nacido sin miedo a ser muy torpe o brusco con ese pequeño ser que le parece tan frágil. El niño necesitará este contacto y es importante que la relación con la madre no sea exclusiva.

¿Debe el padre asistir al parto?
• Asistir al nacimiento de un hijo es, por fuerza, un momento lleno de emoción. Sin embargo, no todos los futuros padres están dispuestos a presenciarlo. Algunos consideran que una sala de parto no es lugar para ellos y que serán más útiles si están disponibles en el exterior. Otros temen sentirse ajenos a esa experiencia que les resulta al mismo tiempo misteriosa y violenta. Por su parte, no todas las mujeres quieren o necesitan esta presencia. La madre puede temer que su cuerpo, expuesto sin tapujos, no inspire luego deseos en su compañero y prefiere rodearse sólo del personal médico. La única obligación que hay en la materia la dictan los deseos sinceros de cada uno, ya que es una decisión en la que es mejor que los dos estén de acuerdo para evitar culpabilizarse.

¿Hay una edad ideal para ser padre?
• No faltan ejemplos de paternidad «tardía». Para las mujeres, se sabe que los problemas aumentan con la edad, en especial alrededor de los cuarenta; pero hay pocos estudios, incluso recientes, que se hayan preocupado en buscar posibles relaciones entre la edad del padre y una enfermedad responsable de malformaciones o una anomalía de origen cromosómico del niño. En el estado actual de los conocimientos, no se puede contestar a esta pregunta de forma científica.

La *preparación para el parto*

A pesar de los avances de la medicina, como la anestesia epidural, sigue siendo necesaria una buena preparación para el parto. Existen varios métodos. Al proceso llamado clásico, podrá asociarle otro enfoque complementario, diferente y quizá también más original.

La preparación clásica

También conocida con el nombre «preparación al parto sin dolor», este método, que es al mismo tiempo psicológico y físico, ha demostrado ser bastante eficaz durante estos últimos cuarenta años. Convertido en clásico hoy en día, se conjuga con enfoques originales, pero que no lo sustituyen.

¿SE PUEDE DAR A LUZ SIN PREPARACIÓN?

Muchas mujeres se sienten hoy tentadas de pensar que los avances médicos recientes, como la anestesia epidural, permiten ahorrarse toda la preparación al parto. Están equivocadas. Ninguna tecnología, por muy eficaz y moderna que sea, tiene como objetivo hacer de la mujer un ser pasivo durante el nacimiento del hijo. La participación es esencial y, para que se realice en las mejores condiciones posible, la preparación para el parto sigue siendo un método personal irremplazable.

Las sesiones de preparación suelen estar dirigidas por comadronas o, a veces, médicos. Normalmente, se inician a los siete meses de embarazo y se realizan generalmente en pequeños grupos. Algunas mujeres reprochan a este sistema no estar lo suficientemente personalizado. Otras lamentan no poder empezar los cursos antes. Tenga en cuenta que, aunque este método básico ha demostrado su eficacia, no es el único; puede conjugarlo con otros.

Control del dolor

Este método, practicado con buenos resultados desde hace ya unas décadas, pone en entredicho el precepto según el cual toda mujer dará a luz con dolor y se apoya en una doble reflexión. Por un lado, una de las razones que hacen que las mujeres tengan dolores durante el parto se debe a que están ansiosas y tensas. El miedo nace muchas veces de lo desconocido. La preparación para el parto, por lo tanto, debe permitir, con la explicación detallada del proceso del nacimiento, suprimir una gran parte de las aprensiones. Por otro lado, las mujeres sufren más durante el parto porque están convencidas de que van a tener dolores. Se trata, pues, de intentar «descondicionarlas» con la preparación para el trabajo que tendrá que realizar su cuerpo. Aunque no se consiga olvidar el dolor, se las ayudará a integrarlo mejor.

Saber y comprender

En primer lugar, se recibe una gran cantidad de información sobre: el cuerpo, el embarazo y las modificaciones que implica para el organismo, el parto (y la posible necesidad de diferentes intervenciones médicas: epidural, episiotomía, fórceps, cesárea), el período posparto, la lactancia, etc.

Por lo general, se conoce al equipo médico que asistirá al parto, se pueden visitar incluso las salas de parto y las habitaciones de la maternidad. De esta forma, la mujer se familiariza con el lugar donde nacerá el niño y se hace una idea mucho más concreta y precisa del desarrollo del parto.

El dolor y las contracciones

De generación en generación, las mujeres se transmiten la idea de que las contracciones uterinas son, por definición, dolorosas. ¿No se habla de primeros «dolores» para designar las primeras contracciones que anuncian el nacimiento? El dolor se ha convertido en una especie de reacción refleja a la contracción.

Uno de los objetivos de la preparación –calificada de *psicoprofilaxis:* prevención del dolor mediante actuación sobre la psique– consiste en ayudar a las mujeres a deshacerse de este reflejo condicionado para que puedan asociar a las contracciones uterinas el concepto de eficacia y no de sufrimiento.

Las contracciones uterinas son indispensables para el nacimiento espontáneo del bebé: con ellas se empuja al bebé hacia el exterior. Cuanto más concentrada se esté en desempeñar este papel, menos se piensa en el dolor y éste se «controla» mejor.

El mecanismo de las contracciones

Cada contracción uterina, como cualquier otra contracción muscular, corresponde a un acortamiento de las fibras musculares y, en este caso, del cuello del útero. En cada contracción, éste se retrae hasta el punto de desaparecer casi por completo.

Para hacerse una idea, imagine un jersey de cuello alto que, estirado hacia los hombros, se transforma en un cuello redondo: ésta es una imagen bastante fiel del movimiento que efectúa el cuello del útero durante la contracción. Se contrae y luego se abre.

El niño, gracias a la presión de las contracciones, se ve empujado hacia el exterior.

Aprender a respirar y a relajarse

Bajo el efecto del dolor, sea cual fuere su origen, la respiración se bloquea, el cuerpo se tensa y todo los músculos se crispan. Esta reacción en cadena crea una gran tensión, al mismo tiempo física y psíquica, y acentúa la sensación inicial de dolor. Por este motivo, se enseñan diversas técnicas de relajación y de respiración que ayudan así de este modo a la madre a mantenerse tranquila, relajada y perfectamente «oxigenada» desde el momento en que siente las primeras contracciones uterinas.

Relajación y respiración

Los ejercicios de relajación se suelen practicar en posición tumbada sobre el costado. Consisten en relajar progresivamente cada parte del cuerpo. También permiten aprender a contraer un músculo concreto, independientemente del resto, para poder, más tarde, soportar una contracción en un cuerpo absolutamente relajado.

Las diferentes técnicas de respiración constituyen un entrenamiento físico y una preparación para el parto porque favorecen la oxigenación de todo el organismo, tanto a lo largo del embarazo como durante el propio parto. En la gestación, las necesidades de oxígeno de la mujer embarazada aumentan (*véase* pág. 20).

Durante el parto, al igual que con cualquier esfuerzo muscular que sea intenso, también es bastante primordial una buena oxigenación, pues facilita y muchas veces acelera el trabajo del útero y permite que el niño viva mejor su venida al mundo.

Diferentes respiraciones

El diafragma es el músculo que controla la respiración. Tiene la forma de una cúpula móvil que separa el abdomen del tórax. Cuando se inspira, baja y se apoya sobre el fondo del útero, mientras que la caja torácica aumenta de volumen. Cuando se espira, sube y contribuye a expulsar el aire hacia la boca o la nariz.

Durante el parto, no se respira de la misma forma entre o durante las contracciones.

• **La respiración profunda.** Se utiliza entre las contracciones: permite oxigenar y relajar el cuerpo entre dos esfuerzos. Inspire profundamente por la nariz y espire despacio por la boca hasta vaciar completamente los pulmones.

• **La respiración superficial.** Permite absorber oxígeno sin que el diafragma presione el útero. Se utiliza durante las contracciones, en cuanto el cuello del útero ha alcanzado una dilatación de 4 a 5 cm. En este caso, debe relajar del todo los músculos abdominales y mantener el diafragma en una posición lo más alta posible. Después, inspire profundamente por la nariz y sople por la boca. Vuelva a inspirar de nuevo, tomando esta vez muy poco aire, sople como si quisiese apagar una vela y vuelva a inspirar ligeramente como si aspirase el aire a través de una paja.

Poco a poco y con entrenamiento, podrá mantener este ritmo de respiración rápida y jadeante –conocida con el nombre de *respiración del perrito*– durante un minuto, más o menos.

Aprender a empujar

La respiración también desempeña un papel importante en el momento en que el bebé se dispone a salir. Cuando el cuello del útero esté completamente dilatado, el cuerpo estará listo para permitir que el niño atraviese el útero. Se le puede ayudar reforzando el trabajo del útero durante las últimas contracciones que provocarán la expulsión. Con este objetivo, la comadrona le enseñará a empujar. Inspire profundamente y sople. Vuelva a inspirar profundamente (el diafragma baja), bloquee la respiración (el diafragma comprime el fondo del útero) y empuje contrayendo los abdominales. Los abdominales ejercerán presión sobre el útero (en un movimiento de arriba abajo) y ayudarán a bajar al niño. En cada contracción, hay que entrenarse para poder empujar tres veces después de haber vaciado por completo los pulmones.

Relajación de la parte baja de la espalda: el ejercicio del puente

Este ejercicio, que conjuga los beneficios del estiramiento de la columna vertebral y los de la basculación de la pelvis (*véase* pág 76), debe preceder a cualquier otro ejercicio en posición tumbada. Repita el movimiento cinco veces, intentando respetar el ritmo respiratorio. El objetivo es estirar la columna vertebral: por este motivo, las nalgas quedarán más abajo que cuando se empieza el ejercicio. El arco desaparecerá o disminuirá claramente.

1. Túmbese sobre la espalda, con los brazos a lo largo del cuerpo, las piernas dobladas y los pies a una distancia equivalente a la amplitud de la cadera. En esta postura, se forma un arco a la altura de la cintura.

2. Inspire con tranquilidad y después espire. Vuelva a inspirar, mientras levanta suavemente las nalgas y la parte baja de la espalda. Puede apoyarse en las manos para ayudarse. Mantenga esta postura unos segundos reteniendo la respiración.

3. Luego espire, reposando suavemente la espalda sobre el suelo, vértebra tras vértebra, empezando por las que están cerca de la nuca y bajando hasta la pelvis. Toda la espalda descansa sobre el suelo. El arco lumbar volverá a aparecer, pero claramente atenuado.

Variante del puente

Si se sufre de ciática y eso impide levantar las nalgas, como se indica en el ejercicio anterior, hay que intentar, sin forzar, estirar la columna vertebral levantando la parte alta de la espalda, desde los riñones hasta los hombros.

Mantenga las nalgas en el suelo y, apoyándose sobre la parte posterior de la cabeza, levante la columna vertebral, empezando por la parte baja y subiendo hasta los hombros y la nuca. La cabeza se deslizará hacia arriba.

El esfuerzo

La respiración tiene un papel muy importante cuando el bebé está a punto de salir. Puede ayudarle a atravesar la pelvis, apoyando el trabajo del útero durante las últimas contracciones que llevarán a la expulsión. En cada contracción, empujará tres veces, después de vaciar completamente los pulmones. Es preferible hacer este ejercicio después del puente, ya que la columna estará bien estirada y la pelvis, bien orientada.

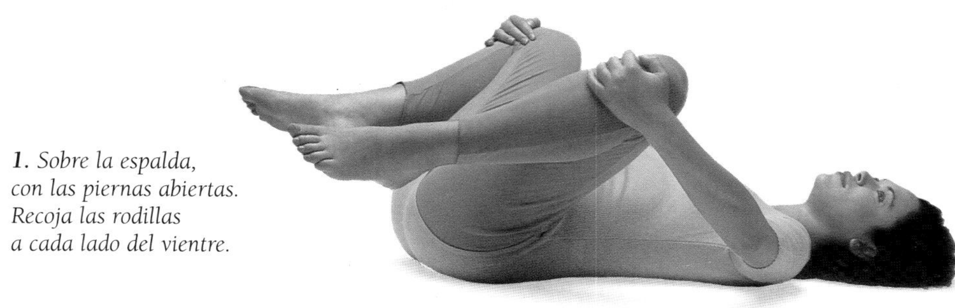

1. Sobre la espalda, con las piernas abiertas. Recoja las rodillas a cada lado del vientre.

2. Con las manos, cójase las piernas justo por debajo de las rodillas. Inspire profundamente, hinchando el vientre y el pecho. Suelte el aire. Inspire de nuevo profundamente (el diafragma baja) mientras levanta ligeramente la cabeza y la parte alta de la espalda (el diafragma comprime el fondo del útero) y empuje contrayendo los abdominales. Los abdominales presionarán el útero (en un movimiento de arriba abajo) y ayudarán a que el niño salga. También se puede empujar soltando un poco de aire.

La gimnasia perineal

Para preparar bien la expulsión, es esencial hacer trabajar los músculos del perineo. Además, dado que el perineo se encarga de cerrar las vías urinarias, es útil reforzar su capacidad de sostén durante el embarazo para compensar la presión del útero sobre la vejiga. Para conseguirlo, empiece los ejercicios a partir del 4.º mes y sígalos después del nacimiento.

Para aprender a relajar el perineo, siéntese con los muslos separados. Coloque una mano sobre el perineo. Inspire suavemente y espire imaginando que expulsa el aire por la vagina. La vulva se abre. Presione con su mano el perineo, que se relajará.

Las otras preparaciones

Como complemento a la preparación clásica, existen otros métodos que pueden ayudar a prepararse para el parto. A usted le corresponde elegir el que más le conviene según las posibilidades de su lugar de residencia, ya que no se ofrecen en todas partes.

APRENDER A CONOCERSE MEJOR

La vocación del yoga, que en sánscrito significa «unión», es reconciliar el alma y el cuerpo. Gracias al trabajo del cuerpo, siempre asociado a la búsqueda de una concentración máxima, se puede acceder a un mejor conocimiento de una misma y del niño que se lleva dentro. La relajación a la que invita el yoga no desemboca ni en el sueño ni en la somnolencia, sino que, por el contrario, hace estar muy consciente.

Se opte por sistemas originales –yoga, haptonomía, sofrología, preparación en piscina (que no se debe confundir con el parto en el agua), canto prenatal, musicoterapia– o por otros más cercanos a las prácticas médicas, como la acupuntura o la homeopatía, todos estos métodos pueden aportar un apoyo suplementario muy apreciable. Sin embargo, por muy interesante o útil que sea, ninguno de ellos constituye por sí solo una preparación suficiente para el parto y no pueden sustituir la preparación clásica.

El *yoga*

El yoga, que pretende establecer la armonía entre el cuerpo y la mente, también propone una preparación para el parto. En el caso de que nunca se haya practicado esta disciplina con anterioridad, el embarazo es un buen momento para iniciarse. El yoga consiste en un trabajo de concentración y de posturas físicas que pueden ayudar a alcanzar o mantener un buen estado de equilibrio, tanto en el plano corporal como en el psíquico.

Para quienes están inmersos en el mundo del yoga, esta práctica no se reduce a una simple gimnasia, ni tampoco a un simple deporte o una terapia. Según ellos, se trata de una filosofía, una «vía» que desarrolla el conocimiento de uno mismo.

Lo que no impide que la mujer embarazada pueda extraer un gran beneficio de las posturas y ejercicios que se enseñan. No obstante, la práctica del yoga, por muy rica y beneficiosa que sea, siempre debe acompañarse de una preparación clásica al parto, a la que no puede reemplazar.

Las sesiones de yoga especialmente destinadas a las mujeres embarazadas suelen estar dirigidas por una comadrona o un médico. De media, duran una hora, a razón de una o dos por semana según los deseos de la interesada. También se pueden practicar los ejercicios cada día en su casa durante unos quince o veinte minutos.

No existe un modelo concreto
El yoga no se concibe sin el aprendizaje de la relajación, que conduce a tomar conciencia del propio cuerpo, de la respiración y de las distintas sensaciones, como el calor o la gravedad. El yoga es, ante todo, una búsqueda personal y hay que adaptar siempre las posturas en función de la comodidad. Los ejercicios que aquí se proponen no son modelos que se deban reproducir exactamente. A cada cual corresponde modificarlos para sentirlos de verdad.

Posturas adaptadas
Las posturas que se suelen enseñar a las mujeres embarazadas se centran principalmente en hacer trabajar los músculos que más sufren a lo largo del embarazo y durante el parto. Permiten efectuar movimientos adaptados al estado físico: estiramiento de la columna vertebral (*véase* pág. 98, «El ejercicio del puente»),

EL GATO

El ejercicio del gato se ejecuta a cuatro patas. Esta postura reduce el peso del útero sobre la espalda y el perineo. Es bueno practicarla desde el primer mes de la gestación hasta el parto para prevenir o aliviar los dolores de espalda.

1. Colóquese a cuatro patas con los brazos estirados y las palmas de las manos en el suelo; las rodillas deben quedar debajo de las caderas y a una distancia igual al ancho de la pelvis. Inspire mientras levanta la cabeza y hunde la zona lumbar.

2. Espire mientras baja la cabeza, haciendo fuerza sobre el vientre y curvando la espalda, «como un gato». Vacíe completamente los pulmones y vuelva a inspirar levantando la cabeza y hundiendo la parte baja de la espalda.

LA POSTURA DEL FETO

La «postura del feto» es interesante, ya que relaja la espalda al estirar la región lumbar. Además, permite una relajación del perineo. Para efectuarla, siéntese sobre los talones separando las rodillas. Baje la frente hasta el suelo. El vientre debe quedar entre los muslos.

1. Coloque los brazos hacia atrás, paralelos a los muslos y con las palmas abiertas mirando al cielo.

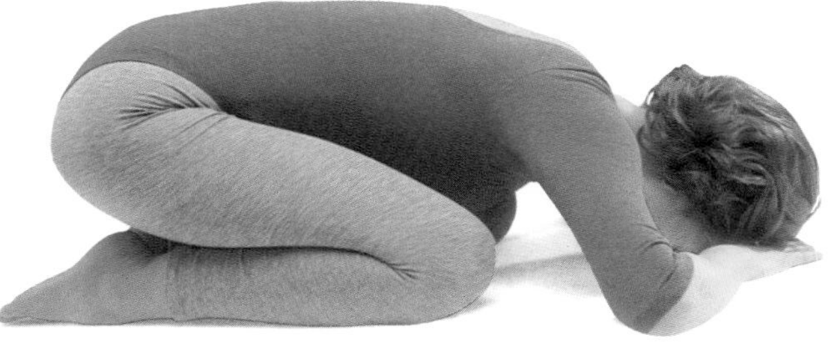

2. Ponga las palmas de las manos planas sobre el suelo, a la altura de la frente, y concéntrese en la respiración. También puede elevar un poco la frente, situándola sobre los puños superpuestos.

basculación de la pelvis para disminuir el arco lumbar, mantenimiento del útero dentro de la pelvis mediante una ligera contracción de los abdominales, trabajo de los músculos perineales, etc.

La haptonomía

La haptonomía no es una preparación para el parto en sí misma. Es un método que pretende ayudar, tanto a la gestante como a su compañero, a que tomen conciencia del niño que va a nacer y establezcan con él, mediante el sentido del tacto, los primeros lazos. Desarrollada en los Países Bajos, la haptonomía (palabra derivada del griego *hapsis*, «tacto», y *nomos*, «ley») se define como «el conjunto de las leyes que rigen el campo de nuestro corazón, de nuestros sentimientos». Es la ciencia de la afectividad. La relación con el niño empieza mucho antes del parto. En el vientre de la madre, el feto ya es un ser que sólo existe por sus relaciones con los demás.

Una ciencia de la afectividad
En cuanto se entere de que está embarazada, ya puede ponerse en contacto con un haptonomista. Las sesiones son individuales. Generalmente hay que asistir a una sesión al inicio del embarazo, a otra cuando se empieza a notar que el niño se mueve (hacia el 4.º o 5.º mes) y, luego, a una por mes hasta el final del embarazo. Se suele proponer una última sesión justo después del parto. El haptonomista le enseñará entonces varias formas de sostener a su hijo.

El reproche esencial que se le puede hacer a este método es que transmite muy poca información sobre el desarrollo del embarazo y del parto. Por lo tanto, se debe seguir de forma paralela una preparación clásica para el parto.

Enfocar el dolor de otra manera
Aunque la haptonomía no prepara directamente para el parto (no se enseña ningún método de respiración o de empujar), puede tener también a este respecto una influencia muy favorable, ya que en-

La haptonomía

Una preparación también para el padre △
La haptonomía es el método de preparación al parto que más respeta a los tres componentes de la familia: padre, madre e hijo. Muy activo a lo largo de las sesiones, el padre aprende, al igual que la madre, a usar plenamente la mano para entrar en contacto con el niño. No tiene nada que ver con una técnica de masaje, sino que representa más bien el inicio de un diálogo.

Dialogar mediante el tacto ▽
Elija una postura en la que se sienta cómoda. Coloque las manos sobre el vientre, con las del padre sobre las suyas o viceversa. Mueva las manos con suavidad, para sentir al bebé. Mediante el sentido del tacto se establece una comunicación especial.

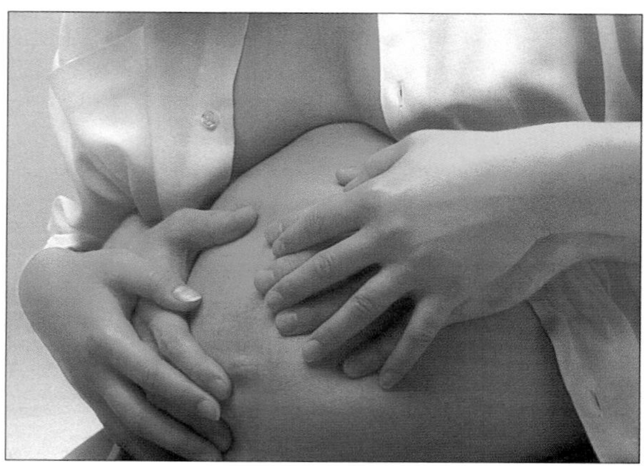

seña a abordar la noción de dolor de forma distinta.

La madre, a la que se invita a concentrarse sobre el niño y no sobre sí misma, se «prolongará» en otra persona, un poco como un invidente aprende a considerar su bastón como una prolongación de sí mismo. En cuanto consiga «salir» de sí misma, la futura madre se obsesionará menos con el dolor. Además, podrá prolongarse en el niño que está naciendo y acompañarlo en su nacimiento y, gracias a este lazo afectivo tan intenso, «integrará» mejor el dolor. La haptonomía enseña a dejar que las contracciones modifiquen el cuerpo y permitir que el niño nazca con más tranquilidad.

La sofrología

La sofrología (del griego *sos*, «armonía»; *phren*, «conciencia», y *logos*, «estudio») no prepara exclusivamente para el acontecimiento del parto, sino, de forma más general, para el hecho de ser padres. Su objetivo reside en permitir que las mujeres alcancen un equilibrio físico y psicológico favorable tanto para el desarrollo del embarazo y el propio parto como para la relación que se va entablar con el niño. Creada en España a principios de los años sesenta, este método da prioridad a la relajación recurriendo a las técnicas de la hipnosis.

La preparación sofrológica suele iniciarse por regla general en el 5.° mes y se practica en grupo. Exige una inversión personal bastante importante: si quiere aprovechar este método durante el parto, deberá entrenarse durante unos veinte minutos cada día.

En el umbral del sueño

La relajación, que es la base del trabajo sofrológico (*véase* al margen), consiste en buscar un estado de conciencia a medio camino entre el sueño y la vigilia. Es el estado que se tiene cada día justo antes de caer en el sueño y durante los primeros minutos del despertar: ya no se está dormido, o todavía no; se tiene conciencia del cuerpo y del entorno, pero se está en el umbral del sueño. La sofrología enseña a provocar voluntariamente este estado de conciencia especial. Al principio, el mismo sofrólogo crea, hablando con voz suave, pausada y monocorde, un clima propicio para este estado llamado *sofroliminal*. De pie, sentada o acostada, hay que dejarse llevar por el sonido de su voz. Al cabo de varias semanas de práctica, basta con cerrar los ojos y acordarse de esta voz para entrar rápidamente en el estado sofroliminal. Es necesario entrenarse cada día volviendo a escuchar en una casete la voz del sofrólogo.

Una disciplina antifatiga

Una «sofronización» –es decir, este ejercicio con el que se pretende pasar al estado sofroliminal– de alrededor de media hora permite recuperar unas dos horas de sueño. El interés de este método durante el embarazo es, por lo tanto, muy evidente. El día del parto, la sofronización crea un clima de equilibrio propicio para su buen desarrollo. Tras el nacimiento, cuando las noches se ven interrumpidas por la lactancia, le será de una gran ayuda.

La preparación en piscina

El elemento acuático es el medio ideal para relajarse: la ropa no molesta y una se siente ligera, a pesar de los kilos adicionales. Se puede trabajar la respiración y, en especial, aprender a retenerla (técnica de la apnea), lo que será muy útil durante el parto en la fase de expulsión. Si se tienen problemas venosos, ciática, insomnio o estreñimiento, los efectos benéficos de la preparación en piscina son más evidentes. En el marco de estas sesiones, se conocen a otras madres embarazadas y se muestra el cuerpo, lo que ayuda a aceptarlo.

Las sesiones de gimnasia en el agua suelen estar dirigidas por un monitor especializado, que también se encarga de la seguridad de la piscina, y una comadrona que ejerce la vigilancia médica. La comadrona toma el pulso y la tensión antes y después de cada sesión, y personaliza los ejercicios en función del desarrollo de cada embarazo. Esta preparación se pue-

Los tres grados de relajación dinámica

Para que la sofrología sea realmente útil, hay que dominar a la perfección los tres grados de «relajación dinámica».

La concentración
Se trata de conocerse mejor y aceptar la realidad del cuerpo, que se modifica a lo largo del embarazo y después del parto.

La contemplación
El objetivo es ayudar a tomar conciencia de una misma en medio de los demás, a prepararse para los cambios que van a producirse en la vida familiar y, en especial, a recibir al niño con un espíritu armonioso.

La meditación
Se intenta aumentar la capacidad de concentración a partir de una postura heredada del zen y del yoga, y que se puede usar durante el parto en cuanto la intensidad de las contracciones empieza a amenazar el equilibrio.

de empezar en cuanto se quiera y siguiendo el ritmo que una misma se imponga.

Las sesiones se llevan a cabo en grupos de una decena de mujeres embarazadas y duran alrededor de una hora. No es necesario saber nadar: las sesiones se realizan en una piscina pequeña que se reserva al efecto. La temperatura del agua suele ser de unos 30 °C y se controla rigurosamente la higiene de la piscina. Cuando se vaya a inscribir, tendrá que presentar un certificado médico que indique que no está sujeta a ninguna contraindicación para practicar este tipo de preparación.

Prepararse con música

Gracias a la música se puede alcanzar un estado de relajación muy profundo, comparable al que permite el yoga. Las sesiones de musicoterapia suelen iniciarse durante el 6.º mes. Son individuales o colectivas y duran unos veinte minutos. La tarea se lleva a cabo alternando las piezas musicales de la elección de la interesada con música creada ex profeso.

La *homeopatía*

A lo largo del embarazo, la homeopatía puede ayudar a resolver muchas pequeñas dolencias: problemas venosos, hemorroides, trastornos del tránsito intestinal o del sueño. También intenta contribuir a aplacar la angustia y favorecer también el equilibrio general, lo que permite abordar el parto en unas buenas condiciones.

Un especialista receta los medicamentos homeopáticos: es el médico o la comadrona homeópatas. Las recetas son personalizadas y deben cumplirse rigurosamente para que resulten eficaces. Durante el último mes del embarazo, se puede seguir un tratamiento para ablandar el cuello del útero.

De igual modo, el homeópata puede proponer la toma de gránulos en cuanto empiezan las primeras contracciones. En este caso, hay que comentarlo con el equipo obstétrico que vaya a ocupar del parto.

La *acupuntura*

La acupuntura es una medicina tradicional china que pretende mantener o restablecer en el ser humano el mejor equilibrio energético posible. La medicina china considera que la vida es energía, una energía que se compone de dos polos: el *yin*, que corresponde a la materia, es decir, la energía estática, y el *yang*, que corresponde a la energía móvil, dinámica. Para reequilibrar las energías, el acupuntor (que puede ser médico) aplica unas agujas finas en diferentes puntos del cuerpo según las «líneas de fuerza» vitales: normalmente, evitará la zona del abdomen. Las agujas que se usan son desechables y, por lo tanto, no pueden transmitir ningún tipo de enfermedad.

El embarazo provoca un trastorno del equilibrio energético. En la pelvis de la mujer embarazada se forma una «materia» (yin) que tendrá que ponerse en movimiento durante el parto: la energía yin, estática, tendrá que transformarse radicalmente en energía dinámica (yang). Esta transformación será mucho más natural y armoniosa si el equilibrio energético inicial es satisfactorio.

En el supuesto ideal, la preparación por medio de la acupuntura debería empezar antes de la concepción y aplicarse tanto a la futura madre como al futuro padre. Pero las sesiones también pueden iniciarse en cualquier momento de la gestación y la preparación al parto propiamente dicha se escalona durante las últimas tres semanas de embarazo, a razón de una sesión por semana.

El *canto prenatal*

El canto prenatal es un método creado por la cantante francesa Marie-Louise Aucher que propone rodear al futuro hijo de un ambiente sonoro privilegiado mediante el canto. El feto reacciona ante las melodías y de forma distinta según el registro –grave o agudo–. Esta preparación tiene también el interés de que hace trabajar la respiración y algunas posturas del cuerpo. El canto es una energía que permite alcanzar un cierto equilibrio.

En realidad, este método de preparación al parto está aún poco extendido y son muy pocas las maternidades que organizan sesiones de canto prenatal. Las sesiones pueden iniciarse en cualquier momento y se desarrollan en grupo. Si no encuentra un centro donde participar, intente contactar con una coral o un profesor de canto.

Los *preparativos* *en casa*

El *nacimiento se acerca.* No *espere al último momento para preparar la habitación que destinará al bebé.* Escoja *un lugar que pueda acondicionar de forma agradable para él y que sea práctico para* usted. Piense *también en todo lo que necesitará para vestirlo, cambiarlo, alimentarlo, llevarlo de paseo...*

La habitación y las cosas del niño

El bebé va a nacer dentro de poco: hay que preparar su «nido». Lo más urgente es la ropa. Desde que nace, hay que vestirlo. Al volver de la maternidad, también deberá alimentarlo, lavarlo y transportarlo, al menos dentro de casa.

IDEAS TIERNAS, IDEAS PARA REGALO

Si sabe hacer punto o coser, le encantará confeccionar usted misma parte de la ropa del bebé o, más sencillamente, prepararle una sábana o una toalla de baño bordadas: es un gesto de ternura, una forma de pensar en él.
Entre los regalos que podrían serle útiles más tarde, cuando el bebé pueda sentarse (a partir de 6 a 8 meses), acuérdese de la trona, el parque, la mochila para llevarlo de paseo, la sillita para el coche firmemente fijada en el asiento trasero, etc.

No espere a que el bebé ya esté aquí para pensar en el lugar que le reserva y poder acondicionarlo de tal forma que sea al mismo tiempo agradable para él y práctico para usted. Poco importa que le destine una habitación entera o un rincón en un cuarto ya ocupado. Lo que importa es que el bebé tenga su propio territorio, un espacio familiar, tranquilizador, que será el suyo y donde sus padres se sentirán a gusto para ocuparse de él.

La habitación y la cama

Habitación o rincón en otro cuarto, el lugar que hay que reservar a un bebé debe ser fácil de airear y de mantener a una temperatura situada entre 18 °C y 20 °C. Cuando hay calefacción central, se debe prever la necesidad de humidificadores, que se ponen sobre los radiadores para que el aire no esté demasiado seco. Si se trata de un radiador de gas o una estufa, haga que los revisen: asegúrese de que no existe ningún peligro de intoxicación.

Un lugar tranquilo y acogedor

Si es posible, coloque a su hijo cerca de su habitación para oírlo sin problemas. Pero evite la proximidad de la televisión o de cualquier otro aparato que haga mucho ruido. En un piso grande o en una casa, piense en instalar un interfono entre el cuarto donde está el bebé y la estancia que usted ocupa: los hay que se enchufan directamente a la toma de corriente y otros que van con pila. De esta forma, podrá cambiarlos de sitio.

• **Una decoración discreta y lavable.** Elija revestimientos lavables –pintura o papel pintado en la pared; azulejos, linóleo, parqués vitrificados, etc., en el suelo– en vez de telas y moquetas (sobre todo si en la familia hay tendencia a las alergias, por ejemplo antecedentes de asma). Si opta por la pintura, escoja colores suaves y relajantes o pinte sólo los marcos (puertas, ventanas, cenefas) con colores vivos. Si prefiere los papeles pintados, decántese por los poco cargados o empapele sólo una de las paredes y pinte las otras con un color a juego. No olvide que, cuando crezca, su hijo estará tentado de dibujar directamente en las paredes y le encantará colgar sus propios dibujos: razón de más para que las paredes sean sobrias y fácilmente lavables.

• **Persianas o cortinas opacas.** Las cortinas pueden aportar la nota de fantasía. Pero si no son opacas, piense en una segunda cortina oscura (o forre las cortinas con una tela negra) para que el cuarto pueda quedar a oscuras: un bebé duerme mucho.

Comodidad y seguridad

Se prefieran las cunas antiguas de la familia con sus visillos románticos, un bonito capazo transportable, una cama de tela plegable y práctica o una cama de madera con barras regulables que el niño usará hasta los 3 años, lo importante es que el colchón del bebé sea estable y lavable (al menos la funda).

• **¿Cuna, capazo o cama?** Según algunos pediatras, el recién nacido se siente mejor en un capazo o en una cuna a su medida que en una cama demasiado grande para él. Sin embargo, en cuanto crece, necesita suficiente espacio para poder estar tumbado con la cabeza apoyada y los brazos y las piernas completamente estirados. Por lo tanto, si sólo quiere hacer una compra, opte por una cama que tenga laterales altos (para evitar así las caídas). Si le pueden prestar un capazo o una cuna, no dude en dejar que su hijo los disfrute.

• **Colchón plano y sábanas ligeras.** El colchón debe ajustarse perfectamente a la cama, ser plano y lo bastante grueso y duro. Para protegerlo, se puede poner una funda acolchada de algodón impermeable o una funda de caucho recubierta con un muletón de algodón. Una sábana bajera, una encimera y una colcha abrigada y ligera completan la cama. Los pediatras desaconsejan las almohadas y edredones con los que el niño podría ahogarse. Como mucho, se puede colocar una almohada bajo el colchón. Tenga al menos dos muletones o fundas acolchadas; por lo demás, tres o cuatro sábanas bajeras (que pueden ser sábanas usadas cortadas), dos o tres sábanas y dos colchas abrigadas y ligeras deberán bastar, sobre todo si opta por una colcha que se transforme en saco de dormir, dentro del cual el bebé podrá moverse sin destaparse.

Para usted, todo al alcance de la mano

Naturalmente, existen muebles especialmente diseñados para guardar las cosas del bebé y cambiarlo, pero cualquier cómoda o mesa pueden cumplir esta función si están a la altura adecuada para cambiarlo. Basta con disponer de un pequeño colchón plastificado con los bordes levantados sobre el que poner al niño.

Sobre todo, piense en tener al alcance de la mano todo lo que necesitará. Nunca deberá dejar bajo ningún pretexto a su hijo solo, aunque simplemente sea un instante, sobre la mesa donde lo va a cambiar.

Aunque los aspectos prácticos y la seguridad son prioritarios, nada impide instalar en la habitación del bebé algunos objetos personales que aportarán una nota de alegría: un móvil de colores para colgarlo no lejos de la cama, una caja de música o una muñeca de trapo musical, peluches –que deben ser suaves, sólidos y lavables–, sin olvidar un cuaderno donde usted podrá anotar todos sus sentimientos, la primera sonrisa, las reacciones y, más tarde, las primeras palabras: cuando sea mayor, le encantará que se lo enseñe.

El *material necesario*

Una vez elegido el rincón e instalada la cama, hay que pensar en la ropa y los biberones, y luego en todo el material indispensable para bañarlo, para trasladarlo y pasearlo. Si el presupuesto es limitado, pregunte a familiares y amigos qué pueden prestarle. Y no se olvide de los regalos que algunas personas desearán hacerle.

La ropita

Lo esencial es elegir ropa cómoda, suave, fácil de poner y fácil de lavar. El recién nacido tiene la piel delicada y debe poder moverse sin destaparse: elija ropa flexible, amplia, que tape bien, de algodón o lana mejor que de materias sintéticas. Evite las cintas y las camisitas que hay que cerrar con un imperdible y, al menos las primeras semanas, la ropa que se pone por la cabeza.

Existen dos tallas para los más pequeños: 0-3 meses y 3-6 meses. Algunas marcas confeccionan incluso una talla especial para los recién nacidos, adaptada al primer mes y a los prematuros. Tenga el mínimo de ropa de esas dos primeras tallas, ya que el bebé crece muy rápido (10 cm en tres meses) y, a las pocas semanas, ya puede llevar los de la talla 3-6 meses.

No olvide los pañales (3 a 5 kg), los albornoces de baño y los baberos de algodón fino, que servirán para protegerla a usted y al bebé cuando le dé de mamar. Piense también, si hace frío, en tener ropa de abrigo, de punto de algodón, así como un gorro para la salida de la maternidad.

No compre demasiada ropa, pero tenga prevista al menos la posibilidad de cambiar al niño completamente durante el día (necesitará también una muda completa, camisita + ranita o «body», para cada día en la maternidad).

Lave todo lo que compre o que le presten antes de ponérselo al bebé. Utilice preferentemente un detergente a base de jabón neutro y, sobre todo si ya hay antecedentes de alergia en la familia, no emplee productos suavizantes.

PARA ACOSTAR AL BEBÉ
La cama de laterales altos (para evitar las caídas) y de barras regulables ofrecerá a su hijo, hasta los tres años, un lecho estable y cómodo donde podrá estirarse y adoptar sus posturas preferidas. Mientras el bebé es pequeño, no utilice almohada ni ponga edredón. Asegúrese de que el colchón es perfectamente plano y lo bastante grueso y firme.

EN CASA
A partir de los 3 meses, se puede instalar al bebé en una hamaca inclinable con arnés.

PARA DORMIR O ESTAR CERCA DE USTED
Recién nacido, el bebé se sentirá quizá mejor en una cuna o un capazo a su medida, en el que podrá «seguirla» a través de toda la casa para participar en la vida familiar.

PARA PASEAR AL BEBÉ
Aunque la silla presenta la ventaja de que ocupa menos espacio, sigue siendo preferible sacar a pasear al bebé, mientras no se aguante por sí solo, en un cochecito donde estará más cómodo.

VESTIMENTA CLÁSICA
Las camisitas y ranitas, o los «bodies» de una pieza, constituirán, junto con los peleles, la ropa indispensable de los primeros meses. La ropa del bebé debe ser, sobre todo, práctica y cómoda, y preferentemente de algodón.

ROPA DE VESTIR
Incluso con sus mejores galas, el bebé debe poder moverse con soltura y se le debe poder cambiar con rapidez.

PARA SALIR
El mono tipo saco de dormir, con capucha, es ideal para las salidas y, además, es lo suficientemente amplio para permitir que el niño se mueva sin destaparse.

Para alimentarlo

Haya usted optado por dar de mamar o por el biberón, necesita una butaca lo suficientemente cómoda para instalarse o unos cojines que puede poner en la cama para recostarse y apoyar el brazo. Si tiene previsto alimentar al bebé con biberón, debe tener: seis biberones con tetinas, un esterilizador (en caliente o en frío), un cepillo para limpiar los biberones, eventualmente un termo para biberones y un calientabiberones (el horno microondas es muy práctico para calentarlos, pero puede ser peligroso si no se toma la precaución de comprobar la temperatura del líquido antes de dárselo al bebé).

En cuanto a la báscula, puede alquilar una en la farmacia. Para eso, espere a volver de la maternidad, ya que muchos pediatras consideran inútil pesar al niño todos los días.

Para bañarlo

Durante las primeras semanas, puede bañar al bebé en un lavabo si es lo bastante profundo. Pero cuidado con los grifos y tenga en cuenta que enseguida necesitará una verdadera bañera para bebés: puede ser de plástico flexible, integrada en la mesa vestidor, o de plástico rígido, lo que permite acoplar un pequeño asiento de esponja.

En todos los casos, céntrese en el aspecto práctico (facilidad para vaciar el agua, comodidad del bebé y de usted misma cuando lo lava, proximidad del jabón, del champú y de la toalla) y observe una higiene rigurosa.

Tenga siempre un termómetro de baño, jabón y champú especiales para bebés (muchas veces el mismo producto está concebido para ambos usos), dos o tres guantes de baño de un tejido muy suave que se puedan hervir y, naturalmente, toallas o albornoces lo suficientemente grandes para evitar que el bebé se enfríe.

La temperatura del cuarto donde se le baña debe ser un poco más alta que la de la habitación: alrededor de 22 °C aproximadamente.

Para cambiarlo en su habitación después de un pequeño aseo, necesitará: una palangana (con agua tibia), algodón, jabón, leche hidratante, crema balsámica, suero fisiológico (o cualquier otro producto aconsejado en la maternidad) y, como es lógico, pañales y su ropa.

Para desplazarlo y sacarlo de paseo

Para mover al niño dentro de casa y poder vigilarlo y hacerlo partícipe de la vida familiar, puede usar un capazo o un portabebés rígido. En poco tiempo podrá instalarlo ya en la hamaca, pero asegúrese de que la inclinación es regulable, que cuenta con un arnés de seguridad y que las correas que lleva para transportarla están bien fijadas.

Para sacar al bebé de paseo, se puede elegir entre el cochecito, la silla o el «canguro». Coloque también en el coche una silla adecuada para la seguridad del bebé (*véase* al margen).

- **El cochecito.** Cuando el niño es todavía muy pequeño, el cochecito es el medio de transporte más cómodo para salir de paseo. En él está protegido del polvo y de los gases de los tubos de escape de los coches. Sin embargo, se trata de una compra onerosa y poco práctica por lo mucho que ocupa.

Evite las capotas forradas de blanco porque deslumbran demasiado y decántese, en cambio, por esos modelos transformables en silla o portabebés. La ropa de cama debe ser la misma que la de la cama, adaptada al tamaño del cochecito. Para el verano, acuérdese de tener una mosquitera.

- **La silla.** Algunas sillas inclinables permiten tener al bebé acostado. Pero las sillas ligeras y plegables, ideales para el coche o el autobús, deben reservarse para los niños que ya se aguantan bien sentados (no antes de los 5 meses).
- **El «canguro».** Práctico y muy propicio a la intimidad, este sistema permite que los padres lleven al bebé sobre el vientre mientras mantienen las manos libres.

Asegúrese de que el «canguro» sujeta la cabeza del bebé. De todas formas, no abuse de él mientras el bebé sea demasiado pequeño (no antes de 1 mes) porque en esta posición se encontraría acurrucado y con la cabeza colgando.

La silla de seguridad para el coche

Hasta los seis o nueve meses, para llevar al bebé en coche, existe la posibilidad de usar dos sistemas: el capazo de seguridad, que se puede encastrar entre el asiento delantero y el trasero y va protegido con una red de seguridad, y la silla que se fija firmemente delante o detrás en sentido inverso al de la circulación (tiene la ventaja de ser muy fácil de transportar, pero no permite que el bebé se tumbe sobre el vientre). En todo caso, no coloque nunca al bebé en la parte delantera del coche, ni tan siquiera sobre sus rodillas. Si todavía no tiene silla especial para el coche, suba con él en la parte trasera. Cuando baje con él del coche, salga siempre del lado de la acera, nunca por el lado de la circulación.

Los últimos preparativos

Ya sólo es cuestión de días, quizá de horas. Mientras espera la salida hacia la maternidad, se siente un poco impaciente: aproveche para realizar los últimos preparativos.

Quizá le preocupe tener que salir precipitadamente hacia el hospital. Seguramente todavía tiene tiempo de asegurarse de que no ha olvidado nada. El siguiente es un breve recordatorio de los puntos en los que ya ha pensado pero que merece la pena verificar.

Para el bebé

• **Confirmar el sistema de guardería elegido.** Si tiene que volver a trabajar justo después del parto, llame al jardín de infancia, en especial si no está segura de tener plaza, o a la canguro que tenga prevista. No piense que tendrá tiempo de ocuparse de ello cuando vuelva de la maternidad.

• **Contacte con el pediatra.** Es mejor volver a casa sabiendo el nombre y la dirección del futuro pediatra. Es una elección importante (*véase* pág. 204). Si no conoce a ninguno, pregunte a su médico o comadrona o, incluso también a su farmacéutico.

Para los hijos mayores

• **Prepárelos para la ausencia**. Para que vivan sin problemas la llegada del hermano pequeño, vuélvales a explicar el motivo de su próxima marcha unos días antes de la fecha prevista del parto. Si fuese necesario y son pequeños, acuérdese de dejarles algún objeto personal para que tengan algo suyo a falta de la presencia física.

• **Piense en un sistema de canguro.** La ausencia será menos triste con la presencia de un miembro de la familia o una amistad íntima. En todo caso, lo mejor es que los hijos mayores se queden en «su propia casa». En caso contrario, el bebé podría considerarse un intruso: en cuanto se descuidan, otro les coge el sitio.

• **Acuérdese de hacerles un regalo.** Aunque la llegada del nuevo hijo es para usted todo un acontecimiento, puede resultar difícil para ellos; intente acordarse de comprar un regalo para cada hermano mayor, que les llevará el recién nacido. De esta forma, se granjeará la simpatía de sus hermanos.

Para el padre

• **Llene los armarios y la nevera.** Va a pasar al menos tres o cuatro días en la maternidad y se sentirá muy cansada cuando vuelva; el padre, por su parte, tendrá que seguir trabajando, visitarla y no le quedará demasiado tiempo para hacer la compra y cocinar en ausencia de la madre. Prepare, por lo tanto, comidas para toda la familia o, en su caso, una lista de menús simples. Si dispone de congelador, prepare con su marido algunos platos que se puedan recalentar.

• **Ayúdelo a que no se olvide de nada.** Deje notas recordatorias por todas partes con las consignas de intendencia (regar las plantas, poner el cava en la nevera para la vuelta, etc.) o grábelas en una casete.

Para usted

• **Vaya a la peluquería.** Es el momento ideal para cambiar de corte o de color y tener un aspecto estupendo en la maternidad. Además, después del parto no dispondrá de mucho tiempo.

• **Busque un fisioterapeuta**. No es demasiado temprano para pensar en volverse a poner en forma. Si no conoce a ningún fisioterapeuta, pregunte a su médico o a su comadrona.

La maleta para la maternidad

Seguramente ya habrá pedido instrucciones en la maternidad donde va a dar a luz, pero no se olvide lo más básico:

Para usted

Documentación para los trámites de ingreso, así como los resultados de análisis o pruebas que le hayan solicitado previamente.

Productos de aseo personal (sin olvidar un secador de pelo, pañuelos, etc.).

Dos camisones, con botones por delante si piensa dar de mamar.

Dos toallas y guantes de baño.

Dos braguitas de algodón, si lo prefiere desechables, así como compresas higiénicas.

Dos sujetadores de lactancia (con suficientes discos protectores).

Una bata o un albornoz, zapatillas.

Para el bebé

Seis «bodies» (uno al día, como mínimo), o seis camisitas de tela suave (de batista o de hilo fino) y seis ranitas (de algodón).

Tres jerséis de algodón o de lana (según la época).

Tres peleles de felpa.

Tres pares de peúcos o de calcetines.

Seis baberos.

Un tocado o chal.

Ropa de abrigo y un gorrito (para la salida de la maternidad).

CAPÍTULO 2

El *nacimiento*

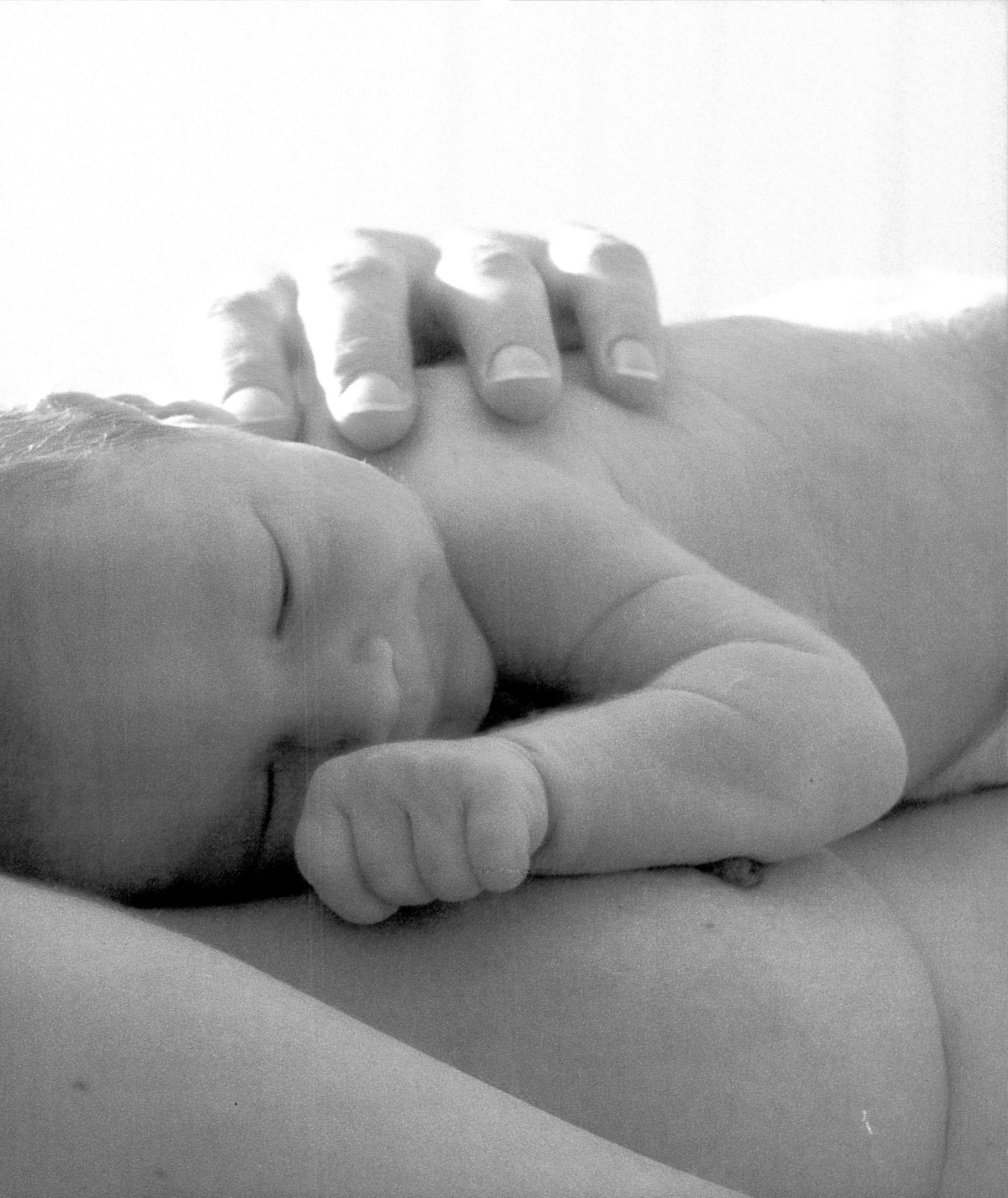

El *nacimiento*

◆

El parto

Al final del embarazo, el niño empieza a prepararse para nacer y adopta la posición que tendrá el día del parto. La madre lleva mucho tiempo preparándose para este acontecimiento. El momento del parto, por fin, ha llegado. He aquí el relato de esta llegada al mundo, desde los síntomas reveladores que siente la madre hasta los primeros llantos del bebé.

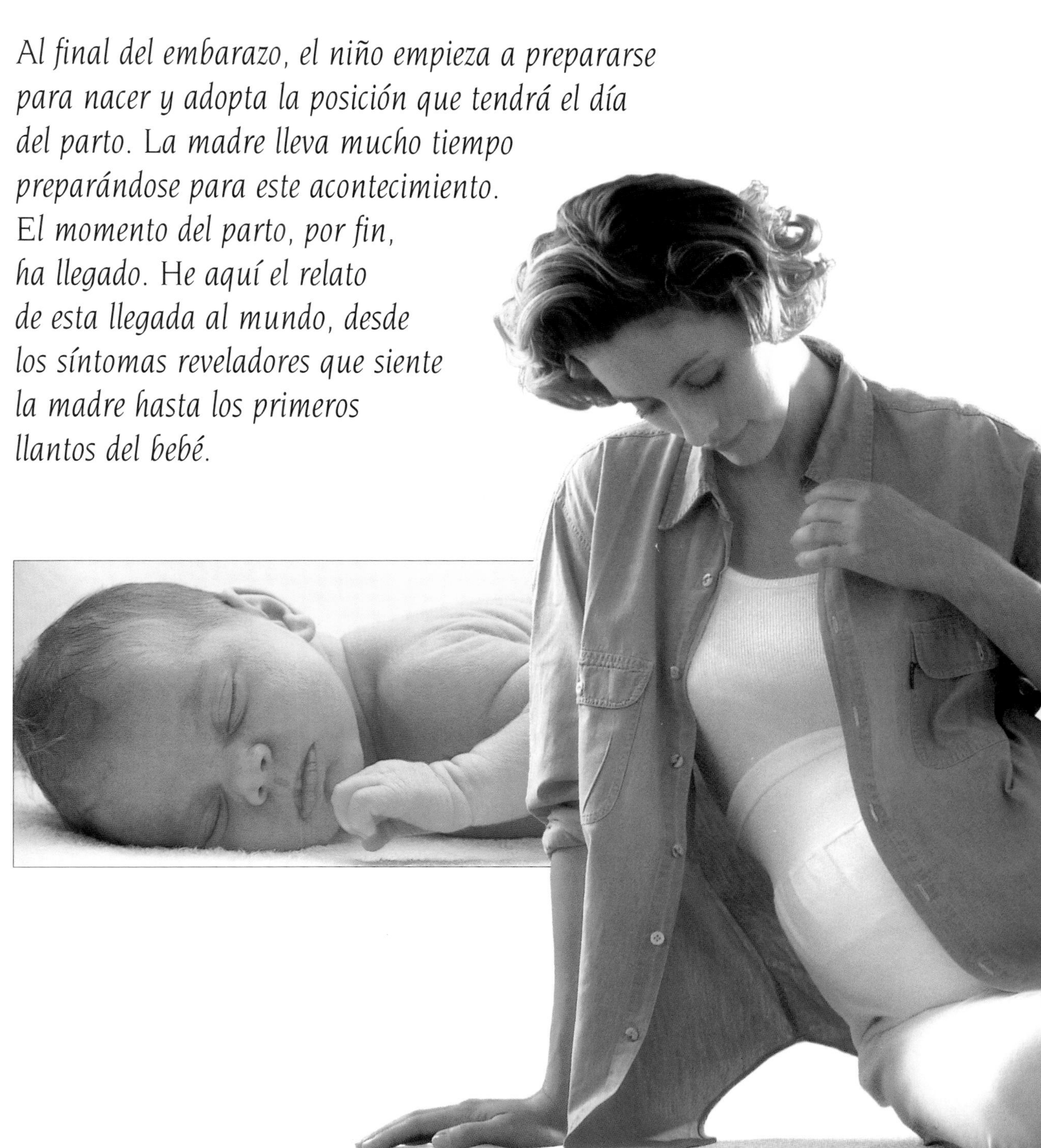

La salida hacia la maternidad

El niño va a nacer dentro de poco. La madre se pregunta cuándo tendrá que salir hacia la maternidad. Debe prepararse para reconocer los síntomas reveladores del parto.

¿QUIÉN LA ACOMPAÑARÁ?

Hoy en día, la mayoría de las maternidades admiten que la madre tenga un acompañante en la sala de parto durante el nacimiento. Si el futuro padre puede y desea –con el acuerdo de la madre– participar en este acontecimiento, podrá estar al lado de la madre para animarla o reconfortarla. Pero si está ausente por motivos profesionales o si la idea de pasar un día en el hospital le resulta insoportable, no lo culpabilice; una hermana o una buena amiga pueden apoyarla igual de bien. También se puede dar a luz rodeada exclusivamente por el personal de la maternidad. A cada mujer corresponde elegir según sus preferencias.

Espera este acontecimiento con impaciencia, esperanza y amor, pero sin duda también con un sentimiento más o menos confuso de miedo. En primer lugar, miedo a sufrir, a descubrir un bebé distinto del que había imaginado y, por último, miedo a romper esa complicidad única que la ha unido a su hijo a lo largo de todo el embarazo. El nacimiento es también una separación, una ruptura que quizá le recuerde otras, aunque fueran muy diferentes.

Si padece, justo antes o después del nacimiento, una tristeza inexplicable, no se sorprenda y no se sienta culpable. Todas las madres pueden experimentar estos sentimientos.

La aparición de contracciones regulares

El final del embarazo se acerca: ¿cómo saber que hay que salir hacia la maternidad? Muchas mujeres se sienten preocupadas por esta pregunta, que sin embargo tiene respuestas muy sencillas. Los signos que revelan la proximidad del parto son unas contracciones uterinas intensas y regulares, o la ruptura de la bolsa de las aguas, o la combinación de estos dos elementos que se producen al mismo tiempo.

¿Cómo reconocerlas?
Seguramente ya ha tenido contracciones a lo largo del embarazo. No obstante, las que permiten la dilatación del cuello del útero durante el parto presentan unas características particulares. Durante la gestación, las contracciones son anárquicas. A veces son dolorosas, pero no duran mucho. Durante el parto, son más regulares, más intensas y más largas. Al principio de esta fase preparatoria del parto, se producen cada quince o treinta minutos y parecen muy fugaces. La madre notará una especie de ligeros tirones comparables a los dolores de la regla. Luego se van acelerando progresivamente, se intensifican, aparecen a intervalos cada vez más regulares y duran mucho más tiempo. Con la mano sobre el vientre, se nota claramente cómo el útero se endurece como una bola y luego se ablanda. Estas contracciones son automáticas, espontáneas y completamente independientes de la voluntad.

¿Cómo reaccionar?
Cuando se comprueba que las contracciones son regulares, se entra en la fase preliminar del parto. No se debe ni beber ni comer. Es preferible estar en ayunas durante el nacimiento para evitar las ganas de vomitar, que el esfuerzo necesario puede provocar, y no correr riesgos ante una posible anestesia general. Interrumpa lo que esté haciendo sin precipitarse y relájese, lea una revista, mire la televisión...

• **Relajarse.** Darse una ducha caliente es muy relajante. Quizá le parezca que las contracciones se atenúan después de la ducha, lo que significaría que el parto aún no ha comenzado realmente. En este caso, tendrá que ser paciente, aunque la espera será probablemente de corta duración. Aproveche este breve período de calma para relajar completamente el cuerpo antes de que las contracciones vuelvan a aparecer. Póngase cómoda, instálese en la posición que más le guste, sentada en el suelo con un cojín bajo las nalgas o a horcajadas en una silla, o camine si lo prefiere. Se puede escuchar música suave e intentar ensayar la respiración que ha aprendido durante la sesiones de preparación del parto (*véase* pág. 95). Hay que concentrarse simplemente en inspirar y espirar profundamente sin bloquear la respiración, y hay que relajarse lo más posible después de cada contracción para de este modo «recibir» mejor la siguiente.

• **No ceder a la precipitación.** Para salir hacia la maternidad, es preferible esperar a que las contracciones se sucedan cada cinco minutos durante dos horas, si se trata del primer hijo, o durante una hora si ya se ha tenido otro (en este caso, el proceso suele ser más rápido). Naturalmente, estos plazos son sólo indicativos, y no hay que prolongar la espera si las contracciones se hacen más frecuentes. También se debe tener en cuenta la distancia que media entre el domicilio y la maternidad, el tiempo necesario para recorrer dicho trayecto o, tal vez, un antecedente de parto rápido que recomienda no eternizarse en casa.

La progresión descrita más arriba es, evidentemente, muy esquemática. La experiencia de esta etapa preliminar al parto puede resultar bastante distinta. Por ejemplo, las contracciones pueden ser irregulares durante mucho tiempo o, al contrario, intensas y cercanas enseguida... También puede ocurrir que el dolor de las contracciones se sienta sólo en la espalda y que, por consiguiente, no se pueda identificar inmediatamente su naturaleza.

De forma general, hay que intentar no salir corriendo hacia el hospital en cuanto se manifiestan los primeros síntomas, excepto si las contracciones son bastante intensas, regulares y se está íntimamente convencida de que el niño no tardará en nacer.

Posiciones relajantes

Cuando se empiezan a sentir las contracciones, pero éstas todavía no son lo suficientemente intensas para salir hacia la maternidad, hay que intentar relajarse. Para ello, se pueden adoptar varias posiciones que pueden aliviar el principio del parto: con las piernas cruzadas, en cuclillas, arrodillada con las manos por delante, con las piernas flexionadas y la espalda contra la pared, sentada a horcajadas en una silla y apoyada sobre el respaldo, sentada sobre un cojín... Aquí se ilustran dos de ellas.

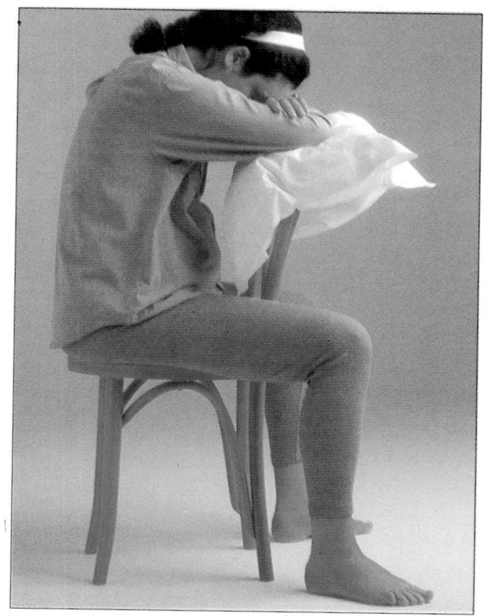

En una silla △
Siéntese a horcajadas, coloque los brazos sobre el respaldo y apoye la cabeza: la espalda se curva.

Sobre un cojín ▽
Si lo prefiere, siéntese en el suelo con un cojín bajo las nalgas para que queden un poco elevadas.

La ruptura de la bolsa de las aguas

Dentro del útero, el bebé flota en el líquido amniótico, que está contenido en una especie de bolsa formada por unas finas membranas: la *bolsa de las aguas*. Cuando se inicia el parto, las membranas se desgarran (no es en absoluto doloroso) para que fluya el líquido amniótico y el niño pueda salir. En general, son las contracciones las que, al tensar el útero, hacen así que cedan las membranas.

Cuando es clara, la ruptura de esta bolsa se manifiesta por un flujo bastante abundante (unos 20 cl) de un líquido tibio y transparente, parecido al agua. Es lo que se llama *romper aguas*. Después de este derrame súbito, el líquido seguirá saliendo hasta el parto, aunque en menor medida; la mayor parte saldrá junto con el bebé. Cuando las membranas sólo se han fisurado y no se han roto netamente, el líquido amniótico se derrama muy progresivamente, de forma continua hasta el nacimiento. En ese caso, se puede creer que se trata de una incontinencia de orina, de pérdidas vaginales muy líquidas, que a veces se tienen al final del embarazo, o de la pérdida del tapón mucoso.

El tapón mucoso está formado por una sustancia pardusca, a veces teñida de sangre, que cierra el cuello uterino y que se expulsa cuando éste comienza a transformarse. La expulsión de esta mucosidad se produce muchas veces varios días antes del inicio del parto propiamente dicho. Si se tiene alguna duda en cuanto a la naturaleza de un derrame (agua, sangre, mucosidad, orina, pérdidas), no hay que dudar en ir a la maternidad para saber de qué se trata.

También puede romper aguas en cualquier momento. La ruptura de la bolsa de las aguas es imprevisible. A veces, precede a cualquier tipo de contracción dolorosa, pero también puede llegar después de contracciones largas e incluso al final del parto. En ocasiones, la bolsa permanece intacta hasta el nacimiento, aunque lo más habitual es que el médico o la comadrona se encarguen de romperla con una aguja especial. En cuanto rompa aguas, cámbiese, póngase una compresa y salga hacia la maternidad sin demora, a poder ser en posición tumbada o semisentada. Las membranas ya no protegen al feto y puede producirse una contaminación por gérmenes que suban por la vagina hasta el útero. Además, el cordón umbilical, arrastrado por el flujo del líquido, puede situarse debajo de la cabeza del bebé y quedar comprimido, lo que obligaría a provocar rápidamente el nacimiento. Estos dos peligros son mucho menores si se está tumbada. Si nadie puede llevarla en coche, llame a una ambulancia.

QUISIERA SABER

¿Cómo es el seguimiento médico al final del embarazo?

• A lo largo del 8.º y 9.º mes, el médico se preocupa sobre todo de prever cómo va a desarrollarse el parto. Examina la posición que adopta el niño: si se presenta de cabeza, que es lo más frecuente, o de nalgas, o de otra forma (*véase* pág. 131). El parto por vía natural sigue siendo posible cuando el feto se presenta de nalgas, con la condición de que el bebé no sea demasiado grande ni la pelvis de la madre, demasiado estrecha. Una radiografía permite saber el diámetro exacto de la pelvis y evaluar esta posibilidad.

¿Qué ocurre si se sale de cuentas?

• A partir de 9 meses y 1 semana (42 semanas desde la última regla), se sale de cuentas. Si no se ha dado a luz al final de la semana 41, hay que ir a la maternidad para que controlen la evolución del bebé. Al envejecer, la placenta se gasta y degenera: ya no proporciona al bebé los alimentos y el oxígeno que necesita. El niño puede sufrir y perder su vitalidad. Ante esta hipótesis, el médico practica una amnioscopia: introduce un tubo muy fino por el cuello del útero para examinar, a través de la bolsa de las aguas, el color del líquido amniótico, que debe ser claro. Por otra parte, comprueba el ritmo cardíaco del bebé. Si constata algunas anomalías, provocará el parto. A partir de la 41ª semana y 5 días, suele provocarse el parto de manera sistemática, muchas veces aunque no se detecte ningún tipo de anomalía.

La llegada a la maternidad

Cuando llegue a la maternidad, una comadrona se encargará de usted. La examinará y le explicará cómo se presenta el parto. Después, los pondrá, a usted y a su futuro bebé, bajo vigilancia hasta el nacimiento.

Cuando llega a la maternidad, la madre generalmente es recibida en urgencias. Allí, una comadrona le pregunta qué día sale de cuentas, la frecuencia de las contracciones y si se trata del primer hijo. A continuación, rellena los trámites administrativos y, ya en una sala, hace una rápida exploración para confirmar que el parto efectivamente se ha desencadenado y comprobar si el bebé se presenta de cara o de nalgas.

El *reconocimiento médico*

La comadrona mide la altura del útero para comprobar el tamaño del futuro bebé. Mediante una palpación vaginal, evalúa la situación de la dilatación del cuello del útero. Toma la presión y la temperatura, pregunta el peso y manda analizar el nivel de azúcar y de albúmina de la orina. También puede efectuar la toma de una muestra de secreciones vaginales y solicitar unas pruebas de coagulación.

Unas verificaciones necesarias

Al final de este reconocimiento, se pueden dar varias situaciones.

• **Las contracciones no son «eficaces».** No tienen ningún efecto sobre la dilatación del cuello del útero. La madre tendrá que esperar varias horas en una sala «preparto» o en una habitación. Luego, o las contracciones se transforman y empiezan a desempeñar su papel o, por el contrario, se desvanecen. En este último caso, la madre volverá a casa, ya que el parto se iniciará unas horas o, incluso, unos días más tarde.

• **Ha roto aguas aunque las contracciones aún no han empezado.** Es obligatorio permanecer tumbada y bajo vigilancia médica, ya que la bolsa de las aguas ya no protege al niño de los gérmenes infecciosos. Para prevenir este riesgo, se afeita el vello que hay alrededor de la vulva y hay que ponerse compresas esterilizadas. También hay que controlar la temperatura de forma regular. Si las contracciones no se declaran espontáneamente en las horas siguientes, se provocarán artificialmente (*véase* más adelante).

• **Ha comenzado el trabajo de parto.** Por regla general, se puede esperar en una habitación de la maternidad. Allí podrá adoptar la posición que más le convenga (en cuclillas, sentada sobre una cama, con la espalda apoyada en unas almohadas) o caminar e incluso pasear por el exterior, salvo que ya haya roto aguas. No beba ni coma en previsión de que sea necesaria la anestesia.

Cuando el trabajo de parto ha empezado

En cuanto la comadrona comprueba que el trabajo de parto ha empezado, pide a la madre que se desnude y se ponga una simple bata y la acompaña a la sala de partos. Una vez allí, se coloca una perfusión en el antebrazo. La perfusión (que al menos se mantiene durante dos horas después del parto) es necesaria por varios motivos. Por un lado, garantiza con su aporte de agua una buena hidratación

---

Las personas que la atenderán

La comadrona: atiende a la madre y al bebé a lo largo de todo el parto y durante las horas que siguen al nacimiento. Muchas veces se encarga de los partos que se desarrollan normalmente, aunque debe llamar a un médico si surge un problema.

El obstetra o tocólogo: médico especialista en el parto, controla el buen desarrollo del mismo. A menudo interviene a petición de la comadrona. Es quien practica las cesáreas.

El anestesista: pone la epidural y controla sus efectos. En caso de urgencia, aplica una anestesia general.

El pediatra o neonatólogo: examina al bebé tras el nacimiento y se encarga de su vigilancia en las siguientes horas.

La enfermera: ayuda a la comadrona y al obstetra.

La auxiliar: ayuda a la comadrona y a la enfermera.

---

durante todo el parto. Además, permite tomar una muestra de sangre, indispensable si todavía no se ha hecho un análisis para la anestesia epidural. Por otro lado, también se usa para administrar suero fisiológico antes de practicar la epidural y evitar así las bajadas de presión arterial. Si tiene previsto que le pongan la epidural, dígalo en cuanto entre en la sala de partos. Si no está del todo segura, puede esperar a que el cuello del útero haya alcanzado varios centímetros de dilatación para decidirse. A veces, las contracciones se debilitan bajo los efectos de la epidural; la comadrona administrará entonces un producto (usado también en mayores dosis para provocar artificialmente el parto) que les devolverá la intensidad.

El *parto provocado*

Provocar el parto significa ponerlo en marcha de forma artificial, por razones médicas o de conveniencia personal (obligaciones profesionales, ausencia del padre, trayecto largo hasta la maternidad).

Antes de optar por este método, hay que analizar las posibilidades de éxito, ya que un fracaso desembocaría en una cesárea. El reconocimiento médico es primordial. El tacto vaginal, en especial, permite verificar la dilatación del cuello del útero, su longitud, su tono y su posición en la vagina.

Las indicaciones médicas

A veces resulta indispensable provocar el parto, en concreto cuando el embarazo ha sobrepasado las 41 semanas o cuando la madre tiene hipertensión arterial, diabetes o enfermedades crónicas.

También puede ser necesario en el caso de inmunización Rh, o de que el bebé tenga ya un peso demasiado alto y pueda seguir creciendo; o cuando la bolsa de las aguas se rompe prematuramente (después de la semana 35), en este caso para prevenir los riesgos de infección.

La mayor parte de los equipos médicos consideran que está contraindicado pro-

Durante el parto

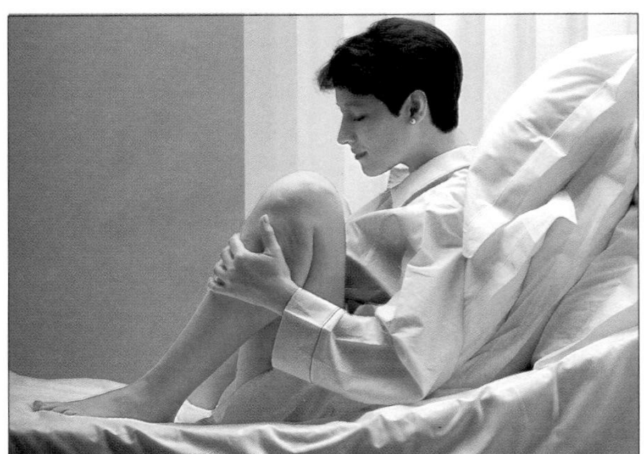

Durante la dilatación △
Antes de pasar a la sala de partos y cuando las contracciones ya han empezado, la mujer embarazada puede sentarse sobre los glúteos, con las piernas flexionadas y los muslos contra la pelvis. Esta posición es cómoda durante las primeras contracciones y puede a veces facilitar el encajamiento de la cabeza del bebé.

Durante el parto ▽
En la sala de partos, la mujer embarazada está tumbada sobre la espalda, con la cabeza apoyada en una almohada y las piernas sobre unos estribos. Suele disponer de unas barras transversales a cada lado de la cama para agarrarse y ayudarse en el momento de la expulsión.

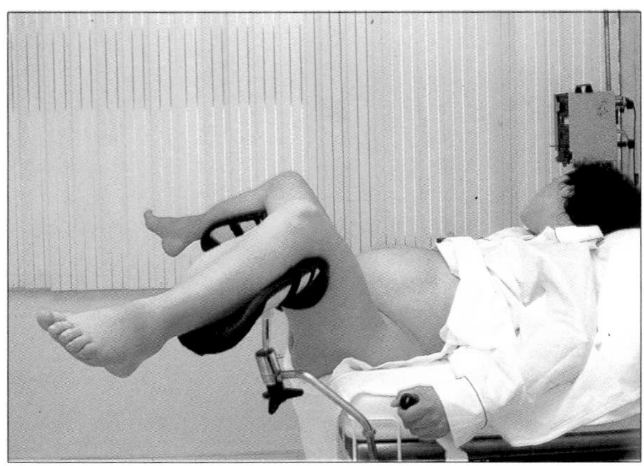

vocar un parto cuando el niño se presenta de nalgas; o cuando la madre ha sufrido una intervención quirúrgica del útero, como por ejemplo una cesárea o la extirpación de ciertos fibromas.

El desencadenamiento del parto
Las sustancias que se suministran por vía intravenosa en dosis crecientes hasta la obtención de contracciones eficaces reproducen el efecto de la hormona –la oxitocina– que provoca el parto de forma natural. Se les llama, por lo tanto, *oxitócicos*.

Otros productos, las prostaglandinas, empleadas localmente (en forma de óvulo vaginal), actúan al mismo tiempo sobre el útero (provocando contracciones) y sobre el cuello (que se dilata); pero a veces producen una tensión excesiva del útero y obligan a practicar una cesárea urgente.

La vigilancia monitorizada

Gracias a los avances de la electrónica, hoy en día los médicos pueden vigilar muy de cerca el estado del niño a lo largo de toda la duración del parto. Esta vigilancia se llama *monitorización*. Unos sensores puestos sobre el vientre de la madre y unidos a un aparato registrador permiten medir permanentemente las contracciones del útero de la madre y los ruidos del corazón del niño.

Normalmente, el ritmo cardíaco del feto es de 120 a 160 latidos por minuto. Este ritmo varía constantemente durante el parto. Cuando los latidos se frenan exageradamente durante las contracciones, sin volver a un ritmo satisfactorio cuando paran, significa que el feto puede padecer un sufrimiento y que puede ser necesario sacarlo con fórceps o recurrir a una cesárea.

En lo que respecta a la madre, su presión arterial también se mide regularmente a lo largo del parto para prevenir un posible desmayo y detectar la hipertensión. La temperatura se vigila muy de cerca. Cada hora, una comadrona o el médico realizan un tacto vaginal para apreciar el estadio de dilatación del cuello del útero y la progresión de la cabeza del bebé a través de la pelvis.

El papel del padre

Si la acompaña, el padre puede desempeñar un papel muy útil durante el parto: ayudará en los esfuerzos por respirar tal y como pide la comadrona, refrescará la cara, secará el sudor, dará masajes en el vientre, aguantará la espalda, hablará a la madre...

Naturalmente, todos estos actos tienen un alcance ante todo psicológico, pero ¿no es acaso muy importante esta faceta? Para muchas mujeres, la simple presencia del padre reconforta y anima mucho por sí misma.

Además, los padres suelen querer asistir al nacimiento de sus hijos. A veces se les pide que corten el cordón umbilical o que bañen por primera vez al recién nacido. Tanto para el hombre como para la mujer, el nacimiento de un hijo es un acontecimiento lleno de intensa emoción. Compartir este momento es para algunos padres una etapa importante de su relación de pareja. Aunque cada cual debe decidir libremente (*véase* pág. 94).

Las transfusiones sanguíneas

La madre suele perder entre medio litro y un litro de sangre durante el parto. Hoy en día sólo se recurre a las transfusiones sanguíneas en circunstancias excepcionales, como una hemorragia grave que ponga en peligro la vida de la madre. Este tipo de hemorragias no son frecuentes pero resultan muy peligrosas, ya que se pierden varios litros de sangre y requieren una transfusión en el menor espacio de tiempo.

¿Qué es la autotransfusión?
Quizá le hayan sacado en las últimas semanas del embarazo una o dos unidades de sangre para poder hacer una transfusión de su propia sangre en caso de que haya problemas. Si se produce una eventual hemorragia, esas dos unidades serán insuficientes y será necesario recurrir a sangre de donante. Por el contrario, se podrán usar si se siente cansada después de unas pérdidas moderadas. Sin embargo, la eficacia de estas transfusiones «revigorizantes» no está demostrada. Generalmente, al final del embarazo se suele recetar un tratamiento a base de hierro para que el organismo fabrique nuevos glóbulos rojos al cabo de unos días.

¿Son seguras las transfusiones?
Se estima que una de cada 300 000 bolsas de sangre puede estar contaminada. Por lo tanto, el riesgo en caso de transfusión existe, aunque es ínfimo. La selección de los donantes y la detección del virus de la hepatitis B y del sida son sistemáticos, por lo que el riesgo de transmisión de estas dos graves afecciones es, hoy en día, prácticamente inexistente.

El desarrollo del parto

Traer al mundo a un bebé es, por descontado, un fenómeno natural. Sin embargo, se consigue gracias a los esfuerzos de la madre, que luego permitirán la expulsión del niño.

Para que un niño pueda nacer por vía natural, se requieren tres condiciones: la aparición de contracciones uterinas eficaces, la dilatación del cuello uterino y la progresión de la cabeza del feto a través de la pelvis de la madre. Las contracciones, que empiezan mientras la madre está en casa, provocan poco a poco un acortamiento del cuello del útero, que luego se borra y se dilata, abriéndose como un cuello alto que se convierte en un cuello redondo para dejar pasar al bebé a través de la pelvis. Cuando el parto está avanzado, la madre se encuentra ya en la sala de partos vigilada por la comadrona; se le coloca una perfusión en el antebrazo y se controla mediante monitorización tanto a ella como al bebé. Cuando el cuello del útero alcanza una dilatación completa, lo que puede durar

La progresión del bebé

El parto se desarrolla por etapas: primero, aparecen las contracciones (desencadenan el parto propiamente dicho); luego, la dilatación y el borramiento del cuello del útero. Al principio del parto, el cuello está cerrado; poco a poco, se va borrando y se abre. Una vez abierto, el bebé podrá descender por la pelvis: la cabeza se adapta a la pelvis. La expulsión es la última fase del parto, en la que el bebé aparece, y se inicia con la liberación de la cabeza.

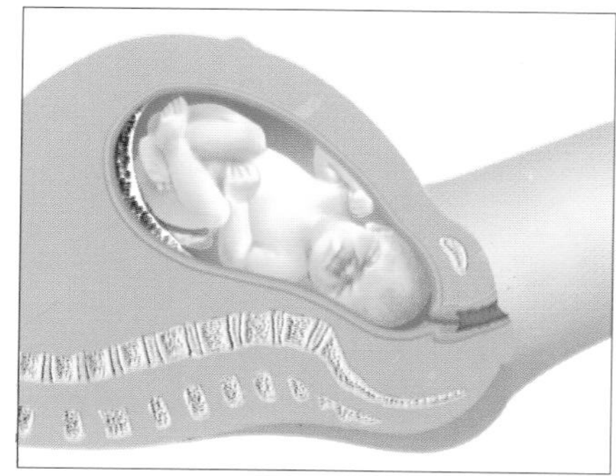

El *encajamiento* △ *de la cabeza*
El paso de la pelvis ósea, llamada también estrecho superior, es exiguo, pero el bebé debe adaptarse a la situación. Busca la posición más favorable para penetrar en la pelvis; es decir, poniendo por delante la parte superior y posterior del cráneo. Para presentarse así, flexiona la cabeza al máximo, apoyando el mentón sobre el pecho.

El *descenso* ▽ *y la rotación*
El descenso se produce en cuanto la cabeza está encajada. Bajo el efecto de las contracciones, la cabeza avanza hacia abajo y rota un cuarto de vuelta. La mayoría de las veces, la cabeza avanza en posición oblicua a través de la pelvis y, luego, gira para salir en posición vertical.

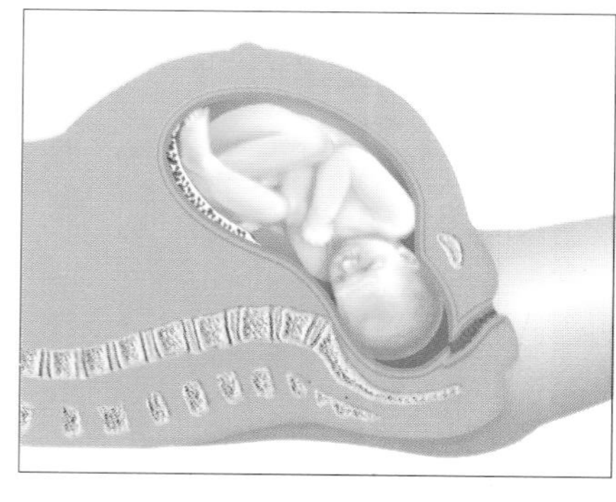

varias horas, puede empezar la fase de expulsión. Mucho más corta, raras veces sobrepasa los veinte o treinta minutos en un primer parto. Es en esta fase del parto cuando verdaderamente hay que efectuar un esfuerzo y empujar.

La dilatación del cuello del útero

Durante los ocho meses que preceden al parto, el cuello del útero, situado en la parte superior de la vagina, tiene una longitud de unos 3 cm. El orificio externo (del lado de la vagina) está cerrado, al igual que el orificio interno (que da al útero). Bajo el efecto de las contracciones, el cuello del útero se acorta y luego se inicia su dilatación. La mayoría de las veces, las contracciones provocan la ruptura natural de la bolsa de las aguas. Después de romper aguas, la cabeza del niño ejerce un presión directa y fuerte sobre el cuello del útero (por eso muchas veces el bebé presenta un pequeño hematoma subcutáneo que no reviste ninguna gravedad).

La duración del parto varía según el tiempo necesario para la dilatación del cuello del útero. Este proceso de dilatación depende, asimismo, de tres factores: la naturaleza de las contracciones –que son más o menos eficaces–, la altura a la que está la cabeza del bebé dentro del útero y, finalmente, el número de partos anteriores.

Se suele considerar que durante un primer parto el cuello debe dilatarse a razón de 1 cm por hora y, para los partos posteriores, a un ritmo de 2 cm por hora. La dilatación es completa cuando el cuello alcanza una abertura de 10 cm.

La expulsión

Al principio de la fase de expulsión, la madre suele estar tumbada, con las piernas separadas y los pies colocados sobre unos estribos que hay en el extremo de la mesa de partos. Las contracciones son

La cabeza del bebé

La cabeza es la parte del cuerpo del feto más voluminosa. Pero los distintos huesos que la componen todavía no están soldados entre sí. Están separados por bandas de tejido cartilaginoso: las fontanelas. Hay dos fontanelas, la fontanela posterior y la fontanela anterior, que sirven de referencia para determinar la posición de la cabeza del niño en la pelvis durante el parto.

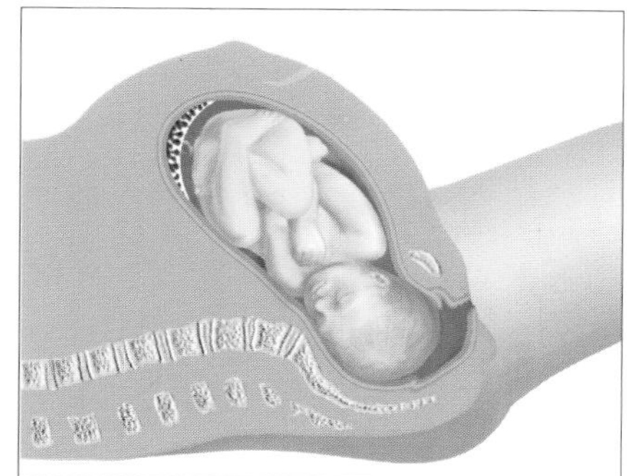

La deflexión △ de la cabeza
La cabeza toma como punto de apoyo el pubis, y la presión sobre los músculos del perineo, que separan la vagina del ano, suscita el deseo de empujar. Esta región del perineo se relaja gracias a su gran elasticidad.
La cabeza ha descendido hasta la vulva y se endereza (se dice que deflexiona). La vulva se abre bajo la presión de la cabeza. Aparece la parte superior del cráneo: el occipucio.

La salida ▽ de la cabeza
La cabeza sale: primero el occipucio, luego la frente, la nariz, la boca y, finalmente, el mentón.
La liberación de la cabeza se consigue por los esfuerzos de expulsión de la madre. El tocólogo controla su avance para evitar un desgarro. Luego, el tocólogo o la comadrona colaborarán en la liberación total de la cabeza y de los hombros; el resto del cuerpo sale sin ninguna dificultad.

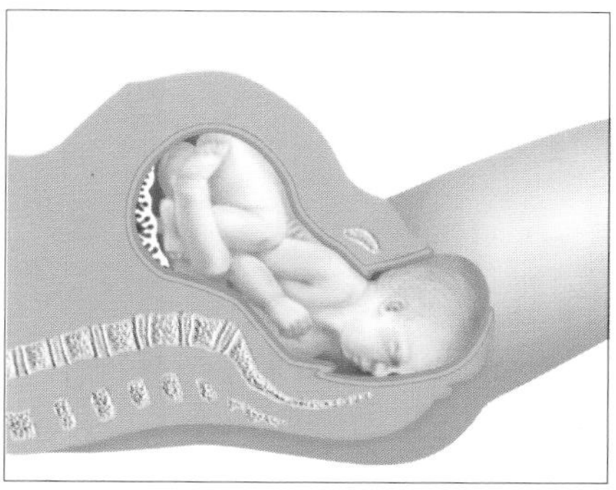

más largas y se suceden a un ritmo cada vez más rápido. Se afeita parcialmente la parte circundante de la vulva y, si no se ha orinado espontáneamente, se vacía la vejiga con ayuda de una sonda. El nacimiento está cercano. Hay que escuchar con atención las instrucciones del obstetra o de la comadrona para no cansarse inútilmente y esperar a que la dilatación sea total para empezar a empujar.

A fin de conseguir la máxima eficacia, los esfuerzos a la hora de empujar deben realizarse durante las contracciones. En cada contracción, inspire profundamente, bloquee la respiración y empuje como cuando hace sus necesidades. Los pulmones, llenos de aire, inmovilizan el diafragma contra el útero, mientras que se contraen con fuerza los abdominales sin contraer el perineo. Al coger las asas que sostienen los estribos, se puede levantar los hombros, curvar la espalda y empujar con mayor facilidad para expulsar al bebé. Hay que empujar durante el mayor tiempo posible para que el niño pueda avanzar sin tener problemas. La comadrona le pedirá que empuje dos o tres veces en cada contracción y que descanse entre una y otra. Cuando la cabeza del bebé salga de la vulva, la comadrona le pedirá que, en ese momento, deje de empujar y se relaje, para que la cabeza pueda salir poco a poco. Quizá vuelva a exigirle un nuevo esfuerzo para liberar los hombros y, luego, el resto del cuerpo saldrá sin problemas.

La episiotomía

A veces es necesario intervenir para que los músculos del perineo de la madre no se desgarren cuando la cabeza del bebé sale por la vulva: el médico practica entonces una episiotomía. Se trata de una pequeña incisión en el perineo para evitar un desgarro que podría prolongarse hasta el ano. La incisión puede ser oblicua (de debajo de la vulva hacia una de las nalgas) o vertical (de debajo de la vulva hacia el ano), cuando la distancia que separa la vulva del ano es suficiente; la incisión vertical presenta la ventaja de

La venida al mundo

Cuando el cuello del útero se ha abierto bajo los efectos de las contracciones, el niño empieza a salir del útero, con la cabeza por delante. Progresando por etapas, siempre con la ayuda de las contracciones, el niño atraviesa la pelvis. Por un momento se ha topado con los músculos que separan la vagina del recto, lo que produce necesidad de empujar en su madre. Los músculos sobre los que se apoyaba la cabeza del niño se han distendido y la cabeza hace que se dilaten, para que se relaje el perineo y la vulva. En ese momento se puede practicar una eventual episiotomía para aumentar el diámetro de la vagina y evitar un desgarro.

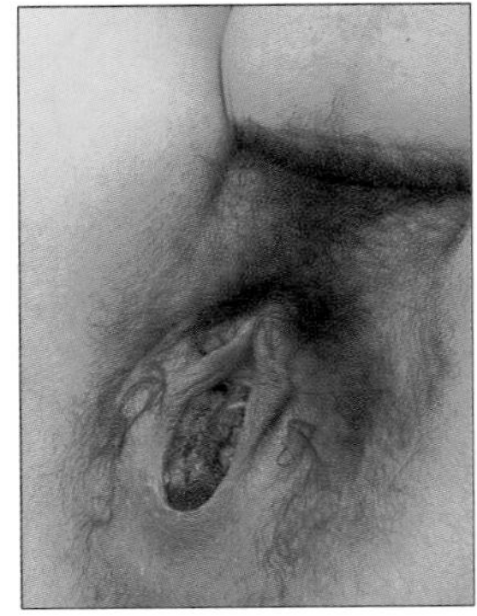

Aparece la cabeza △
La vagina se dilata, la cabeza del bebé aparece por la abertura de la vulva.

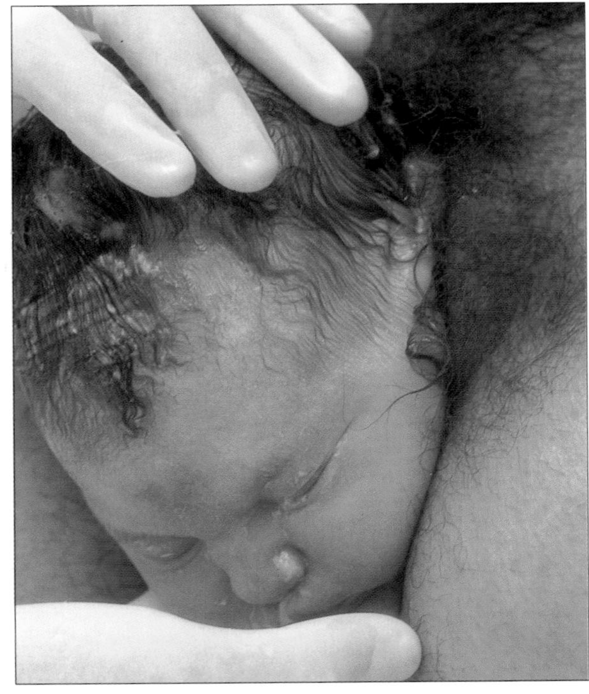

La cabeza sale ▷
Finalmente, con la cabeza por delante y la cara girada hacia abajo, el niño sale del cuerpo de su madre.

que es más fácil de suturar y menos dolorosa durante los días siguientes al parto, aunque es más arriesgada por la proximidad del esfínter anal.

Esta intervención se realiza durante la fase de expulsión, en un momento en que la madre empuja, y la mayor parte de las veces la madre no lo nota. Se practica cuando el perineo se encuentra demasiado tenso o es demasiado débil, o cuando la cabeza del bebé es demasiado grande con respecto al tamaño de la vulva. Es imprescindible si se va a recurrir a los fórceps o si el ritmo cardíaco del bebé se frena y es necesario facilitar y acelerar el nacimiento. La incisión tiene la ventaja adicional de prevenir posibles problemas de incontinencia urinaria y descenso de órganos por culpa del parto.

Instrumentos para facilitar la extracción

Si la madre se siente agotada o el niño debe nacer sin demora alguna, el obstetra puede facilitar la salida del bebé mediante varios instrumentos (usados en un 15% de los partos): ventosa, espátulas o fórceps.

• **La ventosa.** Se trata de un instrumento de material flexible que se coloca en la parte alta del cráneo del bebé para guiarlo durante su paso por la pelvis. Se tira suavemente de la ventosa durante la contracción.

• **Las espátulas.** Están formadas por dos brazos no articulados que también permiten dirigir la cabeza del bebé a través de la pelvis.

• **Los fórceps.** Constituidos por dos brazos articulados en forma de cuchara, son los instrumentos más utilizados. La cabeza del bebé queda cogida de cada lado por uno de los brazos y, durante las contracciones y los esfuerzos, sirven para guiar la cabeza del feto por la pelvis, bajarla y sacarla.

Aunque los fórceps se usaron durante mucho tiempo para «ir a buscar» la cabeza del bebé mientras estaba muy alta en la pelvis, hoy en día ya no se admite esta práctica. Sólo se recurre a los fórceps cuando la cabeza del bebé ya ha

Cuidados preventivos

Al salir del vientre de su madre, el bebé tiene un color violáceo y está muchas veces recubierto de una película grasosa blanca y de sangre. En ocasiones, si el bebé ha hecho sus primeras necesidades durante el parto, está embadurnado de un líquido verdoso y espeso (el líquido meconial). Para que no lo inhale y evitar que se propague por los pulmones, la comadrona lo lleva de inmediato al área de cuidados para limpiarlo. Es una medida preventiva, después de la cual la madre vuelve a tener a su hijo enseguida.

El bebé ha nacido ▷
El niño ha salido del cuerpo de la madre, liberado suavemente por las manos expertas del médico o de la comadrona, que coloca con cuidado el bebé sobre el vientre materno antes de limpiarlo. Luego, una vez se ha cortado el cordón umbilical y se ha aseado al niño, la madre podrá cogerlo en sus brazos y descubrirlo.

bajado. En caso contrario, se optará por una cesárea. En un parto con fórceps, la episiotomía es sistemática para evitar los desgarros del perineo. También se requiere anestesia local o total, excepto si la madre está ya bajo los efectos de la epidural. Los fórceps pueden dejar ciertos rastros o marcas en las sienes, las mejillas o el cráneo del bebé, pero desaparecerán dos o tres días después. No son los responsables de la frecuente y típica deformación del cráneo del bebé producida por un modelado particular de la cabeza cuando atraviesa la estrecha pelvis.

El *alumbramiento*

Después de la salida del bebé, llega la calma a la madre y conoce al hijo que tanto deseaba. Pero las contracciones uterinas persisten durante algún tiempo. Tienen por objetivo, entre veinte y treinta minutos más tarde, despegar la placenta: es el alumbramiento. Esta última fase del parto suele ser indolora.

El niño ha nacido

Su bebé ha nacido por fin. Lo oye gritar. Generalmente la comadrona lo pondrá sobre el vientre de la madre. No se sorprenda del color ligeramente violáceo ni del tacto un poco extraño de su piel: sin duda está recubierto de una película blanquecina (vérnix caseosa) o de sangre. En el cordón umbilical, que quizá usted misma corte, a no ser que sea la comadrona –o el padre si está presente en el parto– quien se encargue de hacerlo, se colocan dos pinzas.

En algunas ocasiones, cuando el niño ha hecho sus primeras necesidades dentro del útero, son necesarios algunos cuidados especiales justo después del nacimiento para que no inhale ese líquido meconial.

El alumbramiento artificial

La comadrona o el médico presionan con suavidad el útero a través del abdomen para poder verificar si la placenta se ha despegado bajo el efecto de las últimas contracciones. Si el alumbramiento no es espontáneo, el obstetra retirará personalmente la placenta metiendo la mano dentro del útero. Esta intervención requiere anestesia. Si ya se ha aplicado la epidural, el médico podrá actuar directamente. En caso contrario, es necesaria la anestesia general.

Cuando una mujer pierde demasiada sangre después del parto, se habla de una hemorragia de alumbramiento (que no tiene nada que ver con las pequeñas pérdidas de sangre bastante habituales después de la expulsión). Una vez más, el único medio de detener la hemorragia será extrayendo artificialmente la placenta y, en consecuencia, se debe estar bajo anestesia.

La revisión del útero

Cuando sale la placenta, el equipo médico la examina cuidadosamente. Hay que controlar que haya sido expulsada por completo y que no haya quedado ningún resto en el útero. En caso de que exista la menor duda, el médico introducirá la mano en el útero para asegurarse de que está completamente vacío. Aprovechará para comprobar igualmente la ausencia de posibles anomalías uterinas. Este reconocimiento, llamado revisión uterina, también se hace para examinar el estado de las cicatrices del útero después de un parto que se ha efectuado mediante cesárea.

Si se ha practicado una episiotomía, se sutura la herida cuando ha acabado el alumbramiento. Normalmente, la comadrona aprovecha esta última fase del parto para dedicar al bebé los primeros cuidados, eventualmente en presencia del padre (*véase* pág. 137)

Después del parto, la madre permanecerá todavía alrededor de unas dos horas aproximadamente estirada en la sala de partos, probablemente con su hijo al lado, y en compañía del padre si en esos momentos está presente. La comadrona o la enfermera vendrán con regularidad para controlar la tensión arterial, la temperatura y la evolución de las pérdidas de sangre, que deben ser mínimas. Finalmente, después de un aseo local, la llevarán a su habitación. Si le han aplicado anestesia general, cuando despierte tendrá la oportunidad también de conocer al niño.

Las consecuencias de la episiotomía

Los tejidos cortados (vagina, músculo y piel del perineo) se suturan después del alumbramiento, es decir, la expulsión de la placenta, con anestesia local, salvo que se esté bajo los efectos de la epidural. La vagina y los músculos perineales se cosen con hilos que se reabsorben espontáneamente. A veces, para la piel se usan hilos no reabsorbibles que hay que quitar tras cuatro o cinco días. Una buena higiene (aseo con agua y jabón durante una semana cada vez que se orina) permite una cicatrización sana y rápida. Para que la herida no esté humedecida, durante varios días se puede secar suavemente con un secador de pelo (*véase* pág. 151).

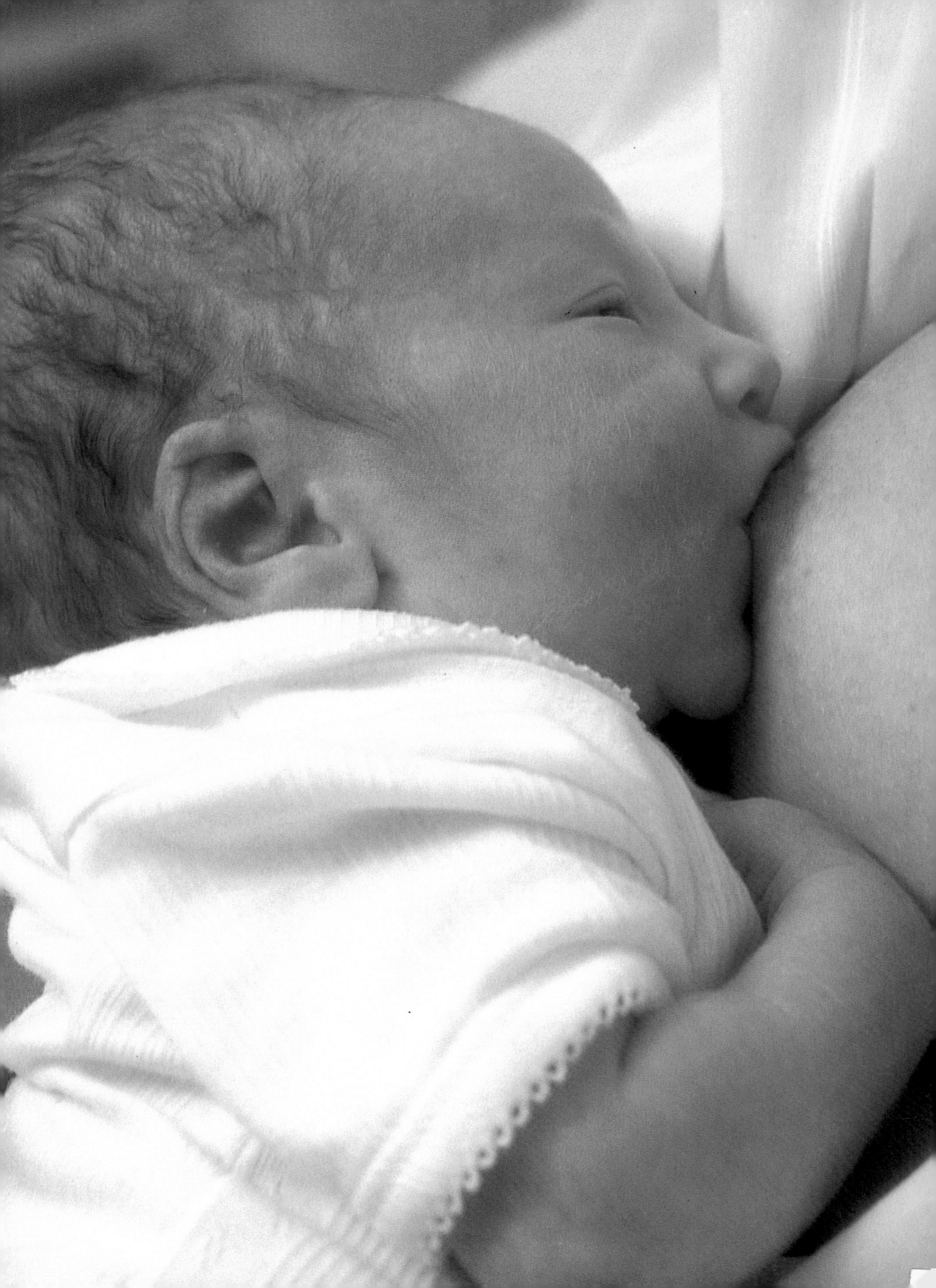

La anestesia durante el parto

Para aliviar a la madre, al igual que para realizar algunas intervenciones a veces necesarias, hoy en día es habitual recurrir a métodos que calman e incluso suprimen el dolor.

La epidural y usted

Antes del parto
Se pasa una consulta preanestésica al final del embarazo o antes de entrar en la sala de parto: reconocimiento médico del anestesista y análisis de sangre.
Durante el parto
La epidural puede aplicarse en diversos momentos: a menudo se pone cuando se alcanzan de 2 a 6 cm de dilatación. El anestesista administra una dosis de prueba: entonces se debe permanecer acostada sobre la espalda durante unos diez minutos. Las piernas empiezan a hacerse pesadas y poco a poco las contracciones se vuelven indoloras. El efecto total del analgésico se alcanza al cabo de unos 20 minutos y dura varias horas. En caso necesario, se puede inyectar más anestesia.
Después del parto
Quizá sienta una ligera molestia, generalmente pasajera, en la zona donde ha penetrado la aguja. También puede tener algo de dolor de cabeza, que desaparecerá con un tratamiento adecuado.

Las contracciones uterinas y la expulsión del bebé son los dos fenómenos dolorosos del parto. Cada mujer siente este dolor de manera distinta. Para un 20%, es casi inexistente; para otras, está presente pero es soportable; mientras que para muchas (casi el 50%) es violento e intolerable. En consecuencia, se ha vuelto habitual en la mayoría de las maternidades recurrir a diferentes técnicas de anestesia. Los métodos de anestesia propiamente dicha implican una insensibilidad completa, mientras que los métodos analgésicos sólo atenúan las sensaciones dolorosas sin hacer desaparecer la percepción de las contracciones. Estas técnicas han demostrado ampliamente su eficacia, pero no impiden que sea necesaria una buena preparación física y psicológica previa (*véase* pág. 95).

La epidural

La epidural, también denominada peridural, presenta varias ventajas. Insensibiliza solamente la parte inferior del cuerpo y permite vivir plenamente el parto porque la madre permanece despierta. Tampoco duerme al niño. Por otra parte, facilita los tactos vaginales, la episiotomía o la utilización de fórceps. En muchos casos evita la anestesia general.

A veces, la epidural no surte efecto (1% de los casos) o sólo actúa sobre un lado del cuerpo (10% de los casos). Suele tener que aplicarse una segunda inyección cuando la primera no ha funcionado. La epidural está contraindicada si se padecen ciertas enfermedades neurológicas, problemas de la coagulación de la sangre o, sencillamente, una infección cutánea en la zona donde se aplica la inyección. En ocasiones, no se puede usar la epidural a causa de una anomalía en la posición de las vértebras. Para determinar las posibles contraindicaciones, se pasa consulta con el anestesista antes del parto.

Otros métodos

Aunque la epidural es la técnica más conocida de las que se usan hoy en día, no es ni mucho menos la única. Al margen de los deseos de la madre, la elección depende, sobre todo, del objetivo médico que se persigue y de las posibilidades que ofrece cada maternidad.

La anestesia raquídea

Se aplica una inyección en el mismo lugar que para una epidural, pero la aguja sobrepasa el espacio epidural y llega hasta el líquido cefalorraquídeo, en el que se inyectan los analgésicos. Este método es rápido (y a menudo se usa para una cesárea); sin embargo, no permite dejar el catéter en su sitio y prolongar la anestesia mediante la reinyección de los productos.

La anestesia de los nervios perineales

Unas inyecciones en la región de la episiotomía permiten aplicar anestésicos en los nervios del perineo. Esta anestesia local no actúa sobre los dolores de las contracciones, sino que disminuye los que se sienten en el momento de la expulsión y facilita la aplicación de fórceps. Puede practicarla el obstetra y no requiere la presencia de un anestesista.

La anestesia por inhalación
Este método consiste en inhalar a través de una mascarilla una mezcla de protóxido de nitrógeno y oxígeno. Se debe inhalar durante unos treinta segundos antes de la contracción (ya que la insensibilización no es instantánea), y volver a inhalar al ritmo de las contracciones, según las necesidades. En la actualidad esta técnica se emplea especialmente para las mujeres que no pueden recibir la epidural o mientras se espera la anestesia.

La acupuntura
Para la acupuntura, el dolor es el resultado de un desequilibrio entre dos energías, el yin y el yang (*véase* pág. 104). Estas energías invisibles siguen unos trayectos a lo largo de los que se sitúan unos puntos que tienen un papel muy determinado. Al insertar finas agujas en esos puntos, se pretende corregir el bloqueo de las energías responsables del dolor. Un especialista introduce en el antebrazo de ocho a diez agujas. La colocación de las agujas, que es indolora, dura unos veinte minutos.

La anestesia general
A veces indicada en caso de cesárea o de uso de fórceps, la anestesia general también se practica cuando hay una urgencia, ya que su efecto es inmediato. También puede tratarse de una elección personal, por ejemplo si la maternidad no puede ofrecer un servicio de epidural las 24 horas del día. La anestesia general implica una pérdida de conciencia pero no impide las contracciones. Con una duración media de una hora, puede prolongarse sin riesgos ya que los productos no son tóxicos ni para la madre ni para el hijo. Su principal inconveniente es que separa a la madre de su bebé durante las primeras horas y provoca un despertar más o menos difícil.

La epidural

La epidural es un método anestésico que permite eliminar el dolor. Se trata de una anestesia local que insensibiliza la parte inferior del cuerpo. Gracias a esta técnica, la mujer percibe claramente las sensaciones táctiles del parto (nota el avance de la cabeza del bebé a través de la pelvis) sin sufrir dolor.

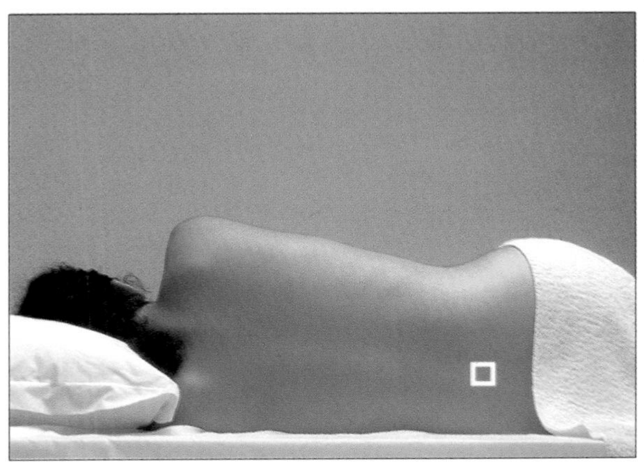

◁ ***La posición***
Sentada con la espalda curvada o acostada sobre el lado izquierdo con las piernas recogidas hacia el vientre. De esta forma, la madre está en posición para que le administren la epidural.

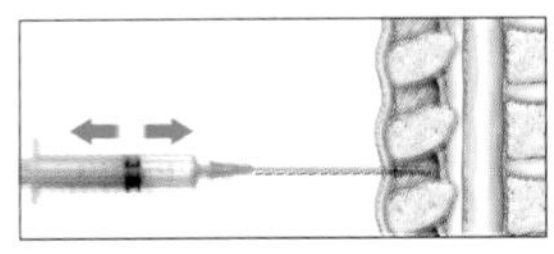

◁ ***El proceso***
La inyección del producto analgésico se efectúa entre la 3.ª y la 5.º vértebra lumbar, en el espacio llamado epidural, es decir, el espacio que hay alrededor de la membrana que envuelve la médula espinal; pero sin llegar hasta la propia médula, por lo que se excluye cualquier riesgo de parálisis. Luego, en el lugar de la aguja se implanta un pequeño tubo de plástico muy fino (catéter) que permite reinyectar más anestesia en cualquier momento.

Los casos particulares

Cuando el niño no se presenta de cabeza, sino de nalgas, de cara o incluso de forma transversal, o si se trata de gemelos, el parto exige ciertas precauciones y a veces es necesario practicar una cesárea.

DAR LA VUELTA AL BEBÉ ANTES DEL NACIMIENTO

Al final del 8.º mes del embarazo, algunos equipos médicos proponen girar al bebé que se presenta de nalgas mediante una maniobra externa para que pueda nacer con la cabeza por delante. La futura madre, a la que se administra alguna sustancia para relajar el útero, se tumba sobre una camilla; palpando el vientre con las manos, el médico manipula al bebé a través de la pared del abdomen para intentar moverlo. Sin embargo, esta maniobra, que generalmente se efectúa bajo control ecográfico, no siempre tiene éxito ni siempre es posible. A veces, está incluso contraindicada, en especial cuando el feto parece frágil, es muy grande o está muy bajo, cuando la cantidad de líquido amniótico es escasa, o si la madre tiene una malformación del útero.

En el 7.º mes, la mayoría de los bebés tienen la cabeza –la parte más voluminosa del cuerpo– en el fondo del útero, que es más amplio. Pero a medida que la cabeza aumenta de peso, el niño gira en el interior del útero hasta quedar con la cabeza hacia abajo. En general, adopta esta posición en el 8.º mes: es la posición que tendrá el día del parto. Sin embargo, algunos bebés no dan esa vuelta y, en el momento de nacer, están en diversas posiciones que influyen en cómo podrá desarrollarse el parto. Sólo la presentación transversal es incompatible con el paso por la vía natural. Las llamadas de cara o de nalgas, por el contrario, no implican a priori una cesárea; al igual que el nacimiento de gemelos.

La presentación de nalgas

El niño está sentado con las piernas cruzadas «sobre» la pelvis de la madre y los pies se presentan en primer lugar (lo que se llama presentación podálica completa), o está como doblado en dos, con las nalgas abajo, las piernas elevadas, estiradas a lo largo del tronco, y los pies delante de la cara (presentación podálica incompleta). Esta presentación de nalgas, que se da en cerca de un 3% de los nacimientos, exige ciertas precauciones, tanto antes como durante el desarrollo del parto.

Antes del parto, hay que medir el diámetro de la pelvis de la madre mediante una radiografía (radiopelvimetría) que generalmente se recomienda en el tercer trimestre del embarazo. Si la cabeza del feto (que se puede medir con una ecografía) es demasiado voluminosa con respecto al tamaño de la pelvis, se prevé enseguida una cesárea. Hay que evitar que el bebé se presente de nalgas y que, luego, la cabeza quede aprisionada en la pelvis, lo que podría acarrear graves secuelas neurológicas. Por otra parte, para que el parto por vía natural sea posible, la dilatación del cuello del útero debe ser espontánea, regular y suficientemente rápida. El niño baja y empieza a salir por las nalgas. Salen luego los pies y los hombros. Finalmente, la madre empuja para que salga la cabeza. Para que la madre no sufra, se practica sistemáticamente una episiotomía preventiva mientras empuja.

La presentación de hombro

Se habla de presentación «de hombro» cuando el feto está tumbado (sobre la espalda o el vientre) horizontalmente en el útero de la madre. Esta presentación –también llamada transversal– impide que el bebé siga el camino normal para bajar por la pelvis. Obliga necesariamente a una cesárea, a menos que el tocólogo pueda modificarla antes del inicio del trabajo. A veces, se consigue colocar al bebé con la cabeza hacia abajo mediante una maniobra externa (*véase* al margen).

La presentación de cara

Se dice que el niño se presenta de cara cuando la cabeza está hacia atrás y el mentón apunta hacia delante: la boca y la nariz se sitúan entonces en el centro de la pelvis. En este caso, es necesario que el mentón se fije bajo el pubis y gire a su alrededor para que la cabeza pueda introducirse por el canal vaginal.

Los niños que nacen así suelen presentar casi siempre un hematoma en los labios, que no reviste gravedad y se reabsorbe a los pocos días. El parto clásico por vía natural es, por lo tanto, factible, pero suele resultar más difícil y puede ser necesario recurrir al fórceps.

Esta presentación es, sin embargo, excepcional: afecta a un bebé de cada mil. Hay que distinguirla de la presentación de frente, que siempre requiere una cesárea.

El caso de los gemelos

Para decidir si el parto de gemelos puede realizarse por vía natural, sin peligro para la madre ni para los bebés, hay que considerar varios elementos. Por un lado, el útero de la madre no debe tener cicatrices (*véase* pág. 47) y la pelvis debe tener unas dimensiones y una forma compatibles con el paso de los bebés. Por otro lado, la posición de los bebés, sobre todo la del que está más bajo en el útero y será el primero en salir, es determinante.

Si el primer gemelo se presenta de nalgas o en posición transversal, muchas veces se optará por la cesárea. Cuando se presenta de cabeza, en cambio, es posible el parto natural. Sólo cabe extremar la vigilancia: hay que controlar el ritmo cardíaco de los dos bebés con dos aparatos o con un solo aparato que tenga dos sensores.

Una vez ha nacido el primer bebé, el médico examina cómo se presenta el otro. En algún caso, puede colocarlo cabeza abajo mediante una maniobra externa. En otras ocasiones, el médico realiza una maniobra de rotación en el interior del útero para que el segundo gemelo nazca de nalgas. Cuando el primer gemelo ha nacido por vía natural, es muy raro que se necesite una cesárea para el segundo.

Las otras presentaciones

Hacia el 7.º o el 8.º mes de embarazo, el feto adopta, por regla general, la posición definitiva que tendrá en el útero cuando nazca: la parte superior del cráneo hacia abajo y las nalgas hacia arriba. A veces, adopta posiciones menos habituales y se presenta de nalgas, de hombro o de cara. En esta última presentación, muy excepcional, el niño tiene la cabeza echada hacia atrás.

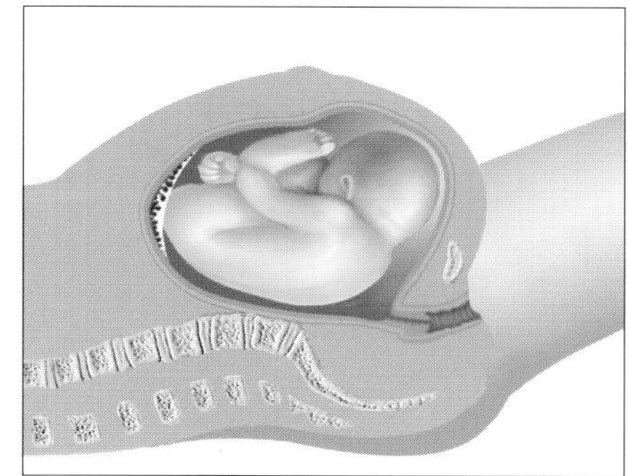

De hombro △
El niño está tumbado sobre la espalda o el vientre, situado transversalmente en el útero: la cabeza no está ni arriba ni abajo, sino hacia un lado. Se trata de una presentación «de hombro», llamada también transversal. El paso por vía natural es peligroso. En la mayoría de los casos, se practicará una cesárea, salvo si el médico consigue desplazar al niño mediante una maniobra externa.

De nalgas ▽
El niño se presenta con las nalgas hacia abajo. Existen dos variantes de tal presentación. En un tercio de los casos, el bebé está sentado con las piernas cruzadas: es lo que se llama presentación podálica completa. En otros casos, el bebé tiene las nalgas abajo y las piernas extendidas hacia arriba: es lo que se conoce como presentación podálica incompleta.

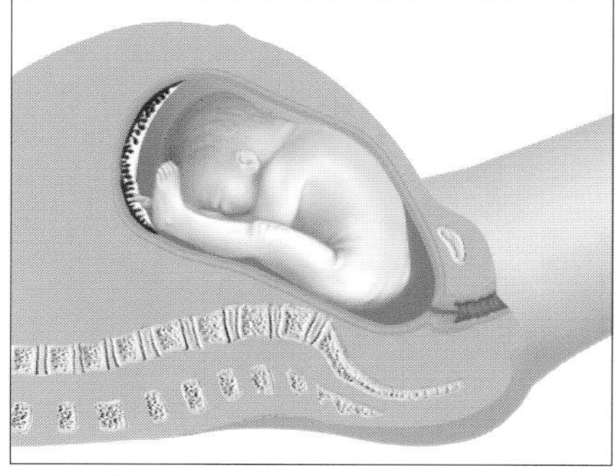

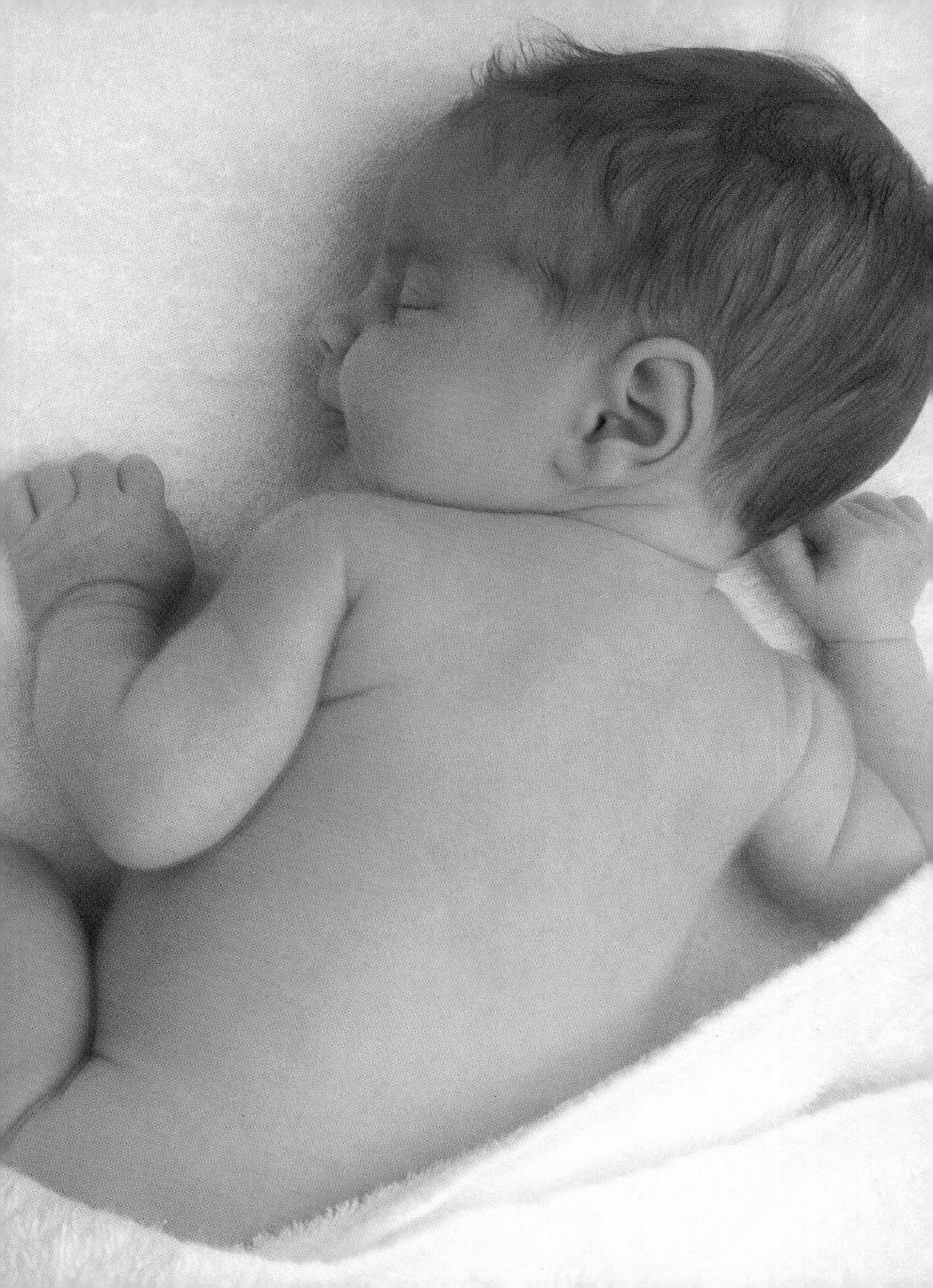

La cesárea

La cesárea es una intervención quirúrgica que se practica bajo anestesia epidural o general y consiste en hacer nacer un niño abriendo el abdomen y, después, el útero de la madre.

Salvo cuando es necesario programarla con antelación, una cesárea puede resultar indispensable en el último momento, durante el mismo parto. Uno de los casos más habituales se da cuando la dilatación del cuello del útero tarda mucho y el feto puede sufrir; sufrimiento que se detecta por las importantes variaciones del ritmo cardíaco registrado en la monitorización. La intervención es también necesaria si la cabeza del bebé es demasiado grande para la pelvis de la madre (aunque el cuello del útero esté totalmente dilatado y las contracciones sean eficaces). Esta eventualidad no suele ser previsible con toda certeza en el último mes de embarazo, a pesar de las ecografías y las radiografías.

La cesárea programada

En los casos siguientes, la necesidad de una cesárea se puede prever durante el 8.º o 9.º mes de embarazo:

• Cuando la cabeza del bebé (que se puede medir mediante ecografía) es mayor que la pelvis de la madre (que se puede medir con una radiopelvimetría).

• Cuando el útero, debido a la extirpación de ciertos fibromas, ya tiene una cicatriz que podría abrirse bajo los efectos de las contracciones.

• Cuando el niño se presenta de forma transversal o de nalgas; no obstante, en este último caso, la cesárea no es sistemática (*véase* pág. 130).

• Cuando se trata de un embarazo múltiple (trillizos o cuatrillizos). En caso de gemelos (*véase* pág. 131), la cesárea también puede ser obligatoria si el gemelo que va a nacer primero se presenta en la posición de nalgas o si el útero tiene una cicatriz.

• Cuando el feto tiene un retraso considerable en su crecimiento y parece demasiado frágil para nacer por vía natural.

• Cuando la placenta impide que la cabeza del bebé avance a través de la pelvis. En estos casos de *placenta previa* (*véase* pág. 56), el riesgo de hemorragia para la madre induce también a practicar sistemáticamente una cesárea.

• Cuando la madre tiene brotes de herpes al final del embarazo (*véase* pág. 57), ya que hay que evitar que el bebé entre en contacto con los órganos genitales infectados de la madre.

• En caso de existir alguna contraindicación para los esfuerzos del parto: hipertensión arterial, enfermedad cardíaca, ciertos defectos oculares... En tales ocasiones, no siempre se recurre a una cesárea, ya que a veces basta con la utilización de fórceps para facilitar la expulsión.

La elección de la anestesia

Para una cesárea se pueden usar tres tipos de anestesia: la epidural, la anestesia raquídea o la anestesia general (*véase* pág. 128). Si se ha previsto practicar una anestesia, se puede elegir el método, pero siempre teniendo en cuenta las contraindicaciones determinadas en la consulta previa con el anestesista.

Cuando se ve que la cesárea es necesaria a lo largo del parto, el tipo de anestesia a utilizar está en función de la urgencia con que ha de nacer el bebé. En caso de urgencia extrema, es obligatorio utilizar la anestesia general, aunque ya se haya puesto una epidural. Esto se debe a que las dosis de analgésico administradas para un parto bajo epidural deben aumentarse para una cesárea, y se necesitaría un plazo de veinte minutos. Cuando la urgencia no es vital, se suele dar a ele-

VIGILANCIA ESPECIAL AL FINAL DEL EMBARAZO

Si ya ha sufrido una cesárea, el tocólogo determinará con cuidado ciertos parámetros: pelvis demasiado estrecha, bebé demasiado grande o incluso haber salido de cuentas.
Si teme que la cicatriz anterior del útero se rompa por efecto de las contracciones, optará por realizar una cesárea sin esperar al final del parto.
Si el obstetra prevé una cesárea y si la epidural está contraindicada, hay que consultar al anestesista para que elija con la madre el tipo de anestesia más adaptado al caso. Esta consulta no es obligatoria, pero es muy recomendable, ya que permite anticipar mejor el desarrollo del parto.

gir entre la epidural o la anestesia raquídea (*véase* pág. 128).

El *desarrollo de la operación*

La cesárea se realiza en quirófano. Cuando se usa la epidural, la madre permanece consciente, pero no puede ver el campo de operación, oculto tras una sábana que se coloca verticalmente sobre su pecho. A veces se permite que el padre (o la persona que acompaña a la madre) permanezca a su lado –si lo desea–, aunque no se le permite entrar al quirófano si se utiliza anestesia general.

Previamente a la operación, se afeita el pubis de la madre y se coloca una sonda urinaria para vaciar completamente la vejiga. La mayor parte de las veces, el cirujano efectúa una incisión horizontal en la piel por encima del pubis, donde la cicatriz se puede disimular fácilmente. En caso de urgencia extrema, se hace una incisión vertical para sacar más rápidamente al bebé. Si ya hay una cicatriz, la nueva incisión se hace en el mismo sitio. Seguidamente, el cirujano corta el tejido subcutáneo y los músculos de la pared abdominal. Abre la membrana que tapiza el conjunto del abdomen (el peritoneo), despega la vejiga y la desplaza ligeramente hacia abajo para poder acceder a la parte inferior del útero (la más fina y la más sólida al mismo tiempo), que también abre. Entonces se saca al niño del útero. Esta operación dura una media de diez minutos. Si el niño no necesita cuidados especiales inmediatos, la madre puede tenerlo a su lado unos instantes.

El resto de la intervención consiste en retirar la placenta, cerrar cada uno de los tejidos abiertos y suturar la piel con hilo o grapas. Esta parte de la operación dura alrededor de tres cuartos de hora.

Se pueden notar dolores en la zona de la incisión durante cuatro o cinco días. El drenaje, colocado en los músculos abdominales para evitar la formación de un hematoma, se retira dos o tres días después de la operación y los hilos (o las grapas), entre seis y diez días más tarde.

QUISIERA SABER

¿Cuánto dura una cesárea?
• Desde el principio de la incisión hasta la salida del niño, la intervención dura unos diez minutos; el resto de la operación (retirar la placenta, cerrar y suturar la piel) requiere unos tres cuartos de hora. Al día siguiente ya se podrá levantar y, al 2.º o 3.er día, moverse casi con normalidad (*véase* pág. 151).

Para una cesárea, ¿es obligatoria la anestesia general?
• Hace algunos años no había elección. Hoy en día, en muchas maternidades la cesárea también puede efectuarse con anestesia local, mediante la epidural. La decisión depende de varios factores: la preferencia personal, naturalmente, pero también las posibles contraindicaciones de la epidural y la urgencia de la intervención. En caso de cesárea imprevista o de urgencia extrema, la anestesia general es más rápida.

¿Una cesárea impide dar de mamar posteriormente?
• No. Se haga bajo epidural o bajo anestesia general, una cesárea no obliga a renunciar a la lactancia. Simplemente, en caso de anestesia general, la madre tardará unas horas en poder estar con su hijo.

¿A una cesárea sigue obligatoriamente otra cesárea?
• La mitad de las mujeres que han dado a luz con cesárea necesitan otra cesárea en el parto siguiente. Para un 50% de estos casos, la cesárea se debe a la estrechez de la pelvis, incompatible con un parto por vía natural. Pero si dicha incompatibilidad no queda demostrada por la radiopelvimetría (que permite medir la pelvis de la madre y compararla con la cabeza del bebé), se puede dar a luz por vía natural aunque un primer parto haya requerido cesárea. Una mujer puede dar a luz cinco o seis veces con cesárea.

¿Cuáles son los efectos secundarios de una cesárea para la madre?
• Algunos efectos dependen del tipo de anestesia: somnolencia más prolongada y bloqueo del tránsito intestinal más largo, en el caso de una anestesia general. (Hay que tener en cuenta que la apertura del vientre, incluso bajo epidural, conlleva un bloqueo del tránsito intestinal.) El dolor en la zona de la cicatriz se alivia con analgésicos. Por lo común, la madre puede levantarse al día siguiente y recuperar la libertad de movimientos un par de días más tarde (*véase* pág. 151).

La llegada del bebé

Al venir al mundo, el niño experimenta grandes cambios. Su organismo debe adaptarse a respirar al aire libre, a una circulación sanguínea autónoma y a mamar por primera vez. Se le examina de los pies a la cabeza y es objeto de un control médico cuidadoso durante los pocos días que pasa junto a su madre en la maternidad y durante los cuales ambos aprenderán a conocerse.

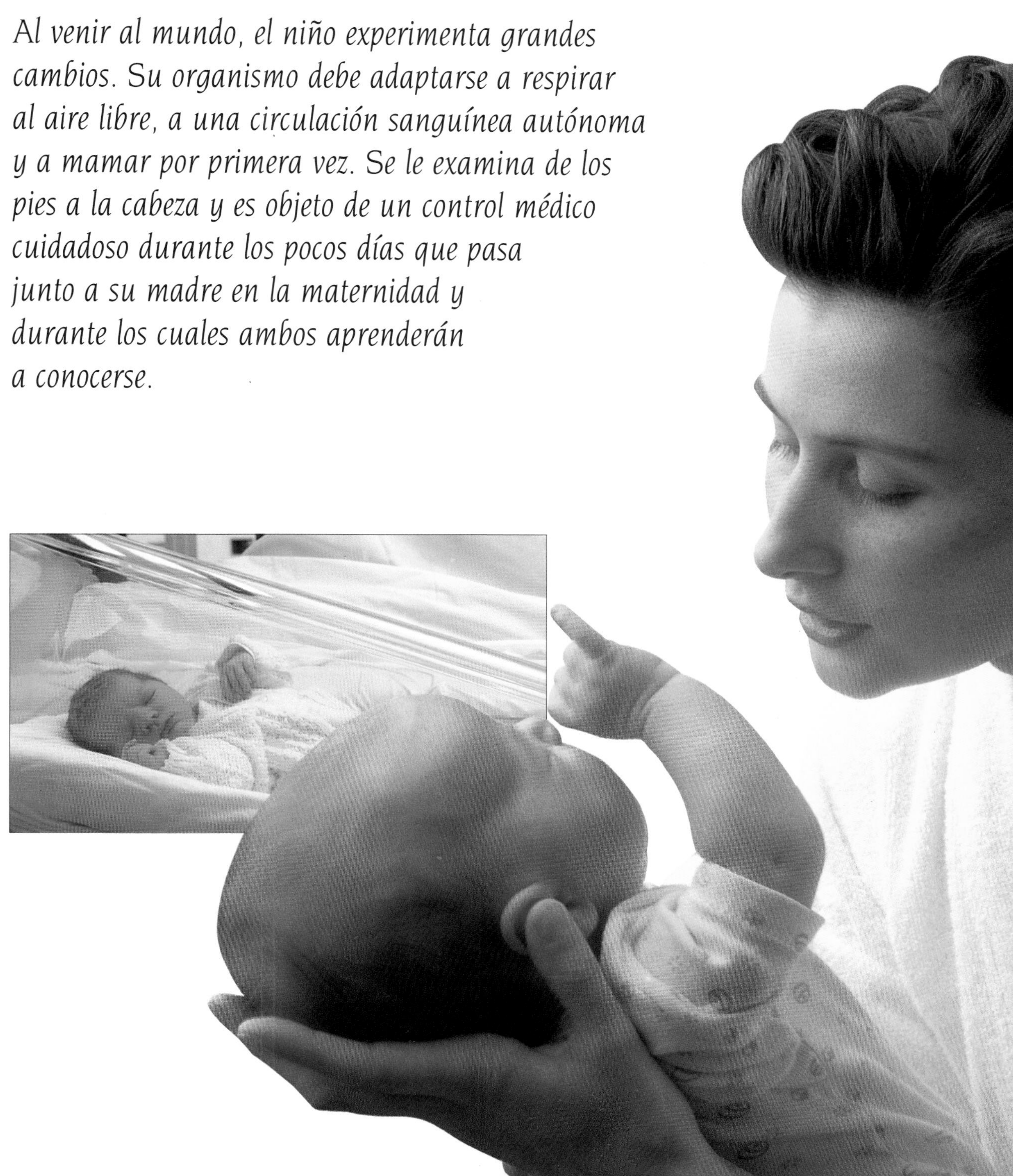

Después del parto

Tras nueve meses de espera, después del esfuerzo del parto, el niño que había imaginado, soñado y visto en las ecografías ya está aquí. Por fin es real. Pero, claro está, es distinto de la idea que se había hecho de él.

CONOCERSE

Desde que nace, el niño es sensible a la voz, el contacto, la mirada y las caricias de quienes lo rodean: necesita afecto e intercambios. No se sienta intimidada: háblele suavemente, acúnelo. Y no olvide que, aunque usted haya sentido a su bebé durante nueve meses, el padre, por su parte, lo coge en sus brazos por primera vez. No dude en invitarlo a que lo toque: el recién nacido no es tan frágil como parece.

La primera reacción al ver por fin al bebé puede ser una alegría intensa, lágrimas de emoción y, a veces, también un cierto sentimiento de extrañeza o de rechazo tras el agotamiento del parto... Sin olvidar que sólo entonces se descubre en muchos casos si se trata de un niño o una niña. Todas las reacciones son comprensibles, ya que la madre acaba de vivir una gran transformación. El niño también, por cierto: éste es el motivo de que no tenga el aspecto de los angelitos de los anuncios. La piel suele estar algo arrugada, un poco violeta, cubierta de una sustancia sebácea blanquecina; la cabeza, voluminosa, está a veces algo deformada por las presiones del parto. Si en ese primer instante no lo ve como el bebé más bello del mundo, no se inquiete: lo será seguramente para usted en pocas horas, días o semanas, el tiempo que tarden en conocerse.

La adaptación al aire libre

El recién nacido necesita menos de cinco minutos para que su sistema respiratorio y su circulación sanguínea se adapten al aire libre, a una vida autónoma en el medio aéreo. Sin embargo, esto supone un arranque rápido de mecanismos extremadamente complejos. No hay que olvidar que justo antes de nacer, el feto vive de la sangre de la madre, que le llega por el cordón umbilical. Sus pulmones no funcionan todavía y es la placenta la que garantiza los intercambios entre la sangre de la madre, rica en oxígeno, y la sangre del bebé, que tiene que eliminar el anhídrido carbónico (*véase* pág. 35). Además, todavía no se ha establecido la circulación sanguínea entre el corazón y los pulmones.

El primer grito y la primera inspiración

En cuanto la cabeza alcanza el aire libre, el niño se pone a respirar y a gritar: es el primer grito inspiratorio (a veces, sólo un pequeño sollozo, ya que al bebé le molesta el líquido amniótico y las mucosidades, que le impiden respirar bien). En cuanto abre la boca, el aire entra en sus pulmones; los primeros movimientos de los músculos respiratorios del tórax propulsan este aire hacia los alveolos pulmonares, liberados del líquido amniótico que los llenaba durante la vida uterina tras el paso por las estrechas vías genitales de la madre.

La ligadura del cordón y la circulación corazón-pulmones

La ligadura del cordón umbilical, que realizan el tocólogo o la comadrona, supone la ruptura de la unión entre el niño y la placenta. Enseguida, la sangre que viene del corazón del recién nacido debe pasar a los vasos pulmonares para obtener el oxígeno que hasta entonces le proporcionaba la sangre de la madre a través de la placenta. La arteria pulmonar se abre, provocando el cierre de diversos conductos que garantizaban la circulación sanguínea del feto sin pasar por los pulmones. De esta forma se establece la circulación corazón-pulmones del recién nacido. Pero no hay que sorprenderse de que el corazón lata muy rápido (120 a 130 pulsaciones por minuto de media), casi dos veces más rápido que el de un adulto. También es normal que la respiración sea algo irregular (a veces profunda, a veces superficial y más o menos rápida); lo será a lo largo de todo el primer año.

La puntuación de Apgar

La puntuación de Apgar, así llamada en honor de la anestesista americana que ideó el método, es un test que permite apreciar la adaptación del recién nacido a su vida en el medio aéreo. Es un índice de su vitalidad. Se calcula en los minutos siguientes al nacimiento: al minuto, a los cinco minutos y a los diez minutos de vida.

Puntuación	0	1	2
Frecuencia cardíaca (latidos por minuto)	0	menos de 100	más de 100
Movimientos respiratorios	0	irregulares	regulares
Tono muscular	0	flexión de alguna extremidad	movimientos activos extremidades flexionadas
Respuesta al estímulo cutáneo	0	muecas o movimientos ligeros	gritos o llanto
Coloración	azul (cianosis) o palidez	extremidades azuladas (cianóticas) y cuerpo rosado	bebé totalmente rosado

La puntuación de Apgar comprende cinco parámetros puntuados, cada uno, de 0 a 2: la frecuencia cardíaca (número de latidos por minuto), la regularidad de los movimientos respiratorios, el tono muscular, la reacción a los estímulos externos y la coloración de la piel. Un recién nacido, si está bien, tiene un total igual o superior a 8 en el primer minuto y alcanza rápidamente el 10. Una puntuación claramente inferior indica que hay que restablecer con urgencia una «ventilación eficaz» y una buena circulación sanguínea para evitar que, especialmente el cerebro, padezca una escasez de oxígeno. Si se aplican con urgencia estos medios de reanimación, el niño cuya puntuación Apgar ha sido inferior a la normal tiene muchas probabilidades de estar luego sano.

Los primeros contactos y los primeros cuidados

Cuando todo va bien, como suele ser lo más habitual, el personal médico presente en el parto deja que el bebé se adapte tranquilamente a la vida al aire libre, adquiera un tono rosáceo progresivamente y tome contacto con sus padres.

Generalmente, la comadrona coloca al recién nacido sobre el vientre de la madre para que reconozca su calor, los ruidos de su corazón, su voz. En algún caso puede mamar unos mililitros de calostro, esa secreción muy nutritiva que precede a la leche. Luego, llega el momento en que el padre coge en sus brazos al bebé, que es capaz en ese momento de abrir los ojos en su dirección y escuchar su voz. Estos primeros instantes, únicos e intensos, de encuentro y magia entre el recién nacido y los padres son muy valiosos: contribuyen a crear los lazos de amor que los unirán para siempre.

Los primeros cuidados médicos

Se realizan justo después y son indispensables para garantizar el bienestar y la seguridad del bebé: limpieza de la nariz y de la faringe, con una pequeña sonda aspiradora; unas gotas de colirio para desinfectar los ojos; administración de vitamina K para evitar los riesgos de hemorragia.

El pesaje

Luego llega el momento de pesarlo y medirlo. El peso medio de un recién nacido gira alrededor de los 3,3 kilos (un poco más los chicos, un poco menos las niñas), pero las diferencias pueden ser considerables y van desde los 2,5 kilos hasta más de 4 kilos. Por el contrario, la altura no varía en exceso de un bebé a otro, como mucho 3 o 4 centímetros con respecto a la media, que es de 50 centímetros.

El primer aseo

Si todavía es un poco frágil, el bebé permanecerá bajo vigilancia un cierto tiempo en una incubadora. Pero si está fuerte, quizá el padre pueda darle el primer baño bajo la atenta mirada de la comadrona. Por fin, reconfortado, lavado y vestido, se coloca en la cuna que se pondrá cerca de la madre (en la habitación a la que la habrán llevado dos horas después del parto) para disfrutar de un descanso bien merecido antes de despertar hambriento, sensación que hasta entonces desconocía.

El *examen del recién nacido*

Después de algunas horas de descanso o al día siguiente del nacimiento, el pediatra hará un examen completo al recién nacido, a poder ser en presencia de la madre para que se familiarice con su hijo.

Para que este primer examen completo se desarrolle en las mejores condiciones posibles, tendrá que realizarse en una habitación tranquila, con una temperatura adecuada, iluminada con una luz suave y en un momento en que el estado de vigilia del bebé le permita responder a los estímulos. Aunque no siempre sea así, no se preocupe, lo esencial es que el pediatra se tome su tiempo, desnude al bebé sin gestos bruscos y lo acaricie buscando su mirada y hablándole con suavidad para tranquilizarlo, y sobre todo que lo haga aprovechando un período de digestión.

De la cabeza a los pies

El recién nacido está tranquilo. Es el momento de observarlo atentamente, en especial la piel, y de examinarlo detalladamente de la cabeza a los pies.

El *examen del recién nacido*

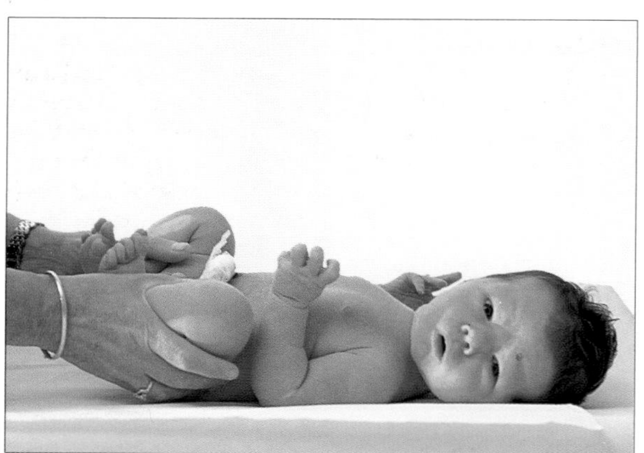

La exploración de las caderas △
Cuando la cabeza del hueso del muslo, el fémur, está mal colocada en la articulación de la cadera, se habla de luxación. Cuanto antes se detecta esta anomalía, más sencillo es el tratamiento. Aunque se efectúe un reconocimiento concienzudo al nacer, sólo se sabrá si las caderas son normales después de practicar una radiografía o una ecografía en el 4.º mes de vida.

La prueba de la marcha ▽
Si se coge al recién nacido por las axilas, un poco inclinado hacia delante y con los pies planos sobre una cama, esboza unos pasos que le hacen avanzar. Se trata de uno de los reflejos primarios de los bebés nacidos a los nueve meses. Este reflejo espectacular desaparece en general al cabo de cinco o seis semanas.

La piel

El primer día, la piel está recubierta de una sustancia blanquecina, la vérnix caseosa, especialmente abundante en los pliegues cutáneos. Se seca y desaparece naturalmente en las veinticuatro horas siguientes si no se ha lavado antes al bebé.

La piel del recién nacido es lisa y suave, pero a menudo bastante enrojecida. Las manos y los pies pueden estar todavía violáceos y secos, algo arrugados por su larga permanencia en el líquido amniótico. Uno o dos días después del nacimiento, la piel se descama y se desprenden pequeños jirones. Déle un masaje al bebé con aceite de almendras: su piel se suavizará.

Muchas veces el cuerpo del bebé está recubierto también por un fino revestimiento piloso de color oscuro, denominado *lanugo*, más denso en los hombros, la espalda, los miembros y parte de la cara. Este vello se desprende en las primeras dos semanas.

La nariz y el mentón están a veces recubiertos de pequeños granos blancos del tamaño de una cabeza de alfiler, lo que se conoce como *milium*. Formados por acumulaciones sebáceas, estos diminutos quistes desaparecen espontáneamente en unas semanas.

Casi un recién nacido de cada diez presenta una o varias manchas rojizas de origen vascular, llamadas *angiomas*. Por regla general, los angiomas en relieve de color rojo vivo aumentan de tamaño durante los primeros meses y desaparecen espontáneamente en uno a tres años; los angiomas planos (dilatación de los vasos superficiales de la piel) situados en el párpado, la base de la nariz, la parte media de la cara o la nuca se borran en unos meses; sólo algunos angiomas planos, situados en el resto de la cara, persisten toda la vida.

En algunos bebés se observa también en la parte inferior de la espalda un angioma de color azul pizarra, llamado *mancha mongólica*, a veces bastante extendido, que desaparece de manera espontánea en pocos meses.

El recién nacido también puede presentar en el cuerpo pequeños puntos blancos sobre una base roja, o *eritema tó-*

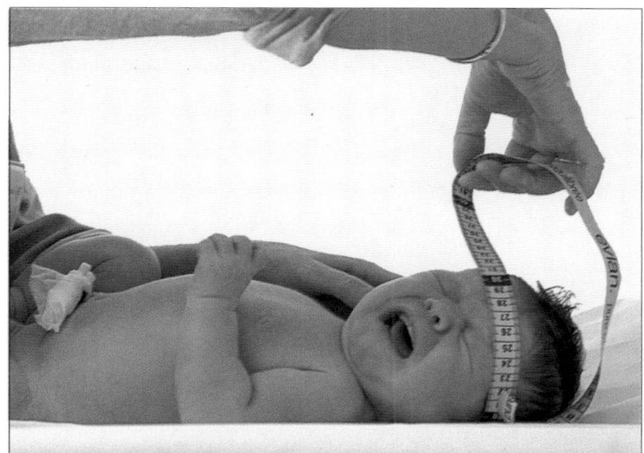

La medición del perímetro del cráneo △

Las demás mediciones que se realizan durante este primer examen conciernen a la circunferencia de la caja torácica y de la cabeza. De media, el perímetro craneal de un recién nacido es de 35 cm. Hay que saber que no hay medidas «normales», sino medias estadísticas. Para seguir el crecimiento, se tendrán en cuenta todos estos elementos confeccionando curvas para determinar la evolución.

El peso y la talla ▽

En las primeras horas después del nacimiento, se pesa y mide al bebé con todo detalle. Aunque existen diferencias sensibles de peso entre bebés y según se trate de una niña o un niño (de 2,5 kg a 4,5 kg), la talla no varía mucho de un recién nacido a otro: 50 cm de media. Lo más importante es que el peso y la talla del niño se sitúen dentro de la media estadística.

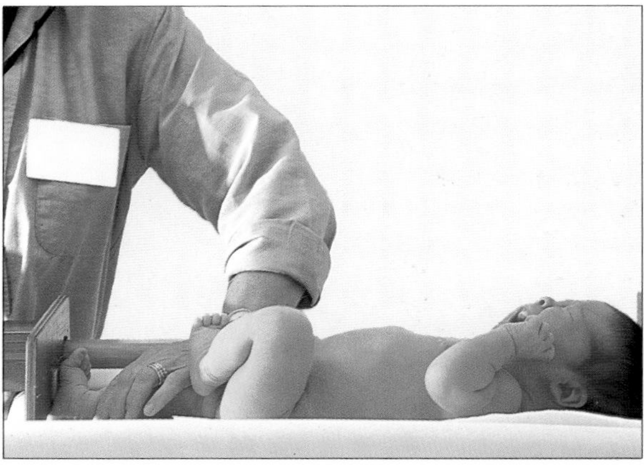

xico, que es una erupción benigna que desaparece a los pocos días. El pediatra sabrá distinguir otros tipos de erupción de origen infeccioso que hay que tratar con antibióticos.

La cabeza, el torso y el abdomen
Los huesos del cráneo son muy maleables y todavía no están soldados, por lo que los recién nacidos tienen la cabeza de forma muy variable. Después de una cesárea, el cráneo es redondo y simétrico; después de un parto de presentación cefálica, está más alargado, en forma de pan de azúcar. No se preocupe si tiene la cabeza asimétrica o un bulto, debido a los esfuerzos para atravesar la pelvis durante el parto: todo volverá a su sitio en pocos días.

El pediatra examina con cuidado las orejas, la nariz, los ojos, la boca y el cuello. Luego ausculta el corazón y los pulmones, palpa el abdomen y verifica el estado del cordón umbilical. Ligado con una pequeña pinza, tiene un aspecto blanco gelatinoso y deja ver el orificio de los tres vasos umbilicales.

Los órganos genitales
Los órganos genitales externos parecen desproporcionados. El niño tiene las bolsas hinchadas y el prepucio, esa extremidad de piel que recubre el pene, muchas veces cerrado; es inútil forzar para desmocharlo. El pediatra palpará con cuidado al bebé para comprobar que los testículos hayan descendido bien hasta el escroto. La niña tiene en los primeros días los labios menores y el clítoris muy salientes e hinchados; los labios mayores, que todavía no se han desarrollado, no llegan a cubrir la vulva.

Súbitamente privados de las hormonas sexuales de la madre, los recién nacidos pasan muchas veces durante los primeros días una especie de «crisis genital». En el niño se traduce por erecciones y en la niña, por pérdidas vaginales blanquecinas e incluso algunas gotas de sangre. No hay que extrañarse si el bebé, chico o chica, tiene los mamas hinchadas (mastitis) y a veces, incluso, una secreción láctea conocida como *leche de brujas*. Esta hinchazón de los senos sólo debe alarmar si parece que se forma un absceso (infección, fiebre).

Los miembros
Al palpar la clavícula, el médico pretende averiguar si hay una fractura. A los bebés grandes, para los que el parto ha sido difícil, les ocurre a veces; pero esa fractura no es grave, ya que se repara espontánea y rápidamente.

En cuanto a los miembros inferiores, verifica que no existan deformaciones relacionadas con la posición de las piernas en el útero antes del parto y, sobre todo, una luxación congénita de cadera. Generalmente, bastan unas manipulaciones ligeras del fisioterapeuta para corregir las pequeñas deformaciones, como el pie varo o la tibia incurvada. Cuando hay una luxación de la cadera (más frecuente cuando el parto ha sido de nalgas), habrá que mantener al bebé con las piernas separadas (en abducción) para recolocar la cabeza del fémur en la articulación de la cadera.

El *examen neurológico*

Este reconocimiento, que da una idea de la madurez neurológica del bebé, tiene en cuenta el momento en que sobrevino el parto y el número de horas o de días que han pasado desde entonces.

El tono activo y el tono pasivo
Cuando el recién nacido está en posición fetal, con los brazos y las piernas flexionadas (*véase* foto de la pág. 172), la flexión de los segmentos de los miembros, unos con respecto a los otros, indica el tono muscular llamado pasivo.

Cuando se le pone de pie, cogiéndolo por debajo de los brazos, bien apoyado sobre las plantas de los pies, el hecho de que se yerga vigorosamente sobre sus piernas, levantando luego la cabeza y el cuello, es señal de un buen tono activo; al igual que si consigue mantener la cabeza, aunque sólo sea unos segundos, cuando se le pasa de la posición tumbado a la posición sentado.

Los reflejos primarios
Un cierto número de reacciones automáticas traducen el buen estado neurológico del recién nacido. Estos reflejos, que se califican de arcaicos o primarios, desaparecen en los meses siguientes al parto.

Las fontanelas

En la cara posterior del cráneo del recién nacido y en la parte superior hay dos membranas cartilaginosas, las fontanelas, que separan los huesos que no están todavía soldados en el momento del parto.
La fontanela posterior no siempre es palpable.
La fontanela anterior tiene forma de rombo y un tamaño variable (de media, 2 cm de lado). La madre ve con inquietud cómo late o se tensa cuando el bebé llora. No tenga miedo; estas membranas son resistentes y se osifican a lo largo de un período que dura entre seis y veinticuatro meses.

• **Los reflejos de succión y deglución y el reflejo de los puntos cardinales.** Son reflejos que permitirán alimentarse al bebé. La capacidad de mamar que demuestra el recién nacido va acompañada de un movimiento de la boca en busca del pecho materno, orientándola a derecha o izquierda, arriba o abajo: si se toca una de las comisuras de la boca, los labios giran hacia ese lado.
• **El reflejo de prensión.** Si se colocan los dedos en las palmas de un bebé, se agarra tan fuerte que se le puede levantar durante unos instantes.
• **El reflejo de Moro.** Si se sostiene al bebé por la cabeza y los hombros y súbitamente se lo suelta, separa ampliamente los brazos y luego los vuelve a juntar, en un gesto que recuerda un abrazo.
• **El reflejo de marcha automática.** Si se coge al bebé por las axilas y se lo pone de pie sobre una superficie plana, se yergue y adelanta las piernas una detrás de otra, como si quisiera andar.

Los sentidos en alerta

Desde que nace, el recién nacido ve a unos treinta centímetros de sus ojos (todavía no puede enfocar) y reacciona a la luz, a lo que es brillante o rojo.

También es sensible a los ruidos, los olores (enseguida reconoce el de su madre), a los sabores (distingue lo dulce, lo salado, lo ácido y lo amargo, pero prefiere lo dulce) y a los contactos corporales, en especial a cómo se le toca.

A la hora de la comida, del pecho o del biberón, todos los sentidos del bebé están ocupados: gusto, olfato, oído, vista y tacto. Lo mismo ocurre en el momento del baño. No dude en acariciarlo y darle largos masajes en esos instantes en los que está bien despierto.

La «motricidad liberada»

Desde hace unos años, varios equipos de pediatras han demostrado, con sus trabajos, las increíbles habilidades de los recién nacidos, sus posibilidades motoras y su capacidad de intercambios sensoriales y afectivos.

Si se le sostiene de forma estable la cabeza, se le habla con calma y se le acaricia con suavidad, el recién nacido se tranquiliza y pasa a un estado llamado de «motricidad liberada». Entonces es capaz de estar sentado, de relajar las manos; algunos esbozan una sonrisa, otros hacen mímica y los hay que sacan la lengua. Sea cual fuere su manera de contestar, el recién nacido solicita una relación y un diálogo.

El pediatra probablemente no tendrá tiempo para esta relación, o el bebé, poco despierto o hambriento, no estará muy dispuesto. Pero cuando encuentre el momento adecuado, coloque al bebé frente a usted sosteniendo firmemente la nuca con una mano y cogiendo con la otra una de sus manos para tranquilizarlo; luego intente captar su atención: descubrirá con alegría el placer de una intensa comunicación con él.

QUISIERA SABER

El bebé que acabo de tener tiene los pechos hinchados, ¿qué hago?
• No los toque. La tumefacción desaparecerá en pocos días. Este fenómeno se debe a que el bebé (niña o niño) se ha visto súbitamente privado después del parto de las hormonas sexuales de su madre, lo que provoca muy a menudo a lo largo de los primeros días lo que se conoce como «crisis genital». Esta hinchazón de las glándulas mamarias sólo debe alarmarla si parece que se forma un absceso (infección, fiebre).

Tiene el cráneo deformado, ¿será para siempre?
• La cabeza del recién nacido es voluminosa con respecto al resto del cuerpo. Durante un parto clásico, con la cabeza por delante, el cráneo sufre presiones importantes, por lo que no es raro que el bebé tenga al nacer un cráneo en forma de «pan de azúcar», con un bulto sanguinolento en la zona que se ha presentado primero. Se reabsorberá en pocos días y el cráneo se redondeará en pocas semanas.

¿Cuáles son el peso y la talla media de un bebé al nacer?
• Un recién nacido pesa unos 3,3 kg; mide alrededor de 50 cm y la circunferencia del cráneo, que también se mide al nacer, es de 35 cm (*véase* pág. 172). Naturalmente, se trata de medias, sin incidencia sobre su futuro desarrollo. Durante los cinco primeros días perderá hasta una décima parte de su peso, pero luego empezará a recuperarlo.

Las primeras «comidas»

Haya usted escogido dar de mamar o el biberón, durante los días que pase en la maternidad tendrá la ocasión de familiarizarse con los gestos que deberá hacer cuando esté sola en casa.

La decisión está tomada, quiere dar de mamar. Durante el último mes de embarazo, ha podido preparar los pechos para el «trajín» que les espera: la succión repetida y enérgica de un bebé. Si prefiere alimentarlo con biberón, no se preocupe: las leches maternizadas están adaptadas a las necesidades del bebé.

El *inicio de la lactancia*

Para preparar la lactancia (*véase* pág. 155), antes del parto se nutre e hidrata la piel de los pezones y la areola (se puede seguir haciendo entre toma y toma con una crema hidratante inodora: la piel la absorbe rápidamente y no molestará al bebé). También la madre se ha dado masajes para habituar el pecho a la estimulación a la que estará sometido durante las tomas. Suaves y circulares al principio, los masajes se hacen progresivamente más intensos hasta obtener esa secreción transparente, amarillenta y viscosa: el calostro. El calostro es una sustancia rica en albúmina y vitaminas que precede a la subida de la leche propiamente di-

Las primeras tomas

Los primeros días △
Dar de mamar al bebé es naturalmente más fácil cuando no llora. En caso contrario, lo primero que hay que hacer es consolarlo, hablarle. Mímelo siempre un poco antes de cada toma. Déle el pecho en cuanto lo reclame. Acomódese tumbada sobre un costado con el bebé acostado a su lado, a la altura del pecho. Estimulado por el contacto del pezón sobre su boca, mamará instintivamente.

Dar de mamar ▽
Los días siguientes, siéntese cómodamente. Ayude al bebé a chupar todo el pezón y la areola. La nariz no debe quedar tapada.

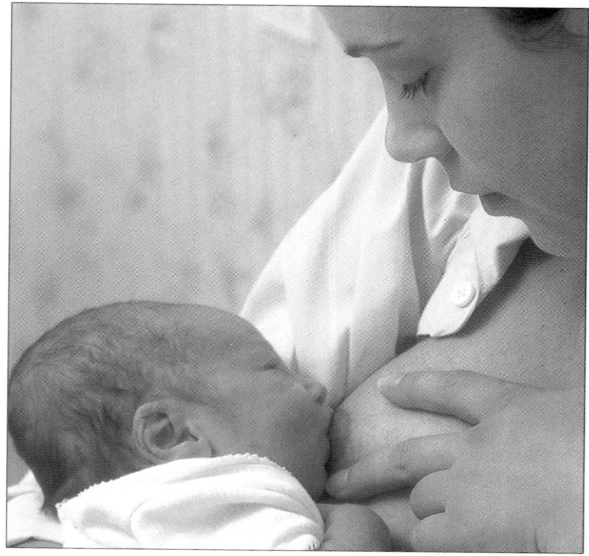

cha y que aporta al niño elementos muy nutritivos: contiene, además, muchos anticuerpos, y por ello proporciona al recién nacido medios de defensa contra los peligros de infección. El calostro también es un purgante que favorece la eliminación del meconio, las primeras heces que el niño debe expulsar justo después del parto.

Amamantar

No hay contraindicaciones para empezar a dar de mamar enseguida, aunque se haya aplicado la epidural o una anestesia general. La interacción que existe entre las glándulas mamarias y el útero hace que la succión del bebé provoque durante los primeros días unas contracciones uterinas especialmente dolorosas (entuertos) que permiten al útero retornar rápidamente a su tamaño normal y que sólo duran unos días. Son más fuertes cuantos más hijos haya tenido la madre.

En las primeras tomas hay que vigilar que el bebé ingiera bien el calostro: lo notará al ver los movimientos de succión de la boca y la sensación de estiramiento del pezón. Las primeras succiones no provocan la llegada inmediata del calostro a la boca del bebé; en cierta forma, tiene que «cebar la bomba». Después de unos instantes, el ruido y el ritmo de la deglución indican que bebe bien.

El recién nacido no mama durante mucho rato. Se cansa pronto y mordisquea el pezón. En ese momento, es bueno dejarlo recuperarse y ofrecerle el pecho de nuevo unos minutos más tarde. Durante las pausas, compruebe que tiene calostro haciendo presión sobre el pezón con el pulgar y el índice; si ya no sale líquido, ofrezca el otro pecho: si el calostro es poco abundante, se pueden dar los dos pechos en cada toma.

La subida de la leche

La subida de la leche propiamente dicha ocurre dos días después del parto bajo la influencia de una hormona, la prolactina. La producción de leche es tan alta durante este período que a menudo sobrepasa

Las buenas condiciones para dar de mamar

Dar de mamar nunca debe ser una competición. La serenidad de la madre a este respecto es determinante; muchas veces garantiza la buena salida de la leche. Tenga en cuenta que puede dejar de dar de mamar en cualquier momento, aunque resultará más difícil después de que la leche haya subido (*véase* pág. 180). Coloque al niño en el pecho en cuanto lo pida, es decir, cada dos o tres horas (de seis a ocho veces cada veinticuatro horas). Dar de mamar «a petición» se adapta a las necesidades del bebé, respeta su sueño y su ritmo personal. Instálese lo más cómodamente posible y en un sitio tranquilo. Relájese y hable con suavidad al bebé –el sonido de su voz lo tranquiliza–, y tómese su tiempo. Entre las tomas, no exponga los pezones a la compresión de un sujetador demasiado pequeño.

Los *primeros biberones*

En la maternidad, los biberones se preparan sin que la madre tenga que preocuparse. Una vez en casa, pida consejo al pediatra para asegurarse de que la leche que piensa dar al bebé es la más adecuada. Las tetinas permiten variar el caudal según cómo se presentan al bebé. En cada interrupción, aproveche para que el bebé haga un eructo poniéndolo erguido y con la cabeza un poco hacia atrás. Cuando acaba de comer, es mejor cambiarlo: el bebé se ha podido ensuciar. Espere un cuarto de hora antes de volverlo a acostar.

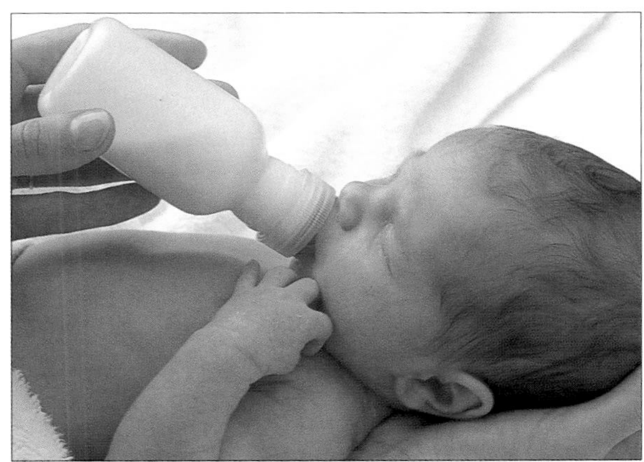

Para dar el biberón △

Póngase cómoda en posición semisentada y en un sitio tranquilo: el bebé debe notarla relajada. Coloque al niño en el hueco que forma el codo, con la cabeza un poco hacia atrás y de frente a usted. Acérquele la tetina suavemente, sin esperar a que mame enseguida: necesita un poco de tiempo. Si mama demasiado rápido, no dude en interrumpirlo para que no se atragante. Si se duerme, retire la tetina.

las necesidades que realmente tiene el bebé.

• **Los pechos.** Están doloridos y tensos entre toma y toma. Las molestias se alivian fácilmente si se utiliza un sujetador de lactancia especial, que permite que salga el exceso de leche. Mientras la producción de leche es suficiente para el niño, es inútil dar los dos pechos en una misma toma. Es normal que también salga leche del pecho que no se ofrece al bebé. Si la piel está irritada o seca, aplique un suave masaje circular al extremo de los pechos con una crema hidratante entre cada toma.

• **La posición.** Siéntese cómodamente en la cama o en una silla con la espalda recta, apoyada en unas almohadas, las rodillas algo levantadas y el busto ligeramente hacia delante. Coloque al bebé en el hueco del codo, con el cuerpo hacia usted más bien recto (si es posible, apoyado también por el brazo del sillón) y la boca a la altura del pezón.

• **El ritmo.** La succión debe ser lenta, regular y prolongada. En este período, las tomas pueden durar hasta una hora y no está de más aprovechar las pausas para hacer eructar al bebé –para ello, se lo puede mantener en posición vertical, apoyado en el hombro, o boca abajo sobre las piernas, masajeando suavemente su espalda. Antes de encontrar el ritmo normal de ocho tomas cada veinticuatro horas, el bebé se duerme sin haber bebido lo suficiente, lo que aumenta el número de tomas. Al principio, la duración de las tomas y los horarios son variables. Desde cinco minutos en cada pecho el primer día, hasta a veces una hora. Las tomas se estabilizarán más tarde, cuando la madre ya esté en casa, en una duración aproximada de quince minutos.

Los primeros biberones

Porque la madre lo prefiere y dado que al bebé no le afectará, ha elegido desde el nacimiento alimentar al bebé con biberón. Todas las marcas de leche en polvo ofrecen calidades equivalentes. Se le suele dar al niño la leche recetada por el pediatra de la maternidad. Si, después de unos días, no la tolerase bien, habría que proponer otra más adaptada.

Desde el primer día, hay que dar el biberón cuando lo pide el bebé y no siguiendo un horario preciso. Incluso si el niño tiene un buen reflejo de succión, sepa que necesitará varios días de aprendizaje para encontrar su ritmo.

En los primeros biberones será irregular tanto el tiempo como la cantidad que tome. Algunos bebés beben 10 g por biberón mientras que otros toman 40 g. De media hay que dar entre 6 y 7 biberones al día: las raciones aumentan poco a poco, según el apetito del lactante y los consejos del médico.

QUISIERA SABER

¿Se le aporta menos al bebé si no se le da de mamar?

• No. Psicológicamente, es la calidad de la presencia materna lo que crea los lazos. Las leches maternizadas aportan al bebé todos los nutrientes esenciales para su crecimiento.

¿Hay que dar de mamar justo después del parto?

• Las reservas que tiene el bebé cuando nace son bastante escasas y hay que darle pronto de mamar o un biberón, aunque esté medio adormecido. Generalmente se le da la primera toma a la segunda hora de vida.

¿Cómo se puede aumentar la secreción de leche?

• Depende de las mujeres, pero el mejor sistema es el reposo y dar de mamar con frecuencia.

¿Hay que despertar al bebé para darle de mamar o el biberón?

• Si está dormido, espere para despertarlo. Normalmente, el hambre se encarga de despertarlo. Por el contrario, los primeros días se duerme a menudo antes de haber tomado lo suficiente. Aunque absorbe la mayor parte de la ración en los primeros cinco minutos, conviene incitarlo a mamar más manteniéndolo despierto un poco más en cada toma.

¿Hay que pesar al bebé después de cada toma?

• No. En cada toma el bebé recibe lo que necesita. Sin embargo, una vez en casa, hay que vigilar el peso de vez en cuando (por ejemplo, una vez a la semana durante los dos o tres primeros meses) para estar seguros de que está bien alimentado.

El control médico en la maternidad

Durante los días pasados en la maternidad, médicos, comadronas y enfermeras la ayudarán a superar el choque del parto y a que conozca al bebé. También se asegurarán de que todo vaya bien para el niño.

La adaptación del recién nacido al nuevo entorno, a la vida al aire libre y a la alimentación por la boca exige unos días. Por este motivo es objeto de una vigilancia muy atenta. Se le realizan varias pruebas que permiten diagnosticar posibles enfermedades congénitas, que son más fáciles de tratar cuando se detectan enseguida. Por otra parte, los bebés que han nacido de forma prematura o a los que se les ha detectado una discapacidad, tendrán un seguimiento y cuidados especiales. Enfrentados a estos nacimientos que resultan difíciles, los padres, por su parte, no deberán dudar en apoyarse en el personal médico para adaptarse a problemas que a veces les puede coger desprevenidos.

El control de los primeros días

Durante los primeros días de vida, las enfermeras y el equipo médico vigilarán de cerca al bebé: seguimiento de la evolución del peso, observación de las heces y análisis de sangre que permiten asegurarse de su buena salud.

El peso

A lo largo de los primeros cinco días, el recién nacido suele perder generalmente hasta un 10% del peso que tenía al nacer (350 g, por ejemplo, para un bebé que pesaba 3,5 kg). Se debe a tres razones principales: elimina el exceso de agua (edemas) presente en el nacimiento, sus riñones inmaduros concentran de manera insuficiente la orina y sus necesidades energéticas aumentan considerablemente, a la par que el aporte calórico resulta, al principio, escaso para que engorde. Hacia el 6.° día, empieza a coger peso: una media de 30 g al día aproximadamente. Al cabo de ocho o quince días ha recuperado totalmente el peso que tenía al nacer.

Las heces

La observación de las heces es un punto esencial en la vigilancia del recién nacido: deben ser objeto de una atención especial. Los dos primeros días son verdosas, casi negruzcas y pegajosas; es el meconio, que está compuesto de una mezcla de bilis y mucosidad. A partir del 3.er día, las deposiciones pasan a ser más claras, de color amarillo dorado y grumosas, a veces líquidas. El bebé defeca generalmente en cada toma si está siendo amamantado; en el caso de que se le alimente con biberón, la frecuencia es de una a tres veces al día durante las primeras semanas.

La glucemia

Durante las primeras horas de vida, suele practicarse un control del nivel de azúcar en la sangre, o glucemia. Para realizar este análisis, basta con pinchar ligeramente el talón del niño para que salga una pequeña gota de sangre que se recoge en una tira reactiva. Si el bebé es prematuro, especialmente delgado o, al contrario, muy grande y con una madre

El apetito

El interés y el vigor que manifiesta el bebé en su alimentación es la prueba de una buena salud. Si le da de mamar, la enfermera le enseñará cómo hacerlo bien (*véase* pág. 142). Si lo deja diez minutos en cada pecho, tomará por sí solo la cantidad de leche que necesita. En general, con esto basta y no es necesario darle leche de complemento, salvo si está verdaderamente delgado, débil o es prematuro. Si se le alimenta con biberón, también se le puede dejar alimentarse «a demanda», según sus necesidades.

diabética, se sigue realizando este análisis de forma sistemática para evitar que el niño sufra una hipoglucemia.

La coloración de la piel

Durante los dos o tres primeros días siguientes al parto, muchas veces aparece una coloración amarillenta en la piel y las conjuntivas del bebé: es lo que se llama la ictericia fisiológica del recién nacido. Debido a un aumento de los pigmentos biliares (bilirrubina) en la sangre, esta ictericia benigna afecta al 20-30% de los recién nacidos a los nueve meses y al 70-90% de los prematuros. Después de desarrollarse hasta el 4.º o 5.º día, disminuye progresivamente y desaparece en una o dos semanas.

Esta forma de ictericia –muy distinta de la causada por una incompatibilidad Rh (*véase* pág. 43)– se debe simplemente a que el inmaduro organismo del recién nacido no dispone todavía de la enzima que permite transformar la bilirrubina en un producto eliminable. Sin embargo, en unos pocos días el hígado aprende a fabricar dicha enzima. Mientras tanto, basta con vigilar que el índice de bilirrubina no suba demasiado. Las complicaciones son extremadamente raras, al menos en los niños nacidos a los nueve meses, pero son graves, lo que justifica el control.

Si el bebé se pone demasiado amarillo, se hace un análisis de bilirrubina en la sangre. Si el índice se acerca al valor crítico, previsto para que el bebé no corra ningún riesgo, se le trata con fototerapia. Para ello, se coloca al recién nacido bajo unas lámparas ultravioletas que dan una luz azul y facilitan la eliminación de bilirrubina. La mayor parte de las maternidades están en la actualidad equipadas para realizar este tratamiento, que no obliga a separar a la madre del bebé y no presenta ningún peligro, con la condición de que se protejan los ojos del bebé con una cinta y que se le dé agua suficiente.

La detección de enfermedades congénitas

La estancia en la maternidad es un momento idóneo para detectar ciertas enfermedades congénitas raras pero cuya evolución puede ser grave si no se tratan enseguida.

¿Qué enfermedades se buscan?
Se efectúan pruebas sistemáticas para detectar la fenilcetonuria, que afecta a 1 bebé de cada 9 000 nacimientos, y el hipotiroidismo, que afecta a 1 de cada 3 800.

• **La fenilcetonuria.** Esta enfermedad se debe a una deficiencia enzimática que provoca trastornos en el metabolismo y puede producir una degradación del cerebro y un retraso mental. Los niños afectados por fenilcetonuria tienen niveles sanguíneos anormalmente altos de un aminoácido, la fenilalanina, ya que no disponen de las enzimas necesarias para su transformación. La fenilalanina sin metabolizar se acumula en el organismo y se hace tóxica, en especial para el cerebro. Para conocer la tasa de fenilalanina en la sangre basta con hacer un análisis de sangre (test de Guthrie). Una dieta alimentaria adaptada previene esta evolución. Luego, será necesario advertir a las niñas fenilcetonúricas para someterse obligatoriamente a un régimen adecuado en caso de embarazo.

• **El hipotiroidismo.** Se debe a una falta de hormonas fabricadas por la tiroides, por culpa de la ausencia de esta glándula o de su mal funcionamiento. Provoca un retraso en el crecimiento y un retraso mental. La administración de hormonas tiroideas en forma de gotas permite que el niño se desarrolle normalmente en el plano físico e intelectual.

En ciertos casos también se realizan otros controles, como el de la fibrosis quística (mal funcionamiento de las glándulas exocrinas, que provoca un espesamiento de las secreciones mucosas) o el de algunas enfermedades hereditarias de la producción de hemoglobina.

¿Cómo detectarlas?
El test de Guthrie se practica en la maternidad cuando el bebé tiene unos días. La enfermera le pincha en el talón con un estilete y recoge unas gotas de sangre en un papel, que se manda al laboratorio para su análisis. El mismo análisis sirve para controlar las hormonas que intervienen en el funcionamiento de la tiroides: la hormona secretada por la hipófisis (TSH) que regula la producción tiroidea, cuyo aumento es síntoma de un trastorno. Cuando los resultados son positivos o dudosos, el centro de detección se pone en contacto con la familia para realizar más análisis, profundizar las exploraciones y, si es necesario, establecer lo más rápido posible un tratamiento adecuado.

Los casos de partos difíciles

El nacimiento es un momento feliz, pero puede convertirse en una vivencia difícil cuando el niño nace demasiado pronto, demasiado pequeño o enfermo. En esos casos, nada es como estaba previsto. Muchas veces, el bebé debe ser separado de su madre. Los primeros intercambios se resienten y el afecto precoz entre los padres y su hijo puede verse afectado.

Para superar todas estas dificultades, es muy importante que los padres puedan hablar con los miembros del equipo encargado de cuidar a su hijo para obtener una serie de explicaciones claras, honestas y precisas.

Los prematuros

Los partos prematuros pueden ocurrir de forma totalmente inesperada, sin que nadie lo imaginase, o después de semanas de lucha contra un parto demasiado precoz (*véase* pág. 55).

• **Las causas de prematuridad.** Entre las causas detectadas, hay algunas que son de orden local –malformación del útero, abertura del cuello del útero, placenta previa–, mientras que otras son más generales, como una infección contraída por la madre (por ejemplo, infecciones por estreptococos B, listeriosis). Los embarazos de gemelos muchas veces son también causa de parto prematuro. Las circunstancias exteriores tampoco se pueden olvidar. Por ejemplo, un golpe en el abdomen que provoque contracciones uterinas puede motivar un parto prematuro, así como un exceso de ejercicio físico: trabajo realizado en malas condiciones, largos trayectos para los desplazamientos diarios, trabajo doméstico excesivo, etc. (*véase* pág. 80).

La mejora de la vigilancia médica de los embarazos y el esfuerzo por limitar las causas del cansancio excesivo en las futuras madres constituyen la prevención más eficaz de estos partos prematuros. Sin embargo, en casi la mitad de los casos en que ocurre se desconoce la causa exacta.

• **El estado del niño prematuro.** El aspecto del recién nacido prematuro varía mucho según su estadio de desarrollo. Cuanto antes nace, más pequeño es y menor es su peso. El volumen de la cabeza parece muy desproporcionado con respecto al cuerpo, los miembros son muy delgados y la piel, fina y rosada, deja entrever la red venosa. Gesticula poco, la respiración es rápida e irregular, muchas veces entrecortada por pausas.

Si el niño nace entre la semana 34 y 37, pesa más de 2 kilos y no presenta ningún riesgo especial, algunas maternidades son partidarias de mantener al bebé cerca de la madre bajo una estrecha vigilancia. El recién nacido puede así empezar a mamar sin tardanza y proseguir su desarrollo con la proximidad física y afectiva de su madre, prácticamente sin rupturas.

Si, por el contrario, el bebé nace antes de la semana 34 o 35, pesa menos de 2 kg, ha tenido unas condiciones de parto difíciles, tiene dificultades para respirar, o corre el peligro de alimentarse mal o de padecer una infección, la prudencia recomienda que se hospitalice en un servicio de neonatología. En ese momento se plantea, tanto para él como para los padres, el problema de la separación.

La incubadora

Un niño prematuro es un niño cuyas funciones esenciales no han alcanzado la madurez. Según el estado del bebé prematuro, el médico puede decidir ponerlo sólo durante unas horas en la incubadora de la maternidad donde ha nacido o enviarlo a un hospital especializado en cuidados para los prematuros. En la incubadora, tendrá una temperatura y una humedad constantes, así como las mejores condiciones higiénicas posibles, y podrá estar conectado a aparatos que lo ayudarán a respirar y alimentarse. Es esencial que los tejidos y el cerebro se oxigenen suficientemente y que se le alimente mediante sonda o perfusión si no tolera la alimentación oral.

La duración de la hospitalización de un bebé prematuro es muy variable. Puede oscilar entre algunos días y algunas semanas, dependiendo de la evolución del peso, la calidad de su respiración, la tolerancia a la alimentación, la aparición o no de episodios infecciosos, etc. La mayor parte de las veces todo va bien y el niño, primero en la incubadora y luego en la cuna, se desarrolla hasta alcanzar la autonomía funcional y el peso que permiten llevarlo a casa.

La separación

Cuando el parto llega antes de lo previsto y el niño, pequeño y débil, tan diferente del bebé soñado, debe ser hospitalizado, los padres se sienten al mismo tiempo preocupados, frustrados y a menudo culpables. Es importante que vayan a ver a su hijo al servicio al que ha sido enviado lo más rápido y a menudo

ANTES DE VOLVER A CASA

Si se trata del primer hijo, fíjese bien en cómo lo cuidan las enfermeras. Para sentirse más tranquila cuando esté en casa con el bebé, no dude en pedirles consejo y hacerles todas las preguntas que se le pasen por la cabeza:

– ¿en qué posición acostarlo?
– ¿cómo cambiarlo y lavarlo?
– ¿cuál es el ritmo de las tomas?
– ¿hay que despertarlo para darle de comer?
– ¿qué agua mineral darle?
– ¿se le puede dar zumo de naranja y a partir de cuándo?, etc.

posible; la relación padres-hijo depende de ello; sin duda, primero será el padre y, después, la madre en cuanto pueda. Si la hospitalización se presenta bastante larga, tendrán que organizarse. Mantener la frecuencia de estas visitas también es esencial para el bebé: necesita verse estimulado por relaciones afectivas para desarrollarse mejor.

Cuando, después de un período más o menos largo, llega finalmente el momento tan esperado de llevarlo a casa, quizá se sientan un poco desamparados, un poco inquietos, con ese bebé que ha sido fuente de tantas preocupaciones y que es todavía tan pequeño. Para preparar esta vuelta a casa y enfocar el futuro con serenidad y confianza, no hay que esperar a la salida para solicitar explicaciones sobre qué cuidados necesita.

Después, las consultas regulares del pediatra permitirán seguir la evolución del recién nacido, tranquilizar a los padres y enseñarles a no considerar ya a su bebé como un niño débil. Si su hijo es prematuro, sobre todo no intente compararlo con otros niños más grandes o «más avanzados». Adáptese a su ritmo para acompañarlo también en sus progresos.

Las discapacidades

Hoy en día y a condición de poder beneficiarse de cuidados intensivos, muchos bebés muy prematuros sobreviven y pueden recuperar su retraso. Algunos meses o algunos años más tarde, ya nada hace presumir su prematuridad. Están tan fuertes como los niños nacidos a los nueve meses.

Pero, puede ocurrir excepcionalmente que el niño nazca con una deficiencia de las funciones motoras o sensoriales. También puede suceder que el bebé nacido prematuramente sufra graves complicaciones infecciosas, respiratorias o neurológicas que pueden acarrear graves secuelas (déficit motores, neuropsíquicos, de la vista o de la audición, etc.).

Entre un 4 y 6% aproximadamente de los prematuros padecen alguna discapacidad. En caso de complicación en la evolución, la vigilancia regular es todavía más necesaria: hay que detectar lo antes posible el eventual problema para iniciar la reeducación adecuada y brindar las máximas oportunidades al bebé.

El médico no puede impedir el impacto y el sufrimiento de los padres ante la idea de que su hijo pueda tener una discapacidad, pero puede ayudarlos a comprender lo que ocurre y aconsejarlos para afrontar las dificultades y organizarse.

De todas formas, no hay que olvidar que los niños pequeños tienen inmensas facultades de recuperación y lo que puede parecer alarmante a una edad determinada acaba luego por normalizarse perfectamente.

QUISIERA SABER

Durante los primeros días, mi bebé tiene ictericia. ¿Es grave?

• Suele ocurrir que al 2.º o 3.er día los bebés, aunque hayan nacido a los nueve meses, sufran una ictericia banal, la «ictericia fisiológica». El hígado no es todavía capaz de eliminar la bilirrubina, un pigmento tóxico disuelto en la bilis y que se difunde por la sangre tiñendo de amarillo la piel y el blanco de los ojos. En esos casos se vigila el nivel sanguíneo de bilirrubina. Si es demasiado alto, se tratará al bebé con rayos ultravioleta (fototerapia). Por regla general, la ictericia desaparece en una o dos semanas sin complicaciones posteriores.

¿A qué se llama «niño prematuro»?

• Un niño sólo puede sobrevivir fuera del útero materno si nace después del 6.º mes de embarazo (a partir de la 28.ª semana). Si nace a partir del 8.º mes, ya no se le considera prematuro. Se llaman prematuros a los niños que nacen antes de la 37.ª semana. En los países occidentales, es el caso de entre un 5 y un 6% de los recién nacidos.

¿Cómo tener relación con un bebé que está en incubadora?

• Para permitir unas relaciones lo más estrechas posibles entre los padres y el hijo, el personal sanitario favorece las visitas diarias, incluso varias veces al día, y la alimentación del bebé con leche materna (obtenida con un sacaleches). No vacile en acercarse al bebé para que la vea, hablarle y pedir que le dejen tocarlo por las aberturas de la incubadora, aunque esté unido a aparatos de vigilancia o de asistencia.

La madre después del parto

Aproveche los días que pasa en la maternidad para familiarizarse con el bebé y descansar. Una vez en casa, ahorre fuerzas. Dé de mamar o no, aliméntese correctamente. Su organismo necesitará varios meses para recuperarse.

Los primeros días en la maternidad

Por término medio, estará en la maternidad entre tres y cinco días si ha tenido un parto clásico, o unos siete u ocho días si el nacimiento fue por cesárea. Luego, volverá a casa con su hijo y organizará poco a poco la nueva vida familiar.

PRIORIDAD AL REPOSO

Se sentirá seguramente más cansada después del parto que antes. La estancia en la maternidad dura entre tres y cinco días. Aprovéchelos para descansar. Si puede, planifique las visitas que los familiares y los amigos querrán hacerle a usted y al bebé. Y dedique estos pocos días de tregua para familiarizarse con su hijo.

Durante las horas que siguen al parto, la euforia se mezcla con un enorme cansancio: la madre acaba de realizar un esfuerzo físico extenuante. Este estado puede verse agravado por una anemia debida a la pérdida de sangre durante el parto. No hay que levantarse sin ayuda la primera vez. Sin embargo, al día siguiente de un parto por vía natural la madre se puede mover por la habitación. El organismo necesitará entre ocho y diez semanas para volver a encontrar el equilibrio: es el puerperio, que termina con la reaparición de la regla. Las primeras reglas suelen ser más abundantes y largas que las habituales; los ciclos se hacen regulares tras unos meses.

La vuelta del útero a su estado normal

El útero empieza a recuperar su volumen normal a partir de las primeras horas que siguen al parto; se dice que involuciona. La mucosa interna del útero se va eliminando poco a poco y la pared uterina cicatriza; se producen unas pérdidas llamadas *loquios*, que son más abundantes que las reglas y se van aclarando hasta desaparecer después de unas tres semanas, aunque en algunas mujeres duran hasta la reaparición de la regla.

Justo después del parto, pueden aparecer unas contracciones dolorosas llamadas *entuertos*; se deben a la retracción del útero. Desaparecen alrededor de 48 horas después. Suelen ser más fuertes y dolorosas en las mujeres que ya han dado a luz con anterioridad y aumentan con el número de partos. También son más intensas si se da de mamar y se desencadenan en el momento de las tomas (*véase* pág. 143).

La subida de la leche

Después del parto, el organismo se prepara para la lactancia. En cuanto se expulsa la placenta, la glándula hipofisaria segrega una hormona –la prolactina– que activa la producción de leche. Si ha optado por dar de mamar, al niño se le dará el pecho en las primeras horas de vida para estimular la hipófisis y la subida de la leche. Durante las primeras 48 horas, el pecho segrega un líquido amarillento, que es rico en vitaminas y albúmina: el calostro. Actúa como purgante para que el bebé elimine el meconio que todavía le queda en los intestinos. La leche sustituye al calostro hacia el 3.er día. La subida de la leche viene precedida por un endurecimiento y tumefacción de los pechos, a veces acompañados por una ligera elevación de la temperatura corporal.

Si no desea dar de mamar, el médico le recetará un tratamiento para impedir la producción de leche. No se ponga un vendaje en los pechos, ya que es totalmente ineficaz. Lo mejor es llevar un buen sujetador y beber menos: el consumo de agua aumenta la producción de leche.

Después de una episiotomía

Si la madre ha sufrido una episiotomía, probablemente notará tirones y dolor en la zona de la sutura. Al margen del lavado con agua y jabón, que deberá efectuarse durante más de una semana cada vez que se orina, se puede secar la herida con un secador de pelo durante unos minutos para acelerar la cicatrización. Los puntos se quitan hacia el 4.º o 5.º día, pero si tiene molestias, siéntese sobre un cojín de goma o un flotador. Si el dolor de la episiotomía persiste después de tres o cuatro meses, hay que consultar al médico. Se puede «reparar» la episiotomía quirúrgicamente y no tiene por qué producir dolores.

Los esfuerzos que se hacen para empujar durante el parto provocan algunas veces la formación de hemorroides que pueden ser dolorosas. El médico recetará un tratamiento local (pomada antihemorroidal) o general (antiinflamatorio). Un poco de hielo aplicado localmente proporciona un alivio real aunque momentáneo. Probablemente también esté estreñida. A pesar de la aprensión, es preferible no esperar más de dos días para ir al lavabo. Los esfuerzos no pueden reabrir una cicatriz de episiotomía. El estreñimiento desaparecerá con la ayuda de laxantes suaves y ejercicios adecuados, asociados a una dieta alimenticia que favorezca el tránsito intestinal.

Después de una cesárea

Como cualquier intervención quirúrgica, la cesárea puede provocar un enorme cansancio. Sólo se realiza bajo anestesia general en casos de extrema urgencia. Si se ha utilizado una anestesia local, como la epidural, los efectos inmediatos serán mucho menos desagradables y se puede ver al bebé enseguida. Conviene levantarse al día siguiente, para evitar cualquier riesgo de complicaciones circulatorias y a partir del 2.º o 3.er día ya es posible moverse casi con normalidad. Para ducharse hay que esperar al 4.º o 5.º día. Los puntos o las grapas se quitan entre el 6.º y el 10.º día y pronto se recupera la libertad de movimientos. El tránsito intestinal y urinario tardarán más en volver a la normalidad que en el caso de un parto por vía natural. El médico suele recetar analgésicos para las contracciones y los dolores en la zona de la cicatriz. El parto con cesárea no impide dar de mamar. Por lo demás, el cuerpo reaccionará como si se hubiese tratado de un parto normal.

Prever la anticoncepción después del parto

Si se siente bien, puede querer reiniciar rápidamente su vida amorosa. Hay que saber, sin embargo, que el cansancio y los pequeños incidentes posparto no siempre son propicios para mantener relaciones sexuales satisfactorias al principio. A pesar de todo, no espere para prever el tipo de anticoncepción. Las reglas reaparecen entre seis y ocho semanas después del parto en las mujeres que no dan de mamar; en las que sí lo hacen, no llegan hasta que dejan de hacerlo, ya que la lactancia bloquea el funcionamiento de los ovarios (aunque dar de mamar no es en ningún caso un medio anticonceptivo). La ausencia de regla no significa que no se pueda concebir. La ovulación puede darse veinticinco días después del parto. Para evitar un nuevo embarazo demasiado seguido, hay que pensar en un método anticonceptivo transitorio hasta la aparición de la regla. Cuando ya se tiene la regla, si no está contenta con este método pasajero, puede modificarlo cuando hable con el médico.

Los métodos anticonceptivos que hay que excluir
Justo después de un parto, no se puede recurrir:
– al DIU, que podría ser rechazado y que sólo se puede colocar dos meses después del parto;
– al método de la temperatura y el método de Billings, inaplicables hasta que no se ha tenido la primera ovulación;
– al diafragma, que deberá adaptarse, más tarde, a la nueva anatomía.

Los métodos anticonceptivos recomendados
Además del preservativo masculino, para la mujer son:
– los espermicidas en forma de cremas, óvulos o esponjas que deben colocarse diez minutos antes de mantener relaciones; hay que evitar un aseo íntimo durante las dos horas anteriores y posteriores para no destruir la acción de los espermicidas;
– la píldora de gestágenos a bajas dosis (minipíldora) se puede usar diez días después del parto si no se da de mamar ni hay ninguna contraindicación; si se da de mamar, el médico también puede recetarla, ya que es compatible con la lactancia; pero se debe tomar a horas concretas y puede causar pequeñas pérdidas. Por el contrario, la hipercoagulación de la sangre que caracteriza las tres semanas después del parto impide la toma de píldoras con dosis hormonales altas.

De vuelta a casa

Se siente feliz ante la perspectiva de la vuelta a casa con el niño, pero todavía está cansada y, quizá, algo preocupada después de que en la maternidad se hayan encargado de todo. Las cosas irán bien, pero hay que organizarse para poder descansar.

LA REAPARICIÓN DE LA REGLA

Las primeras reglas suelen ser más abundantes que las reglas habituales. Si no se da de mamar, la primera regla aparece de media entre la séptima y la octava semana después del parto. La ausencia de regla sólo se considera anormal si pasan más de tres meses. Si se da de mamar, la fecha de esta primera regla se retrasa (ya que la lactancia bloquea el funcionamiento de los ovarios) y es difícil de prever. Generalmente, se sitúa hacia el cuarto mes y excepcionalmente después del sexto.

Los órganos tardan unas seis semanas en volver a su sitio y el organismo necesitará varios meses para recuperarse del cansancio debido a los esfuerzos realizados durante el embarazo y el parto. Sobre todo, cuide sus fuerzas. Si ya tiene hijos que esperan en casa, intente que la ayuden: haga que el padre, los abuelos, una amiga, etc., colaboren. Efectúe pausas durante el día y échese una siesta por la tarde si puede; no se precipite para hacer las tareas domésticas que se han acumulado durante la ausencia: piense en usted, en su alimentación, no cargue con objetos pesados (es malísimo para la espalda y el perineo).

En cuanto pueda, salga un poco. El bebé va a imponer un ritmo de vida muy exigente; tendrá necesidad de reservarse para usted algunos momentos de libertad. No haga gimnasia hasta obtener la autorización del médico y evite los masajes del vientre al principio. Si da de mamar, espere a destetar al niño para realizar una actividad deportiva; si no da de mamar, espere hasta la aparición de la regla.

Un período necesario de readaptación

Aunque haya podido volver a ducharse al día siguiente del parto en la maternidad, deberá esperar alrededor de una semana (más en caso de cesárea) antes de darse el primer baño en casa, ni demasiado caliente ni demasiado largo, sobre todo después de una episiotomía. El final de los loquios puede considerarse como la señal de que el cuello del útero está bien cerrado y que puede volver a bañarse. Las irrigaciones vaginales están absolutamente prohibidas. Las mujeres que dan de mamar deberán, además, dedicar unos cuidados especiales a los pechos; las enfermeras de la maternidad se encargarán de enseñarle todo lo relativo a sus cuidados.

Recuperar el peso

Durante el parto se pierden unos seis kilos. Costará más perder el resto, pero no intente desembarazarse de ellos demasiado rápido. Una alimentación variada y equilibrada, rica en calcio y sin demasiadas calorías, permite recuperar el peso habitual durante el primer año (*véase* pág. 163). Las mujeres que dan de mamar necesitan tener unas reservas de energía de algunos kilos. En estos casos, adelgazar implicará un cansancio que puede ser peligroso para la salud. Además, la lactancia provoca a veces una pérdida de peso espontánea y, al contrario, obliga a seguir una dieta alimenticia (*véase* pág. 158).

Bajar el vientre

Los músculos abdominales requieren ser tonificados, ya que la piel y los músculos se distienden durante el embarazo. La vuelta al estado normal no necesitará demasiado tiempo. Sobre todo, no hay que precipitar las cosas y se deben seguir los consejos del médico y del fisioterapeuta.

Se pueden iniciar sesiones de gimnasia después de la aparición de la regla. Los abdominales se recuperan espontáneamente, pero antes hay que esperar a que el perineo, que sostiene todo el aparato urogenital, vuelva a ser elástico y recupere su tono (*véase* pág. 162).

Las relaciones sexuales
El equilibrio hormonal debe restablecerse; la ausencia de estrógenos, que se prolonga hasta la reaparición de la regla o mientras se da de mamar, conlleva una sequedad pasajera de la vagina, que puede hacer dolorosas las relaciones (en ese caso, se recomienda el uso de un gel lubricante). La vagina ha sufrido una gran distensión y la mucosa puede estar desgarrada; quizá queden algunos puntos de sutura, los de la vagina y del perineo, que se reabsorben por sí solos; mientras que los que cierran la incisión (episiotomía), a veces no reabsorbibles, se quitan cinco o seis días después del parto. Es posible que la cicatriz de la episiotomía provoque algunos dolores o molestias; es prudente esperar a la cicatrización completa, lo que puede tardar varias semanas.

Los *pequeños incidentes*

Sin el entorno médico de la maternidad, los primeros quince días suelen parecer los más desconcertantes. Dos semanas después del parto, quizá note unas pérdidas de sangre más importantes: son los loquios. Duran de dos a tres días y no deben alarmarla. Si los loquios son malolientes, hay que consultar al médico; las pérdidas abundantes y diarias son anormales y pueden ser un síntoma de una infección de la mucosa uterina (endometrio). Los entuertos pueden desencadenarse durante las tomas si se da de mamar, pero generalmente desaparecen mientras todavía se está en la maternidad (para los posibles problemas relacionados con el embarazo y los pechos, *véase* pág. 155).

Estreñimiento
El estreñimiento que a veces se tiene justo después del parto debería desaparecer en cuanto se retoma la dieta habitual. Hay que comer alimentos ricos en fibras (pan integral), verdura (espinacas, ensaladas) y ciruelas (crudas o cocidas). Las hemorroides, muy a menudo relacionadas con el estreñimiento, tardan más en reabsorberse y en algunos casos requieren un tratamiento local recetado por un médico.

Problemas urinarios
Frecuentes sobre todo después de un parto difícil, los problemas urinarios suelen ser pasajeros. Si tiene incontinencia, no espere para iniciar una reeducación del perineo (*véase* el recuadro inferior). No deje que la incontinencia, por mínima que sea, se convierta en algo habitual.

Resolver los pequeños problemas

De vuelta de la maternidad, no dude en considerarse como una convaleciente durante al menos dos meses. Ahorre fuerzas y preocúpese por su comodidad. Volver a encontrar la buena forma física exige organización.

Dolores en las piernas y la espalda
El masaje de las piernas y la espalda –piense también en los ejercicios ya realizados durante la gestación (*véase* pág. 76)– puede ser un auténtico alivio después del parto, pero hay que evitar el vientre. Dado que los músculos y la piel están todavía muy distendidos, es inútil estirarlos con manipulaciones demasiado fuertes que podrían impedir que se vuelva a recuperar un vientre liso.

La fragilidad del perineo
La espalda no es lo único que sufre cuando se cargan objetos demasiado pesados. Los abdominales están débiles y debe ser el perineo, también debilitado, quien trabaje. Llevar bolsas de la compra repletas o fardos demasiado pesados no está recomendado; deje que se encargue la pareja. Si se lleva al bebé en un canguro, hay que colocarlo muy alto, casi entre los pechos, y sobre todo no ponerlo sobre el vientre. No levante ningún peso sin contraer al mismo tiempo los abdominales y el perineo.

Los problemas urinarios
A veces, después de una epidural la vejiga no se vacía por sí sola. Esta retención de orina siempre es pasajera y desaparece al cabo de dos días. Pero, aparte de esta dificultad para eliminar correctamente, se pueden padecer pequeñas pérdidas de orina cuando se hace un esfuerzo (reír, toser, estornudar). Es habitual después de un parto largo y complicado. La incontinencia urinaria también aparece al final del embarazo e, incluso, después de partos sin problemas. En la maternidad le pueden recomendar unos ejercicios adecuados para fortalecer el esfínter urinario. No dude en comentárselo al médico, que podrá recetar, si es necesario, una reeducación perineal bajo control de un fisioterapeuta.

Mareos
Al pasar de la posición tumbada a la posición erguida, tiene mareos. Al principio, intente no levantarse de golpe. Quizá tenga anemia. Adapte la alimentación a esta circunstancia (*véase* pág. 164) y consulte al médico, que le recetará un suplemento de hierro.

Cuidados y cicatrices
• **Si ha sufrido una episiotomía,** observe la higiene rigurosa que ha iniciado en la maternidad. Las molestias en la cicatriz deben atenuarse o desaparecer rápidamente. Evite los tejidos sintéticos. Renuncie a las relaciones sexuales mientras la cicatriz esté sensible.
• **Si ha dado a luz con cesárea,** la cicatriz puede trasudar después de quitar los puntos y grapas. Límpiela con agua y jabón y luego cúbrala con un apósito seco durante unos días. La cicatriz formará al principio un burlete, que se irá flexibilizando a medida que pase el tiempo. Es probable que note una zona insensible a su alrededor; tranquilícese, la piel recuperará progresivamente la sensibilidad.

Las posibles complicaciones

Las complicaciones suelen ser esencialmente de orden infeccioso (endometritis, infección de orina) o tromboembólico (flebitis y embolia pulmonar). Pueden aparecer durante los quince días posteriores al parto, por lo que hay que estar particularmente alerta en ese período. Tómese muy en serio cualquier subida de la temperatura que no esté relacionada con la subida de la leche. Hay que controlarse la temperatura al menos en los siguientes casos: pérdida de sangre, estado febril y dolores en el abdomen, la pelvis, las piernas o los pechos. Si tiene fiebre, consulte con su médico, que buscará la causa. Puede provenir de una infección de la mucosa uterina –el endometrio– o de una infección urinaria. Un absceso en un pecho se acompaña también de fiebre: debe tratarse quirúrgicamente (para los demás problemas relacionados con la lactancia, *véase* pág. 155). También se puede formar un absceso en la cicatriz de una cesárea o de una episiotomía, situación que se acompaña de fiebre. El médico recetará unos análisis complementarios y, si es necesario, un tratamiento adecuado. En algunos casos, puede requerirse una corta hospitalización.

La formación de trombos en las venas, o tromboflebitis, aparece más a menudo durante los cinco primeros días posteriores al parto; se detecta sistemáticamente y se controla durante la estancia en la maternidad. Posteriormente, si se tiene un dolor persistente en una pierna, hay que ir obligatoriamente al médico.

 QUISIERA SABER

¿Cómo se pueden perder los kilos que sobran?
• Si se da de mamar, se gastan calorías adicionales y no es el momento de ponerse a régimen para adelgazar. Si no está dando de mamar, no hay que lanzarse tampoco a un régimen que agravaría el cansancio. Es mejor empezar por reducir el consumo de azúcar, mantequilla, salsas, embutidos, etc.
La alimentación debe ser variada, con carne, huevos, pescado, lácteos, verdura y fruta. El tipo volverá por sí solo si se tiene paciencia para esperar unos meses.

Desde el parto sudo mucho, ¿es normal?
• Durante el embarazo se acumula una cierta cantidad de agua en el organismo. El agua se elimina con la orina y por la piel. Después del parto es normal transpirar, sobre todo de noche. Tranquilícese, no durará mucho.

¿A partir de cuándo se puede hacer gimnasia?
• Antes de intentar reforzar los abdominales, es esencial recuperar el tono de los músculos del perineo. Es importante empezar enseguida, ya en la maternidad, con ejercicios de mantenimiento del perineo. Además de los ejercicios que se aprenden en la preparación para el parto (*véase* pág. 99), hay que seguir sesiones de reeducación perineal dirigidas por una comadrona o un fisioterapeuta especializado. La gimnasia para reafirmar el vientre puede iniciarse dos meses después del parto (*véase* pág. 165).

Si da de mamar

Ha decidido darle el pecho a su hijo. En la maternidad, se ha familiarizado con las tomas. Una vez en casa, deberá cuidar sus pechos y alimentarse correctamente.

Alrededor de una semana después de la subida de la leche, la producción se regula de acuerdo con las necesidades del bebé. Los pechos están menos duros, la duración de las tomas se acorta; en cada una, el bebé vacía completamente un pecho y, a veces, también el otro.

Los pechos y la lactancia

Sin embargo, suelen presentarse algunos problemas. El descanso, una alimentación equilibrada y unos cuidados adecuados de los pechos constituyen las mejores precauciones que se pueden recomendar. Las dificultades son a veces psicológicas y están relacionadas con una cierta ambivalencia: algunas mujeres desean dar de mamar pero, por un motivo u otro muy personal, se resisten a ello más o menos conscientemente. También pueden ser causas simplemente «técnicas», y entonces es fácil ponerles remedio. La lactancia en sí misma no estropea los pechos. Sin embargo, no hay que engordar demasiado y debe llevarse un buen sujetador. Una gimnasia adecuada devolverá a los pechos su tonicidad.

El cuidado de los pechos

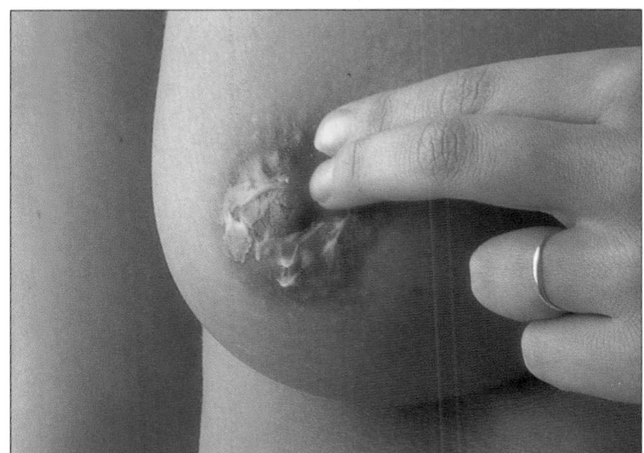

Cuidado de los pezones △
Para preparar la lactancia, ha nutrido e hidratado la piel del pezón y la areola con anterioridad (*véase* pág. 142). Siga haciéndolo entre las tomas o al menos una vez al día, por la mañana después de la ducha. Use una crema grasa e inodora: la piel la absorbe rápidamente y no molestará al bebé.

La preparación de los pezones ▽
¿Tiene muy sensibles, poco formados o incluso umbilicados (hundidos) los pezones, o el bebé no consigue cogerlos bien? Justo antes de cada toma, dése un masaje y tire del pezón para que sobresalga y se acostumbre a los estímulos. A lo largo de estos masajes, la leche empezará a salir, lo que también facilita la toma.

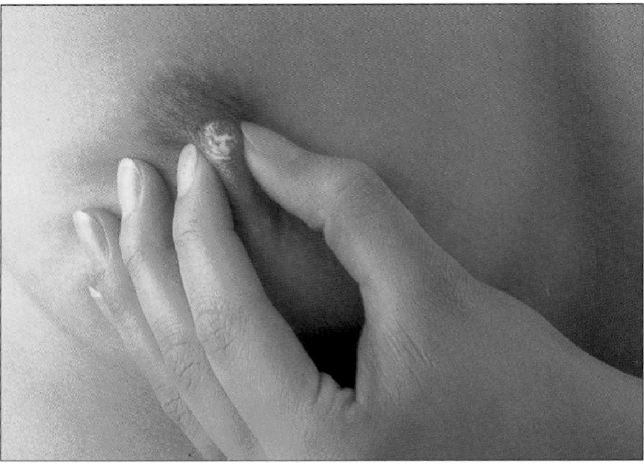

Leche en cantidades insuficientes

La cantidad de leche que tiene una mujer no depende de su buena voluntad. Algunas tienen demasiada y otras no la suficiente en ciertos momentos del día. Si éste es su caso, deberá completar la lactancia con un biberón. De la misma forma, para proteger los pezones si todavía están doloridos, no vuelva a dar de mamar al bebé; cójalo en los brazos si llora; muchas veces basta para calmarlo y, si no, ofrézcale un biberón.

Se debe saber que en cualquier momento se puede suspender la lactancia (destete). Cuando se para después de varias semanas, tiene que ser de forma progresiva (*véase* pág. 180), pero si lo que se desea es dejarlo a los pocos días de volver a casa, se puede hacer de golpe; el bebé se acostumbrará muy bien a la tetina del biberón. Mantenga bien sujetos y abrigados los pechos y beba la menor cantidad de agua posible durante ese período para no favorecer la secreción de las glándulas mamarias. Sin el estímulo de la succión del bebé, los pechos se secan.

Los pezones umbilicados o poco salientes

Si los pezones están hundidos o sobresalen poco, el bebé tendrá ciertas dificultades para mamar con eficacia. Además de la preparación manual ya mencionada (*véase* pág. 155), el uso de protectores bajo las copas del sujetador favorece que sobresalgan los pezones. Si este método no funciona, antes de renunciar, compre (en la farmacia) pezoneras de silicona. Una pezonera puesta sobre la areola hace de ventosa, prolonga el pezón y permite que el bebé lo coja con la boca, facilitando la succión.

La hipersensibilidad de los pezones

Los pezones suelen estar a menudo muy doloridos, en especial al principio de la lactancia. Esta incomodidad puede deberse al bebé, que no coge correctamente con la boca el conjunto del pezón y la

Facilitar la lactancia

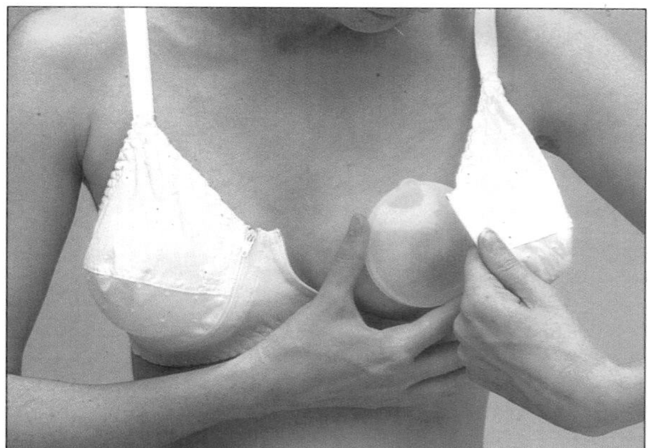

◁ *Cómo se utiliza el recogeleche*
Para prevenir la congestión, cuando sube la leche, lleve siempre un recogeleche entre toma y toma. Luego, llévelo puesto cuando la leche sale del pecho por sí sola para recogerla.

La recogida de la leche **△**
Si recoge leche del pecho del que no ha mamado el niño, viértala en un biberón esterilizado. No debe permanecer más de treinta minutos en el recogeleche, que deberá limpiarse y esterilizarse enseguida.

El masaje del pecho **▽**
En el momento de la subida de la leche, relaje los pechos durante las tomas por medio de masajes circulares en la parte superior de los mismos, intentando hacer desaparecer las «bolas».

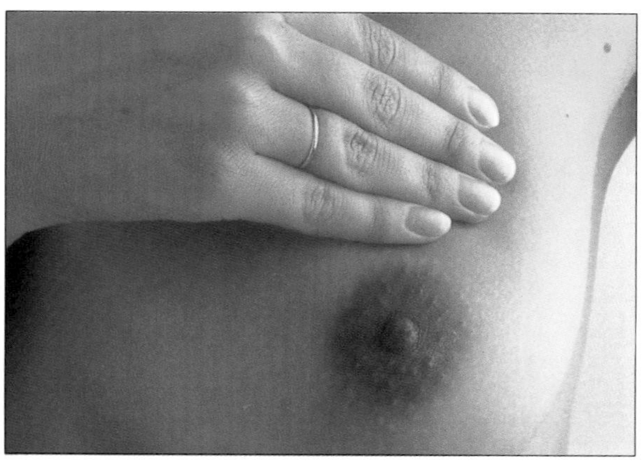

areola. Compruebe que mama como es debido. Si la succión es demasiado rápida, puede ralentizarla sosteniendo con mucha suavidad el mentón del recién nacido mientras bebe. Por lo general, la hipersensibilidad disminuye a medida que la madre y el niño aprenden. Si persiste, se pueden utilizar pezoneras de silicona o sustituir algunas de las tomas por biberones.

Las grietas
Este término inquietante se refiere en realidad a una irritación superficial de la piel del pezón. Las grietas suelen deberse a una mala postura del lactante, que sólo coge el extremo del pezón y lo mordisquea durante demasiado tiempo sin tomar nada.

Cuando es fuerte, la irritación puede obligar a suspender la lactancia hasta la cicatrización completa. Hay que secar bien las lesiones y nutrir la piel con una crema hidratante. Las pezoneras de silicona son de gran ayuda en estas circunstancias.

La congestión de los pechos
Se debe a un exceso de leche. Durante los dos o tres días que preceden a la subida de la leche, el bebé ya mama, incluso en la propia sala de partos, instintivamente. Esta acción «mecánica» es suficiente en principio para descongestionar los pechos. Sin embargo, si el bebé no basta para vaciarlos, se puede usar un sacaleches (mecánico o eléctrico) para aliviar las molestias. Si la leche sale mal, es necesario aplicarse unos masajes con suavidad, darse una duchas y mantener los pechos abrigados. Si se tiene fiebre, el médico puede recetar aspirina. Y relájese, una congestión es siempre transitoria.

La linfangitis
Se trata de una inflamación de las glándulas mamarias durante la lactancia. Se caracteriza por la aparición de una zona roja y dolorosa en el pecho, que está tenso, y se acompaña por lo general de fiebre, que puede alcanzar los 39,5 °C. Puede contraerse en cualquier momento. El

El *sacaleche*

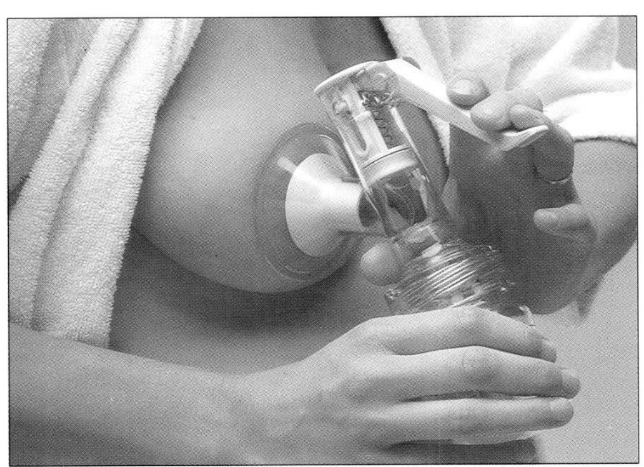

El sacaleche manual △
Si el bebé no mama correctamente (pezones umbilicados, niño de poco peso...), use con regularidad un sacaleche manual para recoger toda la leche que necesita el bebé. La recogida en el biberón debe hacerse en rigurosas condiciones higiénicas y la leche no debe conservarse más de veinticuatro horas en la nevera. Puede hacer lo mismo si debe ausentarse durante unas horas.

El sacaleche eléctrico ▽
Si el niño es prematuro o está hospitalizado podrá, a pesar de todo, recibir la leche materna gracias a la utilización de un sacaleche eléctrico. Desde los primeros días después del parto hay que estimular la subida de la leche utilizando el sacaleche tres o cuatro veces al día. Después de la subida, intente vaciar por completo los dos pechos cinco o seis veces al día.

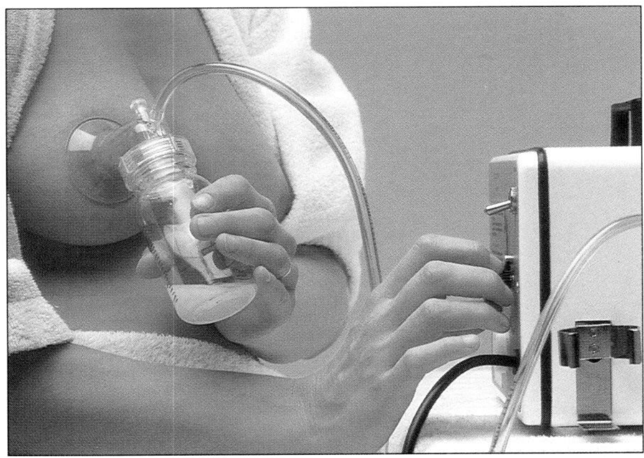

tratamiento que receta el médico la cura en dos o tres días. Se puede seguir dando de mamar con el otro pecho.

El absceso del pecho

Se trata de una infección que se manifiesta con fiebre, dolor en el pecho y luego bajo el brazo. Es imprescindible un tratamiento médico rápido, o incluso una intervención quirúrgica, pero el absceso del pecho es muy raro.

¿Qué comer durante la lactancia?

La alimentación de una mujer que da el pecho deber ser ante todo variada y muy equilibrada. Después del nacimiento del bebé, la alimentación será la misma que al final del embarazo, aunque deberá incluir una mayor cantidad de productos lácteos, es decir, un litro de leche o su equivalente por día. Las necesidades podrán aumentar en función de la secreción de leche. Otras recomendaciones: beber mucho, suprimir en lo posible alcohol, café y tabaco, y sobre todo, descansar.

Más calorías y calcio

Para poder proporcionar la cantidad de leche que necesita el bebé (500 g por día a partir del 15.º día), hay que añadir unas 500 calorías a la dieta habitual. Esencialmente, las aportarán los productos lácteos, al igual que el calcio y el fósforo imprescindibles para el buen crecimiento. La leche se puede consumir en forma de productos lácteos y quesos variados, o usarse para confeccionar salsas, entremeses y cremas.

Consuma productos lácteos fáciles de digerir y variados, huevos, pescado y carne para las proteínas; fruta y verdura para las vitaminas y las sales minerales, y féculas (patatas, cereales, pan) para la vitamina B. Repártalos en tres comidas principales, el almuerzo y la merienda. Coma fruta en cada comida. No abuse de los cítricos que, consumidos en cantidades excesivas, pueden tener un efecto laxante. En cada comida, puede tomar media ración de verdura y media de féculas.

Agua en abundancia

La cerveza sin alcohol tienen la reputación, no siempre merecida, de favorecer la secreción de leche. Nada impide probarlo.

Los desayunos efectuados a base de malta aromatizada con cacao, café o achicoria, las tisanas de hinojo, anís o comino pueden ser eficaces. Pero, sobre todo, lo más importante es el agua, pues hace que aumente la producción de leche; la leche, por cierto, está compuesta de agua en un 90%.

Beba al menos 2 litros de líquido al día, esencialmente en forma de agua y leche (desnatada, si teme engordar demasiado), y para variar, caldos de verduras, infusiones, té muy ligero o café descafeinado. Coloque siempre un vaso de agua a mano durante las tomas para calmar la sed o para eliminar la sensación de sequedad que se suele tener en la boca.

Sustancias que hay que evitar

Durante los quince primeros días de lactancia, modérese con las legumbres, los salsifíes, los guisantes y las coles, que pueden dificultar la digestión del niño. El sabor del puerro, el espárrago, la col, el ajo, la cebolla, el apio y el pimiento –alimentos que, por otra parte, no siempre se digieren bien– pasa a la leche y al bebé no tiene por qué gustarle. Un exceso en el consumo de naranjas, pomelos, cerezas, ciruelas y uva puede causarle diarreas. A partir de la segunda semana, se puede comer de todo si se sigue moderando el consumo de estos alimentos, que podrían molestar al bebé.

Por el contrario, durante toda la duración de la lactancia, no hay que tomar ningún medicamento sin la prescripción del médico: algunos pueden secar los pechos. Desde luego, mucho mejor que recurrir a los laxantes, es preferible que coma verduras y frutas cocidas y crudas. Los tranquilizantes, los somníferos y los medicamentos contra el dolor (analgésicos) pasan a la leche, al igual que el alcohol y el tabaco. La nicotina puede provocar en el bebé cólicos, hiperexcitabilidad, llanto y dificultad respiratoria. Por las mismas razones, se deben de evitar el té y el café.

Cuidado con el cansancio

Algunas enfermedades (por ejemplo, la hipertensión grave o las enfermedades cardíacas) obligan a tomar medicamentos incompatibles con la lactancia, ya que pasan a la leche materna. Consulte siempre con su médico. La dieta que debe seguir una madre que da de mamar no es sólo alimenticia.
El cansancio es el factor que más puede reducir la producción de leche. Hay que evitar, por lo tanto, esfuerzos excesivos; duerma lo más posible, pasee todos los días, viva con tranquilidad, descanse, ya que estará mucho más fatigada que antes del parto. Si puede, estírese durante un cuarto de hora antes y después de cada toma, sobre todo al principio.

La visita posparto

Por regla general, al cabo de seis semanas del parto se suele pasar una revisión: es la popular visita de la «cuarentena». Si le preocupa algún problema relacionado con el período posparto, no dude en adelantar la consulta.

El reconocimiento posparto sirve para hacer un balance de los problemas o anomalías que se habían detectado durante la gestación o el parto y prevenir complicaciones posteriores. Consiste en una visita ginecológica completa, que también sirve para elegir un método anticonceptivo.

Una evaluación necesaria
El médico repasará los datos sobre el desarrollo del embarazo, del parto y del puerperio, y de la salud del bebé. Orientará su reconocimiento en función de los antecedentes médicos (*véase* pág. 40) y comprobará, además del peso y la presión arterial, el estado de ciertos órganos.
• **Los pechos.** Si no se da de mamar, el reconocimiento de los pechos será similar al que se hace en todas las consultas ginecológicas. Si se da el pecho, el médico reconocerá los pezones y ayudará a resolver los posibles problemas relacionados con la lactancia (*véase* pág. 155).
• **El abdomen.** A menudo, la piel del vientre está un poco distendida y los músculos abdominales todavía no han recuperado la tonicidad. Si se ha dado a luz con cesárea, el médico comprobará el estado de la cicatriz.
• **El perineo.** En caso de que se haya practicado una episiotomía, el médico examinará la cicatriz. Realizará una palpación vaginal para verificar la elasticidad de los músculos del perineo.
• **El conjunto de los órganos modificados por el embarazo.** La exploración, que se hace con la ayuda de un espéculo (*véase* pág. 41), permitirá al médico comprobar el aspecto que tiene la mucosa de la vagina y del cuello del útero. El médico recogerá las muestras necesarias si los últimos frotis cervicovaginales de control son antiguos. Hay que comunicar la existencia de incontinencia aunque sea ocasional (cuando se tose, se ríe, etc.). Si el médico detecta una anomalía, recetará sesiones de reeducación perineo-abdominal (*véase* pág. 162). Mediante la palpación de la vagina y el abdomen, también controlará si el útero ha recuperado su volumen y posición normales.

Análisis complementarios y precauciones
Después de la visita posparto no se realiza ningún análisis de laboratorio de forma sistemática, pero, por precaución, se suelen efectuar análisis de azúcar y albúmina en la orina.

Si no se está inmunizada contra la rubéola y no se ha recibido la vacuna en la maternidad, es el momento de hacerlo. Dado que dicha vacuna implica cierto riesgo –aunque sea remoto– de malformación del feto, en especial al principio de una gestación, una mujer no puede aplicarse la vacuna si está embarazada, la vacuna sólo debe ponerse dos meses después del parto si se usa un método eficaz de anticoncepción al menos desde hace un mes.

Si se han tenido complicaciones durante el embarazo, el médico hará una evaluación durante la visita posparto, pedirá los análisis necesarios y, si fuese necesario, recomendará un especialista. La hipertensión arterial, la diabetes del embarazo, el nacimiento de un niño de poco peso o las infecciones urinarias frecuentes son indicadores que hay que vigilar.

De acuerdo con los resultados del examen posparto, se podrá elegir un nuevo método anticonceptivo o volver al sistema habitual.

Un nuevo embarazo después de una cesárea

Si ha dado a luz con cesárea, quizá se pregunte cuándo podrá volver a quedarse embarazada y cómo se desarrollará el nuevo parto. A falta de datos científicos precisos, la mayor parte de los médicos aconsejan esperar un año antes de una nueva gestación. Si la causa de la primera cesárea persiste –por ejemplo, una pelvis demasiado estrecha–, probablemente se requerirá una nueva cesárea. Pero si las dimensiones de la pelvis permiten el parto por vía natural, y en ausencia de otros problemas durante el nuevo embarazo, no hay por qué pensar que la cesárea será imprescindible.

La vida cotidiana

Después del parto, se necesita un poco de tiempo para abordar la nueva situación familiar con serenidad, adoptar nuevos ritmos de sueño y recuperar una vida de pareja armoniosa.

Una familia

La vida en pareja, en plan de amantes, pertenece al pasado. Quizá haya vivido como una realización de la pareja la necesidad de abrirse a un tercero, su hijo. Quizá tema no saber «dividirse» entre el marido y el niño. Si no se trata del primer hijo, sin duda habrá que saber enfrentarse a los celos de los mayores. Cada cual deberá ocupar y asumir su nueva situación en la familia. Esfuércese por no encerrarse en el papel de madre. Reserve momentos de tranquilidad para usted misma y ratos de intimidad con su compañero: contribuirá a su realización personal y a la de toda la familia.

Durante los días posteriores al parto, la mujer suele sentirse más vulnerable y sujeta a bruscos cambios de humor. Después de la inmensa alegría del nacimiento, aparecen las lágrimas, las dudas, la dificultad de hacer compatibles la imagen del bebé esperado con el que ha llegado al mundo y de reencontrar una vida amorosa distendida. El cansancio físico debido al embarazo y el parto, el sueño interrumpido para alimentar al bebé, la acumulación de pequeñas molestias, los cambios hormonales, la conmoción emocional que ha causado el parto, etc., tienen su parte de responsabilidad en ese estado de ánimo.

Melancolía

Esta pequeña depresión es muy frecuente y no debe confundirse con una verdadera depresión (llamada *depresión posparto*) que puede darse excepcionalmente después del parto. Puede durar varios días, incluso algunas semanas. No hay que encerrarse en casa ni replegarse sobre una misma. Lo mejor es hablarlo con el compañero, los parientes y los amigos. Si este ataque de melancolía aparece en la maternidad, hay que comentarlo con el médico, la comadrona o las enfermeras; en algunos casos, un psicólogo puede ser de gran ayuda.

Una difícil vuelta a la realidad

Algunas mujeres viven el puerperio, sobre todo cuando se trata del primer hijo, como una pérdida, como un luto. El estado de plenitud del embarazo, en el que la futura madre y el niño formaban un todo, ha terminado. Las atenciones que, durante nueve meses, han tenido por centro a la madre, se concentran ahora en el bebé; y, además, éste no se corresponde exactamente con el niño imaginario que se había soñado. Es un bebé real, del cual hay que ocuparse día y noche. La madre ideal, en la que creía que se iba a convertir, deja paso a una mujer cansada, superada por las responsabilidades y llena de inquietudes: «¿Y si no soy una buena madre? ¿Sabré proteger a mi hijo de todas las amenazas? ¿Cómo evitar que sufra?»

La comunicación con el bebé

Como todo ser humano, el niño experimenta amor, alegría, placer, pero también angustia, pena, cólera e incluso odio. La presencia y el apoyo de la madre le permiten controlar estos sentimientos contradictorios. De momento, se expresa sobre todo con llantos: habrá que aprender a descifrar cuándo tiene hambre, cuándo sed y cuándo se encuentra mal, y a acompasar su sueño. También llora porque «sabe» que es el medio más seguro para que le hagan caso enseguida. La alternancia de la presencia y ausencia de la madre a su lado lo ayudará a convertirse en un ser autónomo. Un niño que está todo el tiempo en brazos de su madre, podría no desear nada más, y precisamente es el deseo lo que contribuye a forjar su personalidad.

Pero usted también tiene derecho a expresar su «humor». El bebé hace daño cuando mama, impide descansar, solicita sin tregua atención y la madre se pone a veces un poco nerviosa con él. Tranquilícese, es un sentimiento muy extendido, mezcla de agresividad y amor que, de vez en cuando, experimenta toda persona con respecto a sus seres queridos. La mayoría de las veces, esta fragilidad psicológica desaparece por sí misma a medida que se superan las diferentes etapas: se abandona la propia infancia, se deja atrás la categoría de niña para pasar a ser madre. No es sólo una cuestión de voluntad: es un «trabajo» a menudo largo, secreto y personal.

Si la «depre» se prolonga
Pero si, al cabo de las semanas, sigue sin tener ganas de hacer nada, lo ve todo con tintes negros, la menor actividad le repele, se siente incapaz y no se quiere a sí misma, hay que reaccionar, ya que no se trata de que la depresión arraigue. El médico o el ginecólogo podrán ayudarla u orientarla hacia un psicólogo. Para superar esta pequeña depresión, muy comprensible al principio, confíe también en su hijo: su presencia la reconfortará.

El sueño de cada uno

Tanto si el bebé duerme en la habitación de los padres como si no, el sueño de éstos depende en gran medida del recién nacido. A menudo se despiertan con el menor ruido, vigilan el más pequeño movimiento, comprueban varias veces por la noche que el niño respira bien, se precipitan si se pone a llorar...

De hecho, las intervenciones nocturnas de unos progenitores demasiado ansiosos pueden impedir que el bebé encuentre su propio ritmo de sueño, que no es el mismo que el del adulto (*véase* pág. 196). Quizá llora porque está entre un estado de sueño profundo y de sueño ligero. Quizá se ha agitado mientras estaba en un estado de semiadormecimiento. Además, cuando la madre le da de mamar, titubeante de cansancio, se vuelve a dormir tranquilamente y ella sólo tiene que hacer otro tanto, sin necesidad de cambiarlo después de esa toma. Si se alimenta con biberón, prepare un termo de agua tibia la víspera por la noche para que, luego, sólo haya que añadir la leche en polvo en el último momento. Quizá el padre se levante en lugar de la madre, para que ésta pueda dormir, y aproveche así unos momentos de intimidad con su hijo. La nueva situación familiar no se improvisa. Estas angustias son la cruz de casi todos los padres. Sólo con el tiempo se aprende a resolver las dificultades y a contestar con sentido común a las llamadas del niño. Confíen en ustedes mismos, sean pacientes y se sorprenderán de ver que reconocen las distintas señales que el bebé les dirige, tanto de día como de noche.

Recuperar el deseo

Desde hace algunos años se anima a las parejas a que mantengan su vida sexual durante el embarazo y la reinicien poco después del parto. Sin embargo, es normal que después del parto se tenga necesidad de un poco de tiempo –unas semanas, o incluso unos meses– antes de mantener de nuevo relaciones sexuales. Recuperar una sexualidad normal, aunque no sea enseguida armoniosa, no suele ser siempre fácil.

Entender el problema
Después de un parto, se suele observar una caída del deseo sexual en la mujer y a veces en el hombre. Al margen de factores psicológicos, no es fácil encontrar las causas profundas, ya que los dolores y los problemas físicos que siguen al parto sirven inconscientemente de pretexto. Si la sexualidad de la pareja no era muy satisfactoria antes del embarazo, si hay un conflicto latente que perturba las relaciones afectivas o si surge el miedo a un nuevo embarazo, las relaciones sexuales pueden ser delicadas, incluso rechazadas por la mujer o por el hombre.
Por culpa de un parto largo y doloroso se puede asociar vagina y dolor, lo que lleva a la mujer a negarse a la penetración. Algunas mujeres, a las que se les ha practicado la epidural o han dado a luz con cesárea, no relacionan vagina y dolor y no tienen ninguna aprensión. En otros casos, la pérdida momentánea de las sensaciones durante la epidural o una cesárea se traduce por un desinterés pasajero por la zona genital del cuerpo.

Volver a aprender a amarse
En algunas ocasiones, los dos miembros de la pareja se ven perturbados por la dificultad de distinguir la imagen de la madre y la de la mujer. Ocurre a veces que la mujer se cree menos deseable y se convence de que su pareja piensa lo mismo. Por su parte, el padre puede sentirse excluido de la relación madre-hijo y considerar que su mujer está reservada al niño; el placer sexual suele parecer culpable. Muchas madres jóvenes también se sorprenden y molestan cuando sienten una excitación mientras dan de mamar. Otras, por el contrario, experimentan un placer nuevo y más maduro después de la maternidad. Muy pocas parejas esperan la aparición de las reglas para retomar su vida amorosa, aunque la mitad de las mujeres tienen un decaimiento del deseo sexual durante los dos o tres meses posteriores al parto. No hay que imponerse volver a tener relaciones sexuales demasiado rápido; los contactos sexuales son una cuestión de atención y respeto recíprocos.

Recuperar la forma perdida durante el embarazo

ANTE TODO, REPOSO

Antes de pensar en la gimnasia y la dieta, piense en el descanso. Es una etapa primordial de reconciliación con el propio cuerpo. Si puede, échese una siesta al mismo tiempo que el bebé. El sueño nocturno se verá obligatoriamente partido durante varias semanas. Por lo tanto, no se canse más de lo necesario.

Embarazo, parto: el cuerpo ha trabajado mucho en esta época de su vida. Se merece por su parte toda las atenciones. Siga cuidándolo con esmero, ayúdelo a recuperar la belleza, la forma y la línea, sin exigirle demasiado, con suavidad.

Después del parto, lo más importante es descansar y, repitámoslo, reeducar bien los músculos del perineo. La reeducación perineal interesa a todas las mujeres, pero sobre todo a las que han tenido a lo largo del embarazo incontinencia urinaria cuando hacían un esfuerzo (reír, toser, estornudar) y a las que tuvieron un parto en el que el paso del niño fue largo y difícil.

Dos o tres meses después del parto se sentirá mejor. Las ideas negras han desaparecido, así como gran parte del cansancio que tenía tras el parto. Además, poco a poco se ha ido adaptando al ritmo de vida impuesto por la presencia del bebé. Ahora tiene ganas de ocuparse más de usted misma, aunque haga falta hacer un pequeño esfuerzo adicional. Sobre todo, tenga paciencia.

Una recuperación progresiva de la forma

Después del parto, seguramente se sentirá algo impaciente por recuperar el cuerpo de «antes» del embarazo. Unos ejercicios y, por qué no, una cura de talasoterapia contribuirán a recuperar del todo la forma física. Sin embargo, no tenga prisa. No empiece a hacer la gimnasia habitual antes de dos meses después del parto, ya que los ejercicios abdominales clásicos –muy tentadores para reforzar el vientre– pueden hacer peligrar la reeducación del perineo, lo que es mucho más crucial (*véase* más adelante).

Para la talasoterapia, espere también de dos a tres meses después del parto y, si da de mamar, espere al destete, ya que el agua de mar que se utiliza en estas curas tiene unos 34 °C, lo que favorece la subida de la leche. Por otra parte, los pezones, debilitados por la lactancia, pueden sufrir al entrar en contacto con el agua salada.

Pero, una vez llegado el momento, si puede permitírselo, no lo dude. Las virtudes del agua de mar son en la actualidad bien conocidas. Hay cada vez más centros de talasoterapia que ofrecen curas posparto con cuidados bajo vigilancia médica. Por ejemplo, se ofrecen reeducación muscular, masajes relajantes, duchas tonificantes y estimulantes, baños burbujeantes relajantes y drenajes linfáticos para atenuar la sensación de pesadez que se puede tener en las piernas. También podrá realizar sesiones de gimnasia en una piscina de agua de mar. Unos dietistas le prepararán un menú de adelgazamiento a medida y las esteticistas se encargarán de la belleza del cuerpo y de la cara. Aunque algo caras, estas curas la pondrán en forma y le proporcionarán la posibilidad de reencontrarse un poco consigo misma. La mayoría de estos centros disponen de una guardería o de un equipo de cuidadoras que usted y el bebé pueden aprovechar.

Reeducar el perineo

A lo largo del embarazo, ha descubierto la existencia –y la importancia– del perineo, los «cimientos musculares» de la pelvis. El peso que ha soportado durante el embarazo, sumado al esfuerzo realizado durante el parto, debilitan los músculos y ello algunas veces es responsable de la incontinencia urinaria que padecen muchas mujeres después del parto. Por consiguiente, es de gran importancia reeducar los músculos del perineo aprendiendo a contraerlos y tonificarlos.

Aprender a tonificar el perineo sola

Se puede empezar en la maternidad. Tumbada sobre la espalda, con las piernas dobladas y separadas, los pies bien planos, haga como si intentase retener un fuerte deseo de orinar. Si no consigue localizar el perineo, puede comprobar que se tensa colocando la punta del dedo índice encima y observando la eficacia del esfuerzo con un espejo. Relaje bien los abdominales durante este ejercicio: debe contraer el perineo sin contraer al mismo tiempo ni el vientre, ni las nalgas, ni los muslos.

Antes de salir de la maternidad, la comadrona comprobará la situación del perineo y le aconsejará cómo realizar este ejercicio. De vuelta a casa, acuérdese de practicarlo al menos tres veces al día, a razón de veinte contracciones cada vez. Empiece con contracciones rápidas y repetidas y, luego, intente mantener el ano y la vagina muy apretados durante al menos cinco segundos, combinándolo con largas fases de relajación entre dos contracciones para evitar la fatiga muscular. En cuanto domine bien este ejercicio, acostúmbrese a hacerlo de pie, sentada, mientras camina o durante los esfuerzos habituales de la vida diaria.

Solicitar ayuda si es necesario

Durante la visita médica posparto, aproximadamente unas seis u ocho semanas después del parto, el médico, si lo considera necesario, le prescribirá una reeducación perineal bajo el control de una comadrona o de un fisioterapeuta especializado. Esta reeducación se hace algunas veces mediante electroestimulación o en forma de sesiones de *biofeedback* muscular.

• **La electroestimulación.** Este método consiste en introducir en la vagina una sonda que libera unas descargas eléctricas de intensidad variable que producen una contracción refleja del perineo. La técnica le permite tomar conciencia exacta de la musculatura perineal y también aprender a contraer voluntariamente el perineo.

• **El *biofeedback* muscular.** Este método consiste en introducir una sonda en la vagina y en apretar las nalgas como si se quisiese retener la orina: al mismo tiempo, se visualiza en una pantalla una columna luminosa que sube proporcionalmente al esfuerzo, lo que permite apreciar la intensidad y aprender a controlar esta actividad muscular para poder realizarla luego en solitario, sin sonda ni pantalla. Constituye un excelente medio para tomar conciencia de la alternancia contracción-relajación de los músculos del perineo.

Recuperar el tipo

La «línea» se recuperará sola si se tiene la paciencia de esperar unos meses. Durante nueve meses ha engordado; acepte, por lo tanto, el mismo plazo para adelgazar. En el parto, se pierden unos 6 kg. De vuelta a casa, seguirá perdiendo agua y, cuando el útero haya vuelto a su peso inicial, se habrá desembarazado de 2 o 3 kg más. Después, habrá que esperar el retorno de la regla antes de iniciar un régimen.

Si se da de mamar se pierde peso con mayor rapidez, ya que la producción de leche requiere grasas. En total, concédase al menos seis meses para recuperar el peso habitual.

Adelgazar inteligentemente

Piense que el cuerpo necesita fuerzas para afrontar la energía extra que requieren los cuidados del recién nacido. Hay

Combatir la incontinencia urinaria

El primer ejercicio consiste en interrumpir el chorro de la micción. Contrariamente a una idea muy extendida, basta con una vez, al principio de la micción. Después, hay que vaciar del todo la vejiga para prevenir una infección urinaria. Este ejercicio se debe practicar dos o tres veces por día durante varias semanas. No hay que preocuparse si no puede parar de hacer pipí durante los dos primeros meses; es normal.

que respetar ciertas reglas, dictadas por el sentido común y confirmadas por los dietistas. No se salte ninguna comida, en especial el desayuno. Tómese su tiempo para desayunar y comer. Las comidas deben ser equilibradas, sin exceso de grasas ni azúcar.

Si puede, tome un pequeño tentempié por la tarde. Coma a las horas normales para que no sentirse tentada por el picoteo entre horas.

Coma de todo (carne, pescado, huevos, productos lácteos, verdura, fruta, féculas, etc.). Pero intente sobre todo no comer carnes en salsa y postres dulces más de una vez al día. No olvide beber agua en abundancia, en especial durante las comidas; se recomienda beber 2 litros al día.

ALIMENTOS QUE HAY QUE CONOCER

Después del parto, para combatir el riesgo de anemia, acuérdese de incluir en sus menús alimentos ricos en proteínas, magnesio, hierro y ácido fólico. Hay que saber que el hierro de origen animal se absorbe mucho mejor que el de origen vegetal y es, por tanto, mucho más eficaz. Además, la vitamina C activa la absorción.

¿Qué alimentos contienen magnesio?

• El cacao en polvo sin azúcar; el germen de trigo; las almendras; las judías blancas crudas, secas; el arroz integral, crudo.

¿Qué alimentos contienen hierro?

• Dentro de los productos de origen animal: despojos (hígado, riñones, corazón, morcilla), pescados, mariscos (ostras, mejillones, gambas, vieiras), carnes (buey, cordero, ternera, cerdo, conejo, pavo, pato, pollo), huevos y leche enriquecida con hierro.

• Dentro de los productos de origen vegetal: legumbres (garbanzos, judías blancas, habas, lentejas), frutos secos grasos (pistachos, nueces, avellanas, almendras, cacahuetes), harina y galletas de soja.

¿Qué alimentos contienen ácido fólico?

• El hígado, las espinacas, la lechuga, las almendras, los cacahuetes, la col, la remolacha, las alcachofas, los aguacates, las endibias, los pimientos, las naranjas, los quesos, los huevos, el arroz, la sémola y los plátanos. Dado que el ácido fólico se destruye con el calor, hay que comer estos alimentos crudos o evitar las cocciones prolongadas.

¿Qué alimentos contienen vitamina C?

• Dentro de las frutas crudas: naranja, pomelo, limón, kiwi, grosella, fresa y papaya; dentro de las verduras: perejil, pimiento, coliflor, coles de Bruselas, col lombarda, hojas de col, espinacas y berro crudo.

Cuidado con la anemia

Muchas mujeres padecen de anemia después del parto. Esta anemia se debe a una carencia de hierro, proteínas y ácido fólico (que interviene en la formación y la maduración de los glóbulos rojos). Es fácil ponerle remedio, con la condición de saber en qué alimentos se encuentran (*véase* recuadro inferior).

Recuperar el cuerpo

Con régimen o sin él, acabará recuperando el peso «normal». En general, un año después del parto ya se han perdido los kilos que se ganaron durante el embarazo. Sin embargo, la maternidad modifica el cuerpo, que ya nunca será del todo el mismo; aunque nada impide volver a ser delgada, flexible y fuerte.

El cabello

Durante el embarazo, la caída normal del cabello se ha interrumpido por el efecto de las modificaciones hormonales. No se preocupe si de repente se le empieza a caer mucho el pelo. Es como si recuperasen el retraso acumulado: no se pierde más que si la caída hubiese sido regular durante todo el embarazo. Nada impide, sin embargo, darse unos masajes en la cabeza durante unos minutos al día para favorecer la irrigación del cuero cabelludo. Si el cabello sigue cayendo después de varios meses, hay que consultar a un dermatólogo.

La piel

No existe ningún tratamiento que permita acelerar la desaparición de la máscara del embarazo, que necesitará varios meses, o de suavizar la coloración excesiva de las areolas de los pechos. De igual forma, la línea oscura del abdomen desaparecerá a los dos o tres meses, cuando las hormonas especialmente activas durante la gestación hayan perdido poco a poco su influencia. Siga protegiendo la piel con una crema de protección total antes de exponerse al sol.

Los pechos

Se dé o no de mamar, los pechos no volverán a recuperar su firmeza de antaño,

Pedaleo clásico

Este ejercicio, muy simple, permite reforzar los abdominales. Tumbada sobre la espalda, suba ligeramente la cabeza ayudándose con las dos manos entrelazadas bajo la nuca.

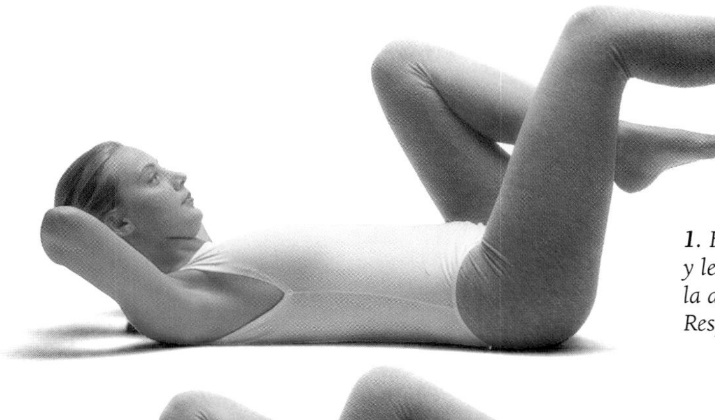

1. Flexione las dos piernas y levante los pies hasta la altura de las rodillas. Respire con naturalidad.

2. Inicie un movimiento de pedaleo hacia delante. No fuerce: limítese a una serie de diez movimientos. Realice luego un movimiento de pedaleo hacia atrás.

Pedaleo vertical

Este ejercicio favorece la circulación sanguínea en las piernas y refuerza la musculatura del abdomen. Tumbada sobre el suelo, flexione las piernas. Levante los pies y colóquelos encima de la cabeza, como si fuese a dar una voltereta hacia atrás, para separar del suelo la parte baja de la espalda. Mantenga la espalda separada del suelo con la ayuda de las manos, situadas a la altura de los riñones.

1. Suba los pies hasta la vertical, con las puntas extendidas. Asegúrese de mantener el equilibrio. Intente respirar con naturalidad.

2. Ahora ya puede empezar el movimiento de pedaleo hacia delante. Después de una serie de diez movimientos, pedalee hacia atrás.

Estiramiento

Este ejercicio, que se debe practicar con regularidad pero sin forzar, favorece la flexibilidad del cuerpo. Haga el movimiento diez veces seguidas.

1. Siéntese sobre el suelo, con las piernas juntas y estiradas, la espalda recta y las manos en las rodillas.

2. Inspire con tranquilidad y luego espire llevando las manos hacia delante para intentar tocar la punta de los pies.

Robustecimiento de los pechos

He aquí un ejercicio simple para devolver a los pechos la tonicidad y firmeza que se debe realizar con regularidad y repetir al menos diez veces seguidas.

Siéntese con las piernas cruzadas, las nalgas ligeramente elevadas sobre un cojín y la espalda recta. Respire con libertad. Junte las manos entrecruzando los dedos y súbalas hasta la altura del esternón. Presione las palmas de las manos una contra otra durante tres segundos y, luego, relaje la presión. De nuevo, ejerza una presión con las dos manos y vuelva a aflojarla.

simplemente porque el exceso de peso debido al embarazo ha distendido los músculos que los sostienen. Generalmente, recuperarán la forma cuando se estabilice el ciclo hormonal normal. Para devolver la tonicidad al pecho, dúchelo con agua fría después de la ducha o el baño diario.

También se pueden usar productos de belleza especialmente concebidos para el busto y que se venden en farmacias o perfumerías.

Haga regularmente algunos ejercicios simples (*véase* págs. 165-166).

En cuanto pueda reiniciar sus actividades deportivas –después de la aparición de la regla o, si da de mamar, después de dejarlo–, sepa que la natación y el tenis son excelentes para el pecho.

El vientre

En las semanas que siguen al parto, todavía se tiene «tripa». El útero necesita un tiempo para recuperar el volumen que tenía. Antes del embarazo, pesaba unos 50 g; justo antes del parto, pesaba un kilo o incluso más.

El vientre está blando y hay que reforzarlo si no se quiere tener un «michelín» cutáneo persistente. Pero, antes de ponerse a hacer gimnasia de verdad, después de la vuelta de las reglas o, si se da de mamar, después del destete, hay que empezar con movimientos suaves. Tumbada y apoyada sobre los codos con el busto levantado, haga todos los días pequeños movimientos de piernas. Durante el día, apriete y relaje el vientre y las nalgas tantas veces como sea posible. Evite también una posición demasiado arqueada.

La celulitis

Si se tiene tendencia a sufrir celulitis, es posible que se constate un agravamiento después del parto. Puede deberse al embarazo propiamente dicho o incluso a problemas circulatorios. Se puede intentar tratarla con unos productos especiales de venta en farmacias y perfumerías. Con unos masajes en las zonas afectadas, se activa la circulación sanguínea, lo que puede disminuir la celulitis, al igual que ciertos ejercicios de «pedaleo» (*véase* pág. 165).

En caso de que no sea suficiente, se puede recurrir a una de las numerosas técnicas que existen actualmente, entre ellas las siguientes:

- **Mesoterapia.** Este tratamiento consiste en aplicar microinyecciones (que se realizan simultáneamente con agujas de 4 a 6 mm, gracias a un microinyector) en los muslos, el vientre y las caras internas de las rodillas y los tobillos.
- **Ionización y electroterapia.** Estos tratamientos permiten un drenaje eléctrico mediante unos electrodos que se ponen en los pies, los tobillos, las pantorrillas, las rodillas y en la parte inferior y superior de los muslos.
- **Aspiración.** Este método combina la mesoterapia y la aspiración de las grasas mediante una solución isotónica que hace estallar las células grasas (adipocitos) de las «cartucheras».
- **Electrolipoforesis.** Se trata de un drenaje de las células mediante dos agujas que se introducen bajo la piel y por las cuales se hacen pasar corrientes eléctricas de diferente intensidad.

La cirugía estética

Si al cabo de varios meses, el aspecto de ciertas partes del cuerpo la apesadumbra demasiado y no está dispuesta a vivir así, naturalmente puede recurrir a la cirugía estética. No obstante, si tiene intención de tener más hijos, es mejor esperar antes de operarse. No olvide que ante todo se trata de cirugía. Elija, por tanto, un especialista del que tenga previamente buenos informes. Antes de operarse, tómese un plazo de reflexión y consulte, si es necesario, con un segundo cirujano. Pida que le expliquen bien los límites de la técnica y las posibles imperfecciones del resultado, ya que las secuelas son a menudo definitivas. Una vez tomadas estas precauciones, la cirugía estética puede ayudarla en varios casos.

- **La liposucción.** Esta técnica permite eliminar el tejido graso excesivo de una parte localizada del cuerpo mediante aspiración con una cánula. Exige una muy buena calidad de piel.
- **La cirugía plástica de abdomen.** A veces asociada a la liposucción, esta operación permite atenuar el aspecto antiestético de ciertas estrías mediante un estiramiento de la piel. Se realiza sobre todo para reparar la *diastasis,* nombre que designa las lesiones musculares que se deben a una separación excesiva de los músculos del abdomen durante el embarazo, o para eliminar los «michelines» que a veces se conservan después del parto.
- **La cirugía plástica de mamas.** Permite subir los pechos que han perdido la retracción elástica. Los resultados suelen ser buenos, aunque hay que informarse sobre las cicatrices que dejan algunas técnicas operatorias.

CAPÍTULO 3

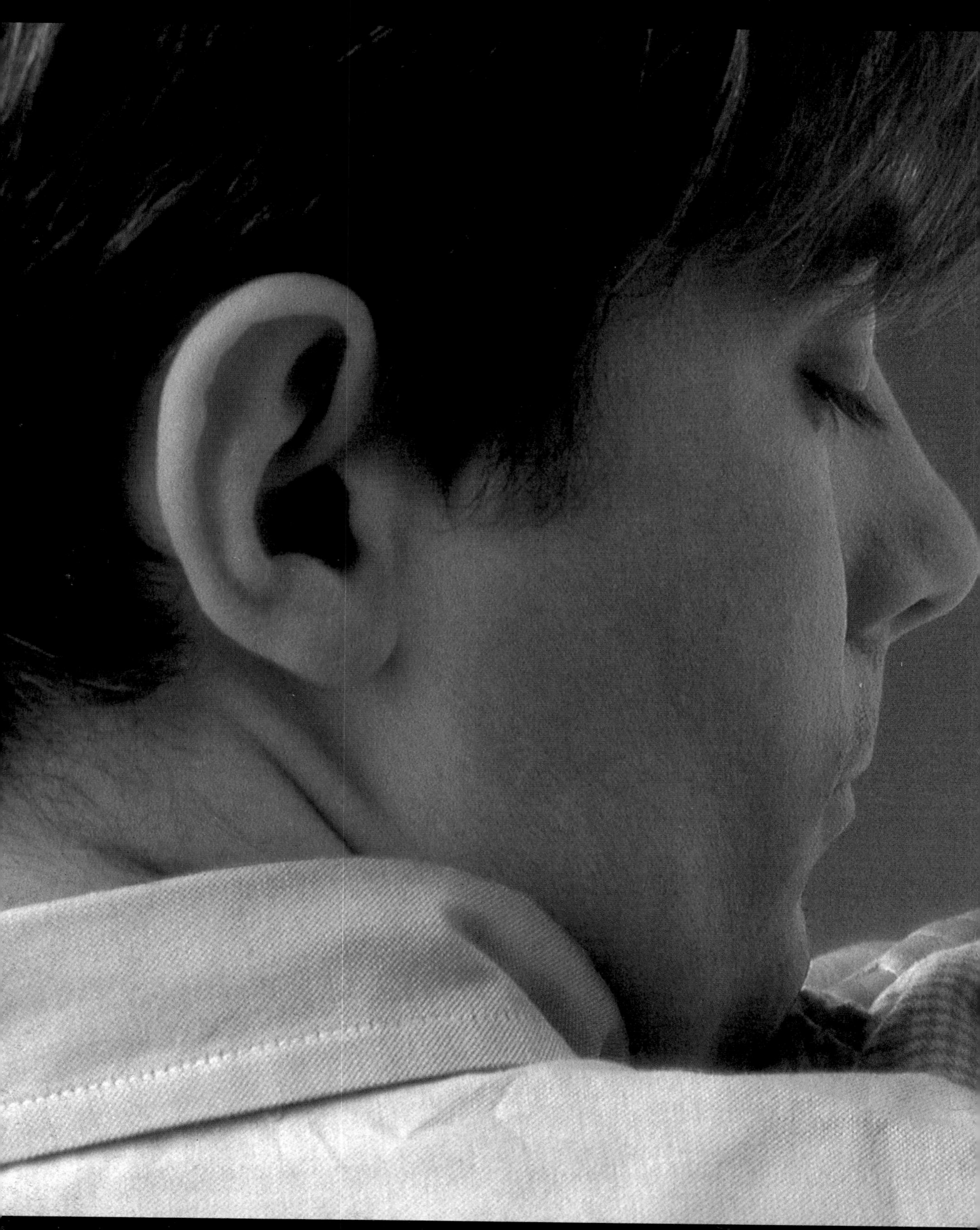

El *bebé hasta* 1 *año*

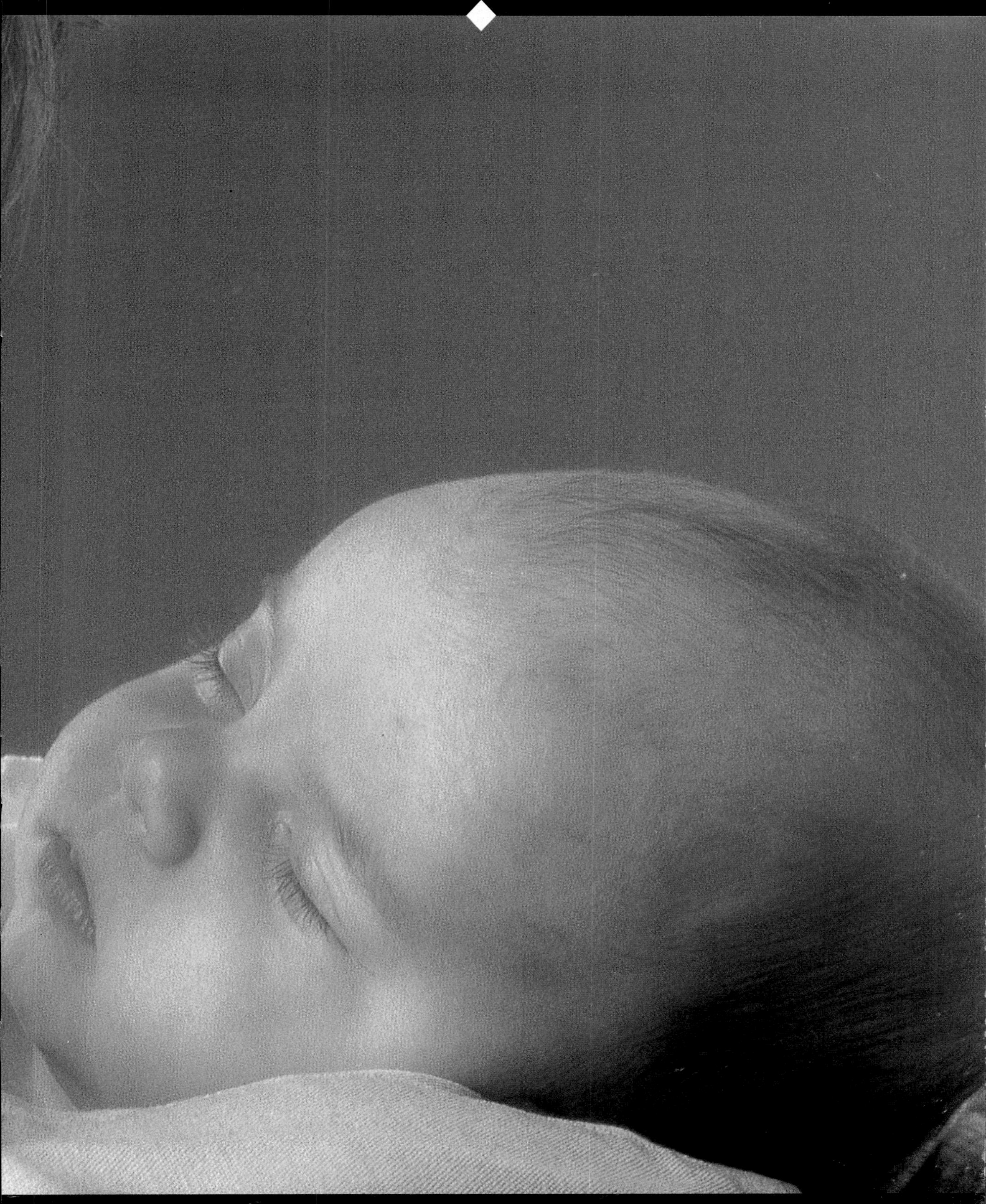

El *bebé hasta* 1 *año*

El *lactante hasta* *los* 6 *meses*

Aprender a dar el pecho o el biberón, bañar
y cuidarse de la higiene del cuerpo del bebé,
respetar sus ritmos de sueño,
velar por su bienestar y su salud:
los padres están muy ocupados
durante estos primeros meses.
Además, el bebé se adapta
y se despierta al mundo
que lo rodea...

El *bebé de* 10 *días*

Las comidas

El reflejo de succión y de deglución permite al recién nacido mamar con eficacia desde que nace. Las tomas, que apaciguan el hambre, le producen una gran sensación de bienestar. A los 10 días, se alimenta entre cinco y ocho veces cada veinticuatro horas.

Los movimientos

En reposo, el recién nacido tiene las piernas y los brazos flexionados, la cabeza vuelta hacia un lado y las manos cerradas, con el pulgar sobre el resto de dedos. Si se le sienta, no consigue mantener la cabeza erguida, pero si se le sujeta por debajo de los brazos, la incorpora. El recién nacido reacciona apretando con fuerza el dedo del adulto cuando éste le toca la palma de la mano (reflejo de prensión). Si se le pone de pie, da algunos pasos apoyado sobre los talones (reflejo de marcha). Si cuando está sentado se le deja caer hacia atrás, abre los brazos y los dedos, para luego cerrarlos (reflejo de Moro).

El sueño

La vida del recién nacido sigue el ritmo de las tomas de alimento y de las largas fases de sueño. Duerme mucho, un promedio de dieciséis de cada veinticuatro horas, en períodos de tres o cuatro horas. No distingue entre el día y la noche. Durante ciertas fases de la vigilia, se muestra agitado y llora con facilidad para manifestar una sensación desagradable (hambre, incomodidades, dolor). En otros momentos, se le ve apacible, con los ojos vivos y brillantes, muy atento.

Los sentidos

Cuando está despierto y tranquilo, el recién nacido observa. Se siente atraído por la forma de las caras y sus expresiones. Ve claramente los objetos situados a 30 cm de sus ojos. Oye bien. Los sentidos del gusto y del olfato funcionan perfectamente. Es sensible a las caricias. Reconoce a su madre y a su padre por la voz, el olor y las caricias.

Talla	Niño	50 cm (47-54)
	Niña	49,4 cm (46-54)
Peso	Niño	3,4 kg (2,5-4,5)
	Niña	3,3 kg (2,5-4,4)
Perímetro craneal		35 cm (32-37)

Nota: Estas cifras corresponden al 95% de los niños.

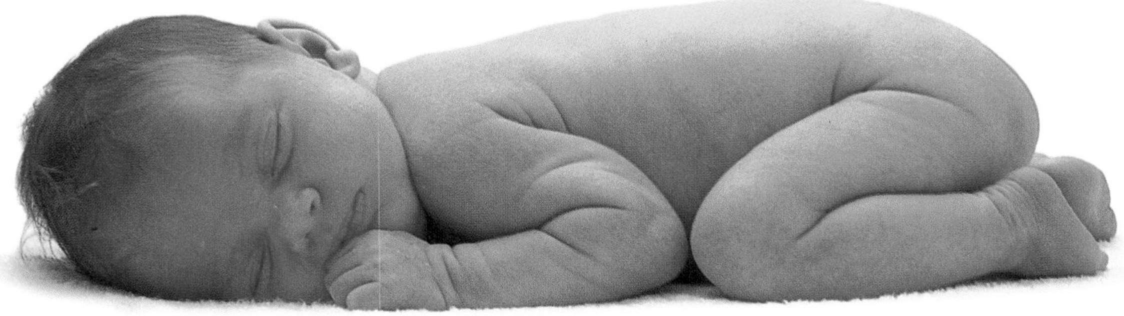

El *bebé de* 1 *mes*

Las comidas

El lactante mama un promedio de seis veces cada veinticuatro horas, de las que una o dos tienen lugar durante la noche. Los horarios de las tomas se vuelven más precisos. La de la noche se va desplazando hacia la mañana. La cantidad de leche ingerida varía según el momento.

Los movimientos

En reposo, tiene aún las piernas y los brazos flexionados. Si se le acuesta boca abajo, puede girar la cara hacia un lado. Pierde el reflejo de marcha, pero sigue cerrando la mano si se le toca la palma con un dedo. No empezará a abrir la mano hasta cumplir unos dos meses.

El sueño

El bebé empieza a distinguir la noche del día. La fase de sueño nocturno se prolonga. De día, los períodos de vigilia en que está tranquilo se alargan. Por la tarde, llora todos los días a la misma hora sin que nada consiga calmarlo. Este llanto, que se suele atribuir a cólicos, está más relacionado con los problemas transitorios originados por el establecimiento de ritmos de vigilia y de sueño que con el hambre o dolores abdominales reales.

Los sentidos

El lactante se fija con interés en los rostros y empieza a seguir los objetos con la mirada. Se esfuerza en producir sonidos y emite las primeras vocalizaciones. Todos los sentidos se agudizan y se enriquecen con nuevas experiencias. Los intercambios visuales y afectivos entre el lactante y sus padres dan lugar a las primeras sonrisas dirigidas e intencionadas.

Talla	Niño	53,2 cm (49-57)
	Niña	52,4 cm (48-57)
Peso	Niño	4,0 kg (3,0-5,0)
	Niña	3,8 kg (2,9-4,9)
Perímetro craneal		37 cm (34-39,5)

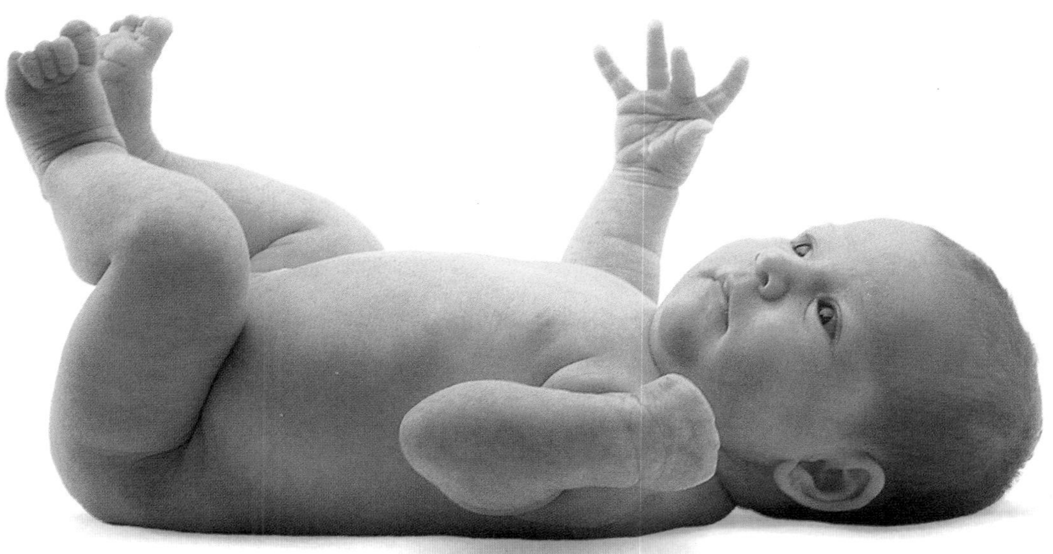

El bebé de 4 meses

Las comidas
El bebé toma cuatro comidas al día, a veces cinco. La leche sigue siendo la base de su alimentación, pero ha empezado a familiarizarse con los cereales. Pronto descubrirá la fruta y las verduras cocidas y trituradas, puesto que ya es capaz de tragar los alimentos que se le ofrecen en una cuchara.

Los movimientos
El bebé sostiene muy bien la cabeza, y la puede girar a voluntad. Si se le acuesta boca a bajo, la levanta y se apoya sobre los antebrazos. En reposo, extiende los brazos y las piernas. Si se le pone de pie, se mantiene erguido sobre las piernas. Empieza a utilizar las manos y ya las deja abiertas. Agarra los objetos entre el dedo meñique y el borde de la palma. Aparte de la succión, han desaparecido el resto de los reflejos primarios (prensión, de marcha y de Moro) del recién nacido.

Los sentidos
El bebé observa el mundo que lo rodea. Sigue los objetos con la mirada, de arriba abajo y a los lados. Si oye un ruido, vuelve la cabeza y mira en la dirección de la fuente sonora. Balbucea y vocaliza. Empieza a jugar con un ábaco. Coge un objeto, lo sigue con la mirada mientras lo lleva en la mano y se lo dirige a la boca. Juega con las manos.

El sueño
El bebé puede dormir toda la noche sin despertarse. La calidad del sueño cambia y se duerme con facilidad para caer en un sueño profundo. Se tranquiliza chupándose el pulgar o el resto de dedos y también consigue encontrar recursos para dormirse solo. Las crisis de llanto inexplicable son menos frecuentes.

Talla	Niño	62,5 cm (57-68)
	Niña	61 cm (56-66)
Peso	Niño	6,5 kg (5,2-7,8)
	Niña	6,0 kg (4,8-7,3)
Perímetro craneal	41 cm (38-44)	

El *bebé de* 6 *meses*

Las comidas

La alimentación se diversifica. Las cuatro comidas diarias aportan al bebé 500 ml de leche, algún derivado lácteo, cereales, verduras variadas trituradas a mediodía y por la tarde, de 10 a 25 g de carne o de pescado, o medio huevo, frutas.

El sueño

Las fases de sueño se han estabilizado. El bebé duerme entre diez y doce horas por la noche, de dos a tres horas por la tarde y, en ocasiones, una hora más por la mañana. Pero este equilibrio puede variar para cada niño.

Los movimientos

En reposo, los brazos y las piernas están bien extendidos. Si se le acuesta boca abajo, se pone a cuatro patas. Se da la vuelta solo. Se mantiene sentado en equilibrio, apoyado sobre las manos, que sitúa delante. Sujeta los objetos entre los cuatro dedos y la palma de la mano, con el pulgar separado. Los agarra indistintamente con la derecha o con la izquierda, se los pasa de una mano a otra y deja caer uno para coger otro.

Los sentidos

Le gusta mucho pasar el rato manipulando objetos. Se familiariza con ellos y aprende a reconocerlos. Se dedica a la exploración de su cuerpo. Si está sentado, tira de los calcetines y se los saca. Cuando está acostado, consigue cogerse los pies y se los lleva a la boca. Dice algunas sílabas, sin repetirlas.

Talla	Niño	66,5 cm (61-72)
	Niña	65 cm (60-70)
Peso	Niño	7,6 kg (6-9,2)
	Niña	7,1 kg (5,6-8,8)
Perímetro craneal	43 cm (40-46)	

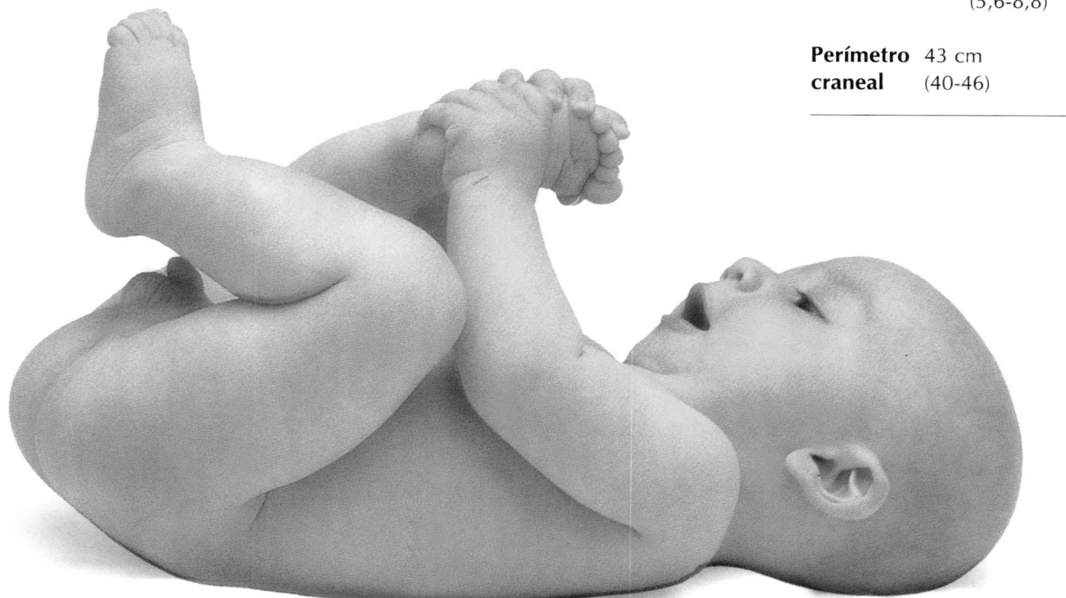

El recién nacido se despierta

El bebé ya ha llegado. Quizá duerma apaciblemente entre las tomas; quizá llore sin descanso a pesar de todos los esfuerzos para intentar tranquilizarlo. No dejarse vencer por la inquietud.

¿CÓMO COGER A UN RECIÉN NACIDO?

Éstas son algunas de las posiciones en las que el recién nacido se siente a gusto. La posición «de seguridad de base» consiste en colocar una mano bajo las nalgas y la otra detrás de la espalda, para evitar el estiramiento de la nuca y de los brazos. Al cogerlo así, se le comunica el calor y la seguridad de llevarlo sostenido, y se favorece el intercambio visual. Al recién nacido le gusta también estar echado en el hueco que forman los brazos cruzados. Le gusta que lo mezan. Algunas veces, preferirá estar echado sobre la barriga en sus brazos. Para variar, manténgalo erguido contra su cuerpo, mientras le sujeta la cabeza, para que pueda mirar por encima de su hombro.

No siempre resulta sencillo comprender las reacciones de un recién nacido. En el transcurso de las primeras semanas de vida, los padres pueden experimentar multitud de sentimientos. Algunos, agotados e intranquilos, tienen la impresión de que jamás conseguirán criar a su hijo. Otros se sorprenden de que el recién nacido les exija, de hecho, tan poca atención. Las reacciones de la mayoría de los padres se sitúan entre estos dos extremos. Todas ellas resultan comprensibles.

Del *nacimiento al mes de vida*

El recién nacido tiene la piel de color rosado, más o menos intenso. Presenta poco vello y, a menudo, cabello abundante. Se mantiene con los brazos doblados contra el pecho y los muslos hacia la barriga.

El hambre es una sensación nueva que el bebé descubre a partir del momento en que se corta el cordón umbilical. En la sala de partos ya es capaz de arrastrarse sobre el vientre de su madre para acercarse a su pecho. La búsqueda de alimentación favorece el resto de sus primeros «aprendizajes». La repetición regular de las tomas, en un clima afectivo de relación mutua, le proporciona bienestar. Al satisfacer sus necesidades, se le ofrece una imagen acogedora del mundo. Estas primeras experiencias vitales le van aportando el sentimiento de existir.

La adaptación de los sentidos

El recién nacido duerme mucho, pero se producen grandes variaciones entre los que duermen mucho (20 horas de cada 24) y los que duermen poco (14 horas de cada 24). El sueño rápido, o paradójico (*véase* pág. 196), representa del 50 al 60% del sueño total y servirá para favorecer el desarrollo de las facultades de aprendizaje y de la memoria.

Cuando está despierto y tranquilo, el bebé muestra una gran capacidad de atención y de intercambio con su entorno, y está dispuesto a responder a los estímulos que recibe de sus padres: sonrisas, palabras, mimos, etc. El oído, el gusto y el tacto habían empezado a desarrollarse antes del nacimiento. Una vez venido al mundo, el recién nacido descubre nuevas sensaciones. Abre los ojos, percibe los rostros y los contempla. Le gusta moverse, estirarse, gesticular e incluso arrastrarse. Pero también experimentará la gravedad, el vacío y la incomodidad.

La ausencia de reacción visual durante los primeros días no debe ser motivo de inquietud. Es preciso que el recién nacido se encuentre en un estado de vigilia favorable; también es posible que esté fatigado por su nacimiento, o que tenga los párpados hinchados, o bien simplemente que sea más sensible a la voz y a las caricias.

De 1 *a* 4 *meses*

Al mes de vida, el recién nacido se convierte en lactante, cambio de denominación que responde a una transformación real. Físicamente es distinto, su piel es más pálida, a menudo marmolada; en ocasiones, presenta algunos granos de acné neonatal. En las zonas de roce de la cabeza, el cabello le empieza a clarear. Tiene un aspecto más fuerte, los muslos y las mejillas empiezan a llenarse.

Con el paso de las semanas, irá disminuyendo el número de comidas. Las tomas nocturnas desaparecen y los padres vuelven a conocer noches más tranquilas. Durante cierto tiempo, el bebé sigue reclamando una quinta toma a final de la tarde, pero lo más habitual es que antes de los 4 meses pase por sí solo a las cuatro o cinco comidas.

El descubrimiento de sus manos
El bebé va siendo capaz de sostener cada vez más la cabeza, de levantarla de la cama y de girarla. Las manos están menos «agarrotadas» y las abre. Con ellas, entra en contacto con los objetos antes de sujetarlos esbozando un movimiento de prensión. A partir del tercer mes, el bebé se observa las manos y empieza a jugar con ellas: toca el móvil que está colgado sobre su cama, se succiona el pulgar... Al principio, coge los objetos por casualidad pero, a partir del quinto mes, los coge de forma intencionada.

Al mismo tiempo, las fases de vigilia activa se prolongan y el bebé empieza a interesarse por el mundo que lo rodea. Sin embargo, le resulta difícil conseguir cierto equilibrio. Se trata de la época de los famosos «llantos vespertinos», en ocasiones tan difíciles de comprender y de soportar. Es necesario armarse de paciencia: los llantos desaparecen en el transcurso del cuarto mes. A esta edad, el bebé precisa seguir un ritmo de vida estable; en la medida de lo posible, debe evitarse cualquier cambio intempestivo y mal preparado de su modo de vida (*véase* pág. 203).

Los intercambios
Cuando está solo en la cuna o en la hamaca, el bebé oye los ruidos, mira fijamente los objetos, sigue con la mirada el móvil que tiene cerca. Si se demuestra interés y alegría por sus primeros progresos, se favorece el estado de vigilia. Entre el primero y el cuarto mes, las relaciones entre madre e hijo se modifican día a día. Los intercambios pueden ser frecuentes e intensos, con la mirada, las sonrisas... Si se le dedican gestos y se le habla, él responde a su manera. A menudo, el rostro se le ilumina con una verdadera sonrisa. Sin darse cuenta, estas «conversaciones» se alargan y se diversifican; el bebé es capaz de iniciarlas o de interrumpirlas. Los intercambios lo tranquilizan y lo familiarizan con el mundo que lo rodea, de modo que le permiten afianzarse en la vida.

De 4 *a* 6 *meses*

A los 4 meses, el bebé se ha convertido en un lactante fuerte, rollizo y vigoroso, muy distinto del recién nacido delgado del primer mes. Hasta ahora, padres e hijo se han descubierto mutuamente. A partir del quinto mes, los progresos físicos e intelectuales del bebé le permitirán diversificar sus actividades y aprender a conocer, además de a sus padres, a las restantes personas de su entorno.

Un período tranquilo
Antes de los 6 meses, el bebé se vuelve sin dificultades y hace muchas piruetas; se ha de ir con cuidado para que no se escabulla, por ejemplo, cuando se lo está cambiando. Adquiere conciencia de su cuerpo y empieza a explorarlo. Por regla general, encuentra cierto equilibrio y los padres pueden gozar de un período de mayor tranquilidad: el bebé duerme, come, juega, sonríe, balbucea. A esta edad, llora pocas veces sin motivo.

Al jugar con él, el bebé empieza a tomar la iniciativa. Para ayudarlo a convertirse en un ser autónomo, es importante darle la oportunidad de expresarse y de realizar solo nuevas experiencias. Aún así, siempre necesita que su madre lo anime, pero su relación con ella se modifica: ya no es tan «fusional», aunque no por ello es menos intensa.

Las primeras separaciones
Durante este período, el bebé se da cuenta de que es un ser independiente de su madre. Desde los primeros días es sensible a su ausencia pero, hacia los seis meses, empieza a manifestar de forma ostensible su desasosiego cuando ella se va y su alegría cuando regresa. A pesar de que se vuelve más independiente, siempre la necesita para que lo tranquilice y lo anime.

Normalmente, entre los 4 y los 6 meses se confía el cuidado del bebé a una tercera persona, puesto que la madre reemprende su actividad profesional. Las separaciones deben prepararse y explicarse bien al niño, que se resiente enormemente del cambio. Antes de empezar a dejarlo, es aconsejable que haya estado con la persona que lo cuidará, o bien en el jardín de infancia, acompañado por su madre.

JUEGO A DOS VOCES

Hablen con el niño, sin alejarse demasiado. Sus palabras, la modulación y la entonación de su voz, que él reconoce, suscitan respuestas.
Al principio, abre la boca como si quisiera expresarse emitiendo un sonido. Después, las vocalizaciones se convierten en balbuceo, en «gu-gus»... o en carcajadas. Le gusta que le respondan. Para que pueda producir sus propios sonidos, se deben hacer pausas tras las palabras.
Un juego distinto consiste en usar un juguete que emita sonidos mientras se le canta alguna canción infantil.

La alimentación

Tanto si se opta por la lactancia materna como por el biberón, la alimentación desempeña una función primordial en el desarrollo del bebé. Además, alimentarse le proporciona placer, al que va asociada la madre...

Comer y dormir

Al principio, el bebé duerme pocas veces más de tres horas seguidas. Y, cuando se despierta, tiene hambre, tanto de día como de noche; hasta que no tiene entre 1 y 4 meses no distingue entre el día y la noche (*véase* pág. 196). Es aconsejable dejar pasar un mínimo de dos horas entre las tomas para que tenga tiempo de digerir la leche anterior y volver a tener hambre.
Se aumentará la ración del final de la tarde y se irá reduciendo poco a poco la de la noche (un bebé de 5 a 6 kg dispone de reservas suficientes para permanecer entre 6 y 7 horas sin alimentarse).
El número de tomas es de seis a ocho cada 24 horas durante el primer mes. Luego, se reducirán a cinco y después a cuatro; muchas veces, a partir de los 3 meses el niño reduce espontáneamente las comidas a cuatro.
A los 4 meses, el bebé puede dormir toda una noche seguida y comer a las mismas horas que sus padres.

Para los padres, alimentar correctamente a su hijo constituye una preocupación primordial, que va acompañada de una atención especial a los diversos problemas que el niño sufre muchas veces en los primeros meses de vida. En este momento, el crecimiento del bebé es muy rápido, pero sus funciones digestivas no le permiten absorber cualquier tipo de alimentos y, como no dispone de reservas, la alimentación debe aportarle todas las sustancias necesarias. La composición de la lecha materna, que hoy en día se conoce mucho mejor, ha permitido concretar cuáles son las necesidades alimentarias del lactante y elaborar leches sustitutivas. La dieta del lactante está formada por las proteínas, los lípidos, los glúcidos, el agua, el hierro, el calcio, el magnesio, el sodio y las vitaminas que contiene la leche. En ocasiones se recetan vitamina D, hierro y flúor adicionales.

Comer no es sólo una necesidad vital para el niño, también es un placer. Las sensaciones se amontonan en esta actividad dominada por los olores, los sabores, los descubrimientos, los progresos y el juego. De ahí que sea interesante ir introduciendo poco a poco verduras y otros alimentos en la dieta.

La lactancia materna

Las escasas gotas de líquido amarillo, espeso y almibarado que el bebé ha tomado desde su nacimiento, antes de la subida de la leche, constituyen el calostro, una sustancia muy rica en inmunoglobulinas, es decir, anticuerpos. Aunque el bebé no haya podido mamar desde el nacimiento, la subida de la leche después del parto se produce de forma inevitable. Hacia el tercer día, las secreciones de los senos aumentan y su composición se modifica: el calostro deja paso a la leche, más clara y más rica en lactosa y materias grasas. Al décimo día, es clara y tiene un sabor dulzón.

Además, al mamar, el bebé favorece la vuelta a la normalidad del útero de la madre, ya que existe una estrecha relación entre las glándulas mamarias y este órgano. La lactancia no deteriora los pechos, pero es importante utilizar sujetadores de buena calidad y realizar ejercicios que sirvan para recuperar, después del destete, el pecho que se tenía antes del embarazo.

La leche materna

La leche materna se adapta perfectamente al bebé, que la digiere muy bien. Su organismo asimila fácilmente el hierro que contiene. Siempre se encuentra a la temperatura ideal, sale barata y no precisa ninguna preparación. Asimismo, es aséptica, aporta al niño anticuerpos contra numerosas infecciones y reduce de forma considerable el riesgo de diarrea, otitis, rinofaringitis, etc. Son muy poco frecuentes las alergias y las intolerancias.

La leche se adapta a las necesidades del niño durante cada toma y también a lo largo de toda la lactancia. Esta leche, clara, rica en agua y en lactosa al principio de la toma, se espesa luego, y la cantidad de materias grasas que contiene se multiplica por cuatro; ésa es la razón por la que, al principio del período de lactancia, es preferible dar primero un pecho y luego el otro, si el lactante no sacia su apetito o si la madre no dispone de demasiada leche.

La composición de la leche es distinta para cada mujer y también cambia de un día para otro e, incluso, a lo largo de un mismo día; así, el contenido en materias grasas aumenta entre las 6 y las 10 horas de la mañana y es mayor durante el día.

Las tomas

Es aconsejable que la madre descanse un cuarto de hora antes de la toma; se puede instalar cómodamente en un lugar tranquilo para que el bebé se sienta seguro. Puede sentarse en la cama, con la espalda recta y el brazo que sostiene al niño afianzado por unos cojines; o bien en una silla baja, con la espalda apoyada en el respaldo, los pies sobre un taburete y el bebé en las rodillas, sobre un cojín.

Para que el bebé deje de mamar, se le debe abrir la boca bajándole con cuidado el mentón o pasándole un dedo por la comisura de los labios. No se tiene que notar ningún tipo de molestia durante la mamada; en caso contrario, debe iniciarse otra vez la puesta al pecho.

Después de la toma, debe mantenerse erguido al niño para que eructe. Es posible que, al hacerlo, regurgite un poco de leche, lo que no es motivo de alarma. Si se le cambia después, debe procurarse no moverlo demasiado.

¿Cuántas tomas? ¿Durante cuánto tiempo? ¿A qué hora?

Todavía en el hospital, el primer día después del parto, el niño mama cinco minutos de cada pecho y a partir del segundo día diez minutos. Al principio, el bebé establece el número de tomas, y lo mejor es darle el pecho cuando lo pida.

Mientras la secreción de leche no se haya asentado (son precisos quince días para que se vuelva regular), es conveniente dar los dos pechos. Hasta que el bebé no haya vaciado el primero, no debería pasarse al segundo. Cuando tenga bastante con uno solo, se le ofrecerá el segundo pecho en la siguiente toma. El niño ha saciado su apetito cuando se duerme plácidamente. El pecho ya no está tenso (un pecho se vacía en unos diez a veinte minutos).

Poco después, los horarios de las tomas se volverán más regulares. Pueden espaciarse entre dos o tres horas. La frecuencia es distinta según el niño (de cuatro a

Dar el pecho

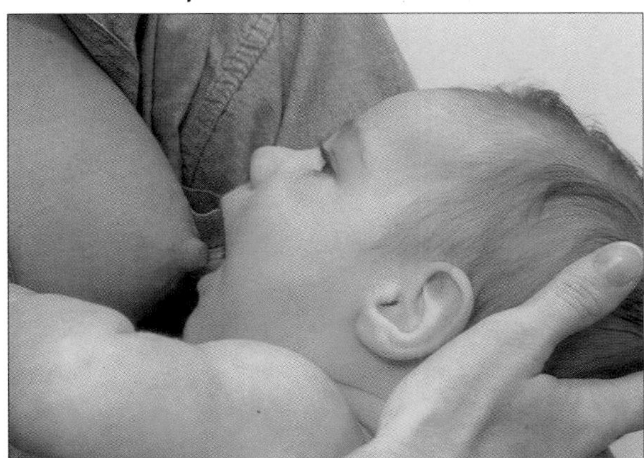

La posición correcta △

Mantenga al niño más bien incorporado y sujétele la cabeza con la mano, con todo su cuerpo girado hacia usted. Lo esencial es colocar la cara del niño a la altura del seno, con la boca cerca del pezón, y en una postura que sea cómoda para usted. De forma instintiva, el niño buscará el pecho, pero no hay que dudar en ayudarlo si tiene dificultades. Puede presionarse el seno para facilitar la salida de leche.

Colocar bien al bebé ▽

El bebé debe abarcar con la boca todo el pezón y casi toda la areola. Hay que vigilar que le quede la nariz libre mientras mama.

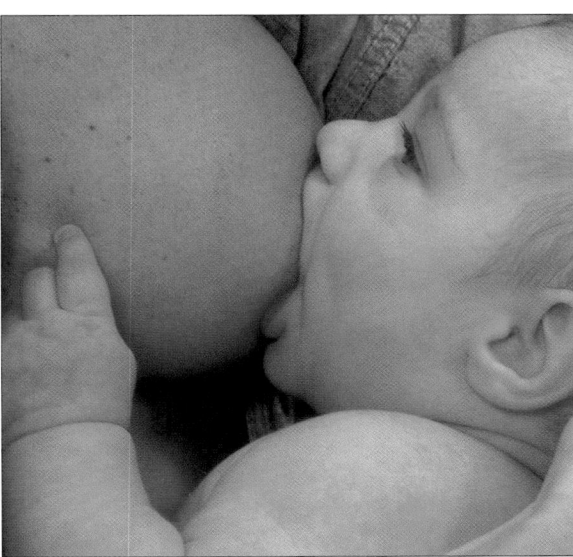

ocho mamadas al día). El apetito del bebé puede variar de un día para otro y también de una toma a otra. Eso es perfectamente normal: el niño come lo que necesita y no hay motivo para preocuparse por las «raciones». No es necesario pesarlo antes y después de cada toma; basta con hacerlo una vez a la semana, por ejemplo, siempre en las mismas condiciones, a fin de controlar el crecimiento.

¿Cuándo y cómo destetar al bebé?

El destete consiste en suprimir la lactancia materna de forma progresiva para sustituirla por una alimentación a base de leche adaptada con biberón antes de los 3 meses. Pasados 3 o 4 meses, puede introducirse en la dieta, además de la leche, una alimentación variada (*véase* pág. 186). El destete implica también una separación afectiva, que a veces resulta difícil, tanto para la madre como para el bebé. Además, éste deberá habituarse al contacto con la tetina y al gusto de la leche artificial. Puede ser la ocasión ideal para que el padre, que podrá dar el biberón, establezca unos lazos excepcionales con el niño. Es importante elegir un período en que el niño goce de buena salud ya que, en caso contrario, al estar más frágil, se adaptará con mayores dificultades a la nueva alimentación. El biberón debe sustituir poco a poco a la leche materna para evitar un destete brusco. Rodear al niño de cuidados afectuosos, contribuirá a que supere este delicado cambio.

La decisión del momento del destete corresponde solamente a la madre, según su disponibilidad. El pediatra podrá informarla de los pasos que deben seguirse, indicará una leche adaptada al bebé y, si es necesario, recetará a la madre un tratamiento para reducir la secreción de leche; también es importante que ésta ingiera una menor cantidad de líquidos.

Si la madre vuelve al trabajo a los dos o tres meses, deberá iniciarse el destete a partir de la decimosexta a decimoctava semana. Para que el cambio no sea brusco, conviene mantener todo el tiempo posible la toma de la mañana (cuando las mamas están llenas) y de la noche (es necesario vaciar las mamas por la noche), los momentos privilegiados para el niño.

QUISIERA SABER

¿Cuál es el mejor momento para darle la toma de la noche?

• Al principio debe dar de mamar al niño cuando éste lo pida. Puede que sea dos veces cada noche. No le dé nunca agua (ni, sobre todo, agua azucarada) para que se calme y no espere que deje de llorar por sí solo. Pronto sabrá cuál es su hora (por regla general, hacia las 2 o las 3 de la madrugada). Al cabo de seis a ocho semanas, esta toma coincidirá con la primera del día.

Me da miedo no tener leche suficiente

• La secreción de leche tarda en producirse. En cada toma, ofrezca siempre al niño los dos pechos; utilice protectores colocados bajo las copas del sujetador, que estimulan las mamas y recogen la leche (*véase* pág. 156). Si alterna el pecho con el biberón, esta alimentación mixta puede provocar la disminución de la leche materna. Por otro lado, el nerviosismo contribuye también a reducir la leche materna: descanse y no se deje vencer por la inquietud.

Tengo demasiada leche, ¿qué puedo hacer?

• Si tiene mucha leche, para evitar que las mamas se llenen en exceso, puede usar discos protectores recogeleche (*véase* pág. 156), o extraerla regularmente de forma manual o con un sacaleche, y guardarla en un biberón esterilizado en la nevera, en la parte más fría, durante 48 horas.

¿Cómo son las heces del lactante alimentado con leche materna?

• Son de color amarillo pardusco, pero se vuelven verdes con facilidad, frecuentes (hasta seis veces al día), muy diluidas o grumosas y de olor agridulce. Si el niño tiene gases o deposiciones líquidas, ingiera menos ensaladas de frutas y de verduras, fruta cruda y zumo de frutas natural.

¿Por qué hay que dar un complemento de vitamina D al lactante?

• La vitamina D es indispensable para el lactante: favorece el crecimiento y previene el raquitismo. El organismo la produce, gracias a los rayos ultravioleta del sol. Puede recetarse desde el nacimiento y se toma durante dos o tres años.

¿Qué cantidades de los distintos nutrientes debe absorber un niño cuya alimentación sea equilibrada?

• Las cantidades indicadas suelen representar los aportes aconsejados de proteínas, sales minerales y vitaminas. Están calculadas para un niño «teórico». La mejor forma de asegurar que el niño recibe el aporte adecuado de cada nutriente consiste en hacer que su alimentación sea variada cuando deje de ser exclusivamente láctea.

• **Si la madre ya no tiene leche** o si debe volver a la actividad profesional, fuera del hogar, lo mejor es sustituir todos los días una mamada diurna por un biberón, o bien complementar las tomas con biberones de leche adaptada de iniciación (leche 1) o de continuación (leche 2), según la edad del niño. El agujero de la tetina no debe ser demasiado grande, a fin de que la leche salga despacio y el bebé pueda satisfacer su necesidad de mamar.

• **Si se dispone de todo el tiempo,** puede reemplazarse una mamada por un biberón una vez cada dos días. Es aconsejable que la madre ingiera menos líquidos para reducir la secreción de leche.

Cuando se haya finalizado totalmente la lactancia materna, es aconsejable ducharse los pechos con agua fría y realizar algunos ejercicios para que recobren el tono y la firmeza (*véase* pág. 166).

La alimentación con biberón

En el transcurso de las primeras semanas, suele ser la madre quien da el biberón, pero el padre puede también encargarse de hacerlo. En la primera visita, el pediatra confirmará que la dieta alimenticia iniciada en el hospital es adecuada para el bebé; si, tras algunos biberones, se observa que el niño no tolera bien la leche, se sustituirá por otra, más adaptada.

Las leches de iniciación y de continuación

La leche adaptada de iniciación (en el envase lleva el número 1) constituye el alimento de los lactantes que toman biberón durante los primeros cuatro meses. Se prepara a partir de leche de vaca muy transformada para su adaptación a la fisiología del lactante y suele presentarse en forma de leche en polvo. No contiene los anticuerpos de la leche materna, que previenen contra infecciones. Su composición está estrictamente controlada; existe una gran variedad de marcas a la venta (en las grandes superficies o en las farmacias) pero no es necesario preocuparse, ya que el pediatra aconsejará la que le conviene más al bebé.

La leche adaptada de continuación (en

Dar el biberón

La posición correcta △
Póngase el niño sobre las rodillas, en posición semivertical. Apoye el brazo con el que lo sujeta en un cojín o en el brazo del sillón donde esté sentada. Sostenga el biberón inclinado de modo que la tetina esté siempre llena de leche para que el bebé no trague aire. Las burbujas que suben por el biberón demuestran que el bebé mama bien. Deje que los brazos del niño estén libres: debe de poder tocar el biberón.

Vigilar la tetina ▽
Si la tetina se deforma, desenrosque ligeramente el tapón para dejar entrar un poco de aire. La nariz del niño debe estar libre para que respire con facilidad.

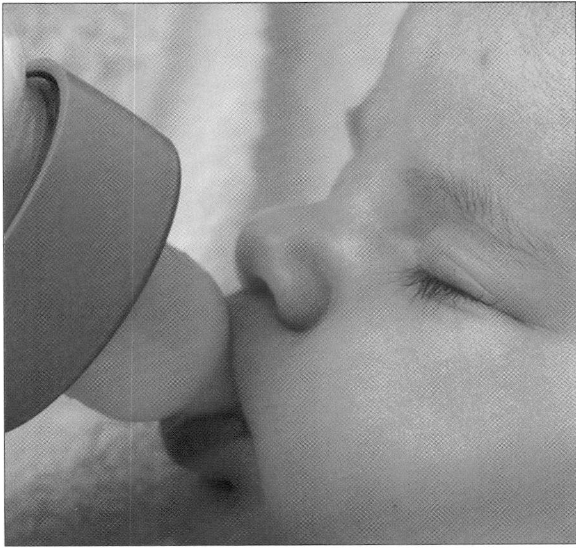

el envase consta el número 2), que se da a partir de los 4 o 5 meses, obedece a las mismas normas de fabricación. Es rica en ácidos grasos de origen vegetal y en hierro. Sea cual fuere el punto de venta o la marca, tanto si se presenta en forma líquida o en polvo, todas las leches de continuación son básicamente idénticas. Su riqueza en ácidos grasos y en hierro es la aconsejable para el niño, que debe consumir un mínimo de dos tomas al día de este tipo de leche, hasta llegar al medio litro cuando tenga un año de edad.

Preparación de la leche

Aunque últimamente ha aparecido alguna leche de iniciación que se vende ya en forma líquida y que sólo es necesario verter en un biberón esterilizado, lo más habitual es utilizar leche en polvo, en cuya preparación se podrá adaptar la concentración de los nutrientes a las necesidades específicas del bebé. El pediatra indicará no sólo la leche más oportuna, sino también el método apropiado para obtener la fórmula idónea en cada etapa de crecimiento del niño.

Para preparar el biberón con la leche en polvo, debe recordarse que la disolución se produce con mayor facilidad en agua tibia que en agua fría. Puede calentarse el agua en un calientabiberones, al baño María o en el horno microondas (que no supone ningún riesgo, pero calienta mucho). Debe comprobarse la temperatura de la leche: si está demasiado caliente, el niño podría quemarse.

El biberón debe consumirse de inmediato; no es conveniente prepararlo con antelación, puesto que la leche podría convertirse en un verdadero caldo de cultivo de gérmenes. Si se va a salir o durante la noche, puede mantenerse el agua tibia dentro del biberón esterilizado y añadir la leche en polvo antes de dárselo al bebé.

¿Cuántas tomas? ¿Durante cuánto tiempo? ¿A qué horas?

Si se opta por la alimentación con biberón desde el momento del nacimiento, en la maternidad le facilitarán la información necesaria (*véase* pág. 142). De vuelta en casa, deben respetarse las cantidades y las proporciones de agua y de leche en

Preparación del biberón

Para preparar el biberón, así como para dar de beber al bebé, hay que usar agua natural, mineral o de manantial, siempre tras haberla hervido durante algunos minutos para garantizar su esterilidad.
Al preparar el biberón con agua y leche en polvo, se deben seguir las indicaciones del fabricante. La leche se reconstituye añadiendo al agua el polvo, que se mide con una cazoleta (que viene en el envase) llena pero no colmada, sin aplastar el polvo. Por norma general, la medida dosificadora contiene la cantidad de polvo que debe diluirse en 30 ml de agua.
Si el pediatra indica que los biberones deben ser de 150 ml, se debe poner en el biberón 150 ml de agua y luego añadir cinco medidas de leche en polvo. Deje que el niño beba la cantidad que quiera.

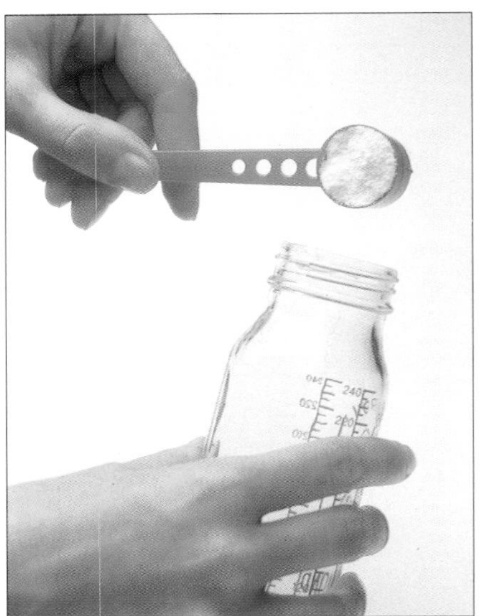

Preparar la leche △
Ponga en el biberón el agua previamente hervida en la cantidad necesaria, deje que se entibie y añada la cantidad de leche en polvo correspondiente.

Agitar ▽
Cierre el biberón con el tapón y el disco protector que asegura su sellado. Agítelo para mezclarlo bien hasta que no queden grumos.

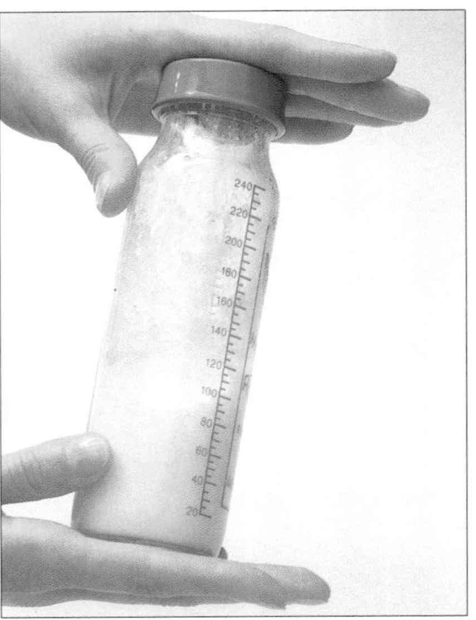

polvo. No hay que obligar al niño a terminar el biberón si se niega a hacerlo durante unos quince minutos; sin duda, ya no tiene apetito.

Normalmente, un lactante de 1 mes efectúa alrededor de seis tomas al día y, en ocasiones, otra más por la noche. La cantidad consumida no suele ser la misma en cada biberón y no se reparte de la misma forma a lo largo del día. Si el bebé pide el biberón por la noche, quiere decir que la alimentación diurna no es suficiente. La hora del biberón nocturno irá avanzando progresivamente hasta coincidir con la del primer biberón de la mañana. Del mismo modo, el paso de seis a cinco, o incluso cuatro, tomas al día se producirá de forma natural: el pediatra indicará la proporción en que debe aumentarse la dosis para cada comida. El niño aguantará intervalos cada vez mayores entre las tomas. Respete su ritmo.

Después de la toma, debe mantenerse erguido al niño un momento para favorecer el eructo. Si no se produce rápidamente, es aconsejable darle golpecitos suaves en la espalda. Si se muestra inquieto durante la toma, puede ser por la necesidad de eructar. Una vez aliviado, volverá a comer. No es motivo de preocupación que el niño devuelva un poco de leche tras la toma: sucede que ha bebido demasiada cantidad y demasiado deprisa. El niño no tiene que tomar solo el biberón hasta el año, como mínimo (si no, podría ahogarse).

Las deposiciones del lactante que se alimenta con leche de iniciación, expulsadas una o dos veces al día, son sólidas, de color amarillo pálido y grumosas. Según el tipo de leche, son parecidas a las del lactante alimentado con leche materna.

Trastornos digestivos del lactante

El recién nacido, tanto si se alimenta con leche materna como con biberón, sigue sus propios ritmos para comer y para dormir. En los cuatro primeros meses debe duplicar el peso que tenía al nacer, por lo que precisa comer mucho y a menudo. Es necesario tener paciencia (comerá más a gusto). A pesar de su capaci-

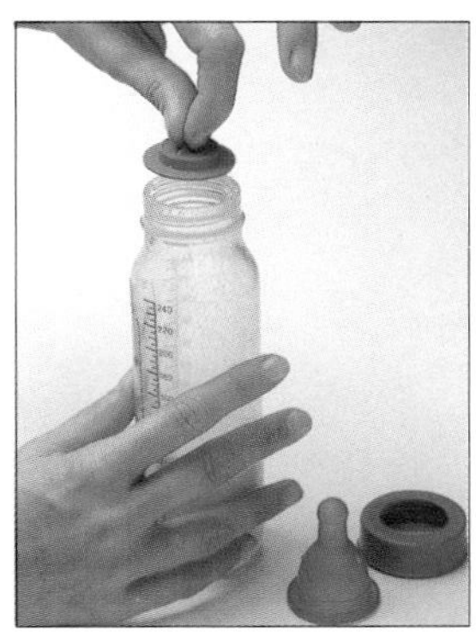

Quitar el disco protector △
Después de mezclar la leche, quite el disco protector para colocar la tetina y ajustar el tapón de rosca que la sujeta. Los posibles grumos se habrán depositado en el disco protector y no en el interior de la tetina.

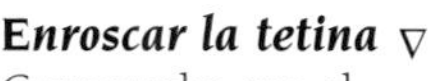

Enroscar la tetina ▽
Compruebe que el tapón de la tetina que se adapta a la boca del biberón no esté enroscado al máximo.

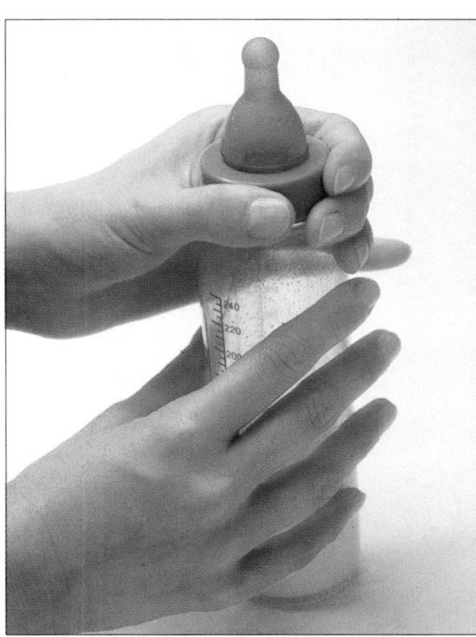

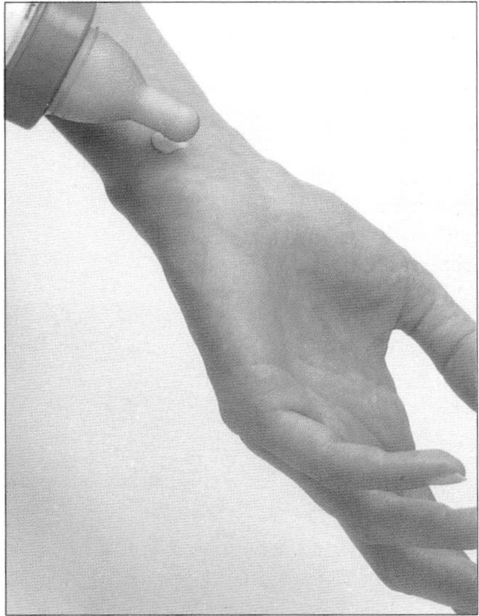

Comprobar la temperatura △
Vierta un poco de leche en la parte interior de la muñeca o en el dorso de la mano para comprobar la temperatura.

Limpieza y esterilización del biberón

Es indispensable una higiene rigurosa. Si no utiliza biberones desechables, siempre se deben efectuar, con independencia de la técnica de esterilización utilizada (con calor o en frío), todas las operaciones de esterilización, secado y conservación en un lugar limpio. Manipule los biberones con las manos totalmente limpias.

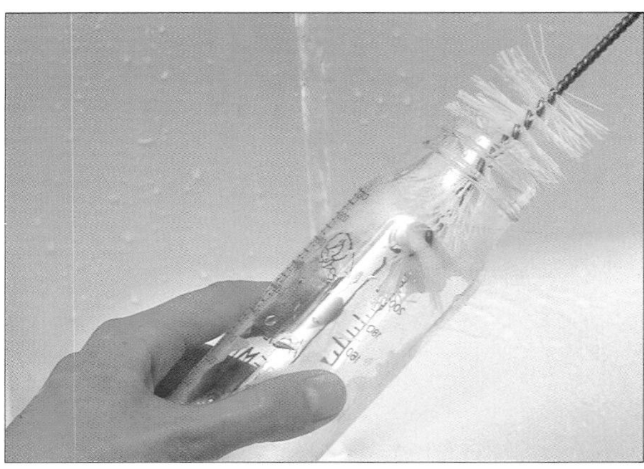

◁ **Limpieza del biberón**
Lave el biberón con agua y jabón y aclárelo bien con agua caliente. Una vez limpio y seco, el biberón y la tetina han de esterilizarse.

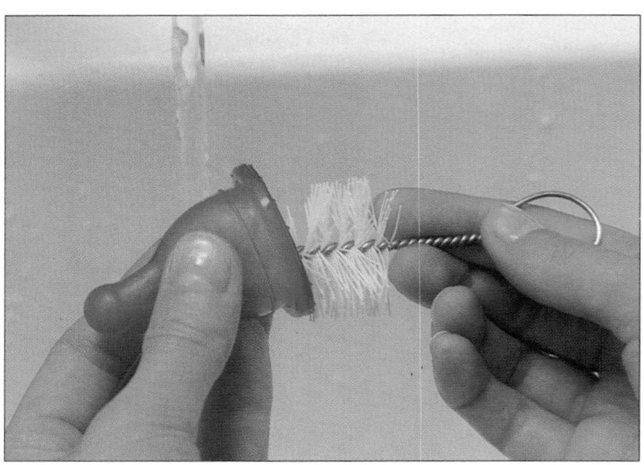

◁ **Limpieza de la tetina**
Con la ayuda de una escobilla, limpie en primer lugar la tetina, el tapón de rosca y el disco protector con mucho cuidado; luego, limpie el biberón. Si los lava en el lavavajillas, aclárelos después con agua caliente para eliminar cualquier resto del producto de aclarado.

Secado △
Coloque el biberón en un lugar muy limpio. Para secarlo, es mejor usar una bayeta desechable que un trapo de cocina.

Esterilización en frío ▽
Añada al agua una dosis líquida o una tableta del producto esterilizante y sumerja bien los biberones, las tetinas y los tapones durante el tiempo indicado por el fabricante.

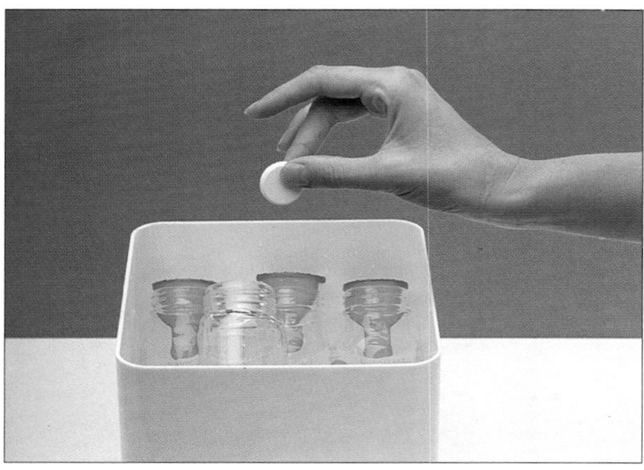

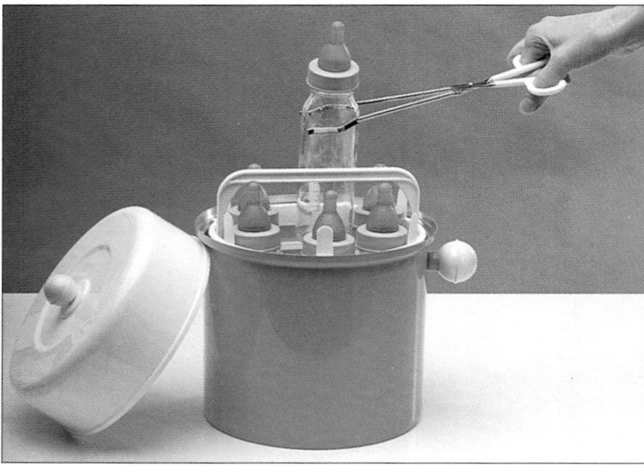

Esterilización por calor △
Si no dispone de un esterilizador eléctrico, puede usar una olla de presión: introduzca los biberones, con la tetina, el tapón de rosca y el disco protector en la parte de arriba, y vierta dos vasos de agua. Deben pasar siete minutos desde que empieza la rotación de la válvula. Espere siete minutos antes de abrir.

dad de adaptación, en ocasiones puede llegar a padecer ciertos problemas: debe prestarse atención a las pequeñas molestias y evitar, si es posible, alarmarse, puesto que el bebé podría acusarlo.

Muguet
Si el bebé presenta unos puntos blanquecinos en los labios, la lengua, el paladar o el interior de las mejillas (como si fueran posos de leche), puede tratarse de una micosis (afección por hongos) llamada *muguet*. Esta afección conlleva la irritación dolorosa de la boca e impide que el niño se alimente bien. El pediatra le recetará un tratamiento antifúngico local o general y cuidados corporales estrictos que será necesario seguir entre diez y quince días hasta que desaparezcan las lesiones, que pueden propagarse a las nalgas.

Dolores de esófago
El bebé se niega a mamar, se retuerce y regurgita con facilidad: los eructos ácidos le irritan la mucosa del esófago y le provocan dolores abdominales durante y después de las comidas. El pediatra le recetará un gel que se tendrá que administrar antes o después de las tomas. Tras la toma, se sujetará al bebé en posición vertical contra el cuerpo, mientras se le sostiene por la cabeza y la base de la columna vertebral. Al acostarlo, deberá tener la cabeza más elevada que el resto del cuerpo.

Hipo
Se trata de un movimiento reflejo del diafragma, el músculo que separa el tórax del abdomen. El hipo se presenta tras la toma y dura solamente unos minutos. No conlleva ninguna gravedad. Es signo de que los alimentos han llegado bien al estómago y lo han distendido. Por regla general, el niño soporta bien el hipo, pero no está de más hacerle mimos cuando se produzca.

Ictericia por leche materna
Si el bebé presentaba ictericia tras el parto, es normal que la coloración amarillenta de la piel y las mucosas persista hasta pasados diez o quince días. Si se prolonga más tiempo y el niño se alimenta con leche materna, debería consultarse con el pediatra: probablemente se trate de ictericia por leche materna. Esta situación, sin ninguna gravedad, no supone que deba suprimirse la lactancia materna. Desaparecerá si se elimina la leche materna o bien si ésta, después de extraerse con un sacaleche, se calienta hasta alcanzar los 57 °C.

Negativa brusca a comer y a beber
El bebé rechaza el pecho o el biberón, se queja a intervalos regulares y sufre vómitos, llora y se retuerce agitando las piernas sin que consiga tranquilizarlo. De repente, palidece agotado y, luego, el dolor vuelve a empezar. Debe acudirse a un servicio de urgencias: es posible que una porción del intestino se haya metido hacia dentro como «al darle la vuelta a un

Los cólicos

¿Por qué llora el bebé? ¿Se encuentra mal? ¿Tiene hambre? ¿Qué quiere? ¿De qué se queja? Hasta los 3 meses, tanto si se los alimenta con leche materna como si se les da el biberón, ciertos bebés lloran de forma inexplicable y periódica. Tradicionalmente, estos llantos, a menudo violentos, se atribuyen a una sensación de «malestar» relacionada al mismo tiempo con un conjunto de problemas digestivos y con las dificultades de establecer los ritmos del sueño. Suelen producirse al final de la tarde. El niño parece sufrir, aunque ha comido hasta saciarse, ha eructado y se desarrolla con normalidad. Pronto se aprende a distinguir el llanto de hambre, de enojo, de sufrimiento y de llamada.

• No se duerme, o se ha dormido pero se despierta demasiado pronto; grita y llora con fuerza, se retuerce y palidece; está incómodo. No tiene necesariamente hambre. No hay que darle una toma suplementaria, sino cogerlo en brazos, mecerlo o aprovechar ese rato para sacarlo a pasear; el vaivén del cochecito puede calmarlo y conseguir que se duerma.

• Tiene la barriga hinchada, tensa y sonora; suelta gases más o menos olorosos. Ha tragado demasiado aire al beber o al llorar. Lo mejor es darle una masaje suave en la barriga, de derecha a izquierda, al cambiarle, pasearlo un rato sujetándolo por el vientre; el contacto y el calor de su mano pueden bastar para calmarle; acuéstelo boca abajo.

• Las deposiciones del niño desprenden a menudo un olor agridulce, son poco consistentes y de un color que se acerca al verde; su acidez puede favorecer la aparición de lesiones rojizas y supurantes en las nalgas: la dermatitis amoniacal o de Jacquet. La alimentación rica en lactosa de la leche conlleva un exceso de fermentación. Una pomada cicatrizante o un tratamiento específico recetado por el pediatra pondrán fin a las zonas enrojecidas.

• Está estreñido, llora, se retuerce, defeca con dificultad y se pone colorado cuando intenta expulsar las deposiciones, que son poco frecuentes, secas y fragmentadas en bolitas. Es aconsejable darle un masaje en la barriga y un poco de agua o de zumo de frutas. Si le da el pecho, coma más frutas de temporada. Cuando los problemas persisten, consulte con el pediatra; no administre laxantes al niño, no lo atiborre de zumos de frutas, que irritan los intestinos, y no cambie de leche sin el consejo del pediatra.

calcetín», lo que ha provocado una oclusión intestinal: es lo que se denomina *invaginación intestinal aguda*.

Los alimentos nuevos en la dieta del bebé

El interés nutritivo de la fruta y la verdura en el momento de la diversificación de la alimentación del bebé no es prioritario. Mientras el bebé tome leche materna o leche de iniciación (si se alimenta con biberón), prácticamente están aseguradas todas sus necesidades nutritivas (eventualmente con excepciones, por ejemplo en lo referente a la vitamina D o al flúor). Así pues, no es necesario ofrecerle nada más. Sin embargo, es posible que el placer y el deseo de descubrir cosas hagan que encuentre gusto en probar sabores nuevos.

A los 3 meses
Pueden empezar a incluirse cereales en la dieta. Las papillas de trigo y de maíz para niños desde 4 meses, de preparación instantánea, sin azúcar y sin gluten suponen un buen comienzo. Mezcladas con leche, a razón de dos cucharaditas en el último biberón del día, tranquilizarán al niño que se despierta por la noche.

A los 4 meses
Seguramente, una vez familiarizado con los cereales, al bebé le gustará la verdura. Pueden añadirse, de forma muy progresiva, en el biberón de mitad del día, por ejemplo, una cucharadita de verduras hervidas y trituradas, o una cucharadita de puré de potito. Los productos especiales para niños (en caja o en tarrito) están sometidos a controles de las condiciones de cultivo y de la calidad de las materias primas; asimismo, se llevan a cabo otros controles en el transcurso de la producción. Todo esto garantiza la esterilidad del producto.También puede prepararse el biberón de mitad del día sustituyendo una parte del agua por un caldo de verduras (el agua de la cocción de las verduras, sin sal; conservación: veinticuatro horas en la nevera).

Si el bebé acepta comer con cuchara, se le podrá ofrecer una cucharadita de verduras cocidas, en forma de puré. Puede tratarse, por ejemplo, de una verdura a la que se le añade un poco de patata para proporcionar mayor untuosidad al puré. Las distintas opciones incluyen: judías verdes, tomate (sin piel ni pepitas), calabacín, espinacas, acelgas, remolacha, zanahoria, calabaza, lechugas cocidas variadas, endivias, alcachofa y setas.

También puede utilizarse fruta cocida o cruda, muy madura y sin piel. Sin embargo, al principio, no hay que incluir ningún tipo de baya (fresas, frambuesas, moras) que contenga granos demasiado duros. Se tritura una o más frutas en el último momento (en caso contrario, se favorece la pérdida de vitamina C de la fruta pelada o del zumo) con un poco de plátano o de manzana, para ligar el resto de frutas y conferir un sabor y un color determinados. No debe añadirse azúcar; así, el bebé se familiarizará con los sabores auténticos. En el momento de introducir la fruta, el zumo de fruta puede sustituir las compotas, preparadas en casa o de potito.

En lugar del zumo de fruta, que se ofrecerá al acabar la comida, la única otra bebida que debe tomar el niño es agua. Si el bebé no quiere tomarla cuando parece que debería hacerlo, no significa que no le guste: sencillamente, no tiene sed. Deberá insistirse más tarde.

No conviene efectuar cambios rápidos, que provocan problemas digestivos (quizá debidos a una adaptación insuficiente de la flora intestinal), rechazos o dificultades para aceptar los gustos nuevos o las presentaciones distintas (mezclas no homogéneas, más o menos grumosas, ofrecidas con la cuchara).

A los 5 meses
Después de un mes de experiencias con los placeres derivados de los cereales, la fruta y la verdura, ha llegado el momento de empezar a introducir alimentos de origen animal: huevos, carne y pescado.

Todas las carnes son buenas, siempre que se cocinen con poca cantidad de grasa (carne roja o blanca, asada o hervida, jamón, hígado, volatería). En cuanto al pescado, es preferible que tenga un sabor no demasiado fuerte. En el caso de los huevos, dado que la clara cruda es una sustancia que puede provocar alergias, se recomienda cocerlos hasta que estén duros.

Sal y azúcar: evítelos

Para facilitar la introducción de los alimentos de origen vegetal y animal en la dieta del bebé, no conviene endulzar el agua ni el zumo de frutas de los primeros meses, ni tampoco los yogures o el queso fresco, ni las mermeladas o las frutas crudas, trituradas o ralladas; así el bebé descubrirá el sabor original de los productos.
Tampoco se debe añadir sal: la inmadurez de sus funciones renales precisa unos alimentos que suelen parecerle sosos al adulto.

La higiene del bebé

El bebé debe estar siempre limpio para gozar de bienestar y salud. El baño constituye un momento único de contacto y de diversión. Además, para sentirse totalmente bien, el bebé tiene que utilizar prendas que le permitan moverse con libertad.

El bebé se ensucia con mucha rapidez. Así pues, se impone una cuidadosa higiene diaria. Además, muy pronto el ritual del baño se convertirá en algo familiar. También es el momento en que los padres pueden ver al niño desnudo y cerciorarse de que todo marcha bien. Los cuidados particulares necesarios de las nalgas, el ombligo y la cara sirven para prevenir o combatir las pequeñas molestias que en ocasiones afectan a la piel sensible del bebé. Háblele con dulzura, acarícielo, juegue con él; al bebé le gustarán mucho estos momentos de intimidad y de descubrimiento de su cuerpo antes de volver a estar vestido. Asimismo, es importante cambiar a menudo al niño, tanto por motivos de higiene como para que goce de mayor comodidad.

El baño cotidiano

En el hospital bañan al niño durante la hora posterior al nacimiento, en ocasiones en presencia del padre cuando éste ha

Los cuidados del cordón umbilical

Desinfectar el ombligo ▷
Cada día, hasta la caída del extremo del cordón, aplique alcohol de 60° con un bastoncillo de algodón, seguido de un antiséptico incoloro o de color no muy intenso con el otro extremo del bastoncillo.

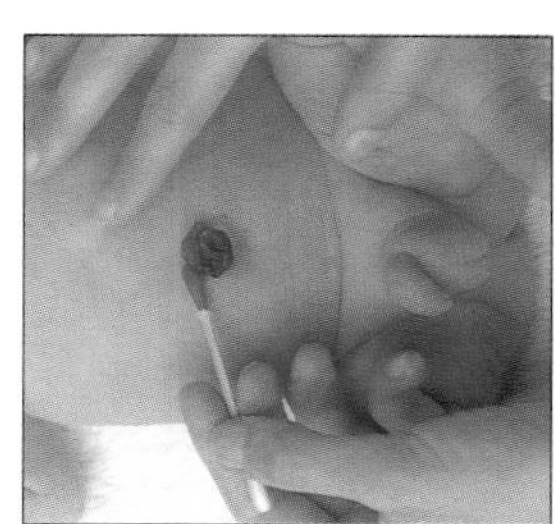

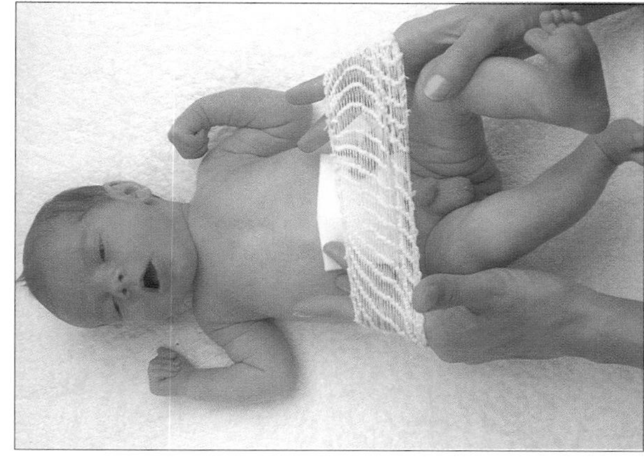

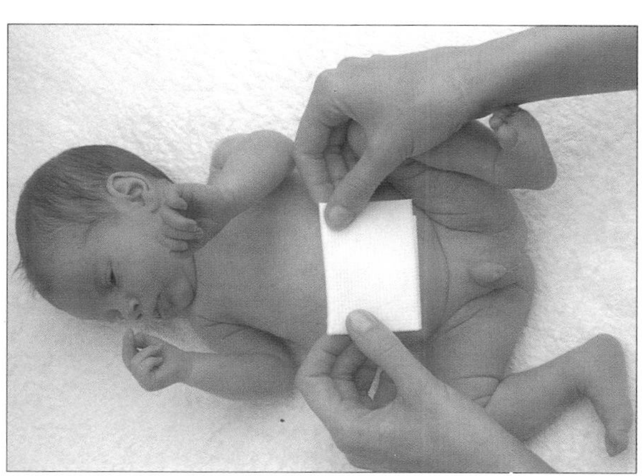

◁ Poner el apósito
Recubra el extremo del cordón ya desinfectado con una gasa estéril. Si lo prefiere, una vez limpio el ombligo con agua y bien seco, puede poner el producto antiséptico en el mismo apósito.

Sujetar el apósito △
Sujete el apósito con una gasa o un esparadrapo especial antialérgico; puede utilizar una venda de malla umbilical. El apósito debe cambiarse cada vez que se practique la cura.

asistido al parto. En contra de lo que se creía hasta hace pocos años, la presencia del cordón umbilical todavía no cicatrizado no supone ninguna contraindicación. El recién nacido se reencuentra así con el medio acuático en el que se ha desarrollado en el útero materno. Posteriormente, en casa, es aconsejable bañarlo a diario.

¿Cuándo debe bañarse al niño?
No existe un momento concreto para el baño, pero lo mejor es que los horarios mantengan cierta regularidad, puesto que ello proporciona seguridad al bebé y le ayuda a establecer puntos de referencia temporales. Para bañarlo en buenas condiciones, es preferible elegir un momento en que el niño no tenga demasiada hambre ni esté enojado. El baño debe evitarse inmediatamente después de una comida: eso podría hacerle regurgitar la leche.

Antes de bañarlo, debe comprobarse que la temperatura del cuarto de baño o de la habitación que se va a utilizar sea la adecuada (entre 22 °C y 25 °C), ya que el bebé se enfría muy deprisa.

¿Qué hay que preparar?
Antes de sacar al bebé de la cuna debe tenerse a punto todo lo necesario para el baño y para después del baño de modo que se encuentre siempre al alcance de la mano. No es cuestión de dejar al niño solo en el vestidor, ni tan sólo un segundo. Si no se dispone de vestidor, servirá una colchoneta especial pero recubierta con una toalla. No es indispensable contar con una bañera especial para bebés: si hay bañera en la casa, existen unas hamacas de baño regulables que se adhieren al fondo.

Elementos necesarios: jabón líquido suave (las leches de baño u otros productos de tocador pueden provocar alergias o irritaciones locales), una toalla o un albornoz, una manopla o una esponja, un cepillo para el cabello, pañales, ropa interior de algodón y prendas de vestir limpias. Para los cuidados: compresas, algodón, bastoncillos de algodón, gasas, suero fisiológico, alcohol de 60°, un antiséptico, aceite de almendras, vaselina y alguna pomada cicatrizante.

El baño

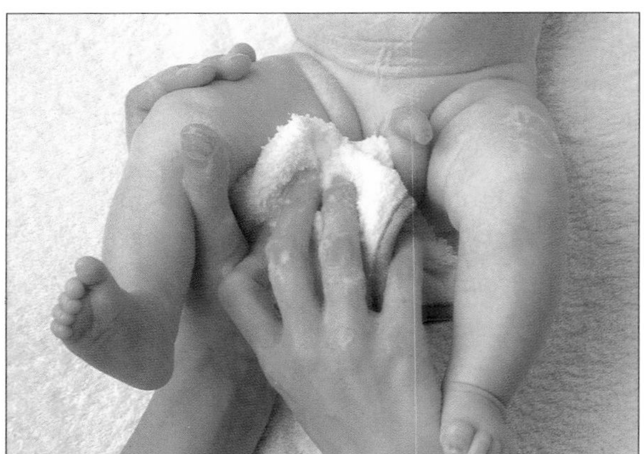

Primero, lavar las nalgas △
Cuando se ha desnudado al niño en el vestidor, se procede en primer lugar al aseo de las nalgas para que el agua del baño no se ensucie. Límpielas con los extremos del pañal y, luego, use una toallita suave, una manopla reservada para este fin o un algodón. Empápelo en agua tibia y utilice jabón líquido suave o un producto hipoalergénico.

Enjabonar al niño ▽
Enjabone totalmente al bebé con una toallita suave, una esponja o manopla de baño o la misma mano. Empiece por la barriga: será más agradable para el niño. Insista en los pliegues del cuerpo y en los genitales. No olvide el cuero cabelludo: no tema enjabonarle la cabeza, las fontanelas resisten perfectamente este masaje que impedirá la aparición de costras.

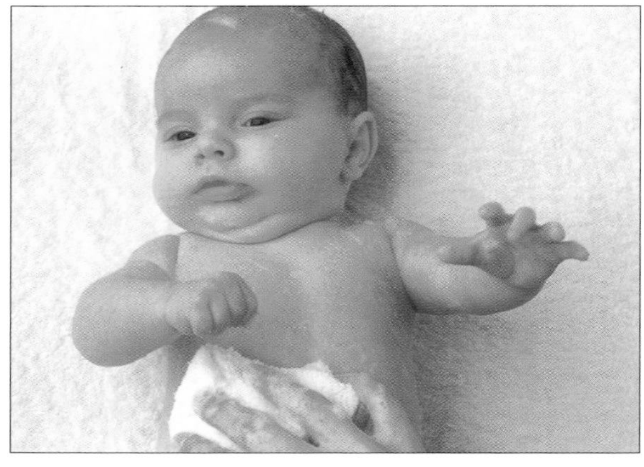

¿Qué hay que hacer?
Se llena la bañera de agua y, antes de meter al niño, debe verificarse siempre la temperatura con el dorso de la mano o con el codo, o bien con un termómetro de baño: debe estar tibia (37 °C). Se pone al bebé en el vestidor, se le desnuda totalmente y se le limpian las nalgas para evitar ensuciar el agua (*véase* «Limpieza de las nalgas», a continuación). Se enjabona al bebé de la cabeza a los pies en el vestidor, directamente con la mano o con una manopla. Debe insistirse en los pliegues y en los genitales, sin olvidarse de la cabeza. Posteriormente, se le sumerge con cuidado y de forma progresiva en el agua para aclararlo, mientras se le reconforta con palabras y gestos. Pásele una mano bajo la axila y sujétele con el brazo la cabeza.

También puede empezarse por sumergir al niño, con las mismas precauciones, y enjabonarlo dentro del agua poco a poco. Al principio, es posible que este método parezca más difícil. Cuando el bebé se sienta confiado en el baño, póngalo boca abajo, sujetándolo por debajo del pecho. En el agua, se relaja enseguida: déjelo chapotear un poco pero sin dejar de vigilarlo. Da lo mismo que suene el teléfono en ese instante o que otro miembro de la familia reclame su presencia: no deje nunca solo al niño en el baño, ni siquiera con muy poca agua.

¿Qué hay que hacer a la salida del baño?
Al igual que la entrada en el agua, la salida es un momento especialmente delicado. Hay que aclararse bien las manos antes de sujetar al bebé, para que no resbale como una pastilla de jabón. Cuando el niño esté fuera del agua, debe evitarse a toda costa que se enfríe. Envuélvalo enseguida con una toalla y empiece a secarle la cabeza dándole toques suaves con la toalla o con un tejido suave (de algodón, preferentemente). No debe olvidarse la parte de detrás de las orejas ni los pliegues del cuello. Se procederá del mismo modo en las extremidades, las nalgas y las axilas.

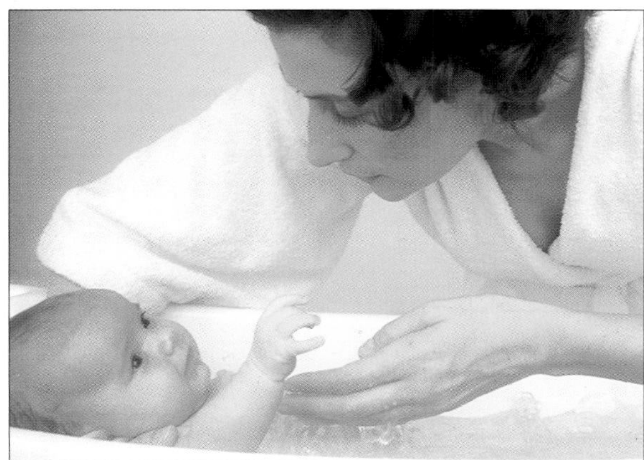

En la bañera ∆
Ponga una mano por debajo de la axila del niño, para sujetarle la cabeza con el brazo, y cójalo firmemente por el hombro. Sumérjalo con cuidado en el agua y, con la otra mano, aclárelo mientras le habla con cariño para tranquilizarlo. El niño se relaja poco a poco en el agua y mueve las piernas con gusto. Al cabo de unos días, cuando se haya acostumbrado al baño, le podrá mantener boca abajo sujetándolo con un brazo por debajo del pecho y con la cabeza fuera del agua.

Tras el baño ∇
Cuando haya sacado al niño del agua, envuélvalo en seguida con una toalla seca o un albornoz de baño para que no coja frío. A continuación, le secará con toquecitos muy suaves, y sin frotar demasiado. Empiece por la cabeza, siga por todos los pliegues, bajo los brazos, las ingles, entre las nalgas y tras las rodillas.

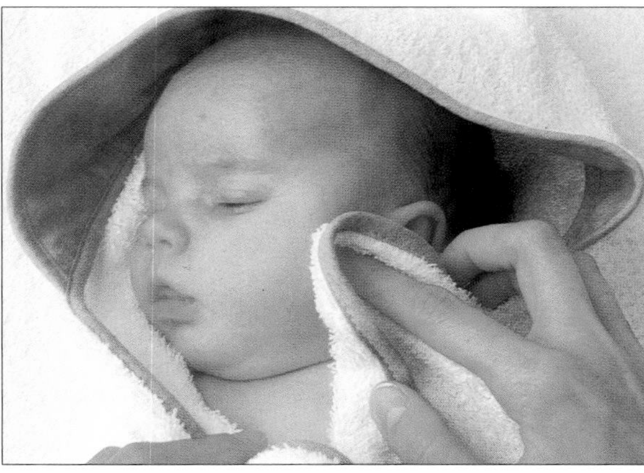

Cuidados especiales

El baño es el momento ideal para proporcionar al bebé los cuidados especiales necesarios en diversas zonas de su cuerpo: las nalgas, los órganos genitales y el cuero cabelludo. Cuando el bebé está bien seco, ha vuelto a entrar en calor y patalea con libertad en el vestidor, ha llegado el momento de ocuparse de su cordón umbilical (hasta que haya caído). Más tarde, con los pañales puestos y ya vestido, se emprenderán los cuidados de la cara.

Las nalgas
Aparte del momento anterior al baño, debe cambiarse con frecuencia al bebé (de cuatro a seis veces al día). Lo mejor es limpiarle las nalgas con una toallita humedecida o un algodón empapado con agua tibia y jabón líquido suave, y secarlo de inmediato. Si se produce una irritación (dermatitis amoniacal o de Jacquet, *véase* pág. 192), puede probar la aplicación de una pomada cicatrizante sobre la zona, pero si tiene dudas consulte al pediatra. En caso de que la irritación sea intensa, conviene dejarle las nalgas al aire todo el rato posible y usar pañales de algodón hidrófilo, poniendo las tiras directamente en la braguita de algodón y evitando cualquier contacto con el plástico.

Los órganos genitales
Requieren cuidados especiales porque están muy expuestos a irritaciones.
• **En la niña.** La vulva es una zona de secreciones; es necesario enjabonarla y aclararla de delante hacia atrás, prestando atención a los pliegues.
• **En el niño.** Se debe desplazar delicadamente hacia atrás la piel que recubre el glande (el prepucio) y volverla a llevar con cuidado hacia delante después de haber limpiado la zona. Es muy importante no insistir si la manipulación resulta difícil. El niño estará igual de limpio aunque no se haya retirado la piel del glande. Hasta pasados varios meses, no existe riesgo de infección debido a un prepucio demasiado estrecho (fimosis). Sólo es necesario llevar un control para que

Los cuidados de la cara

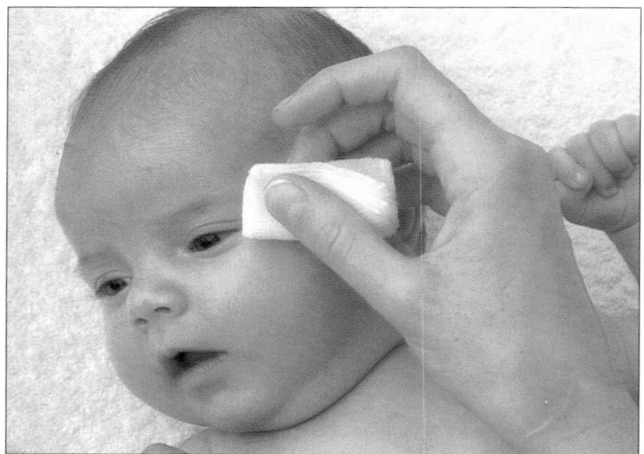

Los ojos △
Pase una gasa estéril empapada en agua previamente hervida o suero fisiológico sobre el ojo, desde el ángulo interno (donde se encuentra la glándula lagrimal), cerca de la nariz, hacia el externo. Cambie de gasa para limpiar el otro ojo. Si el ojo del niño lagrimea o si secreta mucosidades amarillentas que se le pegan a los párpados, consulte con el pediatra. Los ojos del bebe son frágiles; debe impedirse que les entre agua durante el baño.

Las orejas ▽
Forme un bastoncillo con un trozo de algodón impregnado en suero fisiológico o agua estéril. Vuelva la cabeza del bebé hacia un lado y límpiele la oreja, repasando todos los pliegues. Limítese a la entrada del oído porque si mete el algodón dentro del oído, podría introducir el cerumen más hacia el tímpano y provocar la formación de un tapón. Utilice otro algodón para la otra oreja.

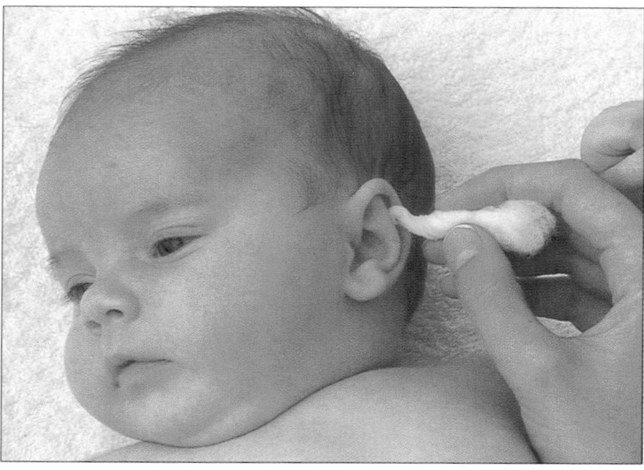

no aparezca enrojecimiento, calor o hinchazón inusuales, signos de una posible inflamación.

El cuero cabelludo
Para prevenir la formación de costras de leche debidas a la secreción de sebo, pase la mano empapada con jabón líquido suave por la cabeza del bebé y luego aclárela con agua abundante todos los días. No debe temerse tocar las fontanelas: son flexibles pero resistentes (*véase* pág. 140). Luego puede utilizarse un champú especial para bebés, dos o tres veces a la semana.

Si se forman costras, por la noche se untará la cabeza del niño con vaselina o con aceite de almendras y, a la mañana siguiente, se lavará y se aclarará; las costras humedecidas se desprenderán. Unas gotitas de colonia para bebés (baja en alcohol) en la cabeza son agradables después del baño, aunque no son necesarias.

El cordón umbilical
Al nacer, se corta el cordón umbilical a unos centímetros del cuerpo del bebé. Gracias a los cuidados posteriores (*véase* pág. 187), el trocito que queda debe secarse y caer espontáneamente antes del décimo día. Si pasados quince días no ha caído por sí solo, o si se enrojece, supura, desprende un olor desagradable y se forma un bulto, consulte con el pediatra.

Tras la caída del cordón, en ocasiones persiste una pequeña hernia que hace sobresalir el ombligo; desaparecerá de forma progresiva: no sirve de nada intentar reducirla mediante la compresión del ombligo del bebé.

La cara
Para limpiar la cara del pequeño, basta con un algodón empapado en agua previamente hervida y enfriada. Debe prestarse especial atención a los lugares escondidos: los pliegues del cuello y la parte posterior de las orejas, donde con frecuencia se presentan pequeñas lesiones con supuración y costras, que cicatrizan rápidamente con un antiséptico. Estas zonas deben lavarse regularmente y secarse con cuidado.

Las uñas

Es mejor no cortar las uñas a un bebé antes de que cumpla un mes como mínimo, ya que se corre el riesgo de cortar la piel de los dedos. Por regla general, al principio las uñas se rompen espontáneamente. Sólo se debe vigilar que el bebé no se arañe la cara con unas uñas demasiado largas. Si eso sucede, se le pueden poner unas manoplas de algodón especiales. Pasados los 3 meses, ya se le pueden cortar las uñas (pero no demasiado cortas) con unas tijeritas especiales de puntas redondeadas, dejando que la uña sobresalga un poco de la carne del extremo del dedo.

Normalmente, la nariz se limpia sola gracias a los minúsculos pelos que la tapizan y que repelen las partículas de polvo y las mucosidades hacia los orificios nasales. Basta entonces con uno o dos estornudos para expulsarlas. Sin embargo, si el ambiente es seco, se pueden formar unas costras pequeñas que molestan al recién nacido porque durante las primeras semanas no sabe respirar por la boca. Podrá eliminar estas costras con la ayuda de una mecha de algodón y suero fisiológico. Recuerde hacerlo antes de las comidas para que el bebé pueda respirar bien mientras mama.

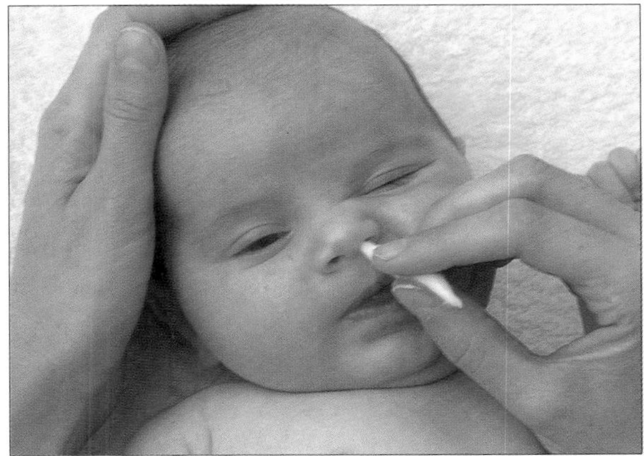

La nariz Δ
Forme un bastoncillo con un poquito de algodón humedecido en suero fisiológico y pase el extremo con cuidado por la entrada de los orificios nasales, cuidando de no introducirlo demasiado. Para humidificar la mucosa nasal, se pueden instilar unas gotitas de suero fisiológico en cada orificio nasal. Pero no es necesario hacerlo todos los días, ya que ello acabaría por irritar la nariz y dañar los pequeños pelos protectores.

La piel frágil del bebé
La piel del bebé es especialmente sensible. Para evitar irritaciones e infecciones conviene seguir algunas reglas de higiene básicas: mantener la piel siempre limpia e hidratada, evitar las fricciones debidas a los pañales o a la ropa demasiado ajustada. A pesar de todos los cuidados, pueden presentarse a veces ciertas afecciones, que precisan de asistencia médica.
• **Dermatitis amoniacal o de Jacquet.** Se trata de una irritación frecuente en el lactante, debida principalmente a la agresión de la orina, las deposiciones y la flora bacteriana a la que se ven expuestas las nalgas. Si, a pesar de las precauciones (supresión de todos los productos causantes de alergias y utilización de pañales de algodón hidrófilo), las lesiones supuran, debe consultarse con el médico.
• **El eccema del lactante.** Poco frecuente antes del tercer mes, normalmente se localiza en la cara (a excepción de la nariz y el mentón), detrás de las orejas y puede extenderse a los pliegues de las articulaciones, el pulgar y los pezones. La piel se enrojece por zonas, se forman pequeñas vesículas que contienen un líquido transparente, y el bebé siente necesidad de rascarse. Consúltese con el pediatra.
• **El acné neonatal.** Con frecuencia, a partir de la cuarta semana, se producen accesos de estos puntitos blancos sobre fondo rojo en la cara y el pecho. Pueden persistir durante varias semanas. Aparte de la higiene habitual, no existe ningún otro tratamiento preventivo.

Cambiar y vestir al bebé

Una vez el bebé lavado, secado y atendido, llega el momento de ponerle el pañal y vestirlo. No importa tanto la cuestión estética como que la ropa no sea demasiado ajustada y que el niño pueda moverse a sus anchas. No debe tener ni demasiado frío ni demasiado calor, ya que su capacidad de regulación térmica todavía no le permite adaptarse a las diferencias bruscas de temperatura. La temperatura ambiente debe situarse alrededor de los 20 °C.

La limpieza de las nalgas

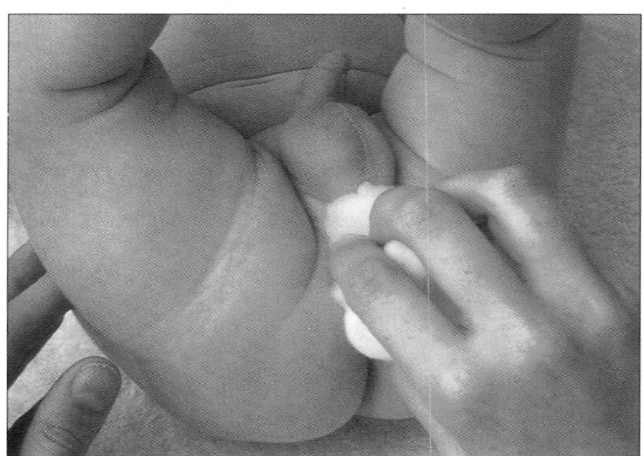

◁ ***En el niño***
Ponga al bebe boca arriba y, con una mano, levántele las piernas. Con la otra, con un algodón o una toallita húmeda, limpíele las nalgas y los muslos. Enjabone y aclare bien, utilizando para ello otro trocito de algodón.

En la niña ▽
Levántele las piernas con una mano y, con la otra, limpie las nalgas con una toallita húmeda o algodón. Repase todos los pliegues, entre los labios, siempre de delante hacia atrás. Seque bien la zona.

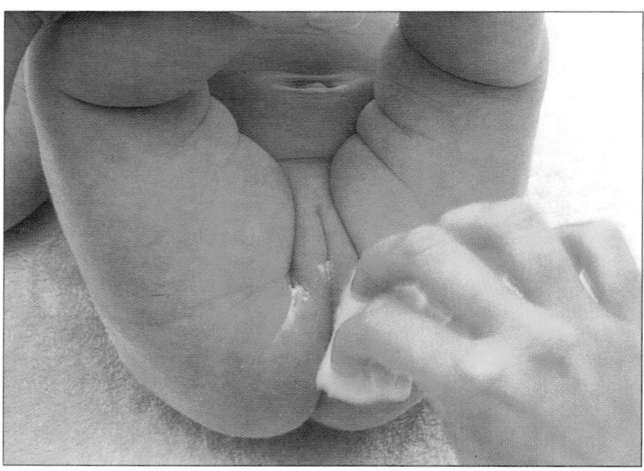

Limpiar bajo el prepucio ▷
Sobre el vestidor, o en la bañera mismo, enjabone y luego aclare bajo el prepucio. Pero no intente retirar la piel del glande por la fuerza. Seque la zona con un algodón.

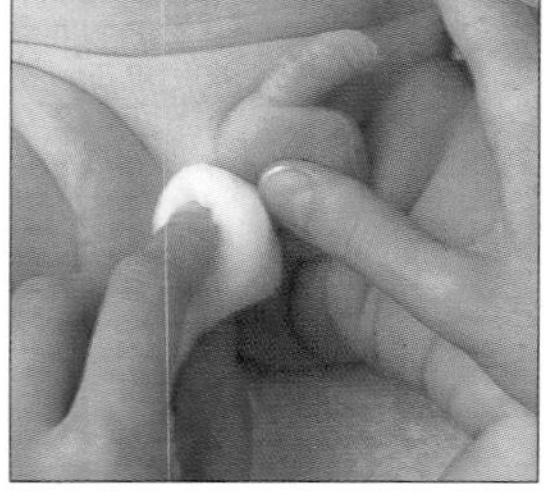

Los pañales
Lo más práctico son los pañales desechables. El tamaño debe adaptarse al peso del niño (se han de respetar las indicaciones que incluyen al respecto los paquetes de pañales). Ahora bien, si el bebé es alérgico a este tipo de pañales, pueden utilizarse los pañales de algodón tradicionales y la braguita cubrepañal de plástico.

Debe procurarse no tapar el ombligo si aún no ha cicatrizado y, para ello, se doblará la parte superior del pañal bajo esta zona antes de fijar las cintas adhesivas laterales, que no deben apretarse más de lo que sea necesario para evitar escapes.

Aparte del momento del baño, debe cambiarse a menudo al bebé: de cuatro a seis veces al día, preferiblemente a la hora de las comidas y cada vez que llore porque está molesto. En cuanto se perciba un olor sospechoso, se debe proceder a cambiar al niño de inmediato, sin esperar a que esté incómodo y lo demuestre mediante el llanto.

Las prendas de vestir
Deben ser prácticas y muy holgadas, en particular en las sisas y los puños. También deben permitir cambiar al niño con facilidad, sin que le dé tiempo a coger frío: primero, una camiseta de algodón, luego el pañal y la braguita de algodón y, por último, la ropa del día. En invierno, precisará un jersey de lana sobre la ropa interior. Se tiene que procurar que la barriga del bebé quede siempre tapada y que la ropa interior no se le suba por debajo del resto de prendas. Para ello es muy útil y aconsejable la ropa de una sola pieza, o *body*, que se cierra en la entrepierna. En casa, el niño no debe estar demasiado abrigado.

Al principio, es conveniente evitar las prendas que se ponen por la cabeza: a los pequeños no les gustan. También es mejor no usar imperdibles para fijar las prendas, ya que pueden abrirse o molestar al niño, y ni cintas que podrían enroscársele alrededor del cuello. Para fijar las prendas que se abrochan por la espalda, hay que poner al niño boca abajo.

Cómo cambiar al bebé

Colocar el pañal ▽
El bebé está echado boca arriba en el vestidor. Acaba de proceder a la limpieza de las nalgas (véase página anterior). Levántele las nalgas y deslice bajo ellas la mitad del pañal limpio.

Doblar el pañal ▷
Pásele la mitad del pañal que sobra por entre las piernas. Si el ombligo todavía no ha cicatrizado, asegúrese de doblar la parte superior del pañal por debajo de esa zona.

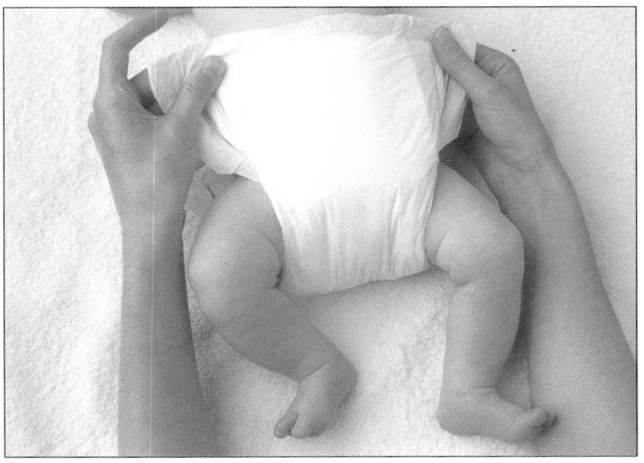

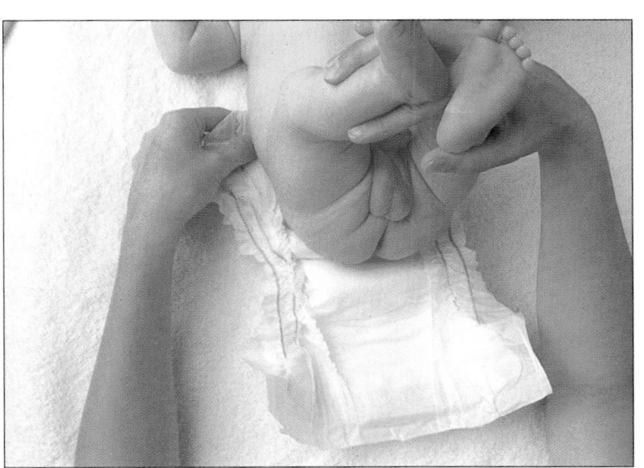

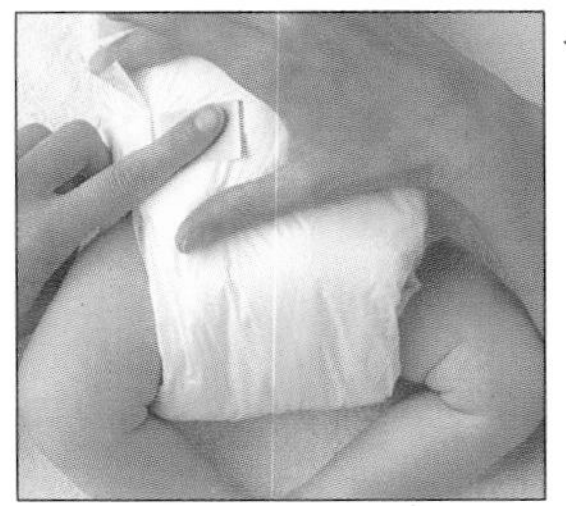

◁ ***Cerrar el pañal***
Fije bien las dos partes del pañal con las cintas adhesivas para evitar que se escape nada por los lados, pero sin apretar demasiado.

Cómo vestir al bebé

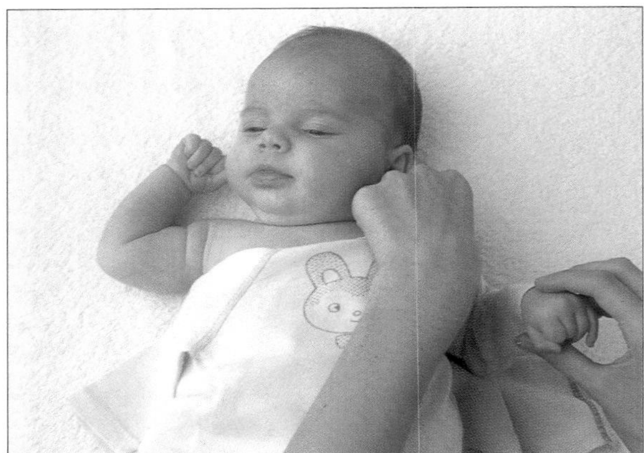

Empezar por arriba △
Ahora que el bebé está bien limpio y seco, le toca vestirse. Empiece por colocarle el jersey o la camiseta de algodón. Si le va a poner un jersey de lana, acuérdese antes del baño de introducir uno de los jerséis dentro del otro; de ese modo sólo tendrá que pasar las mangas por los brazos una vez.

Abrochar por la espalda ▽
Dé la vuelta al niño y póngalo boca abajo para abrocharle el jersey en la espalda. Para que esté cómodo, no le ponga al principio prendas demasiado ajustadas ni que deban pasarse por la cabeza. Para su seguridad, no le abroche las prendas con imperdibles ni con cintas.

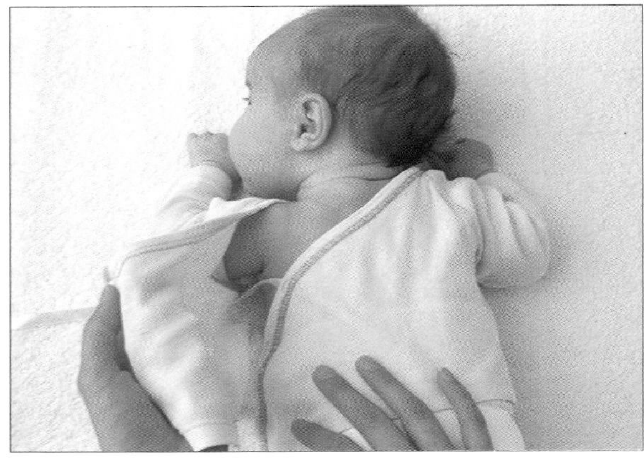

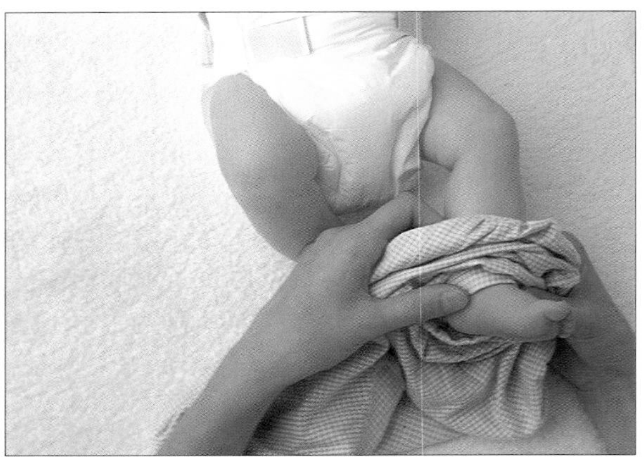

◁ **Poner la parte de abajo**
Al igual que las mangas, las perneras del pantalón o del peto deberán ser anchas para poderlas replegar sobre sí mismas y pasarlas luego sin esfuerzo por las piernas del bebé. Recuerde que en las primeras semanas el bebé crece y gana peso muy deprisa, y que no debe llevar las prendas muy ajustadas para poder moverse a su gusto.

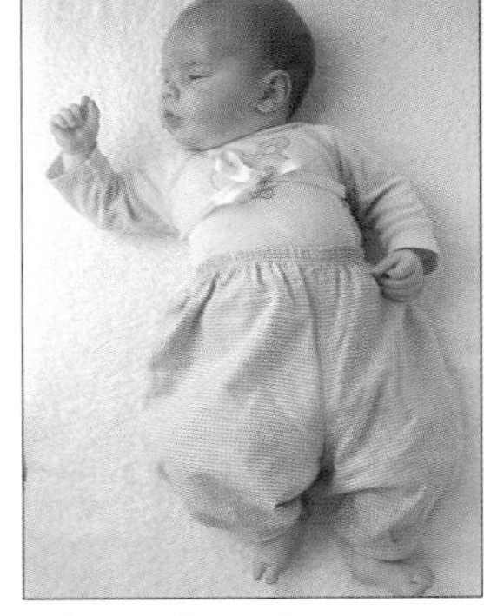

Sobre todo, práctico △
Mientras las camisas, las camisetas y los jerséis tienen tendencia a salirse del pantalón, los *bodys* que se ajustan a la entrepierna, los monos o los pantalones con tirantes impiden que la barriga del niño quede destapada.

Peinar al bebé ▷
Una vez limpio y vestido, ya tenemos al bebé totalmente cómodo. Para acabar, pásele el cepillo con suavidad por los cabellos, con unas gotitas de agua de colonia (baja en alcohol). Será un agradable final para el baño.

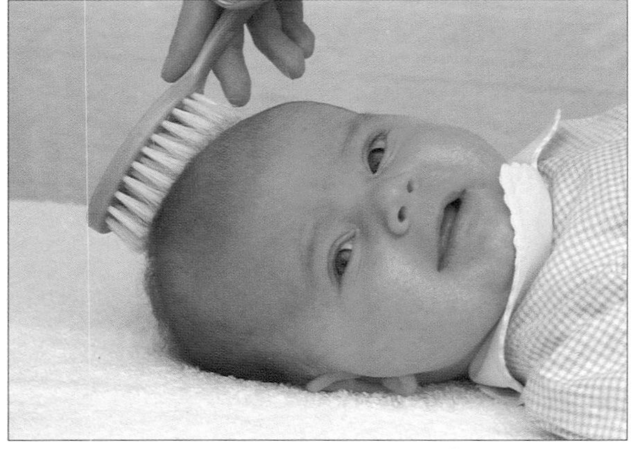

El sueño

Para el bebé, dormir constituye una función primordial. La calidad del sueño influye directamente en su salud y su desarrollo. Para los padres, saber reconocer los ritmos y las fluctuaciones del sueño contribuye al equilibrio familiar y, con ello, a la plenitud del niño.

Mientras duerme, el bebé termina de desarrollarse tanto físicamente como en lo que se refiere a sus funciones cerebrales. La hormona del crecimiento se secreta en las fases de sueño lento. Durante las fases de sueño paradójico (*véase* el apartado «Los seis estados de sueño y vigilia del recién nacido», a continuación), se inscriben en la memoria las primeras experiencias, lo que aprende cuando está despierto. Por este motivo, resulta fundamental respetarle los ritmos del sueño, cuya regularización se alcanza de forma progresiva. Los cuatro primeros meses suponen básicamente un período de adaptación difícil para el bebé y es preciso facilitárselo creando a su alrededor un clima afectivo relajado. El bebé es muy sensible al estado de ánimo de quienes lo rodean y necesita mimos. Así pues, dulzura, pero sin olvidar la firmeza. Hay que saber dejar llorar al niño en la cuna antes de apresurarse a darle de comer, por ejemplo, si no le toca. Necesita organizarse el sueño él solo. De este modo se le ayuda a adquirir autonomía y equilibrio.

El *primer mes*: *pendientes del recién nacido*

El recién nacido tiene que hacer muchas cosas. Tiene que adaptarse a un entorno sonoro, visual y afectivo que va descubriendo día a día, siempre dominado por sus propios ritmos biológicos y sus funciones naturales: el sueño y el hambre, una sensación nueva, que experimenta desde que no recibe alimentos a través del cordón umbilical.

Respete su sueño

El recién nacido duerme mucho: de dieciséis a veinte horas al día, de las que más de la mitad son de sueño paradójico. Durante las primeras semanas, no distingue entre el día y la noche. Se despierta llorando porque tiene hambre, por regla general, cada tres o cuatro horas. Debe procurarse no interferir en su sueño, ya que necesita enlazar de forma natural las fases de vigilia y de sueño para conseguir adaptarse. Deberá intentar seguir su ritmo: duerma cuando él duerma, así podrá recuperarse al máximo. Mantenga a su alrededor un entorno tranquilo y armonioso, no con un silencio absoluto pero sí con ausencia de ruidos fuertes (aspirador, portazos, etc.). Aproveche sus ratos de vigilia para alimentarlo, cuidarlo, mimarlo y sacarlo a pasear. Será necesario esperar aún algunos meses más, según el bebé, para que se despierte menos de noche.

Tranquilícelo

El niño se adapta mejor a la nueva vida si se le proporciona sensación de seguridad. Unos cuantos principios básicos sirven para crear las condiciones adecuadas:

• **Cama o cuna confortables**. El bebé pasa echado muchas horas y el capazo, tan agradable, pronto se le queda pequeño. Al niño le gusta reconocer el color, el olor y la forma de su cama. Le encantará contar con algunos elementos que se convertirán en un universo familiar y divertido: algunos peluches, un móvil, etc.

• **No cambiarlo de cama.** Si se le pasa a otra habitación para mantenerlo tranquilo, conviene llevarlo en su cuna para que conserve los puntos de referencia. Del

HAY QUE DEJARLO DORMIR

Es inútil intentar «educar» el sueño del recién nacido: hay que dejar que encuentre él solo sus ritmos. Se necesitan varios meses para que consiga el equilibrio. No se deben alterar los ciclos de sueño del bebé. No hay que confundir los estados de vigilia con los de sueño paradójico activo, en que parece agitado, abre los ojos, sonríe o lloriquea dormido. No lo coja porque crea que la llama; le costará volverse a dormir. Espere a que se manifieste de forma más clara. Pronto distinguirá la diferencia. Si llora, conviene ir a verlo para asegurarse de que todo va bien, pero se debe resistir el deseo de cogerlo y darle de mamar. De este modo, se evitará el círculo vicioso de la agitación y la sobrealimentación, que sólo conseguirá distanciar más al niño del sueño.

mismo modo, en las salidas de fin de semana o de vacaciones, es aconsejable llevar la cuna plegable, que se ha convertido en algo familiar.

• **Cogerlo en brazos tras las tomas.** Echado sobre su madre o acurrucado en brazos de su padre, recupera las voces, los olores y los gestos que lo tranquilizan. Pero hay que separar los mimos del adormecimiento para que aprenda a dormirse solo en la cama.

Déjenlo llorar

De vuelta en la cama tras los mimos posteriores a la toma, si todavía no lo ha hecho, puede dormirse a costa de algo de llanto. Hay que dejarlo llorar: es su forma de coger el sueño. Evidentemente, debe comprobarse que no le incomode nada, que no tiene demasiado calor y que va limpio, pero no hay que volverlo a coger en brazos: si los lloros persisten, pruebe a tocarlo con la mano para tranquilizarlo mientras le dice algunas palabras o le canta una canción de cuna, pero sin estimularlo demasiado; acabará por dormirse. No conviene que la madre lo lleve a su cama por la noche, ya que podría quedarse dormida antes de volverlo a poner en la cuna, con el riesgo de dañarlo sin querer.

Los seis estados de sueño y vigilia del recién nacido

Para el adulto, el sueño es la sucesión de varios ciclos que comprenden dos grandes períodos: el sueño lento y el sueño paradójico, llamado así debido a la aparente contradicción entre el estado de sueño y la animación del cuerpo de la persona dormida: rostro expresivo, movimientos oculares desordenados, pulso y respiración rápidos y actividad eléctrica cerebral más intensa (es cuando se sueña).

Entre el sueño y la vigilia, el recién nacido puede situarse en uno de los seis «estados» siguientes. El conocimiento de estas fases permite comprender mejor las reacciones del niño y respetar sus necesidades.

• **Fase 1: sueño lento.** El bebé duerme con los puños cerrados, sin la menor agitación visible, pero sus músculos se mantienen tónicos. Durante esta fase se secreta la hormona del crecimiento.

• **Fase 2: sueño paradójico activo.** El bebé se muestra agitado, con expresiones faciales (sonrisas, crispación), mueve los ojos bajo los párpados entreabiertos, las manos o los pies efectúan ligeros movimientos y su respiración es irregular, con pausas que pueden durar quince segundos. Da la impresión de que el niño se va a despertar en cualquier momento.

• **Fase 3: adormecimiento.** El bebé se encuentra en un estado provisional de semisomnolencia. No hay que cogerlo ni hablarle en este momento: podría despertarse.

• **Fase 4: vigilia tranquila.** El bebé está tranquilo, atento a su entorno, se mueve poco pero «responde» con el esbozo de una sonrisa o una expresión.

• **Fase 5: vigilia activa.** El bebé presenta una gran tonicidad y se muestra más bien agitado, mueve los brazos y las piernas. Da la impresión de ponerse nervioso con facilidad.

• **Fase 6: vigilia agitada.** El bebé e pone nervioso, gime, llora intensamente y, a pesar de todos los esfuerzos, no se calma. Durante las primeras semanas, estas fases son más frecuentes y más prolongadas que las de vigilia tranquila o de sueño lento. Más adelante se van reduciendo hasta desaparecer hacia el tercer mes.

De 1 a 4 meses: *adquisición de los ritmos del sueño*

Poco a poco, el bebé aprende a distinguir entre el día y la noche, de modo que permanece más tiempo despierto de día y duerme más por la noche. Pero este período de transición, durante el que va adquiriendo el tipo de sueño del adulto, no excluye ciertas dificultades, especialmente al final del día.

Alternancia del día y la noche

Para acompañar al niño en el aprendizaje del ritmo día/noche, se ofrecen a continuación algunos consejos que deberían facilitarle la adaptación sin brusquedades.

• **Diferenciar las tomas del día y las de la noche.** Desde el comienzo, deben adoptarse rituales distintos. De día, los ruidos cotidianos, las voces o la música estimulan al bebé. Por la noche, todo debe estar en silencio. Conviene mantener este ambiente, reducir la intensidad de la luz, no hablarle demasiado ni intentar arrancarle sonrisas y volverlo a acostar inmediatamente después del eructo. Tras la última toma del día, es importante crear las condiciones adecuadas para irse a dormir: después de haberlo cambiado, póngale el pijama, acuéstelo, déle las buenas noches, corra las cortinas y apague la luz. Poco a poco, irá comprendiendo la diferencia.

• **Espaciar las tomas.** Reducir, muy lentamente, el número de tomas nocturnas, con la oportuna modificación de la cantidad de leche, contribuirá a que pierda la costumbre de alimentarse de noche. A partir del segundo o del tercer mes, cuando el niño pesa alrededor de 5 kg, dispone de reservas suficientes para no precisar alimentarse por la noche. Si llora, no debe apresurarse en cogerlo ni a alimentarlo; es mejor dejarlo llorar un poco. Quizá todavía no se haya despertado del todo o bien aún no se haya llevado el pulgar a la boca para succionarlo, lo que le calmará del todo. Hay que dejar que vuelva a dormirse solo. Si persiste en el llanto, tranquilícelo en silencio y a oscuras, sin cogerlo. Hasta los 4 meses, el bebé no consigue dormir entre nueve y diez horas seguidas todas las noches, por lo que conviene responder a sus necesidades con tranquilidad y dulzura, pero también con firmeza.

• **No deje que el niño duerma con o cerca de usted.** En especial tras el primer mes, es mejor que tenga, si no una habitación propia, por lo menos sí su rincón particular. Si no se dispone de espacio suficiente, por la noche puede instalarse un biombo o llevarlo en la cuna a la cocina o al cuarto de baño. Si duerme cerca, notará que están atentos a sus menores movimientos y deseos y le costará más organizarse el sueño por sí solo.

El llanto al final de día

Entre la segunda y la décima semanas, con un máximo de intensidad hacia la sexta semana, sucede a menudo, al caer la noche, entre las 17 y las 23 horas, que el bebé empieza a llorar y a retorcerse, con todos los signos de un malestar intenso. Sin embargo, está limpio, ha comido bien, ha eructado, no tiene demasiado calor... Se trata de «la ansiedad del anochecer» (los pediatras hablan de disritmia vespertina). No existe motivo de alarma. Se trata de algo frecuente y pasajero, que corresponde a una fase de vigilia agitada y desaparece hacia el tercer mes. El bebé, que no dispone de otro medio para descargar la tensión que ha acumulado a lo largo del día, «se desquita». Estos problemas forman parte de la adaptación a los ritmos del día y de la noche y deben reconocerse como tales.

• **Debe mantenerse la calma y la paciencia.** La duración de estas crisis diarias de llanto es variable, pero pueden llegar a superar las dos horas. Sin duda, un rato que pone a prueba la paciencia de

¿Cómo acostar al bebé?

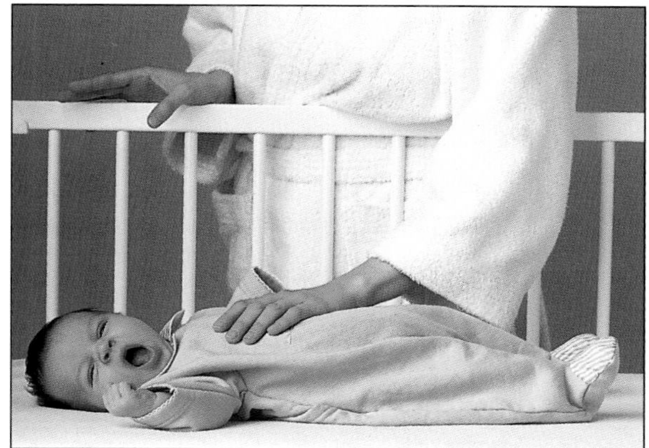

Boca arriba Δ

Actualmente se recomienda acostar al bebé boca arriba. Los riesgos de hipertermia (elevación de la temperatura, peligrosa para el bebé) parecen disminuir en esta posición. Además de poder ver el entorno, el bebé obtiene una mejor oxigenación. El área de contacto de la piel con el aire ambiental es mayor, puede respirar con facilidad y desaparece el riesgo de asfixia por hundir la nariz y la boca en la cama.

De lado ∇

Puede acostar al niño de lado. Para mantenerlo en esta posición, prepárele un tope con una manta enrollada o póngale un protector acolchado. Es importante que el bebé duerma sobre un colchón muy firme, sin almohada y sin manta, con un pijama abrigado. La posición boca abajo está indicada si el bebé regurgita o vomita. Conviene elevar el colchón para mantener al bebé en una posición inclinada.

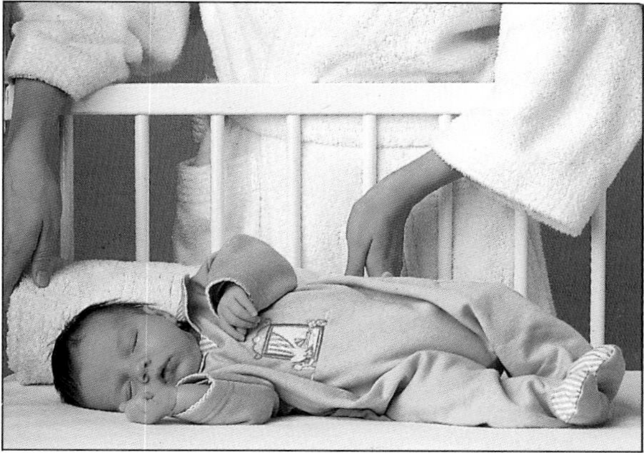

los padres y del entorno, pero es preciso conservar la calma y la tranquilidad ya que, de lo contrario, el bebé se resentirá enormemente de la ansiedad que lo invade y los llantos adquirirán mayor fuerza. Evidentemente, no está prohibido consolarlo: mézalo con suavidad, en un ambiente de luz tenue, sin hablarle. Pero no hay que ceder con demasiada frecuencia, puesto que se corre el riesgo de que asocie el llanto con la obtención de los mimos que tanto le gustan.

La muerte súbita del lactante

Hoy en día, en los países occidentales, de 1 a 3 bebés de cada 1.000, entre el mes y el año de edad, mueren súbitamente mientras duermen, sin que nada pueda hacerlo prever. La «muerte súbita del lactante» es la primera causa de mortalidad entre los niños más pequeños. Médicos e investigadores se ocupan de este problema tan doloroso, al que todavía no se ha encontrado una explicación.

Las posibles causas
En casi el cincuenta por ciento de los casos, se desconoce la causa. En otros casos, se ha comprobado que la muerte no se había producido por una, sino por varias causas combinadas. Por ejemplo, el bebé dejó de respirar durante más de veinte segundos (apnea), se ahogó con sus regurgitaciones y, además, tenía la nariz tapada... Estos incidentes, que suelen producirse en un período delicado y asociados a una afección oculta, o de apariencia banal, han podido desencadenar una muerte brusca. Las dos terceras partes de las muertes ocurren en época fría, entre septiembre y febrero, y son más frecuentes entre los 2 y los 4 meses. ¿Por qué? Se trata de un período de transición, en el que las defensas naturales del bebé contra las infecciones, así como el equilibrio de sus sistema nervioso, cardíaco y respiratorio se están consolidando. El lactante debe adaptarse a muchos cambios: alimentación, ritmos del sueño, una persona nueva que lo cuida...
Un conjunto de circunstancias que, unidas, hacen peligrar en ciertos niños un equilibrio todavía precario.

La prevención programada
La función del médico consiste en detectar los «bebés de riesgo»: niños con envejecimiento prematuro, aquejados de malformaciones faciales o de la boca, nariz u oídos, o niños de familias desfavorecidas, que no cuentan con ningún seguimiento médico con garantías. Estos bebés, más frágiles, deben detectarse y ser tratados con rigor y hospitalizados al menor signo grave que se produzca durante los seis primeros meses de vida.
Aprender a reconocer los «signos de alarma» sólo sirve para mejorar la vigilancia: del 50% al 75% de los casos de muerte súbita del lactante van precedidos de signos que indican una afección que podría suponer un riesgo vital para el bebé. Los padres deberán permanecer atentos para consultar con el pediatra. La conducta del niño cambia de forma brusca; se muestra más somnoliento de lo normal, grita de forma poco usual, respira mal, tiene molestias, fiebre alta...
Son muchos los síntomas que se deben vigilar, sin dejarse llevar por el pánico: la mejor prevención es mantenerse alerta (*véase* pág. 413).

• **No se debe recurrir a los somníferos.** No existen medicamentos eficaces para los trastornos del sueño del niño; además, podrían poner en peligro el desarrollo del cerebro, en plena maduración. Tampoco son aconsejables los jarabes que se utilizan con demasiada frecuencia y que contienen antihistamínicos (contra las manifestaciones alérgicas) o neurolépticos y benzodiacepinas (tranquilizantes).
• **No hay que atribuir los llantos a cólicos.** Los dolores abdominales, que se producen de forma más irregular durante el día, no son suficientes para explicar estos llantos por la noche (*véase* pág. 185). Otro posible error consistiría en interpretarlos como crisis de hambre. No intente alimentar al niño para calmarlo. Debe mantenerse la sangre fría y rodearlo de calma mientras se espera que encuentre su ritmo.

Después de los 4 meses: el equilibrio encontrado

Después de los cuatro meses, se entra en un período de calma. El niño se muestra más tranquilo, ya no le duele la barriga, se alimenta bien y «duerme por la noche». Sus funciones primordiales se han estabilizado. Tiene unas horas más fijas para las comidas (a esta edad, cuatro al día por regla general). Duerme entre nueve y doce horas por la noche y sigue durmiendo mucho de día (alrededor de cinco o seis horas, repartidas, según el niño, por la mañana y principios y final de la tarde).

Ahora ya sabe dormirse y despertarse sin llorar, y vuelve a dormirse solo si se despierta. Los padres ya han aprendido a reconocer cuándo quiere dormir y deben seguir respetando sus ritmos. Pero todavía hay diversas circunstancias susceptibles de perturbarle el sueño. Se trata del período de los pequeños accesos de fiebre, ya que empieza a enfrentarse a las infecciones. Quizá se queda al cuidado de otras personas, puede que se vayan de vacaciones... tendrá aún que adaptarse a cambios de lugar y a caras nuevas. El equilibrio que se ha alcanzado en los primeros meses entre los padres y el bebé facilitará este período. Unos meses de descanso, antes de la próxima fase de transformación (alrededor de los 8 meses).

El *despertar del bebé*

Al nacer, el niño depende de sus padres para satisfacer todas sus necesidades físicas. Pero sus sentidos, ya despiertos, le permiten entrar en contacto con el mundo que lo rodea y crear fuertes lazos afectivos. Los padres establecen con él unas relaciones de intercambio que le ayudarán a desarrollarse.

En el interior del útero, el bebé se alimentaba y recibía el oxígeno a través del cordón umbilical conectado con la placenta. Cuando llega al mundo y le cortan el cordón umbilical, el niño respira espontáneamente por los pulmones y busca alimento. No puede alimentarse sin ayuda, pero sabe mamar. Es capaz de reconocer el olor de la leche materna y se dirige hacia el seno, abre la boca frente al pezón y empieza a mamar respirando por la nariz. Sabe manifestar que tiene apetito y deja de comer cuando lo ha saciado. En pocas semanas encuentra los ritmos del sueño, que es preciso respetar. Cuando está despierto, adquiere conocimiento del mundo al que acaba de llegar gracias a los cinco sentidos que ha adquirido durante el embarazo. A través de ellos, establecerá también la relación con sus padres, así como los lazos afectivos indispensables para el desarrollo de su personalidad.

El *despertar de los sentidos*

Durante el embarazo, el feto es capaz de reconocer sabores distintos, de percibir la luz y de oír sonidos (*véase* pág. 37). Los sentidos ya están activos. Después de nacer se desarrollarán aún más y se convertirán en instrumentos de descubrimiento y de conocimiento del entorno.

La vista

Durante mucho tiempo, se creía que los bebés nacían ciegos y no empezaban a ver hasta mucho después del parto. Hoy en día, se sabe que eso no es cierto. El recién nacido puede seguir con los ojos la luz que emite una lámpara y distinguir un objeto contrastado (como un disco de cartón con círculos negros y blancos). Se ha observado también que, muy a menudo, los objetos que más le atraen son aquellos que poseen una forma parecida a la de una cara humana: con los ojos brillantes y la boca. Cuando ese rostro expresa sentimientos, la excitación del niño aumenta y, desde las primeras semanas, el recién nacido reconoce la cara de su madre y, después, la de su padre. Pero su campo visual es muy reducido (no ve más allá de los 30 cm, aproximadamente) y muchas veces sufre problemas de acomodación, que pueden provocarle un bizqueo intermitente. Poco a poco, el globo ocular se vuelve más redondo y flexible. A los 3 meses de edad, el bebé ya ve más allá de los 2,50 m y, generalmente, sus facultades visuales son totales a los 6 meses.

Al principio, mantenga la cara del niño a menos de 30 cm de la suya: el niño podrá observarla y seguir los movimientos de su cabeza. Pero para responder, el bebé debe encontrarse en un «estado de vigilia» favorable. En primer lugar, es necesario que quiera abrir los ojos, lo que no suele producirse siempre en los primeros días. Si está nervioso o cansado, no mantendrá la mirada. Se impone, pues, la paciencia y no forzar las cosas. Los períodos de vigilia del recién nacido son muy cortos. Los padres aprenderán rápidamente a reconocerlos (*véase* pág.

UN DESPERTAR PROGRESIVO

Deje que el niño se despierte de forma progresiva al mundo que lo rodea. Para comunicarse con él a través de la palabra, el gesto o la mirada, se elegirán aquellos momentos en los que esté disponible, sin olvidar que su capacidad de atención, al principio, es de muy corta duración.

No dude en acariciar al niño, darle masajes y dejar que él también la toque. Para el bebé, este contacto físico es a la vez tranquilizador y estimulante.

Haga un esfuerzo para ponerse en el lugar del bebé: comprenderá mejor sus sentimientos, sensaciones y comportamientos.

La relación con el niño es recíproca: usted reacciona en función de lo que adivina que quiere expresar; él reacciona en función de lo que comprende que usted le indica.

196), lo que les permitirá encontrar el momento ideal para intercambiar miradas con el niño.

El oído

Puesto que ya ha oído la voz de sus padres durante el embarazo, el recién nacido suele mostrarse muy atento cuando les oye hablar a ambos. Utiliza ciertos signos (una expresión, una sonrisa, un gesto) para manifestar que le gusta la entonación y la modulación de sus palabras. Al igual que sucede con la capacidad visual, el pediatra, en el hospital, ha verificado las facultades auditivas del niño. Mediante el estudio de las reacciones del cerebro, del ritmo cardíaco, de la respiración y del ritmo de succión frente a estímulos auditivos (ruido ligero, voz), los médicos han observado que el recién nacido es más sensible a ciertas frecuencias sonoras, en particular las de la voz humana y, muy especialmente, la voz femenina. Pero la capacidad de escuchar del bebé es muy frágil, por lo que no se debe ser demasiado exigente. No intente comprobar la audición del niño mediante ruidos fuertes y violentos: podría encerrarse en sí mismo. Es preciso esperar el momento propicio para hablarle o que escuche música. Su voz puede tanto estimularlo como calmarlo cuando está agitado.

El gusto y el olfato

Cuando nace, el bebé ya tiene desarrollados el gusto y el olfato. Reconoce el olor de sus padres y, muy rápidamente, el de la cuna y el hogar. Ésa es la causa de que el olor de un objeto familiar sirva para tranquilizarlo cuando se encuentra lejos de casa.

Reacciona con cuatro expresiones distintas a los cuatro sabores básicos (salado, dulce, ácido y amargo) y manifiesta casi siempre una clara preferencia por el dulce. Sin embargo, la sensibilidad gustativa es distinta para cada lactante. Resulta fácil aprender a interpretar las reacciones de placer o de rechazo del niño en cuestiones alimenticias. De ese modo, se puede satisfacer sus gustos en la medida de lo posible, así como empezar a «educarle el paladar» a través de variaciones en la alimentación (*véanse* pág. 214 y siguientes).

El tacto

La madre necesita tocar al niño y acariciarlo y éste, por su parte, busca también ese contacto, que puede despertarlo y tranquilizarlo al mismo tiempo. El contacto físico entre madre e hijo es esencial. En nuestra civilización, en la que los niños van vestidos y están protegidos del frío, tenemos mucha tendencia a olvidar la importancia del tacto. Por ello, resulta

La importancia de los lazos afectivos

Gracias a los cinco sentidos, el recién nacido podrá comunicarse con el mundo que lo rodea y, en especial, con sus padres. Pero necesita sentirse bien recibido para que se establezcan lazos amorosos que le ayudarán a vivir. Donald W. Winnicott, pediatra y psicoanalista británico (1896-1971), llegó a afirmar que «el recién nacido existe solamente a través de los lazos afectivos que establece a su alrededor».

La memoria y las relaciones

Actualmente, se sabe que la infancia se mantiene muy anclada en la memoria del individuo. El bebé almacena experiencias que olvidará enseguida pero que permanecerán grabadas en su inconsciente y que forjarán la personalidad del niño, del adolescente y del adulto.

El bebé posee una memoria con la que asocia los acontecimientos y las percepciones, y retiene con mayor facilidad las situaciones que se reproducen de forma regular.

Durante las primeras semanas posteriores al nacimiento, la madre querrá estar siempre disponible para el niño. Quizá tienda a concentrar toda su atención en él. Es una reacción natural que Winnicott denomina «la preocupación maternal primaria».

Por su parte, el recién nacido está ya dotado de un temperamento propio, que va a influir necesariamente en la relación con su madre. Ésta también cuenta con una personalidad y una historia propias. Todos los padres proyectan sobre su hijo episodios de su existencia. Entre ellos y el niño se establece una relación basada en la reciprocidad. La actitud de padres e hijo se ajustará en función de lo que cada uno habrá comprendido del otro a lo largo de los distintos intercambios que se producen.

Sonrisas y caricias

El intercambio de miradas, de gestos y de expresiones permite al niño adquirir conciencia de su existencia y darse cuenta de que los demás pueden compartir sus sentimientos y responderle. Es importante, por lo tanto, que las madres respondan al bebé, con una inclinación de la cabeza, una caricia o una palabra. Porque, gracias a esta comunicación, se podrá establecer entre madre e hijo un profundo entendimiento, que el psicólogo alemán Daniel Stern denominó «armonización afectiva». De forma paralela, el padre debe también establecer sus propias relaciones con el niño. De este modo, ambos progenitores mantendrán una relación muy íntima con el niño, lo que les ayudará en adelante a comprender mejor sus comportamientos.

instructivo observar los gestos de las madres africanas o indias, por ejemplo, que «saben» tocar a sus hijos y llevarlos. El niño necesita también el contacto físico con su padre. Aunque éste tenga la impresión de ser un poco patoso, no debe temer tocar, acariciar y coger a su hijo en brazos: los gestos del padre, distintos y complementarios a los intercambiados con la madre, suelen ser más rápidos y más dinámicos, y estimulan el despertar y el desarrollo motor del niño.

Las relaciones y la comunicación

Hasta las 6 semanas, el niño depende totalmente de su madre para vivir y forma un todo con ella. Pero, entre el segundo y el tercer mes, se desarrolla de forma bastante espectacular y se convierte en un ser «social»: responde con una sonrisa o con vocalizaciones a las expresiones faciales que se le dirigen y puede prolongar o interrumpir una mirada a su antojo. Uno o dos meses más tarde, sabe tomar la iniciativa de una caricia o de un juego con un objeto que ya puede coger. El conocimiento del mundo que lo rodea ha progresado mucho y se vuelve claramente consciente de la presencia o de la ausencia de sus padres; también empieza a darse cuenta de la desaparición de un objeto. Pronto percibirá que es un ser diferenciado, independiente, más autónomo. Es necesario aceptar esta evolución y dejar que, en adelante, elija libremente cuándo quiere iniciar o terminar un intercambio, por ejemplo, llamando la atención con vocalizaciones o, a la inversa, apartando la mirada.

El lugar y el papel del padre

El niño necesita ver que su padre y su madre son dos seres distintos. El padre tiene un modo particular de comunicarse con su hijo y su papel no se confunde con el de la madre. En primer lugar, es él quien evita que la madre y el niño se encierren en una relación exclusiva. Ayuda a su compañera a permanecer en contacto con el mundo exterior y ofrece al bebé una relación de un tipo distinto al lazo maternal: una relación física más dinámica, más estimulante. El padre suele sostener al niño en el aire y mecerlo verticalmente y con movimientos rápidos; estos intercambios adquieren pronto la forma de juegos, algunas veces con un toque de cierta brusquedad, que servirán para desarrollar las facultades motoras del bebé. El recién nacido no es tan frágil como parece y le gustan mucho estos contactos, así que, ¡adelante! El niño necesita tener un padre distinto a su madre y mantener con cada uno de los dos una relación diferente.

El entendimiento de la pareja resulta determinante en el comportamiento de cada uno en relación a su hijo. El padre se ocupa más y mejor del niño si se siente animado en este sentido por su compañera, mientras que ésta necesita también apoyo y reconocimiento en su papel de madre. La evolución de la sociedad y, en particular, del mundo laboral, en el que las mujeres participan cada vez más, no impide que el padre conserve una identidad sexual propia y que siga desempeñando un papel específico en el seno de la unidad familiar.

Los primeros balbuceos

Durante el primer mes de vida, el bebé emite sobre todo gritos y llantos, que sirven tanto para expresar apetito, como dolor o placer. Hacia el segundo mes, empieza a emitir sonidos, entre los que siempre predominan las vocales (la *a* y la *e*): son los primeros balbuceos. Luego, hacia el 4.º o 5.º mes, asocia ciertos sonidos, ciertas palabras, a personas o a objetos. A partir del sexto mes, las consonantes se incorporan a su «vocabulario» y pronuncia sílabas como *ba* o *pa* que, a menudo, repite.

Este balbuceo constituye, a la vez, un juego y un diálogo. A veces, cuando está tranquilo y atento, el niño emite sonidos por placer. Si el adulto responde a sus balbuceos, él puede, a su vez, responder al adulto. Se establece una reciprocidad. Desde una edad muy temprana, el niño es sensible a las entonaciones (suaves o violentas) de la voz de los adultos. Un poco más adelante, empezará a comprender ciertas palabras pronunciadas en un contexto particular y acompañadas de un gesto: *ven, toma, no* y *sí, papá, mamá*.

Los gritos, la voz

Hay que procurar reaccionar con conocimiento de causa a los gritos y a los lloros del niño: se ha comprobado que cuando la madre, o el padre, responde con discernimiento a los lamentos del niño, éste grita menos y aprende antes a hacerse comprender de otro modo. Hable con el niño a partir del momento en que se dé cuenta de que le gusta escucharla o responderle. No se deben evitar esas entonaciones y expresiones especiales que utilizan los adultos cuando se dirigen a un niño pequeño. Estas actitudes son muy expresivas y captan la atención del bebé.

Con quién dejar al bebé

Al cabo de unos meses, suele ser necesario dejar a alguien al cuidado del bebé. Esta delicada etapa se supera mucho mejor si la separación se ha preparado bien.

FACILITAR LA ADAPTACIÓN

No se debe esperar al último minuto, ni tan sólo al nacimiento, para decidir quién se va a quedar al cuidado del niño.
Para adaptarse a su nueva vida, el bebé necesita puntos de referencia: se deben evitar las idas y venidas de un sitio a otro y la sucesión de distintas personas, fuera de casa o en el mismo hogar.
Demasiados cambios a la vez afectan al niño; hay que procurar conservar sus ritmos del sueño y no elegir este período para modificar también su alimentación.
Cuando el niño regresa a casa, o cuando usted llega, intente tener un rato disponible para él solo. Pero no pretenda compensar su ausencia manteniéndolo despierto innecesariamente. El bebé necesita también descansar tras un día lleno de descubrimientos.

El niño tiene entre 2 meses y medio y 3 meses y quizá la madre debe volver al trabajo. ¿Con quién dejar al bebé y cómo prepararlo para que se acostumbre a su ausencia? La elección de un tipo de cuidados estable y seguro no se improvisa; debe reflexionarse incluso desde antes del nacimiento del bebé. Existen muchas fórmulas válidas. Lo importante es encontrar una solución duradera a fin de evitar que el niño tenga que adaptarse más de una vez a distintos lugares y personas diferentes. El bebé necesita puntos de referencia, tanto espaciales como afectivos. Demasiados cambios de este tipo podrían afectarlo.

Elección del tipo de cuidados

Según las posibilidades y las preferencias, se puede optar o bien por el jardín de infancia, o por un tipo de cuidados más individuales, en el hogar o fuera del mismo.

El jardín de infancia
En el jardín de infancia, el bebé está en contacto con otros niños. Evoluciona en locales amplios y seguros, y está sometido a la vigilancia de personal cualificado. Aunque se hacen esfuerzos para que una educadora se ocupe de modo constante del bebé, inevitablemente, esta persona tendrá más niños a su cargo y no será la única que cuidará de él. Los niños de edades superiores a 1 año se suelen divertir mucho en el jardín de infancia. Los más pequeños pueden adaptarse igualmente a este tipo de cuidados, pero algunos no soportan demasiado bien el ruido ni el ritmo de comidas y siestas impuesto, ni la presencia de ciertos virus...

Cuidados en casa de una canguro
En casa de una canguro, el bebé puede estar solo o en compañía de un reducido número de niños. Es preciso informarse a fondo de la persona que se ocupará del niño, visitar la casa, saber si dispone de experiencia en el cuidado de niños pequeños, cuántos niños tiene a su cuidado y de qué edades. Conocer la preparación y la experiencia de quien vaya a cuidar del niño en un entorno distinto del hogar, que el pequeño aprenderá a reconocer también como propio, es una cuestión fundamental. Sólo puede optarse por este método sobre una sólida base de confianza.

Canguro en el propio hogar
Contratar una persona a domicilio suele ser una fórmula más descansada para la madre y para el niño, que puede dormir a su antojo por la mañana y no debe adaptarse a un sitio nuevo. Aun así, la elección de la persona es decisiva: debe buscarse a alguien en quien se pueda confiar y que sea suficientemente abierta para responder a la curiosidad y a la necesidad de contacto del niño. El inconveniente de este tipo de cuidados es que resulta más caro.

Cuidados en casa de los abuelos
Algunas veces son los abuelos los encargados de cuidar de los niños durante el día, lo que no siempre está exento de algunos problemas. Incluso en el caso de

que las relaciones entre los nuevos padres y los abuelos sean excelentes, entenderse con la madre o la suegra en lo referente a la educación del niño dista de ser simple. La búsqueda de este entendimiento puede ser enriquecedora, pero se necesita paciencia y tacto.

La necesaria adaptación

La madre no tiene ningún deseo de confiar el niño a una tercera persona y el niño tampoco desea que la madre se aleje de él. La separación es, por fuerza, dolorosa. Para que pueda ser aceptada por ambos, es necesario prepararla. No dude en explicarle la situación al niño: hablarle y familiarizarlo con los sitios nuevos donde va a estar le ayudará a crear lazos con otras personas. En cierto modo, le da permiso para volverse hacia otras personas.

Algunas reglas que deben seguirse

Para que la etapa de la separación no suponga un duro golpe para el niño, deben observarse unas cuantas reglas bastante sencillas. El principio común a todas ellas se resume así: no cambiarlo todo a la vez.

- **Evite modificar los hábitos alimentarios del niño.** En el momento en que empieza a ser cuidado por otras personas, es mejor no variar su alimentación, ni intentar que empiece a comer con cuchara en lugar de tomar el biberón. Si se alimenta con leche materna, es mejor iniciar el destete con unas semanas de antelación y proseguir, si es posible, dándole el pecho una o dos veces al día después de haberse reincorporado al trabajo, por la mañana al levantarse y por la noche al acostarse, por ejemplo.
- **Procure mantener sus ritmos de sueño.** Es aconsejable que, las primeras semanas, las personas que se ocupan del niño acepten adaptarse a los ritmos que se están estableciendo, le den de comer cuando lo pida y no lo despierten de forma intempestiva.
- **Los primeros días, acompáñelo personalmente.** En el jardín de infancia o en casa de la canguro, acuéstelo y mézalo usted misma para que tome posesión de su nueva cama, o llévele su cajita de música, sus peluches o su objeto de seguridad, cuyo olor le recordará la cuna familiar.
- **Al principio, quédese un rato con él.** Durante este período de aclimatación, es indispensable que se quede con él unas horas en varias ocasiones. Es un modo de indicarle que conoce el sitio, que lo aprueba y que considera que estará bien en él. Asimismo, podrá asociarla a ese nuevo lugar de vida y notará que usted está de acuerdo con la persona que lo va a cuidar.

Establecer una relación de confianza

La madre puede aprovechar estos momentos para conocer mejor al personal del jardín de infancia o a la canguro. Es muy importante establecer relaciones armoniosas y un diálogo abierto con las personas que van a cuidar al niño. No debe dudarse en comentar en profundidad los progresos o las dificultades del bebé. Con este contacto, la madre se beneficia también de muchos descubrimientos, que contribuyen a su propio bienestar.

La separación de madre e hijo es una etapa indispensable que, si se prepara adecuadamente, favorecerá el progreso del niño hacia la autonomía. El bebé se adaptará sin dificultad a otras personas si conserva una relación excepcional con su madre y goza de puntos de referencia estables.

El regreso a casa

Cuando se vuelve a ver al niño tras una jornada de trabajo, debe procurarse estar por él, a pesar del cansancio. Dedíquele durante un rato toda su atención, por ejemplo, bañándolo, dándole de comer o jugando con él. Es importante que vuelva a tener un contacto físico cariñoso con su madre. Pero, ¡hay que evitar excederse! No se deben prolongar exageradamente estos reencuentros en detrimento del sueño del niño, cuya jornada también ha sido, sin duda, movida. Es preferible que el intercambio con él sea breve pero intenso desde el punto de vista afectivo. No se debe demorar a toda costa la hora de acostarlo con la excusa de que no se ha pasado suficiente rato con él o que su padre todavía no ha regresado.

COMPRENDER EL MENSAJE DEL BEBÉ

Antes de los 6 meses, a pesar de que la adaptación sea aparentemente fácil, el bebé se resiente de la separación. No sabe manifestar sus sentimientos de forma muy clara, pero su desacuerdo no es por ello menos real. Hay que mantenerse, pues, atento a los pequeños signos que podrían expresarlo: tiene menos apetito, llora por la noche, sonríe menos o bien vuelve la cabeza. Sin duda, esta situación no durará mucho. Procure, si es posible, no inquietarse. Dedique una mayor atención al niño y favorezca los intercambios; lo acompañará así en el descubrimiento de su nuevo modo de vida.

La salud

Aunque goce de buena salud, un bebé debe ser examinado periódicamente por el médico. El pediatra efectuará el seguimiento médico del niño, vigilará que se desarrolle adecuadamente y sabrá aconsejar a los padres.

EL CARNÉ DE SALUD

Este carné, que se entrega a los padres antes de abandonar la maternidad, contiene el historial médico del niño: en él constan los datos del nacimiento y todas las atenciones recibidas en los primeros días de vida, las enfermedades padecidas o incluso eventuales intervenciones quirúrgicas. Y en él se irán incluyendo todas los sucesivos datos sanitarios del pequeño. Sirve, pues, de lazo de unión entre los distintos médicos que se ocuparán del niño a lo largo de su infancia. Hay que presentarlo en cada consulta o, en su defecto, aportar las informaciones esenciales (peso y talla, vacunas...) y las que resultan de la visita del médico.
Se debe tener al día, ya que le será requerido en muchas cuestiones relacionadas con la educación o las actividades lúdicas del niño (escuela, colonias de vacaciones, etc.).
Anote los números donde llamar en caso de urgencia, en especial:
• el del servicio de urgencias pediátricas del hospital más cercano,
• los de los organismos privados de urgencias domiciliarias.

En el hospital, las puericultoras ofrecen los primeros consejos sobre los cuidados y la alimentación que deben proporcionarse al recién nacido. Una vez en casa, los padres se quedan solos y, en ocasiones, sienten que estas enseñanzas no son suficientes y que necesitan contar con el apoyo de un médico.

El seguimiento médico del niño

Es importante elegir el médico que va a examinar al niño regularmente. Gracias a una supervisión personalizada, el pediatra sabrá valorar con precisión y rapidez el estado de salud del bebé. La relación de confianza que se establece con los padres debe permitirles plantear todas las dudas que les asaltan, pero también seguir los consejos indicados y comprender la evolución de las necesidades del niño.

La elección del pediatra y su función

Existen varias posibilidades, desde un médico de cabecera o un pediatra de la Seguridad Social o de una aseguradora privada, hasta un pediatra con consulta privada en el barrio o uno que ejerza en una clínica materno-infantil. Además de las sugerencias y recomendaciones que aportan los familiares y amigos, ciertos elementos sirven de guía en la elección: la competencia del médico; su disponibilidad y la proximidad al domicilio, ya que es necesario saber que podrá acudir rápidamente en caso necesario, especialmente durante el primer año cuando las visitas son frecuentes; igualmente importante es la calidad del contacto que se establecerá con él para conseguir una relación de confianza. Es fundamental que el bebé sea examinado regularmente y, si es posible, por el mismo médico.

También es preciso informarse del precio de las consultas y de las condiciones del seguro que se tiene.

• **Ritmo de las consultas.** Es aconsejable llevar al recién nacido al médico cuando tiene entre tres y cuatro semanas de vida y, a partir de entonces, una vez al mes durante seis meses. Después, bastará una visita cada dos o tres meses hasta que el niño cumpla dieciocho meses. Luego las consultas serán algo más espaciadas, cada cuatro a seis meses hasta que cumpla los tres años. Esta frecuencia es meramente indicativa y los padres deben adaptarla a las circunstancias: en caso de que estén inquietos por algo, si el niño está enfermo o, a la inversa, si no parece existir ningún problema. Ahora bien, debe tenerse presente que, aunque todo vaya bien, durante los seis primeros meses es necesario pesar y medir al bebé cada mes.

• **Control periódico y carné de salud.** En cada visita, el médico supervisa el desarrollo físico y psicomotor del niño, lo pesa y lo mide, y valora sus reacciones ante determinados estímulos en función de su edad. Detalla o completa las indicaciones en materia de alimentación y, si es necesario, receta complementos vitamínicos. Además, lo vacunará cuando corresponda. El conjunto de toda esta información se recoge en el carné de salud (*véase* el margen).

El crecimiento del bebé

El niño es un organismo en crecimiento. La parte fundamental del seguimiento médico consiste en la supervisión del desarrollo del niño. El crecimiento se evalúa comparando, visita a visita, las medidas que el médico anota regularmente: la talla, el peso (que se analiza siempre en función de la talla) y el perímetro craneal. Estos datos numéricos se reflejan en un gráfico en forma de curva.

Es básico que la curva de crecimiento del niño sea regular y se mantenga con ciertas variaciones alrededor de la media. La talla y el peso de cada niño aumenta a un ritmo distinto, por lo que no existen unos valores «normales», sino un margen de medidas dentro de las que se sitúa el 95% de la población. Cualquier medición puntual carece de significación. Así pues, aunque parezca que el niño come poco o que es más pequeño que otros niños de su edad, no hay que inquietarse si su curva de crecimiento se mantiene regular. Por contra, una lentificación prolongada (o, al contrario, un estirón brusco) de la altura, o una interrupción de la curva del peso (o un aumento excesivo del mismo) son signos de alerta, y los padres deberían comentarlos con el pediatra.

La dieta alimenticia del bebé

Durante la consulta, el pediatra responderá a todas las preguntas respecto al ritmo de las mamadas o de los biberones, y aconsejará sobre el tipo de leche que conviene al lactante. Cuando la alimentación del bebé empieza a diversificarse (a partir del 3.° o 4.° mes), el médico proporcionará las indicaciones necesarias (los momentos oportunos y las cantidades aconsejadas) para introducir en su menú las primeras papillas de cereales y de verdura, la carne, el pescado, los huevos o los productos lácteos (*véase* pág. 186).

Puede que le recete vitamina D, indispensable para prevenir el raquitismo, aunque en un país tan soleado como España no todos los médicos lo consideran necesario. La mejor medida para evitar una carencia de vitamina D es sacar a pasear al niño al sol unos minutos cada día.

Las vacunas

Por otra parte, las visitas médicas proporcionan también la ocasión de seguir con atención el calendario de vacunación. La obligatoriedad de algunas vacunas varía de un país a otro. Algunas son necesarias para que el niño tenga acceso a las actividades colectivas (el jardín de infancia y luego el parvulario), mientras que otras simplemente se aconsejan.

Cómo tomar la temperatura

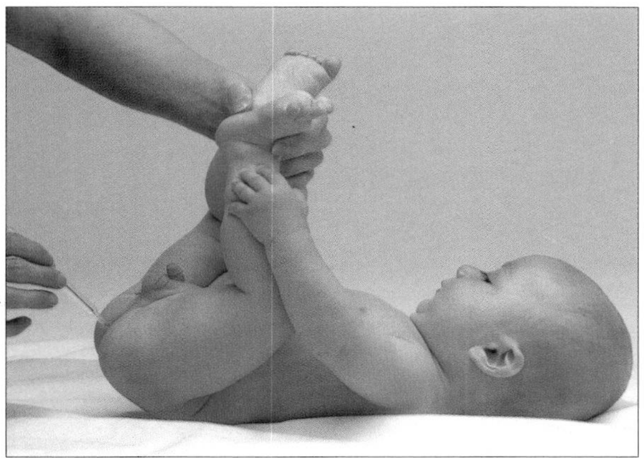

Por vía rectal △

Es un método rápido y preciso. Ponga el bebé boca arriba. Levántele las piernas con una mano y, con la otra, introdúzcale con cuidado el extremo del termómetro, recubierto de vaselina, en el ano. Mantenga el termómetro en esa posición durante un minuto.

Bajo la axila ▽

Si no tiene prisa y el niño tolera bien el termómetro bajo el brazo, este método no es tan desagradable para él. Levántele el brazo con cuidado y póngale el termómetro bajo la axila durante tres o cuatro minutos.

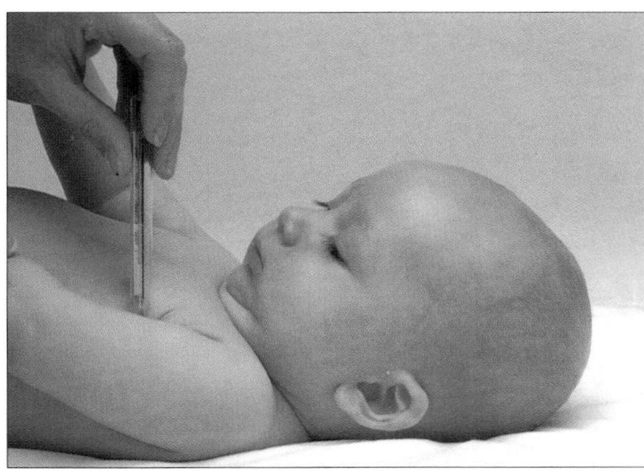

El botiquín del bebé

Se han de respetar algunos principios: tire los medicamentos caducados; no administre por iniciativa propia los medicamentos que el médico haya recetado anteriormente al niño para combatir una enfermedad que le parezca similar.
Para los cuidados habituales, se debe contar con:
• algodón hidrófilo;
• compresas de gasa estériles;
• alcohol de 60 grados;
• un antiséptico incoloro o a base de povidona yodada;
• esparadrapo y tiritas hipoalergénicos;
• tijeras de puntas redondeadas;
• termómetro;
• algún antifebril, por ejemplo, paracetamol (se presenta en diversas formas: en polvos, jarabe, supositorios; no mezclar con las cajas para adultos);
• bolsitas de polvos para rehidratación;
• suero fisiológico;
• gotas nasales antisépticas;
• sirope contra la tos.

• **Las vacunas sistemáticas.** El calendario comienza a los tres meses, cuando se aplican las vacunas contra la difteria, el tétanos y la tos ferina (combinadas en la vacuna triple bacteriana), así como también la vacuna antipoliomielítica oral trivalente (Sabin), que se repetirán al cabo de dos meses y nuevamente a los siete meses de vida. Hacia los quince meses de edad se aplicará la vacuna triple vírica, contra el sarampión, la rubéola y la parotiditis (paperas). Posteriormente se aplicarán los refuerzos necesarios, y hacia los doce años la vacuna contra la hepatitis B. También pueden incluirse otras vacunas específicas, como por ejemplo la antigripal o la vacuna contra la meningitis, si surge una epidemia o si el niño se encuentra en un grupo de riesgo.

Si el niño está enfermo

Gracias al contacto diario con el niño, los padres aprenden a conocer y a interpretar sus reacciones. Son los primeros en observar los indicios de cualquier problema. Los síntomas más frecuentes son: los trastornos digestivos (diarrea, vómitos, falta de apetito), la fiebre, las dificultades respiratorias (tos, obstrucción bronquial), las enfermedades que afectan a los oídos, la nariz y la garganta, y también los trastornos de la conducta (cansancio, somnolencia o, al contrario, irritación o agitación inusuales, trastornos del sueño). También es útil saber cómo reaccionar frente a accidentes como los golpes o las quemaduras.

Diarrea

Cuando un niño tiene diarrea, el principal riesgo es una deshidratación debida a la pérdida de agua. Si se trata de un bebé de pocos meses, es preciso estar especialmente vigilante: si toma exclusivamente leche materna, puede seguirse la alimentación con normalidad, pero es aconsejable ofrecerle de 30 a 50 ml de solución rehidratante (polvos a base de azúcar y de sales minerales que se venden en la farmacia) antes de cada toma. Si el bebé se alimenta con biberón, el médico le recetará una leche de sustitución. En el resto de los casos, en especial cuando la alimentación está más diversificada, es preciso: dejar de darle productos lácteos (leche, yogur y productos a base de leche); suprimir temporalmente la fruta (excepto las manzanas, los plátanos y el membrillo) y la verdura; ofrecerle, sin obligarlo jamás a comerlos, alimentos antidiarreicos, como la zanahoria o el arroz, y darle a menudo de beber, en pequeñas cantidades o según su deseo, una solución rehidratante.

Si la diarrea persiste más de veinticuatro horas y el niño se niega a beber, y si además presenta vómitos mientras las deposiciones siguen siendo frecuentes y líquidas, o bien si tiene fiebre, debe consultarse urgentemente con el pediatra.

Vómitos

Es importante diferenciar entre las regurgitaciones, debidas a problemas digestivos que sufre el lactante tras las comidas, de los vómitos que acompañan con frecuencia los trastornos infecciosos (gastroenteritis, infecciones urinarias, meningitis, infecciones pulmonares, además de faringitis y otitis). Lo más frecuente es que los vómitos sean benignos. Mientras se espera la llegada del médico, debe darse de beber al niño e intentar que absorba, en función de la edad, pequeñas cantidades de solución rehidratante o de caldo de verduras. Si los vómitos persisten y se presentan asociados a otros signos: el bebé tiene fiebre, los vómitos son biliosos y verdes, tiene la barriga hinchada, se muestra agitado o, al contrario, pálido y abatido por los accesos de dolor, debe consultarse urgentemente con el médico. Cuando el niño tiene menos de 3 años, puede tratarse de una invaginación intestinal, en especial si las deposiciones contienen sangre.

Dolor abdominal

Hasta los 3 o los 4 meses, el bebé tiene dolor de barriga a menudo. Lo manifiesta con llanto y agitación. Si sigue comiendo, ganando peso y durmiendo, no hay motivo de alarma, pero debe consultarse con el médico si se presentan determinados signos. Si, a pesar de todos los intentos para consolarlo (palabras cariñosas, masajes suaves, un vaso de agua), el bebé llora, es preferible llamar al médico, ya que los dolores intestinales del lactante, muchas veces relacionados con el tránsito intestinal (estreñimiento), pueden ocultar problemas de origen diverso (oídos, nariz y garganta, pulmonares, urinarios).

Si el bebé presenta accesos de dolor muy fuerte, acompañados de vómitos, diarrea o fiebre, y se muestra a ratos pálido y abatido, puede tratarse de una oclusión intestinal que precisa una intervención quirúrgica de urgencia (antes de los 3 años, las crisis de apendicitis son poco frecuentes).

Fiebre

Es habitual que el bebé tenga fiebre. Si se le nota más caliente de lo normal, se le debe tomar la temperatura. Si ésta alcanza los 38 °C, puede considerarse que tiene fiebre (la temperatura normal oscila entre los 36, 5 °C y los 37,5 °C). Es preciso ayudar a los más pequeños, que no pueden transpirar ni tiritar, a regular su temperatura, ya sea por medios físicos o bien por medios farmacológicos.

En caso de fiebre, desvista al niño y déjelo con la ropa interior de algodón, sin mantas, en una habitación que no esté excesivamente caldeada. Déle algo de beber. Si no existe contraindicación médica conocida, adminístrele medicamentos antipiréticos (contra la fiebre) en dosis adaptadas y a un ritmo regular, hasta la estabilización de la temperatura normal. Puede usarse paracetamol, en dosis de 6 a 10 mg por kilogramo de peso cada seis horas. Si la fiebre no desciende a pesar de los fármacos, envuelva al niño con una tela fresca o una toalla humedecida, o déle un baño de diez minutos, como mucho, introduciéndolo en agua templada (la temperatura del agua debe ser 2 grados inferior a la del niño). Si el niño tirita o cambia de color, sáquelo del baño.

Dificultades respiratorias

De forma muy gradual, el niño se inmunizará contra los virus y las bacterias que lo rodean. En los primeros años, se verá sometido con frecuencia a diversas afecciones de los oídos, la nariz, la garganta y también de tipo broncopulmonar, especialmente en invierno. Al médico corresponde efectuar el diagnóstico y determinar el tratamiento necesario, pero los padres son quienes deben intentar reconocer los síntomas para poder indicárselos al médico.

- **Obstrucción rinofaríngea.** El bebé tiene la nariz tapada y tose. Conviene practicarle instilaciones frecuentes de suero fisiológico en la nariz, aunque no le guste demasiado. Si presenta fiebre y la tos persiste, debe consultarse con el médico.
- **Laringitis.** El niño tiene tos «perruna», al inspirar emite un ruido ronco y parece que se ahoga. Es preciso avisar al médico. Hasta que éste llegue, conviene humidificar el ambiente de la habitación con la evaporación de un recipiente de agua caliente, y mantener al niño sentado.
- **Bronquiolitis o crisis de asma.** La espiración del niño está obstruida o es sibilante. Debe llamarse con urgencia al médico y mantener un ambiente húmedo alrededor del niño.

Traumatismos craneales

Antes de los 3 años, el niño se va a caer a menudo y va a golpearse la cabeza. Si se trata de un niño muy pequeño, no debe dudarse en consultar al médico, especialmente si el golpe ha sido intenso o si se ha producido una herida importante. Debe supervisarse con atención al bebé durante cuarenta y ocho horas, incluida la noche. No deje de llamar al médico si observa una modificación de su conducta: presenta vómitos, se muestra especialmente excitado (sus gritos son más agudos), muestra una somnolencia inusual, realiza movimientos anormales, su mirada se vuelve asimétrica, o le sangra la nariz o el oído.

Quemaduras

La gravedad de la quemadura depende de su profundidad y de su extensión.

- **La piel está colorada (1.er grado).** Si la quemadura es poco extensa, basta con limpiarla con agua y un jabón líquido suave, sin aplicar ninguna pomada. Se recubre con una gasa estéril, fijada con un esparadrapo hipoalergénico, o con una compresa impregnada en un producto cicatrizante de venta en farmacias.
- **Aparece una ampolla (2.º grado).** No debe reventarse la ampolla. Se seguirá la misma actuación que para una quemadura de 1.er grado.
- **La piel adquiere un aspecto oscuro y duro (3.er grado).** Debe llevarse el niño al hospital o a la consulta del médico. Deberá protegerse la herida con una tela limpia, pero sin intentar desinfectarla.

Control de la salud

No dude en llamar al médico cuando la salud del niño la preocupe (está abatido, duerme mucho más de lo normal, tiene fiebre, vómitos, etc.) y con mayor urgencia si el niño es pequeño.

Los quince primeros días, se debe tomar la temperatura del bebé una vez al día para comprobar que se mantiene alrededor de los 37 °C. Más adelante, sólo hay que tomarla si el niño parece caliente. Muy pronto aprenderá a orientarse colocándole la mano en la frente, pero de ningún modo es un método tan fiable como el termómetro.

Si el niño vomita, y no se trata de una simple regurgitación, es conveniente darle algo de beber y, mientras se espera la llegada del médico, intentar que absorba pequeñas cantidades de solución rehidratante.

Mantenga siempre un saturador lleno de agua sobre el radiador de la habitación del niño durante la época de frío. También se puede adquirir en el comercio un humidificador de ambiente.

Vacaciones y viajes con el bebé

El bebé se siente muy unido a su ambiente y a los nuevos ritmos de vida que quiere establecer. Pero no le disgustará el cambio si se mantiene la calma y la estabilidad a su alrededor.

VIAJAR SIN NINGÚN PELIGRO

Viajar con un bebé es fácil cuando se respetan ciertas consignas. He aquí una lista de lo que siempre debe evitarse:

Las salidas multitudinarias, las carreteras con mucho tráfico y a pleno sol (incluso con las ventanillas bajadas), ya que el bebé se deshidrata muy deprisa.

Los atascos: al bebé le gusta el vaivén del automóvil y el paisaje que se mueve; a menudo llora cuando el coche se detiene.

El humo de tabaco, y más aún en el espacio reducido del automóvil: aunque la ventanilla esté abierta, el humo circula hacia el interior del coche.

El automóvil parado a pleno sol, aunque el niño no esté dentro solo.

El bebé solo en el coche, aunque sea por unos pocos minutos.

Los cambios bruscos de las costumbres del bebé: debe comer a sus horas y hay que respetar su sueño.

Los primeros meses, sería aconsejable evitar los cambios de vida intempestivos. Sin embargo, muchas veces los desplazamientos son inevitables o bien se desea ir de vacaciones con el bebé. Lo esencial, tanto durante el viaje como una vez instalados en el lugar de estancia, es conservar los equilibrios establecidos en casa.

¿Qué medio de transporte utilizar?

Durante el viaje, es importante que el niño pueda dormir. Debe comprobarse que esté instalado cómodamente y evitar despertarlo de forma brusca. Hay que alimentarlo a sus horas. Si no se alimenta con leche materna, debe tenerse preparado todo lo necesario: biberones de plástico, potitos, calientabiberones o termos, y agua mineral. También hay que cambiar al niño con la frecuencia habitual.

• **En coche.** El bebé debe estar obligatoriamente instalado en una sillita de seguridad fijada al asiento, en la que el niño viaje de espaldas, o bien en un asiento de seguridad, especial para niños, provisto de cinturón de seguridad. No debe ir demasiado abrigado ni estar sometido a corrientes de aire. Es conveniente pararse para cambiarlo o alimentarlo.

• **En tren.** El niño debe ir en un moisés o en un capazo. Hay que llevar lo necesario para alimentarlo, tranquilizarlo y cambiarlo, así como su juguete favorito. No dude en cogerlo en brazos cuando lo pida.

• **En avión.** A partir de las primeras semanas, el bebé puede utilizar este medio de transporte. Para evitarle dolores en los oídos debidos a la diferencia de presión, que en ocasiones son muy intensos, conviene darle de beber al despegar y al aterrizar. Es importarte que beba a menudo.

¿Adónde ir?

Sea cual fuere el punto elegido, el bebé tiene que disponer de un lugar de estancia estable para preservar en lo posible sus ritmos de sueño y de comidas. Si se va al extranjero, el pediatra indicará las precauciones que hay que adoptar: alimentación, riesgos de enfermedad, vacunas.

• **A la montaña.** La altitud ideal para un bebé se sitúa entre los 1.200 y los 1.500 metros. Por encima de estas altitudes, se corre el riesgo de que el bebé se altere y no consiga dormir . En los paseos, le gustará ir en una mochila para bebé. Debe vigilarse que no tenga demasiado calor en verano ni demasiado frío en invierno ya que, como está inactivo, no puede entrar en calor por sí solo. Al pequeño le molesta el sol: protéjalo con un gorrito y unas gafas adecuadas. Las gorras son muy útiles, puesto que disponen de visera.

• **Al mar.** No son aconsejables las estancias largas en la playa antes de los seis meses. Debe evitarse una exposición directa al sol prolongada. Incluso cuando el bebé se encuentra bajo una sombrilla, le alcanzan los rayos solares que se reflejan en la arena; la capota del cochecito o del moisés ofrecen mayor seguridad. Cúbrale la cabeza y póngale una crema solar con un factor de protección alto. Debe vigilarse que no coma arena ni conchas.

• **Al campo.** Los consejos respecto al sol y a la temperatura son los mismos en todas partes. También hay que pensar en los insectos y proteger el cochecito o el moisés con una mosquitera. En las zonas donde haya víboras, debe extremarse la vigilancia cuando se deja que el bebé ande a gatas por la hierba o permanezca echado sobre una manta.

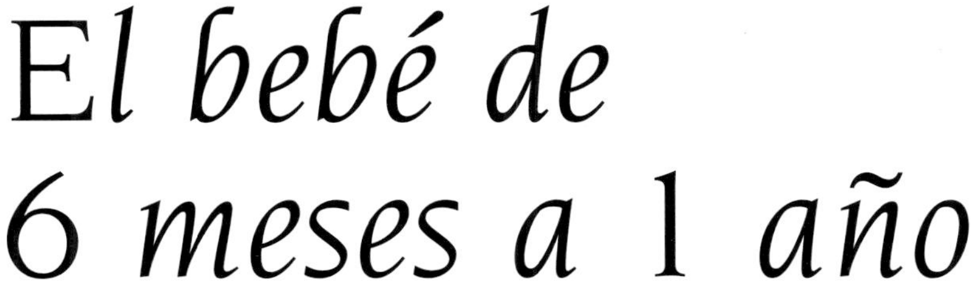

El *bebé de* 6 *meses a* 1 *año*

En esta época, el bebé toma cuatro comidas al día y su alimentación se diversifica. Duerme toda la noche y echa una o dos siestas durante el día. Cuando está despierto, se muestra cada vez más activo: es capaz de mantenerse sentado y de desplazarse a gatas, empieza a jugar con las cosas. Poco a poco, se va diferenciando de su madre y sus relaciones con los demás se modifican.

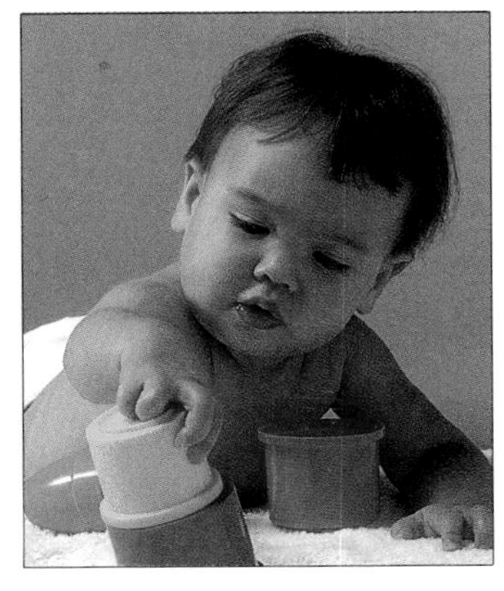

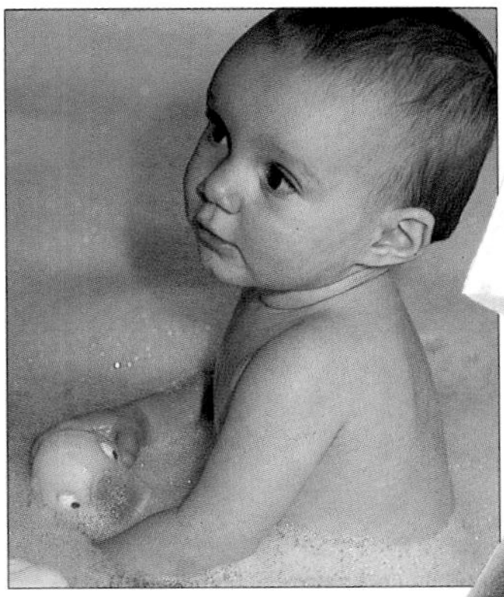

El *bebé de* 8 *meses*

Las comidas
El bebé toma cuatro comidas. Está acostumbrado a los distintos alimentos que se le ofrecen: leche y productos lácteos, cereales, verduras, carne (o pescado o huevos) y frutas. Descubre los trocitos en el puré o la compota.
Una vez saciado, chupa una corteza de pan o una galleta, siempre bajo vigilancia, ya que todavía no sabe masticar los trozos grandes.

El sueño
Por la noche, el bebé duerme profundamente de diez a doce horas. Por la tarde, echa una siesta larga, de entre dos a tres horas. La cabezadita de la mañana tiene tendencia a desaparecer.

Los movimientos
El bebé se mantiene sentado sin ayuda.
Ya empieza a gatear.
Con las nalgas echadas hacia atrás, se mantiene erguido unos instantes apoyándose, por ejemplo, en los barrotes de la cama. Las manos ganan habilidad. Puede coger dos objetos a la vez y es capaz de pasárselos de una mano a otra.

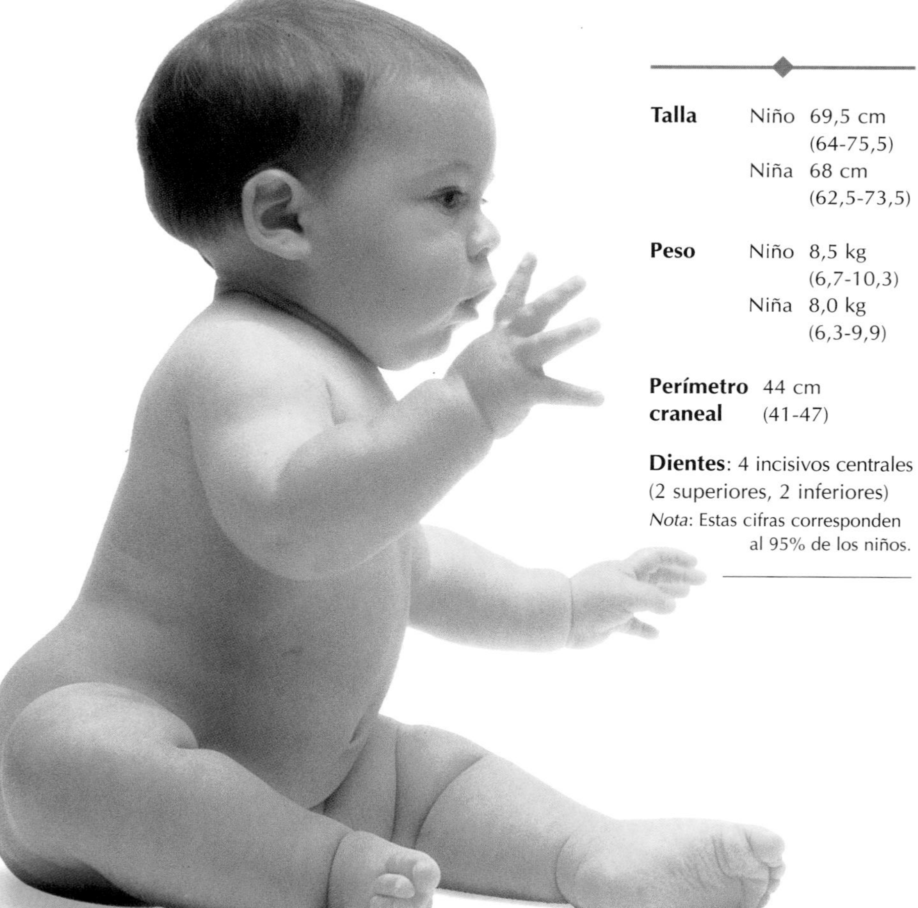

Las relaciones
El bebé experimenta el poder que tiene sobre los objetos. Los tira, los golpea para hacer ruido. Retira la servilleta que oculta un juguete: ha comprendido que una cosa escondida no deja de existir. Se coge los muslos, se retuerce las orejas y se toca los cabellos. Se vuelve desconfiado hacia los desconocidos. Coge apego a un objeto que le da seguridad.

Talla	Niño	69,5 cm (64-75,5)
	Niña	68 cm (62,5-73,5)
Peso	Niño	8,5 kg (6,7-10,3)
	Niña	8,0 kg (6,3-9,9)
Perímetro craneal		44 cm (41-47)

Dientes: 4 incisivos centrales (2 superiores, 2 inferiores)

Nota: Estas cifras corresponden al 95% de los niños.

El *bebé de* 12 *meses*

Las comidas

El bebé puede comer alimentos chafados con el tenedor: no hay que recurrir siempre a los triturados, puesto que ya puede masticar. Se le puede ofrecer la carne separada del puré, sin necesidad de seguir mezclándolos. Querrá tomar él solo trozos de comida; se los lleva a la boca, se los vuelve a sacar con los dedos, se los mira y luego, se los come.

Los movimientos

Se mantiene de pie sin apoyo. Se levanta solo. Camina, quizá de la mano o sostenido por debajo de las axilas, o incluso puede que solo. Utiliza con destreza el índice y el pulgar para coger los objetos pequeños, recoger migajas... Deja caer voluntariamente un juguete, lo recoge, lo lanza. Sabe meter un objeto pequeño dentro de otro mayor.

El sueño

Duerme de diez a doce horas, se despierta una o dos veces por la noche y, la mayoría de veces, vuelve a dormirse. El sueño es menos profundo, más agitado. Por la tarde, la siesta dura siempre entre dos y tres horas.

Las relaciones

El bebé demuestra que comprende el sentido de muchas palabras: dame, toma, adiós, muy bien... También sabe lo que quiere decir «no». Conoce los nombres de sus hermanos. Cada vez más, reconoce la categoría de los objetos: intenta probarse todos los zapatos, beber de todos los vasos, se mira en el espejo y se sonríe. Sabe «decir» tres o cuatro palabras: ma-ma, pa-pa...

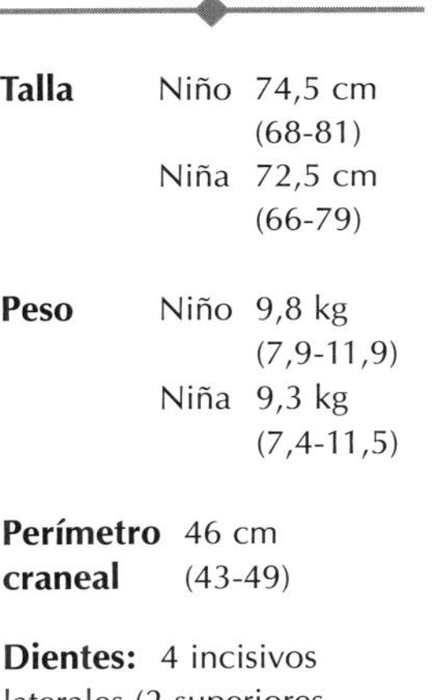

Talla	Niño	74,5 cm (68-81)
	Niña	72,5 cm (66-79)
Peso	Niño	9,8 kg (7,9-11,9)
	Niña	9,3 kg (7,4-11,5)
Perímetro craneal		46 cm (43-49)

Dientes: 4 incisivos laterales (2 superiores, 2 inferiores); 4 primeros premolares de 10-18 meses.

El *niño se desarrolla*

En seis meses, el lactante, que dependía de sus padres para todos sus desplazamientos, se va a convertir en un niño cada vez más autónomo, capaz de ir a buscar él mismo los juguetes que quiere.

JUEGA SOLO

A partir de los 8, 10 o 12 meses, el niño se entretiene solo durante mucho rato. No hay que alejarse, pero tampoco interferir en sus juegos: cuando la necesite, el niño sabrá muy bien cómo indicárselo.
Hay que proporcionarle todo lo que necesita para experimentar y descubrir cosas, es decir, los juguetes adaptados a su edad (cubos, sonajeros, peluches, juguetes de manipulación), pero también objetos corrientes (cucharas de madera, cajas de plástico, etc.). No se le deben dar demasiadas cosas a la vez, sino variarlas a menudo.
No olvide que a esta edad se lo lleva todo a la boca: asegúrese de que los objetos que le da están limpios y no son tóxicos, y que no hay riesgo de que se los trague.

Entre los 6 y los 12 meses, el bebé vive un período de mucho movimiento y de grandes transformaciones. Domina cada vez mejor sus gestos y sus movimientos. Diversifica los juegos y amplía los intercambios con las personas que lo rodean.

Crecimiento y alimentación

Ciertos bebés tienen el cráneo grande, otros lo tienen alargado. Algunos disponen de mucho cabello, mientras que otros cuentan con apenas un poco de vello en la parte superior de la cabeza. Los hay que tienen ya ocho dientes, o más, y otros, ninguno. No existen normas: los cabellos y los dientes crecen a su ritmo. No hay que inquietarse por ello: ¡siempre acaban saliendo! La talla y el peso del bebé siguen aumentando con rapidez. Los lactantes aumentan un promedio de 8 cm y de 2,5 kg a lo largo del segundo semestre de vida. Aun así, cada niño es distinto y se producen diferencias importantes de uno a otro.

Variaciones del apetito

Las variaciones del apetito acentúan aún más las diferencias físicas. Algunos bebés voraces se convierten en bebés grandes, rollizos y mofletudos. Otros se conforman con menos, regulan por sí mismo sus necesidades y crecen con menor rapidez que durante los seis meses anteriores; pierden algunos «michelines» y empiezan a tener un aspecto más estilizado.

Es posible que el apetito del bebé disminuya en determinadas ocasiones, como al salirle un diente, por ejemplo. Además, hacia finales del segundo semestre, el niño empieza a elegir lo que come y acepta algunos platos, mientras que rechaza otros. Es importante permitir que el niño se desarrolle a su ritmo. Da lo mismo que el crecimiento sea más rápido o más lento, lo esencial es que sea regular.

Con los adultos

Al bebé le gusta asistir, sentado en la *trona*, a las comidas de la familia una vez terminada la suya. Si es muy comilón, aprovechará para aumentar considerablemente su ración; si no lo es, probará un poco de todo y se lo pasará bien con los trocitos de comida que le den. Pronto, querrá beber y sostener la cuchara él solo.

Los *primeros juegos*

El bebé, que había empezado ya a interesarse por los objetos, descubre realmente el placer de manipularlos entre los 6 y los 12 meses. Se vuelve más habilidoso, coge los juguetes sin titubeos y los examina con gran atención. Los toca, les da la vuelta en todas direcciones, los mira o se los ofrece a la persona que tenga cerca. Puede realizar cada vez más movimientos con los dedos y las manos, lo que le permite estudiar todo lo que lo rodea con mayor precisión.

A partir de ahora, sabe que las cosas escondidas no dejan de existir. Así pues, es capaz de buscar un objeto que ha desaparecido, lo que da lugar a numerosos juegos con los padres. El poder que tiene sobre los objetos le intriga: tira un cubo y observa cómo cae; le gusta darle golpes a una campana para que suene; le divierte mucho hacer rodar una pelota por el suelo y seguirla.

La ansiedad del 8.° mes

Hacia el 8.° mes, el bebé se vuelve más consciente del mundo que lo rodea. Diferencia entre las personas próximas y los desconocidos y, a menudo, se vuelve al ver la cara de personas que no conoce. Las dificultades y la ansiedad relacionadas con el hecho de tener que separarse de sus padres se manifiestan a la hora de dormirse. Es el momento de los llantos; el bebé se niega a aceptar la soledad de la noche y se resiste al sueño. Se despierta por la noche con mayor frecuencia. Necesita que lo tranquilicen. Los padres deberán acompañarlo con cariño y firmeza mientras se duerme. Antes de acostarlo hay que reservar un momento de tranquilidad para prestarle atención. Resulta útil darle un juguete que le resulte familiar y sirva para tranquilizarlo: un osito de peluche, un muñeco, un trozo de tela.

El osito de peluche, su objeto de seguridad u otro juguete especial
Cuando está ansioso, el bebé puede elegir un objeto, siempre el mismo, al que se abraza para tranquilizarse. Este objeto recibe el nombre de *transicional*, puesto que le permite llevar a cabo la transición entre el estado de fusión afectiva con su madre, experimentado durante los primeros meses de vida, y la nueva relación que tiene con ella, en la que pasa a ser una persona externa y distinta de él. Este objeto, que es importante para el bebé, le ayuda a superar la ansiedad de la separación. Debe ser tenido en cuenta y respetado.

En poco tiempo, listo para caminar

Durante este período, el bebé realiza grandes progresos físicos, ya que se refuerza su tono muscular. Entre los 6 y los 9 meses, empieza a sentarse solo y se aguanta muy bien sentado. Por regla general, se desplaza a gatas cada vez con mayor habilidad. Empieza a ser capaz de ponerse de pie y de mantenerse en esa posición si se coge de algo: la pata de una mesa, o el brazo de un sillón, por ejemplo. Efectúa progresos muy rápidos hacia la autonomía física. Sus nuevas aptitudes le permiten también utilizar hábilmente las manos y desplazarse sin ayuda para aumentar su campo de exploración.

¿A qué edad andará?
Cada bebé salva esas etapas cuando está preparado para ello. El tono y la fuerza musculares, así como el sentido del equilibrio varían mucho de un niño a otro. No existen normas. Es preferible no comparar las habilidades de dos niños, aunque sean hermanos. Deben abandonarse ideas del tipo «mi hijo tiene que andar cuando tenga 1 año» o «mi hija de 16 meses todavía no anda: lleva retraso». Lo que cuenta es que cada progreso del desarrollo del niño (marcha, lenguaje, higiene) se produzca en el transcurso de un período concreto, que los médicos denominan «período sensible» y no a una edad determinada. Así, su hijo, como la mayoría de los niños, andará entre los 10 y los 18 meses, o incluso un poco más tarde; dentro de este período no puede hablarse ni de adelanto ni de retraso. Si les preocupa que su hijo todavía no ande, no duden en consultarlo con el médico.

Los primeros pasos
Al enderezarse para andar, el bebé consigue un logro importante. Pero todavía es inestable. Cuando está de pie, tiene la espalda arqueada y los pies separados. Su marcha, torpe y vacilante, recuerda la de un pato. Es la época de los «tambaleos», en la que el menor contacto es suficiente para hacerle perder el equilibrio. Empieza entonces el período de los chichones, fase delicada en la que el niño, aún frágil, sin conciencia del peligro ni de sus limitaciones, pero ávido de aventuras, corre el riesgo de hacerse daño. Para ayudarle en esta período debe crearse un clima de «seguridad material y afectiva» a su alrededor, sin impedirle que tenga sus propias experiencias. Compruebe al máximo que el entorno es seguro y elimine los objetos peligrosos y las causas de accidente. Anímelo en sus descubrimientos y permítale efectuar solo sus primeras exploraciones. Ayudarlo consiste también en mantener una estrecha relación con él, ponerse en su lugar y prever sus reacciones para prevenir los peligros reales, que solamente el adulto puede imaginar.

Llamar a las cosas por su nombre

El niño empezará pronto a hablar. De momento, ya «dice» una o dos palabras. Los padres han adquirido la costumbre de decirle el nombre de las personas que lo rodean. A partir del segundo semestre, pueden empezar a decirle el nombre de los objetos que le resultan familiares. Hay que nombrarlos cuando los encuentra a lo largo del día, sin insistir ni esperar ninguna reacción particular por su parte. A fuerza de oírlas, las palabras adquirirán sentido. Cuando lo cambie o lo lave, nombre las distintas partes del cuerpo (pies, piernas, nariz, boca, etc.).
Hay que pronunciar los nombres normalmente. «Hablar como un bebé» no le aporta nada y retrasa el aprendizaje de las palabras reales. Pero puede repetir algunas palabras a su manera, si eso le apetece.

La alimentación

En casa, en el jardín de infancia o con la canguro, el bebé ha ido teniendo, a su ritmo, algunas experiencias alimentarias. Quizá ya manifieste sus preferencias... Junto con las consistencias y los sabores nuevos, ha descubierto también la cuchara.

NO ACOSTUMBRE AL NIÑO AL AZÚCAR

Se tiene que dar de comer y de beber al niño sin añadir azúcar a los alimentos ni a las bebidas. El azúcar, ya sea blanco o moreno, refinado o no, en forma de miel, dulces, confitería, bombones, bebidas, sodas o jarabes, gusta a todo el mundo. Pero se debe limitar su consumo, ya que podría sustituir a otros alimentos y provocar ciertos desequilibrios graves (como la obesidad).
Cuidado con los productos alimenticios comercializados, siempre demasiado ricos en azúcar. Evidentemente, no se trata de eliminarlo totalmente, pero tampoco debe convertirse, ni ahora ni más adelante, en una recompensa o una consolación («si no lloras» o «como te has portado bien, toma un caramelo o un dulce»).

Ahora, el niño ya toma cuatro comidas, como los adultos. Entre los 6 meses y el año, va a ganar unos 2 kg de peso y le saldrán los primeros dientes... Es el momento de ofrecerle nuevos productos lácteos, pan, ensaladas de frutas y de verduras...

Hacia los 11 meses ya mastica, de modo que se le pueden dar alimentos chafados con el tenedor y no siempre triturados. A partir de esta edad, si se aguanta bien sentado, puede utilizar una *trona*. Empieza a usar la cuchara y a beber del vaso. Déjelo que se manche: forma parte del aprendizaje.

La evolución de las comidas

En el menú del niño empezarán a aparecer alimentos nuevos, pero el biberón es aún indispensable, puesto que la leche de continuación sigue siendo el alimento más importante entre los 6 meses y el año de edad. Además, el bebé empezará a probar los productos derivados de la leche de vaca: requesón, queso fresco (tipo *petit-suisse*), yogures o queso, y una gran variedad de frutas y verduras, de carne y de pescado, sin olvidar el pan y las galletas.

Los productos lácteos y el queso

El yogur natural o de leche entera, comercializado o casero, no aromatizado ni endulzado (o muy poco), el requesón con un 20% a un 30% de contenido graso, el queso fresco sin aromatizar; el abanico de posibilidades es amplio. No debe acostumbrarse al niño a los sabores demasiado dulces. Si quiere endulzar los productos lácteos, se les puede añadir una cucharadita de jalea, de almíbar, de mermelada de fruta (sin piel ni pepitas) o de miel.

A medida que el niño acepta los trocitos, se le pueden ofrecer lonchas de queso blando con un poco de pan. Déjese guiar por sus gustos. Si le gusta el queso con sabor fuerte, es probable que a su hijo también le guste. Hay incluso quien echa queso rallado en las comidas a base de verdura. Si sólo pone una pizca, el niño gozará del placer de descubrir otro sabor en su puré de verduras. Ahora bien, si come mucho queso, ese día convendría suprimir o reducir la carne, el pescado o los huevos ya que, en caso contrario, la alimentación contendría demasiadas proteínas.

El pan, la sémola, la pasta, el arroz y las galletas

Cuando el niño acepta bien los grumos, puede introducirse este tipo de alimentos. La sémola y la pasta se cuecen normalmente; el arroz debe cocerse mucho. Hay que salar ligeramente el agua de la cocción. También pueden hervirse con la leche de continuación. No debe acostumbrar al niño a tomar galletas: su sabor dulce puede comportar un consumo excesivo; es mejor darle una corteza de pan.

La fruta y la verdura

La verdura fresca o congelada debe cocerse el tiempo necesario en la olla de presión o, mejor aún, al vapor, bajo presión; posteriormente, se batirá para obtener un puré muy fino.

El niño puede comer casi todas las verduras y frutas (*véase* pág. 186). Acostúmbrelo a tomar ensaladas de frutas y de verduras. Ofrecerle, al principio de la comida, pepino, zanahoria, tomate (sin piel ni pepitas) o aguacate triturados lo familiarizará con una nueva presentación. Las pocas cucharaditas (dos o tres) que aceptará por el momento carecen, evidentemente, de interés nutritivo. Pero sirven para preparar el futuro, ya que puede convertirse en un niño al que le gusten los entrantes a base de verdura si se le educa desde el principio. Más adelante, cuando acepte comer trozos, podrá darle, mientras espera la comida, un cuarto de tomate (pelado y sin pepitas) o un bastoncillo de pepino.

Puede prepararse cualquier tipo de fruta, madura y pelada, cruda y triturada, o bien en mermelada, para que la tome como postre al final de la comida.

La carne, el pescado y los huevos

Mientras que la alimentación no se diversifica, la leche constituye la única fuente de proteínas animales con un elevado valor biológico. En el momento en que se introducen las verduras y las frutas, el aporte de proteínas animales se reducen como consecuencia de la disminución de la ingestión de leche. Esta reducción debe compensarse con la introducción de huevos, carne o pescado, cuya composición en aminoácidos es muy parecida a la de la leche. Huelga decir que el jugo de carne, que todavía suele recetarse, carece de interés nutritivo (como mucho, puede considerarse como una iniciación al sabor de la carne). Anteriormente, se aconsejaba «rascar» la carne con un cuchillo. Hoy en día, se venden productos para bebé con carne homogeneizada.

El niño puede comer todo tipo de carnes. No es preciso que el hígado sea de ternera; puede utilizarse también hígado de cordero, de volatería o de cerdo. Asimismo, puede tomar todo tipo de pescados. Algunos tienen un gusto muy fuerte y se tarda más en digerirlos: caballa, atún, arenque, sardina. Es preferible no ofrecérselos al niño cuando es muy pequeño, aunque a algunos les gustan.

Los huevos son una fuente rica en proteínas. Como la clara del huevo cruda

Comer con cuchara

Familiarizarse △
Al principio, le tendrá que dar usted la comida con la cuchara. Si el bebé se muestra reticente, no lo obligue, vuelva a intentarlo al cabo de unos días. Para que se familiarice con este objeto, con su forma y su contacto, déle una cuchara de plástico. Déjelo jugar con ella fuera de las comidas y cuando le dé de comer. Permítale también coger trocitos de comida con los dedos.

Sujetar la cuchara ▽
Un día, el niño querrá comer sujetando él mismo la cuchara. Póngale una servilleta o un babero de gran tamaño. Para los primeros intentos, déle una cuchara pequeña y un puré muy consistente. Ensuciará la mesita, se manchará la cara, pero es un buen comienzo. Aprender a usar correctamente la cuchara para comer no es nada sencillo. Tenga paciencia.

puede provocar alergias, se recomienda preparar los huevos duros.

Los sesos son interesantes por la untuosidad que confieren a los preparados, pero su interés nutritivo real no está a la altura de su fama.

No es preciso comprar alimentos especiales para el niño. Para preparar su comida, puede utilizar parte de lo que se cocine para todos, a condición de que la cocción se haya efectuado con muy pocas materias grasas. El niño empezará así a compartir los hábitos alimenticios de la familia. Los alimentos homogeneizados ofrecen mezclas de verduras con carne y pescado perfectamente adaptados a las necesidades del niño. La proporción de carne o de pescado, así como su aporte de proteínas, varía bastante de un producto a otro, por lo que hay que fijarse bien en las etiquetas.

Las grasas

Mientras el niño ingiera más de medio litro de leche de continuación, no es necesario añadir materias grasas a la verdura. Si consume menos de medio litro de este tipo de leche, debería añadirse al puré de verduras uno o dos pellizcos de mantequilla, de margarina o de nata, o una cucharadita de aceite de oliva, de girasol o de soja.

Los potitos y los congelados

Los potitos para niños, preparados a partir de productos de buena calidad y sometidos a un riguroso control sanitario, disponen de la ventaja de estar listos, y de ser variados y prácticos. Son fáciles de digerir y, por regla general, bien tolerados, pueden utilizarse para preparar las comidas. Una vez abiertos, se conservan cuarenta y ocho horas en la nevera.

Para preparar las comidas del niño, también pueden utilizarse alimentos congelados de muy diverso tipo que, naturalmente, deben cocerse bien, como en el caso de los productos frescos. Los productos congelados mantienen todo el poder nutritivo del alimento hasta la hora de la cocción.

Es posible mezclar productos frescos y congelados, como por ejemplo, un filete de pescadilla fresca y un puré de zanahoria congelado. Si prepara una sopa o un puré con verduras frescas, puede congelar lo que sobre, siempre que respete escrupulosamente las normas de congelación. No debe volver a congelar un plato que haya preparado a partir de productos congelados.

La cocción en horno microondas, muy rápida, puede servir para reducir el tiempo. El horno microondas es muy útil también a la hora de calentar los biberones y los platos, pero a veces se obtiene una temperatura muy alta, por lo que siempre debe comprobarse.

La anorexia del lactante

La necesidad de alimentarse es instintiva en el lactante, pero comer se convierte también muy pronto en un acto voluntario. El apetito y el placer que le procura esta actividad se encuentran estrechamente relacionados con su humor, con las relaciones que mantiene con sus padres y las que éstos mantienen con él, en particular su madre, ya que, por regla general, es ella la que se encarga de darle de comer. Cuando un bebé se niega a mamar o a comer, en primer lugar se debe comprobar con el pediatra que no sufra ningún trastorno digestivo ni enfermedad orgánica. Si ese no es el caso y el niño sigue negándose a comer, y si no gana o gana muy poco peso con el paso de las semanas, puede que se trate de una anorexia de origen psicológico. Se trata de un problema poco frecuente, pero que se ha de tomar en serio; no suele manifestarse antes del segundo semestre de vida.

El bebé se niega a tragar o, incluso, a abrir la boca y a separar los labios, vomita los alimentos más o menos masticados, se agita y llora. La ansiedad de los padres, que intentan entonces obligarlo a comer por fuerza, sólo sirve para empeorar las cosas. Para romper este círculo vicioso, el pediatra ayudará a los padres a valorar la cantidad de alimento que el niño realmente precisa y a confiar en su capacidad de adaptación.

Al margen de algunos casos excepcionales de anorexia grave que necesitan la ayuda de un psicoterapeuta, los lactantes «anoréxicos» no son menos despiertos y precoces, aunque sean menudos. Crecen despacio pero se desarrollan a su ritmo. Así pues, su salud no siempre es preocupante.

Menús progresivos

Entre los 6 y los 12 meses, las raciones de carne o de pescado irán aumentando de 10 g a 30 g al día. En cuanto a los purés, las raciones variarán según el apetito del niño. Debe dejarse que el niño beba en cada comida la cantidad de agua, no endulzada ni aromatizada, que quiera y, de vez en cuando, un poco de zumo de fruta, sin tampoco añadirle azúcar. Hay que aumentar la cantidad de bebida, incluida la de entre horas, cuando hace calor o el ambiente está seco. El niño no debe tomar gaseosa, ya que no podría digerirla.

El gusto evoluciona con el paso de los meses, a la vez que se pasa progresivamente de los líquidos a los semilíquidos, de los semilíquidos a las texturas consistentes, de las texturas consistentes a las grumosas y de las grumosas a los trocitos.

El desayuno

Si al niño le gusta tomar el biberón de la mañana, no existe ningún motivo para suprimírselo. Puede beber de 200 ml a 250 ml de leche de continuación, sin olvidar unas cuantas cucharaditas de cereales especiales para niños. En este momento, la mezcla puede ser más espesa. Debe tenerse en cuenta la consistencia preferida del niño. Para conseguir la consistencia deseada se tendrá que incluir mayor o menor cantidad de cereales para papillas, según el tipo y la composición.

Empezar siempre con un buen desayuno es fundamental.

Si al niño no le apetece tanto el biberón, puede prepararle la mezcla en un bol y, de este modo, podrá tomar el desayuno con usted.

El almuerzo

• **Entrante.** Dos o tres cucharaditas de verduras crudas, trituradas.

• **Segundo plato.** Está formado por un puré de verduras trituradas y, posteriormente, hacia el 11.° mes, por verduras chafadas con el tenedor; también se venden purés para bebés desde 6 meses, deshidratados o listos para consumir. Sea cual fuere el tipo de puré, se le añade una medida de la leche usada para el biberón (rica en hierro) junto con una pizca de mantequilla o media cucharadita de aceite. No mezcle siempre la carne, el jamón, el hígado, el pescado o el huevo duro con la verdura, a fin de que el niño aprenda a distinguir los sabores... y los colores.

Para preparar una comida con rapidez, puede añadir a los potitos una medida de la leche en polvo y un poco de materias grasas.

Beber del vaso

Del biberón al vaso △
Antes de darle el biberón, ofrezca al niño un vaso de metal o de plástico con un poco de agua. La primera vez, vuelve la cabeza; no insista demasiado. Vuelva a probarlo los siguientes días, e insista algo más, a la vez que le enseña cómo beber del vaso. Mientras, déjele el vaso vacío: al manipularlo en todos los sentidos, se acostumbrará a este objeto nuevo.

¿Beber o jugar? ▽
Puesto que al niño le apetece llevárselo todo a la boca, pronto le gustará poder utilizar un vaso... para beber, pero también para divertirse. No lo riña si el líquido se le sale por un lado. Limítese a volver a llenar el vaso con pequeñas cantidades. Quíteselo de la mano cuando haya bebido. Ofrézcaselo de vez en cuando mientras come.

• **Postre.** Un yogur o dos o tres cucharadas soperas de requesón, a los que se añade fruta cruda triturada o chafada, por ejemplo manzana o plátano (la composición del plátano es similar a la de la patata, así que conviene reservarlo para las comidas con pocos cereales o pocas patatas), o fruta cocida, en forma de mermelada. Hacia los 10 meses, el niño puede empezar a tomar rodajas finas de fruta pelada, que se chafan con facilidad (melocotón y pera, en especial) y queso blando.

La merienda

Sin duda, todavía consistirá en el biberón (de 200 g a 250 g de leche de continuación); si al niño ya no le gusta tomar el biberón, puede sustituirse por un bol de leche con cereales para niño; con la misma leche pueden prepararse también unas natillas: la leche hervida aporta la misma cantidad de hierro. Poco a poco, se irá añadiendo una o dos galletas o cortezas de pan (la miga es indigesta si no se mastica bien), o un biscote chafado en un poco de leche, o incluso fruta cruda triturada o bien cocida, en forma de mermelada. Vigile al niño cuando le dé alimentos en trozos: corre el riesgo de llevárselos enteros a la boca y no poder sacarlos.

La cena

• **Plato.** Se añadirá leche de continuación (de 200 g a 250 g) al puré de verduras, tapioca o sémola, que el niño tomará con biberón o con cuchara, según la consistencia. Puede sustituirse por una sopa de verduras espolvoreada con una medida de leche en polvo. Varíe las verduras y las mezclas; evite incluir salsifí, pimiento morrón, acedera y las hojas de col, todos ellos indigestos; puede utilizar a veces sopas y purés deshidratados o listos para comer y los potitos para niños desde 6 meses. Si se ha incluido carne, un poco de huevo duro (la clara y la yema) o pescado en el menú del almuerzo, no debe volverse a incluir en la cena.

• **Postre.** Si ha tomado un producto lácteo en el almuerzo deberá constar de mermelada de frutas o de una fruta cruda, triturada.

 QUISIERA SABER

Mi hijo está demasiado rollizo, a pesar de que no le doy todo lo que quiere.

• Si el niño está realmente demasiado rollizo, quiere decir que come demasiado y que, por lo tanto, está sobrealimentado. Las galletas que acompañan al desayuno o a la merienda, o tomadas entre horas, los postres dulces, la fruta fuera de las comidas, las bebidas azucaradas, etc., contienen muchas calorías suplementarias e inútiles que el organismo almacena en forma de grasas. Si a ello se le añade la falta de ejercicio, el niño se ve expuesto a problemas graves relacionados con la alimentación. En ocasiones existe un factor hereditario en la obesidad pero, por regla general, cuando un niño está demasiado rollizo se debe a que está sobrealimentado.
No dude en consultar con su médico si el niño presenta problemas de peso.

El niño se niega a comer. ¿Qué debo hacer?

• Déle las comidas a horas regulares y con tranquilidad. No le ofrezca el postre antes que la verdura «para que por lo menos haya comido algo». Es aconsejable variar la presentación y no mezclar todos los alimentos de forma sistemática en un único puré. La comida no debería alargarse más de veinte minutos. Intente estar totalmente disponible ese rato. Evite las escenas: no lo obligue a comer a toda costa. El apetito de los niños es variable. Si el niño sigue sin comer realmente nada en absoluto, consulte con su médico.

¿Cuándo sabrá comer con cuchara?

• Los primeros meses, al mamar, el bebé recibe los alimentos casi directamente en la garganta. Hacia los 5 meses, el niño aprende a tragar los alimentos que se le ponen en la lengua o los zumos de fruta que se le dan con cuchara. En un primer momento, será usted quien manejará el cubierto: coloque los alimentos hacia el fondo de la boca y no en la punta de la lengua porque, si no, los volverá a sacar. Algunos niños saben chupar y masticar muy pronto; otros no aprenden hasta los 8 meses o más tarde.
A los 10 u 11 meses hay que animar al niño a comer solo con los dedos: bastoncillos de pepino, queso blando, cortezas de pan, etc.; el niño coge los alimentos con el pulgar y el índice o con toda la mano. El resultado puede sorprender, pero es el principio.

Con otra persona, el niño acepta mejor la novedad. ¿Qué debo hacer?

• Es posible que en el jardín de infancia, o con la canguro, el niño acepte mejor los platos nuevos que se niega a comer en casa. No se sienta decepcionada si por la noche rechaza la sopa que le ha preparado con esmero. Estará mejor con un simple biberón y entre sus brazos...

El sueño

El niño empieza a aguantarse sentado, balbucea, come casi al mismo ritmo que los adultos y duerme seguido toda la noche. Pero algunos niños son más dormilones que otros...

A los 6 meses, el bebé «sabe» dormir; ha adoptado el mismo ritmo que los adultos, en la proporción correspondiente. Duerme un promedio de doce horas por la noche, una siesta por la mañana, de una hora más o menos, otra al principio de la tarde, más larga, y una tercera a final de la tarde (una hora más o menos). Cuando tiene alrededor de 1 año, duerme unas diez horas por la noche y una larga siesta después del almuerzo. Las veces que duerma y la duración de estos períodos de sueño varían, naturalmente, según el niño. Es importante que los padres conozcan y respeten los ritmos de su hijo, dejándose guiar por su bienestar general y su alegría de vivir.

Sigue llorando por la noche

A partir de los 6 meses, algunos niños duermen peor: les cuesta más dormirse, sueñan, se despiertan y lloran. Sin duda, es necesario comprobar que no haya ningún problema (que esté limpio, que no tenga demasiado calor, etc.) pero, una vez realizadas estas comprobaciones, hay que resistirse al deseo de cogerlo y de darle algo de beber o de comer. ¿Lo ha cambiado de cama? ¿Se ha ido a dormir antes de que su padre o su madre haya regresado a casa? ¿Se ha acostado más tarde de lo habitual o sin respetar el ritual que sigue para irse a dormir? ¿Ha dormido la siesta a su hora de costumbre? ¿Se ha puesto nervioso al final del día en un ambiente ruidoso o por una repentina actividad? Es tarea de los padres conseguir que el transcurso del día favorezca el sueño, elemento fundamental para el equilibrio del niño.

Mantener los ritmos del niño no es siempre fácil, pero de su regularidad depende también su propia tranquilidad. Ello facilitará también la adaptación del niño a un nuevo modo de vida (con nuevos puntos de referencia espaciales y temporales) si va a llevarlo al jardín de infancia o lo va a cuidar otra persona.

Duerme demasiado

Un niño con buena salud y feliz no duerme nunca demasiado, pero una prolongación inusual de la duración del sueño debe alertar a los padres. Puede que incube una enfermedad. Conviene echar un vistazo a la habitación: ¿respira con regularidad y silenciosamente?, ¿tiene fiebre? En caso de duda, hay que tomarle la temperatura. Si la situación persiste, es mejor que le examine el pediatra, a fin de descartar la hipótesis de una enfermedad. Si no está enfermo, se deberá observar su comportamiento cuando está despierto. ¿Parece triste? ¿Juega menos que antes? Intente comprender el motivo. Es posible que se refugie en el sueño y con ello le revele algún malestar. Háblele con cariño (las palabras tranquilizan mucho a los niños), consuélelo y, si se da el caso, hable con las personas que cuidan de él durante el día para descubrir cuál es el problema.

No duerme bastante

Si, aún así, está en plena forma y de buen humor, significa que no necesita dormir más. Corresponde a los padres adaptarse y organizarse en función de este temperamento fogoso. Sea como fuere, alrededor del niño debe mantenerse un clima tranquilo y estable, en el que pueda tener sus puntos de referencia: su habitación con su decoración de siempre, sus objetos familiares. Y, por encima de todo, un entorno afectivo tranquilo, ya que el niño es muy sensible a ello y, para dormir bien, necesita tenerla cerca y... relajada.

La necesidad de sueño del bebé cada 24 horas

Al nacer: de veinte a veintitrés horas.
El 1.er mes: de dieciséis a veinte horas, en períodos de tres o cuatro horas seguidas, sin distinguir entre el día y la noche.
Entre el 1.er y el 4.º mes: de dieciséis a dieciocho horas, en períodos de cinco a seis horas a partir del 2.º mes, hasta alcanzar nueve horas seguidas por la noche hacia el 3.er mes.
A partir del 4.º mes: de catorce a dieciocho horas, de las que entre nueve y doce son por la noche (por regla general, de un tirón, puesto que ya no se alimenta por la noche), y entre cinco y seis horas más de día (a menudo repartidas en tres bloques: por la mañana, a principio y a final de la tarde).
Hacia el 8.º-12.º mes: de catorce a dieciséis horas, de las que aproximadamente doce son por la noche, más una siesta larga tras el almuerzo.

Las actividades del bebé

Entre los 6 meses y el año de edad, el niño se desarrolla de forma espectacular. Manifiesta abiertamente su deseo de hablar y de jugar, y adquiere suficiente libertad de movimientos para empezar a explorar por sí solo el universo donde ha crecido.

El lenguaje: ¿cuándo hay que empezar a preocuparse?

Hay que dejar que el bebé aprenda a hablar a su ritmo. Algunos niños aprenden muy deprisa y otros, no tanto. Sin embargo, si durante el primer año observa que el niño no balbucea o que deja de hacerlo, si le da la impresión de que no la comprende y no muestra interés cuando le habla, coméntelo con el pediatra. Éste analizará las distintas facetas de la evolución del niño y, seguramente, practicará un examen de la audición.

A partir de los seis meses, el niño empieza a repetir continuamente sonidos, sílabas; intenta imitar lo que oye decir a sus padres. Su voluntad de comunicarse con los demás crece, a la vez que comprende cada vez mejor lo que le dicen. Es el período en que empieza a jugar, no sólo con su cuerpo, sino con los objetos que intenta coger.

También llega la época en que podrá aguantarse sentado y pronto empezará a desplazarse solo, a gatas. Enseguida, querrá explorar el espacio que lo rodea, tocarlo todo y llevárselo todo a la boca. Para él los descubrimientos se multiplican. Para los padres, la educación se vuelve algo más complicada.

Comunicación

Tras el balbuceo de los primeros meses (*véase* pág. 201), ahora el niño se divierte asociando sonidos, formando sílabas, designando así los objetos y nombrándolos para que acudan a él. Estas primeras sílabas, que suelen ser *ba, da, pa, ta*, pueden designar todo tipo de cosas, ya que, si bien el niño empieza a interesarse por lo que lo rodea, sus medios de comunicación verbal son todavía pobres. Cuando dice por primera vez «pa-pa», puede estar pensando tanto en su padre como en su madre: le resulta mucho más sencillo pronunciar las consonantes sonoras como la *p* o la *t* que la *m* de mamá.

Aprender a hablar no es una acción simplemente intelectual, sino que depende también del desarrollo afectivo, de cierta madurez. Para tener ganas de hablar con los demás, el niño tiene que haber roto previamente su relación exclusiva con su madre. Por otro lado, necesita recibir respuestas a sus «disertaciones»; respuestas que le permitirán enriquecer su lenguaje de forma progresiva. Cuando esté con el niño, acostúmbrese a decirle algunas palabras mientras hace los gestos de la vida diaria. En especial, deben aprovecharse los momentos privilegiados del baño y las comidas para hablarle, evitando, dentro de lo posible, los ruidos parásitos de fondo (la radio, la televisión), que podrían distraer su atención. El bebé es muy sensible a las entonaciones y a la melodía de la voz. No dude en acentuar las palabras al hablarle. Si se le habla con un tono demasiado monocorde, no se sentirá inclinado a establecer el diálogo.

Juegos

En las primeras etapas de su vida, el niño juega, sobre todo, con su propio cuerpo (los pies, las manos) o con el cuerpo de su padre o su madre. Pero, a partir del segundo semestre, empieza a considerar suyos algunos objetos. Ya es capaz de coger varios objetos a la vez, de pasárselos de una mano a la otra, de identificarlos por el color, la textura, el movimiento y la sonoridad. Sabe manipularlos, diferenciarlos y reconocerlos. Le gusta llevárselos a la boca para chuparlos o morderlos, y lanzarlos lejos para intentar conseguir que vuelvan. Pueden agruparse varios juguetes alrededor del niño en el parque o en un rincón de una habitación. Así, se familiarizará con este espacio de juego y elegirá por su cuenta los objetos que le gustan y que va a usar más.

¿Qué juguetes hay que elegir?
Para el niño, cualquier objeto puede convertirse en juguete, lo que no le impedirá ser especialmente sensible a los que se le ofrezcan. ¿Cómo elegir un juguete de entre los muchos productos que hay en el mercado? En primer lugar, es preciso que se adapte a las características físicas y a la edad del niño. A partir de los 6 meses y hasta los 18 meses, es mejor optar por juegos que favorezcan el despertar de los sentidos, el aprendizaje motor y la capacidad de imitación.

• **Los primeros juguetes.** Los juguetes que se le ofrecen normalmente a un niño de entre 6 y 7 meses suelen desempeñar una función importante en su vida afectiva. Así pues, los peluches o las muñecas, preferiblemente de tela los primeros meses, se convierten con rapidez en un objeto de atención y de cariño para el niño e incluso, en algunas ocasiones, en un «objeto transicional» (*véase* pág. 227).

El móvil, cuando es un simple elemento decorativo, se colgará en un sitio que el niño no tenga constantemente a la vista. El bebé se sentirá muy atraído por sus colores, movimiento o música y querrá cogerlo y chuparlo. Así pues, se impone la prudencia. Pasados los 8 meses, los juguetes para el baño adquieren importancia: el niño, sentado en el bañera puede utilizarlos para coger el agua y dejarla escapar.

• **Los juguetes de desplazamiento.** Todos los juguetes de los que el niño debe tirar, o que tiene que empujar o hacer rodar, lo acompañarán en el aprendizaje de la marcha y le servirán para coordinar mejor sus movimientos. Los juegos de cubos que debe apilar o encajar desarrollan su habilidad y su inteligencia, ya que aprenderá a manipularlos con destreza y a reconocer su forma y su color. Con los cubos, el niño puede también dedicarse al juego de construcción-demolición, y el de coger y lanzar (*véase* pág. 226), ritual importante que indica hasta qué punto el niño adquiere conciencia del poder que tiene sobre los objetos.

• **Los juguetes para actuar como los adultos.** Todos aquellos juegos en los que

Jugar con objetos

Examinar △
Después de jugar con su cuerpo (las manos, los pies, etc.), a partir de los 6 meses aproximadamente el niño se interesa por los objetos.
Ya es capaz de aguantarse sentado y ha adquirido mayor habilidad para utilizar las manos como si fueran unas pinzas, de modo que puede coger los cubos (con la mano derecha igual de bien que con la mano izquierda). Atraído por los colores y las formas, los examina con atención, aprende a reconocerlos y a distinguirlos: desarrolla su inteligencia.

Manipular ▽
De este modo, el bebé se distrae solo mucho rato. Coge los cubos, se los cambia de mano, los deja, los vuelve a coger, los desplaza, cuando no se los lleva a la boca... Construir y destruir una torre, coger los cubos y lanzarlos de forma repetida se convierten pronto en un juego favorito... y revelador: a la vez que mejora sin cesar su habilidad, el niño va adquiriendo conciencia del poder que tiene sobre las cosas.

se debe golpear permiten al bebé expresar su agresividad, así como practicar para dominar sus gestos. También le ofrecen la ocasión de imitar a los mayores. Por otra parte, todos los juegos basados en la imitación del mundo real y de los adultos (teléfono, maletín de médico o caja de herramientas, cocinitas, granjas, garajes) ayudan sin duda a construir la personalidad.

Prevenir los peligros
A partir de los 8 o 10 meses, el niño empieza a moverse de forma autónoma. Pronto puede llegar hasta una gran cantidad de objetos. Si se le permite moverse a su antojo, hay que estar muy atentos a su seguridad (*véase* el recuadro) así como delimitar el «territorio» de los adultos poniendo fuera de su alcance las cosas que se aprecian. El niño no debe manipular objetos demasiado pequeños que podría tragarse, ni objetos cortantes o pesados que podrían dañarle. También hay que proscribir las telas que se deshilachan (y con las que podría ahogarse), los objetos con una capa de pintura tóxica y los de cristal o de plástico que pueden romperse. El niño se sentirá atraído por multitud de cosas. Por lo tanto, hay que protegerle del posible peligro que representan los elementos domésticos: el fuego de la cocina, las tomas de corriente, las agujas de coser y de tejer, etc.

Movimiento

En el momento de nacer, el niño mantiene sus miembros muy tónicos, e incluso, con ayuda, puede llegar a sostenerse sobre las piernas; en cambio, el tronco, muy débil todavía, debe sujetarse siempre a la altura de la nuca o de la columna vertebral. Al cabo de pocas semanas, las manos empiezan a abrirse para coger objetos, las extremidades se aflojan y pierden su elevado tono original. Por contra, los músculos del cuello y de la espalda adquieren fortaleza: pronto puede mantener la cabeza erguida, girarla y levantarla del colchón. Boca abajo, puede incorporarse apoyado sobre los antebrazos y darse solo la vuelta en la cama. Antes

Gatear

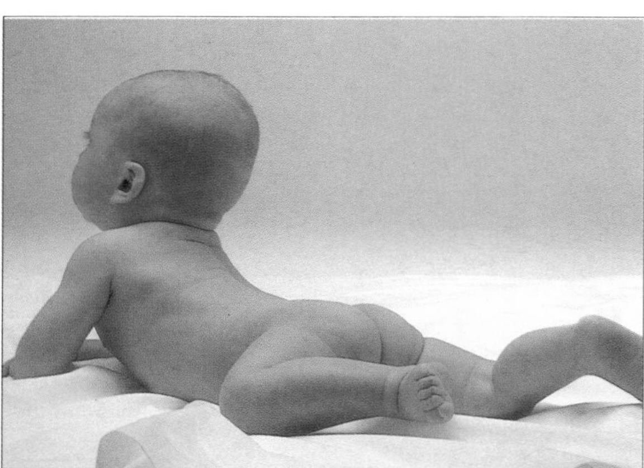

Cada cual con su técnica △
A partir de los 4 meses, el niño se incorpora apoyado sobre los antebrazos, levanta la cabeza con curiosidad e intenta avanzar. Más adelante, sus movimientos, realizados con mayor dominio, se vuelven más eficaces. Pero cada niño tiene su propia forma de desplazarse: sobre la barriga, como un nadador; sobre las nalgas, doblando las piernas como haría un remero, o de lado sobre las rodillas, con las nalgas echadas hacia atrás...

Déjelo a su aire ▽
No importa demasiado cómo lo haga. Déjelo que adopte la técnica que más le convenga para conseguir lo que quiere. Anímelo en sus esfuerzos.

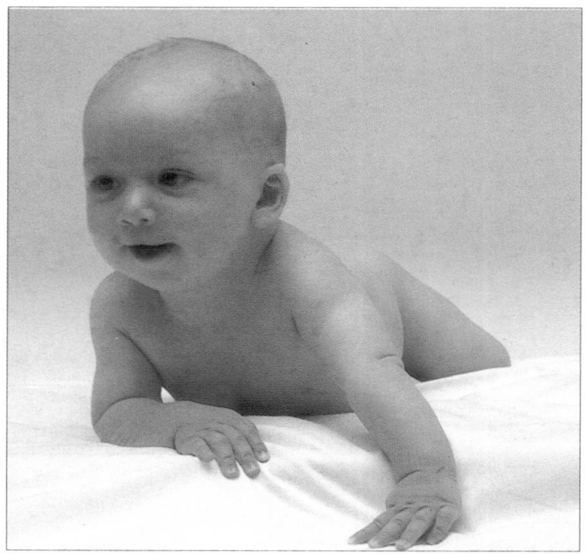

de sostenerse sobre las piernas y de desplazarse con un apoyo y, por último, de andar solo, atraviesa etapas intermedias: aprende a aguantarse sentado y a avanzar a gatas.

Sentarse
La edad a la que el niño empieza a mantenerse sentado varía mucho de un bebé a otro. Por regla general, se sitúa entre los 6 y los 10 meses. Algunos niños, con un mayor tono muscular, realizan progresos motores rápidos. Otros, más «blandos», mantienen la espalda arqueada y se caen siempre que se intenta dejarlos sentados. Cada bebé progresa a su ritmo, y muy a menudo se trata del mismo ritmo al que se desarrollaron sus padres. En ciertas familias o en ciertos grupos étnicos, los pequeños se mantienen sentados y suelen empezar a andar de forma tardía. Sin embargo, a partir del final del segundo año, pueden hacer las mismas cosas que los bebés muy «adelantados», que podían sentarse a los 6 meses y que andaban antes de haber soplado la primera vela de cumpleaños. La precocidad o, por el contrario, el retraso que se observa en ocasiones en los movimientos del niño, reflejo de su tonicidad corporal, no aporta ningún indicio sobre su desarrollo intelectual.

Estar sentado precisa la participación de muchos músculos: los de la espalda, los muslos y la nuca. Esta postura suele resultar más cómoda para los bebés que tienen las nalgas rollizas. El niño, instalado en un principio en un asiento reclinable o afianzado por cojines, empieza, a partir de los 6 meses, a mantenerse en un equilibrio más o menos estable al estar sentado: arquea la espalda, inclina la cabeza hacia las piernas, extendidas en horizontal, e intenta apoyarse sobre ambos brazos. Esta posición se va estabilizando y reforzando con el tiempo. La cabeza del bebé se vuelve menos pesada, la espalda se le endereza y consigue mantenerse sentado sin la ayuda de los brazos, lo que le permite usar las manos para jugar y efectuar gestos.

A gatas
Ya en las primeras semanas, el recién nacido puede desplazarse en la cuna mediante movimientos de reptación para, por ejemplo, colocar la cabeza contra el extremo de la cama. A los 4 meses de edad, se incorpora sobre los antebrazos, levanta la cabeza con curiosidad e intenta replegar las piernas bajo la barriga para poder avanzar. De este modo empieza a desplazarse de un sito a otro de la habitación. Por lo menos, ése es el caso de algunos bebés.

También los hay que no andarán jamás a gatas: se encuentran muy a gusto sentados y pasarán directamente a estar de pie sin intentar moverse por otro medio que no sea andar. Otros, en cambio, no saben estarse quietos y encuentran la forma de desplazarse a gatas que más les conviene, por ejemplo sentados, doblando las piernas para deslizar las nalgas, de una forma que recuerda un poco a un remero. Algunos de estos bebés inquietos no empiezan a andar hasta bastante tarde: no sienten deseos de ponerse de pie y correr el riesgo de una caída, cuando su técnica «a cuatro patas» les permite desplazarse deprisa con total seguridad...

Descubrir, pero sin ningún peligro

El niño empieza a mantenerse sentado, a andar a gatas; puede, pues, escaparse de la vigilancia de los padres y hacerse daño. Le presentamos algunas reglas de seguridad para que pueda explorar el mundo sin peligro ni «sustos». No se debe poner jamás sobre una mesa una silla portátil con el niño dentro. Nunca debe estar sin sujeción ni vigilancia en la *trona*. No debe quedarse nunca solo sentado entre cojines. Cuando empieza a desplazarse solo, hay que vigilarlo, aunque sin obligarle a moverse o impedírselo. No se debe refrenar sin cesar su curiosidad con un montón de prohibiciones, tan numerosas como incomprensibles para él. Conviene mantenerse firmes en algunas prohibiciones claras y bien elegidas, y dejarlo descubrir el mundo que lo rodea. No deben quedar a su alcance objetos pequeños que podría tragar. Y, si quiere gozar de algún momento de total tranquilidad, no dude en instalarlo a veces en el parque.

Heridas y chichones
Para las heridas sin importancia, imposibles de evitar, existen algunas curas sencillas. Limpie la herida con agua y jabón líquido suave, y luego desinféctela con un antiséptico líquido incoloro. Si la herida es pequeña y sus bordes se unen espontáneamente, cúbrala con una tirita. Si la herida, pequeña, ha dejado de sangrar pero los bordes están algo separados, cúbrala con un apósito de gasa estéril fijada con un esparadrapo hipoalergénico y controle al cabo de cierto tiempo cómo evoluciona. Si la herida es más profunda, el médico deberá practicar puntos de sutura. Si se trata de un chichón, aplique con suavidad una pomada a base de árnica y una compresa con hielo.

Cuando el bebé se mueve por todas partes

Gracias a sus nuevas facultades, el niño se lanzará a descubrir el mundo. Intenta explorar las habitaciones donde están los mayores, lo quiere tocar todo y llevárselo todo a la boca, que sigue siendo un método de conocimiento privilegiado. Se ha terminado la época en que se quedaba prudentemente en la cuna. A partir de ahora, investiga el espacio de los adultos y se muestra dispuesto a destrozar todo lo que cae en sus manos. Frente a un bebé lleno de vida y totalmente insensible a los razonamientos del adulto, la educación se vuelve bastante delicada. Los padres deben velar por la seguridad del niño, también deberán respetar sus progresos y conservar, al mismo tiempo, su propia vida privada.

A la edad de estas primeras exploraciones, no puede decirse «no» a todo lo que el bebé emprende. No es conveniente intentar someterlo a mil normas, sino que hay que mantenerse firmes en algunas prohibiciones, siempre las mismas. Se le debe conceder el derecho a moverse y a satisfacer su curiosidad. Esta sed de descubrimiento es, en efecto, un elemento motor fundamental en su crecimiento y su plenitud. Por lo tanto, hay que favorecerla, lo que no significa dejar que el niño haga lo que quiera de cualquier manera.

Lo ideal es poder reservarle un lugar libre de peligros, sin tomas de corrientes ni superficies donde encaramarse: el parque, con sus objetos familiares, será el lugar donde puede tocarlo todo, sin riesgo de romper o estropear objetos que los padres valoran. Es preferible el parque de madera con barrotes, que permite al niño agarrarse y levantarse, que los parques más ligeros con red. Fuera de este pequeño universo que puede estropear y ensuciar a sus anchas, conviene retirar las plantas, así como cerrar las puertas, los muebles y los armarios con llave (¡y quitar las llaves!). Si se dispone de una escalera interior, deberá instalarse una pequeña barrera. No debe dejarse una silla o un sillón bajo una ventana abierta, etc.

Encaramarse a las cosas

A *gatas* △
Ahora que ya puede no sólo moverse sino también desplazarse por sus propios medios, al bebé le encanta explorar el espacio en el que vive. Lo mejor es procurar no dejar nada por el suelo, excepto sus juguetes o sus muebles, que le proporcionan el apoyo necesario para ponerse de pie, lo que no es poca cosa: las nalgas todavía le pesan mucho y el equilibrio es inestable.

De rodillas ▽
De rodillas, el bebé se apoya sobre las manos. Cuando encuentra un punto de apoyo más alto que el suelo, el campo visual del niño se modifica, se ensancha. De la misma forma, cuando se pone de pie agarrándose a los barrotes del parque o a los pies de una mesa, descubre cosas nuevas. Pronto empezará a encaramarse a los sillones y a escalar las sillas. Permita que lo haga, pero sin dejar de vigilarlo.

El desarrollo de la personalidad

Tras los seis primeros meses de vida, en que existe básicamente a través de su madre, el niño va adquiriendo conciencia de que es un ser autónomo, independiente de quien le ha dado la vida. Entonces, se abre un poco más hacia el mundo exterior.

El segundo semestre constituye una época muy importante en la construcción de la personalidad del niño. Se trata del momento en que el bebé vive experiencias fundamentales, a pesar de que a veces resulten dolorosas. Hacia los 8 meses de edad, el niño se da cuenta de que su madre no se confunde con el resto de personas, que es única y que la prefiere a las demás. Este descubrimiento suscita una ansiedad real, puesto que esta madre insustituible no siempre está con él. Muchas veces, aproximadamente en esa misma época, coge apego a un objeto de su elección, que se convierte en «objeto de seguridad». Al mismo tiempo, es capaz de constatar la desaparición de un objeto, así como su reaparición. Lo comprueba repetidamente, por ejemplo, lanzándolo y volviéndolo a coger muchas veces. Así pues, sus relaciones con los demás y con los objetos se modifican; aprende a ser más independiente, más autónomo. La evolución de sus reacciones delante de un espejo revela asimismo cómo poco a poco adquiere conciencia de su individualidad.

La ansiedad del 8.º mes

A los 8 meses de edad, el niño vive una transformación afectiva importante. Hasta entonces, podía sonreír a cualquier desconocido que le mostrara interés, sin manifestar ninguna reacción negativa ante el «extraño». A partir de ahora, distingue de forma muy clara entre su madre y los demás. Cuando un desconocido intenta coger al niño en brazos, llora porque tiene miedo. Este miedo es el signo de que su madre se ha convertido en algo muy especial, al que destina todo su amor. Para el bebé, ella es única y la prefiere a cualquier otra persona. A partir de ese momento, asocia cualquier rostro desconocido a la ausencia temporal de su madre mientras que, por el contrario, los rostros conocidos de su padre y de sus hermanos le son todavía más queridos porque los relaciona directamente con la imagen materna.

Transformaciones útiles

La figura materna se ha convertido en algo insustituible para el niño, pero no siempre está con él para responder a su llamada. Sus sentimientos hacia ella (también hacia su padre) se vuelven más ambivalentes: marcados a la vez por el amor y por cierta agresividad.

Las transformaciones afectivas que vive el niño a lo largo de este período le ayudan a adquirir conciencia de su existencia, independiente de la de su madre, y son indispensables para la construcción de su personalidad. En esta época, el niño comprueba que un mismo objeto, como en este caso su madre, puede ser a la vez fuente de placer y de sufrimiento. Puesto que acaba entendiendo que su madre es distinta de él y que puede estar ausente, aprende poco a poco a consolarse solo y a crearse un universo personal. Es importante que conserve toda la confianza en su madre y que sepa que ésta le

SUAVIZAR LA ANSIEDAD DEL 8.º MES

Cuando vaya a dejar al niño, no dude en explicarle (aunque le parezca demasiado pequeño para entenderlo) que va a dejarlo con alguien que sabrá cuidar de él. Dígale que pronto irá a recogerlo. El niño experimenta la ansiedad de la separación pero, cuando ve que su madre vuelve a buscarlo, va comprendiendo que ésta no desaparece y que puede contar con ella y con su amor. Si ya ha mostrado un cariño especial por un objeto, sea el que sea, es conveniente llevar este «objeto inseparable» al jardín de infancia o con la canguro: para el niño, eso significa llevar con él una parte de su hogar.

querrá siempre, porque precisa aún una gran seguridad afectiva.

La necesidad de afecto
Esté disponible y atenta cuando se encuentre con el niño (consejo válido también para el padre). Poco a poco, el bebé se irá tranquilizando al ver que su madre siempre vuelve y que no lo abandona, de modo que aprenderá a soportar la ausencia, a jugar solo y a abrirse más al mundo que lo rodea.

Podrá constatar esta evolución si se fija en la actitud del niño cuando lo coge en brazos: antes tenía tendencia a acurrucarse contra usted, a hundir la cara contra su pecho y a doblar los brazos contra su cuerpo; ahora, cada vez más, se va incorporando, vuelve la cara al exterior y tiende las manos hacia las cosas o las personas que lo rodean.

La llamada «ansiedad del 8.º mes» es un fenómeno muy real para el niño. Es importante que, cuando se vaya, le explique que va a volver. Es cierto que la separación se produce a cualquier edad y que siempre resulta delicada pero, a los 8 meses, la adaptación a cualquier tipo de cambio es todavía más difícil. El niño expresa ansiedad, por lo que es necesario rodearlo de muchas atenciones.

Coger y volver a lanzar: un juego revelador

Durante el segundo semestre de vida, las capacidades psicomotoras del bebé han aumentado claramente: puede lanzar un objeto, desplazarlo, cambiárselo de mano. Su juego preferido consiste muchas veces en coger un objeto, lanzarlo, volverlo a coger, lanzarlo de nuevo, más lejos esta vez, y pedírselo a un adulto. Repite de forma incansable estos gestos hasta que se ha convencido totalmente de que el objeto sigue existiendo incluso cuando él no lo ve. Entonces, y sólo entonces, acepta sin llantos separarse de él, exactamente de la misma forma que acepta mejor la ausencia de su madre una vez ha constatado que ésta siempre vuelve.
A esta edad, el bebé adquiere la facultad de acordarse lo bastante de un objeto para comprobar que ha desaparecido e intentar buscarlo. Con anterioridad, para él un objeto dejaba de existir cuando dejaba de verlo. Esta nueva etapa, que el psicólogo infantil suizo Jean Piaget (1896-1980) denominó «de la permanencia del objeto», es vital en el desarrollo del niño, puesto que significa que ya es capaz de representar mentalmente un objeto que no está presente.
Claro está, el hecho de que las dos etapas (de la permanencia del objeto y de la ansiedad del 8.º mes) se produzcan a la vez, precisamente a partir de los 8 o los 9 meses, no se debe al azar. Estas dos evoluciones ponen de manifiesto una misma cuestión: el niño se individualiza y adquiere conciencia de que es distinto a lo que lo rodea, seres humanos u objetos. Esta fase, que coincide con el apego intenso por los seres próximos, en especial por la madre, señala el inicio de la autonomía.

Constatación de la propia existencia

Si se observan las reacciones de un bebé frente a un espejo, se puede entender cómo va adquiriendo la convicción de que se trata de un ser autónomo. Esta fase, denominada «estadio del espejo», descrita por psicólogos o psicoanalistas como Henri Wallon (1879-1962) o Jacques Lacan (1901-1981), se desarrolla en diversas etapas, entre los 6 y los 18 meses de edad.

A los 6 meses, el bebé percibe su imagen en el espejo pero no sabe que es la suya y cree que se trata de un ser real. Si ve en el espejo a su padre o a su madre, les sonríe y, si le hablan, se vuelve hacia ellos, pensando que los ve dos veces. Hacia el 8.º mes, muestra una reacción de sorpresa cuando se ve en el espejo pero todavía no se reconoce. A los 9 meses, extiende la mano hacia su imagen en el espejo y parece sorprendido al tocar el cristal, como si estuviera convencido de que la imagen es de otro bebé y se extrañase de no poderlo tocar. En ocasiones, llega a mirar al espejo cuando se le llama.

A los 12 meses, ha comprendido que el espejo refleja la imagen de los objetos de su alrededor y, en especial, de sí mismo. El espejo se convierte en un juego: le muestra su imagen, se sonríe, se hace muecas, toca y lame el cristal. Si ve reflejados a su madre o a su padre, los mira con atención y luego se vuelve hacia la persona real. De este modo podrá reconocer gradualmente (entre los 12 y los 18 meses) su propia imagen, así como la de las personas más próximas, y comprenderá que el reflejo que ve en el espejo no es un ser real.

Esta etapa es fundamental, puesto que el niño adquiere entonces una imagen global de su cuerpo: constata visualmente y adquiere conciencia de que es un ser independiente de los demás. Este mecanismo esencial también se irá reflejando en el lenguaje, al entender mejor quién es «yo».

La importancia del «objeto de seguridad»

A los 8 meses aproximadamente, el niño suele coger afecto a un objeto de su elección. Toma posesión de una cosa exterior a su cuerpo, que no son ni su pulgar ni sus dedos. Un comportamiento de este tipo constituye una prueba más de su apertura hacia el mundo exterior.

El pediatra y psicoanalista británico Donald Winnicott (1896-1971) designa este objeto con el término «objeto transicional». Winnicott explica que el amor que el niño siente por este objeto marca una transición entre el período en que formaba un solo ser con su madre y una etapa ulterior de su desarrollo en la que cesa de identificarse totalmente con ella.

La elección del objeto

¿Por qué coge el niño más apego a un objeto que a otro? Resulta obvio que sus criterios no son estéticos, en el sentido que los adultos damos a esa palabra. El niño es más bien sensible a la textura y al olor de las cosas que a su forma o, incluso, a su color. Así pues, sin que se sepa por qué, va a sentir devoción por un trozo de tela informe, aunque disponga de peluches, muñecas o cojines con animalitos bordados, y lo va a bautizar (con una onomatopeya o un nombre). Debe dejarse que el niño elija con total libertad este primer objeto que considera como de creación propia y no como un regalo recibido de sus padres. Winnicott insiste en la necesidad de admitir que cada bebé debe poder, en cierto modo, «crear el mundo» de nuevo. También indica que el objeto transicional es la primera expresión de esta acción creativa. Ése es el motivo de que este «objeto de seguridad» sea algo tan preciado para el niño (y merezca todo el respeto de los adultos). No se lo olviden al ir de viaje y, sobre todo, ¡no lo pierdan en el camino! Hay que evitar lavarlo demasiado a menudo para que conserve ese olor único que resulta tranquilizador para el bebé. Si, en este período de su desarrollo, se empieza a dejar al niño al cuidado de terceras personas, la separación no le resultará tan difícil si cuenta con la presencia de este objeto que le recuerda el hogar y sus seres queridos. Ciertos niños que no encuentran un objeto transicional parecen tolerar peor las ausencias de su madre y les cuesta más consolarse por sí solos; otros, para consolarse siguen chupándose un dedo, objeto transicional siempre presente.

Amar y destrozar

El niño cuenta con todos los derechos sobre este objeto que ha elegido, comprendido el de destrozarlo, ya que desde su punto de vista puede expresar a la vez amor y agresividad. Durante varios meses, quizá años, el objeto transicional será algo único e insustituible, a pesar de que el niño se vaya interesando por otros juguetes. No hay que tirar jamás este «objeto de seguridad»: causaría al niño una tristeza terrible. Más adelante, cuando la transición haya finalizado totalmente, el propio niño perderá el interés por ese objeto y lo abandonará, sin sentirlo como una pérdida.

Se chupa el pulgar

Muchos lactantes ya se habían empezado a chupar el pulgar durante su vida intrauterina.
Tras el nacimiento, este hábito persiste, en especial durante el primer año, período de la vida en el que son bastante proclives a llevarse a la boca todos los objetos que cogen. Se ha observado que los bebés alimentados con leche materna sienten menos necesidad de chuparse el pulgar que los niños que toman biberón. Quizá se deba a que los primeros disponen cada día de ratos de succión bastante largos, al contrario que los segundos que, como acaban el biberón en unos minutos, deben satisfacer su necesidad de succión fuera de las comidas.
Al chuparse el pulgar, el niño intenta sentirse seguro. Cabe destacar que los bebés africanos, tranquilizados por la presencia de su madre, que los lleva casi todo el día consigo, pocas veces se chupan el pulgar.
Muchos bebés que no se han chupado jamás el pulgar de forma espontánea, se calman cuando se les ofrece una tetina.

¿Pulgar o chupete?
De hecho, no existen normas: deje que el niño se chupe el pulgar u ofrézcale un chupete. Hoy en día, los chupetes ya no deforman el paladar (el pulgar tampoco). Por contra, el chupete se pierde con mayor facilidad y no siempre está todo lo limpio que debería.
Algunos niños conservan durante mucho tiempo la costumbre de chuparse el pulgar: hasta los 6 años o incluso más. Si sólo lo hacen para dormirse o porque están cansados, no hay motivo de alarma. Si adoptan esta actitud una gran parte del día (en especial en la escuela) puede significar ansiedad o que se encierran en sí mismos, y hay que tenerlo en cuenta.

Las relaciones familiares

A partir de los 6 meses, el niño se abre más al mundo exterior. Las relaciones que mantiene con los que lo rodean y, en especial, con los miembros de su familia, adquieren cada vez mayor relevancia.

Hoy día muchas mujeres trabajan fuera de casa y el hombre comparte con ella las tareas domésticas y se encarga igualmente de los cuidados del bebé. Aun así, el papel del padre es específico. Para los hermanos y hermanas mayores, el bebé es un intruso ante el que tiene que defender su posición en el seno de la familia. Los padres deben procurar no desatender a los hijos mayores con el pretexto de que precisamente... ya son mayores. En cuanto a los abuelos, se trata de figuras importantes para el desarrollo del pequeño enfrentado al mundo exterior.

Un padre distinto a la madre

La mayoría de las veces, al padre le apetece alimentar, cambiar y mecer al niño. Pasado el primer semestre, en especial hacia los 9 o 10 meses, el bebé le parece menos frágil. Ya no duerme tantas horas al día y come prácticamente al mismo ritmo que sus padres. Empieza a balbucear, puede mantenerse sentado, se desplaza solo e intenta ponerse de pie. Solicita cada vez más la presencia de sus padres para que se diviertan con él.

El padre se siente entonces más cómodo, al constatar que el niño es fuerte, activo y se ríe por cualquier cosa. Lo toca, lo sacude con seguridad, empieza «hacer el gamberro» con él... La forma en que un padre juega con el niño suele ser muy distinta a la de la madre. Y es mejor así. Estos juegos más físicos desempeñan una función importante en el desarrollo de las capacidades motrices del niño. A la edad en que el niño adquiere conciencia de que es un individuo independiente de sus padres, resulta importante que reconozca en su padre y en su madre a dos seres bien distintos. Necesita establecer relaciones diversificadas, que servirán para enriquecer su personalidad y para permitirle encontrar mejor sus puntos de referencia. Por este motivo, no deben confundirse los papeles de padre y de madre, incluso en el caso de que el padre se ocupe con regularidad del niño, para darle de comer o bañarlo.

Los hermanos y las hermanas

La transformación del recién nacido que mama, llora y se pasa todo el día durmiendo en un niño «verdadero», bullicioso y casi autónomo, constituye para el hermano mayor un nuevo conflicto. El bebé se ha convertido en un ser mucho más vital, capaz de desplazarse y de reclamar la atención de los adultos. Se apodera de los juegos de su hermano mayor, que no encuentra en él el compañero de juegos que esperaba sino más bien un aguafiestas desordenado y desobediente. Se debe conservar el universo del hijo mayor y calmar la irritación, o incluso la cólera, que pueda manifestar hacia su hermano menor. Es una fase difícil de superar.

Ocuparse del celoso

Para un niño mayor, el bebé que acaba de nacer se convierte en un rival, por lo que es preciso evitar sus celos reconociéndole ciertas prerrogativas y valorándolo. Demuéstrenle que todavía lo quieren, há-

Mostrar el mundo al bebé

Darle el biberón, bañarlo, mecerlo y abrazarlo... ¡Hay tantas actividades que, pasados los primeros días de vida del bebé, no son exclusivas de la madre! El padre también puede intervenir. Y para ayudar al niño a descubrir el pequeño universo que lo rodea, el padre desempeña una función esencial. No tema ser patoso a la hora de coger al niño. Se trata de algo que se aprende. Las mujeres tampoco lo saben hacer de forma «instintiva». No espere a que tenga de 6 a 8 meses para cogerlo: aunque pueda ser tan preciado como la más fina de las porcelanas, ¡no tiene su fragilidad! Póngalo en sus brazos o, mejor dicho, sobre uno de sus brazos y sosténgalo firmemente por debajo de las nalgas, con la espalda contra su pecho: de este modo, le deja ver el mundo y todavía le quedará un brazo libre para mostrarle lo que lo rodea.

ganle saber que se sienten orgullosos de él por lo que ya sabe hacer: hablar, andar, correr, ayudar en casa... No se le debe reñir sistemáticamente en cuanto se muestra algo agresivo con su hermanito, y es necesario, sobre todo, seguir ocupándose de él individualmente.

Dedíquele regularmente un rato para jugar sólo con él; propóngale salir sin llevar también al bebé. Al ser el primero, ha gozado durante mucho tiempo de sus padres en exclusiva. Es preciso que todavía tenga, de vez en cuando, la posibilidad de estar a solas con ellos. Ayúdenlo a conocer mejor a su hermanito. Conviene que le enseñen lo divertido que puede ser el bebé. El hermano pequeño suele sentirse muy atraído por el mayor, le sonríe con agrado y casi siempre quiere imitarlo.

Conflicto y complicidad

Las relaciones entre hermanos son forzosamente fuente de dificultades. Exigen la paciencia y la comprensión de los padres. Durante una gran parte de su infancia, los hermanos se van a pelear con frecuencia sin dejar de quererse. Estas relaciones tempestuosas, incluso violentas, son a la vez muy enriquecedoras y contribuirán a forjar la personalidad de cada uno de ellos. Más allá de los conflictos y de los celos mutuos, se establecerá también una complicidad y una solidaridad irremplazables.

¿Y el hijo único?

¿Puede decirse entonces que el hijo único sufre inevitablemente por no tener ningún hermano? Claro que no. No existe un modelo familiar ideal. Lo que es importante para el niño es que los padres estén dispuestos a asumir a su familia, a mostrarse orgullosos de ella. Un hijo único también puede tener relaciones muy enriquecedoras con otros niños (primos o amigos).

En caso de gemelos

Desde que nacen, los gemelos viven a dúo y evolucionan juntos. Muy pronto se vuelven cómplices, tan cómplices que experimentan menos que el resto de los niños la necesidad de volverse hacia el exterior y de comunicarse con sus padres, sus abuelos, sus otros hermanos, etc. Sus progresos en el terreno del lenguaje son en ocasiones más lentos y su forma de utilizar los pronombres suele ser una demostración de la forma en que se perciben. A imitación del entorno, que con mucha frecuencia se dirige a ambos a la vez, tienen tendencia a dirigirse el uno al otro en plural. Están muy unidos y a veces se muestran poco sociables con el resto de la familia. Algunos gemelos, en la edad de la pubertad, intentan «librarse» de este hermano al que siempre han estado asociados. Para que esta rebelión no se convierta algún día en conflicto, o para evitar que la «pareja» de gemelos no se encierre demasiado en sí misma, los padres deben realzar la personalidad de cada uno de ellos. Es aconsejable comprarles ropas distintas, intentar acostarlos lo antes posible en camas de formas y de colores distintos, incluso en habitaciones separadas. Se debe establecer desde el principio una relación personal con cada uno de ellos (sin que signifique ni mucho menos que uno de los padres se ocupe exclusivamente de uno de los niños).
A partir de los 3 años, se les puede separar de vez en cuando, por ejemplo, dejándolos al cuidado de personas distintas cuando los padres se van fuera unos días. Pero hay que prevenir a los niños de esta separación y explicarles que se volverán a reunir muy pronto.

La importancia de los abuelos

Hoy en día, no es frecuente que los abuelos vivan bajo el mismo techo que los nietos. A menudo, todavía llevan una vida activa cuando nace el nieto o la nieta. Se conservan relativamente jóvenes y, para el niño, será más bien la bisabuela la que se corresponde con la imagen de «abuelita» de los cuentos.

Las madres jóvenes, al volver del hospital, no se benefician tanto como antes de los consejos o de la experiencia de su propia madre en materia de puericultura. Algunas de ellas no han mantenido un contacto demasiado cercano con su madre mientras que otras, que desean ocuparse solas del bebé, reivindican una cierta independencia. Quieren que su madre las ayude de forma más discreta y prefieren obtener consejo y apoyo del padre del niño, de una amiga o del pediatra.

Por regla general, a los abuelos no les corresponde la responsabilidad de educar a los nietos, pero no por ello su función es menos importante. Permitirán al niño descubrir lo que saben, le propondrán otros juegos y simbolizarán el recuerdo de la historia familiar. Pueden aportar muchas cosas al niño, tanto desde el punto de vista afectivo como intelectual.

Adoptar un hijo

Al margen de las dificultades administrativas, la adopción es un compromiso afectivo por el que una pareja ofrece a un niño que está solo amor, refugio y sostén. Gracias a la adopción, la pareja tiene por fin la alegría de fundar una familia.

La decisión de adoptar un niño implica iniciar un procedimiento a menudo largo y difícil, y que puede parecer aún más penoso cuando se acomete tras luchar sin éxito contra la esterilidad. Ciertamente, una pareja que quiera adoptar un niño debe llevar a cabo distintos trámites administrativos, pasar entrevistas psicológicas y superar una serie de condiciones antes de obtener la aprobación para ser incluidos en una lista de espera. Existen diversos tipos de organismos para adoptar niños del propio país o bien del extranjero. Hay servicios oficiales, que ofrecen toda garantía aunque los trámites sean a veces engorrosos, y también instituciones privadas que facilitan más los trámites para adoptar un niño en el extranjero. Es indispensable asegurarse de que son serias y de que ofrecen garantías, así como verificar que no efectúan ningún tipo de transacción comercial.

Cuando se los ha designado aptos para adoptar un niño, empieza para los futuros padres una nueva espera, de duración incierta. Esta espera está rodeada de incertidumbres, mucho más aún que en el caso de un nacimiento. ¿De qué sexo será el niño? ¿Qué edad tendrá? ¿Cómo será su pasado? ¿Y su aspecto? A todos estos interrogantes se añade muchas veces el temor de no saber amar lo suficiente a un niño ajeno o incluso el pesar de no poderle transmitir las características genéticas propias.

Un pasado que debe respetarse

Un día, por fin, la ilusión se convierte en realidad. El niño ha llegado. Al igual que tras el nacimiento, niño y padres se tendrán que adoptar y adaptarse mutuamente pero, en este caso, la diferencia es que el niño ya ha conocido con anterioridad un estilo de vida distinto del que tendrá a partir de ahora. No se debe intentar borrar a toda costa esta historia pasada, en especial si el niño proviene de un país extranjero. Naturalmente, el pasado tendrá un peso muy distinto para el niño según se incorpore a su familia adoptiva a la edad de 3 meses o a los 3 años.

Una gran necesidad de confianza

En el terreno afectivo, la historia del niño adoptado se encuentra marcada, desde su origen, por un abandono. Para poder desarrollarse y alcanzar la plenitud, el niño necesita tener una confianza total y absoluta en sus nuevos padres. Debe poder contar con su comprensión y su amor pero también con su autoridad.

Decir la verdad

Actualmente, todo el mundo está de acuerdo en que no se debe ocultar la adopción al niño. La verdad y la sinceridad en las relaciones con la familia adoptiva son indispensables, y el niño podría traumatizarse si supiera por terceras personas que no es hijo biológico de sus padres.

Es preciso prepararlo desde muy temprano para que pueda aceptar esta realidad algún día, incluso aunque se considere que todavía es demasiado pequeño para entenderlo. Se le puede contar la historia de un animalito que se ha perdido y que alguien encuentra y recoge. Una historia de este tipo le resultará familiar y le permitirá establecer similitudes con la que ha vivido en persona. Sin obligarlo a preguntar cosas sobre sus orígenes, es necesario irle acercando progresivamente a este tipo de preguntas que permitirán establecer un diálogo esencial con él.

Un nombre, una historia

El niño adoptado, tanto si se integra en su nueva familia a los 3 meses como a los 3 años de edad, posee siempre una historia propia. También tiene nombre, muestra inequívoca de esta historia. ¿Pueden llamarlo de otro modo? Lo más prudente sería conservar su nombre original, que es suyo y constituye la base y la garantía de su identidad. Pero también es el nombre que otra persona eligió para él. Si realmente esta idea les parece insoportable, quizá sea mejor cambiar de nombre al niño, como si fuera un regalo especial que le ofrecen. Sea cual fuere su decisión, más adelante deberán hablar con él y explicárselo. A la espera de la edad en que, quizá, sienta el deseo (legítimo) de buscar sus orígenes...

El niño de 1 a 3 años

Los ritmos de vida del niño

Cuatro comidas al día en las que come casi como los adultos, noches de sueño algunas veces movidas y salidas regulares al jardín, al parque o a las zonas de juego marcan la vida del niño. La necesidad de equilibrio se vuelve más acuciante a medida que la actividad aumenta: anda, juega cada vez más, empieza a hablar, aprende a no ensuciar los pañales...

El niño de 18 meses

Las comidas

El niño toma cuatro comidas diarias. Ya bebe leche de vaca entera o semidesnatada. Los alimentos que come son cada vez más variados. Acepta los platos no triturados, las galletas y los trocitos de pan. Come solo, de forma más o menos limpia, y se lleva la cuchara a la boca. Empieza a beber del vaso, aunque lo vuelque con frecuencia.

Talla	Niño	80,5 cm (74-87)
	Niña	79 cm (72-85)
Peso	Niño	11,2 kg (8,8-13,8)
	Niña	10,6 kg (8,5-12,9)
Perímetro craneal	47,5 cm (44,5-50,5)	
Dientes:	4 primeros molares	

Nota: Estas cifras corresponden al 95% de los niños.

Los movimientos

El niño anda solo. Sube las escaleras si se le mantiene cogido de la mano. Se sienta solo, se pone de cuclillas para recoger las cosas. Corre, con las piernas separadas, pero se cae a menudo. Sabe echar un juguete hacia atrás, lanzar una pelota y chutar un balón sin caerse. Manipula los objetos indistintamente con ambas manos. Construye torres de tres a cuatro cubos. Puede sacarse los zapatos sin cordones y quitarse la ropa que no se abrocha.

El sueño

Durante este período de aprendizaje intenso, el niño suele tener un sueño agitado. Duerme entre diez y doce horas por la noche y, muchas veces, dos o tres horas por la tarde. Aparecen ciertas dificultades para dormirse, así como pesadillas y terrores nocturnos.

Las relaciones

El niño comprende las órdenes simples y las ejecuta. Nombra uno o dos objetos habituales, reconoce las imágenes. Su vocabulario se enriquece rápidamente. Explora su cuerpo y sabe dónde tiene la nariz, la boca y los ojos. Con una vitalidad desbordante, descubre el espacio que lo rodea, obedece poco y cada vez replica más. La mayoría de las veces juega solo. Descubre a los otros niños pero sus relaciones con ellos son aún agresivas. Llega el momento de otro aprendizaje: no ensuciar los pañales durante el día.

El *niño de* 2 *años*

Las comidas

De las cuatro comidas del día, la merienda es la más frugal. La alimentación del niño es muy variada. Ahora, ya puede comer solo, aún con cierta torpeza, pero no experimenta necesariamente el deseo de hacerlo. Selecciona los alimentos y señala sus preferencias, lo que no facilita el desarrollo de las comidas. Bebe correctamente del vaso.

Los movimientos

El niño sube y baja solo las escaleras. Salta con los dos pies. Corre deprisa, se encarama a las cosas, baila. Se agacha para recoger las cosas. Empieza a pedalear en el triciclo. Juega a la pelota con precisión. Hojea una a una las páginas de los libros. Dibuja garabatos. Se pone solo los zapatos, un pantalón o una chaqueta. Construye torres de seis a ocho cubos.

Talla	Niño	85,6 cm (80-93)
	Niña	84,3 cm (78-91)
Peso	Niño	12,2 kg (9,8-14,9)
	Niña	11,6 kg (9,5-14)
Perímetro craneal		48,5 cm (45-51,5)
Dientes:		4 caninos

El sueño

Duerme toda la noche, de diez a doce horas, y echa una siesta de unas dos horas. El sueño es aún agitado. Sigue necesitando un ritmo de vida equilibrado, que se conjugue con las comidas y los períodos de juegos activos y estimulantes.

Las relaciones

Es capaz de mostrar varias imágenes, señala cuatro o cinco partes de su cuerpo y comprende las órdenes que recibe. Le gusta escuchar un cuento, enriquece con mucha rapidez su vocabulario y construye frases alrededor de un verbo; sin embargo, su lenguaje sigue siendo infantil. Todavía se designa por su nombre, sin decir «yo». Quiere hacer las cosas solo y se enfada. Prefiere jugar solo y puede mostrarse agresivo con los demás. Durante el día empieza a no ensuciar con deposiciones los pañales, pero los sigue mojando.

El niño de 2 años y medio

Las comidas
Le gusta comer junto con toda la familia y toma casi las mismas cosas que los mayores. Descubre sabores nuevos. Las comidas son más tranquilas; se convierten en momentos de intercambios. Come solo y no quiere que lo ayuden. Utiliza el tenedor.

Las relaciones
Comprende el sentido de muchas palabras habituales, conoce las partes de su cuerpo, las prendas de vestir... Puede manejar varias ideas a la vez. Habla solo, hace preguntas, ya no se designa por el nombre, utiliza los artículos, la negación y los adverbios. Todavía se opone a los padres pero se muestra menos agitado. Se interesa realmente por los niños de su edad. Descubre su sexo y las actitudes y los juegos se diferencian según sea niño o niña. Se mantiene limpio de día y, a veces, de noche.

Los movimientos
Corre por una pendiente empinada o un terreno accidentado. Lleva objetos voluminosos. Dibuja garabatos y líneas. Cuando se le viste, ayuda, extiende los brazos o las piernas. Apila o encaja los cubos, construye rompecabezas sencillos, asocia dos objetos del mismo color.

El sueño
El niño duerme de diez a doce horas por la noche y dos horas más por la tarde. Persisten las dificultades y al acostarse se producen pesadillas con frecuencia.

Talla	Niño	90,2 cm (84-97)
	Niña	89 cm (82-95)
Peso	Niño	13,2 kg (10,8-16)
	Niña	12,6 kg (10,2-15,3)
Perímetro craneal	49 cm (45,5-52)	
Dientes:	4 segundos molares, en total, 20 dientes de leche.	

El *niño de* 3 *años*

LOS MOVIMIENTOS
Sube las escaleras alternando los pies; salta el último peldaño para jugar. Se mantiene en equilibrio a la pata coja durante algunos segundos; pedalea bien en el triciclo. Abre, cruza y cierra las puertas sin ayuda. Sabe dibujar un círculo cerrado. Dibuja sus primeros monigotes. Empieza a vestirse solo; a menudo, utiliza los botones y las cremalleras. Se pone solo los zapatos y desata los cordones. Construye torres de ocho a nueve cubos y un puente de cubos.

LAS COMIDAS
Come solo como los adultos y al mismo tiempo que toda la familia. Puede ayudar a quitar la mesa.

EL SUEÑO
Duerme entre diez y doce horas por la noche y una o dos horas más por la tarde. Todavía son frecuentes las pesadillas o los terrores nocturnos, y a veces persisten las dificultades para irse a dormir.

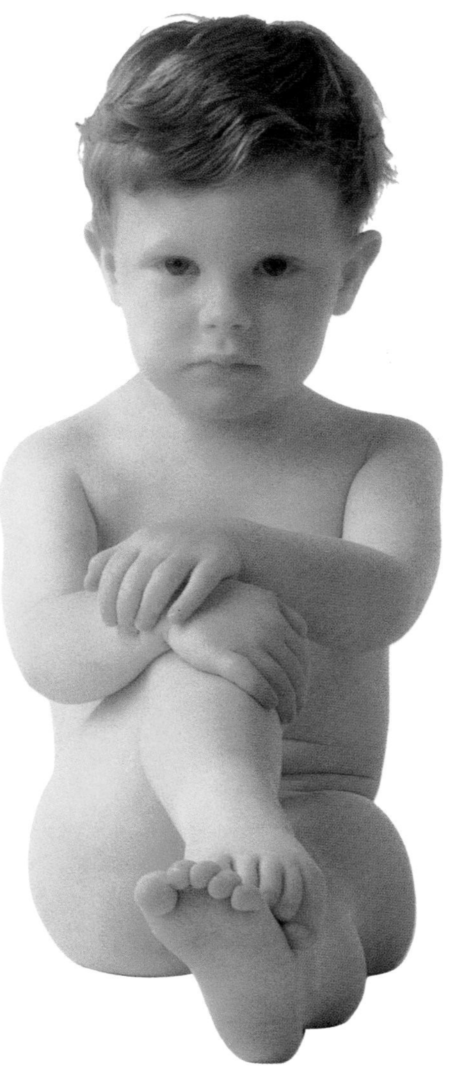

LAS RELACIONES
El niño comprende los razonamientos, cada vez es más autónomo, se vuelve sociable y empieza a ir al parvulario. Le gusta jugar con los otros niños; tiene amigos. Responde a las preguntas del tipo: «¿Dónde está...?» y «¿Por qué?». Conoce los colores, sabe señalar lo que es grande y lo que es pequeño y distinguir entre arriba y abajo. Hace preguntas. Aumenta su vocabulario, utiliza los adjetivos y conjuga los verbos. Sabe contar hasta 3, 5 o 7. Es capaz de convivir y de jugar con los demás niños. Sabe que es un niño o una niña. Se mantiene limpio de día y, muchas veces, también de noche.

Talla	Niño	94,2 cm (87-101)
	Niña	92,7 cm (85-99)
Peso	Niño	14,2 kg (11,5-17,1)
	Niña	13,6 kg (10,9-16,5)
Perímetro craneal	49,5 cm (46,5-52,5)	
Dientes:	20 dientes de leche (a veces presentes desde los 2 años).	

El *niño se desarrolla*

El niño aprende a andar, a hablar, a no ensuciar los pañales... Al final de este período, estará a punto para convivir con los niños de su edad en el parvulario.

CÓMODO CON SU CUERPO

Ya antes de saber andar, a los bebés les encanta encaramarse a las cosas. Un poco más adelante, no se cansan de subir las escaleras, ni de intentar escalar cualquier cosa que se preste a ello. No hay que frenar este entusiasmo sino ayudar al niño a desarrollar sus capacidades físicas. Hágale andar todo lo que quiera, déjelo correr, obsérvelo mientras sube por los toboganes y los juegos al aire libre. Sin embargo, recuerde que a esta edad no es consciente de los peligros: será usted quien tendrá que preverlos y evitarlos.

En el transcurso de su segundo año de vida, el bebé se transforma; ahora ya es un niño. Su cuerpo se endereza y se suelta, su mente es capaz de recordar, de pensar por su cuenta y de compartir sus emociones. A esta edad sale a descubrir el mundo que lo rodea y vuelve hacia sus padres después de haber satisfecho su curiosidad... para irse de nuevo un poco después.

De *los 12 a los 18 meses*

Si el niño todavía no anda, no tardará en hacerlo. La edad de los primeros pasos se sitúa entre los 12 y los 18 meses. También se trata del período en que descubre el intercambio de sentimientos con los demás. Su capacidad de memorización se desarrolla y, por ejemplo, recuerda el abrigo que se pone para salir de casa. A partir de ahora, le hará partícipe de sus descubrimientos. Exigirá su presencia, tirándole del brazo, tendiendo su dedo hacia algún objeto, modulando sus gritos y pronunciando sílabas nuevas. Le encantan los juegos en los que se esconde algo, lo que le permite vivir sin riesgo las situaciones de desaparición-reaparición y combatir la ansiedad de la separación.

De *los 18 meses a los 2 años*

El niño domina bien la posición vertical, se siente más cómodo con su cuerpo y es capaz de realizar gestos precisos. No cesa de explorar, incansable, el mundo que lo rodea: el piso, el jardín, la plaza, etc. Siempre se mueve: anda, corre, se encarama a las sillas, desplaza los objetos que encuentra a su alcance, vacía armarios y estanterías... Y todo ello sin ninguna noción de lo que es peligroso o lo que está prohibido. Es conveniente dejarle realizar sus experiencias porque servirán para desarrollar su destreza, su inteligencia y su fuerza. Pero hay que evitarle los peligros, acondicionando el espacio en el que se desenvuelve y empezando a enseñarle el sentido de ciertas prohibiciones.

Entre los 18 meses y los 2 años, el niño aprende a no ensuciar los pañales. Es necesaria una madurez neurológica y afectiva para que se dé cuenta de cuándo tiene ganas; además, los músculos de la vejiga y del recto deben ser lo bastante fuertes para que pueda contenerse. Si se observa que necesita ir al cuarto de baño, conviene animarle a sentarse en el orinal. No hay que crear jamás conflictos alrededor de esta cuestión. El niño dejará de ensuciarse cuando llegue el momento.

Dice «no»

La aparición de la personalidad del niño no se produce sin tropiezos. Sin cesar, pasa del «sí» al «no», de la necesidad de sentirse tranquilizado a la de ser independiente, de crecer. Muchas veces dice «no» de entrada a todo lo que se le propone, en especial a la hora de las comidas o de acostarse; sería un error tomárselo siempre a rajatabla. A esta edad, dice que no cuando se le ofrece una cuchara de comida pero se la toma igualmente. Las rabietas violentas y las conductas agresivas suelen ser frecuentes. Atrapado en sus propias contradicciones, se opone a los padres para intentar reafirmarse.

Durante este período agitado, conviene ofrecerle un ambiente familiar firme y a la vez flexible. Necesita el afecto de los padres, un ritmo de vida equilibrado y también límites tranquilizadores y razonables: eso le ayudará a abandonar sus contradicciones y a aceptar la realidad.

Todavía no sabe compartir sus juegos

con otros niños, pero intenta acercarse a ellos. En estos intentos se mezclan reacciones de rivalidad y de agresividad totalmente normales. Puede dar mordiscos, arañazos, puntapiés... Dígale que no debe hacer eso, explíquele que hace daño al otro niño e impídale seguir.

De los 2 a los 2 años y medio

A los 2 años, el niño corre con dominio de la dirección, salta, baila, se encarama a los sitios, y sube y baja las escaleras. Va en triciclo, juega a la pelota, participa en la vida familiar... Pero sería una imprudencia confiar demasiado en él: ¡es capaz de cualquier cosa! Se le debe vigilar, puesto que está en la edad en la que se producen la mayoría de los accidentes domésticos.

La vida diaria se vuelve más agradable, en especial a la hora de comer. Pero el niño todavía no ha resuelto sus contradicciones: quiere «hacerlo todo solo» y reclama sin cesar la ayuda y la presencia de sus padres. Sin embargo, aunque todavía no domina lo que siente en su interior, empieza a tener una relación más tranquila con ellos, a comprender lo que se espera de él y a saber lo que está permitido y lo que está prohibido.

Descubre realmente a los demás niños, pero sigue siendo muy posesivo y se muestra agresivo con facilidad. Todavía prefiere jugar solo o con un adulto. Le gustan las actividades motoras, pero también le empiezan a complacer los juegos más reflexivos (rompecabezas sencillos, juegos de encajar piezas, juegos de construcción, libros de ilustraciones). Participa en la narración de un cuento sencillo y comprende el sentido de ciertas imágenes.

Los progresos en el lenguaje

Entre los 2 y los 2 años y medio, el lenguaje del niño progresa. Su vocabulario se enriquece día a día y las frases se vuelven más exactas y explícitas. Se expresa con mayor claridad y se hace entender.

Sin embargo, una vez más, la evolución varía mucho de un niño a otro y no supone indicio alguno respecto a su futuro. A los 2 años, hay niños que pronuncian correctamente las palabras y construyen frases con un verbo, mientras que otros hablan durante mucho tiempo como un bebé. También los hay más parlanchines que otros. Si el niño efectúa incorrecciones lingüísticas, no se le debe insistir demasiado, ya que se corre el riesgo de desanimarlo en su aprendizaje; pero una complacencia excesiva acentuaría los errores. A esta edad, resulta fundamental que consiga un buen nivel de comprensión. Continúe dialogando con él. Un día, sus frases le sorprenderán por su originalidad y exactitud y le mostrará lo que su memoria y su inteligencia han conseguido.

De los 2 años y medio a los 3

A los 2 años y medio, el niño, que ya domina su cuerpo, ha aprendido a detectar ciertos peligros, pero sigue siendo imprevisible: aunque se muestre más razonable, conviene seguir alerta.

Tras el año agitado que acaba de pasar, en el que se ha sentido dividido entre las necesidades de autonomía y seguridad, ahora se muestra más tranquilo. También tiene menos rabietas y se vuelve accesible al razonamiento, lo que no le impide oponerse a la autoridad de los padres.

Los problemas relacionados con el sueño no siempre se han resuelto ya a esta edad. Es aconsejable dedicarle un rato privilegiado antes de acostarlo, contarle lo que se ha hecho durante el día, pedirle que explique lo que ha hecho él o leerle un libro. Le encantan los cuentos.

Se interesa por el dibujo y la pintura. Resuelve rompecabezas de pocas piezas, le gustan los juegos de construcción y se inventa historias. A pesar de que todavía suele jugar solo, empieza a dialogar con los niños de su edad, a dejarlos participar en sus juegos y en su universo imaginario.

Poco antes de los 3 años, adquiere conciencia de su sexo. Según se trate de un niño o de una niña, empezará a comportarse de forma distinta con sus padres y compañeros. Sus juegos se diferencian.

Cada vez habla mejor y puede enunciar varias ideas seguidas. Ya ha dejado de designarse utilizando su propio nombre. Hace preguntas y quiere obtener respuestas, las escucha y las comprende. Poco a poco retiene y memoriza gran cantidad de palabras y conceptos.

Comprender y hablar

Antes de saber hablar, el niño comprende lo que le dicen sus seres próximos e intenta imitar sus gestos y sus entonaciones. Es aconsejable hablar con el niño desde su más tierna edad; de este modo, poco a poco descubre el significado y memoriza las palabras y las frases que un día formarán su lenguaje. Aun antes de que empiece a hablar, coméntele las experiencias que comparten. Léale libros de ilustraciones. Cuéntele historias. Cuando empiece a hablar, responda a su necesidad de diálogo.

La alimentación

El niño ha cumplido 1 año: da sus primeros pasos, dice sus primeras palabras, sabe utilizar el pulgar y el índice para coger los objetos; quizá le han salido algunos dientes de leche y puede digerir los mismos alimentos que sus padres. En pocos meses, comerá solo como un adulto en la mesa familiar.

SI EL NIÑO NO ALMUERZA EN CASA

Si de día el niño está en el jardín de infancia, con una canguro o en casa de los abuelos, conviene saber lo que ha comido al mediodía para preparar el menú de la cena en casa. ¡Cuidado! Hay que completar la alimentación del almuerzo y no repetirse. Por ejemplo, si no ha comido al mediodía alimentos ricos en féculas, ensaladas de frutas y de verduras o frutas crudas, aproveche la cena para proporcionarle estos alimentos fundamentales. Déle siempre un producto lácteo.

Comer de todo no significa comer cualquier cosa a cualquier hora. Hay que seguir ofreciéndole una alimentación variada, rica pero sin excesos, y regular. De los 6 meses al año de edad, el niño ha pasado de los alimentos líquidos a los alimentos sólidos (hervidos, purés, preparados chafados con tenedor y grumosos, trocitos que debe masticar) y ya muestra sus preferencias en cuestión de gustos.

Comidas de verdad

El niño ya toma cuatro comidas al día: un desayuno fuerte, un verdadero almuerzo, una merienda frugal y una cena.

Los productos lácteos

A partir del año de edad, la leche artificial maternizada ya no es tan necesaria y el niño puede tomar leche de vaca natural, entera o semidesnatada, según se acostumbre hacer en casa. No conviene la leche desnatada, salvo que así lo indique el médico, porque necesita un mínimo aporte de grasas procedentes de la leche.

Para garantizar un aporte suficiente de calcio, conviene acostumbrar al niño a tomar leche, yogures o queso. Lo ideal es darle alguno de estos productos en cada comida, procurando variar al máximo los tipos de queso.

Cada día, debe ingerir el equivalente a medio litro de leche. Si el niño se niega a beber este líquido, puede sustituirse por yogur, requesón o queso: un vaso de leche aporta la misma cantidad de proteínas que un yogur o dos envases de queso fresco, o unos 20 g-30 g de queso maduro.

Es preferible variar los tipos de queso. Para un aporte proteínico similar, el contenido de calcio de los distintos quesos varía de 50 mg a 250 mg. Así por ejemplo, cuando un queso es blando y graso (porcentaje de materias grasas superior al 60%), contiene poco calcio.

Los cereales, las legumbres y los alimentos ricos en féculas

Estos alimentos, ricos en almidón, son muy energéticos. Los cereales, en forma de papillas, de pan o de copos tostados (trigo, avena, arroz, maíz, etc.) son indispensables en el desayuno tras el largo ayuno de la noche.

Conviene alternar las patatas, la pasta y el arroz con las legumbres. A partir de los 18 meses, se puede ofrecer al niño legumbres cocidas (lentejas, guisantes partidos), en forma de puré diluido con un poco de leche.

Las galletas que se comercializan, merienda muy apreciada, suelen ser muy ricas en azúcar y en materias grasas: es mejor sustituirlas por pan y chocolate con un vaso de leche. El pan o los biscotes deben acompañar todas las comidas.

Los huevos, la carne y el pescado

Hasta que el niño cumple 1 año, el objetivo principal al introducir este tipo de alimentos en sus comidas consiste básicamente en darle a conocer su sabor. A partir de ahora se deben incluir en cantidades más importantes. Estos alimentos aportan un complemento de proteínas (de 16 g a 20 g por 100 g de carne o de pescado), minerales (hierro, zinc, yodo, fósforo) y vitaminas. Los huevos sustituyen a la carne o al pescado; pueden servirse pasados por agua o en tortilla. Entre el almuerzo y la cena, el niño debe ingerir de 30 g a 50 g de carne o de pescado (peso en crudo) o un huevo.

La fruta y la verdura
La fruta y la verdura, ricas en agua, contienen también sales minerales. Además, constituyen la principal fuente de vitamina C y de caroteno (provitamina A), presente en las verduras y las frutas de colores vivos (zanahoria, albaricoque, tomate, melón, etc.).

El niño debe tomar fruta y verdura dos veces al día por lo menos: una verdura cocida + una verdura cruda o una fruta en el desayuno; un alimento rico en féculas + verdura cruda o una fruta (cocida o cruda) en la cena. Si el niño deja la verdura, puede sustituirse por fruta cruda o cocida.

Las materias grasas
Además de las materias grasas que contienen la carne, el pescado, las galletas, etc., la mantequilla, la nata, la margarina, las grasas animales y el aceite enriquecen la cocción de la verdura y de los alimentos ricos en féculas, pero no se debe abusar. ¡Cuidado con la mayonesa, con las salsas... y con los fritos! Una vez a la semana es suficiente.

Los productos endulzados
No son indispensables para la alimentación equilibrada del niño; su consumo debe mantenerse dentro de lo razonable. De vez en cuando, se puede dar un postre endulzado como extraordinario, o una tableta de chocolate con un poco de pan para variar la merienda, pero no debe convertirse en una costumbre... y aún menos en un chantaje.

Los problemas en la mesa

La alimentación ocupa un lugar muy destacado en la vida del niño... y en la de los padres. Come en la mesa con ellos y lo mismo que ellos, poco más o menos; consigue progresos con la cuchara. Conviene acostumbrarlo de modo muy gradual a los alimentos nuevos, así como a los preparados de consistencia y sabor nuevos.

Un cambio cada vez
Cuando se introduce una novedad en las costumbres o en la alimentación del niño (las espinacas, la carne, la cuchara, etc.) se le está pidiendo un nuevo aprendizaje y, por lo tanto, los esfuerzos necesarios para asimilarlo. Por ello, se debe introducir cada cambio de forma progresiva, sin obligar al niño, sin acuciarlo, dándole tiempo no sólo para que descubra y le guste sino también para que su organismo se acostumbre a lo que se le propone.

Al niño le gustará tanto comer y probar los nuevos sabores alimenticios como comer junto a sus padres.

Manejar la cuchara requiere gestos coordinados de difícil ejecución. ¡Es inútil intentar enseñar al niño a beber del vaso y a comer con cuchara durante la misma comida! No hay que desanimarse al primer rechazo, pero tampoco hay que obstinarse: si el niño no lo acepta la primera vez, se debe volver a intentar pasados unos días. Ofrézcale un alimento nuevo en la comida que toma más a gusto y que hace en compañía de usted; hay que elegir un día que se encuentre en forma y esperar a que haya saboreado el alimento antes de darle a probar otro.

Si el niño aumenta regularmente de peso, a pesar de comer de forma irregular, no hay que ser demasiado exigente y se le debe ayudar con paciencia a superar las etapas (siempre a su ritmo). Recuerde que hacia los 18 meses aprende a no ensuciar los pañales, ¡lo que supone un gran alivio!

¡No quiere comer!
El niño desprecia el demasiado frecuente puré de jamón, juega con la comida que hay en el plato, escupe lo que tiene en la boca... Ármese de paciencia y observe su actitud en la siguiente comida.

Si el apetito es caprichoso pero el niño no está enfermo (no está resfriado, no tiene las encías irritadas porque le salen los dientes, no tiene diarrea), no se ponga nerviosa y espere a que las cosas vuelvan a su cauce normal por sí solas. Un niño que goza de buena salud acaba por comer lo que necesita. Si se le obliga, se co-

PIENSE EN SUS DIENTES

Enséñele a cepillarse los dientes a partirde los 2 o los 2 años y medio.
Elija un cepillo de dientes pequeño y muy flexible.
Al principio, no utilice dentífrico.
Muéstrele los movimiento que tiene que hacer, de abajo hacia arriba, delante y detrás, durante un buen rato.
No espere la perfección: el cepillado será todavía torpe e ineficaz durante mucho tiempo ¡pero habrá cogido la costumbre!
Déjelo que mastique en cuanto sepa cómo hacerlo (cortezas de pan, trocitos de manzana).
No le dé golosinas fuera de las comidas ni antes de acostarse.

Las comidas diarias

Hay que asegurarse de que el niño consume todos los elementos que necesita para crecer. Se los presentamos a continuación, junto con un menú tipo.

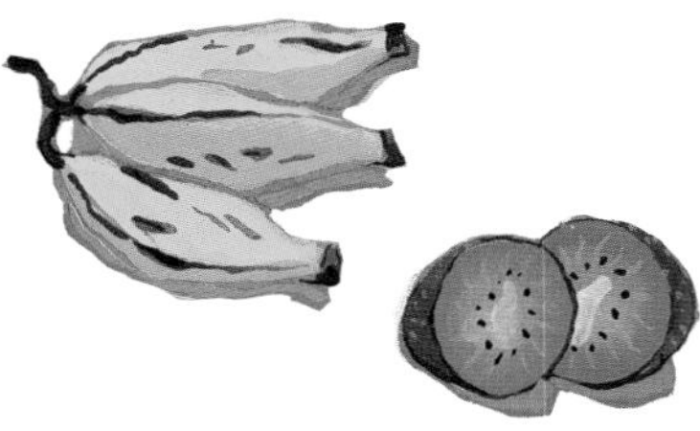

1 a 3 años

◆

DESAYUNO

Leche normal, aromatizada o no, en un bol, una taza o un biberón, o bien otros productos lácteos (yogur líquido, o queso fresco o queso para untar)

Cereales especiales para niños o corrientes, o pan o biscotes, u otras fuentes de almidón (bizcocho, galletas de chocolate)

COMIDA

Entrante de verduras cocidas o crudas, ligeramente aliñadas (tomates espolvoreados con perejil, o zanahoria rallada o corazón de alcachofa)

Alimentos ricos en féculas o verduras, o una mezcla de ambos en puré o a trocitos con una pizca de mantequilla o una cucharadita de aceite variado (pasta o puré de verduras o puré de patatas o espinacas picadas o verduras del tiempo)

Carne o pescado o huevos (escalope o filete de dorada)

Un producto lácteo (requesón o queso blanco)

Una fruta del tiempo, madura, en láminas finas

Pan para acompañar el plato

MERIENDA

Mismo principio que el desayuno (leche u otros productos lácteos, cereales o pan o biscotes)

Fruta del tiempo si el apetito es voraz

CENA

Entrante, si no lo ha tomado en el almuerzo (espárragos)

Un plato de verdura o de alimentos ricos en féculas que se deberá alternar con el del almuerzo (si ha tomado pasta a mediodía, se ofrecen ahora zanahorias, o a la inversa) o una sopa de verduras más o menos rica en verduras o en féculas

Si se elige la sopa y la comida era a base de verduras: opte por un puré de patatas o una sopa con pasta pequeña o ñoquis de sémola

Un producto lácteo

Postre a base de fruta

Pan para acompañar el plato

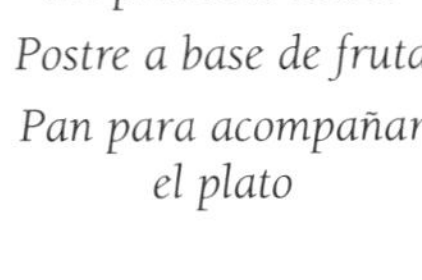

Menú tipo

◆

DESAYUNO

Un bol de leche o un yogur con cereales

COMIDA

Zanahoria rallada

Ternera a la jardinera

Un trozo de queso

Una fruta del tiempo

MERIENDA

Requesón con pera

CENA

Pomelo

Patatas al gratén con nata

Flan

rre el riesgo de provocar «escenas» lamentables que sólo servirán para empeorar las cosas. Lo mejor es procurar tentar al niño con un poco de imaginación. Que pruebe una zanahoria cruda, cuando antes sólo la había tomado en puré o en sopa, un pescado a la parrilla sobre hojitas de ensalada, una tortilla cortada a trocitos divertidos, unos minibocadillos de hígado o de sesos, frutas del tiempo cocidas o crudas mezcladas con requesón, etc. Se debe intentar renovar la presentación y dejarlo elegir lo que quiere comer. El niño no debe comer nunca entre horas.

Las comidas en familia

Las comidas son un momento de intercambio excepcional y la norma es la misma que cuando el niño era más pequeño: deben ser variadas y tomarse a horas regulares en un ambiente relajado; todo irá mucho mejor si la persona que da de comer al niño, ya sea el padre o la madre, está disponible, atenta y tranquila durante este intercambio de media hora. Resulta inútil prolongar la comida más tiempo si el niño se cierra en banda y no quiere tomar nada. En este caso, la solución puede ser espaciar al máximo el intervalo entre las comidas (si es necesario, reducirlas a tres) y, sobre todo, evitar que el niño tome nada entre horas.

Hasta los 2 años, es preferible que el niño coma solo, antes que el resto de la familia, y que se le dedique toda la atención. Cuando pueda comer sin ayuda y (¡casi!) de forma limpia con la cuchara, se lo instalará en la mesa con la familia, sentado en una *trona* y se dejará que coma sin molestarlo. Al niño le gusta mucho el ritual de la comida en familia, con su servilleta, su vaso, su cuchara y su peluche, o su juguete preferido a su lado. Pero, cuando ha terminado, es inútil obligarlo a quedarse en la mesa con todo el mundo durante una comida que, para él, resulta interminable.

QUISIERA SABER

¿Cómo puedo organizar las comidas del niño?

• Basta que estén presentes todos los grupos de alimentos.
– Leche, quesos, yogures: en todas las comidas.
– Carne, pescado, huevos: según las cantidades aconsejadas.
– Verduras y/o frutas crudas: dos veces al día, por lo menos.
– Verduras y/o frutas cocidas: en función del apetito, alternadas con los alimentos ricos en féculas.
– Cereales y derivados, patata, legumbres: bajo formas distintas, en todas las comidas, según el apetito.
– Grasas visibles: en pequeñas cantidades, de origen variado.
– Productos azucarados: la cantidad mínima.

El niño no soporta la leche de vaca. ¿Qué puedo hacer?

• El niño bebe leche de vaca y, muy rápidamente, se observan síntomas muy graves (urticaria, diarrea e incluso un cuadro de shock) que desaparecen en cuanto se suprime la leche. Consulte de inmediato con el médico, quien le aconsejará la leche apropiada. Este problema puede ser pasajero y desaparecer hacia los 2 años aproximadamente, a esa edad, y siempre bajo control facultativo, se volverá a introducir con prudencia la leche de vaca en su alimentación), pero también puede ser definitivo.

Me da la impresión de que el niño tiene menos apetito que cuando tenía 1 año. ¿Es normal?

• El apetito del niño evoluciona con la edad. El paso de la alimentación líquida a una alimentación más consistente exige un aprendizaje largo y difícil. Antes de usar la cuchara, el niño utiliza las manos. Entre los 6 y los 12 meses, ha aprendido a beber del vaso y a comer con la cuchara, lo que no impide que le siga gustando el biberón. Sus necesidades nutritivas se han diversificado, se muestra menos voraz y puede que le parezca que tiene más deseos de jugar que de comer. Sentado en la *trona*, también ha empezado a coger trocitos con los dedos, a salpicarse con el puré... Ahora, su apetito se estabiliza pero también se vuelve más caprichoso. Entre los 12 y los 18 meses, el crecimiento ya no es tan rápido. En este período empieza a expresar claramente lo que le gusta y... lo que no le gusta. Tranquilícese. A partir de los 18 meses, una vez se ha acostumbrado a comer de todo, el niño ya no rechaza sistemáticamente los alimentos que no conoce: su apetito es más regular. Pero hacia los 2 años y medio, en el momento en que empezará a hablar y a manejar el tenedor, es probable que vuelva a atravesar un período durante el que puede negarse a comer.

El sueño

El niño participa cada vez más de los grandes momentos de la vida familiar y le gusta la animación que conllevan. A veces, le resulta difícil interrumpir sus juegos y renunciar a la presencia de los adultos para irse a dormir. Para ayudarlo a irse a la cama es útil establecer algunos ritos.

PARA FAVORECER EL SUEÑO

Mantenga la calma alrededor del niño y evite estimularlo demasiado si se agita cuando se acerca la hora de acostarse.
Intente prodigar los mimos cuando debe dormirse.
Evite los ruidos intempestivos una vez esté acostado.
Convierta la cama del niño en un lugar atractivo, con su objeto predilecto y otros juguetes conocidos en lugar destacado y a su alcance.
No se precipite hacia la habitación al menor lloro.
Deje una luz tenue que proporcione un ambiente agradable o una luz piloto.
No lo meta en su propia cama parta dormir.

El niño está en la edad de los descubrimientos y de la actividad desbordante; también le cuesta mucho «desconectarse» cuando llega la hora de irse a dormir. Tiene la cabeza llena de las múltiples experiencias del día, así como ganas de prolongar al máximo el contacto con su entorno. Las dificultades para dormirse son inherentes a esta fase del desarrollo: se da más cuenta de la ausencia de los padres, lo que se traduce en la ansiedad de la separación y en pedir que estén con él más tiempo.

Los ritos para acostarlo

Desde los primeros meses, el niño ha establecido un ritual propio a la hora de acostarse: pide un objeto concreto, su «objeto de seguridad», su cajita de música, una luz piloto encendida, adopta su postura favorita... Esto lo tranquiliza frente a la llegada de la noche, suaviza su sensación de soledad y, naturalmente, retrasa la separación de sus padres. Para conseguir que el niño coja el sueño apaciblemente y sin ansiedad, el momento de acostarlo debe ir acompañado de varios ceremoniales a los que los padres estarán asociados. Tendrán que estar disponibles y respetar sus costumbres: cortinas corridas, luz piloto, ositos de peluche en la cama... pero no servirá de nada quedarse demasiado rato con él. Una vez tranquilizado, se dormirá con mayor facilidad.

El ritual de acostarse

A partir del final del primer año de vida, al niño le cuesta aceptar separarse de sus padres y dejar de jugar para irse a dormir. Necesita un momento de disponibilidad absoluta por parte de los progenitores. Pueden sentarse en la cama, en la tranquilidad de su habitación, iluminada con luz tenue, y contarle un cuento, leerle un libro que le gusta o comentar con él las ilustraciones. También pueden cantarle una canción o hablarle con cariño. Sin duda, el niño debe contar con su «objeto»: asegúrese de que lo tiene.

En este momento, el niño tiene a sus padres sólo para él y puede terminar el día rememorando todos los descubrimientos y progresos para compartirlos con ellos, por medio de mimos si todavía no habla.

El momento de la separación

La separación constituye el momento más delicado a la hora de acostarse; es preciso saber fijar los límites para que se produzca de la mejor manera posible y no debe convertirse en objeto de chantajes.

Hay que dejar al niño con cariño pero con firmeza, tras el último beso. Seguramente pedirá otro, o bien otro cuento, ¿o quizás otro biberón? ¿Puede que no haya pasado suficiente rato con él? Transija una última vez para resistir mejor luego. Si llora para llamarla, deje que lo haga un ratito y no vaya; acabará por calmarse. Si lo pide, puede dejar encendida la luz del pasillo. Mantenerse firme lo tranquilizará y lo llevará a admitir que la separación es razonable. Cuando el niño es mayor, se le puede dejar solo mirando un libro; apagará la luz él mismo, o bien, muchas veces, se quedará dormido con el libro abierto y la luz encendida.

Cuando se altera el ritual
Si va a volver tarde a casa, dedique un rato por la mañana para pasar un momento único con el niño y decirle que no va a estar con él para acostarlo, pero que puede dormirse sin miedo: le dará un beso cuando llegue, mientras él duerme, y al día siguiente por la mañana volverán a verse. No es conveniente mantenerlo despierto para «disfrutar de él»; alteraría su ritmo del sueño. Para el niño, la estabilidad en cuanto a la hora de acostarse constituye un punto de referencia fundamental y favorece enormemente su equilibrio.

Si se acuesta al niño más tarde que de costumbre, no se despertará más tarde. La hora de despertarse se mantiene relativamente inalterable con independencia de la hora a la que se haya ido a dormir.

No quiere dormir y se despierta de noche

La ternura desplegada para ayudar al niño a coger el sueño no siempre es suficiente. La resistencia a dormirse puede producirse en el momento de acostarse o varias veces durante la noche. Entre el año y los 3 años, es frecuente que el niño se despierte de noche, angustiado, en especial durante la segunda parte de la noche. Estos problemas son agotadores para los padres, que muchas veces se encuentran desarmados. No existe ninguna receta milagrosa para enfrentarse a ello, pero a continuación les presentamos algunos consejos útiles.

• **Tranquilidad.** A partir de las primeras semanas de vida, hay que rodear de tranquilidad el sueño del niño, sin responder de inmediato a sus llantos, y dejar que encuentre el equilibrio por sí solo.

• **Disponibilidad.** Se debe procurar disponer de tiempo para ocuparse del niño, y sólo de él, antes de acostarlo. Háblele y acompáñelo en sus ritos para acostarse. Conviene quedarse con él el rato suficiente para que acepte la separación sin sentirse demasiado frustrado.

• **Serenidad.** Si grita dormido, no hay que precipitarse: se corre el riesgo de despertarlo del todo.

Le cuesta coger el sueño
El niño no quiere dormirse, no se tranquiliza y su llanto resuena en toda la casa. Es una situación difícil de solucionar, que requerirá mucha paciencia de los padres. Hay que intentar acabar con los gritos mediante una especie de reeducación que consiste en reducir las «intervenciones» de forma progresiva. En primer lugar, es preciso que el niño recupere la confianza: se le deja llorar algunos minutos, se acude para darle una caricia de consuelo y vuelta a empezar. Poco a poco, se va aumentando el intervalo de tiempo entre dos gestos cariñosos. Al principio, el niño seguirá llorando pero, al final, comprenderá que no se le abandona en el sueño y que siempre puede contar con la presencia amorosa de los padres. Se trata de que comprenda que éstos lo quieren y que su amor no se detiene con el sueño. Cuando haya comprendido que están ahí si pasa algo, pero que están decididos, firme y tranquilamente, a conseguir que duerma períodos cada vez más largos, acabará por dormir toda la noche.

Los trastornos del sueño
Despertarse de noche puede ser la manifestación de un simple desvelo o tener un carácter más inconsciente: son las pesadillas o los terrores nocturnos, en especial a partir de los 18 meses, la edad de los descubrimientos y de las nuevas adquisiciones. En el niño que goza de buena salud y tiene un comportamiento diario equilibrado, no indican problemas psíquicos. Es preciso saber diferenciarlos, puesto que las medidas que se deben adoptar son distintas si se trata de una pesadilla o de un terror nocturno.

• **Las pesadillas.** Son sueños desagradables que ocurren durante el sueño paradójico (*véase* pág. 196), hacia el final de la noche. El niño grita, se despierta asustado. Reconoce a sus padres y, si ya habla, puede contar lo que le ha asustado (por ejemplo, habrá visto un león o un lobo que iba a comérselo). No hay que inquietarse. Tranquilícelo, no pasa nada, aunque en ese momento no distinga entre el sueño y la realidad. Ayúdelo con calma a volverse a dormir. Al día siguiente, vuelva a hablarle del sueño, con sus

NADA DE SOMNÍFEROS

Los somníferos desequilibran los ritmos fisiológicos y, por lo tanto naturales, del sueño del niño. Alteran los centros de la vigilia y de la función respiratoria; poseen una acción depresora sobre la actividad cardíaca. Provocan efectos secundarios: disminución de la atención del niño durante el día o, al contrario, agitación excesiva.
Comportan un efecto de habituación, que conduce a un aumento de las dosis. Acostumbran al niño a una respuesta farmacológica cuando se presenta un problema, lo que origina un estado de dependencia.

propias palabras, intentado desdramatizarlo.

• **El terror nocturno.** En este período del desarrollo del niño, se producen crisis de terror nocturno con mayor frecuencia que las pesadillas. Ocurren al principio de la noche y provocan un despertar parcial y brusco durante la fase de sueño profundo. Las manifestaciones presentan intensidad variable: desde una ligera agitación (balbuceo, palabras confusas) hasta gritos de terror, acompañados de movimientos desordenados, que pueden llegar incluso al sonambulismo cuando el niño es mayor. El niño no reconoce a sus padres, grita, suda, el corazón le late más deprisa y, después de unos minutos, vuelve a dormirse como si nada hubiera pasado.

Una vez más, no hay motivo de alarma. No se debe despertar al niño, lo que aumentaría su malestar y le impediría enlazar de forma natural con la fase de sueño tranquilo. No necesita que lo consuelen. A pesar de las reacciones físicas que ha manifestado, no experimenta una ansiedad real como en el caso de las pesadillas. No se le debe mencionar este episodio al día siguiente. No lo recordará.

• **Rechinamiento de dientes y balanceos rítmicos.** Si el niño juega y se comporta normalmente durante el día, estas manifestaciones físicas no son un signo de problemas psicológicos. El rechinamiento de dientes (o bruxismo) es inconsciente, se produce durante la fase de sueño lento y ligero, y puede repetirse varias veces en una misma noche. También puede suceder que, en el momento de dormirse, el niño se balancee en la cama. Puede llegar incluso a golpearse la cabeza contra los barrotes.

Estas manifestaciones pueden interpretarse como una llamada a los padres para que se ocupen más de él a través de actividades conjuntas más físicas: suele tratarse de un niño varón muy dinámico que posee demasiadas energías acumuladas. En este caso, no se le debe exigir un comportamiento demasiado tranquilo durante el día, y hay que participar con él en actividades más intensas.

Los posibles recursos

Si, en esta fase de su desarrollo, el niño se muestra reticente a irse a dormir, la mayoría de las veces los padres saben cómo abordar este momento delicado cada noche. Pero, puede llegar a suceder que, desesperados y agotados por la oposición repetida del niño, se sientan superados. Antes de dejarse llevar hacia una conducta incoherente, lo que agravaría la situación, se debe intentar averiguar cuál es el problema. Es aconsejable consultarlo con el pediatra, quien, dado el caso, podrá aconsejar la consulta a un psicólogo. Ayudar al niño a expresar lo que le provoca ansiedad, aunque todavía no sepa hablar, contribuirá a aclarar la situación.

No existe ningún medicamento eficaz para los trastornos del sueño en el niño. No se debe recurrir a los jarabes calmantes ni a los somníferos, ya que son peligrosos.

Encontrar el ritmo adecuado

La necesidad de sueño del niño de 1 año es de trece a quince horas al día y se estabiliza alrededor de once horas hacia los 3 años.

A partir del año, el niño echa una única siesta, al principio de la tarde, más o menos larga en función de la duración del sueño nocturno. Así pues, se puede afirmar de forma general que, cuanto más largas son las noches del niño, más corta será su siesta y a la inversa, aunque estos datos varían de un niño a otro.

¿Duerme poco o demasiado? El criterio básico consiste en la salud general del niño, su alegría de vivir y sus ganas de jugar durante el día.

La disminución de las horas de sueño no siempre está relacionada con el dinamismo del niño. En ocasiones, se debe a la dificultad que tiene para fijar unos parámetros de sueño. No encuentra el ritmo que le conviene entre el sueño reparador y una hiperactividad desordenada y agotadora, interrumpida por brotes de mal humor. No todos los niños tienen el mismo ritmo. Deberá respetar el de su hijo y acompañarlo con dulzura, pero también con firmeza.

No interrumpa de forma brusca el juego del niño para que se vaya a dormir; eso lo pondrá de mal humor. Avísele, concédale un rato más. Pero, una vez transcurrido ese rato, no retrase la decisión: tiene que notar su determinación.

• **El niño se acuesta pronto.** A partir de las 19 horas, su actividad disminuye. Fíjese en el momento en que manifiesta los primeros signos de cansancio: se mete el pulgar en la boca, se frota los ojos, o al contrario, experimenta una agitación excesiva. Aproveche este período para iniciar la operación «ritual de acostarse».

• **El niño se acuesta tarde.** Se mantiene exultante de vitalidad a las 9 de la noche y la idea de irse a dormir todavía le estimula más. Es necesario fijar los límites en los que él encontrará su equilibrio y los padres un poco de tranquilidad: intente no demorar la hora de acostarse más allá de las 9 y media. Avísele de que ha llegado el momento de acostarse y que va a ocuparse de él.

Los problemas de salud

Los padres velan por la buena salud de su hijo, en colaboración con el pediatra encargado de controlar su desarrollo. Los padres deben permanecer atentos para poder reconocer ciertos problemas auditivos o visuales así como todo signo de enfermedad aguda que precise un tratamiento médico.

Durante los primeros meses de la vida del lactante, es aconsejable llevarlo cada mes al pediatra (*véase* pág. 204). Pasado el año de edad, se pueden espaciar estas visitas sistemáticas, pero sigue siendo importante controlar el crecimiento del niño y mantener al día su calendario de vacunación. También se trata de una edad en la que las afecciones derivadas de las infecciones (rinofaringitis, bronquitis, etc.) suelen ser más frecuentes y en la que hay que saber a quién acudir en caso de fiebre, tos persistente, problemas digestivos... A partir del año o del año y medio de edad, las dificultades frente a ciertas conductas del niño (trastornos del sueño, problemas concernientes a la alimentación) llevan también a los padres a solicitar el consejo de los especialistas. Las visitas regulares favorecen la detección y el tratamiento precoces de ciertos trastornos en el desarrollo del niño o en sus capacidades sensoriales, auditivas o visuales. Puede ocurrir que los problemas de salud del niño hagan necesaria su hospitalización y, entonces, es necesario preparar al niño para que esta «ruptura» no vaya acompañada de complicaciones psicológicos.

Detección de los posibles problemas

Ciertos trastornos no son perceptibles en el momento del nacimiento y se manifiestan durante los primeros años de vida. Lo más habitual es que se corrijan mejor si se detectan y se tratan precozmente.

El seguimiento pediátrico del desarrollo del niño y los exámenes neurológicos permiten detectar lo antes posible ciertos problemas: trastornos del tono muscular (hipotonía o hipertonía), retraso en adquisiciones motrices tales como la posición sentada, la posición erguida o la marcha, y problemas de atención o retrasos en el lenguaje. Los exámenes especializados, que no son ni dolorosos ni peligrosos, sirven de orientación para el diagnóstico y el tratamiento necesario.

Algunos trastornos de la conducta deben llamar la atención e incitar a practicar unas pruebas, en especial de la audición o de la visión, para permitir, cuando sea necesario, la aplicación inmediata de un tratamiento de reeducación o de corrección, que no excluye la intervención quirúrgica,

• **La audición.** Los exámenes que se realizan en los primeros días posteriores al nacimiento para estudiar las reacciones globales del bebé frente al ruido permiten a veces detectar una sordera intensa o profunda. Si, más adelante, aparecen signos que hacen dudar de la capacidad auditiva del niño, será necesario llevar a cabo exámenes complementarios.

Un niño demasiado tranquilo, que no presta atención a nada que no esté dentro de su campo de visión, que no se interesa por los juguetes que emiten sonidos o, al contrario, que manipula los objetos de forma muy ruidosa puede ser un niño que no oye o que oye mal. Asimismo, conviene asegurarse de que un niño no padece problemas auditivos cuando no emite más que una escasa variedad de sonidos, cada vez menos frecuentes, más pobres, cuando no reacciona a las voces ni a las llamadas y cuando no articula ninguna palabra entre los 12 y los 18 meses.

El niño y su pediatra

Durante los primeros meses, el bebé suele mostrarse muy sonriente con su pediatra. Después del período de las vacunas, a menudo muestra desconfianza. Sin embargo, acaba por familiarizarse con estas visitas y la relación con el médico se vuelve más personal.
Antes de cualquier visita al médico, es conveniente hablar con el niño y explicarle por qué se le lleva y qué le van a hacer. La relación entre el niño y el médico pasa por los padres (son ellos los que llevan al niño, describen los síntomas, etc.) pero no se debe olvidar que el niño, desde muy pequeño, es capaz de expresarse con los medios al alcance de su edad: balbuceos o, más adelante, inicio del lenguaje, sonrisas, llantos, gestos o, al contrario, apatía y tristeza.

• **La visión.** En ocasiones, se producen anomalías anatómicas de los órganos de la visión observables desde el nacimiento o desde las primeras semanas: ojos demasiado pequeños (microftalmía), opacidad del cristalino (catarata congénita). Otros problemas visuales se traducirán en trastornos de la conducta: el niño se muestra indiferente a la luz, al entorno, no sonríe, no sigue con la mirada lo que se cruza por su campo visual. O bien sus globos oculares efectúan movimientos desordenados, y las pupilas, movimientos bruscos hacia los lados. O incluso puede suceder que el niño, indiferente a todo, balancee el cuerpo.

Durante las primeras semanas, muchos niños bizquean. Si se observa que esta tendencia se prolonga, no debe dudarse en comentarlo con el pediatra y consultar con un oftalmólogo. A partir del primer año, se puede iniciar un tratamiento para estimular el ojo deficiente y evitar una pérdida de visión unilateral (ambliopía), que podría convertirse en irreversible a partir de los 3 o 4 años.

Preparar al niño para una hospitalización

Aunque se trate de un bebé muy pequeño, que todavía no habla, e incluso en los casos urgentes en los que la preparación tiene que ser muy rápida, coja al niño en sus brazos y háblele: intente explicarle los motivos de su hospitalización y las condiciones en que ésta se va a desarrollar; preséntele a los médicos y las enfermeras. Si le van a someter a reconocimientos o a curas dolorosas, no quiera engañarle para intentar atenuar su reacción: se le debe prevenir de lo que le van a hacer, sin mentirle nunca. Incluso para los niños más pequeños, el dolor está relacionado con el miedo, con el temor por un gesto o una cara que parece hostil. Si unas palabras sosegadas, una sonrisa o un gesto cariñoso lo calman, las intervenciones necesarias le resultarán menos traumatizantes. Es muy importante que se quede mucho rato con el niño durante las primeras horas de estancia en el hospital y, con los más pequeños, todo el tiempo que sea necesario. Pida pasar la noche en el hospital. Acuéstelo usted misma y, si todavía es muy pequeño, ayúdelo a encontrar la posición más cómoda. Si es mayor, descubran juntos este nuevo entorno. Para que se sienta más seguro, se puede recrear a su alrededor un espacio familiar: llevarle los juguetes preferidos, su objeto de seguridad, fotos familiares... Si no puede quedarse a dormir con él, en el momento de la separación se deben evitar los excesos de efusividad, las lágrimas, las grandes despedidas. Dígale que se marcha, pero que volverá. Si el niño sabe que siempre le dice la verdad, se quedará tranquilo con la seguridad de su afecto y la certeza de su regreso.

El niño y el hospital

Si el niño va a ser hospitalizado, no deben subestimarse las consecuencias psicológicas de la separación. Hay que prepararlo para esta situación y, una vez en casa, esforzarse para facilitarle la readaptación.

La separación

La separación que impone una hospitalización amplifica las reacciones de «miedo a los desconocidos», especialmente intensas a partir del 8.° mes de vida (*véase* pág. 225). Estas reacciones suelen manifestarse en tres fases sucesivas.

En primer lugar, el niño protesta, llora, se agita: intenta encontrar a su madre. Luego, se desespera: está desamparado porque cree que su madre ha desaparecido. Finalmente, se resigna: parece acomodarse a la separación y acepta los cuidados de cualquier persona, con desapego o indiferencia. Para evitar este proceso, es fundamental preparar al niño para la separación (*véase* recuadro) y favorecer, en ausencia de la madre y el padre, relaciones excepcionales con ciertos miembros del personal sanitario que pueden desempeñar la función de «sustituto materno».

El regreso a casa

Cuando vuelve el niño a casa tras una estancia en el hospital, no hay que sorprenderse si vuelve la cabeza, parece desconfiar de sus padres, sonríe menos, llora con facilidad y tiene dificultades para comer. Puede suceder también que se despierte a las horas en que la enfermera de noche le ponía una inyección o le tomaba la temperatura. Otros niños, en cambio, se aferran a su madre o se refugian en el sueño. Cada niño reacciona de forma distinta, pero son muy pocos los que no expresan, de un modo u otro, la emoción que les ha causado la separación. Tendrán que ayudar al niño a volver a encontrar sus puntos de referencia manteniendo un ambiente de tranquilidad y distensión a su alrededor, y procurando estar presentes y disponibles. Hablen con él de las dificultades que puede tener para readaptarse. No se debe pensar que no ha pasado nada y, para olvidarlo todo, actuar como si esta experiencia dolorosa no se hubiera producido.

Los *grandes aprendizajes*

Los primeros pasos, las primeras palabras, las primeras sesiones con el orinal... Para el niño, este período comprendido entre el primero y el tercer año corresponde al de los grandes «aprendizajes». Con el despliegue de todas las facultades de su inteligencia y de su cuerpo, progresa de forma espectacular hacia la autonomía. Ya no es un bebé, pero todavía precisa de sus padres para sortear, a su ritmo, estas etapas clave.

La marcha

Tras el nacimiento, el niño aprende y realiza progresos en todos los terrenos, y los padres lo animan ante estas nuevas facultades y descubrimientos. Entre los 12 y los 18 meses, se supera una etapa decisiva, puesto que empieza a andar.

¿CUÁNDO HAY QUE EMPEZAR A CALZAR AL NIÑO?

Lo más tarde posible, puesto que la libertad de movimientos del pie y los ejercicios con los pies descalzos desarrollan la musculatura de esta parte del cuerpo y la del tobillo, a la vez que favorecen la formación de un arco plantar sólido. Hay que comprar los primeros zapatos del niño para protegerlo del frío y del riesgo de malas caídas si lleva calcetines.
Los zapatos tienen que ser muy flexibles, de piel suave, dado que no camina y se trata sólo de impedir que coja frío en los pies. Más adelante, se deberá procurar que se sujeten bien al tobillo, a fin de permitir un apoyo firme y un buen equilibrio. Deben ser adecuados a su talla, preferiblemente con las puntas redondeadas y grandes, y con suelas antideslizantes.
Prepárese para renovarlos a menudo, ya que los pies crecen deprisa.
No ponga a su hijo zapatos que ya hayan sido utilizados por algún otro niño y que, por lo tanto, están deformados, aunque parezca que están nuevos.

Al nacer, el recién nacido posee el reflejo de marcha: si se le coge por debajo de las axilas y se le pone con los pies apoyados sobre una superficie, da unos cuantos pasos que le permiten avanzar. Pero este reflejo primario desaparece a las cinco o seis semanas y el niño no sabrá andar de verdad hasta pasado más de un año, tras un largo aprendizaje. Durante aproximadamente el primer año de vida, se ha estado preparando, ha observado el espacio que lo rodea y lo ha medido antes de lanzarse a la conquista.

De cuatro patas a erguido

Entre el 1.° y el 4.° mes de vida, al niño le gustaba que lo llevaran en brazos, lo acunasen y lo cambiaran de posición; había aprendido a sostener con firmeza la cabeza y a mirar hacia todos los lados; boca abajo, podía incluso incorporarse apoyado sobre los antebrazos. Entre los 4 y los 8 meses, había empezado a coger objetos y a adquirir conciencia de su propio cuerpo y de sus nuevas facultades físicas (*véase* pág. 220).

Hacia los 5 o 6 meses, podía aguantarse sentado unos diez minutos, afianzado por un cojín; los músculos de la espalda ya eran bastante fuertes y pronto comenzaría a mantenerse sentado sin apoyo, en la *trona*, para ver el mundo que lo rodeaba desde otro punto de vista. Hacia los 7 u 8 meses, ya se desplazaba a gatas (*véase* pág. 223) y, de vez en cuando, para enseñarle el equilibrio, los padres lo sujetaban por debajo de las axilas y lo mantenían erguido, con los pies apoyados en el suelo y las piernas extendidas; eso le gustaba mucho.

Así pues, han pasado muchos meses de exploración del espacio donde vive, primero con la mirada y luego a gatas, cuando descubrió que a partir de la posición sentada podía moverse y desplazarse. De este modo, ha recorrido kilómetros sobre las nalgas o boca abajo, a menos que, plácido y cómodamente sentado, haya preferido hasta ahora pasar más tiempo manipulando con las manos y los pies los objetos a su alcance.

Gracias a los ratos pasados en el parque o a que se ha desplazado libremente

Los primeros pasos

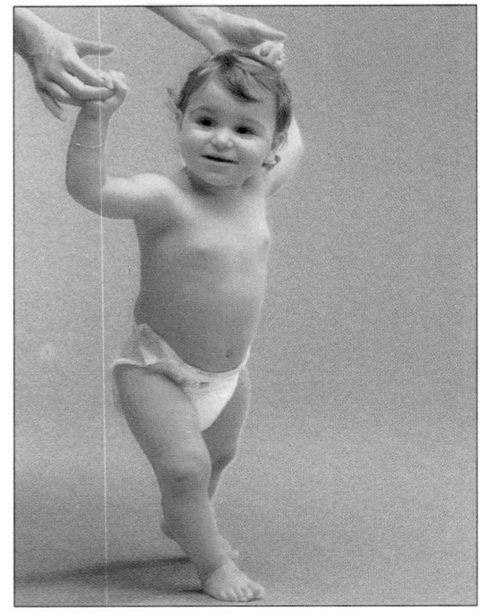

Con las dos manos △
Para que el niño coja confianza, póngase detrás de él y déle las dos manos.

a gatas por todas las habitaciones de la casa, ha aprendido, antes de cumplir 1 año, a enderezarse y sostenerse de pie solo; no sin problemas, eso sí. También ha empezado a moverse dentro del parque, andando de lado y apoyándose con las dos manos en la barandilla; o fuera del parque, sujetándose a las sillas de la cocina o los cojines del sofá. Después, ha repetido la experiencia pero con una sola mano; por último, se ha atrevido a soltarse algunos segundos para probar su equilibrio. La primera vez, no ha durado demasiado. Pronto (aunque probablemente sólo al cabo de unas semanas) controlará los músculos, habrá conseguido un buen equilibrio y sabrá coordinar los movimientos de brazos y piernas: andará.

¿Cuándo empezará a andar?

A pesar de las diferencias entre un niño y otro, todos empiezan a andar entre los 12 y los 18 meses. Después de un «entrenamiento» que ha durado varios meses, el niño se sostendrá de pie sin ayuda. Pero eso sucederá en su momento. Su capacidad física (tono, musculatura), su valentía y su voluntad condicionarán que ande más o menos pronto y con mayor o menor facilidad. No existe edad precisa para empezar a andar. Algunos niños ya piden a los 4 meses que se los sostenga de pie y saltan incansablemente; otros, a los 9 meses aún prefieren quedarse sentados tranquilamente. A cada cual, su ritmo y, si bien es conveniente animar sin reservas al niño en sus proezas, de nada sirve apremiarlo ni exigirle esfuerzos demasiado precoces en relación a su desarrollo y a su deseo de desplazarse.

Lo cierto es que tiene que sentirse emocionalmente dispuesto para andar, lo que también significa, para él, alejarse de sus padres, y sobre todo de su madre, de quien hasta entonces ha dependido casi por completo. El niño anda, de media, entre los 12 y los 15 meses, pero algunos empiezan a los 10 meses, mientras que otros no «se sueltan» hasta cumplidos los 18 meses. No existe correlación alguna entre la precocidad de la marcha y el despertar de la inteligencia, pero los descu-

Con una mano ▽
Si lo sujeta con una sola mano, cambie de mano de vez en cuando para no cansarle siempre el mismo brazo.

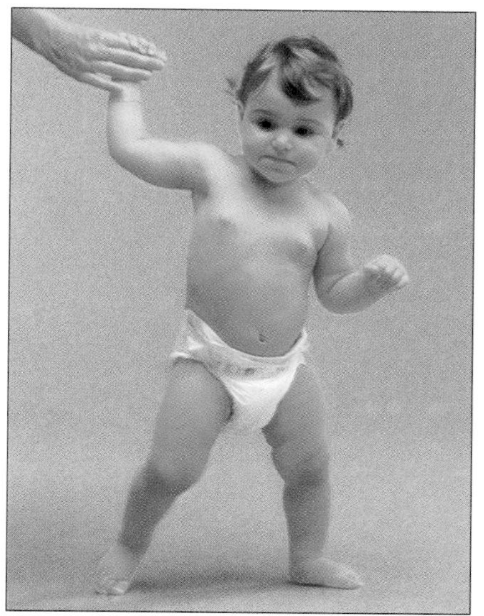

Pronto, solo △
Cuando note que mantiene el equilibrio, retire lentamente la mano o sujételo sólo con un dedo. Pronto se soltará del todo.

Dentro de poco, las salidas ya no serán sólo en la silla, ¡sino también a pie!
A la espera de ese momento, el niño aprende a andar en casa, primero en el parque, donde se desplaza de lado, sujeto con ambas manos. Dejar al niño en el parque no implica que su progreso vaya a ser más lento. Pero también se le debe ofrecer la posibilidad de practicar fuera de él. Al fin y al cabo, puede agarrarse igual a los barrotes desde el interior que desde el exterior y ello le permite ayudarlo en sus intentos.

brimientos y las exploraciones que proporciona la marcha favorecen naturalmente el desarrollo de la curiosidad del niño. Si a los 18 meses el niño se niega obstinadamente a andar, se debería consultar con el pediatra para averiguar el motivo de este retraso, que puede carecer de importancia o ser de origen familiar o bien, por contra, secundario de una causa más compleja.

Andar: un paso de gigante hacia la autonomía

Seguramente el niño empezará por dar algunos pasos inestables, con las piernas separadas y, si no se sabe poner de cuclillas, se dejará caer para frenarse o se sentará al cabo de dos o tres pasos. Tras estos primeros pasos llenos de torpeza, deberán pasar un mínimo de quince días para que se muestre más seguro sobre sus pies y pueda dar pasos verdaderos, carentes ya de las sacudidas y la mala coordinación, llenos (casi) de soltura y regularidad. A partir de entonces, abundarán las caídas y los chichones, la mayoría de veces sin gravedad gracias a la enorme flexibilidad del niño. Los padres tendrán ocasión de admirar su arrojo: a pesar de las tentativas infructuosas, siempre volverá a ponerse en camino.

La adquisición de la marcha suele tranquilizar a los padres respecto al buen desarrollo del niño y los hace sentirse orgullosos. Al ver que el niño se lanza solo, puede llegar a sentirse cierta nostalgia. Si ése es el caso, tranquilícense: ¡el niño todavía los necesita! Acompáñenlo en la conquista de su independencia.

¿Hay que ayudarlo?

El placer del descubrimiento estimula al niño, pero necesitará efectuar muchos intentos antes de poder sostenerse con solidez sobre los pies. Se cae, pero se levanta incansable; vacila, pero se lanza de nuevo con valentía; titubea, pero su espíritu explorador acaba venciendo.

Es aconsejable hacerle andar dándole las dos manos para que coja confianza; después sólo se le dará una, que se irá alternando para no cansarle siempre el mismo brazo. También se le puede ayudar a conseguir el equilibrio si se le mantiene de pie, con los pies descalzos y apoyados en el suelo y, desde detrás, se le hace oscilar el cuerpo (pero no demasiado deprisa) primero a la derecha y luego a la izquierda.

No hay que obligarlo; anímelo, en cambio, permítale aventurarse lejos de usted y, sobre todo, tranquilícelo con la voz y la mirada. Hay que saber dejarle descubrir y superar las dificultades sin ayuda, vigilando siempre su seguridad física. Se dirigirá a gatas hacia un rincón de la habitación, se sujetará en el borde del sofá y se incorporará tirando de los brazos, apoyándose primero en un pie y luego en el otro. Las nalgas hacia atrás parecen querer devolverlo irremisiblemente hacia el suelo e impedirle incorporarse. Hay que ser pacientes y darle la oportunidad (y el tiempo) de concluir con éxito sus experiencias sin interrumpirle. Feliz bajo la mirada cariñosa y aprobatoria de sus mayores, se sentirá orgulloso de sus progresos.

Facilitar sus primeros pasos

Acondicione el espacio de modo que el niño se pueda desplazar sin peligro. No deje de vigilarlo, sin por ello tener que interrumpirlo a cada momento.
Es conveniente que ande con los pies descalzos: en contacto directo con el suelo, adapta mejor sus movimientos. Para los primeros intentos, ofrézcale el apoyo de sus manos, pero no intente ayudarlo a toda costa si no lo pide. Limítese entonces a animarlo con la voz y la mirada en sus tentativas o a levantarlo de vez en cuando, si se cae.
Respete su ritmo: no lo obligue a intentar andar hasta que no muestre que desea hacerlo.

Un explorador ajeno al peligro

«Desde que el niño anda, no me atrevo a quitarle los ojos de encima porque me da miedo que se haga daño», suelen decir los padres. La marcha da al niño acceso a toda la casa pero, a esta edad, no posee conciencia alguna de los peligros que lo acechan. Desde que sabe ponerse de pie, e incluso antes de mantenerse firme sobre sus pies, el niño intentaba ya encaramarse al sofá del salón, a las sillas de la cocina y, naturalmente, ponerse de pie en la *trona*. Ahora que camina, sin duda se va a golpear contra la mesa, pillarse los dedos en una puerta o acercarse demasiado a la puerta del horno encendido. Pronto, escalará los muebles, los barrotes de la cama, se aventurará por las escaleras, etc. Acabará por saber abrir una ventana, vaciar un armario, abrir el grifo del agua caliente de la bañera o darle a los mandos de la encimera en la cocina, y muchas otras cosas. Su afán de descubrimiento es insaciable y necesita protección.

Es tarea de los padres seguir tres normas obligatorias: primera, velar por la seguridad del niño (*véanse* páginas siguientes); preservar el universo propio de los adultos, y, tercera, guiar y favorecer las experiencias del niño.

Conviene seguir siempre estos principios básicos y prever de antemano los peligros para que el niño los evite. Los objetos peligrosos o frágiles deben ponerse fuera de su alcance (los aparatos domésticos y otros utensilios de la cocina, las figuras de porcelana, etc.); debe prohibirse con firmeza el acceso a ciertas habitaciones, a las ventanas (que no haya sillones debajo), a las escaleras (con una barrera o puerta de seguridad), a las tomas de corriente (con protectores de enchufes); deben guardarse bajo llave (¡y quitar la llave!) las sustancias tóxicas, los productos de limpieza y los medicamentos; cuidado también con las esquinas de las mesas o con las chimeneas, etc. En cuanto a las prohibiciones no materializadas, las que se indican de viva voz, deben limitarse a algunos «no quiero que...» muy simples y bien definidos. También es importante unificar las consignas de la madre y del padre con las del resto de las personas encargadas de cuidar al niño.

Si se ha conseguido acondicionar un espacio seguro y libre de obstáculos para el niño, no será necesario ir todo el rato tras él para protegerlo con un sinfín de prohibiciones. El niño dispondrá así de una zona de juegos y de exploraciones donde podrá librarse a experiencias que, no por ser en ocasiones algo dolorosas, dejarán de ser ventajosas. Cabe mencionar que los niños más hábiles no son los que han sido empujados a andar muy pronto o a conseguir proezas bajo la protección constante de sus padres, lo que les puede llegar a hacer sentir miedo y ansiedad frente a lo desconocido. La toma de iniciativas es lo que permitirá al niño conocer sus capacidades y... sus limitaciones (las de su cuerpo, del que adquiere conciencia, y también las del mundo exterior). Sin dejar de vigilarlo, los padres deben permitirle que tome la iniciativa, con algunos riesgos calculados y bajo supervisión. Se debe confiar en él: también aprenderá a ser prudente.

QUISIERA SABER

Mi hijo no tiene aún 9 meses pero ya se levanta solo. ¿Puedo dejar que esté de pie?

• Sí, ya que él lo desea. Eso quiere decir que se siente preparado físicamente. Pero no insista ni exija un progreso demasiado rápido porque corre el riesgo de cansarlo inútilmente; no es un animal de circo. Tiene que seguir su ritmo.

¿Se pueden usar unos andadores para favorecer la marcha?

• Es preferible dejar que el niño empiece a andar cuando se sienta preparado para ello. Su voluntad, su entorno habitual, su fuerza muscular y una ayuda discreta y atenta le bastan con creces para lanzarse a la aventura. Los andadores pueden servir, como mucho, como juguete para empujar; si se mantiene mucho rato al niño en ellos, se le priva del placer de aprender y de realizar esfuerzos.

Mi hijo tiene las piernas arqueadas. ¿Es necesario corregir este defecto?

• Aparte de ciertos casos patológicos, poco frecuentes, en los que la deformación es muy acentuada (en las malformaciones óseas o en el raquitismo), la curvatura de la tibia es muy habitual en el niño que empieza a andar. Si las exploraciones realizadas por el pediatra y las eventuales radiografías de cadera hechas unos meses después del nacimiento fueron normales, y no existe signo alguno de raquitismo, no existe motivo de preocupación. La curvatura de la tibia irá desapareciendo progresivamente con el crecimiento y las piernas se enderezarán.

¿Qué debo hacer para evitar que mi hijo «tuerza» los pies?

• Como en el caso de las piernas arqueadas, no debe inquietarse. La posición de los pies, planos y desviados hacia dentro, es muy frecuente en los primeros años de marcha. Se corrige espontáneamente hacia los 4 o 5 años. No vale la pena poner al niño plantillas ortopédicas o someterlo a sesiones de reeducación. Pedalear en el triciclo y andar descalzo por la arena o por la moqueta son el mejor ejercicio.

Mi hijo anda sobre la punta de los pies. ¿Se trata de alguna anomalía?

• No. Muchos niños «caminan de puntillas» y eso contribuye a fortalecer las piernas, los pies y los arcos plantares. Es posible que el niño ande también con los pies un poco metidos hacia dentro, la barriga hacia delante y que parezca ir demasiado arqueado: todo eso cambiará a la vez que su morfología, que a esta edad no es una simple versión reducida de la que tendrá cuando sea adulto.

La seguridad

El niño tiene 1 año: cada vez se muestra más activo, se desplaza a gatas por el suelo o andando. Desde ese momento, hay que pensar en su seguridad, tanto dentro de casa, que se acondicionará en función de los obstáculos que podrían molestarlo o dañarlo, como fuera de ella.

Los padres tienen que estar bien informados para elegir el equipo infantil más adecuado y garantizar así la seguridad pasiva del niño. De este modo podrán educarle sobre los riesgos de la vida diaria, en función de sus avances psicomotores y de su desarrollo intelectual. Hasta los 7-8 meses, el bebé depende totalmente de sus padres en sus desplazamientos y en todas las actividades de la vida cotidiana.
Los riesgos se deben, entonces, al escaso conocimiento que los adultos poseen sobre el desarrollo psicomotor del niño.
Es preciso observar cómo crece el niño ya que, si bien existe una edad promedio en la adquisición de las funciones psicomotoras, puede ser más precoz que otros niños en ciertos ámbitos (reptación, posición de pie, etc.). Hay que educar al niño respecto a los riesgos diarios para garantizar su seguridad de modo activo: se le debe enseñar a utilizar todo su cuerpo en función de sus deseos y sus posibilidades. No es necesario prohibírselo todo; hay que dejarle libertad de actuación pero mantener su seguridad acompañándolo en sus descubrimientos y propósitos.
Por contra, existen prohibiciones reales que deben estar bien definidas y ser claramente indicadas al niño, que comprenderá sus limitaciones y las que le imponen sus padres.

La prevención

• Instale topes de seguridad para evitar que se pille los dedos en las puertas.
• Coloque protectores de enchufe eficaces.
• Pegue una tira adhesiva grande de color vivo a 70 cm del suelo bajo los ventanales para que el niño se dé cuenta del obstáculo y evite golpearse.
• Quite del balcón cualquier objeto que pueda usar para encaramarse a la barandilla.
• Recubra las aristas puntiagudas de los muebles con cantoneras de plástico o con guata.
• Suprima o retire los objetos peligrosos que podría llevarse a la boca.
• No tape nunca los sistemas de ventilación y vigile que funcionen correctamente.
• Compruebe que el calentador tenga un termostato que impida salir el agua muy caliente para que el niño no pueda quemarse.
• Compre siempre que pueda productos de limpieza que resulten difíciles de abrir para los niños de menos de 4 años, preferiblemente con cierres de seguridad.
• Cuando lleve un niño en brazos, mire bien por donde anda para evitar tropezar con algún juguete (o cualquier otro objeto) que pueda haber por el suelo.

Los dispositivos de seguridad

• Procure que la *trona* del niño lleve cinturón de seguridad para evitar que se ponga de rodillas y que, al gesticular, se caiga de cabeza.
• Sustituya la cuna por una cama con barrotes a partir del momento en que el niño pueda tenerse en pie.

La cocina

• No deje nunca al niño solo en la cocina.
• Cuando haya una cacerola en el fuego, deje siempre el mango hacia el centro de la encimera.
• No deje jamás fuera de sitio los utensilios cortantes (cuchillos, tijeras, etc.).
• No deje que el niño toque el cubo de la basura.
• Desenchufe y guarde en su sitio los electrodomésticos (tostadora, batidora, etc.) después de usarlos.

El equipamiento
• Eleve los bordes de la encimera con un protector para el fuego.
• Instale una tapa de encimera en la cocina y una puerta de protección en el horno.
• Guarde todos los productos de limpieza, como los jabones líquidos y en polvo, en un armario alto cerrado bajo llave.
• No introduzca nunca productos de limpieza en una botella o un recipiente de uso alimenticio.

La habitación del niño

• No deje nunca al alcance del niño juguetes rotos cuyos bordes cortantes puedan herirlo.
• No lo acueste jamás con un babero o una cinta alrededor del cuello, ya que podría estrangularlo.

El equipamiento
• La habitación del niño debe contener el mobiliario adecuado a su edad.
• Compruebe que los juguetes cumplen las normas de seguridad y son adecuados para la edad del niño.

La habitación de los padres

• No deje nunca medicamentos, armas de fuego u objetos cortantes al alcance del niño, en especial en el cajón de la mesilla de noche.
• Recuerde fijar firmemente a la pared las estanterías, cómodas, armarios, espejos, etc., que podrían moverse y caer sobre el niño al agarrarse, encaramarse o tirar de ellos.
• Retire de la mesa todo lo que podría dañar al niño: abrecartas, tijeras, pisapapeles, etc.

El cuarto de baño

• Compruebe que el agua del baño no esté demasiado caliente para el niño (35 °C, como máximo). Al llenar la bañera, ponga primero el agua fría y luego la caliente.
• No deje nunca solo al niño en el baño.
• No deje que manipule los grifos ni que esté solo cerca de un grifo de agua caliente.
• No deje nunca solo al bebé en el vestidor.

El equipamiento
• Instale una alfombrilla antideslizante en la bañera.
• Guarde los medicamentos en un armario botiquín colocado a cierta altura y bajo llave.
• Guarde los productos de belleza e higiene corporal en un armario de baño.
• Enseñe al niño a no jugar en el cuarto de baño: si pone la cabeza en la taza, puede desequilibrarse y ahogarse.
• No deje productos de limpieza cerca del inodoro.

El salón

• No deje nada sobre una mesa baja (cigarrillos, colillas, vasos de aperitivo, cacahuetes, etc.).
• Los bordes de las mesas bajas no deben ser cortantes.
• Retire los adornos de tamaño muy pequeño.

El equipamiento
• Ponga las plantas de interior en un lugar elevado.
• Vigile que los muebles (estanterías, librerías) sean estables y que no puedan volcar si el niño se apoya en ellos.
• Coloque una pantalla delante de la chimenea para impedir que el niño se acerque demasiado al fuego. Cuidado: el niño no tiene que poder apartar la pantalla.

La escalera

• Enseñe al niño a subir y bajar las escaleras cogido a los barrotes de la barandilla.
• No deje objetos sueltos por los peldaños.

El equipamiento
• Instale barreras de protección, bien fijadas, una en la parte de arriba y otra en la de abajo de la escalera, para impedir que el niño acceda a ella solo.
• Recuerde colocar un antideslizante en los peldaños si son resbaladizos.

En la calle

• Dé la mano a los niños de 2-3 años para andar por la calle.
• En la acera, el niño debe andar por la parte interior y el adulto por la de la calzada para evitar cualquier problema debido a la circulación de los automóviles.
• Familiarice al niño con la circulación y la actividad de la calle.
• Explique al niño que no se debe jugar en la calle.

En el coche

• Con independencia de su edad, haga subir y bajar al niño del coche (dándole la mano) por el lado de la acera.
• Es aconsejable bajar el seguro de las puertas para que el niño no pueda abrir la suya con el coche en marcha.

El equipamiento
• Antes de los 9 meses, el bebé debe viajar en el coche en una sillita de seguridad provista de red o en la que el niño se sitúe de espaldas al sentido de la marcha.
• Tras los 9 meses y hasta los 3-4 años, el niño irá instalado en un asiento de seguridad, sujeto con un cinturón de seguridad.

Dejar los pañales

El niño no ha cumplido aún 2 años, pero los padres esperan librarse pronto del inconveniente de los pañales. Con un poco de paciencia y de sentido común, ayudarán al niño a salvar esta etapa.

¿A QUÉ EDAD HAY QUE EMPEZAR?

Es inútil que siente sistemáticamente al niño en el orinal tras las comidas o por la mañana al levantarse en cuanto ha cumplido 1 año. Si defeca en estas condiciones, será pura casualidad o el producto de un mecanismo reflejo. No se debe estar demasiado impaciente por quitarle los pañales, porque se corre el riesgo de complicarse inútilmente la vida. Puede que el niño todavía no esté preparado para sentarse con éxito en el orinal. Al principio, le gustará sentarse y levantarse, pasearse con el orinal en la mano, etc. El aprendizaje puede empezar hacia los 2 años, o incluso algo más tarde para los niños varones, a menudo menos precoces que las niñas en estas cuestiones. Conviene recordar que los niños controlan antes los intestinos que la vejiga y aprenden a mantenerse limpios de día, mientras que siguen mojando los pañales por la noche, en ocasiones hasta los 4 o 5 años.

Cada vez que cambia al niño, los pañales están sucios y le gustaría saber cuándo empezará a mantenerse limpio. El aprendizaje puede iniciarse entre los 18 y los 24 meses. Antes de esa edad, aunque el niño pueda experimentar sensaciones confusas relacionadas con la vejiga o los intestinos, ignora que puede dominar sus necesidades y controlar la evacuación de las heces y la micción.

Las condiciones del aprendizaje

El niño no se mantendrá limpio de forma duradera hasta que consiga una madurez fisiológica y afectiva suficiente. Debe ser capaz de sentir la necesidad de vaciar los intestinos o la vejiga, de contenerse hasta que esté en situación de poder satisfacer esa necesidad, de quedarse sentado en el orinal sin cansarse ni perder la paciencia durante mucho rato (de cinco a diez minutos) y de adquirir conciencia de lo que hace cuando llena el orinal.

Los mecanismos

Hasta alrededor de los 18 meses, el niño realiza sus necesidades de forma automática, sometido a la acción refleja involuntaria de los músculos denominados *lisos*. Luego, poco a poco, irá siendo capaz de ejercer control sobre los músculos llamados *estriados* (sometidos a las órdenes del cerebro y, por lo tanto, de la voluntad) y de impedir la emisión de la orina o los excrementos.

• **La orina.** Es secretada de manera continua por el riñón y se acumula en la vejiga. Un músculo circular que actúa como válvula, el esfínter, la retiene en este órgano e impide que vaya expulsándose a medida que se produce. El esfínter está formado por músculos lisos, que se relajan automáticamente cuando la presión interna de la vejiga supera cierto límite, y por músculos estriados, que responden a las instrucciones del cerebro.

• **Las heces.** Se acumulan en el recto y el esfínter del ano controla su expulsión. Este esfínter, como el de la vejiga, está siempre contraído para impedir las fugas continuas. Obedece igualmente a una estimulación mecánica local, así como a la voluntad. Si las deposiciones son diluidas y poco compactas, puede que el niño tarde más en aprender a aguantarse o, lo que es lo mismo, a controlar el esfínter, puesto que este tipo de deposiciones son más difíciles de contener. Si, por otro lado, el niño se desarrolla con normalidad y come bien, es preferible dejar que las cosas se solucionen de forma espontánea y continuar el aprendizaje con paciencia. Pero, si la adquisición del control de esfínteres tarda demasiado, podría resultar útil un tratamiento médico suave. Cuando las deposiciones se vuelvan más compactas, el niño podrá realizar un progreso decisivo en este aprendizaje.

El control de los esfínteres se consigue a edades muy variables, según cada niño. Puede producirse, de forma excepcional, antes de los 16 meses, o bien hacia los 18 meses; pero, por regla general, los niños de ambos sexos empiezan a dejar de ensuciar los pañales durante el día, primero de heces y luego de orina, alrededor de los 2 años. Algunos no se mojarán por la noche hasta después de los 3 años.

El orinal: intercambios afectivos complejos

Para que el niño se contenga, no basta con que haya adquirido madurez desde el punto de vista anatómico, orgánico y neurológico. También es preciso que quiera hacerlo, es decir, que esté decidido a cooperar en esta etapa tan importante. Así pues, intervienen la educación y las relaciones con sus padres, en especial con su madre. La adquisición del control de esfínteres debe lograrse de forma natural, en el marco del desarrollo progresivo de cada niño, y sin convertirse en una cuestión generadora de tensiones en el seno familiar.

El niño crece, anda: ya no se le puede considerar un bebé dependiente. Su alimentación, más rica en verdura y, sobre todo, en carne, confiere un fuerte olor a las heces. Tras el contacto excepcional que se había establecido en los momentos de cambiarlo, madre e hijo experimentarán ahora la necesidad de pasar a otra etapa. En el caso de la orina, y más aún en el de las heces, el niño debe darse cuenta de lo que hace cuando llena el orinal. Al principio, utilizará el orinal no sólo porque siente necesidad, sino también para agradar a sus padres. Sin embargo, su actitud continúa siendo ambivalente: por un lado, aspira a crecer y a no depender tanto de los cuidados diarios de su madre; por otro lado, no quiere renunciar a los estrechos lazos afectivos que ha establecido con ella.

Enseñarle a usar el orinal

La función de los padres consiste en animar al niño a que se siente en el orinal y a felicitarle por sus progresos. Debe conseguirse que tome la iniciativa de la experiencia, que pida el orinal o que vaya a buscarlo y que llame para indicar que ha acabado. Conviene valorar sus esfuerzos, mostrarse admirados ante sus progresos, pero mantenerse discretos para que no se sienta acosado. No duden en aplaudir un orinal lleno, pero eviten implicarse demasiado emocionalmente.

¿Cómo elegir el orinal?

El orinal tiene que ser confortable, estable, fácil de usar y atrayente. El niño deberá cogerle toda la confianza, puesto que este objeto recibirá «sus regalos». Es preferible evitar los orinales integrados a un asiento o a una *trona*, que mezclan el juego, la alimentación y la evacuación. Cada actividad cuenta con su propio valor y el control de los esfínteres no se adquiere por casualidad, entre dos cucharadas de puré o tres cubos de plástico que hay que apilar.
Existen asientos especialmente diseñados para niños que se adaptan a la taza, pero sólo son adecuados para los niños de más de 3 años, capaces de instalarse en el inodoro y de bajar por sí mismos.
A la edad en que al niño le gusta jugar a meter unos objetos dentro de otros, enséñele que el orinal está destinado a recoger el contenido de sus pañales, antes de hacer desaparecer las deposiciones en el inodoro.

Un objeto importante: el orinal

Tener paciencia △
En cuanto el niño se ha apropiado del orinal, siéntelo en él, incluso vestido, y luego con las nalgas al aire, no espere resultados inmediatos.

Comprender ▽
Muchas veces, el niño intenta imitar a los mayores. Jugar es una forma de comprender lo que éstos quieren.

Preparación del momento favorable
Para aprender algo, se tiene que querer cooperar y, a la vez, estar motivado. Desde que el niño sabe andar y puede sentarse y levantarse solo, se le puede mostrar el orinal y dejar que se familiarice con este objeto nuevo: podrá usarlo para sentarse, para jugar, llevarlo por toda la casa, etc.

Una vez preparado, bastará con esperar a que el niño decida por su cuenta utilizar el orinal, que estará siempre disponible. No le niegue jamás ayuda si se la pide. Intente detectar los gestos, movimientos o palabras que indican que quiere utilizarlo (se tira de los pantalones, se vuelve gruñón, se pone de cuclillas, llama), y propóngaselo incluso si no lo pide con claridad. Quizá observe que lo necesita a horas regulares; si no, se lo puede ofrecer por la mañana, por la noche o tras las comidas, durante unos minutos, y sugerirle que lo intente. Si no sucede nada, no insista; ya llegará el momento. Algunas veces, lo utilizará contento, otras se negará para volver a la «comodidad» de los pañales. Levántelo del orinal en cuanto lo haya llenado para que entienda para qué sirve; llévelo con usted a vaciarlo y tirar de la cadena.

Sin conflictos
Es importante no convertir este delicado aprendizaje en una cuestión de tensiones para toda la familia. Cuanto mayor sea la presión, más se resistirá el niño, puesto que notará que se atribuye una importancia excesiva a sus necesidades. Es conveniente saber dar marcha atrás si se presiente que se va a producir un conflicto. Hay que darle tiempo y no mostrarse demasiado impaciente por los resultados.

No se debe refunfuñar si el niño todavía ensucia los pañales o si derrama un poco fuera del orinal. No va a aprender de un día para otro, ni de forma definitiva al principio. Hay que animarlo a progresar sin provocarle una sensación de fracaso. No se debe ser demasiado meticuloso ni se debe asociar las heces con la idea de suciedad, castigo o enfermedad. Felicite al niño cuando lo consiga; merece sentirse orgulloso de haber sabido superar un aprendizaje tan difícil.

QUISIERA SABER

El niño prefiere usar pañales. ¿Cómo convencerle para que utilice el orinal?
• Hasta los 2 años y medio, limítese a familiarizarlo con el orinal y a explicarle sus ventajas, sin hacer que se sienta culpable. Durante el verano, si es posible, déjele ir sin pañal, con el riesgo de que se ensucie; con un pantalón, se da más cuenta de que va sucio. Así aprenderá con mayor facilidad a reconocer sus necesidades, a contenerse y a descubrir la función del orinal.

Parece tener miedo de las deposiciones. ¿Cómo impedirlo?
• En la mente del niño, las deposiciones son una parte del cuerpo y puede sentirse atemorizado al ver que salen y desaparecen al tirar de la cadena. Explíquele que se trata de una función natural corriente, común a todo el mundo, y sepa interpretar sus juegos: si lanza distintos objetos en la taza del inodoro antes de tirar de la cadena, está intentando alejar su ansiedad y manifiesta la necesidad de que lo tranquilicen.

Está estreñido. ¿Cómo puedo curarlo?
• No es preciso alarmarse si sólo defeca una vez al día. Déle más fruta y verduras y aumente su ración de líquidos. Si el estreñimiento es real y molesto (deposiciones escasas, duras y secas, de expulsión dolorosa, o incluso acompañadas de sangre) lleve el niño al pediatra. Se deben evitar bajo todos los conceptos las lavativas y los supositorios que estimulan la defecación inhibiendo el reflejo activo y voluntario para hacerlo, y que sólo sirven para agravar el problema.

¿Cuándo dejará de mojarse el niño por la noche?
• El niño suele dejar de ensuciar de día los pañales antes de los 3 años, primero controlando la defecación y después la micción, pero muchos niños siguen mojando los pañales por la noche.
No suprima el pañal por la noche a no ser que el niño lo quiera o que usted note que ya está preparado.
No se debe ir demasiado deprisa: además de su madurez, también es preciso que la capacidad de la vejiga sea suficiente y que el tono del esfínter se haya desarrollado para permitirle contenerse durante toda una noche.
Si, tras un período de continencia, vuelve a hacer pipí en la cama, vuelva a ponerle pañales de forma provisional. Tendrá que esperar hasta el final del tercer año para que las noches transcurran con los pañales secos.
No limite la bebida del niño a final de la tarde por este motivo, ni lo levante a mitad de la noche para hacerle orinar; póngale un pañal y tírelo por la mañana si está mojado; si está seco, felicítelo. Se trata de un período de transición delicado que no conviene empeorar con conflictos.

El lenguaje

Superada la época del balbuceo, llega la de «hablar como un bebé». Entre el primer año y los tres años, el niño sigue realizando enormes progresos en el ámbito del lenguaje. Pronuncia sus primeras palabras y, después, empieza a combinarlas para construir sus primeras frases.

Hacia los 12 o los 14 meses de edad, el niño comienza a pronunciar palabras reales, y las primeras suelen ser *papá* y *mamá*, para gran regocijo de sus padres, que lo animan en este sentido. Ciertamente, estas palabras tienen un significado afectivo evidente y el niño consigue decirlas bastante pronto. Después de las cuatro o cinco sílabas más o menos articuladas del final del primer año de vida (*véase* pág. 220), comienza a «hablar como un bebé». El vocabulario del niño se enriquece progresivamente, pero a un ritmo muy variable en cada caso. De hecho, a esta edad, la comprensión es superior a la expresión, es decir, el niño comprende más palabras de las que dice. En muchos casos, los progresos del lenguaje son especialmente notables alrededor de los 2 años.

Las primeras palabras

Hasta los 18 meses, el niño sigue usando básicamente gestos para hacerse entender por los que lo rodean, pero empieza también a formar palabras y habla por ejemplo del *guau-guau* para referirse al perro. El significado que atribuye a muchas palabras no siempre se corresponde exactamente al que nosotros les damos. Para el niño, la palabra *papá*, por ejemplo, puede aplicarse no sólo a su padre, sino a todos los demás adultos varones que conoce; el término *guau-guau* puede designar a la vez los perros, los caballos y los gatos, etc. Algunas veces, en cambio, el niño le da a una palabra un sentido exageradamente restringido: por ejemplo, a menudo las niñas reservan la palabra *muñeca* para referirse sólo a su muñeca preferida y no la usan jamás para hablar de otros juguetes del mismo tipo.

Además, entre el año y los 2 años, el niño comprende muchas más palabras de las que es capaz de articular. También es frecuente que un único término tenga en su mente el valor de toda una frase. Cuando dice «mamá» en presencia de su madre, puede querer transmitir un mensaje del tipo: «es el bolso de mamá» o «quiero el bolso de mamá». Para esta finalidad, sólo cuenta con una palabra, pero lo que quiere comunicar es en realidad más complejo de lo que parece.

Aunque hay diferencias importantes entre uno y otro niño, se calcula que hacia los 18 meses o los 2 años el niño puede pronunciar entre 50 y 75 palabras y comprende un total de 300. Entre los 2 y los 3 años, puede expresar entre 250 y 450, mientras que comprende entre 500 y 900 (el vocabulario básico utilizado por un adulto contiene unas 1 500 palabras, 3 000 si es culto y 5 000 si es erudito).

Las primeras frases

Por regla general, a partir de los 2 años el niño consigue asociar dos o tres palabras para describir un hecho preciso: «papá ido» para decir «papa se ha ido», «popó bebé» para indicar «el coche del bebé». Esta etapa del desarrollo del lenguaje es muy importante, puesto que señala una clara progresión de su capacidad de expresión. No sólo se ha enriquecido su vo-

¿Cuándo hay que empezar a preocuparse?

El ritmo de adquisición del lenguaje varía notablemente de un niño a otro, por lo que no debe preocuparse si los progresos del niño le parecen lentos. Tras el balbuceo dinámico del primer año, suele suceder que el niño, muy ocupado en andar, parezca estancarse en este terreno entre los 12 y los 18 meses. Aun así, cuando observe que el niño no manifiesta interés por hablar o se limita a decir solamente dos o tres palabras, que no progresa y no parece comprender lo que se le dice, consulte con el médico. Éste examinará los otros ámbitos del desarrollo del niño y es posible que solicite un reconocimiento de su capacidad auditiva para asegurarse de que oye bien (*véase* pág. 249).

cabulario sino que, además, el niño ha conseguido combinar las palabras para poder expresar claramente lo que quiere decir. Al principio, las frases que construye son telegráficas: «quiero caramelo». Expresa la negación mediante la aposición de *no* delante de otra palabra, como por ejemplo: «no ñam-ñam». Para las interrogaciones, utiliza en ocasiones la palabra *qué*, pero sobre todo usa la entonación característica de las preguntas. Poco a poco pasa de la simple yuxtaposición de dos palabras a un enunciado correcto. A los 2 años, por ejemplo, dice «polón David» para designar su pantalón. Luego, podrá decir «pantalón de David»; más adelante «pantalón mío», antes de decir correctamente, hacia los 2 años y medio «mi pantalón».

Alrededor de los 2 años y medio, en efecto, por lo general relaciona todo su entorno consigo mismo y utiliza mucho el pronombre «yo», lo que constituye una etapa importante en su desarrollo. A esta edad, comienza a utilizar también los pronombres *tú*, *él*, *ella*. Más adelante incorpora los pronombres *vosotros*, *nosotros*, e incluso *me*, *te*, etc. En lo que se refiere a las preposiciones y los adverbios, se ha constatado que la mayoría de niños pequeños empiezan a usar antes las preposiciones que indican posesión: «*de* (mamá)», «*para* (mí, papá)», y que luego comienzan a asimilar los adverbios de lugar (*aquí, allí*), antes de poder manejar los adverbios de tiempo (*antes, después, luego*).

La función de los padres

Para progresar en el aprendizaje del lenguaje, el niño necesita que su entorno lo estimule. No se interesará por las palabras ni intentará reproducirlas si no se da cuenta de su importancia ni sabe que podrá usarlas para que lo entiendan mejor.
Sólo los adultos pueden comunicarle este sentimiento y hacer que el lenguaje le resulte atractivo.

Hablar y dejar hablar
Hable con el niño en diversos momentos del día y, en particular, durante los juegos, que suelen ser motivo de diálogos animados. La mayoría de los padres disfrutan hablando con el niño y a él también le gusta este intercambio, puesto que se siente tratado como un verdadero interlocutor. Necesita que le respondan, pero también le gusta responder a su vez. Así pues, no lo someta a una disertación incesante con la intención de facilitar su adquisición del lenguaje. Los discursos sin fin o que, en última instancia, no se dirigen directamente a él, lo desaniman: le pueden dar la impresión de que no tiene posibilidad de intervenir, de hablar. El efecto conseguido será el contrario del deseado: el niño, frustrado, se encerrará en sí mismo y no intentará expresarse. Es preciso entender que a ciertos niños les cuesta encontrar su lugar en una conversación si se los interrumpe con frecuencia y brusquedad y si se les pide que se callen («cállate, en la mesa no se habla», «déjanos ver la tele»).
Al mismo tiempo, los niños también deben admitir que no siempre pueden hablar ellos... Concédale toda su atención en ciertos momentos, mientras que, en otros, explíquele que ahora le toca a él escuchar y dejar hablar a los demás.

Ayudar al niño a hablar bien
No reproduzca los errores de pronunciación o de sintaxis que comete el niño con la excusa de que los encuentra divertidos. Si deforma las palabras como lo hace él, no podrá progresar.
Es conveniente ceñirse al modo en que estructura sus frases: sujeto + verbo + complemento. Utilice sólo expresiones sencillas y de uso corriente y evite las palabras demasiado complicadas. Y, a la inversa, no obligue al niño a repetir correctamente las palabras que suele decir mal. Ciertas sílabas pueden resultarle difíciles de pronunciar: su insistencia podría hacer que se canse demasiado deprisa. Aproveche las canciones o los cuentos que le lee para enriquecer su vocabulario y mejorar su pronunciación a la vez que se divierte.

La pronunciación

Aunque haya efectuado grandes progresos en el terreno del lenguaje, el niño de 2 años y medio no consigue aún pronunciar correctamente del todo las palabras. Las deforma para simplificar la pronunciación; así por ejemplo, dice «ten» en lugar de «tren». Abrevia ciertas palabras (*pillas*, por *zapatillas*), a veces duplica las sílabas (*diferiencia*, en lugar de *diferencia*) o también hace inversiones (*pilocía*, en lugar de *policía*). Estas deformaciones son totalmente normales pero no se deben fomentar, aunque parezcan encantadoras.

Los progresos del niño en el aprendizaje de la sintaxis se ven claramente influidos por lo que oye a su alrededor, incluso cuando no se le habla a él. Si los adultos que lo rodean se dedican a repetir sus construcciones incorrectas y a imitar su lenguaje impreciso, sin duda alguna, no podrá progresar. Así pues, conviene esforzarse en hablar normalmente y con corrección al niño, aunque parezca ser todavía muy pequeño. Hay que rectificar sus expresiones, sin por ello obligarle a repetir las fórmulas correctas; pronto le resultarán familiares.

La vida afectiva y las relaciones

La personalidad del niño se construye plenamente a través de los múltiples juegos y actividades que emprende. En un intento de reafirmar su autonomía, entra en una fase de oposición a los padres, mientras desarrolla sus contactos con los demás adultos o niños.

La vida íntima y las relaciones con los padres

Entre el año y los 3 años, el niño querrá reafirmar la autonomía que, poco a poco, va forjándose. Manifestará una actitud de oposición con respecto a sus padres. Es preciso armarse de paciencia, sin dejar de mantenerse firmes, para enfrentarse a sus negativas, a sus rabietas y a su agresividad.

Mostrar comprensión

Entre el año y los 3 años de edad, el niño vive conflictos afectivos importantes. Durante esta etapa fundamental de su desarrollo, se le debe animar a expresarse, incitándolo a hablar, a jugar. Se le ha de ayudar también a vivir experiencias nuevas y a continuar sus progresos: cuando empiece, por ejemplo, a explorar un lugar de la casa o del jardín, permítale tomar la iniciativa, sin dejar de velar discretamente por su seguridad. Se le puede enseñar con paciencia a usar un juguete nuevo, pero sin impedirle que lo utilice también a su manera.
Si se muestran tolerantes y comprensivos, a la vez que demuestran una autoridad firme y tranquilizadora, podrán ayudar al niño a superar las dificultades a las que se enfrente.

A los 18 meses, el niño anda: se desplaza solo y toma la iniciativa de alejarse de los padres. Manipula los objetos con una destreza y una velocidad difíciles de controlar. Quiere tocarlo todo para conocerlo. Además, tiene acceso al lenguaje y expresa cada vez más a menudo lo que quiere. Entre los 18 meses y los 3 años, la personalidad se reafirma de forma clara. Pero el niño está constantemente dividido entre su deseo de autonomía y su sentimiento de dependencia de sus padres. Experimenta a la vez la tentación de escapar de su control y la necesidad de que su presencia lo tranquilice. Vive un período muy agitado. Todos sus descubrimientos le suponen choques emocionales. Inmerso en impulsos contradictorios, puede mostrarse agitado, nervioso, y adoptar actitudes de oposición no desprovistas de agresividad. La similitud con las dificultades a las que se enfrentará de nuevo en la adolescencia es sorprendente: dispuesto a lanzarse a la conquista del mundo, quiere librarse de la autoridad de los padres pero debe admitir que los necesita. El niño expresa este conflicto interior con conductas a veces violentas. Los padres deberán prepararse para abordar este período agitado.

La *negativa*

El *no*, que el niño sabe usar desde el año de edad, ¡se convierte en una palabra fundamental y habitual de su vocabulario entre los 2 y los 3 años! Para reafirmarse, necesita contradecir. Así pues, muchas veces responde sistemáticamente «no» a las preguntas o a las propuestas que se le hacen.

Un *no* para provocar

Cuando le dicen «vamos a pasear», si le preguntan «¿quieres jugar con la muñeca?» o le dicen «a comer»... siempre responde «no», incluso cuando le hubiera gustado contestar de forma afirmativa. Al decir «no» a priori, el niño gana tiempo para tomar una decisión, para reflexionar antes de elegir. De este modo, también provoca a sus padres, para poner a prueba su autoridad. Quiere obligarlos a reaccionar, a repetirse, a amenazar e, incluso, si es preciso, a reñirlo: al acaparar de este modo toda su atención, siente intensamente que existe.

Esta actitud de negativa no se debe interpretar como un fracaso por parte de los padres. Al contrario, confirma que el niño va construyendo su personalidad, que se está convirtiendo en un individuo completo y que está consiguiendo separarse de su madre.

Situaciones delicadas

Aun así, un comportamiento de este tipo no suele resultar fácil de soportar, ya que puede manifestarse en casi todos los ámbitos de la vida diaria: en los juegos, al vestirse y, en especial, en lo que se refiere a la hora de dormir y a la alimentación.

• **Se niega a dormir.** Un niño que, desde hacía varios meses, había encontrado sus ritmos de sueño, se niega a ir a la cama y, de golpe, vuelve a despertarse por la noche (*véase* pág. 247). Al llamar ruidosamente por la noche, al no querer dormirse, intenta comprobar el poder que ejerce sobre sus padres.

• **Se vuelve difícil en la mesa.** Puede que el niño exprese también su oposición en las comidas: se niega a tomar cierto tipo de alimentos, vuelve a querer el biberón que había abandonado mucho tiempo atrás o selecciona con cuidado las escasas personas con las que acepta comer. Muy pronto, comprende que su negativa a comer desestabiliza a los padres. Si éstos se enfrentan a él abiertamente para obligarle a comer, corren el riesgo de que se obstine. El niño reivindica el derecho a elegir los alimentos y a dejar de comer cuando ya está lleno, y los padres ya no pueden controlar lo que come. En este terreno, como en los demás, se debe aceptar que adquiera mayor autonomía. Hay que confiar en su instinto de vivir (¡no se dejará morir de hambre!) e intentar tomarse sus variaciones de apetito, si no con humor, sí por lo menos con un cierto distanciamiento y un despliegue de imaginación (*véase* pág. 243).

Las rabietas

Desde el primer año, el niño empieza a gritar con rabia dominado por la ira, pero es especialmente a partir de los 18 meses cuando sufre verdaderas rabietas. Grita, llora (sin verter necesariamente lágrimas), patalea y llega incluso a revolcarse por el suelo. Estos ataques violentos suelen ser repentinos y el motivo que parece provocarlos es muchas veces, para el adulto, irrisorio en comparación a la amplitud de la reacción.

Un conflicto interno

Estas rabietas son, de hecho, una manifestación del conflicto interno que vive el

Las rabietas

La demostración de fuerza △

La escena es tan clásica como brutal. El niño empieza gritando, luego patalea, le lanza los objetos a la cara y se revuelca por el suelo... o intenta golpearla. Su drama: ha descubierto que es autónomo pero que todavía no puede hacer todo lo que le apetece. Para conseguir lo que quiere, pone a prueba los puntos débiles de los padres, intenta averiguar hasta dónde puede llegar, se les opone con violencia y provoca su reacción.

El regreso a la calma ▽

Conserve la sangre fría. Intente explicarle con tranquilidad que sabe que está enfadado y por qué. Manténgase firme pero sea comprensiva.

niño, atrapado entre el deseo de independencia y la necesidad de mantenerse unido a sus padres. No son peligrosas en sí mismas y no significan en absoluto que el niño tenga mal carácter.

Es mejor dejar que el niño exteriorice su malestar. Si se reprime, puede reaparecer más adelante en forma de reacciones de oposición más difíciles de reconocer y de resolver, como son los trastornos duraderos del sueño o los problemas escolares. Intente distraer al niño, consolarlo con paciencia y explicarle las presumibles causas de su enfado, afirmando así que ha comprendido lo que le pasa. Si, a pesar de todo, estas intervenciones resultan ineficaces, lo único que se puede hacer es capear el temporal y oponerse inmediatamente a la agitación del niño toda la calma y serenidad que se consigan reunir.

¿Cómo hay que reaccionar?

El niño dice que «no» a todo, se niega a dormir, sólo quiere comer con su padre, ya no quiere ir al jardín de infancia, tiene rabietas, da puntapiés al gato, muerde a su hermana... Y muchas veces los padres no saben cómo reaccionar. No existen recetas milagrosas para evitar estas conductas: se trata de manifestaciones inherentes al desarrollo del niño en este período. Así pues, es necesario dejar que se exprese, pero canalizando sus emociones. Existen tres principios generales que pueden servir de guía para conseguir, si no que desaparezcan los problemas, por lo menos no aumentarlos.

Intenten comprender

El niño, que se siente cada vez más autónomo, se encuentra atrapado entre su necesidad de sentirse reconfortado por la presencia de sus padres y su deseo de escapar de su control. Por sí solo no puede resolver esas contradicciones que lo superan, y necesita sentirse comprendido.

Cuando se muestra violento o se pone tozudo, intenten argumentar con él; no crean que es demasiado pequeño para entender lo que se le dice: simplemente, hablen con él. No podrá indicarles los motivos de su enojo pero, si toman la iniciativa y nombran las dificultades que pueden explicar su agresividad, le será más fácil responder.

Pongan límites

Los conflictos existen siempre. Si bien es inútil, incluso peligroso, responder a la violencia del niño con la violencia, resulta por otra parte perjudicial limitarse a adoptar una actitud pasiva y dejarlo hacer lo que quiera con la excusa de evitar conflictos. El niño tiene que saber que se le imponen límites. Una libertad demasiado grande lo asusta porque lo deja totalmente solo frente a las elecciones que debe tomar, lo que empuja a querer provocar prohibiciones con acciones extremas, susceptibles de ponerlo en peligro.

Sean coherentes

El niño espera el apoyo, la participación activa y las demostraciones de autoridad de sus padres. Muéstrenle que no aceptan todo lo que hace y manténganse coherentes en sus actitudes hacia él. Si un día le riñen con severidad por una acción y, al día siguiente, la aceptan sin decir nada, no sabrá a qué atenerse. Lo mismo sucederá si ambos progenitores no adoptan normas idénticas y uno autoriza, por ejemplo, lo que el otro prohíbe. Además, el niño necesita tener puntos de referencia para sentirse seguro.

El llanto espasmódico

Evidentemente, es muy difícil conservar la calma cuando el niño, tras una contrariedad, empieza a tener un llanto espasmódico o, más aún, lo que los médicos llaman «apnea del llanto» (*apnea* significa suspensión de la respiración): llora, grita y contiene la respiración; luego se pone pálido y puede llegar a adquirir una tonalidad casi cianótica (se pone morado). Se le afloja el cuerpo y, a veces, pierde hasta el conocimiento unos segundos; con ello se distiende y luego recupera la respiración normal: vuelve en sí y pronto recupera el color y el tono normales. Estos accesos suelen ser frecuentes entre el período de 1 año y los 3 años. Si se producen de forma muy espectacular, conviene saber que no provocan ninguna secuela, ya que la respiración no se interrumpe nunca por mucho tiempo y siempre vuelve a iniciarse espontáneamente.

Las crisis de este tipo indican que el niño está sometido a un conflicto interno intenso. Los padres deben, pues, tenerlo muy en cuenta, pero sin ceder ante todo lo que el niño quiere con la intención de evitar esta clase de reacción extrema. Hay que rodearlo de afecto, mostrarse comprensivos pero sin renunciar a la autoridad, puesto que, para sentirse seguro y reconfortado, el niño también necesita comprobar que los padres le imponen límites.

La agresividad

No todos los niños presentan las citadas crisis de llanto, pero son pocos los que entre los 18 meses y los 3 años no adoptan conductas agresivas hacia los demás: padres, hermanos o compañeros del jardín de infancia. A esta edad lanzan los

juguetes y utilizan palabras malsonantes delante de los adultos, dan patadas, golpean y a veces intentan arañar o morder a los niños con los que se codean en el jardín de infancia, en la plaza o en cualquier otro sitio.

En estas circunstancias, es imprescindible no responder a la violencia con violencia ni con gestos agresivos. Claro está, es necesario hacer entender al niño que se ha extralimitado, pero sin perder la calma. Por regla general, estas conductas agresivas suelen cesar al final del tercer año, cuando el niño encuentra otros medios (básicamente, a través del lenguaje) de expresar sus dificultades. Si se manifiestan de forma prolongada e incontrolable, no duden en consultar con un psicólogo.

La risa y la alegría de vivir del niño

Es verdad que el niño llora y tiene rabietas, pero también ríe mucho. Vale la pena tomarse cierto tiempo para compartir estos momentos de alegría con él. Desde muy pequeño, empieza a sonreír hacia las cuatro o cinco semanas y se muestra capaz de unas carcajadas formidables a partir del tercer o cuarto mes.
A partir del año de edad, no sólo le gusta reírse sino que, además, le complace provocar la risa de los demás haciendo el «payaso».
A esta edad, domina mucho mejor sus movimientos, sus expresiones, y le gusta imitar a los adultos, hacer muecas o gracias, que suelen ser muy cómicas.
Su capacidad de reír demuestra que se desarrolla armoniosamente en el plano psicológico y que goza de buena salud física. Un niño gravemente enfermo deja enseguida de jugar y de divertirse. La risa, además, es a la vez prueba y factor de buena salud, puesto que actualmente se sabe que favorece la secreción de sustancias químicas que ayudan al organismo a combatir las enfermedades.
Si el niño mantiene buenas relaciones con su entorno familiar, puede expresar plenamente su alegría. Por este motivo, es una lástima ver cómo ciertos padres riñen sistemáticamente al niño cuando ríe («¡A ver cuándo dejas de dar la lata!») o que se divierte («¿No tienes nada mejor que hacer?»). Los adultos pecan a menudo de querer convencer al niño de que la vida es una cosa muy grave y muy seria. Pero, para un niño lo más importante es ser feliz de existir. Cuanto más divertida le parezca la vida, más sabrá, en el futuro, enfrentarse con calma a los problemas.
Así pues, conviene comunicarse con el niño a través del humor. Hay que saber provocarlo con gracia y también reírse de uno mismo en ciertas situaciones, bromear con él y aprender a valorar sus gracias. Con la risa, los padres podrán exorcizar muchos de los temores del hijo y establecer con él unos lazos de complicidad muy estrechos, que ayudarán sin duda alguna a superar los inevitables conflictos.

Las actitudes regresivas

Los conflictos internos a los que se enfrenta el niño también pueden expresarse a través de comportamientos calificados como regresivos, es decir, por conductas que parecen señalar un retroceso en lugar de una progresión. Sucede entonces que un niño que había adquirido cierto grado de independencia, de repente no quiere alejarse de su madre. Otros se niegan a comer con cuchara o a tomar alimentos sólidos y quieren volver al biberón. En otros casos, vuelven a hablar mal, cuando ya habían conseguido grandes progresos en el lenguaje. Algunos necesitan de nuevo pañales o ya no soportan quedarse solos en la cama, etc.

Estas reacciones son clásicas. Lo cierto es que el desarrollo de un niño nunca es lineal: está compuesto de avances, más o menos espectaculares, y de retrocesos que, a su vez, desembocarán en una nueva evolución. Las actitudes regresivas tienen su razón de ser: permiten al niño defenderse frente a situaciones difíciles y conflictivas (nuevo tipo de cuidados, nacimiento de otro hijo, enfermedad, hospitalización). Pueden también producirse al margen de cualquier cambio evidente en el modo de vida del niño. Así pues, es necesario respetar estas conductas y no alarmarse por ellas, a no ser que se prolonguen, en cuyo caso puede resultar útil el consejo de un psicólogo.

El despertar de la sexualidad

Entre los 18 meses y los 3 años, los niños muestran gran curiosidad por sus órganos genitales. Cuando eran más pequeños se llevaban ya la mano al sexo, del mismo modo que se tocaban las manos, los pies o las orejas: descubrían su cuerpo. Ahora, una vez liberados de los pañales, perciben con mayor claridad las sensaciones concretas relacionadas con sus órganos sexuales, que se tocan con placer, sin prejuicios. Estos manoseos son naturales: no vale la pena prohibirlos, aunque parezcan demasiado frecuentes o excesivos, ya que sólo serviría para reforzar el sentimiento de atracción que siente el niño y aumentaría su sentimiento de culpa en relación con la sexualidad. Es preferible distraerlo con algo y llamar su atención hacia otros centros de interés: se evitará así que se aísle prolongadamente en estas prácticas.

Niño o niña

También a principios del segundo año de edad, cada niño confirma su identidad sexual. Ha comprendido las diferencias anatómicas entre hombre y mujer y ha percibido asimismo que su entorno se dirige a él como a un «niño» o como a una «niña». Desde que empieza a hablar, sabe expresar rápidamente si es un niño o una niña. Comienza también a imitar el comportamiento que se considera característico de su sexo. La niña suele adoptar gestos bastante dulces, muestra su encanto, habla mucho y le gusta jugar a las mamás con su muñeca. El niño se muestra más proclive a los ejercicios físicos, se siente orgulloso de mostrar su fuerza, de hacer rodar su camión o de jugar a la pelota.

¿Esta diferencia de actitudes se explica por la estructura biológica de cada sexo, o bien se debe básicamente a la influencia familiar y social, que distingue claramente la identidad de la niña de la del niño? Hoy en día, no existen respuestas demasiado precisas a esta pregunta, a pesar de que parece evidente que los gustos y las conductas del niño o la niña están muy sujetos a las características de su personalidad, que sus allegados animan y valoran. Además, el niño se identifica necesariamente con el progenitor de su mismo sexo, imita sus gestos, su voz, su forma de andar; intenta, de este modo, seducir al progenitor del sexo opuesto.

El complejo de Edipo

La leyenda de Edipo procede de la antigua Grecia. Cuenta la historia de un niño abandonado por sus padres al nacer. Ya adulto, este niño, llamado Edipo, mata a raíz de una disputa a un hombre, sin saber que es su padre y, después, se casa con la mujer de este hombre, es decir, con su propia madre. Cuando, más tarde, descubre lo que ha pasado, Edipo no soporta lo que ha hecho y se arranca los ojos. Freud se sirvió del mito de Edipo para ilustrar las relaciones triangulares que se establecen entre un niño y sus padres en el plano afectivo en el inconsciente. Según Freud, estas relaciones son la base de un conflicto de orden sexual: el niño alimenta sentimientos amorosos hacia el progenitor del sexo opuesto al suyo y experimenta sentimientos de rivalidad, de hostilidad, hacia el del mismo sexo.

Para todos los bebés, niña o niño, la madre constituye el primer «objeto amoroso». Antes de cumplir los 3 años, el niño varón busca las caricias de su madre y le gusta demostrarle su fuerza. Su padre le parece un rival que le inspira sentimientos contradictorios: admiración pero también celos, puesto que siempre le quita a su madre. La niña, por su parte, busca también las caricias de su madre pero se opone con facilidad a que ésta se dirija al padre, que ella quiere conquistar y acaparar. Este conflicto es especialmente difícil para la niña, que no quiere renunciar a los cuidados amorosos prodigados por su madre. Para resolver el conflicto de Edipo, cada niño busca identificarse con el progenitor del mismo sexo y se esfuerza por parecerse a él. Espera así seducir al progenitor del sexo opuesto, con la aprobación del progenitor del mismo sexo.

El *período de calma*

Al final del tercer año, el niño ya ha aprendido a superar sus conflictos internos. Esta edad suele marcar un período de calma. Ahora que domina cada vez mejor la palabra, el niño expresa sus deseos, comprende más lo que se espera de él y lo que pasa a su alrededor. Una vez superadas las etapas difíciles, puede volverse más independiente y abordar otra etapa de su desarrollo: el descubrimiento del mundo exterior. Sabe que, aunque no vea a sus padres, no han desaparecido y van a volver, lo que le aporta la confianza suficiente (en ellos y también en sí mismo) para acercarse a otras personas: niños y adultos. Ha llegado el momento de ayudarlo a descubrir el mundo y, entre otras cosas, la escuela...

Masculino y femenino

El bebé sabe decir muy pronto si es una niña o un niño y su personalidad se reafirma también en función de su identidad sexual.
Aun así, una niña revoltosa e intrépida no tiene nada de extraño; del mismo modo, un niño varón puede ser muy dulce, a veces más que su hermana. Si la niña quiere jugar con coches o el niño, con una muñeca, ¿por qué van a prohibírselo? No afectará en nada ni a su feminidad ni a su virilidad en el futuro.

Los juegos y las actividades lúdicas

El juego es la actividad natural del niño. Cuando juega, desarrolla tanto el cuerpo como la mente. A través de la diversidad de juegos que se inventa o que se le proponen, el niño expresa su personalidad y sus emociones.

¿Diestro o zurdo?

¿Con qué mano dibuja garabatos o coge espontáneamente lo que se le ofrece? Cuando juega a la pelota, ¿qué pie suele utilizar espontáneamente? Hacia los 9 meses, a partir del momento en que el niño manipula los objetos, muestra ciertos signos de su predisposición futura pero, por regla general, el predominio de la diestra o de la zurda no se reafirma hasta cumplidos los 3 años. Hasta ese momento, utiliza las dos manos indistintamente. Si el niño no manifiesta ninguna tendencia particular, es aconsejable animarlo, sin insistir, a usar la mano derecha, poniéndole en esa mano los objetos que usa habitualmente: la cuchara, el lápiz, etc. Pero no se le ha de obligar a utilizar la mano derecha ni reprenderlo porque usa la izquierda.
Si da la impresión de ser más bien zurdo, no intervenga; coméntelo con el pediatra para que éste confirme esa tendencia: no hay que oponerse a ella.

Cuando era más pequeño, al niño le gustaba, sobre todo, manipular los objetos por su forma, su consistencia o su color. Ahora, construirá verdaderas historias alrededor del juego, con sus palabras y con los gestos de la vida diaria. A partir del final del segundo año, especialmente, empiezan los juegos imaginarios, que se van a desarrollar hasta los 6 años de edad. Asimismo, se multiplican las actividades que despiertan su atención, de tipo manual, artístico y físico. Adoptan las formas más variadas y constituyen un factor de equilibrio del niño, que es preciso fomentar.

Los juegos imaginarios y de ficción

La realidad diaria del niño sirve de base a su imaginación: juega a «simular que». Adopta papeles con el apoyo de juguetes verdaderos o sin ellos. Interpreta secuencias de su vida cotidiana: juega a preparar un pastel, a servir el zumo de naranja, a bañar a la muñeca, a acostar a su osito, a conducir un coche, a llamar por teléfono... Luego imita escenas de su vida social: juega a hacer de canguro, de médico o de tendero. Un poco más adelante, los libros de cuentos o lo que ve en la televisión inspiran sus juegos: es una princesa, un lobo o un *cowboy*, con pistola incluida. Hacia los 2 años y medio o los 3 años, el niño imita su entorno, reproduce los gestos y las entonaciones de los padres y de sus hermanos.

Jugar con los demás niños

El niño, muy encerrado en sí mismo hasta ahora, se va abriendo poco a poco al mundo. Descubre la vida fuera de casa y su imaginación se enriquece con modelos cada vez más variados. Aprende también que hay otros niños, se acerca a ellos y espera que jueguen con él. Su universo se ensancha y le cautiva cada vez más. Ya no se interesa sólo por él y por su relación personal con los objetos, sino que empieza a integrar a otra persona en su juego, a pedir su participación, a dialogar con ella.

Antes de los 3 años, sabe expresar su preferencia por un niño, que puede convertirse en un compañero de juegos privilegiado. Estas primeras amistades infantiles son intensas y, muchas veces, duraderas.

Expresar los conflictos

El niño crea en sus juegos un mundo a su medida donde es feliz. Este universo imaginario se apoya en la realidad que conoce y le ofrece la oportunidad de recrear ciertas situaciones que le resultan difíciles, lo que le permite expresar su agresividad y dominar su ansiedad. De este modo, puede «jugar» a la ausencia de sus padres, la separación o los conflictos, incluida la muerte.

A pesar de todos los ideales pacifistas de los padres, deberán tolerar que, desde muy pequeño, el niño juegue a la guerra y se construya una arma con una rama, haciendo así inútiles los esfuerzos para evitar que tenga pistolas, espadas y otros tipos de armas.

Juegos de niñas, juegos de niños

A menudo, el universo de juegos que los niños reproducen es distinto según el sexo. Si bien es cierto que, cada vez más, niños y niñas estudiarán lo mismo y desempeñarán las mismas actividades artísticas o deportivas en el futuro, los padres, inconscientemente, se comportan de distinta manera con una niña que con un niño, lo que orienta el desarrollo de su identidad sexual desde el nacimiento. Resulta difícil averiguar si el origen de esta actitud se sitúa en la presión social, afectiva y familiar o en diferencias reales de los intereses del niño. Hacia los 3 años estas divergencias de los intereses de unos y otras se hacen evidentes (*véase* pág. 269). Las niñas tienen mayor tendencia a jugar con muñecas, con la cocinita (aunque también les gusta a los niños) o a disfrazarse de mujer adulta. Los niños se divierten más disfrazándose de justicieros, persiguiéndose con el arma en la mano o dedicándose a su camión, actividades compartidas, sin embargo, por las niñas.

Juguetes y disfraces

Existen juguetes más o menos sofisticados para ofrecer al niño la posibilidad de imitar las situaciones reales (teléfono, volante de un automóvil, maletín de médico, disfraces de todo tipo). Le permiten adaptar el mundo real a su escala y le ofrecen un apoyo concreto para vivir ciertas situaciones cotidianas (comiditas, garaje, granja, etc.) o extraordinarias (disfraces de hada, de princesa, de El Zorro, de guerrero galáctico, etc.). Sin embargo, muchas veces los objetos corrientes más simples sirven al niño para recrear un mundo a la medida de su imaginación.

Las actividades manuales y artísticas

Al placer de «simular que» y de imaginarse historias inventadas o extraídas del mundo que lo rodea, se añade el de crear (formas, colores, sonidos o movimientos). Artista polivalente, el niño expresa esta necesidad cada vez con mayor habilidad, con el dibujo de formas, el manejo de la paleta de colores, la entonación de canciones infantiles o el descubrimiento de los gestos del baile. Todo su cuerpo participa activamente en el desarrollo de la mente.

Pintura, collage, dibujo

En el transcurso del segundo año de vida, el niño empieza a descubrir ciertas actividades como el collage de papelitos de colores, la plastilina o los juegos de construcción. Tiene suficiente habilidad para jugar con los cubos, ensartar las anillas y encajar los objetos. También es el comienzo del período «artístico», en el que utiliza la pintura, los rotuladores y los lápices de colores.

• **Formas y colores.** Al niño le gusta dejar la huella de su actividad en cualquier tipo de superficie (pared, arena,

Desarrollar su imaginación

Hay que fomentar la imaginación del niño desde pequeño. La imaginación es necesaria para el equilibrio de su personalidad y para el desarrollo de su inteligencia. Estimula la curiosidad y enriquece sus experiencias. En resumen, le proporciona el deseo de establecer lazos con los demás, adultos y niños, para poder compartir sus descubrimientos y emociones.

• **Imaginar.** Se deben respetar los momentos de inactividad en que el niño deja volar la imaginación; que tenga tiempo de soñar con la mirada perdida. No se aburre, así que conviene darle la oportunidad de descubrir sus propios recursos. Estos momentos de inactividad favorecen, en contra de lo que parece, su desarrollo intelectual.

• **Simular.** Al margen de estos instantes necesarios de soledad, demuéstrele que se interesa por él, únase a sus juegos, entre con él de vez en cuando en su mundo imaginario. «Simule» también. Ayúdelo a inventarse situaciones originales y divertidas contándole historias, recreando personajes o situaciones. Mire o comente con él las ilustraciones de los libros.

• **Actuar como los adultos.** Aparte de respetar su mundo imaginario, ofrezca al niño la oportunidad de vivir juntos experiencias reales. Asígnele pequeñas tareas domésticas de modo divertido, por ejemplo preparar juntos un pastel.

• **Descubrir el mundo.** Durante los paseos, hay que mostrarle las flores, los árboles, los insectos, atraer su atención hacia los aviones, los coches y otras máquinas que se encuentren. Todas esas cosas no son más que un pretexto para excitar su curiosidad. Estos descubrimientos de la vida, de la naturaleza, de la técnica servirán de base a las situaciones que luego imaginará.

• **Jugar con otros niños.** Es conveniente que el niño esté en contacto con otros niños. Cada uno de ellos aporta su imaginación y enriquece así el juego. Al niño le gustarán estos encuentros. Incluso cuando la confrontación resulta conflictiva, es constructiva y le ayudará a adaptarse a la realidad.

tierra, papel) con el dedo, con la mano o con la ayuda de un instrumento (lápiz, pincel, rotulador, etc.). La calidad de sus «obras» se ve limitada por su falta de habilidad y por su incapacidad para reproducir la realidad o los productos de su imaginación. Sin embargo, es aconsejable dejar que dé rienda suelta a su fantasía y permitirle usar técnicas originales con toda libertad. En el jardín de infancia, los niños pueden también usar pinturas (no tóxicas) en soportes amplios, sobre la pared o el suelo, con los dedos, las manos o incluso los pies, o bien con pinceles grandes. El resultado suele ser sorprendente en cuanto a las formas y la elección de los colores. En casa, pueden fijarse hojas grandes de papel en la pared, quizá adornadas con pedazos de telas, de cartulinas, hojas caídas de los árboles, etc.

• **La progresión del dibujo.** Al final del primer año, el niño garabatea por el placer de dejar su huella, lo que, en cierto modo, es una prolongación de su gesto. Hacia los 18 meses, adquiere conciencia de su gesto y elige el soporte: papel blanco, cartulina de colores, pizarra de plástico, etc. Es capaz de dibujar voluntariamente líneas horizontales o inclinadas. Hacia los 2 años, más hábil con las manos y con una mayor comprensión de cómo funcionan los objetos, intenta imitar la actitud de un adulto que escribe y realiza garabatos en espiral. Hacia los 3 años, atribuye sentido a las formas que dibuja, sin que exista el menor parecido con el objeto que presuntamente ha querido representar. En función de su disposición afectiva, una misma forma servirá para un gato en un momento y para su madre, un poco más tarde: está intentando crear un lazo afectivo y subjetivo con el adulto.

Música, canto, baile

Desde la vida intrauterina, el futuro bebé es sensible al ruido. ¡Y al niño le encanta armar ruido! En lugar de gritarle para que no lo haga, es mejor enseñarle a dominar los sonidos, a darles sentido, a distinguirlos.

Jugar significa aprender a crecer

Imitar el mundo de los mayores △

Jugar a llamar por teléfono, al igual que conducir el camión de juguete, acostar los ositos de peluche o bañar a la muñeca, se convierten durante el tercer año de vida en las ocupaciones favoritas del niño. Al reproducir los gestos de los adultos o los de otros niños de más edad, recrea escenas de su vida diaria: una vida cada vez más «social».

Jugar «a» la música ▽

De las primeras vocalizaciones a los ataques de llanto, el niño no ha esperado a cumplir el año para expresarse con la ayuda de los sonidos. Ahora que su cuerpo le permite una mayor libertad de movimientos y que empieza a hablar, ¡le encanta hacer ruido! Los objetos de la vida diaria, los juguetes musicales o las canciones infantiles son medios para explorar la variedad del universo sonoro.

• **Escuchar música.** Mozart o los Beatles, de ahora en adelante ya puede familiarizar al niño con la música que a usted le gusta para intentar transmitirle sus preferencias. Este baño precoz en la cultura musical de los padres orientará su sensibilidad pero es importante que, en el futuro, pueda expresar sus preferencias personales, influidas por la cultura de su época. También le gusta escuchar las canciones infantiles, en que las melodías y las palabras son sencillas, y le resultan fáciles de reconocer y de repetir.

• **Producir sonidos.** El niño es capaz de producir su propia forma de arte musical. Al responder de forma adecuada a sus llantos y a sus primeras vocalizaciones, los padres le transmiten la sensación de que puede expresarse con la ayuda de los sonidos y lo animan también a proseguir su exploración. Al acceder al lenguaje, descubre la variedad del universo sonoro: modula las entonaciones de la voz y se pone a cantar. Los objetos de la vida diaria se convierten en posibles instrumentos de música: un tenedor y una cacerola, dos vasos que tintinean al chocar, el pie que golpea los barrotes de la cama... Poco a poco, el niño reconoce los distintos sonidos y, un día, intenta reproducirlos con un cierto ritmo. El ruido se convierte entonces en música. Se le pueden comprar instrumentos como un tamboril, un xilófono o unas maracas.

• **Bailar.** La música de cada niño se expresa también con el canto, los gestos o las palmas. Además, a través de la música, el niño accede al baile. Cualquier movimiento prefigura el baile si el niño lo efectúa con placer y armonía. Baila al escuchar música y al cantar, y el corro será durante varios años uno de los juegos con los que mejor se lo pasará.

Las actividades culturales

Siempre que estén adaptadas a la edad del niño, las actividades culturales enriquecen su imaginación y favorecen su plenitud. Los libros, los espectáculos, todo aquello que requiera escuchar y mirar le

El material del artista en ciernes

Los lápices y pinceles deberían ser grandes y de colores. Cuidado con los rotuladores y las acuarelas: no deben ser tóxicos.
En la pared de la habitación del niño, puede fijarse a una altura conveniente (y hasta el suelo) una hoja grande de papel grueso, de cartón o de vinilo. El niño disfrutará decorándola con sus garabatos y resultará fácil de limpiar. También se puede instalar este panel en la cocina, donde, en determinados momentos estará en mejores condiciones para controlar al pequeño «artista». Póngale un babero de plástico y convierta esa molestia en ritual: su «vestido» de pintor. Aproveche las hojas de papel, reutilizando por ejemplo las que ha impreso con el ordenador. Va a consumir grandes cantidades de modo que, si quiere evitar que dibuje en el mantel, tendrá que disponer de existencias.

Antes de los 3 años, ya le gusta escuchar música, de modo que puede intentar transmitirle sus preferencias por Bach, los Rolling Stones o Louis Amstrong desde su más tierna infancia o incluso desde antes del nacimiento. También le gustan las canciones infantiles, que poseen melodías y textos sencillos, claros y alegres, con estribillos que reconoce con facilidad. A partir del momento en que empieza a hablar, descubre la variedad del universo sonoro: modula las entonaciones de la voz, canta, y los objetos cotidianos (cubiertos, vasos, bols, etc.) se convierten en instrumentos de música con los que practicar.

Aprender a escuchar Δ
Dejar que el niño escuche canciones infantiles agudiza su capacidad de reproducir los sonidos. No es un oyente pasivo: a partir de los 2 años, le gusta participar, por ejemplo, recordando las palabras fáciles de repetir y que puede acompañar con gestos. Anímelo e intente tener tiempo para compartir con él estos momentos de placer. Escuchen también juntos su música preferida, pero no lo obligue a estar atento demasiado rato.

apasiona. Hay que favorecer esta curiosidad intelectual.

Los libros
A partir de los 18 meses, al niño le empieza a gustar que le cuenten cuentos, que le comenten las ilustraciones de los libros. Aun cuando no siempre comprende el sentido de la historia o algunas palabras, es sensible al tono de voz, al color y al ambiente que crean las ilustraciones. La lectura es un momento de intercambio intenso entre el niño y los padres, ideal para los mimos, que forma parte del rito de acostarse.

Hacia los 2 años o los 2 años y medio, el niño va comprendiendo cada vez mejor el sentido de una historia. Para que se lo pase mejor, conviene contarla de forma expresiva, con muchos comentarios, gestos y expresiones, y cambios del tono de voz en función de los personajes. Cuando sepa hablar, muchas veces se contará historias él solo. A través del libro, el niño descubre el mundo, la vida cotidiana, la naturaleza, las técnicas, las costumbres de otros países o los animales. Dicho de otro modo, explora y alimenta su imaginación. Durante este período los libros desempeñan una función de distracción y de desarrollo del conocimiento, y predisponen al niño para todo lo que tendrá que aprender. No es preciso esperar a que vaya a la escuela para inscribirle en la biblioteca más cercana.

Los espectáculos
El niño tiene los ojos bien abiertos para observar el mundo que lo rodea. Todo lo que ve, es para él un espectáculo. De este modo alimenta su imaginación de aventuras en las que puede participar. Vale la pena brindarle la oportunidad de enriquecer su experiencia mediante espectáculos originales, como las marionetas o el circo. La sala oscura del cine o del teatro, aunque la película o la obra estén destinadas al público infantil, no son aún adecuadas para él.
• **Las marionetas.** Este espectáculo es especialmente apto para niños de menos de 3 años, ya que los hace participar en la

Jugar al aire libre

Ya desde muy pequeño, al niño le gustaba salir de casa, primero en su cochecito y, después, cuando ya podía mantenerse sentado, en la silla. Ahora que empieza a andar y, pronto, a correr, a saltar, etc., las salidas le ofrecen la posibilidad de practicar sus nuevas facultades físicas. A medida que coordina mejor los movimientos, le gusta aumentar su campo de juego fuera de casa, puesto que necesita gastar muchas más energías. Los paseos por el parque, los fines de semana en el campo o las vacaciones en el mar le brindan también la ocasión de descubrir la naturaleza.

El triciclo △
A partir de los 2 años y medio, se llega a la edad del triciclo: «artilugio» indispensable para que el niño haga ejercicio a la vez que desarrolla la destreza física.

Los juegos con agua ▽
A los niños les gusta mucho jugar con el agua, llevarla en cubos, mezclarla con la arena y moldear.

acción, se les pide que respondan, que griten, que den palmas. En él intervienen Guiñol, el lobo y otros grandes personajes míticos como las princesas, los reyes, los magos, las brujas, etc. Los niños se identifican con los personajes y vibran intensamente. Una vez iniciados, les gustará inventarse su propio espectáculo. Cualquier cosa puede convertirse en una marioneta en la punta del dedo: un dedal, un personaje hecho con trozos de fieltro, un guante viejo decorado... Se puede ayudar al niño a confeccionar marionetas y a representar una historia detrás de un escenario improvisado.

• **El circo.** A partir de los 2 años, este espectáculo poético, con los acróbatas, los payasos, los malabaristas y los animales, encantará al niño. Es preciso que la representación no sea demasiado larga y que el niño esté lo suficientemente cerca de la pista para que se interese el tiempo necesario.

• **El cine.** Es aún un poco pronto para llevar el niño al cine (o al teatro). Las salas están a oscuras, a menudo la película es demasiado larga y no puede mantener mucho rato la atención en una historia que no siempre comprende y en la que ciertas escenas pueden asustarlo. Además, no dispone de la posibilidad de intercambiar fácilmente sus impresiones ni de preguntar las cosas que le preocupan.

La pequeña pantalla

Al margen de las pocas emisiones concebidas especialmente para los pequeños o de los dibujos animados, la televisión no está adaptada para niños de menos de 3 años. El vídeo, en cambio, que permite grabar y, por lo tanto, seleccionar los programas de calidad que corresponden a su edad, es un medio de familiarizar al niño con esta máquina asombrosa de imágenes que ocupa un rincón del salón.

• **La televisión.** El niño está fascinado por un flujo de sonidos y de imágenes que no comprende pero que se imprimen en su memoria y, algunas, lo perturban. Mira, sin poder asimilarlas, emisiones que no están adaptadas ni a su fase del desarrollo ni a sus facultades de aprendizaje, lo que le provoca agitación y fatiga nerviosa.

• **El vídeo.** Los dibujos animados, las películas de animación o los documentales sobre animales, de duración razonable y en los momentos que se consideren adecuados, servirán para alimentar la imaginación o la curiosidad del niño. Pero, esta práctica es menos pasiva: antes de dejarlo solo frente a las imágenes, es preferible que los padres las comenten con él; se establece así un intercambio fructífero que puede ayudarle a comprender el mundo.

Actividades físicas y descubrimiento de la naturaleza

Desde que se desplaza solo y, sobre todo, a partir de los 18 meses, el niño ha adquirido suficiente dominio de su cuerpo para que le guste gastar sus energías. Pronto experimenta la necesidad de correr, de saltar, de jugar con el camión, de darle a la pelota, etc. Conviene animar y favorecer esta necesidad de expresión física todo lo posible. El campo ofrece un marco ideal para este tipo de actividades. El niño de ciudad podrá liberar algo de su exceso de energía en los jardines públicos.

Los juegos de agua

El niño está familiarizado con el agua desde antes del nacimiento. En casa, habrá podido comprobar un montón de veces las virtudes calmantes del agua al dejarlo jugar en el lavabo o en la bañera (¡siempre bajo vigilancia!) con algunos juguetes flotantes.

Algunas piscinas públicas o gimnasios disponen de instalaciones adecuadas para el baño de los más pequeños a partir de los pocos meses de vida. En una franja horaria reservada, sin mucha gente a su alrededor, el niño, provisto de flotadores y de salvavidas, bajo la atenta vigilancia de los monitores o en compañía de sus padres, chapotea y se divierte; en cierto modo, aprende a nadar.

Al margen de este ámbito privilegiado, no es aconsejable llevar a la piscina a los niños menores de 2 años, debido al ruido, al bullicio... No se debe dejar nunca al niño sin vigilancia en una piscina, ni un instante. Bajo supervisión, el niño adquiere, chapoteando de este modo, una

Orden y desorden

Montar en el triciclo o jugar a la pelota en el pasillo o el salón no constituyen, evidentemente, actividades demasiado adecuadas para dentro del hogar. Sin embargo, el niño debe contar con la oportunidad de dedicarse a ciertas actividades físicas dentro de casa. Empujar o tirar de un gran camión lleno de cubos, subir escaleras, encaramarse al sofá y bajar, sentarse en un animal de balancín, jugar en la bañera o bailar al ritmo de una canción infantil, por ejemplo, le permitirán entretenerse mientras espera la hora del paseo. Conviene recordar que, hacia los 18 meses, al niño le encanta desordenar las cosas, pero también ordenarlas: pronto se da cuenta de lo que no está en su sitio. Aproveche la ocasión para pedirle que la ayude a ordenar los juguetes de su habitación o el armario de los zapatos, que vaya con usted a meter la ropa sucia en la lavadora, etc.

autonomía tranquilizadora para él y sus padres, vence el miedo al agua y prueba juegos acuáticos diversos. No sabrá nadar realmente hasta los 5 o 6 años; es inútil obligarlo antes. En la piscina hinchable del jardín o a la orilla del mar, el baño debe ser siempre un placer.

Los jardines públicos
Los elementos de los jardines públicos permiten al niño divertirse con toda seguridad, fuera del alcance de los coches y lejos de la suciedad y de otros peligros de la ciudad. La mayoría de los jardines disponen de una zona de arena o de hierba. Otros poseen estructuras variadas para escalar, toboganes, columpios, ruedas giratorias, subibajas y, a veces, tiovivos. Allí, el niño hará sus primeros pinitos con el triciclo. Además, conocerá a otros niños y, para los que están mucho en casa, es la oportunidad de iniciar una vida social en la que harán amistades, aunque también se verán enfrentados a los conflictos de la rivalidad (*véase* pág. 278).

¿PRACTICAR DEPORTE ANTES DE LOS 3 AÑOS?

Los tres primeros años de vida son los del desarrollo psicomotor natural y no los del ejercicio. El deporte requiere esfuerzos musculares coordinados, resistencia y concentración, cosas que resulta prematuro e incluso peligroso exigir a un niño de menos de 3 años. Una actividad parcial que desarrollaría una capacidad antes que otra podría perjudicar el crecimiento y el equilibrio del niño. Así pues, resulta exagerado hablar de deporte al referirse a las actividades físicas del niño. A esta edad, sólo hay que pensar en el juego.

El placer de derrochar energías
También es inútil pretender que el niño respete las reglas del juego que no están pensadas para él. Hay que dejarlo correr, saltar, ir a gatas o encaramarse como le plazca. Las únicas limitaciones son las que impone su seguridad. Le gusta montar en triciclo pero no sabe aún ir en bicicleta de dos ruedas. Le encanta dar patadas a un balón, pero no se podrá hablar de fútbol hasta pasados unos años. Le gusta correr y saltar, pero eso no es atletismo. Se mueve con gracia, pero no se trata aún de danza. Se debe fomentar esta actividad física bajo la mirada atenta y paciente de los padres.

Deporte con los padres
Para que comparta sus actividades deportivas y llevarle, por ejemplo, a montar a caballo o a esquiar, tendrá que esperar a que tenga 3 años bien cumplidos, aún en el caso de que sea usted un jinete o un esquiador consumado. Es preferible un paseo en bicicleta, si el tiempo lo permite y si el circuito elegido es apropiado.

La naturaleza y los animales
Por regla general, a los niños les gusta la naturaleza, se encuentran a sus anchas en ella y les encanta explorarla. Están especialmente fascinados por todos los animales que pueblan este universo de aventuras. Las hormigas, las mariquitas, las lombrices, los lagartos, las vacas, las gallinas, los conejos o los pájaros... multitud de animales extraños por descubrir. Además, los juguetes y los libros para niños explotan mucho esta atracción espontánea por los animales. Aunque muchos de los niños que viven en grandes aglomeraciones sólo conocen la naturaleza que ven en un parque público, les gusta descubrir las flores y los gorriones.

• **Placeres insustituibles.** El niño que no tiene ningún tipo de contacto con la naturaleza se pierde muchas ocasiones de satisfacer su curiosidad y de despertar su sensualidad. Jugar en la hierba de un prado, respirar el olor del heno recién cortado o admirar un campo de amapolas son placeres sencillos pero insustituibles, que no deberían ser sólo disfrutados por los niños que viven en el campo. Si se vive en la ciudad, hay que procurar llevar con la mayor frecuencia posible al niño al campo, a la montaña o al mar, a la espera de que haya crecido lo suficiente para ir de colonias o de excursión (*véase* pág. 327). Si les resulta difícil escaparse del medio urbano, pueden llevar al niño al zoo, al acuario o al jardín botánico más cercanos.

• **Los peligros que hay que tener en cuenta.** Existen plantas y animales venenosos, por lo que se debe advertir al niño desde su más temprana edad. Hay que prohibirle claramente, por ejemplo, comer las pequeñas «bolitas rojas» que penden de las plantas, acercarse a las abejas posadas sobre una flor, etc.

Si hay un animal doméstico en casa (*véase* pág. 298), se debe explicar al niño que debe respetarlo y no tirarle de la cola ni de las orejas. Los gatos o los perros que reciben este tipo de agresión pueden responder con un arañazo o un mordisco. La mayoría de los accidentes provocados por animales domésticos se produce entre los niños de 1 a 3 años de edad.

Las relaciones sociales

El niño se desarrolla a través del contacto con los adultos y también con sus semejantes: sus hermanos, sus primos y todos los niños que puede conocer fuera de su familia, con la canguro, en el jardín de infancia o en el parque público.

Encuentros y juegos con los demás

Dé al niño la oportunidad de estar con otros niños.
No espere que, antes de los 3 años, ceda sin disgusto sus juguetes a otros niños, aunque los conozca mucho.
No le exija atención constante durante mucho tiempo cuando juega con él, le cuenta una historia o cantan juntos.
Déle la oportunidad de jugar solo, incluso aunque haya otros niños de su edad o mayores que él.
Evite inmiscuirse con una actitud «sargento» en sus juegos con los demás niños. Podría convertir simples riñas en verdaderos conflictos.

Ya desde muy pequeño, el bebé se siente fuertemente atraído por los demás niños. A medida que crece y que empieza a establecer relaciones con ellos, el niño aprende poco a poco a adaptarse a la vida en sociedad, en colectividad. Pero, no se trata de un aprendizaje fácil. Sin renunciar a la reafirmación de su personalidad, el niño debe comprender que existen normas inherentes a toda vida social, normas de tolerancia y de respeto por los demás.

Los niños se reconocen y se atraen

Desde los primeros meses de vida, el bebé sabe distinguir entre un niño y un adulto. Se siente visiblemente atraído por la cara de otro niño, por sus expresiones, sus gestos y su forma de hablar, que muchas veces le hacen reír de forma espontánea. ¿Qué provoca esta atracción, la exuberancia del cuerpo o la vivacidad de la voz característica de los niños? Resulta difícil averiguarlo, pero lo cierto es que es así. Un bebé de 8 a 12 meses, en presencia de un niño desconocido no experimenta la misma desconfianza que si se tratara de un adulto (*véase* pág. 225). A partir del momento en que puede andar, lo que le vuelve más independiente físicamente, manifestará aún más este interés por otro niño. Se le acerca con curiosidad, sin recelos, como si ya lo conociera, y quiere tocarlo. Pero, cuidado: sus gestos pueden volverse incontrolados o agresivos, de modo que conviene vigilarlo. Hasta que no tenga más de 2 años no tendrá deseos reales de jugar con otros niños.

Juegos en solitario

A pesar de que se reconocen y se atraen, los niños no juegan realmente juntos antes de haber cumplido 2 años y medio aproximadamente. Más bien juegan los unos al lado de los otros: cuando están juntos, sus actividades son paralelas.

En el jardín de infancia, las puericultoras y las educadoras se encargan de equilibrar los momentos de los juegos colectivos, en los que los niños se reúnen, escuchan el mismo cuento o la misma música, con los momentos de actividad individual, en los que tienen a su disposición distintos juguetes. Durante estos períodos de actividad libre, se constata que cada niño se interesa por encima de todo en su propio juego. Pero, si bien es cierto que los bebés de menos de 2 años no juegan juntos, la proximidad de sus pequeños compañeros les estimula la capacidad inventiva y a conseguir nuevas proezas. Poco a poco, dejarán de conformarse con observarse mutuamente. A los 2 años y medio son capaces de comunicarse hablando; sus gestos son más hábiles, más coordinados, y aceptan que uno de sus compañeros finalice una acción que ellos han iniciado. Pueden empezar entonces a compartir, a intercambiarse los juguetes, por lo menos durante un breve instante: este compartir dista mucho de ser evidente.

Compartir es difícil

Un niño pequeño se muestra siempre muy posesivo con respecto a sus juguetes. Desde su primer sonajero y, sobre todo, desde el famoso «objeto transicional» (*véase* pág. 227) que le ayuda a separarse de su madre, mantiene una relación afectiva muy estrecha con los juguetes que ha elegido. Puede que este afecto sea de corta duración pero, en el momento en que se produce, es particularmente intenso: es como si el objeto formara parte del niño.

Como se trata de una relación casi pasional, carece de sentido intentar obligar al niño a desprenderse del juguete con el pretexto de que ha de aprender a compartir las cosas con los demás. Todavía no comprende esta noción y sólo puede manifestar su desacuerdo con gritos violentos. No quiere dejar su juguete porque, para él, separarse del mismo es demasiado cruel: eso no significa que sea egoísta. El aprendizaje de la vida en sociedad ya exige esfuerzos de adaptación importantes para un niño de menos de 3 años. No es razonable exigirle, además, que ceda a un tercero los objetos a los que tiene apego. Así pues, hay que tener paciencia y esperar un poco más: cuando tenga la suficiente confianza en sí mismo y se sienta a gusto entre los demás, podrá avenirse a dejar sus juguetes sin sentir amenazada su integridad.

La intervención de los adultos

Solos o en grupo, los niños están siempre contentos de jugar con un adulto a partir de un cuento o una canción, tanto en casa como en el jardín de infancia. Pero conviene recordar que, antes de los 3 años, se pierde su atención con mucha rapidez. Las actividades dirigidas por un adulto deben, pues, combinarse con los momentos de libertad, durante los que los niños pueden establecer relaciones de forma totalmente espontánea.

Si los padres se inmiscuyen con demasiada frecuencia en los juegos de los niños, rompen esta espontaneidad, ya que tienen tendencia a reaccionar en función de sus propias reglas sociales; intervienen con demasiada frecuencia al menor problema, de modo que dramatizan una actuación originariamente sin importancia. Al interponerse inmediatamente entre dos niños que se pelean, atribuyen un significado negativo a gestos que quizás sólo eran una forma un poco primaria de expresarse y de desahogarse. Imaginan sentimientos de hostilidad o de agresividad que los niños no necesariamente cobijan. Algunas veces, se equivocan y crean un problema que no existía: al verse empujados a seguir lo que interpretan los adultos, los niños se vuelven realmente agresivos, mientras que al principio sólo jugaban.

Para evitar estos malentendidos, los adultos deben dejar que los niños se desenvuelvan solos todo lo posible y darles tiempo para solucionar ellos solos los conflictos que surjan. De este modo, los niños aprenden a convivir entre sí. Además, saben mostrar lo que están dispuestos a tolerar a sus compañeros y también son capaces de hacer ciertas concesiones para que la vida de grupo sea divertida. Comprenden entonces que no son todopoderosos. Lejos de la mirada de sus padres, gozarán también de la oportunidad de expresarse de modo distinto. Así pues, cuando el niño cumple el año de edad, es muy importante favorecer los encuentros regulares con otros niños.

El ingreso precoz en la escuela

Hoy en día, muchos padres desean que sus hijos entren en la escuela a partir de los 2 años o los 2 años y medio.

Este ingreso precoz en el sistema escolar podría ser beneficioso para aquellos niños que hasta ese momento no han tenido ocasión de estar fuera de casa.

En la escuela encuentran un entorno distinto, lo que les permite desarrollar la imaginación y la creatividad. Conocen nuevos adultos, con los que establecen relaciones más neutras que con sus padres y, claro está, se codean con otros niños, con los que aprenden a vivir en sociedad.

Pero hay que vigilar que la escuela esté en condiciones de responder a las necesidades de un niño de menos de 3 años que, por ejemplo, todavía debe dormir muy a menudo dos veces durante el día. ¿Dispone de salas donde el niño pueda descansar? ¿Acoge ya la escuela a muchos niños de menos de 3 años? ¿Están habituadas las personas encargadas a cuidar niños de esa edad? Es preciso responder a todas estas preguntas antes de enviar el niño a la escuela. También es aconsejable asegurarse de que no le resultará demasiado cansado. Lo mejor es que, al principio por lo menos, sólo vaya parte del día: por la mañana o por la tarde. Por último, los padres deben establecer una relación de confianza con la persona o las personas que van a cuidar de su hijo, estar al corriente de las actividades propuestas y, dado el caso, participar en ellas. De este modo, se mantienen próximos al niño, que acepta mucho mejor la transición entre la vida familiar y la vida colectiva.

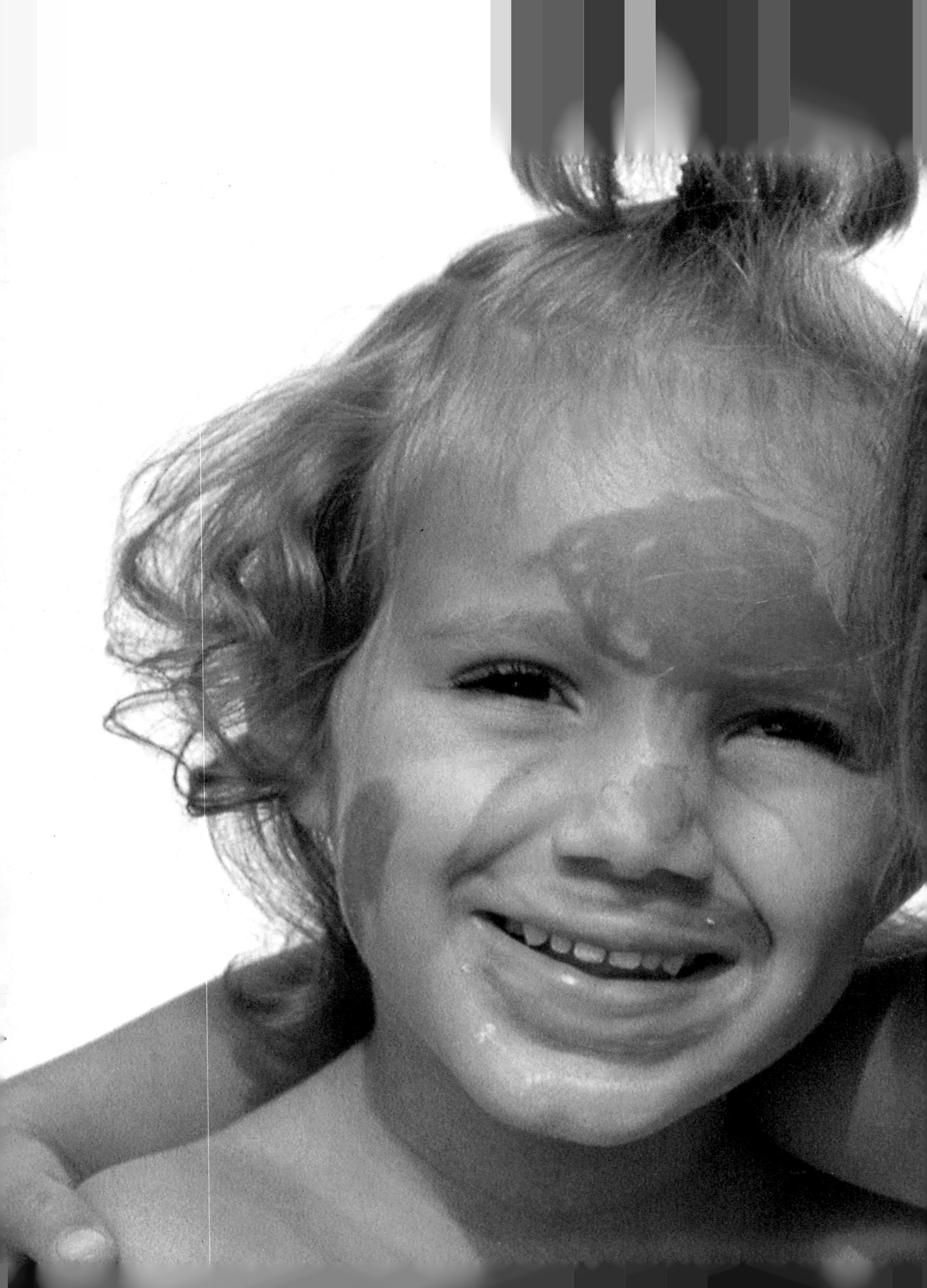

El *niño de* 3 *a* 10 *años*

El *niño de* 3 *a* 10 *años*

◆

El *niño* *de 3 a 6 años*

El niño ya está bien encaminado hacia la autonomía: aparte de algunos pequeños accidentes, no ensucia los pañales, se comporta como un adulto en la mesa, quiere hacer cada vez más cosas él solo, progresa sin cesar en el lenguaje... Jugar sigue siendo su actividad principal, que ya comparte con los demás. Está listo para entrar en el parvulario.

El *niño de* 4 *años*

Los ritmos
El niño toma comidas análogas a las de los adultos, pero en menor cantidad. Come y bebe solo sin ensuciarse. Por la noche, duerme profundamente de diez a doce horas. La siesta dura entre una y dos horas, pero algunos niños ya no la necesitan.

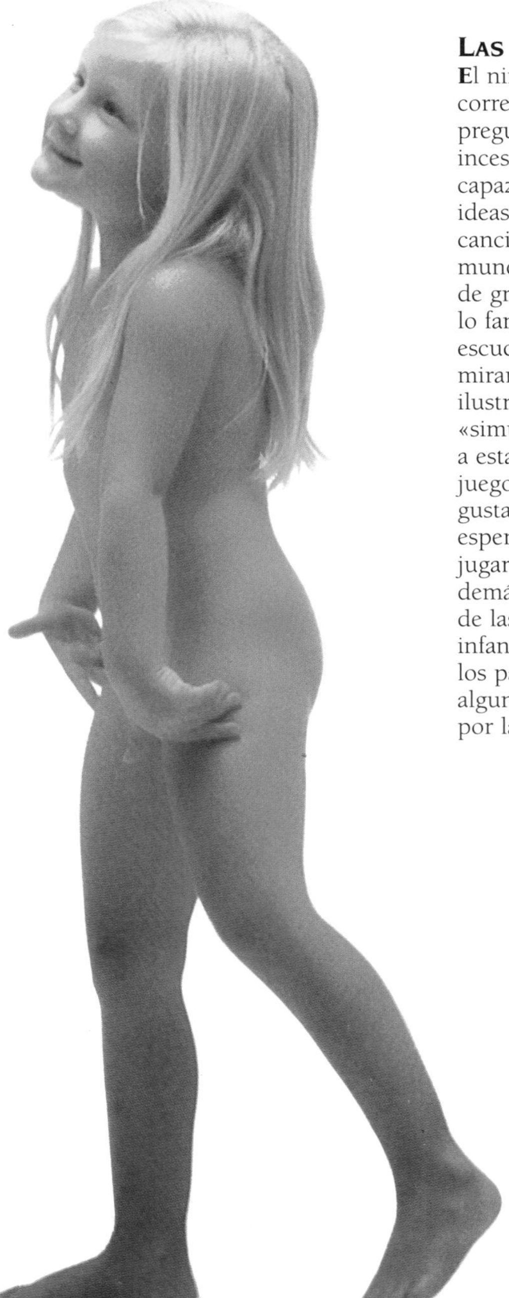

Las relaciones
El niño habla correctamente. Hace preguntas, a veces incesantemente. Es capaz de intercambiar ideas. Canta y escucha canciones infantiles. Su mundo imaginario es de gran riqueza. Cree en lo fantástico. Le gusta escuchar historias y mirar libros con ilustraciones. Juega a «simular que». Aprende a estar atento. Los juegos colectivos le gustan cada vez más: espera su turno para jugar y coopera con los demás. Es el principio de las amistades infantiles. No ensucia los pañales, aparte de algunos «accidentes» por la noche.

Los movimientos
El niño corre, se encarama a todas partes, lanza y recoge una pelota si se la tiran. Salta con los pies juntos. Aprende a ir en bicicleta sin las ruedecitas estabilizadoras. Empieza a desvestirse y, luego, a vestirse solo. Demuestra su habilidad en los juegos de construcción, con resultados cada vez más elaborados. Dibuja con rotuladores y también pinta.

Talla	Niño	101 cm (93-109)
	Niña	99 cm (92-107)
Peso	Niño	15,5 kg (12,5-19)
	Niña	14,5 kg (11-17)
Dientes:	El niño cuenta con 20 dientes de leche	

Nota: Estas cifras corresponden al 95% de los niños.

El *niño de 5 años y medio*

Los movimientos
El niño sabe saltar a la pata coja. Necesita jugar al aire libre, correr y gastar energías. Va en bicicleta, aprende a nadar, a jugar al fútbol. Se viste y desviste solo. Dibuja círculos, formas redondeadas, puentes y otras formas de grafía precisa: en algunos meses, abordará la escritura.

Los ritmos
Come de todo.
Su apetito y sus gustos fluctúan.
Durante la noche, duerme entre diez y once horas. Siempre se tiene que acostar temprano.
Dejará la siesta de forma definitiva.

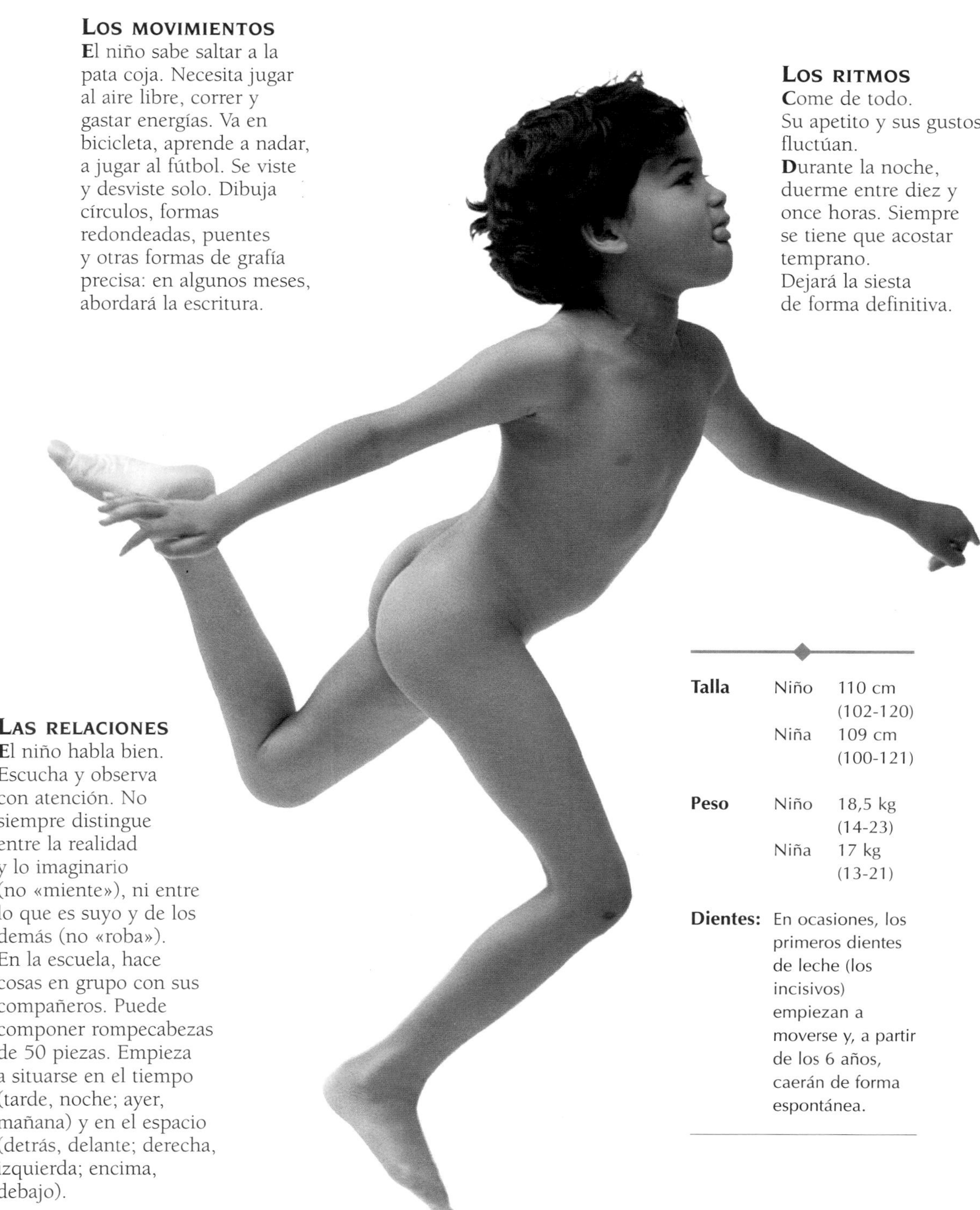

Las relaciones
El niño habla bien. Escucha y observa con atención. No siempre distingue entre la realidad y lo imaginario (no «miente»), ni entre lo que es suyo y de los demás (no «roba»).
En la escuela, hace cosas en grupo con sus compañeros. Puede componer rompecabezas de 50 piezas. Empieza a situarse en el tiempo (tarde, noche; ayer, mañana) y en el espacio (detrás, delante; derecha, izquierda; encima, debajo).

Talla	Niño	110 cm (102-120)
	Niña	109 cm (100-121)
Peso	Niño	18,5 kg (14-23)
	Niña	17 kg (13-21)

Dientes: En ocasiones, los primeros dientes de leche (los incisivos) empiezan a moverse y, a partir de los 6 años, caerán de forma espontánea.

El niño se desarrolla

A los 3 años, el niño abandona definitivamente el mundo de los bebés. Entre los 3 y los 6 años, es todo curiosidad y, gracias al dominio de la palabra, pronto aprenderá a leer.

HÁBLELE DE SU FAMILIA

A medida que crece, el niño aprende a situarse en el tiempo. Háblele de su familia y del lugar que cada uno de ustedes ocupa en ella. Le interesará saber que su mamá es hija de su abuelo Miguel y su abuela Mónica, y que su papá es hijo de su abuelo Juan y de su abuela Matilde. Cuéntele que su tía Patricia y su tío Daniel son hermanos de papá y preséntele también a sus primos y al resto de miembros de la familia. Eso le ayudará a situarse en su árbol genealógico y a adquirir conciencia de la noción de tiempo.

A partir de los 3 años, el niño crece entre 5 y 6 centímetros al año, un ritmo que mantendrá hasta que se acerque a la pubertad. El perímetro craneal del niño de 4 años alcanza el 90% del tamaño del adulto.

La edad de los «¿por qué?»

El niño dispone de una visión global del mundo y se mantiene centrado en sí mismo. Su inteligencia se agudiza día a día, pero sigue siendo intuitiva.

Le encantan las narraciones y los libros con ilustraciones. Habla solo, se inventa compañeros de juego imaginarios, juega con personajes inventados. Atribuye vida y su mismo modo de pensar a los objetos. «La mesa es mala», dice cuando acaba de darse un golpe con ella. Cree en los Reyes Magos, en el ratoncito Pérez, etc. Gracias a su mundo fantástico, el niño desarrolla la inteligencia, se tranquiliza o se asusta y se adapta a la realidad de la vida social.

«¿Por qué este señor lleva barba?», «¿Por qué se caen las hojas de los árboles?»... Se asombra de todo y pregunta sin cesar. Esta curiosidad incluye también su anatomía («¿Por qué él tiene pitilín y yo no?», «¿De dónde vienen los niños?»). Es necesario contestarle adaptando las explicaciones a su nivel de comprensión.

Pronto, a la escuela

El lenguaje del niño se enriquece. Conoce su nombre y aprende su apellido. Se reconoce en las fotografías. Va adquiriendo conciencia del tiempo (ayer, mañana) y empieza a manejar las conjugaciones que lo expresan. Le gusta soltar palabras malsonantes y muestra un interés especial por las que giran alrededor de «pipí-caca»: hay que evitar una complicidad divertida, así demasiada dramatización.

En casa, el niño reclama responsabilidades y no existe motivo alguno para negárselas. «Ya lo hago todo solo», afirma. Se desviste y, un poco más adelante, se viste sin ayuda. Intenta atarse los zapatos, con mayor o menor acierto. En ocasiones, quiere lavarse solo. Conviene acostumbrarlo a que se cepille los dientes, como mínimo por la noche.

Por regla general, el niño empieza a ir al parvulario entre los 3 y los 6 años. Aquí se encuentra con una vida social a su medida, con limitaciones y posibilidades distintas a las de casa, que responde a su deseo de aprender. Descubre a los compañeros de juegos, a los amigos.

En el patio, en los parques públicos o en casa, el niño dedica un tiempo importante (y necesario) a jugar. Es el gran período de «simularé que soy...». Para estos juegos, se identifica con los adultos y puede revivir los acontecimientos, adaptándolos a su gusto, lo que le permite resolver conflictos más o menos conscientes.

La fase edípica

Entre los 3 y los 6 años, el niño atraviesa un período decisivo en la formación de su personalidad. Por un lado, adquiere conciencia de que es un ser autónomo y, por otro, distingue su sexo y descubre lo que eso significa. Según se trate de un niño o de una niña, adopta un comportamiento distinto en los juegos y también en las relaciones con sus padres. Procura imitar al progenitor del mismo sexo y, al mismo tiempo, rivaliza con él para «seducir» al de sexo opuesto: se trata del complejo de Edipo. Durante este período, conviene evitar ser demasiado indulgentes con él y hay que ayudarlo a superar sus frustraciones ofreciéndole afecto y autoridad.

La alimentación

En este momento, el niño ya come en la mesa con la familia. La cuchara ya no tiene secretos para él. Ya le han salido todos los dientes de leche y sabe masticar los alimentos antes de tragarlos.

Los incisivos, los caninos, los molares (unos veinte dientes en total) forman el «instrumental» del niño para comer. Ha ido abandonando la succión, que forma el mundo alimenticio del lactante, y ha aprendido a morder y a masticar, es decir, a cortar y a triturar los alimentos con los dientes para, luego, tragarlos. Comer sin ensuciarse, con la boca cerrada, se adquiere como el resto de los hábitos, y forma parte del respeto por sí mismo, por los demás y por la comida, que el niño tiene que aprender a desarrollar.

En cuanto a los alimentos, el niño empieza a tener preferencias y aversiones. Suele mostrarse curioso y temeroso a la vez; le gustaría probarlo todo pero a veces siente verdadero miedo respecto a los alimentos que no conoce o que le resultan nuevos. Gracias a la paciencia y vigilancia de los padres, y a la imitación, forjará sus gustos. La experiencia adquirida en el comedor de la escuela enriquecerá la adquirida en casa.

Conservar las buenas costumbres

La alimentación de un niño de entre 3 y 6 años sigue siendo prácticamente la misma que antes, rica y variada. Las comidas deben conservar su regularidad. Pero no es posible seguir ninguna norma estricta en lo referente a la cantidad, puesto que las necesidades varían muchísimo de un niño a otro.

Los productos lácteos

Estos productos, ricos en calcio, deben estar presentes en el desayuno, en el almuerzo, en la merienda y en la cena. Es innecesario aumentarlos mucho: los aportes aconsejados de calcio pasan de 600 mg para un niño de 1 año a 700 mg cuando cuenta entre 4 y 9 años. Un producto lácteo en todas las comidas: ésa es la regla que hay que seguir. Conviene recordar que los quesos duros (gruyère) contienen mayor cantidad de calcio que los quesos blandos y frescos; es aconsejable añadirlos a los purés y a las ensaladas.

Los alimentos ricos en féculas

Estos alimentos ricos en almidón, «carburante» excelente, complementan a la perfección el aporte destinado al gasto de energía del niño, que aumenta a medida que crece. Deben formar parte de todas las comidas, ya sea en el plato o en forma de pan.

La carne, los huevos y el pescado

Fuentes útiles por su aporte de proteínas, ya forman parte de la alimentación del niño. Conviene variarlos todo lo posible para evitar la monotonía y educar el gusto del niño, quien no tardará en afirmar sus preferencias, pero también las cambiará con menos frecuencia.

La cocción debe seguir siendo ligera, sin usar grasas. Al niño le gustan los alimentos a la parrilla, ya sea carne o pescado. Para un niño de entre 3 y 6 años, son suficientes de 70 a 100 g al día, si bien las costumbres alimentarias de los países industrializados se sitúan claramente por encima de esta media. Si se acostumbra al niño a comer grandes cantidades de carne, tomará una menor cantidad de otras categorías de alimentos, reducirá su variedad de elección y su alimentación será desequilibrada. Si toma el almuerzo en la escuela, las raciones de carne o de pescado son de alrededor de los 60-70 g; así pues, hay que proporcionarle de vez en cuando un suplemento por la noche. Conviene recordar la siguiente equiva-

EN GUARDIA CONTRA LAS TENTACIONES

Conviene supervisar con mucha atención el consumo de alimentos grasos y de productos endulzados. Los dulces, las meriendas preparadas, las bebidas comercializadas, los platos de comida rápida, etc., contienen azúcares y grasas «ocultas», por lo que deben limitarse. Estos productos no deben pasar a formar parte de sus hábitos alimentarios. En la merienda, una rebanada de pan con chocolate es un inmejorable sustituto del pastelillo industrial, siempre demasiado rico en grasas y azúcares. Además, la rebanada de pan permite la variedad: puede tomarse con queso fundido, con miel, con mermelada, con crema de cacahuete o, incluso, con requesón o una lonchita de jamón.

lencia: 50 g de carne = 50 g de pescado = 1 huevo.

La fruta y la verdura
La fruta y la verdura crudas o cocidas deben seguir formando parte de las dos comidas principales. Puede incorporarse fruta al desayuno bajo la forma de un zumo o completar así de manera práctica la merienda.

Educarle el gusto

Con la edad, el contenido del desayuno y de la merienda cambia. Pero estas dos comidas frugales conservan su importancia y no deben improvisarse, a riesgo de desequilibrar la alimentación del niño. En el almuerzo y en la cena, el niño toma los mismos tipos de alimentos que cuando era más pequeño: ensaladas de frutas y de verduras, verduras cocidas o alimentos ricos en féculas, carne o pescado, queso y fruta. Es ahí donde suelen surgir los problemas, fuente de conflictos.

Un desayuno de verdad
¿Todavía le pide el niño el biberón de leche y eso lo tranquiliza? Sin embargo, debería ofrecerle una rebanada de pan con mantequilla, miel o mermelada, que se convertirá en una costumbre igual de necesaria. Si no se bebe la leche, se puede compensar con queso o con un yogur (en ese o en otro momento del día) y, como bebida, se le ofrecerá un zumo de fruta natural. En cambio, no es preciso obligarle a tomar una bebida caliente por la mañana.

Los productos lácteos y los alimentos ricos en féculas son indispensables para el niño. Pero debe evitarse que vaya a la escuela con algunas galletas para el camino. Las galletas no deben, bajo ningún concepto, sustituir el desayuno consistente que necesita, incluso cuando en la escuela esté prevista una pequeña pausa matinal para comer algo. Si el niño tiene un apetito voraz, no hay que racionarle la comida, pero hay que controlar la cantidad de alimentos azucarados.

Se debe reservar tiempo, aunque el

Los *modales en la mesa*

Cuchillo y tenedor △
A partir del momento en que logra manejar bien la cuchara para comer sin ayuda, el niño logra grandes progresos en la mesa.
Hacia los 3 años, cuando descubre el tenedor, puede empezar a coger los trocitos. A los 4 años, empieza a usar el cuchillo para untar una rebanada de pan o cortar el queso, si no es excesivamente duro.
Déle un cuchillo pequeño y no le deje jugar con él.

Como un adulto ▽
A partir de los 6 años, más o menos, el niño tiene suficiente destreza y fuerza para cortarse la carne o una manzana, por ejemplo. Muchas veces manchará el mantel o la servilleta, pero puede sentirse orgulloso de sus esfuerzos. Comportarse como un adulto en la mesa no resulta sencillo y merece que se le anime. Llévenlo alguna vez a comer con ustedes a casa de un amigo o al restaurante.

niño tenga que levantarse un poco antes, para que pueda tomar sin prisas un desayuno apetitoso.

Las dificultades del almuerzo y la cena

El niño deja la verdura en el plato, la examina con cara de asco, la prueba si se le insiste pero haciendo muecas, o incluso se la vuelve a sacar de la boca, y pide pasta o patatas fritas en todas las comidas. Es posible que no quiera comer carne: acumula un gran bocado en la mejilla, mastica interminablemente y termina por sacarlo de la boca. En estos casos, lo mejor es intentar otras soluciones y olvidarse de los principios demasiado rígidos, para que las comidas sigan consistiendo en un momento de placer, de reencuentros y de intercambio. Piense que estas aversiones o repulsiones son pasajeras y que podrá volver a introducir los alimentos proscritos con una preparación inesperada que el niño tomará por novedad.

• **No le gusta la verdura.** No hay que olvidar que muchas verduras se comen crudas: quizá le gusten más en forma de ensalada (las endibias, las espinacas, el hinojo en juliana, la remolacha rallada, el calabacín muy tierno, etc.). Pueden modificarse también las presentaciones e incluir la verdura junto a la carne o el pescado. Y, sobre todo, hay que aumentar la cantidad de fruta mientras dure la crisis.

• **No prueba la carne.** Quizá la cantidad que se ofrece al niño supera los 60 o 70 g necesarios al día, con lo que se podría reducir. Si ése no es el caso, no se le debe obligar a comerla y hay que aumentar el consumo de productos lácteos, ricos también en proteínas. No prepare platos especiales para el niño con el pretexto de que no le gusta nada; una vez se hayan agotado los distintos tipos de carne (roja, blanca, picada, frita, a la parrilla, con salsa, etc.), se pueden preparar platos de pescado, que ofrece una gran variedad, sin olvidar los huevos.

• **No come nada en la mesa.** ¿Todas las comidas son conflictivas? Conviene reflexionar sobre el modo en que el niño se alimenta. Muchas veces las costumbres familiares tienen parte de responsabilidad en este desequilibrio. ¿Come entre horas? ¿Coge cosas de la nevera por su cuenta? ¿Cuántas onzas de chocolate, de galletas, etc., le dejan comer? ¿Le permiten tomar bebidas endulzadas? Todo lo que ingiere entre las comidas, todo lo que picotea mientras ve la televisión le quita apetito y ya no tiene hambre al llegar a la mesa. En este caso es necesario modificar las (malas) costumbres y restablecer la disciplina alimentaria, lo que beneficiará a toda la familia. Indique las reglas al niño. Hay que suprimir los picoteos y las bebidas endulzadas (excepto el agua o la leche) entre comidas; si el niño tiene mucho apetito, se adelantará la hora de las comidas. Conviene mantenerse firme si, tras una comida en la que no ha tomado casi nada, pide dulces.

Incluso cuando tome las comidas con normalidad, hay que procurar que no pique nada mientras ve la televisión y no se le debe acostumbrar a una sobrealimentación, que no tardaría en provocarle un aumento excesivo de peso, del que le sería muy difícil librarse.

Organizar la merienda

Se le ofrecerán siempre productos lácteos, alimentos ricos en féculas y fruta. Si se recoge al niño en la escuela al final de la tarde y tiene mucho apetito, es mejor ofrecerle una fruta para saciarlo hasta llegar a casa que comprarle algún bollo con chocolate.

• **Merienda en casa.** Si no está en casa cuando el niño vuelve de la escuela, tenga prevista la merienda que debe darle la persona que se ocupe de él en ese momento: pan con mantequilla, mermelada o miel, un yogur, un trozo de queso. No conviene dejar a su alcance bebidas efervescentes en la nevera ni pastelillos en la despensa. Si ha conseguido que el niño se acostumbre a tomar todo tipo de pan, de queso y de fruta, y a saciar la sed con agua, se sentirá menos tentado por las meriendas y las bebidas industriales.

• **Merienda en la escuela.** Hay que pensar en alimentos que puedan permanecer todo el día en la cartera a temperatura ambiente: por ejemplo un *tetra brick* de leche UHT, un bocadillo de queso pasteurizado, una pieza de fruta. No se debe incluir requesón ni yogures de frutas o aromatizados, que deben conservarse en frío.

Nada de alcohol

Un niño no debe beber alcohol.
Por alcohol no debe entenderse sólo el güisqui o el vino. La cerveza o la sidra son bebidas alcohólicas: 25 cl de sidra o de cerveza aportan la misma cantidad de alcohol que 10 cl de vino de 12° y conllevan el riesgo de crear hábito.
Además, estas bebidas aportan calorías inútiles.
El vino «bautizado» (mezcla de vino con agua) constituye también una costumbre perniciosa, puesto que aleja al niño de la única bebida indispensable: el agua.
Tampoco hay que mostrarse transigente si el niño quiere beber un «simple sorbito» del cava que se ha descorchado con motivo de alguna celebración.

Los menús de la semana para el niño

La clave de una alimentación equilibrada es que sea sencilla pero variada, lo que permitirá al niño iniciarse poco a poco en los sabores: dulce, salado, amargo y ácido.

Lunes

◆

Desayuno

Leche con cacao

Pan untado con mantequilla

Comida

Pastel de pescado con pisto

Fruta del tiempo

Merienda

Yogur

Pan con mermelada

Fruta del tiempo

Cena

Crema de espárragos

Risotto

Queso con nueces

Fruta del tiempo

Martes

◆

Desayuno

Té

Biscotes con queso fundido

Comida

Pomelo

Hígado de cordero y pasta con gruyère

Manzana al horno

Merienda

Queso blanco con cereales

Fruta del tiempo

Cena

Ensalada de pepino y tomate

Espinacas con bechamel

Pastel de sémola

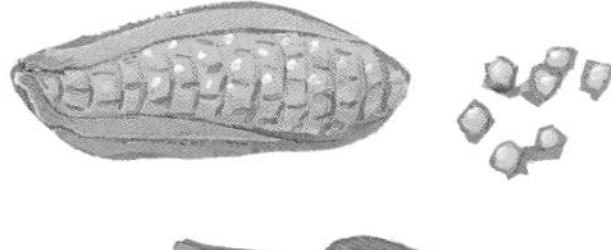

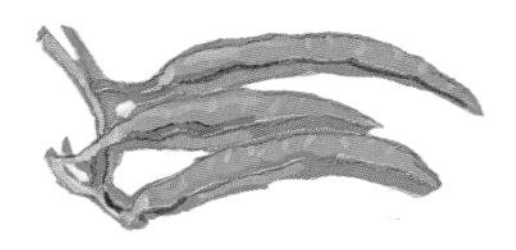

Miércoles

◆

Desayuno

Yogur con cereales

Fruta del tiempo

Comida

Remolacha con manzana

Asado de ternera con judías verdes

Queso

Fruta del tiempo

Merienda

Leche, aromatizada o no

Pan con mantequilla y miel

Cena

Sopa de verduras

Quiche lorraine

Fruta del tiempo

Jueves

◆

Desayuno

Zumo de fruta
Tostada con queso fundido

Comida

Aguacate con tomate
Salteado de pavo con aceitunas
Arroz
Yogur

Merienda

Leche, aromatizada o no
Galletas
Fruta del tiempo

Cena

Sopa de fideos
Calabacines gratinados
Queso de bola

Viernes

◆

Desayuno

Leche, aromatizada o no
Brioche
Fruta del tiempo

Comida

Rábano
Conejo con verduras a la jardinera
Queso gouda
Peras al horno

Merienda

Zumo de fruta
Pan con queso azul

Cena

Alcachofas
Espaguetis con tomate
Queso brie
Fruta del tiempo

Sábado

◆

Desayuno

Leche, con o sin cacao
Tostadas con mermelada

Comida

Ensalada de pepino
Tortilla a las finas hierbas
Patatas salteadas
Queso manchego tierno
Macedonia

Merienda

Leche, aromatizada o no
Pan de pasas
Fruta del tiempo

Cena

Ensalada de endivias con nueces
Pudín de coliflor
Yogur con kiwis

Domingo

◆

Desayuno

Leche con cereales
Fruta del tiempo

Comida

Ensalada de lentejas
Filete de pescadilla al hinojo
Queso de Holanda
Fruta del tiempo

Merienda

Natillas
Pastitas de té

Cena

Ensalada de maíz y tomate
Puré de patatas con gruyère
Fruta del tiempo

El sueño

Entre los 3 y los 6 años, el sueño del niño experimenta trastornos pasajeros. Hay que mostrar comprensión, pero también firmeza, para ayudarlo a superar estas dificultades.

El ritual de acostarse

Hay que conservar los puntos de referencia del niño mediante la regularidad de las horas de comer y de acostarse. No conviene pasar por alto las costumbres de la noche. Hacia los 3-4 años, el niño distingue entre los sueños y la realidad. Pídale que le cuente sus pesadillas y desdramatícelas con humor; le tranquilizará saber que no es el único que las tiene. No tema contarle o leerle historias que le asusten, si tienen un final feliz: se sentirá aliviado y a los niños les gustan. No acorte el rato que pasa con él, pero tampoco se quede más de lo habitual. Sepa resistirse a las maniobras que usará para retenerle, aunque eso le guste. No deje que se duerma cogido de su mano y no se quede con él hasta que se haya adormecido, a fin de que adquiera autonomía.

Dormir bien es fundamental para la salud y el crecimiento equilibrado del niño. Las necesidades y los ritmos del sueño evolucionan con la edad. Su duración disminuye lentamente pero de forma regular (las cifras indicadas a continuación sólo son orientativas). Además, varían de un niño a otro y pueden cambiar en el mismo niño según el período y las circunstancias. En este terreno, el criterio que debe seguirse es el de la salud general del niño, la facilidad con que se levanta por la mañana y el dinamismo que manifiesta en sus actividades.

La función de dormir y los sueños

En este momento, el niño puede dormir en una cama de «persona mayor» con su «objeto transicional» y una lamparita al alcance de la mano. Si conocen sus necesidades y las respetan, le facilitarán el sueño.

La duración y el ritmo del sueño
A partir de los 3 años, el niño duerme alrededor de doce horas: unas diez horas por la noche y una siesta de dos horas. Es posible que, desde esa edad, no quiera hacer la siesta o que siga haciéndola de modo ocasional a los 7 años sin que ello sea anormal. La hora de acostarse se debería situar entre las siete y media y las ocho y media, en especial si al día siguiente va a la escuela. Es aconsejable que el niño vea a sus padres antes de acostarse, puesto que necesita intercambiar experiencias con ellos tanto como dormir, pero todavía sigue siendo necesario que tengan en cuenta su «reloj biológico» y se adapten a su ritmo. Algunos niños necesitan acostarse pronto: es preciso detectar los signos de cansancio e iniciar sin demora el proceso de irse a dormir. Si el niño da la impresión de que le faltan horas de sueño, puede reflejar un estado de tristeza. Conviene determinar la causa de su falta de ánimo hablando con él sobre lo que lo preocupa.

Cualquier cambio impuesto en el ritmo de acostarse perjudica al niño. Así pues, el paso al horario de verano o al horario de invierno puede alterarlo durante un mes y provocarle fatiga y nerviosismo, o incluso un menor rendimiento escolar en el parvulario. Es necesario evitar que se acueste tarde o a horas diferentes, sin necesidad de dramatizar cuando este hecho se produzca de forma excepcional debido a un acontecimiento social o familiar concreto. El sueño no se recupera ni se almacena y el de antes de la medianoche es mejor que el sueño tardío.

La evolución del sueño
Entre los 3 y los 10 años, el sueño del niño es comparable al del adulto; a lo largo de toda la noche, se suceden de forma alternativa dos tipos de sueño: un sueño profundo, o lento, y un sueño más ligero, más agitado, denominado paradójico. Un sueño nocturno de nueve horas comprende seis ciclos de alrededor de hora y media. Por regla general, se sueña durante el sueño paradójico.

• **El sueño lento**. El niño empieza a dormir con este tipo de sueño, que incluye cuatro estadios, desde el menos profundo, que corresponde al adormecimiento, hasta el cuarto estadio, el más profundo. Entonces, el cuerpo permanece inmóvil y la respiración es regular.

• **El sueño paradójico**. Se le llama así porque la persona dormida se muestra agitada. Su cara presenta movimientos oculares rápidos, expresiones diversas, se producen pequeñas sacudidas de manos y pies (mioclonías), mientras que los músculos están relajados y el ritmo cardíaco y respiratorio, acelerado. Entonces se sueña. Los sueños, agradables o no, contribuyen a que el niño mantenga un sueño de buena calidad, así como una excelente salud física y psíquica. Condicionan ciertos mecanismos de la memoria y desempeñan, por lo tanto, un papel importante en la capacidad para adquirir conocimientos. El niño integra mejor las nociones que acaba de adquirir si van seguidas por un período de sueño. El contenido de los sueños varía según la edad, el sexo (en especial, a partir de los 5 años) y el medio cultural. Los sueños de un niño pequeño están relacionados con lo que le ha sucedido durante el día. A menudo, expresan el deseo de que hubiera sucedido lo que no ha pasado en la vida real. Más adelante, le permitirán superar de forma simbólica los conflictos o los problemas a los que se enfrente.

Las dificultades pasajeras

Desde antes de los 3 años, es posible que al niño le resulte difícil acostarse, lo que es normal: el deseo de quedarse con sus padres, el temor a ser abandonado, el reencuentro con la oscuridad... A partir de los 3 años, se producen pesadillas (una tercera parte de los niños escolarizados tienen una al mes como mínimo); habrá que esperar hasta los 6 años para que predominen los sueños agradables.

El miedo a irse a dormir

Hacia los 3-4 años, el niño siente a veces temores irracionales, que lo llevan a negarse a ir a dormir: llora si se le obliga, lo que puede prolongarse unas horas. Tiene miedo a la oscuridad, dice que hay animales o monstruos escondidos bajo la cama o en el armario. Pide que dejen la luz encendida o la puerta abierta, no quiere que lo dejen solo en la habitación o quiere dormir en la cama de sus padres... Hay que tranquilizarlo, sin negar la realidad de su inquietud, pero desdramatizándola con buen humor. Con una determinación sin fisuras, hay que asegurarle que no le puede pasar nada malo y que se debe quedar en la cama.

Las angustias al dormirse

Se utiliza el término ilusiones hipnagógicas para designar los fenómenos sensoriales que se producen poco antes del adormecimiento y que provocan sensaciones físicas angustiosas para el niño: sacudida violenta de todo el cuerpo, impresión de caer al vacío, sensación de parálisis de un miembro, una sombra que se mueve en el techo y que recuerda a un monstruo, etc. Estas ilusiones inquietantes se producen en un estado de semicon-

---

Las buenas costumbres que hay que adoptar

El sueño es un aprendizaje que debe iniciarse muy temprano (*véase* pág. 246), pero si no se ha hecho nunca es demasiado tarde. En este terreno, la solución no es el castigo, ni mucho menos la medicación. Para facilitar la educación del sueño hay que mostrarse comprensivo, a la vez que muy firme. Sea cual fuere el tipo de trastorno que sufre el niño, lo que necesita es que sus padres le transmitan seguridad para enfrentarse a la noche. La determinación de los padres lo tranquilizará.

• **Calma.** A la hora de acostarse no debe haber mucho bullicio en la casa. Cuidado con el volumen del televisor o de la música que escuchen. No conviene sobreexcitar al niño por la noche. Dibujar o escuchar relatos son actividades relajantes. Si el niño no deja dormir a un hermano o hermana, lo mejor será que éstos duerman temporalmente en otra habitación. Para que el hermano o la hermana regresen a la habitación, ponga como condición su buena actitud: pronto tendrá ganas de no estar solo.

• **Comodidad.** La habitación no debe estar caldeada en exceso. El niño debe poder encender la luz si quiere (bastará una lamparita al alcance de la mano). La cama debe ser lo suficientemente grande para que adopte la posición que más le guste para dormir, con sus juguetes favoritos si así lo desea. No deje que se duerma en la cama de los padres ni que vaya a ella en mitad de la noche. Se trata de una cuestión en la que no hay que ceder. Puesto que aborda el período denominado del complejo de Edipo (*véase* pág. 269), intenta inmiscuirse en la intimidad de sus progenitores y rivalizar de forma inconsciente con el del sexo opuesto. Por otra parte, conviene recordar que no se duerme bien con la barriga vacía. Si el niño ha picado dulces y bombones sin tomar una comida real, corre el riesgo de tener hambre al irse a dormir; procure que el niño cene de forma adecuada.

• **Disponibilidad.** Para el niño, acostarse es un gran momento de intimidad que desea compartir con sus padres. Dediquen al niño el tiempo suficiente para leerle cuentos (aunque sean de los que asustan, siempre que tengan un final feliz), para hablar de los acontecimientos del día o para acariciarlo antes de decirle que se acueste. Los rituales establecidos sirven al niño para enfrentarse en mejores condiciones a la separación delicada de la noche. Respételos. En el tercer año de vida, se intensifican: el niño exige que sus cosas estén dispuestas de determinada manera, o quiere que le cuenten siempre el mismo relato, de la misma forma... Estos rituales disminuyen o desaparecen a los 5 años. El «objeto transicional» sigue desempeñando un papel reconfortante en los momentos difíciles: el niño se desprenderá de él de forma espontánea cuando esté preparado para ello.

ciencia, de modo que el niño las recuerda al día siguiente, lo que le hace temer el momento de irse a dormir. Conviene hablarlo con él: eso lo tranquilizará.

Las pesadillas
Las pesadillas son sueños terroríficos que despiertan bruscamente al niño: grita de miedo y necesita que lo reconforten. Se producen al final de la noche. Poco frecuentes, no suelen provocar muchas manifestaciones físicas: el niño no suda y su ritmo cardíaco no se acelera. Recuerda el sueño, puede describirlo y contar lo que lo ha asustado. Después de tranquilizarse lo suficiente, se vuelve a dormir con facilidad. Si las pesadillas se repiten noche tras noche y son demasiado intensas, ocultan algún problema que el médico ayudará a descubrir.

Los terrores nocturnos
Los terrores nocturnos, cuya máxima frecuencia se produce entre los 3 y los 4 años, ocurren al principio de la noche (menos de tres horas después de dormirse). El niño grita, tiene aspecto de estar aterrorizado y se agita, para después calmarse, sin despertarse. En contra de lo que parece, duerme y no reconoce a los padres. Es importante no despertarlo, ya que no es consciente de lo que le sucede y el desasosiego de los padres sólo serviría para aumentar su confusión. Consulten con su médico si los terrores nocturnos se presentan durante varias noches.

El sonambulismo
El niño se despierta durante la primera parte de la noche, deambula unos cuantos minutos y se vuelve a acostar. Cuando se despierta, no recuerda nada. No hay que inquietarse: no encontrarán al niño haciendo equilibrios en la barandilla del balcón. Si las crisis se vuelven frecuentes y las manifestaciones se intensifican (pánico del niño), es preciso consultar con el médico. El sonambulismo es más frecuente en los niños varones y mayores de 6 años, y suele cesar en la pubertad.

Mojar la cama
Este problema, llamado enuresis, es un hecho frecuente, que se produce sobre todo al principio de la noche, sin perturbar el sueño del niño. Afecta a la mayoría de niños varones. No sirve de nada intentar tratarlo antes de los 5 años, ya que el niño todavía no domina a la perfección la vejiga (*véase* pág. 258). No hay que castigarlo. Déle responsabilidades, haciendo que se cambie solo. Sin culparlo, ayúdelo a adquirir conciencia de su cuerpo, ya que la motivación personal es básica.

El exceso de sueño
Si, durante varios días, el niño duerme más de lo habitual, quiere irse a la cama en lugar de jugar o le falta vivacidad, puede que esté deprimido. Intente descubrir el motivo de su tristeza hablando con él. De todos modos, es aconsejable consultar con el médico.

QUISIERA SABER

Quiere luz por la noche. ¿Debo acceder?
• Puede instalarle una luz piloto en la habitación o dejar la puerta entreabierta y dejar encendida la luz del pasillo.

Apenas acostado, se levanta. ¿Qué puedo hacer?
• En cuanto se levante, dígale que vuelva a la cama, que si no, lo castigará. Adopte una actitud decidida. Sin embargo, no cierre la puerta, ya que debe notar su presencia. Hay que mostrarse estrictos en lo que se refiere a sus necesidades y sus ritmos del sueño.

¿Qué se puede hacer frente a los temores de la noche?
• Hable con el niño de lo que lo asusta o, al contrario, pídale que le cuente lo que ha hecho en la escuela. Desdramatice sus temores, ya que todos los niños tienen miedo. Tranquilícelo: usted está ahí.

¿Cómo combatir sus monstruos imaginarios?
• El niño no es siempre capaz de distinguir entre lo que es real y lo que es imaginario, y necesita que lo tranquilicen. No le siga el juego: no simule que mata al monstruo; eso lo convierte en real. Sin negar la veracidad de sus miedos, asegúrele que todo va bien, que está protegido y que usted está ahí.

¿Es preciso intervenir cuando grita en mitad de la noche?
• El comportamiento que se ha de adoptar difiere si se trata de un terror nocturno (que sólo dura unos minutos, tras los que el niño vuelve a dormirse) o de una pesadilla que despierta al niño. Si se trata de un terror nocturno, no se debe intervenir jamás. En cambio, si es una pesadilla, hay que reconfortar al niño.

Aprender a crecer

El niño crece y quiere hacer cada vez más cosas solo. Conviene captar sus deseos y animarlo en esa dirección. El papel de los padres es fundamental en este aprendizaje difícil, que se prolongará aún muchos años.

Para que el desarrollo del niño sea armonioso, se debe producir en todos los terrenos a la vez. Así pues, a partir de los 3 años, come solo, sus modales en la mesa mejoran constantemente y, además, quiere ayudar en la cocina. Sabe quitarse los zapatos, empieza a lavarse solo y se pone, bien o mal, algunas prendas de vestir. Aprende a respetar su cuerpo y el de los demás. Pronto dejará el triciclo para ir en bicicleta, como un adulto. Ya habla bien y su memoria se enriquece un poco más cada día. Se acuerda de lo que ha tomado en la comida anterior y puede elegir lo que tomará en la siguiente. Sus progresos encantarán a los padres. Lo seguirán vigilando pero, poco a poco, educándolo con los juegos, las explicaciones y los ejemplos, lo ayudarán a avanzar hacia la independencia.

Ayudarle a desenvolverse solo

El aprendizaje de la higiene corporal es, sobre todo, una cuestión de ejemplo familiar. Por las mañanas, el niño aprenderá a lavarse los dientes con ustedes y por la noche, lo hará en su presencia. Por otra parte, el baño sigue siendo un juego, pero cada vez es más eficaz. Las ganas de lavarse permanecerán ligadas con el placer del baño que tomaba de bebé, quizá con su padre o su madre, o con sus hermanos. Hay que animarlo en sus esfuerzos, a pesar de que por el momento sólo sean aproximativos, mostrándole con paciencia cómo se hacen las cosas. Envíenlo por sistema a lavarse las manos antes de las comidas y cada vez que regrese de jugar fuera.

En casa

Aunque todavía no se sabe vestir correctamente solo (abrocharse la camisa o subirse la cremallera de la cazadora), puede, en cambio, empezar a quitarse los zapatos y la ropa. También se le puede empezar a pedir que ordene su habitación, aunque sea a su manera: hay que enseñarle, por ejemplo, a no mezclar la ropa que ha llevado puesta con la que está limpia, a colocar los zapatos en la parte de abajo del armario y a guardar los juguetes de vez en cuando. Felicítelo y ayúdelo a ordenar la habitación: de este modo entenderá lo que espera de él.

Come solo, pero hasta los 10 años aproximadamente no sabe aún preparar ningún tipo de alimento. Por lo tanto, hay que vigilar lo que toma, no sólo durante las comidas sino, sobre todo, entre horas, cuando puede tener acceso a todo tipo de cosas, muchas veces prohibidas. Por otra parte, le gusta ayudar en la cocina (¡en especial, a preparar pasteles!). Hay que saber aprovechar esta buena disposición para inculcarle el espíritu de participación en las tareas domésticas. Si teme que eso vaya a complicarle el trabajo o que el niño pueda dañarse con determinados utensilios, recuerde que, a menudo, en las lecturas para niños existen recetas sencillas (y sin peligros) de meriendas, entrantes o postres: se sentirá muy orgulloso de su participación («¡lo he hecho yo!»).

La televisión se convierte con rapidez en un objeto fascinador. No hay nada más sencillo que aprender a encenderla pero, en cambio, es más difícil dejar de interesarse por ella y saber cuándo apagarla. Son los padres los que deben deci-

Supervisión del cepillado de los dientes

A los tres años, el niño ya puede cepillarse los dientes. Enséñele cómo tiene que hacerlo, pero no espere un cepillado perfecto antes de los 5 años. No dude en aprovechar el momento para inspeccionarle los dientes y llevarlo, si es necesario, al dentista (una vez al año como mínimo, incluso aunque no haya observado nada anormal). Prevenga la caries dental del niño limitando su consumo de golosinas y de bebidas endulzadas, en especial las que se pegan a los dientes y que se toman fuera de las comidas. No se inquiete si el niño se chupa el pulgar, pensando que se le deformarán los dientes delanteros: la deformación carece de consecuencias a esta edad, lo que ya no será así pasados los 8 años. En cambio, si le sobresale mucho el mentón (prognatismo), se puede corregir precozmente, a partir de los 4 años, con el uso de una pequeña mentonera por las noches: consulte con el pediatra.

dir y no se debe dudar en prohibir al niño las emisiones que no pueda comprender; lo hablarán con el niño y comentarán los gustos de todos.

Al aire libre
El jardín o la calle, lo mismo que la casa, son zonas de aventura y, del mismo modo que hay que enseñar al niño a evitar los peligros de la cocina, del cuarto de baño, del balcón, etc. (*véanse* págs. 256 y 304), hay que enseñarle a moverse fuera de casa, a pesar de que sea aún demasiado pequeño para ir o volver solo de la escuela.

En la ciudad, deberá enfrentarse a peligros reales. Ser prudente en la calle no consiste sólo en saber cruzar por los pasos de cebra cuando el semáforo está en verde. También significa saber mirar, evaluar las distancias, las alturas, situarse en las antípodas de la espontaneidad del niño, que vive el momento y no sabe ni prever ni esperar. Es un trabajo muy largo que no conviene dejar nunca de lado y que se debe emprender una y otra vez con el niño mientras sea necesario. Hasta entonces, un solo consejo: cójalo de la mano cuando anden por la ciudad. El campo presenta también ciertos peligros: insectos u otros animales que pican, muerden, etc., plantas y flores tóxicas, árboles a los que apetece encaramarse, balsas o arroyos donde no conviene caer... No conviene que el niño viva atemorizado por todo, pero hay que advertirle de los peligros y mantenerse firmes respecto a algunas prohibiciones claras.

Para prevenirle de que no vaya con un adulto (conocido o desconocido) en la calle sin permiso, no es preciso que tenga que desconfiar de todo y de todos, hasta el punto de vivir aterrorizado. También debe saber con quién puede contar en caso de peligro o, si se ha perdido, entrar en cualquier tienda a pedir ayuda, por ejemplo.

Ir en bicicleta, el primer medio de transporte autónomo, y nadar son dos prácticas muy positivas para la adquisición de la autonomía. En ambos casos, el niño supera su miedo y aprende a domi-

Cepillado de los dientes

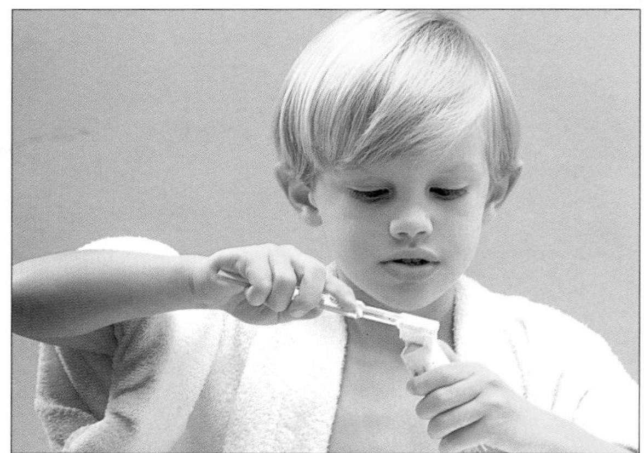

Una disciplina diaria △
Ha enseñado al niño a cepillarse los dientes como juego, antes de que tuviera 2 años y... no todos los dientes. Acostúmbrelo a que se lave los dientes con usted por la mañana y también por la noche, bajo su vigilancia, antes de acostarse. Conviene que utilice un cepillo pequeño y flexible. Hay que vigilar que efectúe movimientos de arriba abajo y de delante hacia atrás, durante dos minutos como mínimo.

Cuidado con el flúor ▽
Hay quienes opinan que es preferible que el niño use dentífrico sin flúor, puesto que tiene tendencia a tragárselo y eventualmente esto podría provocar un exceso de flúor, en especial si el médico se lo ha recetado como suplemento. Si bien el flúor es el único elemento nutritivo que no se obtiene de los alimentos, se debe vigilar la cantidad que se absorbe. El médico les aconsejará al respecto.

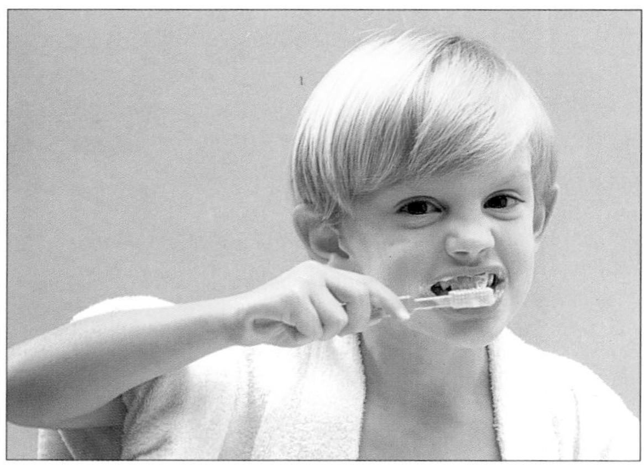

nar un elemento que hasta ese momento le resultaba inaccesible. No hay que esperar para darle la ocasión de probarlo (*véase* pág. 331).

Aprender a vivir con los demás

Desde que el niño habla, y en función de su propia apertura hacia el exterior y los demás, no ha dejado de aumentar su círculo de relaciones: los miembros de la familia, otros niños del parvulario, adultos que cuidan de él, los tenderos del barrio o del pueblo... De este modo aprende a compartir los juegos, la atención y el tiempo entre distintos «sujetos» que lo cautivan, lo intrigan, lo inquietan y despiertan su curiosidad.

Descubrir el respeto
A través de sus relaciones con los demás, el niño aprende a ser tolerante y a desarrollar su espíritu crítico hacia los demás pero también hacia sí mismo. No se sorprenda por los juicios, no siempre benévolos, que emite sobre tal o cual persona: la mayoría de las veces se limita a repetir lo que ha oído decir a un adulto que le sirve de referencia. ¿Quizá ustedes mismos? Y si regresa de la escuela «enamorado» de su vecinita, no hay que tomárselo demasiado en serio, pero tampoco burlarse de sus amores infantiles. Querer y desear ser querido por alguien que no sea de la propia familia es una etapa importante.

Han enseñado al niño a respetar el espacio reservado a la pareja, es decir, la habitación y, muy especialmente, la cama: sitio en el que no hay lugar para él. Puede que alguna vez la ausencia de uno de los dos padres, el miedo a la oscuridad o un período de enfermedad del niño les haya provocado deseos de ceder en este punto, pero han sabido resistir la tentación, lo que es mejor, tanto para él como para ustedes. Cuando el niño empiece a mostrar las primeras reacciones de pudor, a menudo hacia los 4 o 5 años, hay que saber respetarlas y estar atento al momento en que hermanos y hermanas ya no se

Vestirse solo

Ayúdelo a vestirse △
A partir de los 2 años, el niño colabora con agrado a la hora de vestirse, pero ¡todavía introduce los dos pies en la misma pernera del pantalón! Hacia los 3 años, empieza a ponerse solo los calcetines (un poco de través, es cierto), el abrigo o la bata (aunque no sabe abrochárselos). A pesar de su buena voluntad, le resulta más fácil desvestirse que vestirse. Hay que ser paciente si se pone un poco nervioso y no exigirle demasiado.

No intervenga ▽
Habrá que esperar a los 4 años para que el niño pueda vestirse sin ayuda, aunque seguirá teniendo problemas para meterse la ropa por la cabeza y con las mangas. Después de los 4 años, distingue la parte delantera de la trasera, de modo que se puede poner bien una camiseta o un jersey; consigue también abrocharse los botones grandes y ponerse bien los calcetines y los guantes. No hay que apresurarlo ni intervenir para que vaya más rápido.

lavan a gusto juntos y ya no comparten como antes la intimidad de su habitación.

Cuidados de un animal doméstico

Muchos niños piden con insistencia un perro, un gato, un hámster, un pez de colores o un pajarito. Si se termina por ceder, hay que intentar guiar al niño en su elección, para que el animal escogido sea capaz de integrarse en el modo de vida familiar, tanto durante el año escolar como durante las vacaciones.

Es más el deseo de dar afecto que la necesidad de recibirlo lo que motiva al niño a querer un animal doméstico. Sabe que ese animal vulnerable dependerá de él en la misma medida que él depende de sus padres. Pronto lo convertirá en un confidente y le concederá un lugar importante. Así pues, debe saber conocer el comportamiento y las necesidades de este ser vivo, distinto a él. También debe saber respetarlo y asumir ciertas responsabilidades referentes al mismo. Lo mejor, sin duda, es establecer desde el principio las bases de un contrato por las que el niño se compromete a sacar al perro algunos días de la semana por lo menos, a cambiar el serrín del gato o a dar de comer al pez de colores.

Crecer al lado de un animal enriquece las experiencias vitales del niño, pero puede que conlleve también la primera experiencia con la muerte, ya que los animales domésticos tienen casi siempre una existencia relativamente corta.

Si bien es poco frecuente que la presencia de un animal doméstico suponga contraindicaciones médicas, conviene recordar que algunos niños que padecen eccema o asma son a veces alérgicos al pelaje de los perros, los gatos o los conejos. El gato puede transmitir la toxoplasmosis (*véase* pág. 435). También puede ser portador de la llamada *enfermedad por arañazo de gato*, que transmite al arañar la piel y que provoca la inflamación persistente de los ganglios. Las deyecciones de los pájaros pueden ser origen de enfermedades respiratorias poco frecuentes. Hay que tener en cuenta los riesgos.

Calzarse solo

Quitar, siempre es más fácil que poner △
Los zapatos sin cordones no suponen ningún problema al niño, que se los sabe quitar (desde los 18 meses) y poner (desde los 3 años), a pesar de que a veces se confunde aún de pie. Abrochar una hebilla le costará. En cuanto a los cordones, ya sabe desatarlos, pero no será capaz de atarlos hasta los 5 o 6 años.

Los cordones recalcitrantes ▽
Atarse los cordones de los zapatos es una operación delicada, que exige a la vez habilidad manual y reflexión. Enseñe al niño con paciencia cómo hay que hacerlo, sin ponerse delante de él, sino detrás, para que no vea las manos y los gestos al revés. Deje que intente hacerlo solo, a pesar de que el resultado no sea perfecto, pero cuidado con las caídas: compruebe, antes de que se ponga de pie, que los cordones están bien atados.

El control de sus necesidades

El niño tiene más de 3 años y, sin embargo, a pesar de que la mayoría de los niños de su edad dominan sus necesidades, sigue mojando o ensuciando los pañales.

El hecho de no controlar la vejiga, lo que los médicos denominan *enuresis*, es frecuente y no constituye una enfermedad. Aun así, es molesto, fuente de conflictos familiares, que pone trabas al desarrollo de la autonomía del niño en un momento de máxima expansión, de modo que imposibilita un fin de semana en casa de un amiguito, una estancia fuera de casa, etc. Sólo se puede considerar enuresis en sentido estricto a partir de los 5-6 años de edad. Antes, se prefiere hablar de *no adquisición del control de los esfínteres*. Del mismo modo, cuando se trata de ensuciar los pañales de deposiciones no puede hablarse propiamente de *encopresis*, como suelen llamar los médicos, a no ser que se produzca de forma regular pasados los 5 años. Pero incluso antes de esa edad el niño puede sufrir por estos problemas, que tal vez le causen algún trastorno o lo hagan avergonzar en la escuela.

La *enuresis*

En primer lugar, es preciso entender las etapas de la adquisición del control de los esfínteres (*véase* pág. 258) y los mecanismos que permiten la emisión de la orina con el correspondiente vaciado de la vejiga, es decir, la micción. El dominio de esta función se produce de forma simultánea a la de la motricidad y, por lo tanto, junto a la marcha y la posición erguida. A los 2 años, el niño se mantiene seco de día y, al final del tercer año, también suele hacerlo por la noche, a pesar de algunos pequeños «accidentes» hasta los 5-6 años. Aun así, pasados los 5 años, entre el 10 y el 15% de los niños mojan la cama varias noches por semana.

¿Cuándo hay que inquietarse?

A pesar de asegurarse siempre de que el niño orina antes de irse a dormir, sucede a veces que moja la cama mientras duerme, ya sea de noche o durante la siesta. No se trata de un problema de micción sino de control: una enuresis aislada sin gravedad. Si el niño sigue ensuciando habitualmente los pañales con más de 4 años, es preciso indicárselo al médico, aunque no suponga aún ningún problema alarmante. Si la situación persiste hacia los 5 o 6 años, hay que adoptar obligatoriamente una solución terapéutica.

Puede suceder también que aparezcan trastornos urinarios durante el día: el niño siente una necesidad imperiosa de orinar, orina gota a gota, siente dolor y quemazón durante la micción, se producen escapes que mantienen mojados los pañales a todas horas, o bien necesita beber agua y orinar a menudo. En ese caso, es necesario llevarlo al médico sin demora.

Las causas de la enuresis

Son complejas, todavía no se conocen lo suficiente y muchas veces están asociadas, de modo que por separado puede que no sean susceptibles de desencadenar el problema. A menudo, la enuresis es una cuestión de origen familiar: los padres de niños enurésicos muchas veces también lo fueron durante su infancia. La función de la vejiga no ha adquirido aún la estabilidad que caracteriza la madurez de este órgano: la enuresis nocturna puede ir acompañada de escapes durante el día. También es posible que el niño duerma tan profundamente que no se despierte en caso de necesidad: a pesar de haber orinado antes de irse a dormir, se hace pipí dos horas después de meterse en la cama. Otra causa de enuresis puede ser la secreción insuficiente de una hormona

Para evitar que moje la cama

Procure mantener una buena higiene del niño y, sobre todo, la regularidad del sueño.
No le impida beber por la tarde con el pretexto de que así no tendrá tantas ganas de orinar. Si bien limitar la bebida puede ayudar, no es una solución en sí.
Con la ayuda de dibujos, explíquele cómo se produce la micción y la contención de la orina.
Llévelo al cuarto de baño antes de acostarlo.
No le coloque el pañal de forma sistemática por la noche creyendo que así elimina el problema.
Haga que anote en un cuaderno las noches «secas» y las noches «mojadas», para llevarlo a la consulta del pediatra.
Haga que participe, sin castigarlo, en el cambio de las sábanas mojadas, que puede poner él mismo en la lavadora.

antidiurética (que controla la eliminación de agua en la orina a nivel de los riñones). Además de la enuresis que se denomina *primaria*, cuando el niño no ha empezado aún a mantenerse seco, existe una enuresis *secundaria* (el 20% de los casos), que aparece tras un período más o menos largo de control, a veces asociada a la encopresis. La inquietud escolar, una defunción, un nacimiento o un conflicto familiar, por ejemplo, pueden desencadenar una enuresis secundaria. Estos factores desempeñan asimismo un papel importante en la enuresis primaria. Al mojar la cama, el niño manifiesta la necesidad de dependencia (es preciso que se ocupen de él) y agresividad. Por último, puede también que la educación en el control de los esfínteres no haya sido adecuada y sea preciso volver a iniciarla.

Prevención y tratamiento de la enuresis
El aprendizaje para que el niño se mantenga seco debe iniciarse a una edad muy temprana. Conviene saber cuándo está mojado y mantenerlo seco el mayor tiempo posible. Pero no sirve de nada intentar ponerlo en el orinal antes de que pueda mantenerse de pie o sepa andar, del mismo modo que es inútil exigirle que se mantenga seco de noche cuando todavía no sabe hacerlo de día. Este aprendizaje no debe considerarse una especie de adiestramiento, sino que se trata de una educación progresiva y cuidadosa (*véase* pág. 259). Si despierta al niño para hacerle orinar durante las primeras horas del sueño, asegúrese de que está lo bastante despierto para darse cuenta de lo que hace. Si decide instalar un aparato que suena al detectar la emisión de las primeras gotas de orina, deje que lo use por su cuenta (estos aparatos no producen ningún problema en el sueño posterior).

Si el niño se orina en la cama cuando ya hace meses que no debería hacerlo, él lo pasa igual de mal o peor que usted y es preciso encontrar una solución juntos. La enuresis no es una verdadera enfermedad y suele desaparecer de forma espontánea. Es fundamental que el tratamiento no sea causa de efectos secundarios. La administración de medicamentos debe efectuarse bajo un estricto control médico. En esta cuestión, toda la ayuda posible descansa en la confianza, por lo que el médico debe ser la primera persona que se consulta. Gracias a las visitas regulares y repetidas, la motivación del niño para superar el problema se refuerza. Si el contexto familiar lo justifica, no se debe dudar en recurrir a un psicoterapeuta, siempre tras pedir consejo al pediatra. Para combatir la enuresis deberían resultar útiles unas cuantas reglas simples (*véase* página anterior).

La encopresis

La mayoría de las veces, la encopresis es transitoria y no oculta ninguna enfermedad grave; pero en ocasiones resulta útil un examen médico. Al igual que la enuresis, puede ser *primaria*, es decir, que el niño no ha adquirido todavía el control del esfínter anal, o *secundaria* y producirse tras un período en que ya se mantenía limpio. Este segundo caso es poco frecuente y se produce principalmente en niños varones de más de 6 años, durante el día. Casi siempre está causada por un problema psicológico, debido a un trauma afectivo, una modificación de las condiciones de vida del niño... Si el problema persiste, es necesario emprender un tratamiento psicoterapéutico.

A menudo, se trata de la adquisición imperfecta del control de las deposiciones: el pañal sucio es un «accidente» pero se produce con frecuencia, la expulsión de las heces es más o menos completa, puede que sólo se trate de deposiciones líquidas. El niño oculta la ropa interior, intenta minimizar el problema y se niega a comentarlo. Esta encopresis «aparente» acompaña por regla general un estreñimiento, que puede ser consecuencia de una dieta desequilibrada, de un aprendizaje forzado o demasiado precoz de la limpieza, de un ritmo de vida demasiado irregular, que impide al niño ir con tranquilidad al cuarto de baño, del temor a usar los de la escuela o del miedo al dolor producido por una pequeña fisura anal sin gravedad o por deposiciones demasiado duras. La consulta con el pediatra servirá para descartar las causas orgánicas (una enfermedad digestiva, por ejemplo) y tratar el estreñimiento.

La lucha contra el estreñimiento

El niño debe seguir una dieta rica en verdura, fruta y cereales, y beber mucha agua (y, de vez en cuando, zumo de fruta fresca) durante el día.
Haga que vaya todos los días al cuarto de baño a horas regulares, en especial por la mañana, tras beber un vaso de agua, lo que puede desencadenar la llegada de heces al recto y producir el estímulo defecatorio.
No le administre laxantes, sobre todo en supositorios, lo que podría «desenseñarle» a hacer deposiciones de forma activa y tendría efectos más negativos que positivos.
No dramatice: si el niño nota que toda la familia está pendiente e intranquila con motivo de su estreñimiento, es posible que, inconscientemente, se contenga más.

El lenguaje

A partir de los 3 años, el niño habla cada vez mejor. Obtiene mayores progresos cuanto más frecuentes son sus contactos con los demás. Pero a esta edad aparecen también ciertas dificultades en la elocución.

Dialogar con el niño, hacerle participar en las conversaciones familiares y leerle historias son actitudes que lo incitan a mejorar la forma de hablar y que lo ayudan a enriquecer su vocabulario. La entrada en el parvulario constituye también una baza fundamental en esta cuestión. Aprender a cantar canciones infantiles, recitar poesías y realizar ejercicios de ritmo, estimulan mucho al niño en su deseo de comunicarse, ya que desea intercambiar sus impresiones con el resto de niños y hacerse entender por los adultos que lo rodean. No obstante, a veces el niño se encuentra algo frenado, y perturbado en su aprendizaje del lenguaje. Si algunos problemas de articulación suelen ser anodinos, al menos hasta los 4 años aproximadamente, otros pueden justificar la consulta a un especialista, que emprenderá una reeducación adecuada, si es necesario.

Los *progresos*

En el parvulario, el niño se ve frecuentemente inducido a hablar, tanto durante los juegos con el resto de niños como en sus relaciones con los maestros. Inmerso en este nuevo medio, experimenta más que nunca la necesidad de hablar, de hacerse entender y también de comprender bien lo que le dicen. A esta edad, ha dejado el estilo telegráfico que había usado hasta entonces y empieza a dominar mejor la sintaxis.

Sin duda, comete numerosos errores gramaticales, pero conjuga cada vez mejor los verbos, usa las preposiciones de lugar (*dentro, sobre, bajo, en*) así como las preposiciones y los adverbios de tiempo (*hoy, mañana*, etc.). Sin embargo, sigue deformando las palabras y simplificando su pronunciación.

A los 4 años, sabe expresar de forma precisa una pregunta o una exclamación, encadena correctamente varias partes de la frase y utiliza las primeras subordinadas circunstanciales: «se ha ido porque eres malo», «te enseñaré el libro cuando vuelvas». Ha enriquecido mucho su vocabulario. A los 5 años no se ha conseguido el desarrollo total del lenguaje, pero sí se han adquirido las reglas y los mecanismos básicos referentes a la pronunciación de las palabras y a su significado, la estructura de la frase y la capacidad de narrar una situación dada de forma adecuada.

Los *trastornos*

Las dificultades del niño para expresarse a través de la palabra pueden tener orígenes diversos. Pueden deberse a un problema de orden fisiológico, como una malformación del paladar, que se suele diagnosticarse precozmente. También pueden estar causadas por problemas de audición. Si se cree que el niño oye mal, hay que someterlo a una exploración de la capacidad auditiva y no esperar para que lo atiendan pediatras especializados que lo ayudarán a superar esa deficiencia. Algunas veces, un niño con inteligencia normal manifiesta disfunciones en el dominio del lenguaje sin que se lleguen a determinar las causas pero, por regla general, se superan con una reeducación foniátrica.

El peligro de la tetina

A los 3 años, ya ha llegado el momento de que el niño deje el chupete, la tetina o el biberón, que podrían frenar sus progresos lingüísticos. En efecto, la tetina y el biberón implican que el niño sigue apoyando la lengua en los incisivos al deglutir. La persistencia de este tipo de deglución, llamada primaria, característica del lactante, puede impedir que el niño aprenda a articular correctamente. Además, lo mantiene en una condición de bebé, poco favorable para el desarrollo del lenguaje.

Pronuncia mal

A veces, el niño tiene dificultad para pronunciar ciertos sonidos: por ejemplo, dice «ce» en lugar de «se», «zopa» en lugar de «sopa». Esta anomalía frecuente, que se suele considerar divertida, se debe a que el niño sigue colocando la lengua delante de los incisivos para deglutir, como los bebés al mamar. Si este defecto no desaparece de forma espontánea hacia los 4 años, conviene corregirlo a través de la reeducación foniátrica.

Ciertos niños articulan bien cada sonido aislado pero no consiguen pronunciar bien las palabras completas: dicen «crompeta» en lugar de «trompeta», «bazo» en lugar de «brazo», etc. Si esta forma de hablar como un bebé persiste pasados los 4 años, es conveniente consultar con un foniatra.

Tartamudea

Cuando el niño empieza a aprender a hablar, es frecuente que repita ciertas palabras o que se encalle en algunas sílabas, de modo que parezca que tartamudea. Esta tartamudez, llamada fisiológica, desaparece de forma espontánea al cabo de unos meses, hacia los 3 años de edad. Así pues, no hay motivo de alarma, pero no conviene agravar la situación haciendo que el niño repita las palabras.

La naturaleza de la tartamudez verdadera, llamada patológica, es muy distinta. Puede aparecer a cualquier edad, a veces tras un acontecimiento que ha sido traumático para el niño, y se caracteriza por la repetición de sílabas o de palabras, y por la tendencia a encallarse en la primera palabra de una frase. Si se constatan dificultades de este tipo en el niño, se debe consultar sin demora con un especialista, ya que, cuanto más precoz es el tratamiento, más posibilidades tiene de resultar eficaz.

No habla o habla poco

Se debe consultar urgentemente con el médico si se observa que el niño, a los 3 o más años, sólo dice unas cuantas palabras, no utiliza la primera persona ni construye ninguna frase. A veces, el problema no es tan pronunciado: el niño habla, pero de forma poco inteligible. Sus frases son muy cortas, se comunica mal con los niños de su edad y casi nada con los adultos. Con estos problemas de comunicación, también puede manifestar problemas de conducta.

Las alteraciones constatadas pueden proceder de un simple retraso en el desarrollo. La adquisición del lenguaje se desplaza en el tiempo: el niño lleva «retraso» para hablar mientras que quizá ha progresado con normalidad en los otros terrenos. Estos retrasos suelen recuperarse de forma espontánea, pero es una lástima esperar a que eso suceda cuando una adecuada intervención terapéutica ayudaría al niño a integrarse mejor, desde el principio, en el circuito escolar.

En determinados casos poco frecuentes, puede tratarse de problemas más importantes debidos a dificultades psicológicas graves o a lesiones cerebrales. Sólo un médico especialista en el lenguaje podrá diagnosticar con precisión si se trata de un simple retraso o de un problema más grave. Por ese motivo, no hay que dudar en consultar el caso.

El bilingüismo

Algunos niños tienen que aprender dos lenguas desde su más tierna infancia. Hace años se pensaba que el doble aprendizaje lingüístico era muy problemático para el niño pequeño. Hoy en día se sabe que eso no es cierto. En los últimos años, la mezcla de las poblaciones ha sido importante: muchos niños han experimentado el bilingüismo y se ha constatado que esta circunstancia tiende a desarrollar su inteligencia y su facilidad para relacionarse con los demás.
Sin embargo, hay que distinguir según los casos.

Cuando los padres hablan distintas lenguas. Ambos pueden muy bien dirigirse al niño en su lengua materna. El niño se adaptará a esa situación y pasará de una lengua a otra sin dificultades. Pero, para que eso sea así, la vida familiar tiene que desarrollarse en buenas condiciones afectivas: si la relación entre los padres es conflictiva y el niño tiene la impresión de que ha de elegir entre la lengua de su padre y la de su madre, se verá obstaculizado en su aprendizaje.

En el extranjero

Pueden producirse dificultades cuando los padres, establecidos en un país extranjero, no dominan con fluidez la lengua de ese país, mientras que el niño tiene que expresarse en ese idioma fuera de la familia. En este caso, es aconsejable que el niño se integre precozmente en una estructura colectiva (jardín de infancia, ludoteca, parvulario, etc.) para que se familiarice lo más rápidamente posible con la lengua en la que aprenderá a leer.

La seguridad

De los 3 a los 10 años, el niño tiene libertad de movimientos y empieza a ser independiente. Desde ese momento, quiere desenvolverse solo, pero hay que explicarle que no puede hacer todo lo que quiere sin arriesgarse a hacerse daño o a herirse.

A partir de los 3 años, el niño sabe desplazarse solo y quiere sacar provecho de este primer grado de independencia. Así pues, decide recorrer todo el terreno que le parece a su alcance. Pero, cuidado, no tiene la madurez ni las aptitudes físicas necesarias para juzgar lo que está bien ni lo que es capaz de hacer. Los padres deben guiarlo y explicarle que ciertas situaciones pueden ser peligrosas, en especial fuera de casa.

La vida diaria

• No deje nunca solo al niño en casa antes de los 10 años, ya que puede sufrir accidentes: defenestración, intoxicación, quemaduras...

Los dispositivos de seguridad

• Si las ventanas son bajas, habrá que tomar precauciones: instale una protección de rejilla, de cristal o de plexiglás, sellada en la pared.

• Las literas deben disponer de una barandilla completa, que vaya del cabezal a los pies. El niño no debe dormir en este tipo de cama hasta los 7 años y no hay que dejarle jugar en ella. Las caídas son frecuentes y a veces muy peligrosas (fracturas de miembros, traumatismos craneales, etc.).

• Si el niño duerme en una cama alta, hay que vigilar que la barandilla no sea demasiado baja. Intente subirla un poco y explique al niño que no debe moverse demasiado para no caerse.

• Cuando el niño mira la televisión o juega con videojuegos, asegúrese de que la habitación esté bien iluminada y de que el niño esté situado a una distancia equivalente a seis veces la diagonal de la pantalla. Deberá descansar cada treinta minutos y no pasarse varias horas seguidas delante de la pantalla encendida. El cansancio y la excitación aumentan el riesgo de problemas en los niños sensibles propensos a crisis convulsivas.

• Coloque sistemas de cierre que obliguen al niño a usar las dos manos para abrirlos, lo que le resulta imposible antes de los 5 años, en los armarios o los cajones que contengan productos peligrosos.

• Revise la instalación eléctrica: incorpore un diferencial de alta sensibilidad (lo que evita posibles electrocuciones, ya que la electricidad se corta de forma automática al menor problema).

• Procure que todos los sistemas de cierre con llave estén en buen estado y no puedan quedarse atascados. Puede suceder que el niño se encierre (en el cuarto de baño o el lavabo) sin que sea capaz de salir solo. Lo mejor es quitar las llaves de las puertas y aconsejar al niño que no se encierre.

El sótano y el desván

• No hay que dejar que el niño vaya solo.

• Mantenga las herramientas de bricolaje fuera del alcance del niño.

El jardín

• No deje de vigilar al niño cuando está en el jardín. Incluso a partir de los 6-7 años, recuerde echar un vistazo de vez en cuando para comprobar que todo va bien.

• No deje que el niño juegue solo al borde de una piscina o en un barreño lleno de agua.

• No permita que el niño se acerque a la barbacoa: podría quemarse.

• Vigile que el niño no vaya a jugar al lado de los contenedores de basura.

• La puerta del garaje suele ser peligrosa: compruebe que el niño no esté cerca antes de accionarla.

El material

• Cubra la piscina con una lona cuando no se utilice. Mejor aún, instale una barrera protectora alrededor de la piscina para que el niño no pueda acercarse aunque esté cubierta con la lona.

La calle

- Entre los 6 y los 9 años, enseñe al niño cómo tiene que comportarse en la calle para evitar accidentes.
- Enséñele que hay que mirar a derecha e izquierda y esperar a que no vengan coches antes de cruzar, y asegurarse siempre de que los vehículos se hayan detenido del todo.
- El niño sólo debe cruzar por el paso de cebra, cuando el semáforo de los coches está rojo y el de los peatones, verde.
- Intente disciplinar sus reacciones instintivas ante el ruido para que adapte su comportamiento a los sonidos que percibe (saber que viene una bicicleta por detrás, que un claxon significa un peligro inmediato, etc.).
- Si el niño va solo a la escuela (a partir de los 8-10 años), recorra con él el trayecto varias veces, e insista en los obstáculos que conviene evitar. No deje que salga con retraso para que no tenga que apresurarse ni correr.
- El niño no se debe detener entre dos coches estacionados ni a la salida de un garaje o de un aparcamiento.

En bicicleta

- Enseñe al niño a no circular en zigzag para evitar que un coche le haga daño.
- Enséñele a circular por la derecha.
- En las rotondas, aconseje al niño que baje de la bicicleta y cruce por el paso de cebra cuando quiera girar a la izquierda.
- En las bajadas, explíquele que no debe ir demasiado deprisa, ya que puede sufrir una caída grave en caso de frenar de repente.
- Compruebe que la bicicleta del niño está en buen estado. Los frenos no deben estar gastados y la dinamo tiene que funcionar. Recuerde colocar reflectores en los pedales y en los radios de las ruedas.
- Si el niño va a ir en bicicleta de noche, haga que vista ropas claras y visibles. Cósale en la cartera o en el abrigo un tejido reflectante.

En coche

- Hasta los 3-4 años, el niño debe ir sentado en una silla de seguridad, sujeto por un cinturón de seguridad.
- Entre los 4 y los 10 años, se puede usar un complemento para elevar el asiento y que el niño pueda abrocharse bien el cinturón.
- Sea cual fuere su edad, haga que suba y baje siempre por el lado de la acera.

Las zonas de juego

- Controle siempre al niño, de cerca o de lejos.
- Enséñele a no bajar por el tobogán hasta que el niño anterior no haya salido de la zona de recepción.
- Diga al niño que debe esperar a que la rueda giratoria se detenga por completo antes de intentar subir o bajar.
- Asegúrese de empujar el columpio por el eje. Observe la posición del niño (riesgo de caída).
- Si el niño no puede encaramarse o escalar solo, no lo obligue ni lo ayude: podría caerse.

El baño

- Durante las vacaciones, no deje nunca que el niño se bañe solo o con otros niños en un estanque, un lago, un río, un torrente o una piscina. Siempre tiene que haber un adulto.
- Respete las indicaciones que señalan los carteles, las banderas, etc. Si indican que existe peligro, como corrientes de agua, lo mejor es no bañarse en absoluto, en especial si el niño no sabe nadar.
- Enseñe al niño a entrar en el agua de forma progresiva y a no exponerse demasiado al sol antes de bañarse, debido a los riesgos de hidrocución.
- Si el niño no sabe nadar, o sólo nada pocos metros, debe ir provisto de una burbuja y de manguitos en ambos brazos, y permanecer en la zona donde haga pie. Aunque el niño vaya con la burbuja, no lo lleve donde usted no haga pie.

El *parvulario*

El acceso al parvulario es para el niño la primera separación verdadera de su medio familiar. Modifica profundamente sus juegos y el universo de sus relaciones y, a través de la actividades que le propone, lo prepara para su futura escolaridad.

LOS OBJETOS PERSONALES

No olvide marcar todas las prendas de vestir del niño, ya sea con una cinta cosida o con tinta indeleble, así como las zapatillas que le pidan para las actividades físicas.
Si no están totalmente proscritos, los juguetes personales se dejan en un rincón del aula. Puede ser que desaparezcan porque a veces otros niños los envidian. Además, el niño ya tiene ocasiones suficientes para divertirse en clase.
De forma muy excepcional, se permite que lleve su «objeto transicional», pero éste quedará relegado a la cama, donde el niño lo encontrará al hacer la siesta.
Se desaconseja totalmente que lleve bisutería.

Antes de lanzarse, hacia los 6 años, al mundo de la escuela primaria, el niño se beneficiará sin duda de su paso por el parvulario: tres años, en general, para prepararse bien para los aprendizajes fundamentales de la escuela, a través de una pedagogía adaptada a su fase de desarrollo y en un entorno a su medida.

La escuela, instrumento principal de la formación de los niños, tiene como misión prepararlos para la vida. Su objetivo es enseñar al niño a aprender utilizando todos los elementos del entorno. De este modo, lucha contra las diferencias culturales y ofrece a los niños de los medios sociales desfavorecidos las mismas oportunidades que a los demás. Por este motivo en España es obligatoria a partir de los 6 años .

La entrada en el parvulario

Los estudios realizados demuestran que cuanto más precoz es la escolarización del niño, mayores ventajas se obtienen de cara a su escolaridad. Por lo tanto, conseguir que el niño se integre bien en el parvulario es importante y depende básicamente de la actitud de los padres. Además, la entrada se produce con éxito si el niño se siente feliz con su nueva vida. Para que todo salga bien, hay que prepararle por anticipado hablándole a menudo y con alegría de la experiencia que le espera.

La edad de ir a la escuela

La normativa vigente, la LOGSE (Ley Orgánica de Ordenación General del Sistema Educativo del 3 de octubre de 1990) establece la escolarización obligatoria entre los 6 y los 16 años. Ahora bien, también contempla en su artículo 7 que la educación infantil tiene carácter voluntario donde las administraciones públicas garanticen la existencia de un número de plazas suficientes para proporcionar la escolarización de la población que lo solicite.

¿Qué significa esto en la práctica? Pues que las escuelas públicas o privadas acogen a los alumnos a partir de los 3 años. Se considera que ésta es la edad adecuada para empezar a ir a la escuela. Las administraciones locales suelen promover campañas en este sentido aprovechando así la época de preinscripción en las escuelas.

Dependerá de las necesidades, si la pareja trabaja por ejemplo, o convicciones familiares, que el niño acuda antes a un jardín de infancia. Hay centros especializados que atienden a los bebés a partir de los 3 meses.

Preparación de la entrada

Para preparar al niño para este gran acontecimiento, se le debe explicar por qué va a la escuela y qué beneficios obtendrá de ella. Hay que presentarle la escuela de forma que lo atraiga, en función de su carácter. Para uno, será un sitio donde jugará en compañía de otros niños de su edad y hará amigos, escuchará música y podrá jugar en un espacio amplio. A otro le resultará estimulante el hecho de sentirse «mayor», o la perspectiva de ir a donde ya va su hermano, por ejemplo. Hay que apoyar las palabras con detalles concretos (la profesora lo ayudará a ponerse los zapatos si él no puede) y realistas (se hacen muchas cosas divertidas pero se tienen que respetar ciertas reglas: no se hace siempre lo que se quiere). Durante los paseos, puede seguir el trayecto que seguirá también para ir a la escuela. A veces, se organizan jornadas de «puertas abiertas» antes de las vacaciones de verano para mostrar la escuela a los padres. No dejen de acudir con el niño: de este modo descubrirá el marco de su futuro universo y, en adelante, podrá evocar la escuela por detalles precisos que habrán observado juntos. En su compañía, visitará los distintos lugares en los que se desenvolverá el curso siguiente. Verá el aula, con los muebles adaptados a su medida, los objetos (cocinitas, muñecas y peluches, triciclos, juegos de construcción) y juegos que ya le son familiares (rompecabezas, cubos para encajar, juegos de sociedad, pinturas y pinceles, libros). Podrá ver la sala de descanso con las camitas para la siesta, si las hay, el comedor, los lavabos a su medida. Descubrirá el patio con sus instalaciones: el tobogán, las estructuras para escalar... Y también conocerá a su maestra y al resto de adultos que lo rodearán durante todo el año.

El primer día
De cualquier forma, es probable que el primer día acaben por aparecer las lágrimas. Intenten no dramatizar la situación y tranquilicen al niño: díganle que lo comprenden y, sobre todo, no dejen de sonreír y mostrarse relajados. Si tienen la posibilidad de acompañar al niño hasta la clase, enséñenle los juegos que le suelen interesar, despierten su curiosidad hacia juegos nuevos que podrá descubrir. Llévenlo hacia donde está aquel niño que ya conoce de la vecindad o del jardín de infancia. Denle un beso de despedida y déjenlo con la maestra.

Intenten aprovechar un instante en el que ella pueda recibirlo. Cuando lo haya cogido de la mano y esté intentando hacerle pensar en otra cosa y distraerlo, lo mejor es marcharse sin volverse.

El período de adaptación
A pesar de que el niño haya ido al jardín de infancia o a casa de una canguro, los primeros tiempos en el parvulario pueden resultar difíciles. Eso es normal. Ante los llantos o la negativa a ir a la escuela, hay que resistir: es importante que el niño se acostumbre a asistir con regularidad. Al principio, hay que intentar que uno de los padres vaya a recogerlo si después debe quedarse al cuidado de una tercera persona, hasta que ésta ya se haga cargo de su recogida. Presente la canguro a la maestra, para que conozca a quien irá a recoger al niño. La ruptura con el entorno familiar es grande y el niño que parece adaptarse bien los primeros días puede retroceder algunas semanas más tarde, una vez pasada la novedad. No se considera finalizada la adaptación hasta después de dos o tres meses.

El niño en el parvulario

No debe confundirse el parvulario con un jardín de infancia. Esta escuela cuenta con objetivos: desarrollar todas las capacidades del niño, tanto intelectuales como físicas, para permitirle construir su propia personalidad y aportarle las mejores posibilidades de éxito en el futuro.

¿Para qué sirve el parvulario?
Durante los tres años que preceden la entrada a la escuela primaria, el niño descubrirá la vida en sociedad, con sus reglas correspondientes. Convivirá con otros niños, que se convertirán en sus amigos o con los que surgirán conflictos que aprenderá a solucionar con la ayuda de los educadores. Adquirirá la autonomía necesaria para poder seguir una escolaridad que le ocupará la cuarta parte de la vida.

• **Escolariza.** El niño aprende a seguir las reglas de la vida que nos permite vivir en comunidad, con sus exigencias, horarios y ritmos. Deberá doblegarse a rituales nuevos (actividades que decide la maestra, gimnasia, comedor, salidas, guardería de mañana o de tarde), en salas con una función específica y donde tendrá que orientarse.

• **Enseña a vivir en sociedad.** El niño descubre al «prójimo», aquel con el que deberá intercambiar, jugar, cooperar en

A veces, no cuenta nada

Cuando se le pregunta por la jornada escolar, muchas veces se limita a decir: «he jugado». La respuesta puede parecer demasiado breve: es exacta. Más adelante, quizá sea más propenso a contar sus actividades. Mientras tanto, pregúntele lo que ha hecho con algunas preguntas precisas, pero sin insistir.
La escuela es un terreno reservado al niño. Si, en otros aspectos, se comunica bien con usted, si parece contento de ir a la escuela o si su comportamiento en casa es normal, no hay que inquietarse: todo marcha bien. En ciertas escuelas se envía periódicamente a los padres el «álbum de clase» del niño, donde constan los pequeños trabajos que ha realizado, junto con el texto de las canciones infantiles y las poesías que ha aprendido.

las actividades, pero también enfrentarse, para seguir la formación de su personalidad.

• **Enseña «cosas».** Si bien las actividades se presentan bajo la forma de juegos, eso no quiere decir que sean diversiones sin objetivos: a través de ellas, el niño aprende a reflexionar y ejercita todas sus facultades.

Las distintas actividades

Pensar que el niño va al parvulario sólo a jugar sería un tanto caricaturesco. Todos los días, y es exclusivo de cada profesor poner en práctica cuatro tipos de actividades de forma sucesiva, en función del ritmo de los niños.

• **Expresión oral y escrita.** El profesor crea situaciones de comunicación y de intercambio mediante el lenguaje a través de acciones individualizadas o en grupos reducidos: comentar una narración o unas imágenes, por ejemplo. Los juegos vocales y las canciones infantiles sirven para ejercitar la voz y dominar la articulación de las palabras. Escuchar piezas musicales o sonoras permite identificar los sonidos y agudizar de este modo el oído del niño. Los ejercicios de grafismo desarrollan la habilidad manual y le familiarizan con la escritura: por ejemplo, tiene que dibujar círculos o líneas, colorear el interior de un dibujo. Se sentirá muy orgulloso de aprender a escribir su nombre.

Los adultos de la escuela

Suelen ser «maestras», pero también hay «maestros». Han cursado varios años de estudios superiores. Su función consiste en educar al niño respetando sus ritmos y necesidades. Despiertan su interés por distintas actividades, los dirigen y conducen sus juegos.
A través de las canciones, las danzas, los poemas y las lecturas de relatos les transmiten todo un patrimonio cultural. Son responsables de la clase durante todo el año y también de la pedagogía que adoptan.
Para las tareas materiales, como el aseo o el vestido, y la preparación del material pedagógico que precisarán en el transcurso del día, los educadores reciben ayuda de auxiliares, sin función educativa. Los niños conviven también con las personas responsables del comedor, las que se ocupan de la guardería y las encargadas del mantenimiento de las salas y del material.

• **Actividades físicas.** Es importante que el niño conozca su cuerpo y sus posibilidades físicas. Las actividades que suponen «riesgos», siempre bajo un estricto control, le enseñarán a superar obstáculos (cuya dificultad está calculada). Ciertas actividades favorecen la expresión libre (correr, saltar, reptar, deslizarse, rodar...), pero también le enseñan a seguir un ritmo. Ciertos elementos exteriores, como por ejemplo los aros, los zancos o los balones, sirven para practicar la coordinación de los movimientos. El niño tiene también que bailar, adoptar posturas deliberadas, etc.

• **Actividades científicas y técnicas.** Plantar cosas, observar la germinación de las semillas; fabricar objetos cortando, pegando y doblando, o montar y desmontar dispositivos son actividades que apasionan al niño. Clasificar objetos por categorías de forma o de colores, compararlos, realizar pequeñas colecciones, sin olvidar la organización del espacio (el aula se divide en zonas distintas: la biblioteca, el rincón de pintura, el rincón de los muñecos, el de los juegos, etc.), irán aproximando al niño a las matemáticas.

• **Actividades artísticas y estéticas.** Se trata de desarrollar el sentido creativo y la capacidad de imaginación a través del descubrimiento de los utensilios y las técnicas: el niño se familiariza con todas las formas de arte (pintura, escultura, fotografía, música) mediante reproducciones, vídeos o la visita a museos o exposiciones.

Los rituales

Para un niño de esta edad, el día en la escuela lo considera largo, pero está marcado por rituales que contribuyen a proporcionarle puntos de referencia que suelen ser temporales.

• **El tentempié.** Por las mañanas, se destina un tiempo a tomar un tentempié. Para la merienda, se pueden preparar unas galletas o zumos de frutas.

• **La siesta.** A los 3 años, la mayoría de los niños duermen aún entre media hora y una hora al principio de la tarde. Por regla general, los parvularios disponen de una sala de descanso donde cada niño tiene una cama.

El ocio

El niño ha crecido. Se ha vuelto capaz de hacer muchas cosas solo. Quizá ya vaya al parvulario. Más que nunca el juego sigue siendo la actividad fundamental en su equilibrio.

Con el juego, el niño desarrolla el conjunto de sus facultades físicas e intelectuales. El juego, en cualquiera de sus formas, es necesario para expresar la sensibilidad. A partir de los 3 años, numerosas instituciones proponen actividades que responden a las expectativas de los padres en materia de seguridad y de atención, y también a las de los hijos. La televisión ocupa asimismo su lugar en el ocio, un lugar que los padres deberán definir con claridad.

Los juegos

Al niño todavía le gusta quedarse contemplativo, jugar solo y dejar volar la imaginación, pero ya necesita compartir los juegos con otros niños de su edad. Enfrentado a las reglas de la colectividad, se pelea con ellos, para reconciliarse después. El derroche físico en actividades más deportivas y en juegos de habilidad (bicicleta, patines), correr, saltar y nadar constituyen placeres que practica sin cesar.

Los juegos para despertar los sentidos

Casi todos los juegos disponibles en el mercado intentan despertar alguno de los sentidos del niño. Le gustan los juegos de construcción que le permiten apilar, atornillar o encajar, y los juegos de montaje (como los rompecabezas), que ejercitan su espíritu lógico. Los elementos que se combinan (garajes y coches, cocinas y cacharros), a los que se añaden figuritas y elementos decorativos, desarrollan su destreza, a la vez que dejan volar la imaginación. Le gustan los juegos de reconocimiento o clasificación, en los que es preciso relacionar el ternero con la vaca, el potro con la yegua...

Los juegos de sociedad

Los primeros juegos de sociedad entran en casa cuando el niño se acerca aproximadamente a los 5 años. Pero sería del todo inútil exigir al niño de menos de 6 años que se doblegue a las exigencias de las reglas del juego. Por este motivo, hasta esa edad, este tipo de juegos se dirigen básicamente a la habilidad manual (canicas), a la rapidez para combinar imágenes (formar parejas), a las piezas que se unen (dominós) o que se apilan para derrumbarse, lo que encanta a los niños.

Los juegos de habilidad, de memoria o de lógica tienen en común que enseñan al niño a compartir, a respetar las reglas, a ser paciente para esperar su turno, a querer ganar pero también a saber perder.

Los juegos de imaginación

A partir del final del segundo año, la imaginación llega al poder (*véase* pág. 270) y el niño utiliza todo lo que está a su alcance para alimentarla. Los coches de juguete, los cubiertos de la mesa, las cajas de cartón, al igual que los muñecos o los peluches dotados de «vida» se convierten en los protagonistas de los argumentos que improvisa a partir de la vida diaria. Le gustan mucho los juegos de imitación: hacer de tendera, jugar a las cocinitas, con el garaje, etc.

Algo más adelante, como apoyo a su imaginación, aparecen los disfraces (comprados o improvisados con ropas viejas), que ocupan el terreno durante mucho tiempo bajo diversas formas. Los papeles se reparten según las inquietudes del niño, aunque no se trata de una cuestión sistemática. Tanto al niño como a la niña le gusta disfrazarse de sus héroes favoritos del momento.

ÉRASE UNA VEZ...

El niño pide historias sobre sus temas predilectos. No dude en inventárselas, pero sepa respetar algunos principios que les garantizan el éxito.
Retome los temas que prefiere: relatos de animales, de niños, aventuras épicas, cuentos, etc.
Le gustan que se las cuenten con «entonaciones».
Caracterice bien al o a los personajes protagonistas: siempre las mismas cualidades o defectos, el mismo aspecto, etc.
No tema contar historias que asusten, ya que atraen al niño y le permiten exorcizar sus propias ansiedades, pero procure que tengan un final feliz y contengan moraleja: el malo tiene que pagar, el bueno tiene que ser recompensado.
La acción debe ser rápida: sin demasiados detalles ni rodeos. Sobre todo, cuide el suspense («de repente...», «pero, en el momento en que...»).

Las actividades artísticas

Puede llevar al niño a participar en actividades musicales, teatrales o de danza. Para que eso sea positivo, se requiere esfuerzo y perseverancia. Conviene asegurarse de que es capaz de hacerlo antes de apuntarlo. Estas actividades se suman a una carga escolar nueva y ya densa y ocasionan un aumento de la fatiga. Hay que estar muy alerta ante el posible agotamiento: la saturación desvía los esfuerzos y se produce el efecto inverso al deseado.

¿Cómo elegir?
La buena elección es la que, a largo plazo, le producirá satisfacciones y reforzará su autoestima; la de una actividad que deseará proseguir durante varios años.
• **Este deseo debe sentirlo el niño, no los padres.** Para que la actividad elegida dé fruto debe adecuarse a los gustos y aptitudes del niño y no a un viejo sueño de los padres («aprenderá a tocar el piano, yo siempre quise hacerlo...»).

La lectura

Mucho antes de saber leer, el niño se interesa por los libros. Los manipula y los descubre a través de las ilustraciones y gracias a los comentarios de los padres que les confieren vida. El libro es el alimento necesario para la función más característica de su edad: la imaginación. Conviene favorecer lo antes posible esta inclinación natural para que arraigue de forma duradera y lo acompañe toda la vida. Obtendrá así grandes satisfacciones. Pasados los 3 años, la simple imaginación ya no aporta demasiado al niño. Es necesaria una historia, las situaciones diarias o extraordinarias, es decir, un texto. Al leerle, establezca una relación entre usted como lector y el niño, que sólo dispone de la imagen: invítelo a preguntarse cosas sobre el texto pidiéndole que adivine la posible continuación de una escena, que comente lo que ve y lo que comprende. No hay que olvidar que, de hecho, el niño que aún no sabe leer se ve enfrentado con la escritura en múltiples ocasiones: a través de las cartas o las postales de la familia que se leen con él, donde puede reconocer su nombre cuando se menciona, las placas con el nombre de las calles que le resultan familiares, las etiquetas de los envases de los productos que utiliza todos los días, etc. Es cierto que la afición por la lectura se fomenta con mayor facilidad en el seno de una familia en la que el libro ocupa un lugar destacado, donde el entorno del niño lee, compra, regala y comenta libros. Existen libros para niños a precios muy variados, pero también se puede acudir a las bibliotecas o las ludotecas, que disponen de rincones de lectura especiales, donde el niño puede consultar y mirar los libros a sus anchas. La suscripción a una revista infantil, a su nombre, puede constituir un aliciente.

• **No se ha de intentar «corregir» el carácter del niño.** Si es tímido, no lo apunte a un grupo de teatro; si es solitario, no lo envíe por la fuerza a un grupo de *scouts*. Si no saben con exactitud el tipo de actividad que más le conviene, esperen un poco e inscríbanlo en algo que se ajuste a sus preferencias hacia los 7-8 años.
• **El niño debe entender que se trata de un compromiso, no de un capricho pasajero.** Debe ser constante (no olvidemos que cuesta dinero: gastos de inscripción, compra de un instrumento). Responsabilícelo pidiéndole que participe en los gastos con una cantidad simbólica que se descontará de su paga semanal.

Talleres artísticos
En los últimos tiempos se han abierto talleres que ofrecen al niño, a partir de los 3 años, la posibilidad de expresarse en el ámbito artístico mediante la conjugación de diversas técnicas y diferentes materiales. Los animadores, por ejemplo, inician al niño en la pintura, el collage, el modelado, la cerámica, la fabricación de máscaras, marionetas, etc. En algunos casos se trata de ludotecas donde el niño puede ir de vez en cuando. Pero en otros no se trata de guarderías, la inscripción cubre el año y se exige asiduidad y puntualidad. En estos casos, pues, antes de apuntar al niño conviene comprobar su motivación en alguna sesión de prueba.

La música
La iniciación a la música es posible desde los 3 años, a partir de la percusión, como con el tamboril, las maracas, etc. Más adelante, la práctica de un instrumento más clásico en una escuela de música requerirá una gran determinación: niño y familia deben ser conscientes de la perseverancia que esta actividad exige.

La danza rítmica
Gracias a la danza, el niño adquiere el dominio del cuerpo y del espacio, al aprender a coordinar una serie de movimientos. Esta actividad desarrolla la agilidad y el sentido del ritmo y del equilibrio. Los diferentes niveles permiten al niño evolucionar desde los 3 años de edad.

La televisión

La televisión ocupa un lugar preponderante entre las actividades del niño desde la más tierna infancia, excepto en aquellas familias que se niegan a tenerla. Además, la creciente introducción del vídeo en el hogar multiplica enormemente el acceso a infinidad de imágenes (*véase* pág. 275). La televisión no es ni la peor ni la mejor de las cosas, a pesar de que su utilización y su influencia supongan un tema de preocupación para todos los padres interesados en la educación. Es, ante todo, una cuestión de responsabilidad de los padres.

Las ventajas de la televisión
Si se utiliza con seriedad y criterio, la pequeña pantalla se convierte para el niño en una apertura incuestionable al mundo. En ella conoce a miles de personajes imaginarios o reales en situaciones alegres o tristes y países cercanos o remotos, que ensanchan su horizonte: un sinfín de cosas que aportan elementos con los que nutrir su imaginación.

La televisión supone también la ocasión de compartir experiencias con los compañeros que han visto el mismo programa. Se quiera o no, la televisión participa en la formación de referentes comunes que marcarán la generación del niño: existe una generación Heidi o Tortugas Ninja, al igual que existió una generación El Coyote. Se trata del aprendizaje de una cultura de la imagen y de lo audiovisual que impregnará su vida profesional (las técnicas asistidas por ordenador) y afectiva (los referentes comunes). Es función de los padres desarrollar un actitud crítica sobre lo que ve, mirando con él siempre que sea posible los programas que se le han seleccionado.

Los perjuicios sobre la salud
Las consecuencias del mal uso de la televisión sobre la salud del niño pueden afectar en cuestiones que son tan importantes como el sueño, la vista o la alimentación. No suelen revestir gravedad si se está alerta.

• **El sueño.** Se puede reducir de forma nefasta si el niño mira la televisión hasta tarde, cuando debería acostarse alrededor de las 20 horas. Las escenas que lo asustan o perturban modifican el ritmo del sueño paradójico, en el que se sueña, que resulta primordial en el equilibrio del niño. En cuanto a las escenas de sexo o violencia, es evidente que se tienen que proscribir.

• **La vista.** Para evitar el dolor de cabeza debido a la fatiga ocular, hay que respetar una distancia suficiente entre la pantalla y el telespectador: seis veces la diagonal de la pantalla. La habitación donde el niño mira la tele no debe estar ni demasiado iluminada ni demasiado oscura, y la imagen debe estar bien ajustada (*véase* pág. 304).

• **La alimentación.** Como delante del televisor el niño no gasta energías en una actividad creativa o motora, siempre preferible, hay que vigilar que no tenga, además, golosinas ni dulces al alcance de la mano. Se debe limitar el tiempo autorizado: si no puede ver la televisión, el niño se ve obligado a hacer otra cosa.

Los efectos sobre la conducta
Las incidencias de la televisión sobre la conducta son complejas.

• **La agresividad.** Los estudios realizados demuestran que la visión de una película violenta aumenta a corto plazo la probabilidad de un comportamiento agresivo en el niño. ¿Cuál será el efecto a largo plazo sobre la formación de la personalidad adulta? Todavía se desconoce.

• **La lectura.** Es evidente que el tiempo que se pasa delante de la pequeña pantalla (se calcula una hora diaria, o incluso algo más, de media) deja de dedicarse a otras actividades. Pero el análisis objetivo no demuestra que el niño que mira la televisión lea menos que si no la viera (el niño que lee menos es aquel cuyos padres leen menos).

• **La atención en clase.** La falta de sueño, relacionada con el hecho de que el niño mira la televisión hasta tarde por la noche, y algunas veces por la mañana antes de ir a la escuela, no es compatible con el ritmo y la realidad de la vida escolar. Sin embargo, la escuela puede enseñar al niño a convertirse en un telespectador activo, a analizar los medios de comunicación en general y la televisión en particular.

El buen uso de la televisión

No permita que el niño pueda acceder libremente al televisor (si es preciso, ponga el aparato en la habitación de los padres).
Limite el tiempo de utilización (día, hora y duración). No debe convertirse en una canguro barata.
Elija lo que dejará ver al niño consultando la programación en lugar de hacer zapping con el mando a distancia.
No le deje cambiar de canal a cada instante.
Consulte en las revistas especializadas las emisiones destinadas a los niños; algunas incluyen artículos interesantes que reconcilian la lectura con la imagen.
Use el vídeo para grabar los programas de ficción o los documentales, y verlos así cuando considere oportuno.
Procure ver ciertos programas con el niño; además del placer de compartir el momento, podrá desarrollar su capacidad de juicio al comentar lo que acaban de ver juntos.

La vida afectiva y las relaciones familiares

El niño de entre 3 y 6 años mantiene con sus padres, lo mismo que con sus hermanos, relaciones afectivas estrechas, aunque marcadas siempre por los conflictos. Éstos son inevitables: no hay que dramatizarlos ni pasarlos por alto.

Entre los 3 y los 6 años, el niño no ha resuelto aún el complejo de Edipo, del que Freud mostró toda su importancia (*véase* pág. 269). A menudo experimenta hostilidad hacia el progenitor de su mismo sexo, mientras que expresa una unión casi posesiva con respecto al del sexo opuesto. Preservar la solidaridad de la pareja frente a sus exigencias lo irá llevando a establecer relaciones más equilibradas con los padres y con los demás, adultos o niños (los celos de sus hermanos son raíz de conflictos, lo que no excluye un cariño sincero). Los padres serán los encargados de prestar a cada uno la atención que necesita.

Este período es también la edad en la que el niño manifiesta una gran curiosidad por la sexualidad: responder correctamente a sus preguntas le permitirá superar mejor esta etapa de su desarrollo.

Además, la vida del niño puede verse perturbada por la desaparición de un ser querido, y los padres tendrán que ayudarlo a pasar por este momento tan doloroso.

Las relaciones con los padres

El niño varón se muestra especialmente afectuoso con su madre. Busca sus caricias, quiere abrazarla, protegerla y está pendiente de sus necesidades. Le gusta quedarse solo con ella y puede decirle con toda naturalidad que, cuando crezca, se casará con ella. Por otro lado, considera a su padre un intruso, al que teme, admira y del que siente celos, todo a la vez; alguien molesto del que desea la desaparición (en los sueños, por ejemplo, o en ciertos juegos). Pero también se siente muy culpable por albergar tal deseo y los sentimientos que lo asaltan son tan fuertes como contradictorios. La niña es presa de las mismas dificultades: seductora con su padre, del que desearía captar totalmente la atención, rechaza a su madre, a la vez que teme que ésta la rechace a su vez.

La solidaridad de la pareja

Frente a las manifestaciones a menudo desconcertantes de estos sentimientos antagónicos, es importante que los dos miembros de la pareja se muestren solidarios entre sí. El niño debe notar que entienden sus sentimientos, que los toleran pero, sobre todo, que no los utilizan para llenar un vacío afectivo o, lo que es peor, para solucionar un conflicto conyugal. Necesita comprobar la solidez de la relación amorosa que existe entre sus padres, puesto que, si puede constatarla, ya no tiene por qué sentirse culpable de desear la desaparición del progenitor de su mismo sexo. De este modo, el padre debe apoyar a la madre cuando es objeto de los ataques de su hija y la madre debe adoptar la misma actitud en caso de conflicto entre padre e hijo. Ambos tienen que defenderse entre sí y conservar sus momentos de intimidad.

El niño intentará, de forma progresiva, imitar a su progenitor rival y desarrollará

¿Severidad o complacencia?

Desde muy pequeño, el niño tiene que aprender que hay cosas permitidas y cosas prohibidas. Al ejercer la autoridad con serenidad se le ayuda a crecer. Entre una severidad excesiva y una complacencia que no deja que el niño sepa si puede contar con sus padres, hay que esforzarse en tratar al niño como a una persona de pleno derecho. Que sea «aún pequeño» no significa que no entienda los motivos de las decisiones tomadas, por poco que se expliquen. Y al revés, no se le deben imponer exigencias nuevas, sin explicárselas, con el pretexto de que ya es lo «bastante mayor». Aceptará mucho mejor obedecer si se le permite que discuta, lo que no significa que se le tenga que dar siempre la razón. Lo importante es ofrecerle puntos de referencia claros. Establezcan algunas reglas básicas y, para el resto, muéstrense más indulgentes.

respecto a él sentimientos más tiernos. Podrá entonces, hacia los 5 o los 6 años de edad, mantener relaciones afectivas estrechas con los adultos de su entorno o con los niños de su edad y de sexo opuesto al suyo.

La función de los abuelos

Hoy en día, los abuelos se mantienen dinámicos y conservan la salud hasta una edad avanzada. Disponen de tiempo, y desean dar afecto a los demás y saben mostrar una paciencia que les permite adaptarse a las necesidades de un niño pequeño. Además, cuentan al niño la historia y las tradiciones familiares, de modo que lo ayudan a situarse a la perfección en la línea generacional. Las relaciones entre el niño y sus abuelos pueden ser muy ricas. Sin embargo, es preciso evitar ciertos escollos.

• No invertir las funciones. La función de los padres debe ser completamente reconocida y respetada por los abuelos, que no tienen que comportarse como rivales, ni criticar los métodos educativos de sus hijos para defender de forma ostensible la opinión contraria. Si, por comodidad, se les confían casi sistemáticamente los cuidados del niño, éste puede tener ciertas dificultades para saber con quién tiene que identificarse para crecer. Conviene que los padres se esfuercen en conservar un papel preponderante en la educación de su hijo, a pesar de que los abuelos ocupen un lugar importante en la vida de los nietos.

• Una ayuda en la adversidad. Cuando una pareja se separa (*véase* pág. 341), los abuelos suelen convertirse para el niño en un punto de referencia que le confiere seguridad, ya que le garantizan cierta estabilidad afectiva. Pueden ser de gran ayuda ante la adversidad de una separación del matrimonio, con la condición, claro está, de que se mantengan al margen de los conflictos que enfrentan a los padres y que sepan mostrar al niño que lo acogen y lo quieren por sí mismo.

LA ADOPCIÓN DE UN NIÑO DE MÁS DE 3 AÑOS

Si han adoptado un niño de más de 3 años, no podrán borrar con rapidez las dificultades a las que se ha enfrentado durante sus primeros años. A esta edad, el niño ya ha vivido una larga historia, marcada sin duda por el abandono y la falta de afecto. Se ha forjado, mal que bien, una personalidad y quizá le lleve tiempo aceptar el papel que ustedes quieren tener en su vida. Cuanto mayor sea al adoptarlo, más desconcertantes pueden ser sus reacciones respecto a sus nuevos padres. Suele suceder a veces que un niño adoptado de más de 3 años vuelva a tener comportamientos de bebé, tanto en el campo alimentario como en el de la higiene. También puede experimentar trastornos importantes del sueño y pasar sin transición de una gran demanda afectiva a un rechazo agresivo de la menor muestra de cariño. En ocasiones, se siente angustiado y pone a prueba a los padres adoptivos para asegurarse de que no lo van a abandonar también.

Con sus nuevos hermanos, las relaciones no se verán exentas de problemas, pero también pueden originar una fuerte solidaridad. Tranquilicen al niño, muéstrenle que lo quieren, pero que también lo respetan y, en especial, que respetan su historia anterior (*véase* pág. 231). El niño no se tiene que sentir obligado a olvidar el pasado, lo que para él significaría borrar una parte de su vida. Establezcan una conexión entre lo que viven con él y su historia anterior: de ese modo lo ayudarán a proseguir la construcción de su personalidad y a crecer, puesto que no deberá pensar que todo lo que ha vivido antes no ha existido.

Las relaciones entre hermanos

El niño se comporta de forma distinta respecto a sus hermanos según sea el mayor, el segundo o el benjamín de la familia. Ahora bien, en todos los casos los celos son inevitables, aunque cada niño los exprese de manera diferente. Tenerlo presente sirve para desdramatizar las escenas, a veces penosas, que se producirán en sus relaciones. No duden en explicarles que entienden lo que sienten, intentando preservar el lugar de cada uno.

El mayor

El mayor ha gozado, durante cierto tiempo, del privilegio de captar en exclusiva el amor y el interés de los padres. Cuando pierde este privilegio, a raíz de la llegada de un hermanito, se pone inevitablemente celoso. Los celos se manifiestan a veces desde que tiene noticia del embarazo, mediante la «regresión» hacia actitudes más infantiles o mediante un comportamiento marcado tanto por la tristeza como por la agresividad. Suele suceder que el mayor quiera beneficiarse de las mismas ventajas que el recién nacido: quiere tomar el biberón, pide más caricias o se pone a hablar como un bebé. Pero no experimenta únicamente sentimientos hostiles hacia el hermano menor, sino que se interesa por él, quiere cuidarlo y darle el biberón. Sin embargo, de vez en cuando los celos lo traicionan con un gesto un poco vivo, una torpeza falsa o una palabra poco amable («hay que venderlo», «hay que tirarlo»). Por regla general, se muestra decepcionado de que el bebé no pueda, en cuanto nace, jugar con él, y más adelante le irritará con frecuencia ver cómo el pequeño gana autonomía y empieza a invadir «su» territorio.

Sin aceptar las manifestaciones a veces violentas de celos, conviene tolerar los comportamientos regresivos del hijo mayor. Hay que intentar implicarlo en la acogida del bebé y responsabilizarlo en algún aspecto. Al valorarlo por su papel de «mayor», se le permite conocer mejor a su hermano.

El benjamín

El benjamín, por su parte, no cuestiona de la misma manera el hecho de compartir a los padres. Suele gustarle la compañía del hermano mayor y tolera sus manifestaciones de celos porque lo admira. Sin embargo, también puede sentir celos: celos de todo lo que el mayor tiene derecho a hacer y que a él todavía se le niega. Si interpreta esta «desigualdad de derechos» como una señal de favoritismo de los padres, puede intentar rivalizar con el mayor (para tener los mismos derechos que él) o bien desvalorizarlo ante los padres empujándolos a castigarlo. A veces, se siente también tentado de ganarse sus preferencias haciéndose el bebé, y seguir siendo así el pequeño al que se mima. Está, pues, dividido entre el deseo de crecer y el de seguir dependiendo de los padres.

Para alcanzar la plenitud al lado del hermano mayor, el benjamín necesita saber que sus padres están orgullosos de verlo evolucionar y progresar. Díganselo: tiene que estar seguro de que su amor no disminuirá a medida que crece.

El mediano

En realidad, la posición más delicada en el ámbito fraternal es la del niño que no es ni el mayor ni el benjamín, ya que su lugar no le permite esperar ninguna ventaja especial (ser el primero o el último), mientras que no le evita ningún conflicto. El mediano, pues, podrá sentirse muy entristecido por la llegada de un recién nacido, aunque se muestre muy amable, casi demasiado, al respecto. Intentará desmarcarse del pequeño identificándose con su hermano mayor, pero se desanimará al no conseguirlo. Si tiene la impresión de que la familia no lo quiere como a los demás y que no le hace mucho caso, hará todo lo posible por captar la atención de los padres: por ejemplo, cometerá muchas tonterías para obligarlos a reaccionar o incluso a castigarle.

No siempre resulta fácil para los padres prestar a cada uno de los hijos la atención que él espera. Sin embargo, hay que intentar no pasar por alto al que se encuentra «en medio» y evitar que los pocos momentos que se pasan con cada hijo, sea cual fuere su edad y el lugar que ocupa en el orden cronológico, estén ligados sistemáticamente a conflictos.

Las peleas

Las trifulcas incesantes y que suceden a menudo entre hermanos exasperan mucho a los padres. Tienen la impresión de actuar constantemente como policías, ya que los niños se acusan siempre unos a otros de haber iniciado las hostilidades... que vuelven a empezar en cuanto los padres se vuelven de espaldas.
Hay que recordar que casi siempre resulta imposible averiguar «quién ha empezado» y que, por otra parte, no es indispensable. No intervengan sin cesar. En cambio, es importante oponerse con firmeza a la violencia o a las humillaciones de los unos para con los otros. Inciten a sus hijos a solucionar los conflictos a través del lenguaje y no de los gestos en cuanto sepan hablar. De este modo, aprenderán a respetarse mutuamente. Procuren no exaltarse, lo que podría empeorar las cosas. Los hermanos se pelean con frecuencia, pero también saben mostrar, cuando es preciso, una gran solidaridad y complicidad. Sus lazos de unión se refuerzan, en concreto, cuando se producen acontecimientos familiares dolorosos (fallecimiento, separación, preocupaciones graves).
Incluso fuera de un contexto de este tipo, su solidaridad puede manifestarse en detrimento de los padres: forman frente común para poner en tela de juicio las propuestas y decisiones paternas o el castigo que acaban de imponer a uno de ellos. En tal situación, intenten justificar su actuación explicándoles con calma su punto de vista. Si se dan cuenta de que son ellos los que tienen razón, no teman admitir el error: se lo agradecerán y respetarán aún más su autoridad.

En caso de una defunción

El niño empieza a asimilar el concepto de la muerte a partir de los 3 años de edad. En primer lugar, piensa que se trata de un fenómeno reversible y más adelante comprende que la ausencia es definitiva. La muerte de un miembro de la familia comporta muchas consecuencias que superan el simple ámbito de la desaparición del ser querido. Una de estas consecuencias consiste en que el niño deja de creer que sus padres son todopoderosos y se forja una imagen de ellos mucho más frágil, en un momento en el que siente una gran necesidad de que lo ayuden.

Ayudar al niño durante el duelo

Cuando un miembro de la familia muere, es preciso ayudar al niño a adquirir conciencia de la desaparición del difunto, llevándolo, por ejemplo, al cementerio para mostrarle la tumba. No hay que mantenerlo al margen de lo que sucede en la familia, en especial si manifiesta deseos de participar. Luego, se le tendrá que ayudar a recordar a la persona fallecida. Si se trata de la muerte de uno de los abuelos, el niño suele sentir mucha tristeza, a pesar de que no lo exprese claramente. No hay que temer recordar con el niño los momentos compartidos con el fallecido.

Las reacciones del niño que tiene frente a la muerte de un ser querido dependen mucho de la actitud del entorno y de las relaciones que mantenía con la persona desaparecida. Si experimentaba deseos de que esa persona muriera o si en situaciones de conflicto le había oído exclamar reproches o acusaciones en este sentido («me pones enfermo/a», «este niño me va a matar»), le costará mucho superar esa muerte porque se sentirá culpable de ella. Por lo tanto, es muy importante que se le expliquen los verdaderos motivos del fallecimiento a fin de tranquilizarlo.

La muerte de uno de los padres

Cuando un niño pierde a un hermano de edad parecida a la suya, a veces tiene la impresión de que ha perdido una parte de sí mismo. Cuando fallece uno de sus padres, no sólo pierde un ser muy querido sino también un elemento fundamental en la formación de su identidad. Cuanto más pequeño es, más le afectará la muerte de su padre o su madre. Es esencial que, a pesar de todo, pueda seguir «formándose» e identificándose con el progenitor fallecido. Desde este punto de vista, el progenitor que sigue vivo desempeña una función importante. El niño tiene que recordar la imagen del progenitor fallecido y valorar sus cualidades, aun cuando conserve sentimientos hostiles hacia él.

Esta etapa es muy difícil, ya que el niño puede llegar a idealizar a la persona desaparecida y volcar toda su agresividad en el padre presente. Algunas veces, en cambio, intenta desesperadamente consolar al progenitor que sigue vivo y le prodiga un exceso de atención, cuando él necesita, a su vez, ayuda. El padre o la madre no debe ocultar al niño la tristeza por el fallecimiento de su cónyuge, pero tiene que hacer lo imposible para que esa tristeza no invada su relación.

LA EDAD DE LAS PREGUNTAS Y RESPUESTAS

Entre los 3 y los 6 años, el niño siente curiosidad por todo. Se asombra sin cesar y pregunta sin descanso. Cuanto más se ensancha su universo, más atención solicita. Intente adaptar las explicaciones a su nivel de comprensión, pero responda sin rodeos, sea cual fuere el tema. El lenguaje del niño ya se ha enriquecido lo bastante como para entender las cosas. Sin embargo, no sirve de nada sobrepasar el ámbito de su curiosidad: limítese a responder a lo que le pregunta. Cuando quiera más detalles, sabrá preguntárselos. De este modo, lo ayudará a adaptarse progresivamente a las realidades de una vida que ya rebasa el simple marco familiar.

Niño y niña: la curiosidad sexual

El niño empieza a interesarse por su sexo desde los 2 años de edad (*véase* pág. 268). Se acaricia los genitales con placer y puede que el niño varón tenga erecciones. Estos toqueteos no son prácticas anormales ni malsanas. Por regla general, son fugaces y se interrumpen por sí solas. Sin embargo, si resultan demasiado ostensibles y se considera necesario intervenir, se puede recurrir a la noción de pudor.

La edad de las comparaciones

A partir de los 3 años, el niño sabe si es un niño o una niña. A los 5 años, se interesa por la diferencia entre los sexos. A los niños de esta edad les gusta mucho examinarse entre sí, compararse e intentar comprender sus diferencias físicas. Es la edad de los juegos sexuales; juegan «a los médicos», por ejemplo. Si los padres están presentes, no deben actuar con severidad, sino intentar explicar en qué consisten las diferencias. El niño de 5 años tiene tendencia también a comparar su cuerpo con el del adulto, que le parece perfecto y respecto al que se siente inferior. Hay que tranquilizarlo explicándole que, al crecer, su cuerpo se desarrollará del mismo modo. También es el momento de establecer cierto pudor entre él y los padres: al respetar su intimidad, adquiere conciencia de que su cuerpo le pertenece.

Comportamientos distintos según el sexo

Cuando comprenden la diferencia entre los sexos, los niños y las niñas adoptan comportamientos distintos. Los psicoanalistas explican que los niños se sienten orgullosos de tener pene, pero que temen perderlo, porque creen que serán castigados de ese modo por el amor que sienten por su madre: es lo que se denomina «miedo a la castración». Les gusta demostrar su fuerza, pero no distinguen entre fuerza y agresividad. Así pues, cuando se les recrimina la agresividad, pueden imaginar que se les reprocha pertenecer al sexo masculino. Reaccionan entonces de dos formas: o bien intentan afirmar constantemente su fuerza haciéndose los duros y fantaseando respecto a sus facultades; o bien, al contrario, renuncian a demostrar su virilidad, por temor a ser malos, e intentan ser lo más cariñosos y obedientes posible.

Las niñas, por su parte, suelen tener el deseo de ser como los niños, a los que envidian y hasta a veces incluso los imitan. Pero también son coquetas, seductoras e intentan gustar, en especial a su padre. A través del amor que sienten por el padre, descubren el placer de ser una chica y van renunciando al deseo de ser un chico para esforzarse en parecerse a su madre.

Es importante que se valoren las cualidades propias de cada uno de los dos sexos en la relación con los hijos, pero también en las relaciones entre la pareja, de modo que el niño sienta deseos de identificarse con el progenitor de su mismo sexo.

Responder a sus preguntas

Los niños sienten una enorme curiosidad por todo lo que se refiere a la vida sexual. Esta curiosidad puede estar provocada o reforzada por acontecimientos, como el nacimiento de un hermanito. En cualquier caso, es legítima y los padres tienen que esforzarse en responder a las preguntas que haga el niño con palabras y explicaciones precisas, de modo que no se forme, por falta de información, ideas erróneas e inquietantes. Así, por ejemplo, desde los 3 años de edad, el niño quiere saber «de dónde vienen los niños»; hacia los 4 años imagina que se casará más adelante con un miembro de su familia: padre, madre, hermano, hermana... Cuando exprese este deseo, es muy importante decirle que eso no será posible precisamente porque pertenecen a la misma familia.

QUISIERA SABER

Quiere saber cómo se hacen los bebés. ¿Puedo explicárselo ya?

• A partir de los 3 años de edad, el niño pregunta a los mayores por el proceso del nacimiento (*véanse* págs. 91 y 268). Ya puede entender que es a través del acto sexual, es decir, por la unión de las «semillas» de un hombre y de una mujer, y que el bebé se desarrolla y crece en la barriga de su madre hasta el día en que nacerá por un orificio que tienen todas las mujeres, pero no los hombres, y que no es ni la boca, ni el ano, ni el ombligo.

Se masturba. ¿Hay que impedírselo?

• A esta edad, se trata de una práctica bastante usual, sin consecuencias, que por regla general desaparece hacia los 7 años sin que sea preciso intervenir. No lo castiguen y, sobre todo, ¡no lo amenacen con ninguna enfermedad o mutilación sexual! Si desean hablarlo con él, díganle que está permitido cuando está solo porque no atañe a los demás.

Pregunta por qué nosotros, sus padres, compartimos la cama. ¿Qué debemos responder?

• A los 5 años, el niño se pregunta especialmente por la naturaleza de las relaciones que existen entre sus padres: los ve besarse, querer estar solos. A esta edad, puede aprender los términos exactos de los órganos genitales. Es importante hablarle del placer que se obtiene del acto sexual cuando la pareja se quiere y disociar las relaciones sexuales y la procreación. Más adelante, tranquilizado por las respuestas, puede volver su curiosidad hacia otros centros de interés.

Organizar las separaciones

A los 3 años, el niño ha adquirido cierta autonomía, lo que le permite aceptar mejor separarse provisionalmente de sus padres, durante una velada, un fin de semana o las vacaciones.

Evitar la ansiedad

No hay que ausentarse jamás sin prevenir al niño, sea cual fuere su edad. Alégrense abiertamente de que ahora ya sea capaz de estar (un poco) sin ustedes. Antes de cualquier separación, aunque sea muy breve, explíquenle qué pasará en su ausencia: quien cuidará de él, dónde, durante cuánto tiempo... Procuren que disponga de sus objetos y juguetes favoritos. Despídanse de él pero no cedan al posible llanto ni eternicen el momento de partir. No le prometan que volverán «enseguida» si no es cierto. Déjenlo al cuidado de personas que conoce bien, siempre las mismas, si es posible.

El niño de 3 años es capaz de imaginarse a sus seres queridos a pesar de que estén ausentes. Puede pensar en ellos, evocarlos con la palabra y sabe que no han desaparecido para siempre. Las separaciones se convierten en algo menos doloroso, menos inquietante, pero sigue necesitando que lo preparen para que no lo cojan de improviso y desamparado. Por este motivo, se impone una serie de precauciones.

No se vayan sin decírselo

La primera recomendación consiste en prevenir al niño que se van o que él mismo se alejará de ustedes durante algún tiempo. Hay que explicarle los motivos y las condiciones de esta separación. Expliquen con quién va a estar, dónde y durante cuánto tiempo. Despídanse de él aunque llore. Si la salida es sólo para una velada, denle las buenas noches antes de que se vaya a dormir: en cualquier caso, no se vayan sin que él lo sepa.

Si va a pasar unos días fuera de casa, conviene dejarle llevarse sus objetos personales, sin olvidar incluir en la maleta el famoso objeto transicional (un peluche, un pañuelo, un muñeco, etc.; *véase* pág. 227), que le recuerda el hogar y que puede seguir necesitando para dormirse. No se le debe prometer nada (la hora de regreso, llamadas telefónicas) que no se pueda cumplir, ya que se perdería su confianza y le originaría un sentimiento de inseguridad. Cuéntenle lo que van a hacer durante su ausencia. Si uno de los dos miembros de la pareja se va solo durante varios días, hable de él con bastante regularidad y comunique sus noticias al niño.

El niño, sobre todo si es muy pequeño, acepta con mayor facilidad la ausencia de sus padres si se queda con adultos que conoce mucho o, por lo menos, que identifica con una situación concreta. Si la separación va a ser corta pero reiterada, es preciso intentar, en la medida de lo posible, recurrir siempre a la misma persona.

No se inquieten

Lejos de sus padres, el niño podrá quejarse de dolores, dormir mal o experimentar una «regresión» en ciertos terrenos, como la alimentación, el lenguaje o la limpieza. De este modo indica también su rechazo ante la ausencia. A su regreso, quizá muestre indiferencia, agresividad o, al contrario, dependencia en el ámbito afectivo. Estas dificultades suelen ser pasajeras. Es importante que los padres respeten su disgusto, incluso su ansiedad, sin que por ello deban replantearse los motivos que han obligado a la separación.

Las separaciones no sólo suponen problemas para el niño. También inquietan muy a menudo a los padres, que pueden tener tendencia a culpabilizarse o que no aceptan del todo confiar el cuidado del niño a otros adultos, a los que perciben a veces como rivales.

Sin embargo, la experiencia de la separación es indispensable para encaminar al niño hacia la independencia. Así pues, debe asumirse plenamente, sin sentir culpabilidad, y esforzándose por conseguir que sea lo menos siniestra posible para el niño.

El *niño* *de* 6 *a* 10 *años*

La vida del niño se organiza cada vez más alrededor de la escuela, donde aprende a leer, escribir, contar y otras muchas cosas más. Durante el tiempo libre y las vacaciones, sigue jugando mucho y se dedica a un sinfín de actividades con los compañeros de su edad. Aunque se vuelve más independiente, no deja de seguir necesitando la ayuda de sus padres para hacerse «mayor».

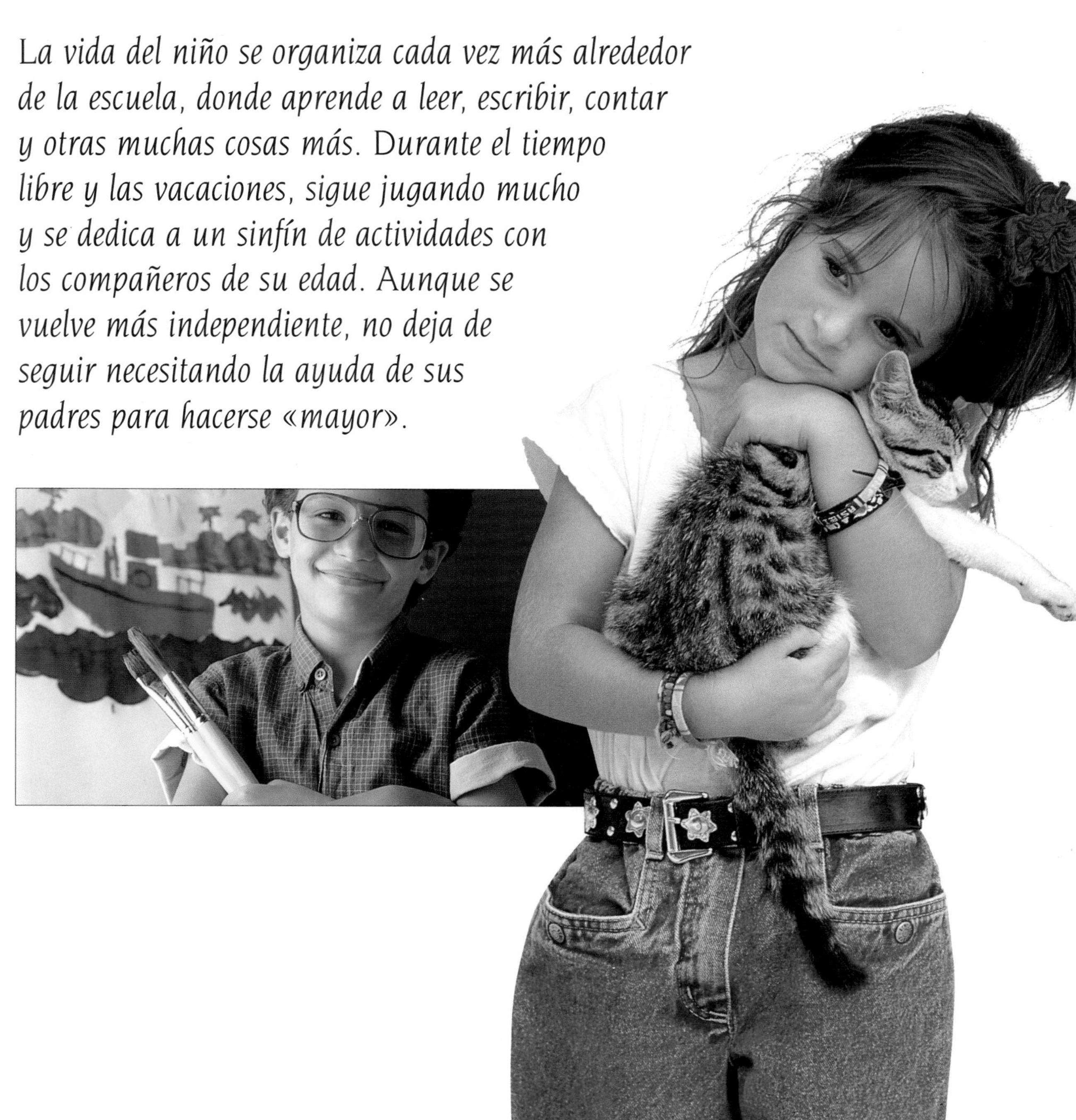

El niño de 7 años

El cuerpo
El niño ya ha adquirido un perfecto dominio del cuerpo. Tiene sentido del equilibrio y es mañoso. Sabe escribir. Se viste totalmente solo y mantiene la habitación ordenada (a veces eso es algo relativo). Duerme entre nueve y diez horas por la noche, con un sueño profundo.

Las relaciones con los demás
El niño está en la «edad de la razón»: ha comprendido y aceptado las reglas morales. Empieza a distinguir entre el bien, lo que está permitido, y el mal, lo que está prohibido. Entre sus compañeros de clase, elige amigos/as duraderos.

El desarrollo intelectual
En principio, el niño sabe leer. Su inteligencia aborda el pensamiento lógico, pero sobre bases concretas: observa, reflexiona y deduce conclusiones lógicas. Así, por ejemplo, para aprender a contar, empieza por contar las cosas. Razona. Se pregunta: «¿Qué hay en el cielo?»; «La muerte, ¿y después de la muerte?». Sabe hacer rompecabezas de cien piezas.

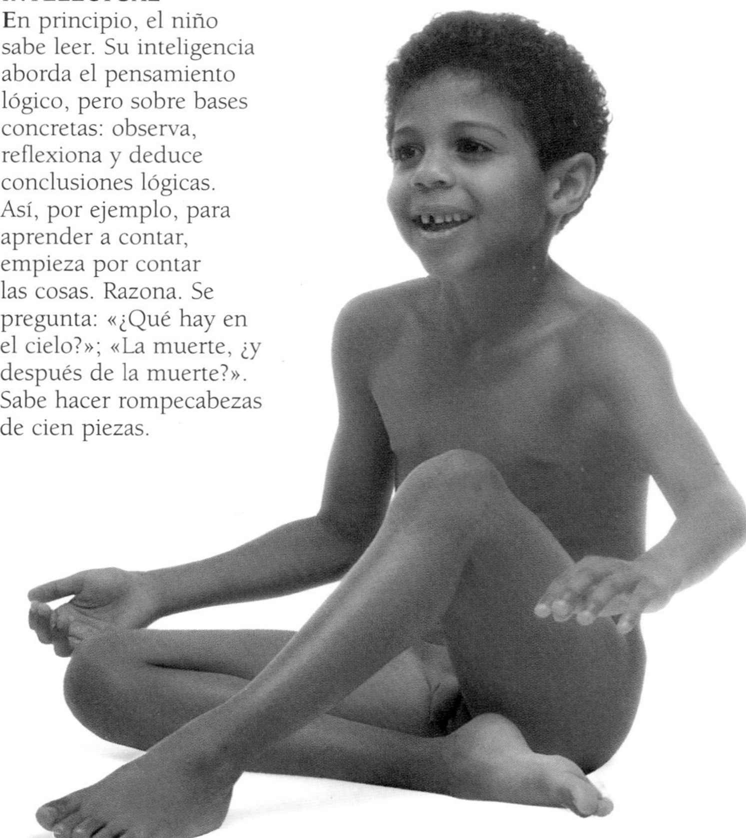

Talla	Niño	120 cm (110-130)
	Niña	121 cm (109-131)
Peso	Niño	22 kg (16-28)
	Niña	20,5 kg (15,5-25,5)

Dientes: Los dientes de leche caen, para ser sustituidos progresivamente por los permanentes (incisivos y luego, caninos y molares). Salen los primeros molares permanentes.

Nota: Estas cifras corresponden al 95% de los niños.

El *niño de* 10 *años*

El cuerpo

El niño está en una edad de transición, no tan niño pero aún no adolescente. No se percibe ningún acontecimiento espectacular. Duerme de ocho a diez horas por la noche. La niña muestra los primeros signos de pubertad: empiezan a aparecer los senos, así como algo de vello en el pubis.

Las relaciones con los demás

Tiene amigos y amigas. A menudo, existe un «mejor amigo» o una «mejor amiga», a quien se lo cuenta todo. Vuelve solo de la escuela y tiene la llave de casa. Aprende a administrar su paga semanal.

El desarrollo intelectual

El niño puede tener una visión de conjunto de un problema o de una situación. Su inteligencia sigue desarrollándose. Empieza a manejar las ideas abstractas. Pronto podrá seguir un razonamiento sin necesidad de objetos concretos que le sirvan de apoyo. Desarrolla la facultad de concentración, al igual que su capacidad de memorización.

Talla	Niño	136 cm (125-147)
	Niña	138,5 cm (127-151)
Peso	Niño	30 kg (21,5-39)
	Niña	29 kg (21-38)

Dientes: Los dientes de leche (caninos y molares) siguen cayendo, sustituidos por los permanentes. Salen los molares, unos tras otros. A los 12 o 13 años, como mucho, el niño dispondrá de 28 dientes permanentes.

El niño se desarrolla

A los 6 años, el niño o la niña se encuentran en plena infancia. A los 10 años, se convierten en preadolescentes. En el transcurso de estos años, se familiarizan con la escuela primaria.

ANÍMENLE A ESCRIBIR

En la escuela, el niño escribe mucho. Los padres por su parte, deben ayudarlo a descubrir que expresar por escrito lo que piensa no es sólo un ejercicio escolar. Sugiéranle que escriba a los miembros de la familia que no ve a menudo (en lugar de llamarlos por teléfono) o que introduzca actividades nuevas en sus juegos: del mismo modo que dibuja o pinta, puede escribir historias, preparar informes de los temas que le interesan, copiar pasajes de libros o de revistas, etc. También puede anotar en una hoja la lista de cosas que le faltan, de los juguetes que le gustaría que le regalaran por su cumpleaños, etc.
Un solo imperativo: no hay que imponer nada, limítense a estimular sus deseos de escribir.

Entre los 6 y los 10 años, el niño crece una media de seis centímetros al año y le suele gustar seguir la progresión de las rayitas que se marcan en un medidor o directamente sobre la pared.

De 6 a 9 años

La inteligencia se sigue desarrollando. El niño es capaz de distanciarse respecto a los acontecimientos y empieza a analizarlos y criticarlos. Se introduce en el mundo del pensamiento lógico que, a esta edad, se ejercita sobre bases concretas: cuenta y razona con objetos de la vida diaria (manzanas, monedas, helados, lápices, etc.); infiere las deducciones a partir de las observaciones que ha efectuado o de experiencias. Domina cada vez mejor el espacio (conoce su barrio) y el tiempo. Se sitúa en la semana, el mes y la estación; pregunta cuántos meses o días faltan para las Navidades, etc.

La escuela primaria

En este período, el acceso a la escuela primaria significa un progreso para el niño. En ella descubre las limitaciones constructivas del trabajo, la emulación del éxito, pero a veces también la ansiedad del posible fracaso. Poco a poco, establecerá amistades duraderas. El niño se va integrando en los «juegos de reglas», en los que es preciso respetar la consigna que se ha aceptado libremente, a riesgo de ser considerado un «mal jugador» y de verse excluido del grupo (juega a guardas y ladrones, a las canicas, a las gomas de saltar, etc.). Ha madurado lo suficiente para formar parte de agrupaciones o para ir de colonias durante las vacaciones. El niño va dominando la lectura. Saber leer le permitirá comprender todo lo que compone el ámbito escrito, tanto en casa como fuera de ella: envases de productos alimenticios, carteles, anuncios publicitarios, etc., y adquirir así nuevos conocimientos.

El «período de latencia»

Después de la fase edípica, que le ha permitido reafirmarse como un niño o una niña, hacia los 6 años el niño alcanza un período en el que, aparentemente, la sexualidad ya no se expresa (los psicólogos lo denominan «período de latencia»). Sin embargo, eso no termina con su curiosidad: los niños y las niñas juegan «a médicos», juego siempre asociado a la infancia. También preguntan con mayor precisión sobre la procreación. En ocasiones resulta valiosa la ayuda de un libro de educación sexual adaptado a su edad.

A pesar de que el niño parezca atravesar este período sin dificultades notables, no hay que olvidar que crecer es siempre difícil. En la escuela, respeta las normas y participa de la vida de clase; los padres de los amigos a cuyas casas va a jugar alaban su simpatía. Pero, en casa, se muestra susceptible, colérico, exigente, incluso tiránico y, a veces, se comporta como un niño pequeño. Conviene prestar atención. No hay que cargarlo de responsabilidades nuevas, sobre todo en lo que se refiere a sus hermanos menores.

Hacia la adolescencia

A partir de los 10 años, el niño entra en un período de límites ambiguos, a menudo desconcertante, tanto para él como para los padres. Ya no es un niño pero tampoco es aún un adolescente. No acaba de entender lo que le sucede y tiene la impresión de que son sus allegados los que no le comprenden.

Los primeros signos de la pubertad
Sin embargo, sus gustos se reafirman, es decir, se determinan, y su cuerpo empieza a prepararse para la gran aventura de la adolescencia.

En las niñas, a partir de los 10 años, aparecen los primeros signos de la pubertad: el diámetro de la areola de los senos aumenta, éstos empiezan a pronunciarse y aparece algo de vello en el pubis. Dos años después de estos primeros signos se produce la primera regla. En los niños varones, la pubertad no se suele iniciar hasta los 11 o 12 años. Ante las manifestaciones de pubertad incipiente, las niñas deben recibir educación acerca de las funciones de su cuerpo. Los libros, y también el médico, pueden resultar útiles. Es frecuente que engorden algo antes de «pegar el estirón»: no hay que dramatizar la situación; aprovechen la ocasión para proporcionar nociones de higiene alimentaria a la niña.

El manejo de ideas abstractas
El niño puede abordar las abstracciones. Ya no necesita apoyarse en objetos concretos para elaborar un razonamiento. Ya puede razonar sobre las leyes generales que forman la base de los casos particulares ya estudiados; se inicia en el álgebra y la física. Se trata de un placer nuevo del que a veces abusa un poco, lo que le vale el apelativo de «respondón».

El niño acumula conocimientos sobre los temas que le interesan. Le gusta reunir y conservar las cosas, de modo que suele empezar colección tras colección (*pins*, sellos, libros, casetes, fotos, etc.), sin terminar muchas de ellas. Algunos utilizan el diccionario o una primera enciclopedia para encontrar aquellas respuestas que los padres no les pueden dar o que desean buscar solos. Esta autonomía en la adquisición de conocimientos es fundamental antes de alcanzar la educación secundaria.

Los amigos y las amigas
Muchos niños de esta edad tienen un/a mejor amigo/a a quien se lo cuentan todo. Empiezan a formar grupos, un paso necesario, que les confiere seguridad en su progresión hacia la vida en sociedad.

La sexualidad parece haber quedado algo relegada. Quizá hablen de ella con los amigos de su mismo sexo y en plan de broma, a veces con grosería. Las frecuentes risas por cualquier tontería hacen que las personas que los rodean comenten con cierta irritación que están en la «edad del pavo».

Libertad bajo supervisión
El niño, una vez advertido de los riesgos y las normas que tiene que respetar, puede volver solo de la escuela y disponer de su propia llave de casa. Suele estar inscrito en actividades fuera de la escuela (deporte, música, informática, etc.). Darle una cantidad de dinero semanal no debe estar reservado a los más mimados ni a los más ricos: con esa paga, el niño aprende a administrarse y a saber el precio de las cosas.

A menudo, a esta edad desea cambiar su habitación. Los personajes del papel pintado de su niñez son sustituidos por pósters y las muñecas, por una consola de vídeo (los objetos de la niñez y los de la preadolescencia suelen coexistir durante algún tiempo). El niño quiere tener su rincón y sus cosas propias, que guarda celosamente y que conviene respetar. Si el piso lo permite, hay que separar a las niñas de los niños.

Poco a poco, el niño modifica la conducta hacia sus padres: determinadas manifestaciones de cariño en público le molestan. Ya no va cogido de la mano por la calle, las caricias se vuelven escasas, aunque de vez en cuando le guste reencontrarlas.

El papel de los padres no suele ser fácil a esta edad. Acompañen al niño en el aprendizaje de la autonomía sin infravalorar sus limitaciones; no debe tener la impresión de que le dejan hacer cosas sólo porque han perdido interés por él. Las normas y las prohibiciones pueden explicarse a fondo. Pero su nueva libertad sigue bajo la responsabilidad y la supervisión de los padres. La confianza de éstos, que es indispensable, no debe surgir de la ceguera.

Castigos y recompensas

En contra de lo que algunos quieren creer, es difícil adoptar una actitud educativa satisfactoria sin ejercer limitaciones y sin recurrir a veces a un castigo. Sin embargo, nunca hay que imponer castigos físicos.
El castigo tiene que guardar una relación clara con la falta (ni aplicarse demasiado tarde, ni ser demasiado fuerte) y tener, si es posible, una función reparadora: por ejemplo, reembolsar un objeto que se ha dañado voluntariamente.
No debe ser humillante y se debe ejercer en privado, sin avergonzar al niño delante de sus amigos/as. Por último, para que conserve su valor, el castigo debe ser excepcional.
Y, a la inversa, una recompensa puede resultar un buen estimulante para el esfuerzo cuando está justificada. El niño se siente satisfecho por lo que ha hecho bien y estará contento de oír decir a sus padres que están orgullosos de él.

La escuela

La entrada a la escuela primaria es uno de los pasos más importantes en la vida de un niño. Los padres lo habrán preparado llevándolo a las jornadas de «puertas abiertas», por ejemplo. Aquí será donde aprenderá las nociones básicas que año tras año consolidará e irá desarrollando.

Aunque los años de parvulario lo hayan preparado, la incorporación a la escuela primaria es una entrada llena de emoción para el niño. En este caso, resulta también necesaria una preparación psicológica. A menudo se organizan jornadas de «puertas abiertas» con motivo de exposiciones o de fiestas. No dejen de ir con el niño. Hay escuelas en las que se invita a los nuevos alumnos a una merienda o un desayuno: es la ocasión para intercambiar impresiones y descubrir el sitio y a las personas.

Las orientaciones del trabajo escolar

Tras el paso por el parvulario, donde ha adquirido los aprendizajes fundamentales, el niño podrá acceder a la escuela primaria. El profesorado, tanto en la educación infantil como en la primaria, ha de seguir unos programas cuyo currículum viene marcado desde la administración estatal o la autonómica.

La organización del tiempo

La distribución temporal de las materias y de las actividades se realiza en función de la edad del alumnado. A principio de curso se elabora un horario-tipo flexible. A la hora de ponerlo en práctica, se tiene en cuenta la motivación del momento, el cansancio por la concentración exigida por la actividad anterior... A medida que el alumno se hace mayor se van restringiendo estos aspectos y se respeta más el horario propuesto al inicio del curso.

Por regla general, la jornada se compone de dos grandes períodos: uno por la mañana y otro por la tarde, separados de dos horas y media o tres para comer. La puntualidad es obligatoria. Además por la mañana se hace un recreo de treinta minutos. No hay que olvidar poner un pequeño tentempié en la mochila del niño por si tiene algo de hambre.

Las grandes áreas de aprendizaje

Año tras año, curso a curso, el niño profundiza y aumenta sus conocimientos a su propio ritmo. El profesor inicia con los alumnos, de forma progresiva y de acuerdo con una pedagogía adaptada, una aproximación a los grandes ámbitos del saber.

• **La lengua.** Conseguir el dominio de la lengua oral y escrita es indispensable para el resto de la escolaridad. Los dos primeros años se consagran a ello, ya que la competencia lingüística determina en gran parte él éxito en otras asignaturas: es poco frecuente que un alumno bueno en lengua fracase totalmente en matemáticas (para resolver un problema, hay que entender bien el enunciado). Las dificultades se presentan, sobre todo, en la lengua escrita (ortografía, redacciones). Por otra parte, las poesías y las canciones infantiles aprendidas de memoria favorecen el desarrollo de ésta.

• **Las matemáticas, las ciencias y las técnicas.** El objetivo consiste en que el

El primer día de escuela

No es la primera vez que va a la escuela, ya ha ido al parvulario, pero esta vez es especial: ¡accede al universo de los mayores! Acompáñelo, necesita sentirse seguro y, si el profesor se lo permite, entre con él en el aula. Esa misma tarde, cuelguen el horario en su habitación; es la mejor forma de no olvidar el equipo de gimnasia o el libro que necesitará. Póngase en contacto con otros padres, pero deje pasar unos días antes de presentarse al profesor. Ahora bien, vaya a la reunión informativa que organiza el maestro: es primordial para seguir la evolución del niño durante el año.

El material

Hay que preparar con cuidado todo lo que el niño necesitará en la escuela.
Es aconsejable elegir material clásico y resistente, en lugar de las infinitas ofertas caprichosas que suelen ser más caras y duran muy poco.
La cartera es indispensable. Tiene que ser flexible y resistente, y del tipo mochila para llevar a la espalda: el niño no notará tanto el peso. En ocasiones, es aconsejable pegarle en la parte inferior una cinta reflectora.
Asegúrese de que sea lo bastante grande (pero no demasiado, para que se adecue a la altura del niño), ya que pronto irá muy cargada.

niño adquiera los métodos propios del ámbito científico mediante la observación, el análisis, la experimentación y la representación.

La escuela se dedica, pues, a favorecer la adquisición de instrumentos matemáticos: medidas, geometría, técnicas de cálculo, etc. El alumno tiene que desarrollar su capacidad de razonamiento y de abstracción, aprende a demostrar y a justificar. El cálculo escrito y el cálculo mental figuran naturalmente en un lugar destacado del programa: el niño estudia los números, luego las operaciones básicas (suma, resta, multiplicación y división) que le permitirán resolver la mayoría de los problemas. También se abordan otros temas, la tecnología y la informática, al igual que la biología y las ciencias físicas, a través de explicaciones que el niño pueda asimilar.

- **La historia, la geografía, las ciencias sociales.** Acontecimientos tales como las elecciones, fenómenos como las mareas, etc., seguirían siendo cuestiones oscuras sin el estudio de estas disciplinas.
- **La educación artística.** Las clases de dibujo o pintura y de música contribuyen a despertar el espíritu creativo del niño y a permitirle conocer su patrimonio cultural.
- **La educación física.** El equilibrio del niño quedaría cojo sin un trabajo que incluyera también su cuerpo; de ahí que sea interesante que practique algún deporte, individual o colectivo, que le proporcione el sentido del esfuerzo.

El paso de un curso a otro

La facilidad para adquirir conocimientos varía de un niño a otro. El profesor procede de forma regular a la evaluación de los progresos de los alumnos. El niño que tiene dificultades para seguir puede pasar igualmente al curso siguiente, puesto que, en la enseñanza primaria, la repetición de curso está sujeta al acuerdo de los padres: el niño intentará superar sus lagunas con la ayuda del profesor del curso en que esté.

Las pedagogías y las estructuras alternativas

Además de las escuelas públicas, que son gratuitas, existen escuelas privadas de pago, confesionales o no, dirigidas por asociaciones, particulares o comunidades religiosas. Todas mantienen una relación más o menos estrecha con la administración competente, según sea su estatuto. Hay escuelas privadas donde el personal docente está remunerado por la dirección del centro. La única vinculación que tienen con la administración competente (estado o comunidad autónoma con competencias en materia de educación) es seguir los programas marcados por dicha administración y que los locales, espacio, profesorado, etc., cumplan la normativa establecida para cada caso.

Por otra parte, desde hace más de medio siglo, han ido apareciendo nuevas técnicas pedagógicas, de las que se hacen eco determinadas escuelas públicas o privadas, en especial bilingües. De forma general, intentan otros modelos de relación entre profesor y alumno. Sea cual fuere el método adoptado (Freinet, Montessori, Steiner, etc.), los principios básicos son los mismos: la adquisición de conocimientos se apoya en la extraordinaria sed natural de saber del niño. En el ámbito de la personalidad, estas pedagogías, que se denominan «activas» hacen gran hincapié en la expresión libre, la iniciativa personal y el diálogo.

Las demás actividades de la escuela

Hoy en día, en muchos casos, ambos padres trabajan. El almuerzo, los días de fiesta y las vacaciones escolares del niño serían un rompecabezas continuo si no existieran otras entidades que se hicieran cargo de él. Estos centros, lejos de ser guarderías, pretenden ser un espacio de animación dinámica con el objetivo de equilibrar las actividades para despertar las capacidades del niño y los momentos necesarios de libertad, bajo la batuta de animadores especializados, y normalmente están al alcance de todos los bolsillos.

El comedor

Las escuelas ofrecen un servicio de comedor no gratuito. La composición de las comidas se realiza en función de criterios que garantizan el equilibrio dietético del niño, a la vez que se le educa el paladar. Suele ser frecuente que un niño problemático en la mesa o de poco apetito coma más a gusto en contacto con sus compañeros. Los padres deben informarse de los menús (por regla general, están expuestos) para equilibrar la cena del niño en consecuencia. El comedor es también un lugar de intercambios estimulantes. Favorece la autonomía del niño, le enseña a aceptar la equidad de compartir y el respeto al trabajo del personal de servicio.

Las clases al aire libre
Durante la escuela primaria, el niño tendrá ocasión de participar en clases fuera del recinto escolar que son las llamadas salidas o colonias escolares (según su duración). Irá también junto con el profesor y la clase a pasar uno o varios días al mar, la montaña o el campo, en un centro de acogida adaptado para que las clases se impartan en plena naturaleza; esto le permitirá convivir con otros niños.

No se trata de unas vacaciones; las jornadas son densas y se confeccionan para seguir el programa, estudiar el entorno y practicar actividades deportivas. Estas clases, una experiencia formadora a todos los efectos, enseñan a los niños a vivir en comunidad sin recurrir a los padres. En ellas, desarrollan su autonomía y los más tímidos se exteriorizan. En algunos casos, el niño muestra cualidades más notables que en el marco escolar habitual.

El objetivo pedagógico consiste principalmente en aprovechar el medio nuevo para enriquecer la enseñanza de la clase: el estudio de la flora y la fauna locales (natural o de granja) o la economía de la región, a través de las observaciones y los comentarios de los niños. Las clases ensanchan totalmente su horizonte y sirven para distintos descubrimientos: clase de patrimonio (descubrimiento de yacimientos arqueológicos y elementos arquitectónicos), clase de música, clase de náutica, clase de lectura e, incluso, clase en el extranjero, y así de este modo practicar algún idioma.

Durante las fiestas escolares
Existen programas de juegos y de actividades diversas, manuales, culturales y deportivas al aire libre, que se ocupan del ocio del niño que no se va de vacaciones. La participación está dirigida por animadores especializados.

• **El centro de ocio.** Funciona para las vacaciones cortas y el día de descanso semanal en los locales de la escuela y fuera de ellos. Las actividades propuestas son diversas: música, historia, vídeo, pintura, cerámica, etc. Se organizan salidas que permiten a los niños distraerse a la vez que aprenden: zoológico, bosque, castillo, etc.

• **El centro al aire libre.** Coge el relevo del centro de ocio en las vacaciones de larga duración. Desde la escuela, los niños se dirigen en autocar hasta parques u otros puntos propicios donde, bajo la dirección de los animadores, se pueden dedicar a actividades que les interesen: talleres, juegos al aire libre, *picnics*, visitas a un museo, etc.

El oficio de padres de un alumno

Entre la ansiedad y la indiferencia existe una actitud adecuada que consiste en que los padres se mantengan informados de las actividades de la clase, aunque no deseen unirse a una asociación de padres de alumnos. Los niños cuyos padres se interesan por la vida escolar se suelen mostrar más motivados.
No se abstengan de votar en la elección de delegados para el Consejo escolar, que se reúne una vez al trimestre y se ocupa de todo lo referente a la escuela:

- comedor,
- guardería,
- excursiones escolares y
- funcionamiento económico.

Consulten los tablones de anuncios, abran la cartera del niño y, evidentemente, dialoguen con él: pregunten acerca de lo que hace y sus relaciones con los educadores y compañeros. Respondan a las peticiones de los profesores y participen en las sesiones informativas y en las fiestas que se organizan periódicamente en la escuela: el niño lo notará.
Es importante también que de vez en cuando se informen personalmente de sus progresos. Es el momento para conocer al profesor y comprender mejor los objetivos que se persiguen.
Confíen en los métodos empleados por el profesor y no inicien un aprendizaje paralelo que lo único que haría sería sembrar la confusión en el niño.
Sigan también los diversos trabajos realizados en la escuela y ayuden al niño a hacer los deberes en casa, manteniendo para ello siempre un clima de tranquilidad y buen humor.

Leer, escribir y contar

Para aprender a leer, a escribir y a contar, el niño tiene que tener madurez suficiente, en el ámbito intelectual, físico y afectivo. Según el niño, esta madurez se alcanza a los 5, a los 6 o a los 7 años.

INCULCAR AL NIÑO EL DESEO DE LEER

Los padres son los más indicados para hacer nacer en el niño el deseo de aprender a leer. Si tienen la costumbre de leer, el niño tendrá ganas de imitarlos. Empiecen por incitar al niño a reconocer mensajes escritos, como las marcas de alimentos o los tablones de anuncios. Aunque no sean lectores demasiado asiduos, procuren alentar la afición del niño por la lectura: cuéntenle historias basadas en libros de ilustraciones. Suscríbanle a una revista adecuada para su edad, sin esperar a que sepa leer con facilidad; al principio, tendrán que leer «su» revista juntos pero, muy pronto, verán cómo se sumerge en ella solo.

Una vez en la escuela, el niño tiene que superar la simple familiarización con la lectura, a la que los padres o el parvulario ya le han iniciado, para emprender un auténtico aprendizaje. De este modo, va descubriendo los métodos de trabajo que le proporcionarán acceso directo y autónomo a un universo más amplio. Si el niño tiene dificultades, los padres pueden apoyarlo en algún momento, ayudándolo por la tarde a revisar lo que ha aprendido durante el día.

Aprender a leer

Los profesores utilizan varios métodos para enseñar a leer. En el parvulario enseñan al niño a reconocer su nombre entre otros o a identificar algunas palabras muy habituales con la ayuda de un apoyo visual. En adelante, asocian este método visual de conjunto a un enfoque por el que ayudan al niño a separar y pronunciar las letras y las sílabas de una palabra: el método alfabético fonológico más tradicional. La combinación de ambos enfoques permite conseguir un buen dominio de la lectura.

Las etapas

Antes de saber leer con normalidad, el niño suele pasar por cuatro etapas. Normalmente, al final del primer año de verdadero aprendizaje ha asimilado las bases de la lectura, que a partir de entonces se dedicará a perfeccionar.

De forma paralela, el niño aprende a escribir (*véase* a continuación) con los mismos métodos. En la fase de la lectura llamada alfabética fonológica, el niño escribe fonéticamente; en la fase siguiente, la ortografía se va adecuando a las normas del lenguaje.

• **Primera fase:** la «seudolectura». Recibe este nombre porque el niño no descifra la palabra sino que simplemente la adivina a partir de lo que la rodea. En primer lugar, aprende a reconocer algunas palabras gracias al contexto en el que aparecen. Identifica, por ejemplo, las marcas de los productos (Colacao, Danone) en su contexto publicitario. El niño no obtiene ninguna enseñanza de esta «seudolectura» para el aprendizaje de la escritura.

• **Segunda fase:** la lectura logográfica. El niño reconoce determinadas palabras cuya forma le resulta familiar, del mismo modo que sucede con los logotipos. De este modo, puede reconocer su nombre o los términos *papá* y *mamá*. Pero no siempre sabe distinguir las letras del alfabeto, por lo que no puede descifrar una palabra que no conoce.

• **Tercera fase:** la lectura alfabética fonológica. El niño aprende a descomponer una palabra y, gracias a ello, a leer palabras de uso corriente que no conoce. Es capaz de identificar las letras y las sílabas, y de asignarles el sonido que les corresponde. Sabe, por ejemplo, que $p + a = pa$, $m + a = ma$, etc.

• **Última fase:** la lectura ortográfica. El niño reconoce una palabra de inmediato en su totalidad, no porque identifique su forma (como era el caso de la fase de lectura logográfica) sino porque decodifica con rapidez la cadena de letras que la componen. Así pues, puede deletrear (y, por lo tanto, escribir) correctamente palabras poco habituales.

Las dificultades
Algunas veces, se presentan ciertas dificultades: el niño lo pasa mal para realizar los ejercicios de lectura, que le parecen un incordio, o bien acepta dócilmente los deberes pero se limita a recitar de memoria la página que ha estudiado ese mismo día y se muestra incapaz de descifrar la página siguiente. En otros casos, descifra las palabras con alguna dificultad y confunde algunas de las letras (*b* y *d*, *m* y *n*) o puede que las invierta (*le* por *el*), no consigue leer ciertas asociaciones de consonantes tales como *ble* o *pre*, etc. También puede ser que parezca no entender todo lo que lee.

• **¿Cómo se manifiesta la dislexia?** Un niño de inteligencia normal, que hasta entonces ha presentado un desarrollo psicomotor normal, puede sufrir una anomalía concreta relacionada con la adquisición de la lectura y la escritura. Esta anomalía se puede manifestar en alguna de las distintas fases de este proceso de aprendizaje: el niño no supera, por ejemplo, la fase de lectura logográfica y no consigue dominar la lectura alfabética fonológica. A veces, asimila la lectura fonológica pero no accede a la lectura ortográfica. En ciertos casos, esta alteración, llamada *dislexia*, no aparece hasta el segundo año: el niño lee relativamente bien pero muy despacio. Comete errores al descifrar las palabras, sobre todo cuando el texto es largo, y le cuesta comprender lo que lee.

De forma paralela, experimenta problemas con la ortografía, que ponen de manifiesto no sólo una mala asimilación de las reglas gramaticales sino también la falta de reconocimiento de los sonidos. Algunas faltas, fáciles de observar en un dictado, son reveladoras en este sentido. Así pues, errores de sonidos: «pasar» por «basar»; errores de división: «la menta» por «lamenta»; errores en lo que se denominan homófonos, porque son palabras que no se distinguen por la pronunciación: «bello» por «vello», y confusión de categorías gramaticales.

El niño disléxico no encuentra ningún sentido a la frase, de modo que encadena y mezcla sin lógica alguna una retahíla de palabras o de sílabas y escribe, por ejemplo lo siguiente: «esta va con tento» por «estaba contento». Confunde género y número.

• **¿Cuáles son las causas de la dislexia?** El origen preciso de estos problemas todavía se desconoce. Ciertos investigadores consideran que están relacionados con la existencia de anomalías microscópicas en determinadas regiones cerebrales. Otros creen que se trata de una anomalía genética, mientras que algunos más opinan que se deben básicamente a dificultades psicológicas. No existe, pues, unanimidad al respecto. Simplemente se constata que la dislexia afecta con mayor frecuencia a los niños varones que a las niñas, a los niños que han experimentado un desarrollo tardío del lenguaje oral y a aquellos cuyos padres tuvieron, a su vez, dificultades similares.

Aprender a escribir

El niño no suele percibir el aprendizaje de la escritura como algo necesario, a diferencia de aprender a hablar, que res-

EL NIÑO DISLÉXICO NECESITA APOYO

Si el niño se enfrenta a dificultades cuando aprende a leer y a escribir y no consigue superarlas durante el segundo trimestre del primer año en la escuela, resulta útil, tras haber hablado con el profesor, consultar con el médico. Éste podrá aconsejar la visita a un oftalmólogo para controlar la vista del niño o, si todo es correcto en ese terreno, dirigirlo a un especialista en problemas como la dislexia, quien evaluará la situación.
Existen niños disléxicos en todos los países y en todas las capas socioculturales. Los problemas del lenguaje que sufren no deben atribuirse ni a la pereza ni al método usado por el profesor. Así pues, no hay que culpar al niño que tiene dificultades para leer o para escribir sino, antes al contrario, apoyarlo, animarlo y ayudarlo a resolver esas dificultades con la colaboración de un experto que probablemente intentará aliviar el problema.
Es importante que el niño no viva una situación de fracaso escolar permanente, que es humillante y penosa, y que se refleja, sin duda, en las relaciones familiares y sociales.
El especialista podrá poner en práctica un método terapéutico con el objeto de resolver los problemas del lenguaje (oral o escrito) padecidos por el niños.
Las sesiones de reeducación duran de treinta a cuarenta y cinco minutos y tienen lugar una o dos veces por semana. Según los problemas específicos del niño, este apoyo puede durar varios meses o incluso también años.

ponde a la necesidad natural de expresarse. Muy a menudo, el niño no comprende el interés de los ejercicios de escritura porque no advierte de forma inmediata sus aplicaciones prácticas: ve a sus padres llamar por teléfono con cierta frecuencia, pero no suele verlos escribir. Además, la expresión escrita requiere mayor exigencia que la expresión oral, que puede ir subrayada y matizada por gestos o entonaciones.

Para el niño, se trata de algo más abstracto porque se dirige a un destinatario que no está en ese momento presente. No hay que olvidar tampoco que, en el ámbito de la escuela, el niño se ve inmerso en una situación artificial: realiza los deberes escritos a petición de un profesor que lo corrige, y también si no es correcto lo penaliza.

Este esquema no se corresponde con los objetivos habituales de la comunicación escrita y puede resultar absurdo al niño.

APRENDER CÁLCULO

Aprender a contar y a dominar las operaciones de cálculo (sumas, restas, multiplicaciones, divisiones, etc.) desarrolla la capacidad de razonamiento y de abstracción del niño, pero le enseña también a saber lo que progresa, a ser riguroso y a adoptar un método de trabajo.
Del mismo modo que algunos niños experimentan problemas con la lectura o la escritura, otros tienen dificultades especiales con las matemáticas. A veces, la explicación de estas dificultades se sitúa en un desarrollo intelectual insuficiente o en carencias en los terrenos del razonamiento y de la lógica, mientras que la inteligencia del niño es totalmente normal.
Conviene recordar que estos problemas pueden detectarse por medio de tests, y que pueden solucionarse. En ciertos casos, lo que le cuesta más al niño es descifrar el enunciado del problema: calcula bien pero no puede resolver un problema que le presentan por escrito, aunque sí lo consigue si se lo leen.
En esta situación, no se trata de una dificultad relacionada con las matemáticas sino más bien con la lectura.
Muchas veces, los pobres resultados en matemáticas del niño se deben a factores psicológicos. Muchos padres están convencidos de que, para «tener éxito», el niño tiene que sobresalir en este terreno.
En lugar de actuar de estímulo, la presión que ejercen sobre el niño se convierte en origen de ansiedades. Es preciso desmitificar las matemáticas, mostrar que están al alcance de la mayoría y que pueden ser divertidas si se toman como un juego.

Un proceso en tres etapas

Aunque varía según el niño, la adquisición de la expresión escrita puede dividirse en tres fases esenciales. En el primer año de aprendizaje (a los 6-7 años) se separan mal las palabras y las frases cortas, que quedan unidas de forma extraña, sin puntuación alguna. Los trabajos son breves (de cinco a seis frases) y las ideas se expresan desordenadamente. En los tres años siguientes (entre los 8 y los 10 años), las frases se alargan, la sintaxis progresa con la aparición de circunstanciales y subordinadas, y las palabras se separan con claridad. El quinto año (10-11 años), la extensión de los trabajos aumenta: el niño adquiere un buen dominio de la sintaxis y consigue expresar ideas muy diversas. En adelante, logra organizar una argumentación y empieza a labrarse un estilo personal.

Para enseñar expresión escrita, se suelen practicar dos tipos de ejercicios: o bien el niño aprende a expresarse correctamente, respetando las reglas gramaticales y eligiendo las palabras adecuadas; o bien se le invita a exponer con mayor libertad hechos o ideas precisos. A menudo, se opone la pedagogía tradicional, que ofrece al niño «textos oficiales» como referencia, a la pedagogía moderna, que se basa sobre todo en la redacción de textos libres. Sin duda, la mejor actitud pedagógica consiste en el equilibrio entre ambos enfoques.

Dificultades de naturaleza variable

Las dificultades que surgen durante el aprendizaje de la escritura tienen a menudo su explicación en el entorno: si los padres no leen o no escriben nunca y conceden una importancia excesiva a la televisión, el niño no tendrá ningún interés en la comunicación escrita. Pero las dificultades pueden originarse también debido a una dislexia, que hasta ese momento había pasado totalmente inadvertida. Lo cierto es que, durante el aprendizaje de la lectura, algunos niños logran compensar con la inteligencia las dificultades que experimentan para descifrar las palabras, de modo que la dislexia no es evidente hasta que el niño aprende a escribir.

El deporte

La actividad física es una necesidad natural del niño, indispensable para su desarrollo armonioso, tanto mental como físico. La práctica de un deporte permite a unos canalizar el exceso de energía y a otros ganar confianza en sí mismos, lo mismo para las niñas que para los niños.

El deporte ocupa un lugar cada vez más destacado en nuestra sociedad, y los niños no escapan a este entusiasmo. El niño podrá iniciarse en la práctica deportiva con gran alegría por su parte en alguna de las múltiples estructuras existentes. Sea cual fuere la constitución del niño, salvo raras excepciones, es apto para la práctica de algún deporte. Cualquier síntoma fuera de lo habitual debe ser, sin duda, motivo de una consulta médica. Una vez tranquilizados respecto a su salud general, conviene animarlo a practicar un deporte.

La educación deportiva no debe reducirse a una mera liberación; constituye por sí misma toda una pedagogía. El niño desarrolla cualidades que más adelante le serán útiles: el afán de esforzarse, de superarse a sí mismo, de compartir. Un buen enfoque de la actividad deportiva requiere, sin embargo, algunas prevenciones.

La natación y la bicicleta: prácticas indispensables

Aunque no le guste el deporte o se sienta atraído por una disciplina poco difundida, lo primero que tiene que aprender es a nadar y a ir en bicicleta. Al placer que ello le comportará se unen otras cuestiones importantes: físicas al principio y psicológicas después.

El riesgo de caerse al agua por accidente es habitual, en especial durante las vacaciones. Es aconsejable, pues, convencer al niño para que aprenda a nadar, incluso aunque tenga pocas oportunidades de bañarse: es una cuestión de seguridad. Además, nadar, al igual que ir en bicicleta, desarrolla el conjunto de la musculatura, la capacidad respiratoria, la resistencia cardíaca y la coordinación de movimientos.

Los aspectos psicológicos no son tampoco nada desdeñables. No queda nada bien no saber nadar ni ir en bicicleta pasada cierta edad, cuando todos los amigos lo hacen de forma tan natural. Por otra parte, resulta mucho más difícil y, a veces, menos divertido, aprender de mayor.

¿A *qué edad empezar a practicar un deporte*?

La iniciación a la práctica deportiva se propone desde la más tierna edad, pero no se puede hablar de deporte propiamente dicho antes de que el niño cumpla 3 años (*véase* pág. 276). A los 2 años, el niño sabe dar patadas a un balón; hacia los 2 años y medio o los 3 años, puede descubrir el trineo y el esquí en pendientes suaves, lo que le permite coordinar movimientos técnicos y utilizar material. Entre los 3 y los 6 años, el parvulario educa la capacidad motriz del niño a través de la escalada de obstáculos, los juegos con la pelota, los ejercicios de equilibrio, la contracción de los músculos, etc.; posteriormente, la escuela toma el relevo. Existen centros deportivos especializados que acogen igualmente a niños pequeños (a partir de los 6 años) muy motivados. El objetivo de estas agrupaciones, muy selectivas, suele ser formar campeones y se basan en una política de resultados.

Los principios básicos

Respete las limitaciones físicas y las aptitudes del niño sin intentar sobrepasarlas.
Permita que el niño elija por sí mismo la disciplina que desea practicar, a pesar de que cambie de opinión varias veces. Su interés sucesivo por distintos deportes también desempeña una función en la formación de la personalidad.
No espere que el niño se convierta en un campeón, con el pretexto de que ha empezado desde muy pequeño. No existe ninguna correlación entre la precocidad y la excelencia.
Proporciónele una alimentación equilibrada, adaptada al esfuerzo adicional.
Llévelo regularmente al médico si practica un deporte de competición o un entrenamiento intensivo.
No menosprecie las consecuencias de una dedicación de este tipo.

Mitre
CLUB

La edad «adecuada» para abordar un deporte varía en función del que se elija (*véase* la tabla siguiente) y del grado de madurez física y psicológica del niño. Ciertos deportes, como la equitación o el judo, no son aconsejables antes de los 8-10 años, puesto que la columna vertebral y la musculatura no han alcanzado aún suficiente fortaleza. Al margen de la elección, antes de iniciar cualquier práctica deportiva, el niño debe pasar, ineludiblemente, un reconocimiento médico.

Por otra parte, el niño tiene que poder comprender y seguir las reglas del deporte en cuestión y someterse a su disciplina (y tener ganas de practicarlo). Muchas veces el niño se niega a hacer deporte por falta de motivación o por ansiedad. Existen infinidad de formas de presentar una actividad deportiva adaptada. Es cuestión de psicología: se ha de mostrar como algo atrayente. Se pueden destacar, por ejemplo, las ventajas físicas (volverse fuerte) y psicológicas, jugando con la imagen que ofrece a sus compañeros o con la posibilidad de ganar nuevos amigos.

También hay que saber tranquilizarlo. Se deben comentar las reticencias y los deseos, ya que, en esta materia, resulta fundamental que él elija la actividad deportiva. Sólo la motivación, al apelar a sus ganas de jugar, aportará al niño el placer de superarse para progresar y ganar.

Los *deportes de competición*

El niño, apasionado del deporte, quiere convertirse en un campeón. Sin embargo, la mejor voluntad y la más perfecta estabilidad emocional no le bastarán para imponerse en la disciplina que haya elegido. Al principio, un reconocimiento médico servirá para indicar sus aptitudes con objeto de orientarlo hacia el deporte que más le conviene.

Las cualidades del futuro campeón

Hay cinco cualidades físicas totalmente indispensables para la competición.

- **Resistencia.** La capacidad de mantener un esfuerzo prolongado o repetido de intensidad moderada.
- **Fuerza muscular.** La fuerza necesaria para vencer la resistencia ejercida por algún elemento o por el peso del propio cuerpo.
- **Coordinación.** La facultad de enfrentarse a cambios de situación imprevisibles.
- **Rapidez.** La realización de una acción en el menor tiempo posible.
- **Flexibilidad.** La correspondiente a las articulaciones, que permite ejecutar movimientos con la mayor amplitud articular posible.

El equilibrio necesario entre los deportes

Conviene vigilar que los distintos deportes se complementen y no sean incompatibles. La natación y el atletismo son actividades complementarias para todos los deportes de competición, ya que hacen trabajar la totalidad del cuerpo: son la base del entrenamiento.

- **Deporte individual y deporte colectivo.** El niño que practica un deporte individual, como la esgrima, debe esforzarse en efectuar, de forma complementaria, un deporte colectivo, como el fútbol.

PANORAMA DEPORTIVO POR EDADES

Antes de los 3 años
Iniciación a la gimnasia y la natación, trineo (pendientes suaves), patinaje sobre hielo (sesiones cortas).

De los 3 a los 10 años
- **3-5 años.** Natación, esquí, patinaje sobre hielo y sobre ruedas, danza rítmica y clásica, triciclo y luego bicicleta, bicicleta de montaña, baloncesto y fútbol infantil.
- **6 años.** Equitación (poney), esquí, monopatín, judo (iniciación), fútbol sala.
- **7 años.** Gimnasia rítmica, tenis de mesa (ping-pong), tenis, kárate, vela (en Optimist), carreras atléticas, béisbol, bádminton, *ciclo-cross.*
- **8 años.** Danza clásica, esgrima, salto de trampolín, hockey sobre hierba, hockey sobre hielo, tiro con carabina, tiro con arco, ciclismo, fútbol, boxeo educativo, lucha, golf.
- **9 años.** Balonmano, yudo, inmersión libre o con oxígeno, *windsurf*, minibaloncesto, *karting*, rugby educativo, vela, *squash*, cicloturismo, escalada (pared).
- **10 años.** Pelota vasca, esquí náutico, senderismo, *kayak*, atletismo (carreras, lanzamiento de peso, salto de longitud y de altura, etc.), natación artística, *rafting*.

Pasados los 10 años
- **11 años.** Patinaje de velocidad, *surf*, polo.
- **12 años.** Remo, alpinismo, parapente, paracaidismo ascensional.
- **13 años.** Balonvolea, *waterpolo*, baloncesto, equitación (caballo).
- **14 años.** Artes marciales, fútbol americano, motocross.

• **Deporte simétrico y deporte asimétrico.** El niño que practica un deporte «asimétrico», como el tenis, que hace siempre trabajar la misma parte del cuerpo en detrimento del conjunto, debe dedicar tiempo a una disciplina «simétrica», como la natación, las carreras atléticas o los deportes en que se juega el balón con las manos, como el balonvolea. Aunque hay que evitar la práctica de un solo deporte, no deben conjuntarse deportes que requieren siempre el esfuerzo de la misma parte del cuerpo (la equitación junto con la esgrima o el judo, por ejemplo, respecto a la columna vertebral).

• **Deporte de interior o deporte de exterior.** El deporte practicado en una sala, como la gimnasia o el judo, se tiene que compensar con otro al aire libre: la bicicleta (cicloturismo), el golf, etc.

Los peligros que hay que evitar

El organismo del niño en pleno crecimiento es frágil. No se debe someter a esfuerzos demasiado intensos y repetidos que, además, vienen a sumarse al trabajo escolar. Del mismo modo, si el niño está dotado para una disciplina concreta, conviene evitar la especialización demasiado precoz. Hay que saber resistirse a la presión de un entrenador anhelante para evitar que en la edad adulta puedan presentarse secuelas debidas a un entrenamiento excesivo y exigente, doloroso, y superar las esperanzas frustradas (sólo 1 de cada 1.000 niños posee aptitudes deportivas superiores a la media). En resumen, no conviene implicar al niño en la competición demasiado pronto sin consejo médico.

La alimentación del niño deportista

El niño practica mucho deporte y sus horas de ocio se dividen entre el entrenamiento y la competición. Sus comidas deben ser regulares, abundantes y variadas. Si practica deporte en la escuela, la alimentación que le ofrecen se ajusta por lo general a los esfuerzos que debe realizar; pero no hay que olvidar aconsejarle ingerir mucha agua para evitar la deshidratación.

Los días anteriores a la competición
Prepare al niño cereales, patatas y legumbres, que aportan energía de manera prolongada: son los mejores carburantes para la musculatura. Hay que evitar ofrecerle grasas cocidas e indigestas. Incluya en las comidas productos lácteos y ensaladas de frutas y de verduras.

El día de la competición
El niño tiene que comer tres horas antes de la prueba como mínimo. En ese margen de tiempo puede picar algunos frutos secos, muy energéticos, y beber agua moderadamente endulzada; no existe la bebida ideal para los futuros campeones. Las bebidas efervescentes y los zumos de fruta comercializados son siempre excesivamente azucarados, y ciertas bebidas preparadas contienen demasiadas sales minerales, que pueden provocar calambres. Las bebidas *light* no son aconsejables, ya que su consumo, en caso de gasto energético intenso, puede comportar descenso de la glucemia.

Tras la competición
El niño necesitará beber mucha agua para recuperar el líquido perdido con el sudor y eliminar las toxinas acumuladas. Aumente la cantidad de verdura de todas las comidas: favorece la eliminación.

El *deporte y el niño con algún problema de salud*

Los niños aquejados de enfermedades cardíacas o respiratorias, de diabetes o de alguna discapacidad motriz o neurológica precisan supervisión médica regular. Los especialistas que los siguen velan también por el equilibrio entre las exigencias psicológicas y físicas, los esfuerzos impuestos y la capacidad de adaptación del niño. El entorno familiar y escolar del niño suele rodearlo de forma tan solícita que a menudo se cae en la sobreprotección. Además, esta actitud, por muy comprensiva que sea, origina con frecuencia un sistema de prohibiciones que afectan particularmente a la actividad deportiva.

Sin embargo, al margen de ciertas enfermedades graves en evolución durante un período especialmente vulnerable (el crecimiento, la adolescencia), son poco frecuentes los casos en que resulta del todo imposible practicar una actividad deportiva adaptada, ejercida de modo razonable bajo control médico. A pesar del problema, el niño suele llegar a obtener rendimientos que lo valorizan y le permiten alcanzar la plenitud, al hacerle la vida más agradable rompiendo el aislamiento social o escolar al que está sometido. Por otra parte, suele ser habitual que una actividad deportiva bien elegida sirva para mejorar su situación y, por ejemplo, sustituya parcialmente un tratamiento de fisioterapia o favorezca la eficacia de un tratamiento farmacológico al facilitar su absorción por el organismo.

El ocio y las vacaciones

A través de los videojuegos, los juegos de sociedad y las múltiples actividades que se le ofrecen durante los ratos libres o las vacaciones, el niño hace trabajar la mente y aprende a dominar el cuerpo. También experimenta el contacto con los demás.

RESISTIRSE A LA PANTALLA MÁGICA

Establezca horarios precisos para impedir que el niño se aísle durante mucho tiempo delante de la pantalla del televisor o del vídeo. El niño que «se encierra» con su videojuego (o permanece horas delante del televisor) puede sufrir sensación de abandono.

Explique el motivo de limitar de ese modo el uso del televisor: tranquilice al niño respecto al amor que siente por él y consiga que se vuelque hacia otros centros de interés.

Haga que se encuentre con otros niños y propóngale otras actividades de ocio: lectura, rompecabezas, concursos de dibujo para elaborar una tarjeta de felicitación, juegos de sociedad o en el parque público, paseos en bicicleta al aire libre, disfraces para montar un espectáculo sorpresa.

Los 6-10 años son la edad de la sociabilidad y los amigos. El niño, desbordante de energía y ávido de contactos, se descubre en la confrontación con los demás. Aunque el hogar sigue siendo un lugar especial para los juegos, solo o con los amigos, su necesidad de gastar energías y la mayor libertad de que goza ahora le empujan hacia el exterior, donde lo acogen distintos centros para proponerle un amplio abanico de actividades físicas (*véase* pág. 333) o de otro tipo.

Juegos de interior

La casa o el piso siguen siendo el escenario de un gran número de juegos que el niño imagina (*véase* pág. 309); pasado algún tiempo se vuelca también en los juegos de sociedad. La electrónica y la informática irrumpen en su universo a través de varias pantallas: la del televisor (*véase* pág. 311), la de consola de videojuegos o, muy pronto, la del ordenador.

Los juegos de sociedad

Entre las actividades que hay que favorecer a esta edad, los juegos de sociedad figuran en lugar destacado. Cautivadores, estimulantes para la mente o simplemente divertidos, apelan a la memoria, la lógica, la cultura general y la reflexión. Contienen virtudes pedagógicas, puesto que enseñan al niño a respetar las reglas, a ser paciente y esperar su turno, a querer ganar pero también a saber perder. Es aconsejable dejar que invite a otros niños para que compartan con él estos momentos de animación.

A partir de los 6 años, el niño puede comprender y respetar las reglas, esperar su turno y jugar para ganar. Sin embargo, es preciso asegurarse de que el juego elegido corresponde a su nivel y a sus centros de interés. Hay que comprobar la simplicidad de las reglas y la duración de la partida: antes de los 10 años no debería superar la hora.

La sagacidad del niño encuentra a su disposición una profusión de juegos, como son los innumerables juegos de naipes, alguno de los cuales puede inventar él mismo. Existen versiones infantiles de los juegos para adultos más clásicos, como aquellos en que se deben responder preguntas de cultura general. En algunos de ellos interviene el azar, mientras que otros son temáticos (sobre la música y los instrumentos musicales, la astronomía, la química, etc.) o bien mezclan distintas cosas. Los juegos de estrategia (damas, ajedrez, etc.) son perfectos para los que les gusta la abstracción.

Los videojuegos

No es preciso demostrar la fascinación que la imagen ejerce sobre el niño. Puesto que esta tendencia es irreversible, es tarea de los padres controlar el uso con objeto de sacar el mejor partido posible y de limitar los efectos negativos.

• **De interés indudable.** El videojuego inculca el rigor de una actuación y agudiza el sentido de la decisión. Gracias a la corrección de los errores de apreciación, el niño puede conseguir mejores resultados tras haber sopesado las numerosas posibilidades que se le presentaban. Con la consecución de mayor rapidez de reacción, el juego invita al jugador a superarse a sí mismo para franquear los distintos niveles. El niño conoce el placer de vencer. Además, el videojuego lo introduce en el mundo de la informática. Puesto que utiliza el soporte del ordenador, el niño se familiariza con el aspecto y el funcionamiento del mundo de la microinformática, un entorno en el que no se suele sentir desconcertado en absoluto.

• **Efectos negativos que hay que limitar.** Si se abusa de la práctica del videojuego, éste puede llegar a convertirse en el único compañero del niño, en detrimento de la convivencia necesaria con los padres y los amigos de su edad. También le supone un estrés. Por la noche, la excitación del juego es tal que es posible que al niño le cueste dormir. En caso de una utilización intensiva del videojuego, se ha llegado a hablar de crisis epiléptica, lo que sucede en contadas ocasiones y afecta a niños especialmente propensos a esta alteración.

Aunque, a diferencia de la televisión, el videojuego es interactivo, de modo que permite al niño intervenir en el desarrollo de la acción, el interés se agota pronto. Acaba por ser repetitivo. Asimismo, algunos padres consideran que el grafismo burdo y los colores demasiado vivos que incorporan la mayoría de estos juegos influye negativamente en el sentido de la estética aún no formado del niño.

Las colonias de vacaciones

Descubrir nuevos horizontes, nuevos deportes y vivir en comunidad constituyen los objetivos de las colonias. Para muchos pequeños de ciudad, suponen un primer acercamiento a la naturaleza y la posibilidad de realizar actividades apasionantes, a las que es difícil de acceder con la familia, como por ejemplo la espeleología o el *kayak*, adecuadas naturalmente a su nivel y en un marco competente. Las colonias contribuyen a encaminar al niño hacia la independencia, abordando la vida en sociedad con sus normas comunitarias y preparándolo para la separación de la familia. Para que todo vaya bien, hay que tomar precauciones.

Preparar la separación

Aunque se ofrecen estancias para niños a partir de los 3 años, la separación no debe ser demasiado precoz (6-7 años) y tendrá que realizarse de forma progresiva: el niño habrá pasado algún fin de semana en casa de un amigo, habrá ido de excursión con la clase al campo o a la nieve, lo que lo tranquiliza porque conoce a todo el mundo. Existen también los centros al aire libre (*véase* pág. 327), que acogen a los niños varios días a la semana y durante las vacaciones escolares, a partir de los 4 años. Lejos de ser simples guarderías, ofrecen actividades organizadas e interesantes, como salidas al bosque o visitas a museos y exposiciones... Los padres tienen que estar preparados para enfrentarse a esta situación, ya que el niño no partirá tranquilo si ellos se sienten angustiados.

Elección de las colonias

La escuela, el municipio o su empresa le informarán de las ofertas de colonias, la mayoría de las veces subvencionadas. Son muy variadas (mar, campo, montaña) y combinan los descubrimientos y las actividades deportivas y culturales. Averigüe los centros y modalidades de estancia, que con toda seguridad se ajustarán a sus exigencias y a los deseos del niño.

Las estancias propuestas se adaptan a la edad del niño (existen fórmulas del tipo albergues infantiles a partir de los 3 años de edad). Para los más pequeños (3-6 años), la duración de la estancia se ve limitada a cinco días, de lunes a viernes. Para los mayores (6-10 años), las fórmulas son flexibles (hasta varias semanas).

Preparación de la estancia

Los responsables de las colonias proporcionan una lista de las cosas que el niño debe llevar. Es aconsejable ajustarse a ella. Las ropas, prácticas y resistentes, llevarán el nombre del niño bordado o escrito con tinta indeleble en una cinta cosida. Cuando hay que incluir algo de dinero para pequeños gastos, se pone en un sobre a nombre del niño y se entrega al responsable de la estancia.

Si se desea llamar al niño durante las colonias, conviene informarse con antelación y prevenirlo de lo que se haya acordado. Hay que seguir las indicaciones del responsable. A veces, es mejor no ponerse en contacto directo con el niño para que no sienta nostalgia.

Preparar las vacaciones

Ahora que el niño va a la escuela, tiene también vacaciones, que no siempre se corresponden con las de sus padres. Así pues, es preciso prever en qué ocupará estos períodos, largos o cortos. Un centro de actividades de ocio del barrio, una estancia en casa de los abuelos o de los primos, o unas colonias son varias de las posibilidades. Sea cual fuere la fórmula elegida, no hay que esperar al último minuto para organizarlo. Es también importante comentarlo con el niño e intentar tener en cuenta sus preferencias. Hay que indicarle lo que se ha decidido y explicarle lo que va a hacer y por qué. No se debe presentar la solución adoptada como un mal menor.

La salud

Tras los primeros años en el parvulario, marcados por los resfriados y las anginas, el niño se ha vuelto mucho más resistente. Sin embargo, es preciso un seguimiento médico regular, con objeto de prevenir posibles problemas de salud.

La función de los padres

Las consultas de urgencia pueden ser a veces necesarias, sin duda, pero no deben sustituir a una vigilancia médica regular, reflejada en el carné de salud del niño. Aunque no haya problemas, lleve el niño al médico una o dos veces al año. Cualquier síntoma (fiebre, vómitos, inflamación de los ganglios) puede indicar tanto una situación totalmente banal como una afección de mayor gravedad. Usted no tiene que establecer el diagnóstico; esa es la función del médico. En cambio, sí que puede facilitar eficazmente la tarea de éste indicándole la cronología de los síntomas, el horario de la toma de medicamentos y anotando las curvas de temperatura.

Para poder prevenir con mayor eficacia los problemas de salud del niño, es indispensable adquirir el hábito de consultar regularmente, una o dos veces al año, al pediatra o al médico. Éste les recordará también el calendario de vacunaciones y supervisará el crecimiento del niño. Por otra parte, aprenderá a reconocer las reacciones del niño frente a la fiebre y el dolor y le resultará así más fácil establecer un diagnóstico preciso en caso de enfermedad. Entre los 6 y los 10 años, estas visitas ofrecerán, asimismo, la ocasión de evaluar los posibles problemas de visión o de dentición que quizá padezca el niño y que la revisión médica en la escuela haya podido detectar (*véase* el margen).

Los ojos

El ojo es el órgano que crece con mayor rapidez en el niño, ya que alcanza su tamaño adulto (24 mm de diámetro aproximadamente) a los 3 años de edad. Su superficie exterior está formada por la córnea, una membrana transparente a través de la cual puede verse el iris (de color variable) y, en el centro del mismo, la pupila. Tras la pupila, que se dilata en la oscuridad y se contrae con la luz, se encuentra una lente de potencia variable que, del mismo modo que el autofoco de una cámara fotográfica, permite ver bien tanto de lejos como de cerca: se trata del cristalino. La retina, situada detrás del cristalino, tapiza la superficie interior del ojo: los datos que recibe del exterior son transmitidos al cerebro por el nervio óptico. La coordinación de los músculos oculares permiten a ambos ojos moverse para pasar de la visión a distancia a la visión de cerca (denominado convergencia), así como realizar las modificaciones de la curvatura del cristalino gracias a las que la vista se adapta a ver de lejos o de cerca (denominado acomodación).

Examen de la vista

La agudeza visual se evalúa haciendo leer al paciente unas hileras de letras o símbolos de tamaño cada vez menor. Los carteles usados suelen tener 10 hileras: un resultado de 10/10 corresponde a la media normal de un adulto con buena salud, y suele alcanzarse progresivamente en la infancia. Al año de edad, por ejemplo, la agudeza visual es sólo del 3/10, mientras que en la adolescencia alcanza su apogeo.

Al contrario de lo que se suele creer, leer durante mucho rato o con poca luz, o ver mucho la televisión no perjudica en modo alguno la agudeza visual. En cambio, estos hábitos pueden conllevar una fatiga ocular, origen de dolores oculares o de dolor de cabeza. No llevar gafas correctoras provoca consecuencias parecidas, de modo que las facultades de concentración y de trabajo del niño pueden verse directamente afectadas, lo que no dejará de tener incidencia en su rendimiento escolar.

Trastornos de la visión: miopía, hipermetropía y astigmatismo

Para que la visión sea totalmente clara, es preciso que las lupas que constituyen la córnea y el cristalino proyecten la imagen observada directamente sobre la superficie sensible de la retina. Cuando el ojo tiene un diámetro inferior al normal o si estas lupas son demasiado potentes, la imagen se forma por detrás de la retina: el ojo ve mal de cerca, es decir, es hipermétrope, y la visión clara sólo se obtiene a costa de un esfuerzo de acomodación permanente que conlleva fatiga ocular y dolor de cabeza. Si, en cambio, el ojo tiene un diámetro excesivo o las lupas no son suficientemente potentes, la imagen se forma antes de la retina: el ojo ve mal de lejos, es decir, es miope y, en este caso, no es posible acomodación alguna.

Cuando la córnea está deformada, la imagen no se proyecta en un solo plano sobre la retina: en este caso, el ojo padece astigmatismo y ve mal tanto de lejos como de cerca. La mayoría de los recién nacidos son algo hipermétropes y astigmáticos, pero por regla general la visión se estabiliza en tres o cuatro años. Aun así, entre el 10 y el 20% de los niños conservan estas anomalías durante toda su vida. La miopía suele aparecer entre los 8 y los 12 años y aumenta poco a poco hasta los 20 o 25 años, para estabilizarse definitivamente. Afecta a alrededor del 20% de individuos. La miopía exige llevar gafas correctoras. En cambio, los niños hipermétropes o astigmáticos sólo necesitan gafas si padecen fatiga ocular, dolor de cabeza o estrabismo. En ausencia de estos síntomas, pueden prescindir de las gafas, ya que tienen una buena facultad de acomodación. Los niños cuidadosos pueden usar lentes de contacto a partir de los 12 o los 14 años, pero el tratamiento de la miopía mediante cirugía o láser sólo se efectúa a partir de los 20 años.

El estrabismo

Muchos bebés bizquean durante los primeros meses de vida: es un fenómeno normal hasta los seis meses de edad. Si persiste, debería corregirse primero con la oclusión del ojo sano (*véase* pág. 250), para obligar al ojo desviado a trabajar, y más adelante intentar corregir la desviación ocular.

No se puede optar por una intervención quirúrgica de los músculos oculares hasta los 5 o 6 años, pero se trataría de una operación con fines básicamente estéticos. Cuando se trata de un defecto más ligero de convergencia (los ojos bizquean un poco hacia el interior) o de divergencia (los ojos «se separan» hacia el exterior), suele resultar eficaz una reeducación ortóptica (es decir, una gimnasia ocular) a partir del momento en que el niño es capaz de cooperar, o sea, hacia los 6 o 7 años.

Los dientes

Los dientes de leche son provisionales y caen de forma progresiva a partir de los 6 o 7 años. Caen cuando los dientes permanentes subyacentes han «digerido» sus raíces. No pueden tragarse ni introducirse en la tráquea, de modo que no tiene sentido intentar provocar la caída de forma artificial, a no ser que se perciba que el diente permanente está empujando al lado del de leche. En este caso, el diente de leche no tiene motivo para caer, puesto que el permanente no le destruye la raíz, y es necesaria su extracción.

Entre los 6 y los 12 años, los 20 dientes de leche se sustituyen por dientes permanentes, a los que se deben añadir ocho molares verdaderos (los cuatro primeros salen a los 6 años y los otros cuatro, hacia los 12 años). Los cuatro últimos molares (llamados muelas del juicio) aparecen por regla general entre los 17 y los 20 años.

¿Qué tipo de higiene dental?

No se debe dar menos importancia a la caries de un diente de leche que a la de un diente permanente, ya que, en caso de desarrollarse, podría alcanzar la pulpa del diente y poner en peligro el diente permanente que se está formando (germen dental). Es preciso supervisar regularmente los dientes del niño y llevarlo al dentista al menos una vez al año, incluso aunque no se presenten problemas. En lo que concierne a los dientes el tratamiento es más sencillo (y muchas veces más barato) cuando se detectan los problemas de forma precoz.

Hay que recordar que el aporte de flúor, a pesar de todas sus ventajas, no puede prevenir la caries debida a un consumo excesivo de azúcar. Para mantener una buena higiene dental, conviene eliminar las golosinas y las bebidas endulzadas.

No sirve de nada reñir a un niño de 6 años que se sigue chupando el pulgar y cuyos dientes empiezan a deformarse ligeramente. A esta edad, estas deformaciones no tienen consecuencias definitivas.

La función del médico escolar

El médico escolar cumple una función esencial, básicamente preventiva: se encarga de las revisiones de salud escolar.
En estas revisiones, se lleva a cabo un control de la vacunación y pueden detectar, por ejemplo, posibles problemas de visión, audición o dentición.
El médico responsable de estas revisiones no se encargará de proporcionar los cuidados necesarios: su misión consiste en comunicar sus observaciones, a través de los padres, al médico que trata al niño.
También puede llevar a cabo diversas acciones educativas relacionadas con la higiene dental, los ritmos del sueño o los peligros de la toxicomanía.

La vida afectiva y las relaciones familiares

A partir de los 6 años, el niño mantiene relaciones más estables y menos conflictivas con sus padres. Pero ciertos acontecimientos, como la separación de la pareja, pueden alterar de forma duradera la vida familiar y la del niño.

EDUCAR SOLO/A AL NIÑO

No se encierre en la falsa pareja madre (o padre)-hijo. Dé al niño la posibilidad de conocer a otros adultos, con los que pueda establecer relaciones de confianza y cariño.
No intente sustituir al progenitor ausente: éste conserva para el niño un lugar especial.
Intente recordar al otro progenitor de forma positiva, sin inventar para ello un personaje irreal: el niño puede admitir que, igual que usted, la persona ausente no es perfecta. En cambio, no debe sentirse hijo de un ser maligno o peligroso.
No convierta a su hijo en su confidente ni le haga compartir, en lugar de un adulto, sus tristezas, pesares o preocupaciones: eso podría perturbar su equilibrio afectivo.

Entre los 6 y los 10 años, el niño multiplica las relaciones fuera del ámbito familiar, lo que le permite mostrarse, por regla general, más tranquilo con sus padres. Aun así, se observa igualmente la reacción inversa, en especial entre los 6 y los 8 años. La comprensión de los padres, pero también su firmeza, ayudarán al niño a superar esta nueva fase, en la que es posible que sólo tema crecer. Si se ve enfrentado a situaciones difíciles de asumir, como la ausencia de uno de sus padres o su separación, la muerte de un ser querido (*véase* pág. 316) o una enfermedad grave, puede resultar más alterado. Es aconsejable mantener al máximo el delicado equilibrio afectivo que necesita.

El miedo a crecer

Entre los 6 y los 8 años, algunos niños adoptan un comportamiento desagradable en el seno familiar: desobedecen, se comportan mal en la mesa, se niegan a hacer los deberes o a participar en las tareas colectivas. Por otra parte, parecen mostrar actitudes poco amables hacia sus padres, mientras que el resto de personas afirman que son sensatos, cariñosos y «educados». A partir de los 7 años, cometen a veces pequeños robos o empiezan a mentir (conviene recordar que, cuando son más pequeños, no entienden que se trata de mentiras o de robos). Quizá se comportan de este modo porque, al crecer, les da miedo perder el cariño de sus padres e intentan captar así su atención y su interés, aunque sea con comportamientos reprensibles.

Los padres tendrán que mostrar con firmeza su reprobación frente a conductas de este tipo, pero sin dramatizarlas. Hagan comprender al niño que se alegran de verlo crecer, mantengan con él una relación de confianza y estas dificultades irán desapareciendo.

La familia monoparental

El niño necesita notar y saber que es fruto del deseo de dos adultos. Si lo cría solo, ya sea por voluntad propia o debido a las circunstancias, intente, dentro de lo posible, que el progenitor ausente esté presente simbólicamente, evocándolo o explicando, por ejemplo, lo que habría dicho o hecho en tal u otra situación. Es aconsejable evitar encerrarse en una relación que sea demasiado exclusiva con el niño, sobre todo si se trata de un hijo único.

Las relaciones con otros adultos
Hay que intentar que el niño tenga tratos de forma regular con otros niños y otros adultos, amigos o miembros de la familia. De este modo, podrá establecer relaciones con adultos del mismo sexo que el progenitor ausente. Quizá tome a uno de ellos como modelo: le expresará mucho cariño y mostrará hacia él actitudes para-

dójicas de hostilidad o de rechazo, ya que vivirá a través de él los conflictos relacionados con el complejo de Edipo (*véase* pág. 269). Pero, de todos modos, el niño tiene que comprender que este adulto con el que desarrolla relaciones de tipo padre-hijo no es su verdadero padre. Es preciso conservar un lugar específico para este último.

El progenitor ausente no se sustituye

No es conveniente que los hermanos mayores sustituyan al progenitor ausente, en especial cuando la diferencia de edad no supera los 6 años. Los hermanos mayores que se ven obligados a desempeñar esa función no pueden vivir las etapas normales del desarrollo afectivo de su propia infancia; crecen demasiado deprisa y puede que eso afecte profundamente su vida adulta. Más aún, no se puede esperar de un hijo que haga las veces de confidente con el que hablar de igual a igual. Con ello se pondría en peligro su equilibrio.

En caso de divorcio

Desde el momento en que los padres han tomado la decisión de separarse o divorciarse, deben explicárselo juntos al niño y decirle lo que ha pasado y cómo se van a organizar las cosas en el futuro. ¿Con cuál de los dos vivirá y dónde? ¿Cuándo verá al otro? Es importante que el niño tenga respuesta a estas preguntas. Por otra parte, el niño necesita seguir sintiendo la seguridad de que es hijo tanto de su padre como de su madre, que ninguno de los dos lamenta su nacimiento y que siempre lo querrán, a pesar de las desavenencias entre la pareja. Para él, el recuerdo de la época en que ha vivido con sus dos padres es fundamental.

Decir las cosas como son

Las mentiras y las verdades a medias pueden hacer sufrir al niño más que la realidad, ya que no comprenderá las inquietudes, los cambios de humor o las ausencias de los padres. Podría pensar que ya no lo quieren o que él es el causante de la separación y quizá dispone de los medios para que se reconcilien sus padres. Hay que huir a toda costa de los engaños. Díganle al niño simplemente lo que hay: que la vida en común de la pareja ya no es posible, pero que no por ello lo quieren menos y que seguirán cuidando de él.

No hay que implicarle en las decisiones que se van a tomar, cuya responsabilidad corresponde sólo a los adultos. Es mucho mejor para él que los conflictos no se eternicen y, sobre todo, que no le pidan que tome partido. Mientras los conflictos persistan, deberán evitar modificar las decisiones ya tomadas que lo afecten porque él lo pida.

El niño tendrá siempre un padre y una madre

Conservar el sentimiento de la doble filiación exigirá el esfuerzo de los padres, como mínimo al principio. No le nieguen el pasado y procuren evocar los recuerdos comunes sin denigrarlos ni desvalorizarlos. Esconder las fotografías en las que el niño está con el otro progenitor, obligarlo a contar lo que hace cuando está con él, intentar ganarse sus preferencias cediendo a todos sus deseos o culpar al otro de la separación, son actitudes que no deben adoptarse de ningún modo si se quiere evitar que el niño desarrolle un sentimiento muy fuerte de culpabilidad.

Es indispensable que ambos padres reorganicen su vida afectiva y social, cada uno por su lado y, si es preciso, con el apoyo de terceros (psicólogo, médico). Pero también es aconsejable que sigan compartiendo ratos en común con el niño cuando éste va de casa de uno a casa del otro o cuando vive acontecimientos especiales: fiesta en la escuela, aniversario, hospitalización, colonias, etc. Hay que intentar mantener en la medida de lo posible una cierta comunicación con la anterior pareja.

Cuando la familia se recompone

En adelante, el niño tendrá que ir aceptando vivir con un padrastro o una madrastra, lo que no está exento de problemas. El padrastro o la madrastra no lo tiene nada fácil. Tiene que hacer gala de una enorme paciencia, respetar los senti-

Padres divorciados

No guarde silencio sobre el pasado compartido por los tres: esta historia es también la del niño. No hay que privarlo de ella.
Conserve para el niño una imagen benévola y aceptable del otro progenitor. No le oculte las dificultades de la pareja, pero no permita que las comparta: podría sentirse responsable de ellas.
No deje que el niño sea testigo ni árbitro en sus sentimientos hacia el «otro»: no debe tomar partido entre el padre y la madre.
Explíquele cuándo y cómo volverá a ver a cada uno de los dos: necesita que lo tranquilicen sobre la continuidad del amor que ambos sienten por él.

mientos del niño y adoptar hacia él una actitud desprovista de ambigüedades. Así, por ejemplo, el niño lo llamará por su nombre (y no «papá» o «mamá») para que pueda seguir teniendo las referencias de su filiación. Sin duda, se verá enfrentado a reacciones de celos y de rivalidad, sentimientos que predominan igualmente en las relaciones que mantienen entre sí los hermanastros o los hijos anteriores de los dos miembros de la nueva pareja. Todo niño está al acecho de la preferencia que podría tenerse por otro y suele imaginar que es víctima de una injusticia. Cuando dos padres deciden formar una nueva familia juntos, tienen que esforzarse totalmente en ser justos y ecuánimes respecto a todos los hijos, sin pretender quererlos de entrada a todos del mismo modo.

¿Qué información sexual hay que darle?

Hoy en día, los niños tienen acceso, a través de la prensa, las películas o los carteles publicitarios, a numerosas representaciones de la vida sexual. Si bien es importante prohibirles ciertas películas, libros o revistas malsanos, es igualmente necesario proporcionarles una información completa. Esta información sexual es indispensable para el buen desarrollo afectivo, intelectual y social del niño. Hasta los 7 años, se refiere básicamente a la diferencia entre los sexos y a la procreación (*véase* pág. 316), temas que se deberán abordar en varias ocasiones ya que, a menudo, el niño olvida las explicaciones que se le han dado y crea su propia historia. No se ría de su imaginación: limítese a repetirle las cosas. Después de los 7 años, no tema aumentar la información que le ofrezca.

La sexualidad no debe ser un tema tabú

Los niños deben sentir que pueden preguntar con libertad sobre aspectos relacionados con la sexualidad. Algunos de ellos no expresan abiertamente su curiosidad porque no se atreven a hacer preguntas que les dan vergüenza. Los padres pueden sentirse, a su vez, algo incómodos y no saber cómo presentar los hechos. Se sienten entonces tentados de evitar la respuesta o de aportar explicaciones tan científicas que resultan incomprensibles para el niño. Si no se sienten capaces de tratar este tema, indiquen a su hijo a quién puede dirigirse o qué libro puede consultar. Lo fundamental es ofrecerle siempre respuestas correctas y no convertir la sexualidad en un tema tabú. En caso contrario, el niño puede desarrollar sentimientos de culpabilidad (respecto a los sueños, por ejemplo) y de hostilidad hacia sus padres, puesto que se sentirá incomprendido.

Explicar y poner en guardia

En este período en que el niño se vuelve cada vez más autónomo, es preciso hablarle de las distintas opciones de orientación sexual (homosexualidad) y de las alteraciones de la vida sexual (pedofilia, exhibicionismo), proporcionándole elementos de autodefensa frente a adultos que podrían intentar abusar de su ingenuidad y su debilidad. Indiquen también de forma clara la prohibición del incesto, prohibición universal que implica que no pueden existir relaciones sexuales entre un hermano y una hermana, una madre y su hijo, una hija y su padre, etc. Es importante detallar al niño las modificaciones que sufrirá su cuerpo en la pubertad. Es preferible que las chicas reciban las explicaciones de su madre y los chicos, de su padre.

El niño enfrentado a la enfermedad

La existencia o detección de ciertas enfermedades crónicas en el niño (diabetes, fibrosis quística, hemofilia, infección por VIH, etc.), que no se pueden curar o de tratamiento complejo en el estado actual de la medicina, suele trastornar profundamente las relaciones familiares. Muchas veces, el niño aquejado de una enfermedad de este tipo puede seguir llevando una vida diaria bastante similar a la del resto de niños, pero siempre a costa de numerosas molestias. Y necesita aún más a sus padres. Su enfermedad pone a prueba a los padres, que deben respaldarse más que nunca y saber compartir los esfuerzos. Es imprescindible que el niño no tenga la sensación de que se convierte, debido a sus problemas de salud, en un peso insoportable para los progenitores, ni mucho menos en un motivo de discordia.

Para enseñarle a vivir con la enfermedad, los padres deben empezar por aceptar esa realidad. Hay que procurar no ahogar la personalidad del niño con un deseo excesivo de protección, pues podría llegar a perjudicarle (*véase* pág. 334).

Los padres no deben olvidar que no están solos en esta lucha diaria. El equipo médico especializado que se ocupa del niño está a su lado. Las asociaciones de padres de niños aquejados de la misma enfermedad pueden también aportar una ayuda valiosísima, tanto en el sentido anímico, como en el jurídico o el financiero.

Sin embargo, el mejor apoyo sigue siendo el niño, quien, la mayoría de las veces, demuestra una excepcional capacidad de adaptación y una enorme vitalidad frente a los sufrimientos y las molestias que padece.

Vivir con un niño minusválido

Un niño minusválido acarrea siempre una conmoción en el seno familiar. Luego, poco a poco, se descubren el lado positivo del niño y sus capacidades.

Puede que los hayan advertido de la minusvalía desde el nacimiento (malformación, alteración cromosómica), o bien que haya aparecido más tarde, de forma brusca (accidente, encefalitis) o progresiva (retraso en el desarrollo, deficiencia sensorial o enfermedades como las miopatías). Tras la etapa médica, durante la que los especialistas han intentado establecer un diagnóstico preciso, se ha vuelto a la vida diaria, pero son precisos ciertos apoyos para ayudar al niño.

Dificultades distintas

Conviene saber que en muchas ocasiones la causa de la minusvalía se desconoce, y no puede evaluarse de entrada su evolución, por lo que cada minusvalía supone una situación distinta.

• **Minusvalías mentales.** El niño muestra poco interés por su entorno; se desarrolla despacio y su comportamiento difiere del habitual. Si desde muy pequeño los padres lo estimulan y lo apoyan con la ayuda de un equipo pluridisciplinario, se consiguen progresos.

• **Minusvalías motrices.** Los gestos y los desplazamientos se ven dificultados por parálisis, rigideces o movimientos parásitos. La reeducación motriz, la ortopedia y, en ocasiones, la cirugía ayudarán al niño.

• **Minusvalías sensoriales.** Las deficiencias de la vista o el oído disponen a veces de tratamiento. Normalmente, la educación y los aparatos adaptados permiten compensar la deficiencia.

• **Minusvalías múltiples.** La asociación de minusvalías implica problemas difíciles.

La vida diaria

La vida diaria con un niño minusválido físico o retrasado que en ocasiones presenta trastornos del sueño, problemas alimentarios, una conducta particular o una salud frágil no resulta sencilla. Las etapas hacia la autonomía (marcha, higiene, etc.) son lentas. La familia debe evitar encerrarse y aislarse, e intentar obtener la ayuda de especialistas y las ayudas financieras legales. Los hermanos, que pueden temer adquirir también minusvalías o mostrarse celosos del más débil, necesitarán por su parte la atención de los padres.

¿Cómo ayudar al niño?

El niño minusválido debe vivir al ritmo que corresponde a su desarrollo y sentirse valorado en sus progresos.

En la vida diaria (comidas, higiene, vestirse), efectúa las primeras adquisiciones fundamentales. Existen ayudas médicas especializadas (educación motriz en caso de minusvalía de este tipo, juegos adaptados que permiten al niño discapacitado mental conseguir mayor autonomía, etc.). A veces, los padres, desorientados por los consejos contradictorios, necesitan que los oriente un equipo médico competente de su confianza.

El acceso a la escuela es siempre aconsejable si es posible, lo mismo que a los lugares de ocio frecuentados por otros niños. En la escuela pueden disponer de apoyos específicos. Cuando no sea factible una escolarización en un centro normal, los médicos ya se encargarán de dirigir al niño a centros especializados, ya sea de día o en régimen de internado.

Algunos consejos

No vivan el problema solos. Consigan que un equipo médico pluridisciplinar los ayude. Infórmense bien: seguro que cerca de su residencia existe alguna asociación de padres de niños con el mismo problema.

No teman que los demás los vean. Hagan participar al niño en los encuentros familiares, en las relaciones con vecinos y amigos: desempeñan un papel importante en su integración. No duden en ir con él a los parques públicos, al supermercado o de viaje.

No conmocionen toda la vida familiar. Ésta no debe centrarse en el niño minusválido. En la medida de lo posible, intenten seguir con su actividad profesional: el niño se beneficiará indirectamente. Eviten dedicarse a él en exclusiva.

Faciliten la autonomía del niño minusválido en el seno familiar (aprendizaje de la marcha, a no ensuciar los pañales, a comer solo, etc.) y pónganlo en contacto con niños de su edad.

A *partir de los* 11 *años*

El cuerpo del chico

En cinco años, el chico crece una media de 26 cm y aumenta 26 kg. Por regla general, el crecimiento se acelera entre los 13 y los 16 años, con una clara progresión hacia los 15 o 16 años.
A partir de los 12 años, empieza a aparecer vello en el pubis y, luego, en la cara. El pene y el escroto aumentan de tamaño.
La voz cambia. El adolescente adquiere fuerza muscular.
Su silueta se va masculinizando.

La alimentación

El adolescente varón necesita entre 2.700 y 3.000 calorías y 1.200 mg de calcio al día. Come mucho. Su alimentación, variada y equilibrada, le tiene que aportar suficientes sales minerales, vitaminas, hierro y calcio.
La chica adolescente precisa de 2.000 a 2.500 calorías y 1.200 mg de calcio al día. A esta edad, son frecuentes la anorexia y diversos problemas alimentarios, que pueden tener su origen en la voluntad de «hacer régimen» para adelgazar.

El desarrollo intelectual

El adolescente, sea chico o chica, es capaz de realizar razonamientos abstractos cada vez más complejos. Puede razonar sin dificultad al margen de toda referencia a la realidad. Su sentido moral se agudiza y empieza a establecer una jerarquía entre los distintos valores morales.

El cuerpo de la chica

En cinco años, la adolescente crece una media de 23,5 cm y aumenta 21 kg. Por regla general, el crecimiento se acelera entre los 11 y los 14 años, con una clara progresión hacia los 12 o 13 años. A partir de los 11 años, empiezan a aparecer el vello púbico y a desarrollarse los senos. Aproximadamente dos años después del inicio del desarrollo del pecho, se produce la primera regla. Su silueta se va feminizando.

Las relaciones

Al principio de la adolescencia, las chicas y los chicos tienen tendencia a formar grupos separados, más bien opuestos. Poco a poco, los chicos se aproximan a las chicas y las chicas, a los chicos. Las palabras, las actividades comunes y, más adelante, los contactos físicos, les permiten descubrirse. En una primera etapa, los sentimientos son más importantes que la búsqueda del placer físico. Hasta el final de la adolescencia no estarán preparados para vivir una relación afectiva y sexual estable con una persona del sexo opuesto.

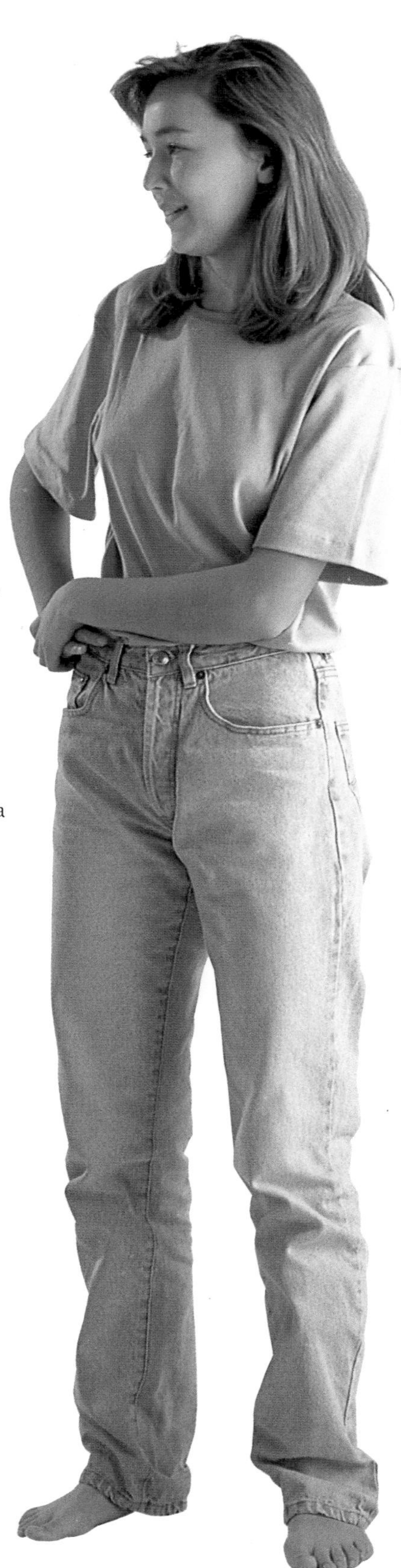

El sueño

Los adolescentes, chicos y chicas, tienen tendencia a permanecer hasta tarde en la cama por la mañana, cuando pueden. En cambio, el sueño nocturno se reduce. Tienen accesos de somnolencia durante el día, lo que no les sucedía de niños.

El cuerpo cambia

La pubertad y la adolescencia son dos fenómenos que no deben confundirse. Si bien es cierto que el inicio de la pubertad suele coincidir con el de la adolescencia, no puede decirse que la adolescencia haya concluido al terminar la pubertad. Los chicos y las chicas adquieren un cuerpo adulto mucho antes de serlo.

UNA SENSIBILIDAD EXTREMA

Los adolescentes son mucho más sensibles a lo que los rodea, a las miradas y a las reflexiones que se les hacen de lo que quieren admitir. Sin embargo, responden más a las emociones con actos que con discursos y su humor cambiante suele ser origen de inquietud o de incomprensión por parte de los mayores. Algunos atraviesan fases depresivas que disimulan con mucho cuidado pero que, aun así, se pueden traducir en signos diversos: degradación repentina del rendimiento escolar, aislamiento social, problemas de diálogo con la familia, trastornos del sueño o una tendencia morbosa a infravalorarse continuamente.
Hay que saber reconocer sus dificultades frente a las transformaciones que les afectan y ser unos padres en los que puedan contar en este período tan delicado (*véase* pág. 359).

La adolescencia consiste, antes que nada, en un cuerpo que crece y se transforma. La palabra *adolescencia*, procedente del latín *adolescere,* que significa «crecer», comprende el conjunto de evoluciones por las que pasa un individuo en la fase de transición entre la niñez y la edad adulta. La palabra *pubertad* es también heredada del latín y designa un tallo, lleno de pelos finos y cortos: la etimología nos recuerda así que la aparición del primer vello púbico en el niño o la niña (o de la incipiente barba en los varones) es uno de los principales signos visibles de la pubertad.

Resulta difícil establecer con precisión la edad del inicio de la adolescencia, ya que la pubertad se produce a edades distintas en cada niño. Lo que sí se constata es que un niño que no ha llegado a la pubertad no se suele considerar a sí mismo como adolescente, mientras que es muy extraño que un chico o chica en plena pubertad no reivindique su «condición» de adolescente.

Las grandes etapas de la adolescencia

A pesar de lo difícil que resulta su definición, se han propuesto varios márgenes de edad para enmarcar la adolescencia: 10-20 años, 12-18 años, 13-19 años, etc. Dentro de cada uno de estos márgenes, se suelen distinguir tres etapas, que suponen una división muy esquemática pero tienen la virtud de poner de manifiesto las grandes evoluciones de la edad adolescente, particularmente rica, agitada y dinámica.

El inicio de la adolescencia
El inicio de la adolescencia, que se da entre los 11 y los 13 años en las chicas y entre los 12 y los 14 años en los chicos, está dominado por las transformaciones físicas y biológicas que conlleva la pubertad (*véase* a continuación). El niño empieza una metamorfosis física. Su cuerpo se va pareciendo cada vez más al del adulto, en especial en sus caracteres sexuales.

Esta transformación corporal produce emociones y sensaciones nuevas. Provoca, asimismo, temores y dudas a los que el niño no se había tenido que enfrentar hasta ahora. Los chicos, que experimentan la erección, la masturbación y la eyaculación, empiezan a interrogarse sobre su sexo y su aspecto en general. Las chicas se preguntan acerca de su seno en formación y del fenómeno de las menstruaciones que, en algunos casos, les parece totalmente desconcertante.

Sea cual fuere su edad real, los adolescentes en los que se ha iniciado la pubertad quieren relacionarse entre sí, antes que con los más jóvenes que aún no han experimentado las mismas transformaciones. En esta fase de su vida, chicos y chicas tienen tendencia a formar grupos opuestos, o como mínimo diferenciados, dentro de los que surgen amistades intensas. Además, se replantean las relaciones que mantenían hasta entonces con su entorno. De ahí los comportamientos extraños: cambios de humor, necesidad brusca de aislamiento, rechazo de los juegos o de los placeres que antes gustaban mucho, actitud de oposición o reacciones juzgadas infantiles (por los jóvenes de más edad o los adultos).

La mitad de la adolescencia

Lo que los médicos denominan *la mitad de la adolescencia* constituye un período que afecta a las chicas de entre 13 y 16 años y a los chicos de 14 a 17 años. Este período, fase de transición entre la infancia y la edad adulta, es el que puede resultar más problemático. El adolescente se encuentra siempre enfrentado a emociones nuevas relacionadas con su evolución física y sexual, pero la madurez física que está alcanzando ofrece a menudo un contraste sorprendente con sus comportamientos todavía bastante inmaduros.

Busca un lugar, una función, tanto en la familia como en la escuela o entre sus amigos, pero se siente prisionero de múltiples contradicciones. Oscila constantemente entre la impresión de que no le puede pasar nada y la sensación de una falta enorme de confianza en sí mismo. En ocasiones, se muestra muy amable y comprensivo y, en cambio, otras veces parece egocéntrico y muy egoísta. Frente a la adversidad, puede actuar enérgicamente, de forma muy impulsiva o, por el contrario, replegarse totalmente en sí mismo. Los adolescentes, con un exceso de energía y una enorme curiosidad hacia el exterior, dedican gran parte de su tiempo al deporte, a actividades artísticas o al trabajo intelectual. Muchos de ellos sueñan con realizar proezas y ser la admiración de sus amigos.

El final de la adolescencia

En teoría, la adolescencia termina unos años después del final de la pubertad y la evolución física. En este período, el adolescente puede aceptar su cuerpo tal como es y formarse una idea más precisa de su identidad, de sus limitaciones y de sus proyectos futuros. Ya ha extraído lecciones de varias experiencias y de varios errores, y empieza a pensar en, o a vivir, una relación afectiva y sexual estable. En resumen, se ha convertido en un joven adulto. Ciertamente, este esquema ideal no suele ser nunca tan simple en la vida real y, sobre todo, varía mucho de un individuo a otro. La pubertad se presenta a edades diversas y se desarrolla a un ritmo distinto en cada persona. Además, cada adolescente tiene su propia personalidad y evoluciona en un entorno concreto: en un contexto sociocultural más o menos sólido y en un clima afectivo que le confiere mayor o menor seguridad.

Los *mecanismos biológicos de la pubertad*

La mayoría de las transformaciones físicas que se producen durante la pubertad se deben a la influencia directa de las hormonas sexuales que las gónadas secretan en cantidades muy grandes en este período. Las gónadas son las glándulas sexuales (los testículos en el chico y los ovarios en la chica) que producen los gametos, las células masculinas (espermatozoides) o femeninas (óvulos) que permiten la reproducción. Esta mayor producción de hormonas sexuales está desencadenada por una estructura situada en el centro del encéfalo, el hipotálamo, que recibe los datos de todo el encéfalo y que está conectado con una glándula muy especial: la hipófisis.

La aparición de los caracteres sexuales

El hipotálamo cumple las funciones de reloj interno. Silencioso o inactivo durante toda la infancia, el reloj empieza a funcionar en un momento dado para estimular a la hipófisis que, entonces, se pone a secretar unas hormonas, las gonadotropinas, que estimulan, a su vez, la actividad de las glándulas sexuales. En pocos años, la producción de testosterona en el chico se multiplica por quince y la de estrógenos en la chica, por diez. El organismo de los chicos elabora, asimismo, pequeñas cantidades de estrógenos, mientras que, de forma paralela, el de las chicas genera cierta cantidad de testosterona (que equivale a una tercera parte aproximadamente de la que produce un chico).

El estirón

No se inquiete si su hijo de 13 años no parece aún haber iniciado el período de crecimiento, mientras que su hija de 11 años y medio ya empieza a crecer de forma muy clara. Durante la infancia, el crecimiento se había mantenido casi idéntico para ambos sexos, pero ahora el estirón se produce en la primera mitad de la pubertad en las chicas, mientras que, en los chicos, no tiene lugar hasta la segunda mitad de la misma. Por este motivo, las chicas empiezan a crecer de forma acelerada por término medio dos años antes que los chicos (hacia los 11 o 12 años). En ellas, el estirón más fuerte suele coincidir con la primera menstruación, con independencia de la edad que tengan en ese momento (*véase* cuadro siguiente). En la segunda mitad de la pubertad, los chicos empezarán a «alcanzar» a las chicas y, por regla general, acabarán por superarlas.

Además, los testículos y los ovarios alcanzan la madurez y empiezan a producir espermatozoides y óvulos, respectivamente. El efecto principal de las hormonas sexuales consiste en activar el crecimiento de un gran número de tejidos del organismo. En concreto, provocan el desarrollo de varias características físicas llamadas caracteres sexuales secundarios: aparición de vello en el pubis en ambos sexos, vello en el rostro y cambio de voz en el chico, y desarrollo de los pechos en la chica.

Crecimiento acelerado de casi todos los órganos

Pero la aparición de estos caracteres sexuales secundarios no supone el único efecto espectacular del inicio de la pubertad. El aumento rápido de altura y de la masa general del cuerpo también lo es. Este proceso de crecimiento intenso afecta a todos los órganos del cuerpo, a excepción del encéfalo (que, por regla general, ya ha alcanzado el 95% de su volumen a los 10 años) y también de los ganglios linfáticos y las amígdalas, cuya masa tiende a reducirse durante este período.

Los órganos que aumentan más, con relación a su peso de partida, son los genitales: en el chico, los testículos pueden pasar de 2 a 35 g, mientras que en la chica el útero puede pasar de 2 a 50 g.

Desde los 3-4 años hasta los 10-12 años, la talla del niño se incrementa una media de 5 a 6 cm al año. La pubertad suele acelerar este ritmo de crecimiento. Al principio, los miembros inferiores y los pies es lo que crece con mayor rapidez, lo que otorga a los jóvenes adolescentes esa silueta «zancuda» que es tan habitual.

Pero, de hecho, el verdadero estirón tiene lugar, posteriormente, en la columna vertebral, que se extenderá 8 cm al año de media en las chicas y 10 cm en los chicos. Las hormonas sexuales desempeñan también una función preponderante en este proceso, junto con la hormona del crecimiento.

Diferencias morfológicas entre chicas y chicos

Las principales diferencias observadas entre chicas y chicos, aparte de las diferenciaciones sexuales evidentes, conciernen en particular a la masa muscular, la masa adiposa y el esqueleto.

• **La masa muscular.** Durante la infancia, la masa muscular aumenta de forma idéntica en ambos sexos. A lo largo de la pubertad, se desarrolla de forma lineal, es decir, regular y continua, en las chicas, mientras que su crecimiento experimenta una aceleración considerable en los chicos.

En un tiempo relativamente corto, la fuerza muscular de un chico adquiere mucha mayor importancia que la de una chica. Entre los 5 y los 15 años aproximadamente, los chicos producen una cantidad de células musculares 1,5 veces superior a las chicas.

¿CÓMO VALORAR LA PROGRESIÓN DE LA PUBERTAD?

La edad no es nunca un criterio fiable para juzgar la evolución de la pubertad en un niño determinado, de modo que los médicos han adoptado un método simple basado en la observación de los caracteres sexuales secundarios.
Se distinguen cinco fases. La primera es la del estado infantil y la quinta, la de la edad adulta. Las fases intermedias corresponden al desarrollo de la pubertad. Para definir, entre estas cinco fases, aquella en la que se sitúa un adolescente, basta para ambos sexos con observar el desarrollo del vello púbico. En el chico, el grado de madurez de los órganos genitales externos (el pene y el escroto) sirve también de indicio. Sucede lo mismo con los senos en las chicas.

En la chica

La adolescente suele tener la primera menstruación dos años después de que los senos hayan empezado a formarse. Sin embargo, se trata de una media que esconde una gran disparidad: el 60 % de las chicas presenta el primer período menstrual en la cuarta fase de la pubertad; el 15%, en la tercera fase, y el 5%, en la segunda. Por otra parte, la altura alcanzada por la adolescente en el momento de la primera regla está ya muy cercana a su talla definitiva, con independencia de su edad. En cambio, el chico que se sitúa en la tercera o cuarta fase de su desarrollo puberal presenta aún un potencial de crecimiento bastante importante.

En el chico

La primera aparición de espermatozoides (revelada en el análisis de la orina de la mañana, por ejemplo) suele producirse entre los 13 años y medio y los 14 años y medio. En la mayoría de los casos tiene lugar en la segunda fase de la pubertad. El adolescente, que produce cantidades elevadas de testosterona, está sujeto a erecciones (a veces involuntarias) cada vez más frecuentes. El 90% de los chicos experimenta su primera eyaculación consciente (tras una masturbación en la mayoría de casos) entre los 11 y los 15 años, es decir, en mitad de la pubertad.

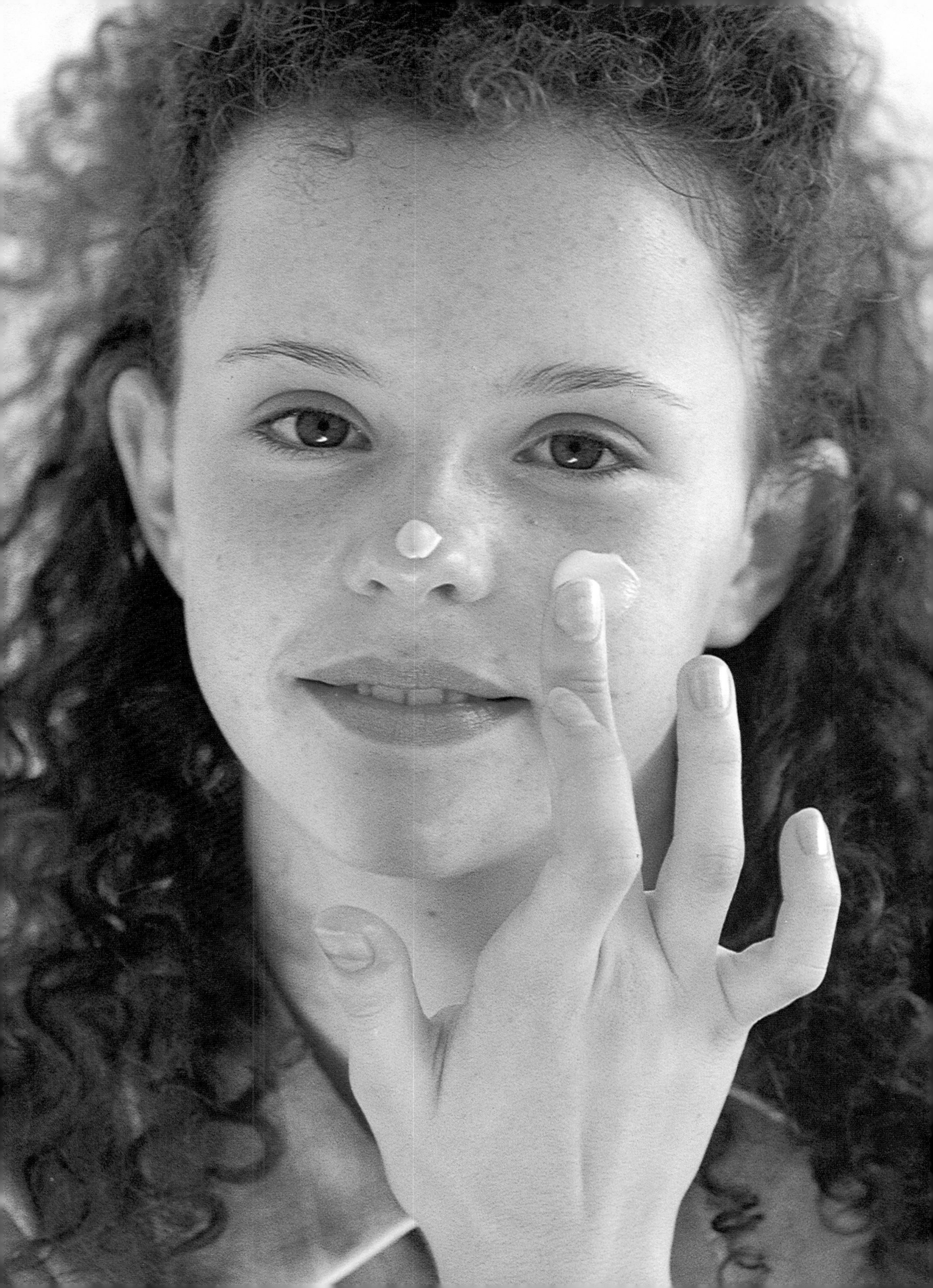

• **La masa adiposa**. Antes de la pubertad, se desarrolla también de forma idéntica en los chicos y en las chicas. Luego, durante la pubertad, disminuye en los chicos (en beneficio de la masa muscular), mientras que aumenta en proporciones a menudo importantes en las chicas, en especial en los brazos, los senos, las caderas y las nalgas.
• **El esqueleto**. Desde el punto de vista del esqueleto, la pubertad conlleva un crecimiento de los hombros en el chico, mientras que provoca, en la chica, el crecimiento de las caderas.

Esta evolución del esqueleto, de la masa adiposa y de la masa muscular, distinta según el sexo, explica que, durante la adolescencia, el aspecto general del cuerpo (es decir, la morfología) de las chicas se «feminice», mientras que la de los chicos se «masculiniza».

La primera regla en la chica

Tanto si se produce a los 10 como a los 16 años, la primera regla es un acontecimiento de la máxima importancia en la pubertad femenina. Una chica que menstrúa a los 13 años no es ni más ni menos normal que otra, pero tiene más posibilidades de tener amigas que pasan esta primera experiencia a la vez que ella. Esta ventaja no es nada despreciable ya que, a la edad de la primera regla, las adolescentes suelen experimentar la necesidad de intercambiar impresiones, de comparar sus ciclos, etc. Una niña que menstrúa demasiado pronto no podrá compartir esta experiencia con sus compañeras de clase y, a la inversa, un niña que menstrúa de forma tardía se sentirá marginada de los comentarios o las preocupaciones de las «mayores».

El ciclo menstrual origina en la joven adolescente muchas preguntas relativas a la regularidad, a los dolores que pueden acompañar al período (*véase* a continuación) o a la elección del tipo de protección higiénica. Es muy importante que la joven cuente con una persona que la aconseje bien para responder a todas estas preguntas, ya sea su madre, una amiga o el médico.

QUISIERA SABER

¿Se puede prever el inicio de la pubertad?

• En la situación actual de los conocimientos, es imposible prever la edad precisa en que se iniciará la pubertad en un niño concreto ni predecir la amplitud de las transformaciones morfológicas que se producirán con este motivo. Contrariamente a la opinión generalizada, no parece que la herencia intervenga de tal modo que los niños deban alcanzar la pubertad a la misma edad que sus padres. En el seno de una familia numerosa, se comprueba con frecuencia una gran disparidad en la evolución puberal de cada niño. Sólo el retraso de la pubertad en un chico podría estar relacionada con un retraso similar en su padre biológico.

¿Se llega más joven a la pubertad ahora que antes?

• No se dispone de ningún elemento de juicio al respecto en lo que se refiere a los chicos. En cambio, varias estadísticas indican que, en el caso de las chicas, el promedio de edad para la aparición de la menstruación ha ido descendiendo de forma regular en los últimos cien años. Así, por ejemplo, a principios de siglo, en Estados Unidos se situaba en los 14 años, mientras que en los años sesenta se estabilizó en los 12 años y medio. Es posible que una mejor alimentación tenga algo que ver en ello. Sin embargo, los testimonios históricos, procedentes de la Antigüedad, indican que los niños siempre han llegado a la pubertad a una edad similar a la de los adolescentes actuales.

¿Cuándo existe precocidad o retraso anormales de la pubertad?

• En el 95 % de los casos, la pubertad se presenta entre los 8 y los 13 años en las chicas y entre los 9 y los 14 en los chicos. En el caso de una chica, los médicos consideran que la pubertad es precoz cuando se produce entre los 6 y los 8 años, y que es retardada cuando no ha aparecido ningún síntoma hacia los 13 o 14 años. En el caso de un chico, se habla de pubertad precoz cuando se inicia entre los 8 y los 10 años, y de pubertad retardada cuando no se ha presentado ningún signo de pubertad a los 14 o 15 años. Hay ocasiones en que las modificaciones físicas propias de la pubertad se inician muy pronto en la infancia, pero se trata de casos excepcionales que siempre están relacionados con un fenómeno patológico.

¿Cuánto tiempo dura la pubertad?

• Es muy variable. En las chicas, puede que este proceso dure tan sólo un año, mientras que otras veces se prolonga cuatro años. En los chicos, oscila entre los dos y los cuatro años y medio.

Las pequeñas molestias de la pubertad

La adolescencia es una edad apasionante que se suele añorar cuando se alcanza... la tercera edad. Sin embargo, va acompañada también de cierto número de sinsabores, de los que no siempre los adultos adivinan el alcance: han «pasado por ello», pero ¡quizá lo han olvidado!

Este cuerpo que cambia tan deprisa experimenta, en efecto, algunos contratiempos que pueden resultar difíciles de soportar tanto a los chicos como a las chicas. El acné es una de las más evidentes. Afecta a casi uno de cada dos adolescentes y se presenta con igual frecuencia en los chicos que en las chicas. A diferencia de lo que se cree, no se debe ni a una mala higiene corporal ni a una dieta desequilibrada.

El acné

El acné es consecuencia indirecta de la transformación hormonal característica de la pubertad: bajo la influencia de un derivado de la testosterona, las glándulas sebáceas, muy numerosas en la cara, producen un exceso de secreciones grasas. Estas secreciones no siempre se pueden liberar, las glándulas sebáceas se dilatan, su contenido se espesa y se forman los granos de acné.

Se pueden presentar simples comedones (espinillas), limitados a ciertas zonas de la cara, o sufrir lesiones más importantes, a menudo inflamatorias. Las formas más graves de acné, en lo que se refiere a su extensión (en particular por la espalda) o a la formación de quistes, son afortunadamente mucho menos frecuentes. En cualquiera de las formas en que se manifiesta, el acné dispone de un tratamiento sencillo (*véase* el margen), por lo que no se debe dudar en aconsejar al adolescente que acuda al médico o al dermatólogo.

La ginecomastia en el chico

Tras el inicio de la pubertad, uno de cada dos chicos constata, no sin sorpresa, que los pechos se le empiezan a abultar y, por ejemplo, se vuelven muy sensibles al contacto con las prendas de vestir. En la mayoría de los casos, este abultamiento, llamado ginecomastia, retrocede de forma espontánea al cabo de uno o dos años. Se produce como consecuencia de las transformaciones hormonales de la pubertad y no es signo de ninguna patología concreta. Así pues, no tiene sentido aplicar un tratamiento local o general, lo que podría resultar peligroso. Basta con verificar que la pubertad se desarrolla con normalidad y que el resto del reconocimiento físico es normal. Recurrir a la cirugía plástica sólo está indicado en aquellos casos en los que el abultamiento es importante y no se produce una regresión espontánea. Este tipo de intervención quirúrgica obtiene por regla general resultados excelentes. La ginecomastia sólo hace temer una patología subyacente en casos excepcionales en los que se presenta una vez finalizada la pubertad.

Sin embargo, a pesar de que la mayoría de las veces es inocua desde el punto de vista médico, el adolescente la vive casi siempre como una desgracia física. Le puede inquietar o incluso hacer sentir vergüenza, hasta el punto de negarse a mostrar su torso desnudo, en la piscina, por ejemplo. Por este motivo, es aconsejable la consulta al médico: servirá para que el chico comprenda que esta manifestación es frecuente y temporal. Al desdramatizar la situación, se siente más tranquilo, lo que ya es mucho.

Ciclos irregulares y reglas a veces dolorosas en la chica

Durante los primeros años de vida ginecológica, los ciclos menstruales son muy inestables, por la sencilla razón de que no se produce la ovulación (el desprendimiento de un óvulo del ovario) de forma sistemática en cada ciclo.

A lo largo del primer año, más de la mitad de los ciclos no incluyen la ovulación; esta proporción disminuye luego de forma progresiva. Los «saltos» en la regla no son, pues, excepcionales y la mayoría de las chicas son incapaces, durante mucho tiempo, de prever la fecha del próximo período. De media, una chica tiene alrededor de ocho períodos durante el año siguiente a la primera regla; su ritmo menstrual personal (que no es forzosamente de veintiocho días) se irá esta-

El adolescente lleno de granos

El adolescente vive casi siempre el acné como un drama, sobre todo cuando se presenta en la cara, parte del cuerpo que no se puede ocultar.
Las chicas y los chicos afectados no pueden dejar de examinarse con atención en el espejo y rara vez resisten la tentación de apretarse los granos, lo que, por regla general, provoca lesiones aún más visibles.
Conviene saber que el acné se trata con facilidad. La mayoría de los tratamientos se aplican sobre la misma piel, son bastante largos y su éxito depende básicamente de la regularidad de la aplicación. También se pueden utilizar unos recientes fármacos derivados de la vitamina A (como la tretinoína) que parecen dar buenos resultados, e incluso ciertos antibióticos por vía general.
Lo más importante es saber que existen recursos útiles, siempre y cuando sean prescritos y supervisados por el médico.

bilizando a lo largo del segundo o del tercer año. Es aconsejable que la joven anote la fecha de la menstruación en un calendario, ya que muchas olvidan la fecha del último período.

La primera regla suele ser indolora, lo que no tiene por qué seguir siendo así en adelante. La mayoría de los analgésicos suaves solucionan los dolores de cabeza o de barriga propios del período. En ocasiones, se recetan antiinflamatorios para los dolores más fuertes, que incluso pueden llevar a la joven a guardar cama.

Los problemas óseos

El estirón en el crecimiento no provoca en sí mismo fenómenos dolorosos. Aun así, durante la época de la adolescencia se debe supervisar la escoliosis, aunque sea moderada, ya que se corre el riesgo de que se acentúe.

Ciertos adolescentes padecen, además, una inflamación de los puntos de crecimiento de las vértebras. Esta patología, denominada apofisitis vertebral, se traduce en dolores localizados por toda la extensión de la columna vertebral. En las formas más graves, provoca a veces una curvatura de la espalda, diagnóstico que sólo puede confirmarse con una radiografía, ya que la mayoría de los adolescentes no adoptan una buena posición y encorvan los hombros sin que padezcan este tipo de problema. En otros casos, la inflamación se localiza en un punto óseo situado en lo alto de la tibia, bajo la rótula. Se habla entonces de apofisitis tibial anterior. Se presenta con mayor frecuencia en los chicos que en las chicas, en especial si juegan al fútbol. En este caso es aconsejable suprimir las actividades físicas demasiado violentas.

El cansancio

El estirón en el crecimiento tampoco es en sí mismo origen de fatiga para el adolescente, pero sí es cierto que la calidad del sueño cambia durante la pubertad y que, en este período, suele aparecer la tendencia a experimentar una elevada somnolencia a media tarde. Sin embargo, algunos adolescentes se quejan de cansancio, lo que es una forma de indicar, disimulándolo, cierta tristeza o melancolía, o incluso angustia.

Puede suceder que esta «fatiga crónica» vaya acompañada de un peor rendimiento escolar. Y los padres se preocupan. No hay que dudar en hablar del problema: con los profesores, con el médico y, sobre todo, con el propio joven. Más que nunca, es importante que los padres sepan escuchar, que ayuden a su hijo a expresar sus angustias. Si bien es cierto que las dificultades a las que se enfrenta son normales, no dejan de ser duras para ellos. No se debe desestimar la importancia que tienen para el joven. Hay que demostrarle que se toman en serio, sin por ello dramatizarlas.

QUISIERA SABER

¿Debo advertir a mi hija de que pronto tendrá la primera regla?
• Sí, sin dudarlo. Tener la primera menstruación en plena clase, sea de gramática o de gimnasia, sin haber sido preparada, es de lo más desconcertante para una adolescente. Los padres (al menos la madre) deben informarle de que el día menos pensado tendrá la regla y explicarle a qué se debe este fenómeno que posteriormente se reproducirá todos los meses hasta la menopausia.

¿Son peligrosos los tampones para las chicas muy jóvenes?
• Desde el punto de vista anatómico, la adolescente puede usar sin problemas tampones a partir de la primera menstruación, sea cual fuere su edad. Los prejuicios respecto al hecho de que los tampones destruyen la virginidad, originan enfermedades o pueden perderse en el interior del cuerpo carecen de fundamento. Algunas adolescentes consideran que este tipo de protección interna es mucho más cómodo, en especial para la práctica de una actividad física o deportiva. Suelen preferir los tampones con aplicador, que les evitan demasiadas manipulaciones íntimas. Los minitampones no son aconsejables porque no suelen ser suficientes.

¿Qué tipo de protección higiénica debo aconsejar a mi hija?
• Muchas chicas jóvenes prefieren utilizar compresas en lugar de tampones en las primeras reglas. Deje que su hija elija libremente el método que más le convenga y sepa que esa elección puede cambiar.

La alimentación

La adolescencia es el período de la vida en que el individuo debe comer más. No *hay nada extraño en eso: la pubertad representa un crecimiento acelerado del cuerpo, lo que multiplica las necesidades alimenticias.* Nutrirse*, bien o mal, es para el adolescente uno de los medios de expresión a su alcance.*

Puesto que su cuerpo se transforma con gran rapidez, el adolescente necesita en esta etapa de su vida comer más. Pero no se come sólo para aportar energía al organismo. Como para cualquier persona, el comportamiento alimenticio del adolescente es un aspecto más del modo de vida. Para alimentarse correctamente, no precisa recibir una educación nutricional particular, sobre todo debe sentirse bien en su cuerpo. Y es que la alimentación se puede convertir en un medio para expresar ansiedades o para atraer la atención de los seres queridos.

Las *necesidades*

En los cinco años que dura la pubertad, una chica crece una media de 23,5 cm y aumenta unos 21 kg, de los que 12 kg corresponden a músculos (masa magra) y 9 kg a masa adiposa. Esta proporción elevada de masa adiposa constituye una reserva energética indispensable en caso de embarazo. El chico, por su parte, crece alrededor de 26 cm y su peso aumenta una media de 26 kg, de los que sólo 3 kg corresponden a masa adiposa y 23 kg, a masa magra. La alimentación debe aportarle unas 3 000 calorías al día, lo que equivale, en los adultos, ¡a la ración de un obrero!

Algunas encuestas recientes realizadas entre adolescentes indican que, desde el punto de vista cuantitativo, casi todos los chicos satisfacen sus necesidades. En cambio, sólo el 70% de las chicas las cubre, ya que muchas se preocupan por vigilar la línea.

Un equilibrio que se debe conservar

Desde el punto de vista cualitativo, la proporción que hay que respetar entre las grasas (lípidos), las proteínas (prótidos) y los hidratos de carbono (glúcidos) es la misma en los adolescentes, los niños o los adultos. Las grasas deben suponer del 30 al 35% del aporte calórico; las proteínas, del 12 al 14%, y los hidratos de carbono, del 50 al 58%.

Los hidratos de carbono o glúcidos se dividen en dos categorías: unos, los azúcares, tienen sabor dulce y el organismo los asimila rápidamente; los otros se encuentran en los alimentos ricos en féculas y son objeto de una asimilación lenta. Los alimentos ricos en féculas deben aportar la práctica totalidad de glúcidos. Sin embargo, las adolescentes tienen tendencia a no tomar este tipo de alimentos desde que aparecen las primeras curvas de la pubertad. Lo compensan picando golosinas con frecuencia, es decir, con azúcares de absorción rápida, que no deberían superar el 15% de la ración calórica diaria. Nunca le repetirá bastante a su hija que los alimentos ricos en glúcidos lentos no engordan: ¡es mejor tomar un buen plato de arroz integral que tres tabletas de chocolate en el recreo!

Posibles carencias de hierro o calcio

La alimentación también tiene que cubrir las necesidades de sales minerales y vitaminas. Las carencias de hierro y calcio se producen con bastante frecuencia entre los adolescentes.

El hierro, elemento constituyente de los glóbulos rojos, es un mineral de difí-

LA ALIMENTACIÓN SEGÚN EL HUMOR

Curiosamente, algunos adolescentes no tienen nunca hambre a la hora de la comida y esperan a que ésta acabe para precipitarse hacia la nevera. En el comedor comunitario, unos confían en la falta de apetito de sus vecinos para obtener raciones suplementarias, mientras que otros sólo ingieren unos cuantos bocados seleccionados. Si se aburren, protestan; si están con sus amigos, son muy sociables; si no tienen tiempo, se saltan una comida. Es decir, adaptan su comportamiento alimentario a la necesidad del momento. Intente recordar cómo se alimentaba el niño cuando era pequeño y quizá comprenderá mejor las actitudes del adolescente en el que se ha convertido.

cil absorción para el organismo, sobre todo si es de origen vegetal. Así pues, Popeye no es el mejor ejemplo a seguir: el hígado, la carne y las legumbres contienen mayor cantidad de hierro que las espinacas. Las chicas están más expuestas que los chicos a una posible carencia de hierro, debido a la pérdida de sangre que se produce con la regla. Este tipo de carencia podrá corregirse mediante un tratamiento sencillo pero bastante largo en razón de la débil absorción natural de este mineral por parte del organismo.

El calcio se encuentra principalmente en los productos lácteos. El adolescente tiene que consumir unos 1 200 mg al día, es decir, una cantidad mucho más elevada que la que necesita un niño o un adulto. El aporte de calcio se satisface de forma correcta cuando el adolescente toma un desayuno bastante copioso: una cuarta parte de las necesidades diarias.

¿ANOREXIA, BULIMIA?

En la edad de la pubertad, muchas adolescentes, y cada vez más chicos, encuentran su cuerpo demasiado gordo, inician una dieta draconiana y adelgazan demasiado, aunque aparentemente se encuentran muy bien. Otras, y algunos chicos también, devoran.

Si su hija adelgaza en exceso

A veces, es preciso desconfiar de este tipo de comportamiento, susceptible de disimular el inicio de una anorexia nerviosa, trastorno alimentario que afecta sobre todo a las chicas (nueve de cada diez). Una consulta médica permite revelar o, al contrario, descartar la existencia de este problema, para el que no existe tratamiento rápido. Las vitaminas o los medicamentos para abrir el apetito no servirán de nada. La adolescente anoréxica precisa seguimiento médico y ayuda psicológica, aunque muchas veces no los acepta de inmediato.
Si rechaza la ayuda, quizá pueda resultar útil que los padres se entrevisten con un psicoterapeuta. De este modo podrán asumir mejor la inquietud que el rechazo alimentario de su hija les provoca y, al hacerlo, adoptar frente a ella actitudes más coherentes y serenas que supondrán una primera ayuda.

Si el/la adolescente engorda en exceso

En primer lugar, pregúntense si este problema de peso que les preocupa es real. ¿No será que les cuesta aceptar las transformaciones rápidas del cuerpo de su hijo? En ciertos casos, sin embargo, no hay duda posible. El problema de peso es importante. Quizá ya existía en la infancia pero se vuelve insoportable para el adolescente que crece.
Es posible que éste no acepte que le controlen la alimentación y le indiquen que haga régimen. Tengan la prudencia de no insistir. Tienen que comprender que no pueden solucionar los problemas por él.
No lo culpabilicen y ármense de paciencia. Llegará el día en que querrá adelgazar, a no ser que, sin más, quiera asumir su corpulencia.

Los comportamientos

La pubertad modifica, sin duda, las necesidades alimentarias del adolescente. Pero ni tan siquiera los padres mejor informados están en situación de garantizar a su hijo una alimentación sana y equilibrada. Se debe a dos motivos principales: el adolescente come cada vez más fuera de casa y se vuelve adepto con facilidad a la comida rápida.

Además, es posible que el adolescente adopte una actitud de rechazo en el terreno de la alimentación, como en tantos otros. La moda actual, que ensalza las siluetas delgadas y deportivas, y canta las excelencias de la dietética o de los platos más ligeros, no crea, sin duda, un clima demasiado adecuado para los adolescentes, ya bastante preocupados de por sí por las transformaciones que experimenta su cuerpo. El aumento, en nuestra sociedad, de trastornos alimentarios tales como la anorexia o la bulimia deberían hacernos reflexionar.

Evitar el conflicto

¿Cómo ayudar al adolescente a conservar un equilibrio nutritivo satisfactorio? Los padres saben muy bien que repetir una y otra vez los mismos consejos a un hijo mayor puede provocar antes rechazo que aceptación. ¡Lo que no impide proporcionar la mayor cantidad posible de información dietética!

En cualquier situación, el conflicto no es la solución. Antes de intervenir, los padres deberán preguntarse si la degradación de los hábitos alimentarios del adolescente son reflejo, o no, de otros cambios de comportamiento. ¿Qué hay del sueño, de las relaciones con los amigos o de las actividades extraescolares? Si el adolescente parece haberse desestabilizado en varios campos, los padres pueden indicarle, bajo la forma de comentarios asombrados o de preguntas, que tienen la impresión de que le pasa algo. Esta actitud conseguirá con mayor facilidad una respuesta del adolescente, mientras que los sermones suelen engendrar un mutismo obstinado. Si el bloqueo parece total, puede resultar útil recurrir a los consejos de una tercera persona.

La vida íntima y las relaciones

A los ojos de los padres, el adolescente es un ser algo insólito, que está «de muda». Tras este individuo extraño en plena transformación, el niño pequeño que se mecía en los brazos parece quedar muy lejos. Sin embargo, es la misma persona.

El fenómeno de la identificación

Los adolescentes, enfrentados a innumerables dudas, experimentan una enorme necesidad de identificación. De ahí su entusiasmo por figuras del espectáculo que adoptan como modelo, por regla general muy alejadas (¡qué casualidad!) de las referencias familiares. Es preciso entender que el joven adolescente, obligado por la pubertad a sufrir una infinidad de cambios que no ha elegido, tiene que probar una sucesión de papeles o de personajes para acabar, más tarde, por elegir uno que le convenga de verdad.

El adolescente, sometido a las transformaciones relacionadas con la pubertad, cambia con rapidez y, a veces, de forma radical, tanto en el aspecto físico como en sus comportamientos respecto a los demás. Parece alejarse de sus padres para acercarse a sus iguales, los chicos y chicas de su edad: es la época de los grupos de amigos y de las pandillas.

Muchos padres tienen entonces la impresión de que ya no conocen a su hijo y de que se encuentran ante un desconocido, un extraño. Sin embargo, se trata, evidentemente, de la misma persona. Para comprender mejor la pequeña revolución interior que afecta al hijo, quizá lo único que deben hacer es esforzarse en recordar su propia adolescencia.

Ni totalmente el mismo, ni totalmente diferente

Antes de entrar en la edad adulta, el adolescente necesita «revisitar» su infancia, volver a experimentar su poder sobre los demás y, muy en especial, sobre sus padres, y sondear los límites que se le imponen. Por este motivo, se puede considerar la adolescencia como un paso hacia adelante y hacia atrás a la vez. Como cuando era un bebé, el adolescente debe transgredir las prohibiciones y buscar la confrontación y el conflicto para establecerse puntos de referencia.

Claro está, los pañales mojados ya no son la raíz del conflicto, pero quizá se trate de la forma de vestir o del rendimiento escolar. El adolescente se ve asaltado por deseos nuevos que no tiene posibilidad de cumplir de forma inmediata y que debe diferir en el tiempo, de manera parecida al niño que tenía ganas de desplazarse mucho antes de saber andar, o de expresarse antes de saber hablar...

El aprendizaje de nuevas relaciones de fuerza

El modo en que el adolescente reacciona frente a estas frustraciones (mediante conductas agresivas, la cólera o el enojo) no difiere demasiado de las actitudes que adoptaba, en su momento, el bebé incapaz de concretar sus deseos. Lo que los distingue es que ahora el joven dispone de los medios del adulto para defenderse y para rebelarse contra los límites que se le imponen.

El niño que deseaba a veces inconscientemente «matar» a su padre, como indican los psicoanalistas, tiene ahora la fuerza suficiente para golpearlo. La niña que se sentía celosa de su madre embarazada o que soñaba con que viniera a buscarla un príncipe encantado puede convertirse en madre. Lo que no significa que el adolescente vaya a actuar así, sino simplemente que posee los medios para hacerlo y que su posición de fuerza respecto a los adultos, es decir, su poder, ha cambiado.

A veces, el adolescente, atormentado e inquieto, necesita la seguridad o el cariño del mismo modo que en sus primeros años, pero ya no puede, con su nuevo cuerpo adulto, sexuado, aceptar del mismo modo las caricias y la ternura de sus padres.

La época de «primero los amigos»
Lo que ya no quiere confiar a sus padres, lo comparte con las chicas y los chicos de su edad. La amistad cumple una función fundamental en su vida y en el equilibrio de su personalidad. Es la época de las horas pasadas al teléfono, de las risas tontas irresistibles, de las modas de vestir obligadas o del uso de expresiones lingüísticas especiales (propios de cada generación). Con los amigos de su «pandilla», el joven se tranquiliza respecto a su identidad y a la normalidad de los cambios que experimenta: es como su amigo o su amiga; por lo tanto, es normal (*véase* el cuadro siguiente).

Esta fase, especialmente irritante para los padres, es del todo comprensible y necesaria para el adolescente: completa su aprendizaje de la vida en sociedad.

Seguir, aun así, siendo padre o madre

El adulto intenta comprender lo que siente un bebé que llora o se agita. Ahora, tiene que efectuar el mismo esfuerzo de interpretación frente a los comportamientos, a veces desconcertantes, del adolescente. Efectivamente, no hay nada más engañoso que las apariencias.

En la edad de la pubertad no se tiene por qué pensar lo que se afirma con aplomo y, a la inversa, en ocasiones no se dice lo que se siente o se rechaza vivamente lo que más se desea. Así pues, el adulto no debe tomar al adolescente «al pie de la letra», sino probar de averiguar cuáles son las necesidades y las inquietudes que disimula bajo conductas bruscas y provocadoras.

Evitar los prejuicios
Es legítimo que los padres sigan expresando sus opiniones respecto a las actuaciones de su hijo. En cambio, sería peligroso que lo juzgaran por su conducta o reacciones de solamente un día. El adolescente que se ha llevado algo de una tienda no se convierte de golpe en un «ladrón»; el que ha fumado un poco de hachís no está condenado a ser un «drogadicto» toda su vida; y el que, desde hace algunas semanas, obtiene peores resultados escolares no pasa a ser un «vago».

Asignar esta clase de calificativos a un joven que, precisamente, se busca y se interroga sobre sí mismo, puede por desgracia originar razonamientos perniciosos del tipo: «¿Así que soy un ladrón, un drogadicto, un vago? ¡Pues, muy bien!». Los malentendidos se producen muy deprisa. El único modo de evitarlos es intentar conocer mejor al adolescente que crece, de manera que no se convierta en un extraño y que siga formando parte integral de la familia. ¿Difícil? Sin duda, ya que antes de incitarlo a confiarle sus problemas puede que deba empezar por hablarle como a un adulto. Además, tendrá

La importancia de la imagen corporal

En el margen de dos o tres años, el adolescente puede volverse irreconocible físicamente, tanto para los que lo rodean como para él mismo, de modo que tiene que adaptarse a su nuevo cuerpo, que le resulta extraño. La mayoría de los adolescentes se cuestionan la «normalidad» de su evolución física o de las nuevas sensaciones que experimentan. Por este motivo son tan sensibles a la imagen de su cuerpo, a la imagen que da de ellos a los demás. Dedican mucho tiempo a los cuidados estéticos o de vestuario, mientras que suelen descuidar los problemas de higiene y de salud.

¿Qué imagen dar?
Los adolescentes necesitan mirarse sin cesar en el espejo y juzgan su imagen, de modo más o menos realista. Este juicio influirá profundamente en su sentimiento de autoestima, en su comportamiento y en sus relaciones con los demás. Un chico se encontrará demasiado bajo, una chica demasiado alta; él se preguntará sobre el tamaño de su sexo, a ella le preocupará el de sus pechos o lo anchas que tiene las caderas. La piel, el sistema piloso, el olor corporal, las erecciones involuntarias, en el chico, y las menstruaciones imprevisibles, en la chica, suscitan también preocupaciones.

Su cuerpo en su espacio
En este período de la vida, el adolescente demuestra un enorme pudor y reivindica un lugar de intimidad, un espacio que le pertenezca, donde pueda encontrarse a solas con su cuerpo, que lo asombra o lo inquieta. El entorno familiar debe respetar estas peticiones, que son muy naturales. Así pues, no se sorprendan si su hijo se pasa media hora en el cuarto de baño (pero ¡comprueben con discreción que se haya duchado!). Ahora bien, sepan respetar su intimidad e impidan que un hermano más joven entre constantemente en su habitación.

que aceptar que es una persona distinta de lo que a usted le hubiera gustado. Todos los padres alimentan en secreto, incluso de modo inconsciente, diversos proyectos para sus hijos. Es preciso entender que el adolescente desea realizar los suyos propios y que lo quieran por lo que es.

El *descubrimiento de la sexualidad*

Tras las transformaciones físicas que son provocadas por la pubertad, el adolescente se encuentra con un cuerpo totalmente sexuado, es decir, un cuerpo con el que es posible efectuar el acto sexual (por no mencionar la procreación). Esta nueva facultad es para él fuente de excitación, de desconfianza y de angustia a la vez. El chico descubre que no tiene otra opción que la de ser un hombre y la chica tampoco tiene alternativa: será una mujer.

Cada uno de los sexos tiene que familiarizarse con el otro. Por este motivo, los contactos físicos que buscan los adolescentes (cogerse de la mano, besarse, coquetear) no son sólo naturales sino también necesarios para descubrir al otro y sus diferencias. Las relaciones sexuales propiamente dichas se emprenden en una segunda fase. Según las estadísticas, el promedio de edad de los primeros contactos sexuales se sitúa hacia los 17 años.

Sin embargo, no se debe creer que los adolescentes sexualmente activos son más maduros que los demás. También es preciso saber que los adolescentes son más bien fieles en el amor y que, digan lo que digan, anteponen los sentimientos al placer físico.

La información sobre la anticoncepción

Esta información es siempre fundamental, puesto que una chica puede ser fértil inmediatamente después de su primera regla, mientras que el esperma del chico fecunda a partir de la segunda mitad de la pubertad o, como mínimo, al final de ella.

Durante mucho tiempo, la creencia general fue que era peligroso prescribir la píldora a una chica muy joven, o cuyos ciclos todavía no son regulares. Hoy en día se sabe que todo eso no es cierto. La píldora puede recetarse a cualquier edad. La consulta a un ginecólogo (preferiblemente a una ginecóloga que no sea también la de la madre) favorecerá que la joven exprese libremente sus dudas y preguntas.

Asimismo resulta indispensable informar a los chicos: por ejemplo, la cuestión del sida, que es imprescindible mencionar, servirá a los padres para iniciar el diálogo y recordar la necesidad del uso del preservativo. Y a los adolescentes les gustará abordar el tema de la sexualidad con los padres, siempre que éstos no se limiten a enumerar todos los peligros existentes.

La afición por el riesgo

En la mayoría de las civilizaciones antiguas, la salida de la infancia, anunciada por la pubertad, era objeto de una fiesta o de un ritual particular que adoptaba muchas veces la forma de una prueba iniciática. Algunas sociedades tradicionales de África o de Asia mantienen en vigor prácticas de este tipo, con motivo de las cuales el joven recibe indicaciones sobre las dificultades que deberá atravesar en su vida de adulto. En el transcurso del ritual, el adolescente tiene también que hacer algo para demostrar al grupo que es digno de integrarse en el mundo adulto.

Riesgos limitados...

Así pues, el grupo le pide, de forma totalmente oficial, que asuma riesgos. Ya sea luchar con un león o saltar desde lo alto de una torre, el adolescente tiene que enfrentarse al peligro y vencer su miedo si quiere formar parte de los «mayores».
Las sociedades occidentales contemporáneas se sitúan en las antípodas de estas convenciones. Se esfuerzan, al contrario, en limitar al máximo los riesgos en casi todos los terrenos. De este modo olvidan que correr riesgos es una de las necesidades más naturales; que desea experimentar sus nuevas facultades, físicas y psíquicas.

Riesgos clandestinos

Los jóvenes, a menudo, no tienen más remedio que asumir riesgos clandestinos, mediante los que escapan a toda protección: el aumento en nuestra sociedad de accidentes relacionados con la toxicomanía, con el exceso de velocidad en carretera y con los intentos de suicidio no es fruto de la casualidad. A fin de evitar estos comportamientos extremos, los padres tienen que aceptar que el adolescente se enfrente a ciertos riesgos para expresar sus facultades y desarrollar sus competencias. Sin dejar de vigilarlo aún cierto tiempo, deben aceptar que pase por su propia experiencia del peligro. Recuerden que cuando el niño daba sus primeros pasos o aprendía a montar en bicicleta, le dejaron correr riesgos...

CAPÍTULO

7 Urgencias

Si el niño sufre un accidente, llévelo sin demora al servicio de urgencias del hospital más cercano. No olvide su carné de salud, en especial si padece una enfermedad que precisa un tratamiento particular (diabetes, enfermedad cardíaca, etc.).
Sin embargo, no se debe trasladar a un herido en las siguientes situaciones: si está inconsciente, si está muy pálido o si se sospecha que tiene una lesión en la columna vertebral. En estos casos es preciso llamar a un servicio de urgencias. Hablará con un médico que evaluará la urgencia de la situación y le indicará los consejos prácticos que se deberán aplicar mientras se espera la llegada de la asistencia.
Recuerde avisar también a su médico.

Actuaciones que salvan vidas

Si el niño no respira, si no le late el corazón o si ha perdido el conocimiento, llame al servicio de urgencias médicas y efectúe de inmediato estas sencillas operaciones.

Masaje cardíaco

Si el pulso del niño no es perceptible, si no le late el corazón, deberá practicarse un masaje cardíaco. La posición de las manos será distinta según la edad del niño: entre el nacimiento y los nueve meses, se le ha de comprimir el esternón con los pulgares; a partir de los nueve meses, habrá que hacerlo con el talón de la palma de una mano y la otra apoyada encima, con los brazos en vertical. Compruebe la eficacia del masaje buscando el pulso en el cuello. Si, además, el niño tampoco respira, es preciso efectuarle al mismo tiempo la respiración boca a boca. Para ejecutar de forma simultánea el masaje cardíaco y el boca a boca, es mejor que actúen dos personas a la vez y que se intercambien la función con cierta frecuencia, ya que se cansarán deprisa. Si está solo, alterne las dos maniobras a razón de 3 insuflaciones (boca a boca) por cada 10 compresiones torácicas (masaje cardíaco). Intente recordar la hora a la que ha empezado: se trata de una información importante para los médicos.

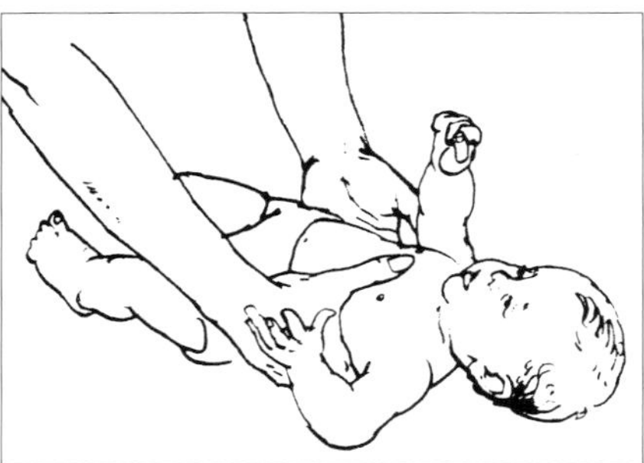

◁ **1. Para un bebé menor de 9 meses**
Tiéndalo de espaldas en una superficie dura (el suelo o una mesa). Sujétele el tórax con las dos manos, el pulgar delante y los otros dedos, detrás.

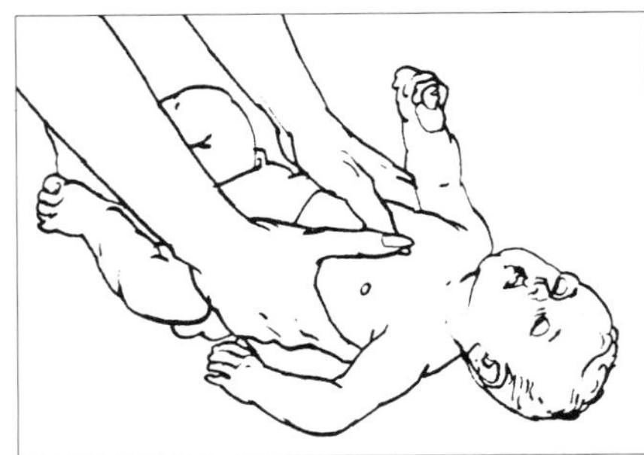

2. *Presione con fuerza a la altura del esternón, en medio del pecho, unas cien veces por minuto. (El pecho debe hundirse aproximadamente 1 centímetro: hágalo sin miedo, lo importante es que el corazón vuelva a latir.)* ▷

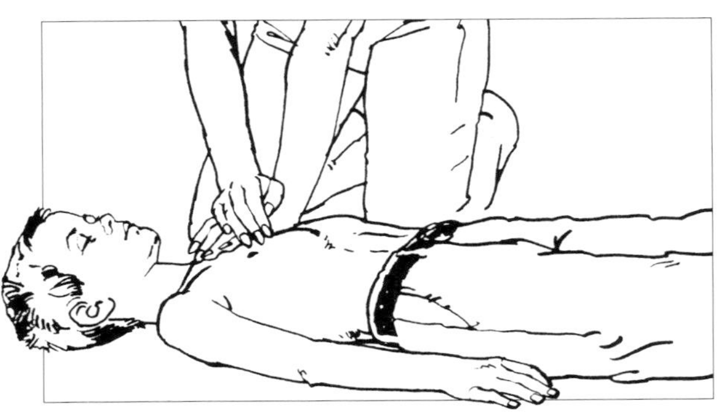

1. Para un niño a partir de 9 meses △
Tiéndalo en una superficie dura (el suelo o una mesa). Presione con fuerza con las dos manos y después suelte. Efectúe este movimiento a razón de 1 vez por segundo.

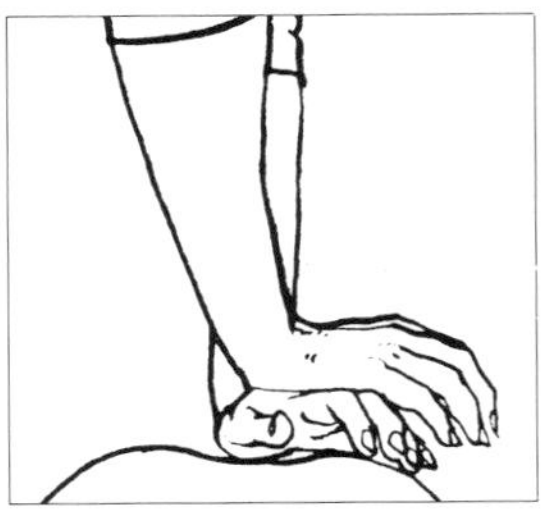

2. *Apoye bien el talón de una mano sobre la mitad del pecho y ponga la otra mano sobre la primera. El tiempo de compresión debe ser igual que el de relajación.*

El boca a boca

Si el niño no respira, si los labios o la cara se le ponen azules, practique de inmediato el boca a boca. Para un lactante, colóquele la boca sobre la nariz y la boca; para un niño de mayor edad, sólo sobre la boca, mientras le comprime las ventanas nasales. Sople hasta que el pecho del niño se eleve y luego deje que el aire salga espontáneamente. Repita la maniobra hasta que el niño recupere su respiración natural o hasta que llegue la asistencia médica. Si vuelve a respirar, sitúelo en la posición lateral de seguridad.

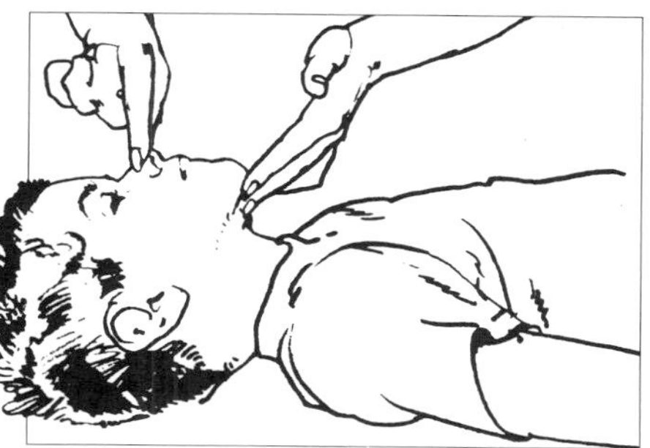

◁ **1.** *Incline la cabeza del niño hacia atrás, para apartar la lengua hacia delante.*

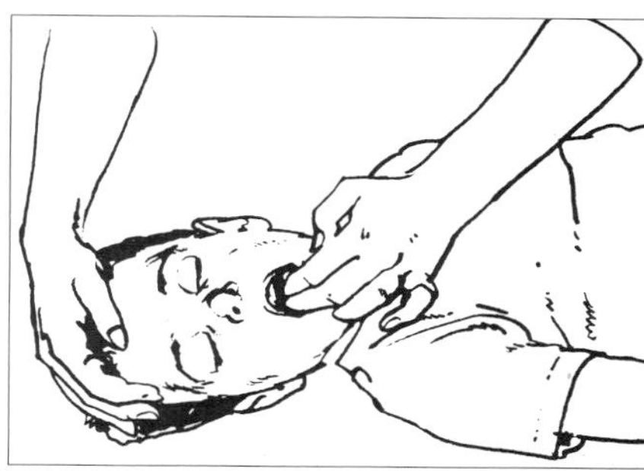

2. *Introdúzcale el dedo en la boca para extraer cualquier cuerpo extraño.* ▷

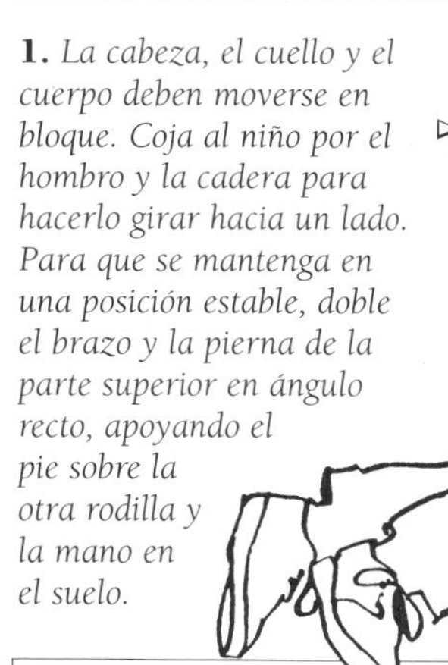

◁ **3.** *Inspire profundamente, aplique la boca sobre la del niño y sople. El pecho tiene que dilatarse. Recupere la respiración y vuelva a empezar, a un ritmo de una insuflación cada tres segundos para un niño de más de 2 años; en el caso de un bebé, el número de insuflaciones necesarias es algo mayor (30 por minuto).*

Posición lateral de seguridad

Si el niño ha perdido el conocimiento pero sigue respirando, colóquelo en la posición lateral de seguridad.

Advertencia

Si el niño ha sufrido un accidente automovilístico o una caída grave, no le mueva el cuello y, por lo tanto, no lo sitúe en la posición lateral de seguridad.

1. *La cabeza, el cuello y el cuerpo deben moverse en bloque. Coja al niño por el hombro y la cadera para hacerlo girar hacia un lado. Para que se mantenga en una posición estable, doble el brazo y la pierna de la parte superior en ángulo recto, apoyando el pie sobre la otra rodilla y la mano en el suelo.* ▷

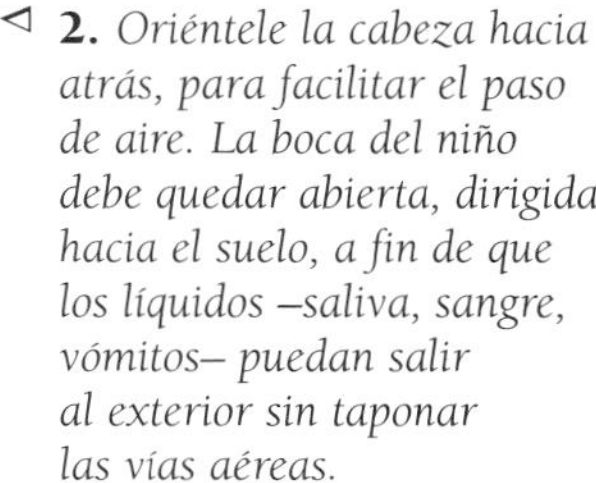

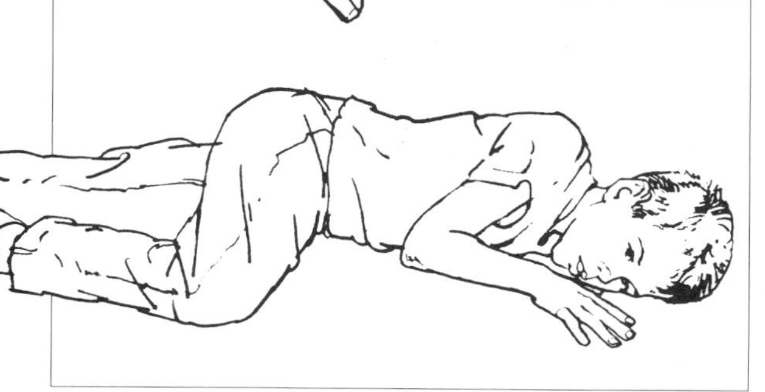

◁ **2.** *Oriéntele la cabeza hacia atrás, para facilitar el paso de aire. La boca del niño debe quedar abierta, dirigida hacia el suelo, a fin de que los líquidos –saliva, sangre, vómitos– puedan salir al exterior sin taponar las vías aéreas.*

Qué hacer en caso de...

Tras haber llamado a urgencias, acueste al niño, tranquilícelo y hágale entrar en calor si tiene frío. No le dé nada de comer ni de beber, aunque tenga sed. En caso de intoxicación, no le dé leche ni intente hacerle vomitar.

HEMORRAGIA
Toda pérdida de sangre importante debe detenerse de inmediato. Tome un paño limpio y aplíquelo sobre la herida, presionando con el pulgar o con el puño hasta que deje de sangrar. A continuación, desinfecte la zona con un antiséptico y coloque un vendaje compresivo antes de acudir al médico.

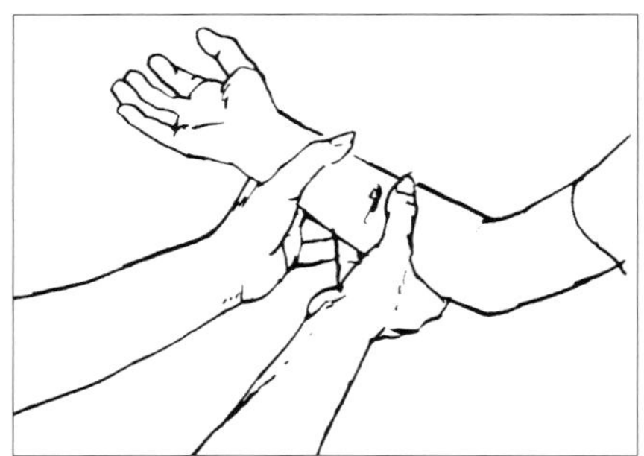

◁ **1**. *Si no dispone de una compresa de gasa ni de tela limpia, tapone la herida con el pulgar y presione con fuerza sobre el lugar por donde mana la sangre.*

2. *Si se observa un cuerpo extraño en la herida, no haga nada para extraerlo, ya que puede actuar como un tapón. Presione a su alrededor y cubra la herida con una gasa limpia a la espera de la llegada de la asistencia.* ▷

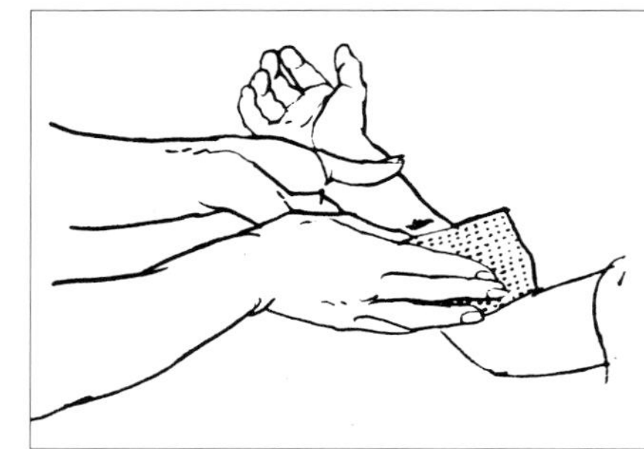

INHALACIÓN DE UN CUERPO EXTRAÑO
Como la vía aérea está obstruida, el niño no puede ni toser, ni respirar ni hablar. Se pone azul rápidamente y sus pupilas se dilatan: se asfixia. Inmediatamente, sin esperar la llegada de la asistencia, debe practicar la maniobra de Heimlich.

◁ *Colóquese detrás del niño, rodéele el pecho con los brazos y ponga un puño por debajo del esternón, en el centro del hueco de las costillas inferiores, cubriéndolo con la otra mano (si es un bebé, basta con la punta de los dedos). Aplique una presión vigorosa de abajo arriba, para que el niño espire de forma brusca y expulse el objeto que lo ahoga. Si la maniobra de Heimlich resulta ineficaz, inténtela otra vez mientras espera a que llegue el auxilio médico.*

Ahogamiento

El niño está tumbado con la cabeza dentro del agua, ya sea en la bañera, en un lago o a la orilla del mar. Ha tragado e inhalado agua. Tras haberlo retirado del agua, llame o pida que llamen sin dilación al servicio de urgencias.
Póngalo boca abajo y apóyese sobre su espalda y la región lumbar para que expulse el agua tragada. Enseguida, póngalo boca arriba y, en caso de que no respire y no le lata el corazón, practíquele conjuntamente un masaje cardíaco y el boca a boca.
Generalmente, un ahogado tiene frío. En cuanto lo saque del agua, cúbralo con una manta o un abrigo para calentarlo.

Amputación

Si un dedo de la mano o del pie o un miembro resulta seccionado, tienda al niño y pídale que no se mueva.
Aplique sobre el muñón un pañuelo muy limpio o varias gasas estériles, confeccionando un vendaje muy compresivo pero sin hacer torniquete. Tranquilice al niño, no le dé nada de beber ni de comer y llame a urgencias sin demora.
Si encuentra la parte seccionada, colóquela en una bolsa de plástico que mantendrá, si es posible, en hielo. Asegúrese de que la parte seccionada no entra en contacto directo con el hielo. Consulte por teléfono con el servicio de urgencias cómo debe mantener la bolsa hasta la llegada del equipo de socorro. Entréguela al personal de la ambulancia o al médico en cuanto lleguen.

Asfixia

Debida a una bolsa de plástico o una almohada
Retire la bolsa o la almohada que ahoga al niño. Si no respira, sacúdalo. Si no vuelve en sí en unos segundos, empiece el boca a boca y pida que llamen a urgencias. Compruebe que le late el corazón; en caso contrario, inicie un masaje cardíaco al mismo tiempo que practica el boca a boca. (Si está solo, alterne 3 insuflaciones y 10 compresiones torácicas.)

Debida a la inhalación de un cuerpo extraño
Consulte la página anterior.

En caso de enfermedad
Ciertas enfermedades, como la laringitis aguda o una crisis de asma, pueden provocar la asfixia del niño.
Si el hospital no está demasiado lejos del domicilio familiar, lleve al niño al servicio de urgencias. En caso contrario, pida una ambulancia de inmediato.

Electrocución

Tras un choque eléctrico importante (por ejemplo, después de haber tocado un aparato eléctrico defectuoso con las manos mojadas), el niño puede perder el conocimiento. Antes que nada, llame a urgencias.
Si el niño aún está en contacto con la fuente de electricidad, no lo toque antes de haber desconectado el aparato causante de la electrocución: lo mejor es cortar la corriente desde el contador general. (Si no lo hace, corre también el riesgo de electrocutarse.) Como mínimo, separe al niño de aquello con lo que está en contacto (hilo pelado o toma, habitualmente) con la ayuda de un objeto no conductor (una escoba o cualquier objeto de madera o de plástico).
Si el accidente tiene lugar en la cocina o en el cuarto de baño, asegúrese de no entrar en contacto con el agua, ya que se trata de un conductor excelente.
Si el niño ha perdido el conocimiento, mientras espera la llegada de la asistencia colóquelo en la posición lateral de seguridad. Si no respira, inicie sin demora el boca a boca y, si presenta una parada cardíaca, intentélo reanimarle con el masaje cardíaco.

Esguince

El niño se ha caído y una de sus articulaciones se inflama y le duele al menor movimiento.
Aplique frío sobre la articulación, ya sea poniéndola directamente bajo el grifo de agua fría, ya sea colocándole una tela mojada o una bolsa con hielo, que deben renovarse regularmente.
Eso calmará el dolor y reducirá la hinchazón.
Luego, vende la articulación sin apretar demasiado con un vendaje elástico que inmovilice la articulación y lleve el niño al médico.

Fractura

Advertencia: en caso de lesión del cuello o la espalda, no mueva al niño, salvo necesidad absoluta. Hay que proceder del mismo modo tanto si el hueso se ha roto (fractura) como si se ha salido de la articulación (luxación).
En primer lugar, compruebe que el niño no esté en estado de shock (palidez, respiración acelerada, sudor, sed). Si ése es él caso, tranquilícelo y sitúelo en la posición lateral de seguridad;

El botiquín de urgencia

De viaje y en casa, siempre hay que tener a mano:

- Medicamentos para combatir la fiebre y el dolor (ácido acetilsalicílico, paracetamol), en presentaciones adaptadas a las edades de los niños.
- Gasas estériles, antisépticos comunes y alcohol de 70°.
- Una solución para rehidratar a los bebés.
- Un antiveneno para las picaduras de serpiente, si viven en una región poblada por este tipo de animales.

sobre todo, no le dé nada de comer ni de beber, y llame de inmediato a urgencias. Si el niño no se encuentra en estado de shock, póngalo en la posición más cómoda posible, desabróchele la ropa y llame a urgencias. Si se encuentran en un sitio aislado y tiene que transportar usted mismo al niño, inmovilice el miembro roto o luxado antes de desplazarse.
Si se trata de una pierna, sepárela de la otra con la ayuda de un tejido grueso y, luego, una ambas piernas entre sí con trozos de tela (la unión debe ser firme, pero sin obstaculizar la circulación sanguínea).
Si se trata de un brazo, dóbleselo con cuidado y póngaselo en cabestrillo (con la mano cerrada) con la ayuda de un trozo de tela grande doblado en forma triangular (páselo por detrás del cuello del niño, de modo que le descienda por encima del hombro, y fije el extremo en el codo con un imperdible o un trozo de esparadrapo).
Evitar una luxación es más sencillo. No hay que levantar a los niños pequeños que están echados o se han caído al suelo cogiéndolos de las manos. Este gesto puede provocar la luxación del codo: el niño ya no puede mover el brazo, que pende inerte. (Si se da ese caso, lleve al niño al servicio de urgencias del hospital.)

Intoxicación

Al niño le duele la barriga, o presenta vómitos, o bien somnolencia y parece probable que haya ingerido un producto tóxico. Llévelo en seguida al servicio de urgencias del hospital. Si está solo, vaya directamente. Si hay dos adultos, uno puede llamar al Instituto Nacional de Toxicología (lo que permitirá ganar tiempo en el hospital), mientras que el otro prepara el envase del producto sospechoso y, si lo tiene a mano, el carné de salud del niño; salgan de inmediato, sin demora. Sobre todo, no hay que dar nada de beber ni de comer al niño: ni siquiera leche, a pesar de lo que se diga. No le dé agua, ya que si el producto ingerido es espumoso podría ascender hasta las vías respiratorias y causar una asfixia.
Nunca debe provocarle vómitos, ya que si el producto ingerido es un derivado del petróleo (aguarrás, por ejemplo) o un cáustico (desatascador, un producto para lavavajillas o, el peor de todos, sosa), podría agravar las lesiones pulmonares y, además, volvería a afectar la boca, la garganta y el esófago.
Si el niño vomita espontáneamente, manténgalo inclinado hacia delante para impedir que se ahogue.

Intoxicación a través de la piel

Conviene saber que puede producirse una intoxicación por vía percutánea, es decir, a través de la piel. Si un día, por ejemplo, el niño se rocía con pintura antigrafito, aunque sea en cantidad mínima, llévelo a urgencias, porque de lo contrario podría sufrir una intoxicación del hígado.

Quemadura

Si le ha salpicado un líquido hirviendo, si ha puesto la mano sobre una estufa eléctrica, si ha estado en contacto con un producto químico o si su ropa ha ardido, el niño se ha quemado.
No decida por su cuenta cuál es la gravedad de la quemadura: pida de inmediato una ambulancia. (Una quemadura grave tiene que recibir tratamiento lo antes posible, y sólo los médicos pueden evaluar el estado real de una quemadura.) Si es posible, ponga la parte quemada bajo un chorro de agua fría (grifo, ducha) durante no menos de diez minutos antes de cubrir la zona afectada con un paño limpio. Si se trata de una quemadura pequeña y tiene a mano una compresa especial para quemaduras, colóquela sobre la herida y cúbrala con una compresa.
Si la ropa del niño arde, apague el fuego con el medio que le sea posible. Si tiene agua a su alcance, utilícela. Si esto no es posible, tienda al niño en el suelo y apague las llamas con algún tejido grande (una manta, una alfombra, un abrigo) de materiales naturales (lana, algodón, cuero), puesto que el tejido sintético sólo empeoraría las cosas al derretirse. No intente nunca retirar las prendas que se han pegado a la piel.
No dé nada de beber al niño, por si tuviera que someterse a reanimación. Si se queja de sed, humedézcale los labios con un pañuelo embebido en agua.
Si se forman ampollas, tenga en cuenta que no debe reventarlas.

Las medidas preventivas

Gran parte de los accidentes que padecen los niños pequeños podrían evitarse fácilmente.

- No deje que el niño deambule por la cocina. Los cazos con líquidos hirviendo, los productos de limpieza y la lejía provocan muchos accidentes.
- No dé jamás cacahuetes a un niño de menos de 4 años, ni los deje al alcance de su mano.
- El bebé no debe llevar nunca una cadenita en el cuello, ni los niños pequeños, cordones en las capuchas.
- No sitúe nunca cajas o asientos bajo una ventana.
- No rellene nunca las botellas de zumos de frutas o de agua mineral con productos de limpieza.
- Guarde los medicamentos en un armario fuera del alcance de los niños, mejor cerrado bajo llave.

CAPÍTULO

8 Glosario médico

Otitis... Ningún niño, por muy sano que esté, escapa a estas enfermedades. Su bebé llora, vomita, ¿qué hacer? Está usted embarazada y se pregunta cuáles son las ventajas de la epidural. Se siente indefensa, incluso preocupada. Este glosario médico debería servirle para tomar las primera decisiones ante la enfermedad de un hijo o un malestar repentino. Como es natural, nunca podrá sustituir una consulta médica, pero le permitirá tener un diálogo más fluido con los médicos que los atienden, tanto a usted como a su hijo.

Las palabras en negrita tienen un artículo propio en el glosario.
Las palabras que aparecen después de VÉASE *remiten a artículos complementarios.*

Absceso

Un absceso es una cavidad cerrada llena de pus. Si el niño presenta una inflamación local de la piel, dolorosa y dura, se trata de un absceso «caliente». A veces, el absceso está mal delimitado, sin separación clara con la piel sana: se trata, entonces, de un «flemón».

□ Los abscesos situados bajo la piel se localizan generalmente en las axilas o en el pliegue de la ingle, donde precisamente hay más **ganglios** linfáticos cuya función es combatir las infecciones. Una herida o una irritación local pueden contribuir a la formación de un absceso.

El pus de los abscesos está compuesto por restos de células destruidas y glóbulos blancos de la sangre que han luchado contra las **bacterias**, en especial el estafilococo dorado.

El absceso se suele situar bajo la piel y su evolución es visible. Mientras se espera que la zona dolorida y dura se reblandezca y que el pus se concentre, hay que hacer aplicaciones de una solución antiséptica que desinfecte la zona y calme el dolor. Cuando el absceso está maduro, el médico practica una incisión o una punción para evacuar el pus. Esta intervención evita que la piel se abra espontáneamente (fistulación), lo que podría acarrear complicaciones, que el germen se propague por el organismo. Por ese motivo el médico puede recetar, según los casos, un tratamiento **antibiótico**, aunque generalmente ello no impide la evolución espontánea del absceso.

Para evitar riesgos de infección cuando hay una herida o una irritación local, se debe lavar la zona afectada con jabón neutro y aplicar luego una solución antiséptica. La piel del lactante es particularmente delicada y cualquier heridita debe curarse bien.

Si el bebé tiene abscesos con frecuencia, hay que comentárselo al médico. Una debilidad general, un déficit inmunitario (escasez de glóbulos blancos para luchar contra los microbios) o una enfermedad como la **diabetes** pueden ser la causa.

Ácaros

Los ácaros son unos pequeños artrópodos de la familia de los arácnidos, invisibles a simple vista, que viven en el polvo de la casa. Se nutren principalmente de la «piel muerta» que se desprende de la epidermis.

□ Los ácaros pueden provocar en el bebé **alergias** respiratorias o los síntomas del **asma** (crisis de dificultad respiratoria con silbidos al espirar, **palidez**, sudor).

El médico solicitará pruebas cutáneas o análisis de sangre específicos para determinar si efectivamente el niño es alérgico a los ácaros.

Para evitar esta alergia, causada por el denominado *polvo doméstico*, hay que pasar el aspirador y airear las habitaciones a diario. Las sábanas y el colchón deben lavarse a menudo. Los colchones de espuma son más recomendables que los de lana u otras fibras animales. Los productos insecticidas son eficaces durante dos o tres meses.

VÉASE: ALERGIA.

Acetona

La acetona es una sustancia producida en el hígado a partir de la degradación de las grasas utilizadas como fuente de energía para paliar la falta de glucosa cuando un niño está en ayunas o no puede ser alimentado debido a problemas digestivos. Esta degradación de las grasas y la formación de acetona da lugar a un aliento particular.

□ Si el aliento del niño huele a manzanas, si el niño parece cansado, se queja de **dolor de abdomen** y vomita con facilidad, tiene una crisis de acetona (llamada *cetosis* por los médicos). La mayor parte de las veces, la crisis es banal y benigna. Sin embargo, una crisis cetonémica puede ser signo de una **diabetes**, ya que la falta de insulina no permite al organismo usar la glucosa, que es su combustible natural.

La presencia de acetona en la orina se detecta fácilmente mediante unas simples tiras reactivas que se compran sin receta médica en las farmacias, aunque debe ser el médico quien prescriba el tratamiento.

El tratamiento consiste en «reazucarar» al niño administrándole zumos de frutas o soluciones con azúcar y sales. Si el niño vomita constantemente y no se alimenta con normalidad es necesaria una corta **hospitalización**.

A título preventivo, el niño nunca debe estar en ayunas más de una noche (sobre todo antes de cumplir los 3 años) y hay que darle pequeñas cantidades de bebidas azucaradas si tiene dificultades para alimentarse.

Acné

El acné es una enfermedad de la piel caracterizada por unos granos llamados comedones o, popularmente «espinillas». Estos comedones pueden presentarse como puntos blancos cuando están cerrados y se vuelven negros cuando están abiertos, ya que las materias grasas (el sebo) que contienen se oxidan en contacto con el aire.

□ El acné se suele localizar en la cara y en la parte superior de la espalda. El tamaño de los granos varía entre una cabeza de alfiler y un guisante. Algunas lesiones se transforman en **absceso** o en quistes que persisten durante un mes o más, y luego se abren y cicatrizan dejando marcas.

El acné común se suele llamar *juvenil*, ya que afecta principalmente a los adolescentes. El cuerpo, en plena pubertad, sufre cambios hormonales importantes. La secreción sebácea aumenta y las **bacterias** proliferan, provocando una inflamación local en las raíces de los pelos. El adolescente con acné debe lavarse por la mañana y por la noche con productos que no contengan jabón (farmacia) o un líquido dermatológico especial. El médico recomendará, según el tipo de acné, peróxido de benzoilo, vitamina

A o ciertos derivados y, a veces, **antibióticos**.

No se deben manipular los comedones presionándolos con los dedos, ya que así se favorece la infección y se dejan marcas en la piel.

Adenoides: VÉASE VEGETACIONES.

Aftas

*El niño se queja de **dolor** o ardor en la boca. En la punta y los bordes de la lengua, en las encías, en la cara interna de las mejillas y en los labios, se pueden ver unas pequeñas lesiones superficiales, aisladas o agrupadas, grises o amarillentas, rodeadas de un halo rojizo. Estas lesiones se llaman aftas.*

□ La aparición de aftas puede estar relacionada con el consumo de ciertos alimentos (quesos fuertes, nueces, fresas, berenjenas). Pero también pueden aparecer sin motivo aparente. Se reabsorben en el curso de dos días sin tratamiento específico, aunque para evitar complicaciones infecciosas se puede aplicar una solución antiséptica.

En el lactante, una erupción de aftas más numerosas (que afectan incluso a los labios) asociada a una fiebre elevada (de 39 a 40 °C) corresponde a menudo a una infección causada por el virus del herpes tipo 1. El bebé tiene dolor cuando traga y no puede alimentarse como de costumbre. Esta inflamación de la boca (estomatitis) es benigna, pero requiere una alimentación líquida y fría durante un tiempo. El médico recetará analgésicos y un tratamiento antiséptico local.

VÉASE: MUGUET.

Agitación: VÉASE HIPERACTIVIDAD.

Agresividad

La agresividad se manifiesta por gestos o palabras hostiles con respecto a las personas que rodean al niño.

□ En ciertas etapas del desarrollo, el niño acepta con dificultad las reglas de educación que se le imponen. Esta reacción denota una personalidad que intenta expresarse. La resistencia, el rechazo y las iras sólo traducen una crisis pasajera totalmente normal.

Por el contrario, después de los 3 años o durante la pubertad suele aparecer una agresividad excesiva y persistente, que se observa más habitualmente en los niños; se manifiesta con una falta de respeto por los demás, una hiperactividad o un lenguaje hostil. Esta forma de comunicarse revela un problema afectivo y puede causar ciertas dificultades de integración escolar.

Un equipo médico-psicológico ayudará al niño y a los padres a entender mejor las causas de esta situación.

Ahogamiento

En caso de ahogamiento, la inhalación de agua provoca una asfixia aguda, ya que impide el intercambio gaseoso que se realiza en los pulmones.

□ Ante un ahogamiento, lo primero que se debe hacer es sacar al niño del agua y llamar enseguida a los socorristas o a un servicio de urgencias. Hay que intentar evacuar de inmediato el agua de los pulmones presionando firmemente sobre las costillas varias veces. Si el niño ya no respira, hay que hacerle rápidamente el boca a boca y un masaje cardíaco (*véase* pág. 362). Los socorristas o los médicos de urgencias llevarán todos los medios de **reanimación** necesarios, pero su actuación será más eficaz si se ha conseguido restablecer la oxigenación con celeridad.

□ **Sobre todo, no olvide** que los niños tienen una necesidad de explorar y de descubrir que puede llevarlos a superar sus propios límites, ya que cuanto más pequeños son, menos capacitados están para apreciar los peligros. Una piscina en una zona de juegos o en un jardín debe estar obligatoriamente rodeada de una cerca de protección; aunque el niño esté jugando cerca de sus padres, deben vigilarlo con atención. Las mismas recomendaciones sirven para los baños en el mar o en un río. El lactante o el niño pequeño puede tener un reflejo de apnea (retención de la respiración) cuando cae de cabeza al agua, pero es incapaz de flotar o de volver a la orilla; sus «reservas de oxígeno», al igual que las de los adultos, no superan los tres o cuatro minutos.

A la mayoría de los niños les gusta jugar con el agua y hay que permitirles chapotear en la bañera, una piscina o en la playa.

□ **No lo pierda nunca de vista**, ya que los pequeños pueden ahogarse muy rápidamente y en muy poca agua.

VÉASE: REANIMACIÓN.

Ahogo: VÉASE CUERPO EXTRAÑO.

Albuminuria

*La presencia de albúmina en la orina no es siempre grave y puede aparecer cuando se tiene **fiebre** o después de un esfuerzo físico importante. Por lo tanto, es más exacto hablar de proteinuria y no de albuminuria, ya que la orina puede contener otras proteínas, lo que es anormal y puede ser síntoma de una enfermedad renal.*

□ La albuminuria no presenta ningún síntoma específico, aunque se puede detectar muy fácilmente con una tira reactiva. A veces, los médicos solicitan un análisis de albúmina antes de una vacunación, pero no es obligatorio. Una proteinuria superior a 0,10 g por litro se considera sospechosa y obliga a buscar otras anomalías en el funcionamiento de los riñones: tasa de urea en la sangre, presencia de sangre en la vías urinarias (hematuria)...

La albuminuria está en ocasiones relacionada con unos trastornos de la circulación de la sangre que sólo aparecen en posición de pie. En estos casos se habla de proteinuria ortostática. Este tipo de albuminuria desaparece espontáneamente en un plazo de tres a cinco días, aunque se debe controlar médicamente su evolución.

Alcohol (bebida)

La ingestión de bebidas alcohólicas (vino, sidra, cerveza...), a pesar de ciertas tradiciones, no tiene ninguna virtud terapéutica. Al contrario, puede causar reacciones graves. Nunca se debe dar a un niño bebidas alcohólicas, ni aunque se añada agua.

□ Si el niño toma accidentalmente alcohol, incluso en pequeñas cantidades, puede bajar su nivel de azúcar en la sangre (hipoglucemia), lo que puede provocarle trastornos nerviosos y, a veces, un estado de **coma** o **convulsiones**. En estos casos, hay que llevarle urgentemente al hospital.

Durante la adolescencia, un joven puede beber alcohol voluntariamente, en una actitud de imitación de los adultos o de sus compañeros. Repetida, esta conducta suele ser a menudo una señal de llamada que refleja dificultades personales o de relación. Hay que abordar el problema con él, sin intentar evitarlo; si es necesario, se puede pedir consejo al médico o a un psicólogo.

Alcohol sanitario

La piel del bebé absorbe fácilmente el alcohol de 70º o el de 90º. Este antiséptico sirve para desinfectar las pequeñas heridas muy localizadas. No se debe usar ninguna loción con alcohol para la higiene del niño, ya que se le podría irritar la piel.

□ Puede llegar a ocurrir que se confunda la botella de alcohol de 90º con la de suero fisiológico (cloruro de sodio al 0,9%) y se limpie la nariz del bebé con esa solución. El niño llorará, se moverá y la nariz se congestionará. No hay que preocuparse, pero se deben instilar varios cuentagotas de suero fisiológico para lavar la mucosa nasal y eliminar poco a poco el alcohol. Para evitar esta confusión entre las botellas, conviene comprar suero en dosis únicas.

Alergia

La alergia es una reacción exagerada de un individuo frente a ciertas sustancias extrañas (alergenos) que no provocan ninguna reacción a la mayoría de la gente. Los alergenos más habituales son el polvo, el polen, las plumas y los pelos de los animales, ciertas cremas y algunos alimentos. La reacción se manifiesta con trastornos puntuales, agudos o crónicos de la piel, los pulmones o el tubo digestivo.

□ Una alergia puede reflejar una tendencia constitucional, a veces hereditaria, a reaccionar de forma excesiva ante un antígeno. Entonces se habla de atopía. Se debe a una producción excesiva de inmunoglobulinas (anticuerpos) de tipo E (IgE), que provocan la liberación de sustancias que causan reacciones cutáneas (**urticaria, eccema**), respiratorias (**asma, rinitis alérgica**) o digestivas (**diarrea**, intolerancia a ciertos alimentos). Esta particularidad se suele dar dentro de una misma familia, sin que se conozca el modo de transmisión.

Las reacciones excesivas aparecen a menudo en circunstancias similares, que se aprende a detectar con rapidez: casa húmeda, determinadas estaciones del año... Es imprescindible la supresión de los alergenos potenciales (polvo, flores, colchones de lana, almohadas de plumas). Pero muchas veces las obligaciones de la vida diaria impiden aplicar medidas preventivas. Además de estas precauciones, los antihistamínicos y los medicamentos a base de cortisona permiten atenuar los síntomas. También se puede practicar una terapia de desensibilización con inyecciones del alergeno responsable muy diluido y en dosis crecientes, aunque este tratamiento suele ser largo y muy esclavizante.

□ **Alergias alimentarias.** Normalmente producen diarrea, **dolor de abdomen**, **vómitos** o urticaria. Estas alergias son más difíciles de detectar, ya que los síntomas no aparecen inmediatamente después de la ingestión del alimento. En la alimentación del bebé deben introducirse de forma progresiva y uno a uno los alimentos que eventualmente pueden causarle alergia: leche de vaca, yema de huevo, pescado, carne, cereales (que contienen **gluten**), cacahuetes, cítricos y mariscos.

La intolerancia a las proteínas de la leche de vaca suele ser transitoria; el médico prescribirá una leche especial durante el primer año y aconsejará a los padres qué deben hacer. La intolerancia al gluten, por el contrario, es definitiva. La alergia al pescado o a los mariscos puede causar un edema de Quincke (edema angioneurótico) asociado a veces a una urticaria. La cara y la garganta se hinchan y pueden llegar a obstruirse las vías respiratorias. Entre otros posibles alergenos, los aditivos alimentarios (texturizantes, conservantes, colorantes, edulcorantes) muchas veces producen alergias en los niños pequeños.

El único tratamiento eficaz para la alergia alimentaria es evitar el consumo del alimento que la provoca.

VÉASE: ALERGIA A LOS MEDICAMENTOS, PICORES.

□ **Alergias de piel.** Se manifiestan con urticarias, edemas de la piel o eritemas debidos a la aplicación de una crema, a la administración de un medicamento o al consumo de ciertos alimentos. Hay que evitar los productos que las causan. El médico recetará antihistamínicos para limitar las reacciones alérgicas.

□ **Alergias respiratorias.** Provocan la fiebre del heno, la rinitis alérgica, la **tos** espasmódica, la **sinusitis** crónica o el asma. Los alergenos más frecuentes son el polen, las plumas y los pelos de animales, el polvo doméstico, los **ácaros**, los microbios, los mohos... Hay que evitar que el niño esté en contacto con los alergenos para atenuar las reacciones, aunque la hipersensibilidad es permanente.

Alergia a los medicamentos

Si el niño sigue un tratamiento y su piel enrojece (eritema), quizá sea alérgico a un medicamento.

□ Si el niño tiene, además, molestias respiratorias, como a las de una crisis de **asma** o una **laringitis**, hay que llamar de inmediato al médico, que recetará un tratamiento adecuado.

Sin embargo, los síntomas que presenta el niño pueden deberse precisamente a la enfermedad que se le está tratando. También el problema puede radicar en la administración simultánea de otros medicamentos. Por lo tanto, es difícil hacer un diagnóstico concreto e imputar a un solo medicamento este tipo de alergias. Si

estas reacciones se reproducen y se detectan anomalías en los análisis de sangre, entonces la alergia medicamentosa es probablemente real.
VÉASE: ANTIBIÓTICOS.

Alopecia: VÉASE CABELLO (CAÍDA DEL).

Ambigüedad sexual

La ambigüedad sexual se debe a un desarrollo insuficientemente marcado de los órganos genitales en el sentido masculino o femenino.

□ El reconocimiento sistemático del recién nacido permite detectar desde el momento que nace las anomalías reveladoras de una ambigüedad sexual: ausencia de testículos en el escroto o malformación del pene, en el chico; tamaño excesivo del clítoris o fusión de los labios mayores, en la chica.

La ambigüedad sexual se debe a un desarrollo defectuoso de los órganos sexuales durante la vida intrauterina. En algunos casos, proviene de una enfermedad que afecta a la secreción de las glándulas suprarrenales, que requiere un tratamiento durante toda la vida compatible con las actividades normales. El estudio del **cariotipo** permite definir el sexo cromosómico. En cuanto a la opción del sexo definitivo del niño es a veces difícil, ya que depende también de la posibilidad quirúrgica de reconstruir los órganos genitales.
VÉASE: DIAGNÓSTICO PRENATAL, EVALUACIÓN NEONATAL, HIPOSPADIAS.

Ambliopía: VÉASE VISIÓN (TRASTORNOS DE LA).

Amígdalas

Las amígdalas pueden verse al fondo de la garganta, a cada lado del velo del paladar (amígdalas palatinas) y en la base de la lengua (amígdalas linguales). Junto con las vegetaciones, constituyen una protección contra los microbios que penetran en el organismo por la nariz o la boca.

□ Las amígdalas se individualizan realmente entre los 18 meses y los 2 años. Pueden desarrollarse de forma exagerada o sufrir una infección (amigdalitis) que puede transformarse en **anginas**, trastorno habitual en los niños de más de 2 años.

Antiguamente, se efectuaba muy a menudo la ablación quirúrgica de las dos amígdalas palatinas (amigdalectomía), pero hoy en día los médicos son más reacios a esta intervención. Sin embargo, la operación se impone en dos casos: flemón (o **absceso**) provocado por la infección de una amígdala con riesgo de recidiva; y amígdalas demasiado grandes que obstruyen las vías respiratorias.
VÉASE: ANGINAS.

Amniocentesis

La amniocentesis es un examen prenatal que tiene como objetivo recoger una muestra del líquido amniótico en el que flota el feto para su análisis en el laboratorio.

□ La amniocentesis se realiza mediante punción de la cavidad uterina de la mujer embarazada. El examen se efectúa generalmente entre la 14.ª y la 20.ª semana de gestación, bajo un control ecográfico que permite precisar la edad del feto, así como su posición y la de la placenta. Los accidentes debidos a este examen son excepcionales y los riesgos de aborto, mínimos, aunque no nulos (0,5%).

El análisis del líquido amniótico permite detectar **anomalías cromosómicas** como la **trisomía 21** (mongolismo) u otras enfermedades graves. La amniocentesis se suele aconsejar a la mujer que tiene más de 35 años: el riesgo de tener un hijo con trisomía es más alto a partir de esta edad.

Después de la 20.ª semana de embarazo, la amniocentesis se puede recomendar para controlar un cuadro de incompatibilidad de grupos sanguíneos entre la madre y el feto: permite analizar la tasa de bilirrubina (que refleja la intensidad de la incompatibilidad) y decidir el tratamiento que se debe aplicar.

En otros casos, si la **ecografía** refleja una anomalía del feto, la amniocentesis permite estudiar el **cariotipo** o evaluar la madurez pulmonar. En caso de amniocentesis tardía, se corre el peligro de desencadenar un parto prematuro (de 2 a 10% de los casos).
VÉASE: DIAGNÓSTICO PRENATAL.

Anemia

La anemia es una disminución del número de glóbulos rojos de la sangre o, más exactamente, del nivel de hemoglobina.

□ Un niño puede estar pálido sin estar anémico. Puede tener la piel muy blanca por naturaleza (sobre todo si es rubio). Pero, si se nota que los labios y las encías tienen menos color que de costumbre, si no tiene apetito y manifiesta cierto **cansancio**, hay que visitar al médico. Éste pedirá un análisis de sangre simple, con el recuento de glóbulos rojos y la determinación del nivel de hemoglobina (pigmento que garantiza el transporte del oxígeno entre los pulmones y el organismo).

La anemia puede tener varias causas. En el bebé (a partir del 4.º mes) y en el niño, la causa más frecuente es la falta de hierro. El hierro es el elemento esencial para fabricar hemoglobina. El feto constituye sus reservas de hierro entre el 6.º y el 9.º mes de embarazo. Luego, a partir del 4.º mes de vida sus necesidades se cubrirán mediante una alimentación variada. Los niños prematuros y los gemelos pueden necesitar un aporte adicional antes. Cuando lo considera oportuno, el médico receta hierro en forma medicamentosa. El tratamiento siempre es largo (entre seis y ocho semanas), ya que la absorción digestiva del hierro es limitada.

De forma menos habitual, la causa de una anemia crónica puede corresponder a ciertas anomalías genéticas o constitucionales que afectan a la fabricación de la propia hemoglobina (talasemia, drepanocitosis) o a las paredes de los glóbulos rojos (enfermedad de Minkowski-Chauffard). Esta anemia crónica puede deberse también a un defecto de las enzimas que hay en los glóbulos rojos. En otros casos, la causa es una hemorragia crónica de origen digestivo o la destrucción prematura de los glóbulos rojos de la sangre, llamada *hemólisis*. Entonces, el médico sólo podrá hacer un diagnóstico preciso después de conocer los resultados de varios análisis.

VÉASE: REGLA.

Anestesia

La anestesia se aplica para evitar sufrimientos inútiles al niño durante ciertas exploraciones o una intervención quirúrgica. Además, permite al médico operar con toda seguridad.

□ El anestesista elige la técnica más adaptada al niño y al tipo de actuación que hay que llevar a cabo.

□ **Anestesia general.** Se inyecta o se hace inhalar productos que actúan principalmente sobre el cerebro, de tal forma que el niño pierde el conocimiento. Después de la intervención quirúrgica, se suele seguir un tratamiento sedante para disminuir el **dolor**; la respiración vuelve a la normalidad muy rápidamente, pero la función digestiva se recupera más despacio.

□ **Anestesia local.** El niño permanece consciente, ya que el producto anestésico sólo suspende la actividad nerviosa en la región del cuerpo donde se ha aplicado. Según los casos, el anestésico puede pulverizarse, inyectarse, aplicarse sobre la piel como una pomada o ponerse en los ojos como un colirio. Después de la operación, los efectos secundarios de la anestesia local son escasos.

VÉASE: AMÍGDALAS, APENDICITIS, HOSPITALIZACIÓN, VEGETACIONES.

Anginas

Se llama anginas a las infecciones de la garganta que afectan a las amígdalas y, generalmente, al velo del paladar y la faringe.

□ Si el niño tiene dificultades para tragar y **fiebre**, si las **amígdalas** están enrojecidas o presentan puntitos blancos y si los **ganglios** del cuello han aumentado de volumen y están más sensibles, casi con toda seguridad tiene una angina. Se dice que las anginas son *eritematosas* si la garganta está enrojecida y *pultáceas* si presenta un punteado blanco sobre un fondo rojo.

Dado el riesgo de un origen bacteriano de las anginas, el médico puede recetar sistemáticamente un tratamiento **antibiótico**, aunque algunos prefieren limitar este tratamiento a los casos de anginas pultáceas y no lo prescriben cuando sospechan que el origen es vírico.

□ **Anginas bacterianas.** Esta forma de anginas está causada principalmente por una **bacteria**, el estreptococo beta-hemolítico. Este germen puede provocar un **reumatismo** articular agudo o una enfermedad inflamatoria de los riñones (glomerulonefritis), lo que justifica el tratamiento antibiótico de todo tipo de anginas.

Si el niño presenta anginas de repetición y las amígdalas han aumentado mucho de volumen y le impiden respirar bien, el médico prolongará el tratamiento antibiótico y, en algunos casos, propondrá la ablación de las amígdalas (amigdalectomía).

□ **Anginas víricas.** Son las más frecuentes. Casi todos los niños, a partir de los 2 años, padecen más tarde o más temprano esta enfermedad. El organismo del niño debe aprender a defenderse contra los **virus**. La infección evoluciona espontáneamente hacia la curación y todos los síntomas desaparecen al cabo de una semana.

VÉASE: MONONUCLEOSIS INFECCIOSA.

Angioma

El angioma es una pequeña malformación de los vasos sanguíneos que aparece en el nacimiento, o poco después, y evoluciona habitualmente sin secuelas. Puede presentarse bajo distintas formas.

□ **Angioma plano.** Llamado normalmente *mancha de vino* o *antojo*, este angioma más o menos violáceo suele aparecer en la cara o el cuello y se oscurece con la edad. No desaparece por sí solo y puede causar problemas de orden estético. Si el niño está incómodo, se le puede explicar que, después de la adolescencia, existe la posibilidad de blanquearlo con láser.

□ **Angioma tuberoso.** Este angioma se presenta como una pequeña «fresa» en relieve sobre la piel. Aparece ya en el nacimiento o en las semanas siguientes y crece durante los seis primeros meses. Si se desarrolla en la boca o en un párpado, hay que consultar al médico, ya que estas localizaciones pueden ser molestas y crear complicaciones. La mayor parte de las veces, desaparece progresiva y completamente. Pero otras veces puede ser necesario recurrir a un tratamiento cosmético complementario (cirugía plástica o láser).

□ **Nevo rojo.** Esta mancha roja se localiza en la cara del lactante y se enrojece cuando hace un esfuerzo, toma el biberón o llora. Se atenúa a lo largo del primer año de vida y luego desaparece definitivamente.

Animal doméstico

La presencia de un animal doméstico en casa puede aportar mucha felicidad al niño. Un gato o un perro, un loro o un conejo, o incluso un hámster, puede convertirse en un compañero de juegos, en un cómplice.

□ Gracias a la compañía del animal, el niño aprenderá el sentido de la responsabilidad, a compartir y a respetar al otro. Además, el afecto que le coge refleja hasta qué punto puede ser beneficiosa la presencia del animal.

Sin embargo, los animales pueden causar **alergias** (al pelo, a las plumas, etc.). En estos casos, es mejor deshacerse de ellos explicando los motivos al niño.

□ **El gato.** Este animal puede transmitir infecciones al niño si lo araña. La mayor parte de las veces, los arañazos son benignos. Basta con limpiar concienzudamente las pequeñas **heridas** con un antiséptico local y comprobar que la **vacuna** antitetánica del niño esté al día.

No obstante, esta pequeña infección puede agravarse. Si las heridas supuran, si los **ganglios** del niño aumentan de tamaño y le duelen, si tiene **fiebre**, puede que sufra una enfermedad conocida como «**enfermedad por arañazo de gato**». Esta enfermedad se cura en algunas semanas con tratamiento **antibiótico** o sin él. En determinados casos, muy raros, puede provocar una supuración o un **absceso** que requiere una pequeña intervención para la evacuación del pus.

□ **El perro.** Este animal puede transmitir **garrapatas**. Si se observa una especie de pequeño «saco» rojizo cogido a la piel del niño, sin reacción local particular ni infección, se trata sin duda de una garrapata. Sólo hay que quitarla suavemente con un algodón impregnado de éter (o, si no se tiene éter, aguarrás) para matar el parásito y sacar la cabeza al mismo tiempo.

Las garrapatas del perro también pueden producir una enfermedad infecciosa, bastante rara en nuestras latitudes, cuando pican al niño: la rickettsiosis. Los síntomas más característicos son una fiebre prolongada, una **erupción** en todo el cuerpo y una mancha negruzca en el punto de la picadura. Los antibióticos son eficaces con bastante rapidez.

En muy pocas ocasiones, las garrapatas pueden causar infecciones bacterianas, como la enfermedad de Lyme. Los síntomas principales, más espectaculares que graves, ya que los antibióticos son muy eficaces para curarla, son una erupción en toda la piel, una parálisis facial y **dolor** en las articulaciones.

Mientras el niño es todavía un bebé, no se puede proteger del animal ni hacer que le obedezca. Por lo tanto, es mejor vigilar sus juegos y mantener al gato o al perro alejados de la habitación del bebé para evitar incidentes (un perro puede morder a un bebé dormido por celos o simplemente al lamerlo con demasiado interés).

Por otra parte, hay que vacunar al animal contra la rabia y la **hepatitis**. Todas estas precauciones, sumadas a las medidas elementales de higiene (caja del gato lejos del alcance del niño, limpieza regular del perro), deben tomarse muy en serio. La relación del niño con su animal preferido será así mucho mejor.

VÉASE: MORDEDURA.

Anomalías cromosómicas:

VÉASE CROMOSOMAS.

Anorexia (del adolescente)

Durante la adolescencia, la negativa a alimentarse y las conductas anoréxicas reflejan trastornos psicológicos que van mucho más allá de la simple preocupación por estar delgado. La anorexia nerviosa, tal como se llama al trastorno típico en esta edad, afecta sobre todo a las chicas, pero cada vez se observa con mayor frecuencia también en chicos.

□ La costumbre de reducir la alimentación puede aparecer durante un régimen de adelgazamiento decidido por el(la) propio(a) adolescente, pero también por culpa de un acontecimiento sin relación directa con la comida. El apetito se mantiene muchas veces intacto y el anoréxico experimenta a veces accesos de bulimia. (No son raros los vómitos provocados a escondidas.)

La pérdida de peso suele ser rápida, pero la gente que rodea al adolescente no siempre lo nota, al menos al principio. El(la) adolescente sigue realizando sus actividades físicas normales sin cansancio aparente y muchas veces dedica un mayor tiempo a las tareas escolares, con resultados a menudo por encima de la media; por el contrario, abandona su interés por la sexualidad y, en las chicas, la mayor parte de las veces la **regla** desaparece (amenorrea). Esta apariencia de adolescente modelo en realidad oculta alteraciones de la personalidad que requieren un tratamiento especializado.

Ante la presencia de estos síntomas, o si el(la) adolescente selecciona los alimentos eliminando sistemáticamente todos los que considera demasiado calóricos, hay que consultar de inmediato al médico.

Anorexia (del lactante)

Anorexia significa «pérdida o disminución del apetito».

□ Si el bebé empieza a comer mucho menos que antes, no hay que alarmarse más de la cuenta. Durante el primer año de vida, debe adaptarse sucesivamente al pecho o al biberón y luego a la cuchara; la alimentación, primero líquida, se hace cada vez más espesa, con pequeños trozos de consistencias diferentes. A veces, el bebé acepta con dificultad estos cambios. Hay que tener paciencia, ya que las variaciones de apetito son frecuentes.

Sin embargo, es mejor asegurarse de que el bebé no sufre trastornos digestivos o **fiebre** y consultar con el médico, que comprobará si la causa de la pérdida de apetito es una infección o una enfermedad. Algunos bebés tienen poco apetito: si la curva de peso progresa con normalidad, no hay por qué preocuparse; la calma y la paciencia suelen ser eficaces.

La anorexia aparece cuando los padres, inquietos al ver que el niño come poco, quieren alimentarlo a toda costa: el bebé reacciona rechazando cada vez más la comida, lo que a su vez agrava la inquietud de los progenitores.

Se debe evitar a cualquier precio este círculo vicioso. No hay que forzar nunca al niño para que acabe el biberón o el plato. Las comidas deben desarrollarse en un ambiente tranquilo y sereno. Y, sobre todo, no hay que despertarlo para darle de comer.

Si es necesario, se puede consultar con el médico, que sabrá qué aconsejar e indicará si el bebé crece bien y engorda con normalidad.

Antibióticos

*Los antibióticos son sustancias que impiden el desarrollo o la multiplicación de las **bacterias**. Estos medicamentos, antiguamente extraídos de hongos (penicilina), se fabrican hoy en día sintéticamente.*

□ Existen numerosas familias de antibióticos clasificadas según su fórmula química y su mecanismo de acción sobre las bacterias. De acuerdo con el diagnóstico establecido, el médico recetará una categoría concreta de antibióticos. El tratamiento debe seguirse hasta el final para que la infección no reaparezca, aunque los síntomas hayan desaparecido en los primeros días.

A los antibióticos se los acusa a menudo de provocar **cansancio** o

alergias (**erupción** de granos); pero, la verdadera causa de estos problemas suele ser la enfermedad para la que se recetan. Sin embargo, no hay que extrañarse si el bebé sufre una **diarrea** por culpa de un tratamiento con antibióticos. Esta reacción es frecuente, aunque es temporal.

Antojo: VÉASE ANGIOMA.

Apendicitis

La apendicitis es una inflamación del apéndice, una pequeña porción del colon situada en la parte inferior derecha del abdomen. La palpación de esta zona hace daño y desencadena una contractura.

□ Al niño le duele el abdomen, tiene **fiebre** (38 o 38,5 °C), se niega a beber, tiene náuseas y vomita. No ha ido al lavabo desde la víspera. Si el **dolor** persiste y se localiza en el lado derecho del vientre, puede tratarse de una crisis de apendicitis. Pero ese **dolor de abdomen** puede tener otras causas. En todos los casos, hay que consultar al médico.

Una crisis de apendicitis requiere una **intervención quirúrgica** bajo **anestesia** general. El cirujano practica una pequeña incisión en el abdomen, de 2 a 4 cm, y extirpa el apéndice. Además, comprueba si el niño tiene otra anomalía (divertículo de Meckel). Si no hay complicaciones, el niño vuelve a casa antes de ocho días después de la operación y puede reanudar sus actividades deportivas al cabo de dos o tres semanas.

Sin embargo, no todo dolor de abdomen debe hacer pensar sistemáticamente en una crisis de apendicitis. El médico establecerá el diagnóstico preciso en función de los trastornos del niño.

Apgar (puntuación de)

La puntuación de Apgar permite evaluar de forma rápida la vitalidad y el estado de salud del recién nacido en los minutos que siguen al parto. Este reconocimiento lleva el nombre de Virginia Apgar, la pediatra norteamericana que lo ideó.

□ La puntuación de Apgar evalúa cinco datos: el ritmo del **corazón**, la capacidad respiratoria, el color del bebé (rosado o azulado cuando tiene **cianosis**), su tono muscular y las respuestas a los estímulos. Cada variable se puntúa de 0 a 2.

Un total de 10 significa que el recién nacido tiene una salud excelente. Una puntuación inferior a 7 refleja una mala adaptación que hay que tratar de inmediato: desobstrucción de las vías respiratorias, ventilación y oxigenación. Un minuto más tarde se realizará otra puntuación y, una más a los cinco minutos; permitirán juzgar si se necesita una **reanimación** más profunda.

VÉASE: INCUBADORA, PREMATURIDAD.

Apnea: VÉASE PARADA RESPIRATORIA.

Apnea del llanto

La apnea del llanto se caracteriza por una parada respiratoria temporal que aparece durante una crisis de llanto importante.

□ Cuando está muy enfadado, el rostro del niño enrojece. La respiración se hace irregular. Cuando el llanto es muy violento y espasmódico, la tez se vuelve azul (**cianosis**) y el período inspiratorio es tan largo que el niño puede llegar a desmayarse durante unos instantes. Está «flojo», sin fuerzas, con los ojos en blanco y sufre contracciones musculares involuntarias (clonías).

Por muy impresionante que resulte, este malestar, llamado *apnea del llanto*, es benigno, ya que al cabo de pocos segundos el niño recupera la respiración y la conciencia.

Estas crisis, que se pueden repetir, tienen la característica de que siempre están provocadas por una reprimenda, una frustración, un susto o un golpe (**caídas** o traumatismo craneal, por ejemplo).

Si el reconocimiento médico del niño es normal, en especial en el plano cardiovascular y neurológico, las apneas son absolutamente benignas y no requieren análisis adicionales. A veces, son síntoma de una **hipertonía vagal**, pero lo más normal es que reflejen una dependencia excesiva del pequeño bebé, incapaz de superar la menor contrariedad; los padres se preocupan y esta preocupación puede reforzar o perpetuar las apneas. El médico recomendará una ayuda (psicológica) para desdramatizar los conflictos y eliminar las apneas del niño.

Asma

El asma se caracteriza por crisis de dificultad respiratoria aguda (disnea) que se acompañan de silbidos durante la espiración. Es una enfermedad que afecta a los bronquios y al sistema respiratorio en su conjunto.

□ De repente, el niño tiene dificultades para respirar, especialmente en la espiración, y estas molestias producen silbidos. Se pone **pálido**, suda... Estos síntomas debe hacer pensar en un ataque de asma: hay que consultar al médico enseguida.

En el asmático, la dificultad respiratoria se debe a una disminución del diámetro de los bronquios, cuya principal causa en el niño es de orden alérgico. El asma puede corresponder a un terreno particular y suele estar precedido en los primeros meses de vida por un **eccema** constitucional llamado *dermatitis atópica*. Muchas veces, los miembros de la familia también tienen alergias (**rinitis alérgica**, fiebre del heno, etc.). Los factores que pueden causar una crisis son muy numerosos: pelos y plumas de animales, polvo doméstico, **ácaros**...

Esta reactividad excesiva de los bronquios puede detectarse mediante unos tests llamados *pruebas de provocación*, que desencadenarán en el asmático una disminución violenta del diámetro de los bronquios (broncospasmo) característica.

El niño puede tener crisis de asma desde los primeros meses de vida. Al principio, se confunden con **bronquiolitis**, infecciones respiratorias debidas a un virus. Hoy en día, los médicos consideran asmático al niño que ha tenido más de tres bronquiolitis antes de los 2 años.

El médico receta medicamentos broncodilatadores (estimulantes beta-adrenérgicos, teofilina) y antiinflamatorios (**corticoides**). La absorción directa de estos medicamentos por las vías respiratorias (aerosoles o inhalación) es más eficaz y permite que el niño prosiga con normalidad sus actividades deportivas y escolares.

Estos medicamentos se suelen asociar a otras medidas terapéuticas como la **fisioterapia** respiratoria (limpieza bronquial y drenaje con movimientos precisos, que los padres pueden aprender con facilidad) y la supresión de los alergenos (sustancias responsables de las reacciones alérgicas). Por ejemplo, en caso de alergia a los ácaros, se recomienda un colchón de material sintético (evitar la lana y las plumas), la limpieza concienzuda del polvo en toda la casa y el uso de insecticidas con regularidad.

Sin embargo, no existe ningún tratamiento que cure el asma definitivamente. Si los padres y el niño están angustiados y preocupados por esta enfermedad, deben solicitar ayuda psicológica a un equipo médico.

Atopia: VÉASE ALERGIA.

Audición (trastornos de la)

Si el bebé no parece reaccionar a las voces y los ruidos, si no «habla» con 9 o 10 meses repitiendo sílabas (ba-ba, da-da...), quizá no oiga bien. Esta limitación de la audición se llama hipoacusia.

□ Es importante detectar el menor problema de audición antes de que el niño cumpla los 2 años, ya que oír bien es indispensable para comunicarse con los otros y aprender a hablar con normalidad. Un especialista en otorrinolaringología hará pruebas para verificar si el niño oye bien.

Existen algunos factores de riesgo: ¿el niño es prematuro?, ¿ha estado en un servicio de **reanimación** neonatal? Si se piensa en algún problema durante los primeros años de vida, hay que vigilar con regularidad la audición mediante audiogramas. Más tarde, hay que tener en cuenta que las dificultades de concentración y la inadaptación escolar pueden deberse a un trastorno de audición que haya pasado inadvertido.

Un reconocimiento audiométrico y diversas pruebas permiten evaluar con mayor precisión el problema y aplicar el oportuno tratamiento.

VÉASE: CERUMEN, OTITIS, SORDERA.

Autismo

Autismo significa, en sentido literal, «replegarse sobre uno mismo». Lo más sorprendente en el niño autista es la ausencia de comunicación con el mundo que le rodea: no habla, no hace ningún gesto hacia el exterior.

□ El autismo es un fenómeno cuyo origen todavía no está claro, a pesar de todos los estudios y teorías elaborados sobre esta enfermedad. Algunos casos se han relacionado con un origen genético, otros con anomalías de orden bioquímico que alteran el funcionamiento cerebral, otros con situaciones familiares patológicas (familias con trastornos psiquiátricos).

¿Cómo se puede detectar esta enfermedad en un bebé? Un bebé demasiado tranquilo, pasivo, solitario, que ve u oye mal, que no sonríe, que parece indiferente a todo, que juega con las manos y se balancea sin cesar: todas estas características deben llamar la atención. El desarrollo intelectual del niño se retrasa y el aprendizaje del lenguaje se ve perturbado. El rasgo dominante es la ausencia o reducción extrema de la comunicación. El rechazo a ser cambiado se traduce por gritos, llantos, una agitación ante toda novedad; el apego excesivo a los objetos, que se prefieren a las personas, da lugar a incansables juegos estereotipados.

Un niño autista necesita el apoyo de un equipo médico compuesto por educadores, psicoterapeutas, foniatras y expertos en psicomotricidad que trabajen en un centro especializado.

B

Bacterias

Las bacterias son seres vivos compuestos por una sola célula y que únicamente son visibles al microscopio. Autónomas, pueden desarrollarse en distintos medios, a diferencia de los virus, que necesitan introducirse en una célula para desarrollarse.

□ Las bacterias producen infecciones locales o generales, pero también pueden ser beneficiosas (por ejemplo, las bacterias que viven en el intestino y contribuyen a la digestión de los alimentos).

El organismo humano sano tiene un sistema de defensa inmunitario compuesto de células y proteínas (inmunoglobulinas o anticuerpos) que lo protegen contra las bacterias infecciosas. El niño tiene unas defensas menos maduras que el adulto y es, por consiguiente, presa más fácil de las infecciones.

Los **antibióticos** permiten luchar contra la mayor parte de las bacterias infecciosas y curar las infecciones si el diagnóstico se establece con suficiente prontitud. Si se aplican preventivamente, las vacunas sirven para evitar algunas de estas infecciones (difteria, tos ferina, tétanos).

Las principales bacterias son las siguientes:

□ **Clamidias.** En el lactante de menos de 3 meses, estas bacterias (*Chlamydia trachomatis*) son las causantes de una infección pulmonar que se manifiesta con trastornos respiratorios. El contagio se produce durante el parto, cuando la madre tiene clamidias en la región genital. Esta enfermedad de transmisión sexual (ETS) tiene unas consecuencias poco visibles en la mujer joven (inflamación de la vagina o de la uretra), pero puede provocar esterilidad al obstruir las trompas de Falopio. El tratamiento con antibióticos suele ser muy eficaz.

□ **Estafilococo dorado *(Staphylococcus aureus)*.** Afecta muchas veces al niño, en especial a la piel. Esta bacteria virulenta puede causar una septicemia al multiplicarse y liberar sus toxinas en la sangre. Los primeros síntomas son fiebre, escalofríos, respiración acelerada, dolor de cabeza y, a menudo, pérdida del conocimiento. En cuanto se sospecha una posible septicemia, hay que administrar inmediatamente antibióticos. La mejor prevención contra el estafilococo es una buena higiene general, principalmente cutánea.

□ **Estreptococos *(Streptococcus)*.** Estas bacterias, entre las cuales se distinguen distintos tipos, son fuente de **anginas** y de sobreinfecciones cutáneas, pero su principal peligro es que, al cabo de cierto tiempo de la infección, pueden provocar un **reumatismo** articular agudo (las articulaciones se vuelven rojas, calientes y dolorosas). El tratamiento de las anginas con antibióticos ha disminuido la frecuencia de esta complicación.

□ ***Haemophilus influenzae* (bacilo de Pfeiffer).** Esta bacteria se suele encontrar en los niños de entre 3 meses y 5 o 6 años. Provoca **meningitis**, infecciones respiratorias o enfermedades que afectan a los huesos y las articulaciones. Desde hace poco tiempo, existe una vacuna muy eficaz, aun no incluida en la vacunación sistemática pero cuya aplicación se recomienda al bebé a partir del primer trimestre.

□ **Listeria *(Listeria monocytogenes)*.** Esta bacteria puede producir una característica infección, la listeriosis, en las mujeres embarazadas y las personas que disponen de pocas defensas inmunitarias. Si la enfermedad se declara al principio de la gestación, puede causar un aborto; en caso contrario, se transmite al feto y puede causar un parto prematuro. Cuando el recién nacido está contagiado, puede desarrollar una neumonía, una septicemia o una meningitis. Los antibióticos permiten, por lo general, frenar la infección.

□ **Meningococo *(Neisseria meningitidis)*.** Esta bacteria es la responsable de la meningitis, concretamente de una forma de meningitis antiguamente llamada *cerebroespinal*. Los principales síntomas de esta afección son **dolor de cabeza**, trastornos de la conciencia y rigidez dolorosa de la nuca. Esta forma de meningitis se cura perfectamente con la acción de los antibióticos y no deja ninguna secuela cuando el tratamiento se inicia con suficiente rapidez.

□ **Neumococo *(Streptococcus pneumoniae)*.** Esta bacteria produce una infección pulmonar, la neumonía. En el bebé, puede causar una **otitis** o una meningitis (**vómitos**, dolor de cabeza, **fiebre**, rigidez de la nuca). Esta forma de meningitis requiere un tratamiento rápido a base de antibióticos que se inyectan por vía intravenosa.

□ **Salmonelas (*Salmonella*).** Estas bacterias, de las cuales hay centenares de tipos, se transmiten por culpa de un higiene deficiente (por medio de las manos sucias, de alimentos o agua contaminados, excrementos). Producen **diarreas** agudas o pueden permanecer en el tubo digestivo, para diseminarse por el organismo. El tratamiento con antibióticos es eficaz.

VÉASE: FURÚNCULO, PULMONES (ENFERMEDADES DE LOS).

Balanceo

A los niños les gusta balancearse y aprecian muy especialmente los juegos basados en ese movimiento rítmico (columpios, tiovivos). De esta forma aprenden a percibir mejor su cuerpo en el espacio.

□ El niño, bebé o algo mayor, se balancea antes de dormirse, como para acunarse y tranquilizarse antes de que caiga la noche. Estos movimientos rítmicos pueden reflejar a su manera una cierta inquietud. Hay que saber interpretar estas pequeñas «señales de atención» y no se debe dudar en demostrarle cariño.

Los balanceos no tienen gravedad real, pero si el niño tiene tendencia a interrumpir sus actividades para balancearse de forma repetitiva, si realiza de manera incansable los mismos gestos (a estos gestos se les conoce como «estereotipados»), quizá sea síntoma de la aparición de un trastorno evolutivo y un retraso del desarrollo. Se debe consultar al médico.

BCG

El bacilo de Calmette y Guérin, más conocido como BCG, es un bacilo tuberculoso de origen bovino cuyos efectos se han atenuado artificialmente hasta hacerlo inofensivo para el ser humano. Sirve para vacunar a las personas contra el bacilo de Koch, responsable de la ***tuberculosis****.*

□ La similitud de estos dos gérmenes permite obtener una reacción inmunológica «cruzada»: los anticuerpos que atacan al BCG garantizan al mismo tiempo protección contra el bacilo de Koch.

En España, la vacuna BCG no se aplica de forma sistemática y sólo se reserva para casos especiales.

Bronquiolitis

La bronquiolitis es una infección aguda de los pulmones causada por el virus respiratorio sincitial. La inflamación se localiza en los bronquios más pequeños o bronquiolos. La disminución de su diámetro provoca dificultad respiratoria (disnea) y suele manifestarse con silbidos en el pecho.

□ Al dar de mamar o el biberón al bebé, se puede ver que su respiración se acelera y que emite silbidos. Se cansa más deprisa. Estos síntomas pueden anunciar una afección invernal: la bronquiolitis, que también suele denominarse *bronquiolitis asmatiforme*.

Si el bebé tiene menos de 3 meses, quizá el médico proponga hospitalizarlo durante unos días. La vigilancia y la asistencia respiratoria le ayudarán a sobrellevar mejor la enfermedad.

En el niño mayor, las principales medidas que deben adoptarse son la posición semisentado, la humidificación del aire, la aspiración de las mucosidades, la **fisioterapia** respiratoria y el seguimiento de una alimentación correcta (en especial, hidratación). El niño puede inhalar aerosoles destinados a dilatar los bronquiolos, y si se piensa en una sobreinfección bacteriana puede instaurarse un tratamiento **antibiótico**.

La inmunidad que se adquiere después de una bronquiolitis es de corta duración, ya que el virus responsable adopta diversas formas y las bronquiolitis de repetición no son raras. Sin embargo, si el niño sufre tres bronquiolitis antes de la edad de 2 años, puede tratarse de un asma precoz, sobre todo si ya existen antecedentes familiares. En esos casos hay que establecer el debido control médico.

Bronquitis

La bronquitis es una inflamación de los bronquios causada por una infección a menudo de origen vírico. Ataca al niño, sobre todo, en otoño e invierno. La inflamación afecta a la totalidad de los bronquios y puede aparecer después de un ***resfriado*** *o una* ***gripe****.*

□ El niño tose, con una **tos** primero seca y luego húmeda (la tos hace subir mucosidades por la garganta). Tiene una ligera **fiebre** (38-38,5 °C) y a veces siente **dolor** al respirar o al toser.

Además del tratamiento contra la fiebre, el médico recetará mucolíticos (medicamentos que licuan las secreciones de las vías respiratorias y facilitan la expectoración). Si el bebé tiene dificultades para toser (un bebé no sabe escupir), el médico puede recomendar un fisioterapeuta para que le ayude a eliminar las secreciones mediante masajes y ejercicios respiratorios. Los **antibióticos** sólo son necesarios en caso de sobreinfección bacteriana, cuando aparecen secreciones bronquiales purulentas, amarillentas o verdosas. En principio, una bronquitis se cura en una semana, aunque la tos puede durar más.

Si las bronquitis se repiten, es necesario realizar algunos exámenes complementarios, ya que hay otros factores que pueden ser la causa de la enfermedad: **vegetaciones** demasiado grandes, **alergias**, **reflujo gastrointestinal** (regurgita el contenido ácido del estómago hacia el esófago y el jugo digestivo puede llegar hasta las vías respiratorias), afección pulmonar, **fibrosis quística**...

C

Cabello (caída del)

El bebé ya no tiene cabello en la zona de la cabeza que descansa sobre la almohada... No hay que preocuparse, volverá a salir enseguida. Pero, dejando de lado esta circunstancia, toda caída total o parcial de cabello (llamada alopecia) refleja una situación patológica.

□ **Impétigo.** El niño tienen **picores** y aparecen manchas rojas en el cuero cabelludo, sobre las que se forman pequeñas vesículas que se abren y dejan salir un líquido claro o amarillento, para transformarse luego en costras. Esta infección bacteriana llamada *impétigo* se debe al estafilococo dorado y puede localizarse en otras zonas del cuerpo. El niño, al rascarse, puede propagar las lesiones a la cara (alrededor de la nariz, de la boca) y puede transmitir la infección a la gente que le rodea. El médico recetará un tratamiento local y **antibióticos** si hay muchas lesiones.

□ **Quimioterapia.** La quimioterapia conlleva la mayor parte de las veces una pérdida rápida del cabello, que sale de nuevo al final del tratamiento.

□ **Shock nervioso.** Otros problemas psicológicos más repentinos pueden causar zonas calvas redondeadas y lisas: un accidente, una impresión, una fuerte emoción. Un equipo médico ayudará al niño a recuperar el equilibrio. Y el cabello volverá a crecer por sí solo, sin tratamientos médicos.

□ **Tic.** En momentos de aburrimiento o de tensión, el niño no puede evitar mesarse los cabellos hasta arrancárselos (tricotilomanía), creando así una zona calva.

El niño tiene, sin duda, necesidad de hablar, de expresarse, pero los padres no saben cómo solucionar los trastornos de relación. Deben hablar con el médico, que recomendará probablemente un seguimiento médico-psicológico en el que se tendrá muy en cuenta tanto al niño como su entorno.

□ **Tiña.** Las placas de piel desnuda, claras y lisas que aparecen sobre el cuero cabelludo tienen por origen una **micosis** (infección por hongos). Es necesario seguir un tratamiento local apropiado y evitar el contagio. Por lo general, el cabello vuelve a salir con normalidad y no queda ninguna cicatriz.

Caídas

Las caídas no suelen revestir importancia en el niño, sobre todo mientras aprende a andar.
Si simplemente se cae al suelo, la caída no suele ser grave. Pero el niño, al crecer, va a creerse capaz de muchas proezas. Estas caídas pueden tener consecuencias más importantes.

□ El bebé tiene una cabeza proporcionalmente más grande que la del niño. Su peso le empuja cuando cae, lo que explica la relativa frecuencia de los traumatismos craneales en los niños de esa edad.

□ **Conmoción cerebral.** Si a los desmayos y las pérdidas de memoria se suman **dolor de cabeza**, náuseas y **vómitos**, el niño puede padecer una conmoción cerebral (perturbación neurológica). La **TAC** permitirá también en este caso precisar los problemas del niño.

□ **Contusión cerebral o hematoma extradural.** Si, en las 48 horas siguientes a la caída, el niño tiene pérdidas de memoria, se desmaya o nota dolores en un brazo o una pierna, puede ser víctima de una contusión (lesión) cerebral o de un derrame sanguíneo en el interior del cráneo (hematoma extradural). Hay que llevarlo al hospital para que lo reconozcan. Una **TAC** (o escáner) permitirá evaluar la naturaleza de las lesiones.

□ **Fractura ósea.** En el niño, no siempre es fácil detectar este tipo de fracturas. En caso de duda, lleve el niño al médico, que juzgará si es necesario hacer radiografías.

□ **Hematoma subdural.** Este hematoma se debe a un derrame de sangre bajo una de las meninges, la llamada *duramadre*. Puede declararse unos días o unas semanas después de un traumatismo craneal sin gravedad aparente. Si el volumen del cráneo del niño aumenta (es imperativo controlar el perímetro craneal) y si su comportamiento parece modificarse, hay que llamar a un médico, que recomendará su atención en un centro especializado.

□ **Traumatismo craneal.** Al caer de la cuna, el niño puede golpearse la cabeza contra el suelo y perder el conocimiento durante unos segundos. Si poco después vomita, aunque no presente ningún otro síntoma inquietante, hay que llamar al médico o llevarlo al hospital.

Calmantes

Los calmantes son medicamentos recetados en forma de jarabes, comprimidos, supositorios, etc., para reducir los trastornos del ***sueño****, la* ***tos*** *o el* ***dolor****. Su uso de manera transitoria puede ser útil, pero no cura.*

□ **Dolor.** Si el niño tiene dolor, existen calmantes llamados *analgésicos*, a base de paracetamol o ácido acetilsalicílico.

□ **Sueño.** Si el niño tiene dificultades para dormir, no hay que administrarle calmantes, salvo que el médico los recete. Estos medicamentos no curan nunca las causas reales de los trastornos del sueño y este método de tratamiento sólo puede ser temporal.

Antes de nada, se debe reflexionar, con el médico o quizá con un psicólogo, sobre la vida diaria del niño. ¿Su entorno le proporciona seguridad? ¿Se ve alterado su equilibrio por unas relaciones familiares tensas o conflictivas? ¿Su vida tiene unos ritmos regulares? Al tomar conciencia de las dificultades que el niño debe asumir, se entienden las perturbaciones psicológicas que le impiden dormir con normalidad y se puede intentar resolverlas.

□ **Tos.** Si el niño tose, el médico recetará un calmante adaptado a su edad. Sobre todo, no se le debe administrar el que toma un adulto, ya que le podría causar dificultades respiratorias, en especial si es un lactante.

En muchos casos, se trata de sedantes que podrían ser nocivos para la salud del niño.

Calostro

El calostro, un líquido espeso y amarillento, es la primera leche segregada por las glándulas mamarias después del parto.

□ La leche materna está perfectamente adaptada a las necesidades del bebé y su composición cambia con el tiempo en función de éstas. Segregado en las horas que siguen al parto, el calostro tiene un bajo contenido en azúcares y lípidos; al igual que la leche, proporciona al recién nacido defensas insustituibles que le protegen contra numerosas infecciones. Contiene inmunoglobulinas A, anticuerpos de protección de la mucosa digestiva, y linfocitos B y T, que participan en la defensa de la mucosas del intestino.

Otros elementos, como el *Lactobacillius bifidus* (principalmente presente en el tubo digestivo), favorecen la implantación de una flora intestinal que ayuda a una buena digestión (junto con las **bacterias** saprófitas) y disminuyen el riesgo de gastroenteritis.

En pocos días, la leche, cuya composición se modifica progresivamente durante las dos semanas siguientes, sustituye al calostro.

Cansancio

El cansancio es un estado difícil de evaluar, ya que cada uno lo siente de forma muy personal. A un niño cansado le falta entusiasmo, ya no tiene ganas de jugar, come menos. O está inquieto sin motivo y duerme mal.

□ En apariencia, el niño no está enfermo, no tiene **fiebre** y no se entiende por qué no está en forma. La mayoría de las veces, la fatiga está causada por una higiene de vida deficiente, que se puede corregir, o por una enfermedad, que se puede curar (no existen medicamentos que permitan luchar contra la fatiga; sólo se pueden tratar las causas).

□ **Anemia.** El niño está un poco **pálido**. Los labios y las encías no están tan rosados como de costumbre. No tiene apetito. Todos estos signos son señal de anemia. Hay que consultar al médico. Solicitará sin duda un análisis de sangre para determinar si el niño tiene anemia y su posible origen, como una carencia de hierro.

El hierro es un elemento indispensable para la fabricación de la hemoglobina de los glóbulos rojos que transporta el oxígeno de los pulmones a las células del cuerpo. Para combatir esta carencia que causa anemia, el médico recetará hierro en forma medicamentosa.

Para prevenir la anemia, el niño tiene que seguir una alimentación diversificada (las lentejas y demás legumbres, la yema de huevo, las espinacas y las acelgas son especialmente ricas en hierro).

□ **Dificultades psicológicas.** El niño se queja de estar cansado y, sin embargo, el médico no detecta ningún síntoma físico después de reconocerlo. Hay que estar atentos a este tipo de llamadas: el niño puede expresar así una necesidad afectiva o una dificultad de orden psicológico. Se debe estar más a su disposición y demostrarle todo el apoyo necesario.

Si el cansancio persiste y los padres se sienten impotentes, se puede consultar con un psicólogo.

□ **Enfermedad.** Aunque no tenga fiebre, el niño puede estar en período de **incubación** de una enfermedad (tiempo que transcurre entre la entrada del microbio en el organismo y los primeros síntomas de la enfermedad). Ante la duda, hay que consultar al médico, que intentará determinar el origen del cansancio.

□ **Falta de sueño.** ¿Duerme el niño lo suficiente y en buenas condiciones? ¿No serán muy largas las jornadas en la guardería o en la escuela? ¿Se levanta temprano o se acuesta tarde? No se debe dudar en consultar al médico.

Caput succedaneum

A veces, el recién nacido presenta una tumefacción blanda del cuero cabelludo después del parto; es un hematomabenigno.

□ El *caput succedaneum* se forma por el intenso roce y la presión sobre el cráneo del bebé cuando pasa por las vías genitales de la madre. Se reabsorbe espontáneamente en unos diez días.

Cardiopatía: VÉASE CORAZÓN (ANOMALÍA DEL).

Caries

Una caries es una afección del diente que se traduce por la destrucción progresiva del esmalte y, más profundamente, del marfil (llamado también dentina), a veces hasta alcanzar la pulpa dental.

□ El niño presenta una mancha negruzca en un diente, un premolar o un molar. Se queja de fuerte **dolor** cuando come alimentos calientes, fríos o dulces. Le huele mal el aliento. Probablemente, el dentista confirmará la presencia de una o varias caries.

El dentista debe curar la caries aunque se trate de un diente de leche. Constituye un foco microbiano que puede provocar una infección del hueso o un **absceso** en la boca.

El mejor tratamiento de las caries es el preventivo: hay que enseñar al niño a cepillarse los dientes después de cada comida, de preferencia con una pasta dentífrica fluorada; se deben evitar los dulces (caramelos, pasteles) antes de acostarse y hay que visitar al dentista al menos una vez al año. Además, se pueden administrar comprimidos de **flúor** en dosis mínimas a partir de los primeros meses de vida para reforzar el esmalte dental. También se puede cocinar con sal fluorada.

VÉASE: ORTODONCIA.

Cariotipo

El cariotipo es un análisis que permite obtener la clasificación de los ***cromosomas*** *de una persona a partir de cualquier célula del cuerpo; pueden utilizarse para ello células de la sangre o células del feto obtenidas mediante una* ***amniocentesis****.*

□ El cariotipo se realiza habitualmente para detectar durante el embarazo o después del parto una anomalía cromosómica, como la **trisomía 21**, o para precisar el sexo genético del niño en caso de **ambigüedad sexual.**

La especie humana posee 46 cromosomas, agrupados por pares que se clasifican según su tamaño; el par 23 está formado por los cromosomas sexuales, XY para los niños y XX para las niñas. En el cariotipo no se pueden detectar todos los problemas cromosómicos ni las alteraciones genéticas. A veces, sólo un análisis molecular permite conocer los defectos de un número pequeño de genes.

Las enfermedades debidas a una anomalía cromosómica no se pueden curar. Por este motivo, se recomienda la amniocentesis si la mujer embarazada tiene más de 35 años o si un miembro de la familia padece una alteración genética. En realidad, no todas las enfermedades congénitas son hereditarias, pueden deberse a un defecto accidental de la unión entre el espermatozoide y el óvulo. Si los resultados del cariotipo fetal son normales, el análisis tranquilizará la ansiedad de los progenitores.

VÉASE: DIAGNÓSTICO PRENATAL, INGENIERÍA GENÉTICA, TRANSMISIÓN GENÉTICA.

Cefalea: VÉASE DOLOR DE CABEZA.

Cefalohematoma

En ocasiones, la cabeza del recién nacido presenta un abultamiento más o menos localizado sobre un hueso del cráneo; se trata de una hemorragia producida entre el hueso y la envoltura fibrosa que lo cubre (periostio) debido a la presión ejercida sobre la cabeza del bebé durante el parto.

□ Aunque resulte algo alarmante, no hay motivo para asustarse: se trata de un proceso benigno. La tumoración va desapareciendo poco a poco, aunque la reabsorción de la hemorragia puede tardar varias semanas, o incluso algunos meses. No causa ningún tipo de complicación y no requiere que se practique ningún tratamiento.

Ceguera: VÉASE VISIÓN (TRASTORNOS DE LA).

Cerumen

El cerumen es una sustancia amarillenta, grasa y pegajosa que se encuentra en el conducto auditivo externo, segregada por las glándulas sebáceas de dicho conducto.

□ Una secreción excesiva puede taponar el conducto auditivo: el niño oye mal y puede tener sensación de vértigo.

Hay que limpiar la parte externa del pabellón del oído (pero nunca el agujero del oído) con un algodón. Es peligroso usar bastoncillos de algodón. El conducto auditivo es delicado y cuenta con un sistema de autolimpieza; es decir, los pequeños pelos de sus paredes empujan el cerumen hacia el exterior. Un bastoncillo de algodón puede empujar la cera hacia dentro en vez de sacarla y provocar de esta forma irritaciones locales, **otitis** externas (inflamaciones del conducto auditivo) o incluso, en algunos casos, una perforación del tímpano, que puede cerrarse espontáneamente o requerir una intervención quirúrgica.

Si se observa una masa más o menos dura hundida en el conducto auditivo, se trata de un tapón de cerumen. Se puede limpiar el conducto con agua tibia o suero fisiológico. Esta solución despegará y eliminará el tapón sin dolor y devolverá la audición normal. Si no se consigue, un otorrinolaringólogo realizará una pequeña intervención con ayuda de una pinza especial. Al mismo tiempo, comprobará la ausencia de lesiones locales.

VÉASE: AUDICIÓN (TRASTORNOS DE LA), SORDERA.

Cesárea

La cesárea es una intervención quirúrgica cuyo objetivo es extraer el bebé del útero materno mediante una incisión en el abdomen, generalmente horizontal y practicada justo encima del pubis. Se realiza bajo ***anestesia*** *general o epidural. En este último caso, la madre permanece consciente durante la operación.*

□ Hoy en día, la apertura del útero se realiza a la altura del cuello del útero, lo que permite hacer nuevas cesáreas y pensar en embarazos posteriores.

Se recomienda una cesárea si el útero presenta una malformación, es frágil o tiene cicatrices debidas a otras cesáreas (hechas hace algunos años abriendo el cuerpo del útero); si durante el embarazo se padece hipertensión; si la pelvis es demasiado estrecha para el paso del bebé; etc.

La decisión de realizar una cesárea se puede tomar justo antes o durante el parto por diversos motivos: el niño va a nacer antes de tiempo (es **prematuro**) y el parto por vía natural podría producirle traumatismos debido a su debilidad; o el parto se alarga sin que el trabajo sea eficaz; o el bebé se presenta de nalgas; o se detecta sufrimiento fetal mediante monitorización antes de que el cuello del útero esté completamente dilatado.

VÉASE: DIAGNÓSTICO PRENATAL, ECOGRAFÍA.

Cianosis

La cianosis es una coloración azulada, más o menos intensa, de la piel y de las mucosas debida a una oxigenación insuficiente de la sangre. Puede tener orígenes diversos y gravedad variable.

□ **Anomalía de nacimiento.** El niño «azul» suele ser muchas veces víctima de una malformación del **corazón** o de una circulación sanguínea deficiente.

□ **Frío.** Puede ralentizar la circulación sanguínea del niño y volver azul la piel, confiriéndole una coloración amoratada especialmente en la cara, los labios y las uñas. Basta con calentar al niño rodeándolo con una manta y frotando. La piel recuperará enseguida su aspecto habitual.

□ **Infección o deshidratación.** La cianosis anuncia un agravamiento de una enfermedad. El niño debe ser hospitalizado para controlarlo mejor y poder realizarle, si es preciso, una perfusión venosa.

□ **Trastornos respiratorios.** Una neumopatía, una infección de las vías respiratorias, una laringitis o una asfixia causada por un **cuerpo extraño** pueden provocar cianosis, porque los pulmones ya no suministran la cantidad de oxígeno necesaria.

Si la tez del niño es más gris que azul, hay que llevarlo enseguida al hospital.

Circuncisión

La circuncisión es una sencilla intervención quirúrgica que consiste en seccionar el prepucio, repliegue cutáneo que recubre el extremo del pene.

□ Se realiza por motivos religiosos en los recién nacidos judíos y musulmanes. Pero también está indicada para corregir ciertas anomalías.

□ **Fimosis.** Consiste en una estrechez excesiva del prepucio que impide traccionarlo para descubrir el glande (extremo del pene). En el bebé, una ligera fimosis es habitual hasta los 6 meses. En algunos chicos, puede persistir durante varios años y produce molestias al orinar e irritación local. Además, esta malformación hace que las erecciones sean difíciles y dolorosas. En estos casos se puede necesitar una circuncisión.

□ **Hipospadias y ambigüedad sexual.** En menos ocasiones, la circuncisión se practica en el marco de una operación de cirugía reconstructiva para corregir un **hipospadias** (defecto de cierre de la uretra) o una **ambigüedad sexual** de nacimiento.

Cociente de desarrollo

El cociente de desarrollo, o CD, es una de las adaptaciones de evaluación del cociente intelectual (CI) para las personas que no saben escribir ni expresarse correctamente, debido a su edad o a una minusvalía.

□ La evaluación del desarrollo del bebé se basaba antaño en sus capacidades motrices. Poco a poco, esta apreciación se ha ido afinando con diferentes pruebas (Gesell, Brunet y Lezine) que introducen referencias de desarrollo. El CD, al igual que el CI, es una «instantánea relativa», que no valora las capacidades de evolución del niño. Sin embargo, si se repite varias veces a lo largo de un período dado, permite constatar los avances realizados.

Existen otras pruebas, pero lo que mejor permite estudiar el comportamiento en caso de minusvalía y proponer las medidas correctoras adaptadas (terapia o reeducación) es la observación del niño dentro de su marco de vida (familiar, escolar, institucional).

VÉASE: COCIENTE INTELECTUAL.

Cociente intelectual

El cociente intelectual, o CI, es una medición que se establece con ayuda de distintas pruebas para evaluar el desarrollo psicointelectual de una persona, niño o adulto.

□ Elaborado a principios de siglo, el CI era, por su referencia a la edad cronológica, un nuevo elemento de apreciación de las posibilidades intelectuales de una persona. Pero el carácter normativo y reduccionista de un resultado cifrado en porcentajes ha llevado a errores de apreciación. La mala utilización de la prueba ha limitado la evaluación de la capacidad de aprendizaje.

La prueba del cociente intelectual ha sido muy criticada, ya que tenía en cuenta la expresión verbal, lo que penalizaba a las personas que no sabían leer y escribir o las que presentaban trastornos del lenguaje como la **dislexia**. Unas nuevas pruebas, llamadas de *realización*, han atenuado esta desigualdad, pero la disparidad de los resultados obtenidos en las distintas pruebas limita la credibilidad del CI como herramienta de apreciación global.

El CI permite, no obstante, junto con otras pruebas, valorar un retraso psicomotor. Aunque no permite evaluar la capacidad de aprendizaje de una persona, se puede usar para medir sus progresos.

VÉASE: COCIENTE DE DESARROLLO.

Cojera

Después de una caída o de un golpe reciente, el niño camina de forma asimétrica, inclinando el cuerpo primero hacia un lado y luego hacia el otro y se queja de dolor: cojea.

□ A través de un reconocimiento, el médico valorará las causas de esta cojera. Si se debe a un golpe, pero no se aprecia ningún traumatismo importante en las radiografías, el dolor desaparecerá con un tratamiento antiinflamatorio y descanso.

Pero, si no ha habido ni caída ni golpe, ¿por qué motivo un niño empieza a cojear o se niega a andar? ¿Cómo saber si padece una malformación? ¿No esconden enfermedades más serias los llamados *dolores de crecimiento*? Una cojera o no querer andar pueden ser, de hecho, el resultado de un antiguo traumatismo que pasó inadvertido; de una infección de un hueso (osteítis o osteomielitis) o de una articulación (artritis); de una inflamación de la articulación de la cadera (que afecta, sobre todo, a niños de 3 a 5 años)... Un reconocimiento médico permitirá precisar estas patologías.

VÉASE: FRACTURA, MINUSVALÍA.

Cólicos (del lactante)

El bebé llora con fuerza, gesticula, se pone rojo, parece que sufre. Pero los padres no saben cómo calmarlo. De repente, se tranquiliza después de expulsar gases o de hacer sus necesidades.

□ El **dolor de abdomen** muchas veces tiene causas mal conocidas. Si el médico no diagnostica ninguna enfermedad concreta, hay que ser pacientes. Los cólicos del lactante desaparecen espontáneamente a partir del 5.º mes. Los bebés que los padecen están muchas veces sanos (*véase* pág. 185).

Colon irritable

El síndrome del colon irritable corresponde a un mal funcionamiento del intestino grueso. Aparece en el lactante y muchas veces se atenúa a la edad de 4 o 5 años.

□ El niño tiene **dolor de abdomen**, **diarrea** y las heces son viscosas... A veces contienen residuos visibles de comida. Y se observa que ciertos alimentos, como las ensaladas, el zumo de naranja, las verduras... provocan deposiciones líquidas y dolorosas. Sin embargo, el apetito del niño no disminuye y engorda con normalidad. Aunque por regla general estos trastornos se atenúan hacia los 4 o 5 años, también pueden persistir bajo una forma diferente: la diarrea deja paso a un **estreñimiento** o a una alternancia de ambos.

Las causas reales del colon irritable se conocen mal, pero probablemente están relacionadas con un trastorno funcional de esta parte del intestino grueso. Una cierta tensión en el entorno del niño o los problemas escolares pueden angustiarlo y desencadenar esta manifestación digestiva.

Lo primero que se puede hacer es suprimir los alimentos que el niño no digiere y, eventualmente, administrarle un tratamiento astiespasmódico si hay **dolor** agudo. Sin embargo, los medicamentos contra la diarrea y las dietas antidiarreicas son inútiles, e incluso de resultados nefastos.

VÉASE: INVAGINACIÓN INTESTINAL, OBSTRUCCIÓN INTESTINAL.

Coma

El coma corresponde a una alteración de la conciencia. El organismo no reacciona a los estímulos externos (gritos, pellizcos) y, en ciertos casos, es incapaz de mantener las funciones vitales (por ejemplo, la respiración).

□ La gravedad de un coma depende de su profundidad. El coma de grado I corresponde a una pérdida de la percepción de la realidad, con agitación; el habla es confusa, pero la persona no está inconsciente. En el coma de grado II, la persona parece sumida en un sueño profundo y las reacciones a los estímulos son confusas e inadecuadas. En el coma de grado III, la persona no reacciona a ningún estímulo sensorial (tacto, ruido), no tiene reflejos y sus funciones vegetativas (respiración, circulación de la sangre) se mantienen con dificultad. En el coma más profundo, de grado IV (llamado *coma sobrepasado*), la persona sólo puede sobrevivir si está conectada a un sistema de reanimación. Cuando el coma sobrepasado dura más de un día, se habla de *muerte cerebral*, ya que el electroencefalograma (curva que refleja la actividad del cerebro) permanece plano.

Ante un enfermo comatoso, tan urgente es tratar los efectos del coma como buscar sus causas. El coma puede deberse a un traumatismo craneal, a un tumor o una hemorragia cerebral, a una meningitis o cualquier otra enfermedad cuyo tratamiento rápido es indispensable.

Si el niño tiene trastornos de la conciencia, cualesquiera que sean la importancia y las circunstancias en las que aparecen, hay que llamar enseguida al servicio de urgencias del hospital más cercano para que un equipo médico se haga cargo de él en el plazo más corto posible (cuidados intensivos y reanimación).

VÉASE: CAÍDA, GOLPE DE CALOR.

Conjuntivitis

La conjuntivitis designa la inflamación de la conjuntiva, mucosa que tapiza el interior de los párpados y el blanco del ojo.

□ El niño tiene enrojecido el blanco de los ojos. Las pestañas están pegadas por las mañanas. El interior de los párpados está rojo y le lloran los ojos. La conjuntivitis puede tener múltiples causas: polvo o un cuerpo extraño en el ojo, excesiva **exposición al sol**, infección vírica (**resfriado**) o bacteriana, alergia, etc.

Se deben limpiar los ojos del niño y eliminar con agua tibia las secreciones que quedan pegadas a las pestañas y los párpados; se puede usar también suero fisiológico. Si hay infección, el médico recetará un colirio o una pomada adecuados.

La conjuntivitis del recién nacido, generada por bacterias (clamidias y gonococos), prácticamente ha desaparecido hoy en día gracias a la instilación preventiva de un colirio antibiótico en cuanto nace.

Cuando una conjuntivitis se repite a lo largo de los primeros días o semanas de vida del bebé, y si no existe origen infeccioso, puede deberse a una oclusión del conducto lacrimal (la función de este conducto es drenar las lágrimas hacia las fosas nasales). Un oftalmólogo corregirá fácilmente este problema.

Consanguinidad

Un lazo de consanguinidad une a las personas que tienen en común al menos un pariente por parte paterna o materna. Los hermanos y hermanas tienen una consanguinidad más fuerte que los primos hermanos.

□ Un niño nacido de la unión entre un hombre y una mujer consanguíneos está más expuesto a los riesgos de una malformación congénita. La relación de parentesco entre el padre y la madre aumenta la tasa de transmisión de anomalías genéticas.

La endogamia, unión de personas de una misma familia, era antiguamente más frecuente que en la actualidad y respondía a tradiciones familiares, imperativos «reales» o limitaciones regionales (aislamiento genético provocado por la falta de comunicación). Hoy en día, a veces se dan matrimonios entre primos lejanos, aunque ya no sea una práctica habitual.

VÉASE: TRANSMISIÓN GENÉTICA.

Convulsión

Una convulsión es una disfunción cerebral que produce movimientos incontrolados de los miembros acompañados de una pérdida de conciencia.

□ **Convulsiones febriles**. El niño tiene bruscamente **fiebre**, se pone pálido y pierde el conocimiento. El cuerpo se pone rígido y los ojos en blanco. Unos segundos más tarde, los brazos y las piernas se mueven con espasmos descontrolados. La crisis dura unos minutos. Después, el niño vuelve en sí más o menos rápidamente y permanece somnoliento o se duerme.

La convulsiones provocadas por la fiebre son frecuentes en el lactante. Todas las causas de fiebre pueden producir estas convulsiones (rinofaringitis, **otitis**, **bronquitis**, etc.).

Esta crisis puede impresionar mucho a los padres, que además se sienten indefensos. Sin embargo, se puede actuar para que no se repita al poco tiempo. Para bajar la temperatura, hay que destapar al niño y refrescarlo dándole un baño durante diez minutos (la temperatura del agua debe ser 2 °C inferior a la del niño). También se le puede administrar un medicamento antipirético, por ejemplo a base de paracetamol.

Y, sin perder tiempo, hay que consultar al médico, que comprobará si el bebé está afectado por una meningitis. Además, recetará el tratamiento que se debe seguir para evitar la repetición de estas convulsiones.

□ **Convulsiones sin fiebre.** Son menos habituales que las convulsiones febriles y están causadas por un trastorno de la actividad cerebral. En algunos casos, el origen puede estar en una hipoglucemia (baja tasa de azúcar en la sangre), una privación de oxígeno o una meningitis. Sin embargo, algunas veces el motivo real de las convulsiones puede ser desconocido. Un electroencefalograma y una TAC aportarán datos muy valiosos.

Una vez de cada dos, las convulsiones no vuelven a aparecer. Pero la recidiva de las crisis convulsivas sin fiebre es característica de una epilepsia. El médico recetará el tratamiento adecuado.

Coprocultivo: VÉASE HECES (ANÁLISIS DE LAS).

Corazón (anomalía del)

Una anomalía del corazón, ya sea de nacimiento (congénita) o no (adquirida), recibe el nombre de cardiopatía. Esta malformación puede afectar a las válvulas del corazón, a los tabiques interventricular o interauricular o a los grandes vasos sanguíneos que salen del corazón (arteria pulmonar, aorta).

□ **Anomalía de nacimiento**. Los trastornos de desarrollo debidos a una cardiopatía congénita aparecen muy pronto en la vida del feto. Muchas veces, el origen se desconoce, salvo en casos particulares, como una **anomalía cromosómica** (por ejemplo, la **trisomía 21**) o una infección de la madre durante la gestación, como la **rubéola congénita**. Se pueden detectar a lo largo del embarazo o en el parto.

Si la piel del recién nacido es azulada (se dice que está cianótico), padece una mala oxigenación o una insuficiencia cardíaca (problemas respiratorios, aceleración del ritmo cardíaco). Los médicos confirmarán el diagnóstico mediante una ecografía. La malformación no tiene por qué ser incompatible con la vida normal, ya que se han realizado grandes avances en el campo de la cirugía cardíaca de los recién nacidos.

La ecografía del corazón del feto, a partir del 4.° o 5.° mes de gestación, a veces permite detectar una malformación. Cuando ésta pone en peligro la vida del niño o es demasiado grave para poder ser corregida después del parto, se puede proponer una interrupción voluntaria del embarazo.

□ **Anomalía adquirida.** Hoy en día, las cardiopatías adquiridas (resultado de una enfermedad de la niñez) son raras. Los **antibióticos** permiten curar las infecciones por estreptococos que antaño causaban **reumatismo** articular agudo (fiebre reumática), complicación que podía tener graves secuelas cardíacas.

Cordón umbilical

El cordón umbilical une al feto con la placenta y, por consiguiente, con la madre.

□ Cuando el niño nace, se pinza el cordón umbilical y luego se lo corta a 2 o 3 cm de la pared abdominal. El muñón se seca y cae cinco o seis días después, dejando aparecer el ombligo.

Se debe limpiar suavemente el cordón con alcohol de 60°, aplicar un antiséptico y cubrirlo con una compresa de gasa esterilizada. La compresa se sostiene con un esparadrapo especial antialérgico o una venda de malla umbilical, debiéndose cambiar cada día (*véase* pág. 187). En caso de supuración o hemorragia, hay que consultar con el médico.

□ **Supuración ligera.** Se debe limpiar bien el ombligo del bebé con un algodón impregnado de alcohol de 60° y utilizar un antiséptico incoloro o poco coloreado (para que no dificulte la detección de un enrojecimiento de la zona). La persistencia de estas supuraciones puede deberse a un granuloma de cicatrización (excrecencia carnosa) al que el médico aplicará nitrato de plata.

□ **Hemorragia.** Aparece excepcionalmente por la caída del cordón y puede ser síntoma de un trastorno de la coagulación sanguínea. Más a menudo, la hemorragia se debe a una infección (onfalitis). En estos casos, el cordón no se seca y secreta un pus maloliente y amarillento. El médico recetará un tratamiento **antibiótico** para evitar una infección a partir de los vasos umbilicales (**absceso** o peritonitis).

Corte: VÉASE HERIDA.

Corticoides

La cortisona es un corticoide sintético, derivado de hormonas naturales de origen suprarrenal. Se usa en forma de comprimidos, pomada, colirios o soluciones inyectables para tratar inflamaciones debidas a alergias o enfermedades inflamatorias. Los corticoides también se administran para evitar el rechazo en caso de trasplante de órganos.

□ Los corticoides se deben dar con precauciones, ya que sus efectos secundarios son causa de otros problemas.

□ **Contra las inflamaciones.** El médico puede recetar medicamentos a base de cortisona o similares si el niño padece alergia (asma, eccema). Pero en estos casos se debe vigilar de cerca el crecimiento del niño. El uso prolongado de corticoides presenta el peligro de frenar el desarrollo óseo, ya que actúan sobre los cartílagos de crecimiento. Para minimizar esta ralentización, es mejor administrar el medicamento un día sí y otro no, en vez de todos los días. En cuanto se acaba el tratamiento, el niño se desarrolla de nuevo según su curva natural.

□ **Contra los rechazos de trasplantes de órganos.** Los corticoides se recetan para disminuir las defensas inmunitarias y evitar de esta forma el rechazo de un órgano trasplantado. Las complicaciones infecciosas son raras, aunque es preferible mantenerse alerta. La presión arterial, la glucemia (nivel de azúcar en la sangre), si hay antecedentes familiares de **diabetes**, y la capacidad visual (riesgo de cataratas) deben controlarse con regularidad.

Costras lácteas

Las costras lácteas son unas costras amarillentas, grasas, o a veces más secas, que aparecen en la piel del bebé de 8 o 9 meses en la cara y el cuero cabelludo.

□ A pesar del nombre, estas costras no se deben a la alimentación láctea, sino que están formadas por secreciones excesivas de las glándulas sebáceas, que son muy frecuentes a esta edad. A veces, se ven favorecidas por el uso de productos perfumados o con colorantes que no están adaptados a la fragilidad de la piel del bebé. Hay que lavar a diario la cara con una leche limpiadora (en vez de jabón) y aplicar una pomada grasa (por ejemplo, vaselina) en el cuero cabelludo. Al día siguiente, las costras se habrán reblandecido y desaparecerán con la ayuda de un champú suave. En caso de ser necesario, se debe repetir la operación varios días.

Estas costras pueden presentar un aspecto más rosado y formarse en los pliegues del cuello, alrededor de la nariz, la boca o los ojos. Si, al mismo tiempo, el bebé padece un **eritema de los pañales** (erupciones y enrojecimiento en las nalgas), estos síntomas pueden ser reflejo de una dermatitis seborreica. La extensión de esas costras en el cráneo (aspecto «de casco») aumenta el peligro de que se produzca una sobreinfección bacteriana o micótica.

Hay que seguir aplicando las medidas higiénicas antes mencionadas. El médico recetará, además, una crema antiinflamatoria, antiséptica o, a menudo, antifúngica (contra los hongos), a la que en algunos casos se añadirá un **antibiótico** local. Este tratamiento favorecerá la eliminación de las escamas (las capas de piel que se desprenden) al cabo de tres o cuatro semanas. Esta dermatosis no deja ninguna cicatriz.

Crecimiento (dolores del)

El término dolores del crecimiento se aplica a los dolores que afectan al niño entre los 6 y los 12 años aproximadamente, sobre todo a nivel de los miembros. Aunque estos dolores pueden ser una molestia para el niño, no son motivo de preocupación, no parecen estar relacionados con el proceso del crecimiento y no tienen ningún significado médico.

□ A veces, los dolores osteocartilaginosos de la infancia, y por lo tanto del crecimiento, hacen cojear al niño y le impiden dedicarse a sus actividades habituales o deportivas. Estos dolores pueden deberse a problemas de circulación o infecciones, que requieren una valoración médica para determinar su origen. Un problema de circulación o unos esfuerzos excesivos pueden producir una destrucción parcial o una deformación del núcleo de osificación y generar dolores mecánicos que aparecen, al margen de todo contexto infeccioso, cuando el esfuerzo aumenta y disminuyen con el descanso.

Si el dolor es intenso y se repite, o si está asociado a otros síntomas, lo mejor es consultar al médico.

Cromosomas

Los cromosomas son una especie de bastoncitos que aparecen en el núcleo de la célula durante la división celular. Contienen todo el código genético del individuo, que está presente en cada una de sus células.

□ Los cromosomas están formados por una doble cadena de ácido desoxirribonucleico (ADN), soporte molecular de los genes. Existen 46 cromosomas agrupados en 23 pares, uno de los cuales corresponde a los cromosomas sexuales: XX en la niña y XY en el niño.

Los cromosomas se pueden estudiar en el laboratorio gracias al análisis de una célula, obtenida, por ejemplo, mediante una muestra de sangre. Se establece así una clasificación, llamada **cariotipo**, atendiendo a los pares y el tamaño: 22 pares de autosomas (del par 1 al 22), más un par de cromosomas sexuales XX (si es una niña) o XY (si es un niño).

Las anomalías cromosómicas pueden afectar tanto al número como a la estructura de los cromosomas contenidos en las células del individuo. Alrededor de dos tercios de los abortos espontáneos se explican por una anomalía de este tipo.

Las anomalías cromosómicas compatibles con la vida (formas de anillo, bastoncitos rotos o demasiado largos) pueden tener repercusiones variables sobre el desarrollo del niño. Cuando hay un cromosoma más de los debidos, es decir, tres cromosomas de determinado tipo en vez de un par, el niño padece trisomía; la más frecuente es la **trisomía 21** (o mongolismo), que afecta al par 21.

La **amniocentesis**, que se hace durante la gestación, permite detectar las anomalías cromosómicas del feto y tomar las disposiciones necesarias.

Los avances actuales de la genética permiten diagnosticar anomalías genéticas mucho más concretas, que no son visibles en el cariotipo. Aunque ciertas enfermedades todavía no se han podido explicar muy bien, las investigaciones que se están llevando a cabo hacen prever diagnósticos más precisos.

VÉASE: AMBIGÜEDAD SEXUAL, DALTONISMO, DIAGNÓSTICO PRENATAL, TRANSMISIÓN GENÉTICA.

Cuerpo extraño

Los niños experimentan constantemente con objetos pequeños. Tienen tendencia a metérselos en la boca, la nariz o los oídos. El descubrimiento de estos cuerpos extraños en las vías respiratorias o digestivas suele ser frecuente.

□ **En las vías respiratorias.** Si de repente el niño tiene dificultad para respirar, hasta el punto de toser y ahogarse, puede haberse atragantado o haber cogido un bocado demasiado grande. En este caso, se puede intentar sacarlo con los dedos.

Por el contrario, si un objeto pequeño (botón, chincheta, cacahuete, hueso, diente) obstruye la vía respiratoria y se advierte que el niño no puede respirar en absoluto, hay que realizar sin dilación la maniobra de Heimlich, destinada a su expulsión (*véase* pág. 364). Si el objeto ha penetrado en la tráquea o los bronquios, y permite que el niño siga respirando aún con dificultad, no hay que dudar en llevarlo de inmediato al servicio de urgencias del hospital más próximo. Una radiografía pulmonar confirmará o no la presencia del cuerpo extraño. El objeto será extraído mediante una fibroscopia, que se hace con ayuda de un aparato óptico flexible que se introduce en los bronquios.

□ **En las vías digestivas.** Si el niño se ha tragado un objeto pequeño, se eliminará naturalmente con las heces, si es necesario con la ayuda de un laxante para acelerar la expulsión. Sin embargo, siempre es necesario comprobar la situación y el tipo de objeto tragado. Los objetos puntiagudos (alfileres), cortantes (trozo de vidrio) o las pilas pequeñas son especialmente peligrosos y requieren también la extracción mediante una fibroscopia del tubo digestivo.

VÉASE: CIANOSIS, REFLUJO GASTROINTESTINAL, TOS.

D

Daltonismo

El daltonismo es una anomalía de origen hereditario que provoca una confusión en la percepción de ciertos colores (en especial, el rojo y el verde).

□ El daltonismo, al igual que la **hemofilia**, es trasmitido por las mujeres y sólo afecta a los varones. Este trastorno de la visión es característico de unas anomalías genéticas presentes en el cromosoma X.

VÉASE: TRANSMISIÓN GENÉTICA.

Delgadez

La delgadez de una niña o un niño es siempre fuente de preocupación para los padres. Sin embargo, entre niños perfectamente normales, hay, a las mismas edades, diferencias de peso importantes.

□ El aumento de peso de un niño no es constante: aunque el bebé engorda una media de 6 a 7 kg el primer año, sólo aumenta unos 2 kg durante el segundo año.

Es difícil decir si un niño está delgado o no. Su estado debe estudiarse en función de la curva de crecimiento, la vitalidad y ciertos factores hereditarios.

La delgadez de un niño puede ser «constitucional», en especial cuando uno de los progenitores era delgado a la misma edad; si el niño está bien, si el apetito es correcto y el aumento de talla, normal, no hay por qué inquietarse.

Por el contrario, si el niño adelgaza o su peso permanece estacionario, lo mejor es consultar al médico. Existen muchas causas que pueden producir un freno del crecimiento: enfermedades del tubo digestivo que impiden la absorción o la buena digestión de los alimentos; afecciones generales, inflamatorias o malignas; afecciones metabólicas como la **diabetes**; etc.

Dermatitis amoniacal o de Jacquet

La denominación dermatitis amoniacal o eritema de los pañales designa el enrojecimiento que aparece en las nalgas del bebé cuando su delicada piel se irrita con facilidad al contacto con la orina y las heces que impregnan los pañales.

□ Los pañales que se usan hoy en día favorecen la maceración de la piel provocada por las heces y la orina. La guata de celulosa con la que se fabrican irrita más que el algodón de los antiguos pañales.

Si el bebé tiene dermatitis amoniacal, en la medida de lo posible, hay que dejarle al aire las nalgas o cambiarlo muy a menudo. Lo mejor es limpiarlo con jabón neutro. Sólo se deben usar productos muy suaves, sin aditivos ni colorantes ni desodorantes. Sobre todo, nunca hay que utilizar soluciones a base de alcohol. Pueden hacer daño inútilmente al niño y, además, la absorción de alcohol por la piel es peligrosa para la salud. El médico recetará una crema antiséptica y cicatrizante para limitar la inflamación y evitar una sobreinfección.

A veces, la dermatitis amoniacal se localiza en el ano y en los repliegues de la piel. Puede tratarse de una dermatitis seborreica (reacción de la piel no específica) o de una **micosis** (por hongos). Se debe consultar al médico, que prescribirá un tratamiento antifúngico (contra los hongos).

Deshidratación aguda

La deshidratación aguda es una pérdida excesiva de agua. Los bebés están particularmente expuestos, ya que sus necesidades de agua son muy superiores a las de un adulto. Cualquier aumento de la pérdida de líquidos (diarrea o vómitos) o disminución del suministro (se niega a beber), perturba el frágil equilibrio existente.

□ Algunas diarreas pueden pasar inadvertidas, ya que son tan líquidas que se pueden tomar por orina en los pañales. Una deshidratación también puede manifestarse mediante una **agitación** poco habitual o incluso, al contrario, por una cierta apatía. Si el niño bebe poco o nada, si tiene ojeras, la tez grisácea, la boca seca y **fiebre**, hay que consultar enseguida con el médico.

Las causas de la deshidratación son las mismas que las de la diarrea aguda, a veces agravadas por vómitos o fiebre: pueden ser alimentarias o infecciosas.

Si el niño tiene una **gastroenteritis**, hay que dejar de darle leche y sustituirla por una solución de rehidratación especial que contiene sales minerales y azúcares (recetadas por el médico y que se venden en farmacias). Este tipo de preparación aporta glucosa y todas las sales minerales que necesita el niño: sodio, potasio, magnesio, calcio, fosfatos, cloruros...

A veces, las deshidrataciones agudas requieren una hospitalización de unas horas o unos días para restablecer un equilibrio hidroelectrolítico normal con ayuda de una perfusión intravenosa.

VÉASE: FONTANELAS, GOLPE DE CALOR, INSOLACIÓN, QUEMADURAS DE SOL, TOS FERINA.

Desmayo: VÉASE PÉRDIDA DE CONOCIMIENTO.

Diabetes

La diabetes es una enfermedad debida a un fallo en la secreción de insulina por parte del páncreas. El organismo necesita esta ***hormona*** *para que las células asimilen la glucosa, su principal fuente de energía.*

□ Sin insulina, la glucosa (azúcar), que proviene principalmente de la alimentación, se acumula en la sangre. Cuando esta hiperglucemia alcanza un cierto umbral, el riñón ya no puede reabsorber la glucosa y la elimina en la orina, donde normalmente no está presente.

El niño adelgaza a pesar de tener buen apetito. Tiene mucha sed y orina con frecuencia y en abundancia, lo que le obliga a levantarse por la noche. También puede presentar síntomas de **deshidratación**. Además, a menudo está cansado sin razón aparente.

El médico solicitará análisis de orina y sangre para determinar la concentración de glucosa (glucosuria, en la orina; glucemia, en la sangre). Si las pruebas determinan que es demasiado alta, significa que el niño es diabético. Sólo la diabetes insulinodependiente (tipo 1) afecta a los niños, en especial entre los 10 y los 16 años. El segundo tipo de diabetes, no insulinodependiente (tipo 2), aparece sobre todo en los adultos mayores de 40 años.

La diabetes de los niños es esencialmente de origen familiar (**transmisión genética**), aunque existen otros factores, como una infección vírica del páncreas, que pueden producir esta enfermedad.

El tratamiento de la diabetes es imprescindible y debe seguirse de por vida. La insulina se debe administrar mediante inyecciones subcutáneas. Si es lo suficientemente mayor, el niño aprenderá muy rápido a ponérselas él mismo. Las dosis varían en función de las actividades, de la edad, del peso y, naturalmente, de la alimentación.

En general, la mayoría de los niños necesitan dos inyecciones al día. El producto era antiguamente de origen animal (cerdo), pero en la actualidad se sintetiza en laboratorio gracias a la ingeniería genética y su composición es idéntica a la de la insulina humana.

El niño debe seguir un régimen estricto: alimentarse a intervalos regulares; no comer azúcares rápidos (azúcar blanco o negro, miel, frutas) que se asimilan demasiado deprisa, a menos que se mezclen en pequeñas cantidades con otros alimentos. Todas estas precauciones tienen como objetivo evitar las variaciones importantes del nivel de azúcar en el organismo.

Cuando crece, el niño puede aprender a medir por sí mismo la glucemia con una prueba simple, que consiste en hacer una pequeña punción de sangre en la punta del dedo y utilizar un aparato de medición especial. De esta forma, podrá controlar sus necesidades de insulina de forma autónoma.

Diagnóstico prenatal

El diagnóstico prenatal consiste en identificar las anomalías congénitas mucho antes del parto (véanse *págs. 16, 46-50*). *Permite que el médico trate al feto durante la gestación o lo haga con conocimiento de causa justo después del parto.*

□ En función de la gravedad de la anomalía detectada y de las posibilidades terapéuticas actuales, se puede tomar la decisión de seguir o no con el embarazo. Esta «selección» plantea cuestiones morales y filosóficas que aún están lejos de tener respuestas.

Se puede proponer un diagnóstico prenatal en diferentes situaciones: por ejemplo, si algunos miembros de la familia (padres, hermanos, hermanas) ya han tenido hijos afectados de una grave anomalía genética; o si la madre tiene más de 35 años, ya que los riesgos de una **anomalía cromosómica** que produzca graves minusvalías son mayores.

Si, a lo largo del embarazo, el médico detecta un desarrollo anormal del feto, el diagnóstico prenatal le permite identificar algunos trastornos, como una anomalía del **corazón** o de los riñones, la enfermedad hemolítica debida a una incompatibilidad sanguínea materno-fetal... De esta forma, se puede tratar a la madre y al hijo durante el embarazo.

Las técnicas que se emplean son varias.

La biopsia de las vellosidades coriónicas, que se efectúa sobre la futura placenta a partir de la 10.ª semana de amenorrea (retraso de la regla), permite estudiar el **cariotipo** del feto. Se propone cuando se sospecha la existencia de una enfermedad del feto.

La **amniocentesis** es un análisis de una muestra de líquido amniótico. La toma de la muestra se hace bajo vigilancia ecográfica entre la 14.ª y 20.ª semana. De esta forma se puede estudiar el cariotipo del feto y detectar algunas afecciones congénitas, analizando determinadas sustancias químicas. El riesgo de aborto es mínimo.

El análisis directo de sangre del feto se puede hacer hoy en día mediante una punción directa en el útero, bajo control ecográfico, del **cordón umbilical** (funiculocentesis). Permite estudiar el cariotipo y distintos factores de coagulación. Algunos anticuerpos, cuya presencia puede ser la prueba de una infección (como los de la **toxoplasmosis congénita**) también son detectables.

La ecografía se ha vuelto insustituible para controlar el desarrollo del feto y detectar las posibles anomalías morfológicas.

VÉASE: CONSANGUINIDAD, INGENIERÍA GENÉTICA, TRANSMISIÓN GENÉTICA.

Diarrea aguda del lactante

La diarrea aguda del lactante se traduce por una mayor frecuencia de las deposiciones, que tienen una consistencia inhabitual: heces blandas, mal moldeadas, grumosas, mezcladas con trozos de comida o claramente líquidas. Además, tienen un olor nauseabundo y el bebé suele tener ***fiebre*** *y* ***dolor de abdomen****.*

□ Existen diversas infecciones víricas que irritan el tubo digestivo y producen a menudo diarreas agudas. A veces, el niño está inapetente, tiene náuseas o **vómitos**. Estos síntomas deben ser una señal de alarma para evitar el riesgo de **deshidratación**. Hay que consultar al médico, que aplicará el tratamiento adecuado.

Lo primero que hay que hacer con un bebé que se alimenta con biberón es sustituir inmediatamente la leche maternizada. Si se le da de mamar, lo mejor es consultar al médico.

Para impedir que el lactante se deshidrate, hay que darle pequeñas cantidades de una solución de rehidratación que se vende en farmacias. Aporta el agua y las sales minerales imprescindibles para el equilibrio hidrosalino del niño.

A partir de la edad de 5 o 6 meses, se le puede dar de comer un poco de manzana cruda rallada, plátano machacado, arroz o membrillo. Por regla general, al cabo de dos o tres días el bebé podrá volver a tomar leche, a medida que la diarrea desaparece poco a poco.

Si el bebé tiene mucha fiebre, el médico recetará medicamentos para bajar la temperatura. Los **antibióticos** no suelen estar indicados, salvo para las diarreas de origen bacteriano en niños mayores.

VÉASE: CÓLICOS DEL LACTANTE, GASES INTESTINALES, HECES (ANÁLISIS DE LAS).

Diarrea crónica

El bebé defeca con mucha frecuencia desde hace días y la consistencia de las heces es anormal (blandas y abundantes). Estos trastornos no se deben obligatoriamente a una **gastroenteritis** *persistente o a otra enfermedad vírica. Existen diferentes problemas digestivos que pueden ser la causa de esta diarrea crónica.*

□ En el lactante, la diarrea crónica puede deberse a una intolerancia a las proteínas de la leche de vaca. Esta alergia, bastante rara, puede manifestarse con otros síntomas: el niño no engorda, tiene **erupciones** en la piel o respira con dificultad cada vez que bebe esa leche. El médico pedirá exámenes complementarios que confirmarán o no dicha hipótesis. La intolerancia a las proteínas de la leche de vaca suele ser transitoria y el médico recetará una leche especial de régimen durante el primer año de vida.

Esta diarrea crónica puede deberse también a una intolerancia al **gluten**, proteína que se encuentra en las harinas de cereales. El médico aconsejará unas harinas sin gluten que se venden en las farmacias.

Sin embargo, esa mala digestión de los alimentos, que se traduce por una diarrea crónica, puede estar causada por una disminución de las secreciones enzimáticas del páncreas o de la vesícula biliar. El médico, después de un reconocimiento, establecerá el diagnóstico preciso y recetará el tratamiento adecuado.

VÉASE: COLON IRRITABLE, CÓLICOS, DIARREA AGUDA, GASTROENTERITIS.

Dientes (erupción de los)

Los 20 dientes de leche salen entre los 6 y los 30 meses aproximadamente. A partir de los 6 años, los dientes definitivos los van sustituyendo.

□ El niño tiene **fiebre**, las **nalgas** irritadas y **diarrea**. A pesar de todo lo que se dice, esas molestias no se deben necesariamente a la salida de los dientes. Se trata más de una coincidencia que de una relación causa-efecto. Sin embargo, es cierto que la erupción de los dientes produce una irritación local: las encías del bebé están un poco hinchadas; la salivación es abundante; el sueño y el apetito se ven alterados.

Para calmar la irritación de las encías, se le puede dar al bebé un trozo de pan, una tostada, una galleta especial, un chupete o un juguete para que «se le hagan» los dientes; también se puede frotar ligeramente las zonas doloridas con un hielo envuelto en un pañuelo fino.

□ **Dientes de leche.** Se deben cuidar los dientes de leche como si fuesen los definitivos. Al niño hay que enseñarle a cepillarse los dientes por la mañana y por la noche, a evitar los dulces entre las comidas y, en algún caso, darle **flúor** en comprimidos para reforzar el esmalte de los dientes. Una buena alimentación (leche, queso, huevos, espinacas, pescado) aportará al niño el calcio y el fósforo que necesita, sin olvidar la vitamina D y la exposición al sol.

□ **Traumatismo dental.** ¿Qué hay que hacer si se rompe o se descarna un diente por culpa de una **caída** o un accidente? Se debe ir lo más rápido posible al dentista. Si el diente es definitivo, quizá pueda reimplantarlo.

VÉASE: CARIES, ORTODONCIA.

Difteria

La difteria es una grave enfermedad infecciosa que ya casi ha desaparecido en los países industrializados desde que se vacuna a los bebés a partir de los 3 meses. Esta **vacuna**, *asociada a la del* **tétanos** *y la* **tos ferina**, *requiere tres inyecciones con dos meses de intervalo entre cada dosis, así como revacunaciones al año y cada 5 años.*

□ La difteria tiene los mismos síntomas que unas **anginas** graves: las **amígdalas** quedan recubiertas por una espesa capa blanquecina, diferente de los habituales puntos blancos de una angina pultácea. El niño tiene dificultades para tragar y respirar; manifiesta un gran **cansancio**; y su ritmo cardíaco está acelerado.

Si el niño presenta todos estos síntomas y no está vacunado, es necesario consultar enseguida al médico, que controlará la naturaleza de las anginas y hospitalizará al niño, si lo considera necesario, para hacer una biopsia de garganta.

La difteria, muy rara en la actualidad, se trata con antibióticos; requiere la **hospitalización** hasta la desaparición total de los bacilos, que se pueden encontrar en la nariz o la garganta.

Discapacidad: VÉASE MINUSVALÍA.

Dislexia

El término dislexia se usa a menudo de forma excesiva para designar las dificultades del lenguaje hablado. La dislexia se refiere en realidad a un retraso en el aprendizaje de la lectura y, por consiguiente, de la escritura. Afecta más a los chicos que a las chicas. Las causas de la dislexia se desconocen, pero parece ser que se debe a un defecto de la predominancia normal de un hemisferio del cerebro.

□ El niño se desarrolla con toda normalidad en el plano físico e intelectual, pero la lectura le resulta un ejercicio difícil. Ve y oye muy bien, pero confunde las letras, las transpone, hace faltas al deletrear y lee a sacudidas, parándose bruscamente ante los pasajes que le parecen incomprensibles. Todos estos trastornos de la lectura y la escritura son característicos de una dislexia. La asociación de los dos problemas es frecuente, deben controlarse y corregirse con los métodos apropiados, ya que no desaparecen cuando el niño crece.

Es importante que la dislexia se detecte temprano. Si la maestra habla a los padres de las dificultades del niño, deben consultar al médico, que hará pruebas de conocimiento, de aprendizaje y de lenguaje para determinar el grado de dislexia.

Unas sesiones de reeducación con un especialista y con la ayuda regular de un psicoterapeuta permitirán que el niño lea y escriba con normalidad al cabo de unos meses o unos años, según los casos.

VÉASE: COCIENTE DE DESARROLLO, COCIENTE INTELECTUAL, RETRASO DEL LENGUAJE.

Dolor

El dolor es una sensación que va desde una ligera molestia hasta un sufrimiento insoportable. Es un síntoma que está asociado a muchas enfermedades y, en algunos casos, es el elemento revelador de una determinada patología.

□ Un niño no puede expresar su sufrimiento como lo haría un adulto. Pero, aunque no pueda explicar el dolor con palabras, lo padece y lo intenta comunicar: gemidos, quejas, lloros o, al contrario, un ensimismamiento y una tranquilidad poco habitual deben ser señales de alarma.

El niño puede tener una enfermedad grave y estar bajo un tratamiento que le provoca dolores físicos. También puede padecer por verse separado de su entorno habitual. En este caso, el dolor es de carácter afectivo. El miedo mismo al dolor físico o a la separación pueden agravar el sufrimiento.

Hay que estar muy atento a las peticiones del bebé y explicarle, en términos sencillos, el proceso de la enfermedad y de los cuidados que se le deben aplicar. La confianza y el sentimiento de seguridad que le aportan los padres le ayudarán a aceptar el dolor con mayor serenidad y a prepararse, en su caso, para una **intervención quirúrgica**. Al hacerle participar en su tratamiento, también se activa la curación.

Los analgésicos ligeros suelen ser eficaces en el tratamiento de los dolores suaves, como el **dolor de cabeza**, el dolor de muelas, una dismenorrea (dolores antes o durante la **regla**)... Existen **calmantes** a base de ácido acetilsalicílico o de paracetamol. Pero hay que ser prudentes. Aunque estos medicamentos se vendan sin receta, un uso prolongado o en determinadas circunstancias, puede ser nocivo. Se deben respetar las dosis aconsejadas para la edad del niño y consultar al médico para que trate las causas del dolor.

Los médicos suelen recetar otros medicamentos (antiespasmódicos, ansiolíticos, hipnóticos) para atenuar dolores que se deben a una enfermedad concreta, que hay que curar al mismo tiempo.

VÉASE: ANESTESIA, CRECIMIENTO (DOLORES DEL).

Dolor de abdomen

*El dolor abdominal es frecuente en el niño. Al menos, se queja de este tipo de molestia a menudo. La mayoría de las veces no reviste gravedad, pero también pueden ser síntoma de una enfermedad intestinal o una afección que requiere una **intervención quirúrgica**.*

□ Sea del tipo que fuere el dolor de abdomen, siempre se debe consultar al médico e indicarle si está acompañado de **fiebre**, **vómitos** o, en el lactante, rechazo del biberón, tránsito intestinal anormal (**estreñimiento**, **diarrea**, restos de sangre en las heces), estabilización del peso o adelgazamiento.

□ **Dolor abdominal agudo.** Puede ser síntoma de una **invaginación intestinal** aguda, una **apendicitis** o una **hernia** estrangulada que requieren una intervención quirúrgica. Estos dolores agudos también pueden deberse a una **gastroenteritis**, una afección del colon, o incluso a una infección urinaria, una **gripe** o un principio de **hepatitis.**

El médico, después de un reconocimiento, quizá solicite análisis complementarios o una observación en el hospital para precisar el diagnóstico.

□ **Dolor abdominal repetido.** Un dolor abdominal que se repite, pero es aislado, sin otros síntomas, puede a veces reflejar problemas psicoafectivos, relacionados con dificultades personales o de relación (angustia por la separación o repliegue sobre uno mismo). Si se han eliminado todas las causas orgánicas, el médico puede recomendar una psicoterapia de apoyo para que el niño recupere la confianza en sí mismo y supere esos problemas pasajeros.

Dolor de cabeza

Los niños, al igual que los adultos, pueden tener dolor de cabeza (o cefalea).

□ Si el niño se queja ocasionalmente de dolor de cabeza, y en ausencia de otros síntomas, se le puede administrar paracetamol o ácido acetilsalicílico, en las dosis recomendadas para su edad. La mayor parte de las veces, el dolor de cabeza desaparece rápidamente, lo que confirma su carácter benigno.

Sin embargo, si los dolores de cabeza son frecuentes, hay que consultar al médico, ya que pueden ser síntoma de un problema neurológico u otra enfermedad.

VÉASE: MIGRAÑA.

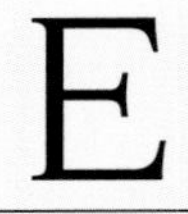

Eccema

*El eccema es una enfermedad de la piel que suele aparecer en las familias en las que ya se dan otras reacciones alérgicas (**rinitis**, **fiebre del heno**, **urticaria**, **bronquiolitis**, **asma**); en estos casos se trata de eccemas constitucionales o de dermatitis atópicas. Aunque el eccema también puede aparecer sin que existan antecedentes familiares.*

□ El eccema puede presentarse en el lactante a partir del 2.º o 3.er mes de vida. A pesar de una buena higiene, la cara del bebé está enrojecida y llena de lesiones secas, supurantes o que forman costras. Esas finas vesículas cubren la frente, las mejillas y el mentón, pero no se desarrollan en el contorno de los ojos, la boca o la nariz. Sin razón aparente, se extienden, con erupciones sucesivas, a los hombros, los brazos, el reverso de las manos y el pecho. El bebé necesita rascarse, se mueve y los **picores** (prurito) perturban su sueño. Se araña sin querer, pudiéndose causar pequeñas infecciones locales.

En los niños mayores, las lesiones suelen localizarse en los pliegues (rodillas, codos) y también se dan en las manos por culpa de algunas cremas o productos de limpieza irritantes.

El tratamiento del eccema permite atenuar las erupciones. En cuanto a la higiene, que debe ser muy meticulosa, se deben utilizar jabones dermatológicos especiales (de venta en farmacias) y emolientes para el baño, que desecan menos que el jabón. Para hidratar regularmente la piel y calmar los picores, se pueden aplicar cremas dermatológicas.

Según la importancia del eccema, el médico recetará **antibióticos** de aplicación local o por vía oral. También puede prescribir una crema a base de cortisona (**corticoides**), que se debe usar siguiendo sus indicaciones. Hay que evitar tapar demasiado al niño, ya que la transpiración agrava el eccema. Una exposición moderada al sol puede ser beneficiosa.

Las **vacunas** se deben aplicar con normalidad.

El eccema evoluciona de forma muy caprichosa, aunque se suele atenuar antes de los 3 años. Sin embargo, esta dermatosis puede prolongarse hasta la edad adulta y convertirse en crónica. Los niños que tienen eccema pueden convertirse en asmáticos al crecer.

Ecografía

La ecografía permite explorar un órgano o una región del cuerpo mediante ultrasonidos de alta frecuencia. Mientras que la repetición de radiografías presenta ciertos peligros (los efectos de los rayos X son acumulativos), la repetición de ecografías no es nociva, ni tan siquiera para el feto o el niño.

□ Una sonda que contiene un cristal de cuarzo emite ultrasonidos. El médico la desplaza por la región que quiere observar. Los ultrasonidos se reflejan cuando topan con las diversas estructuras de los órganos. Los ecos llegan al sensor y se traducen entonces en imágenes sobre una pantalla o un papel fotográfico.

La exploración es eficaz cuando los tejidos estudiados son densos o contienen líquido, pero, como los ultrasonidos no se propagan en el aire, la exploración del tubo digestivo y de los pulmones es más bien mediocre.

Las **amniocentesis** (toma de una muestra de líquido amniótico) se hacen bajo control ecográfico (*véase* pág. 50).

□ **La ecocardiografía y el efecto Doppler.** Una ecografía del corazón, completada con la medición de la velocidad de la sangre en las cavidades cardíacas y en las arterias pulmonares y la aorta (efecto Doppler), permite detectar las anomalías de las válvulas cardíacas y concretar la naturaleza de ciertas malformaciones.

□ **La ecoendoscopia.** Hoy en día existen sondas muy finas que el médico puede introducir en los órganos huecos (por ejemplo, tubo digestivo, vagina) con ayuda de un aparato óptico flexible (fibroscopio). Esta técnica se conoce como *ecoendoscopia*.

□ **La ecografía del cerebro del recién nacido.** Los huesos del cráneo del recién nacido todavía no están soldados; por lo tanto, es posible explorar el cerebro mediante ecografía a través de las **fontanelas**, para detectar una posible malformación, como la **hidrocefalia** (acumulación de líquido en el cráneo) o una patología vascular relacionada con una falta de oxigenación del cerebro.

□ **La ecografía durante el embarazo.** Este reconocimiento permite observar directamente al feto. Da respuestas a distintas preguntas que se pueden plantear los padres sobre el futuro hijo: ¿se desarrolla con normalidad?, ¿es niño o niña? Al principio de la gestación, la ecografía permite diagnosticar con precisión la edad del embrión o, en su caso, detectar un embarazo extrauterino. Más tarde, se usa sobre todo para seguir el desarrollo morfológico del feto y detectar posibles anomalías (por ejemplo, una anomalía del corazón).

Electrocución

El niño ha recibido una descarga eléctrica. La electrocución es la consecuencias de dicho accidente.

□ Las **quemaduras** varían en función de la importancia de la corriente y de su voltaje. La corriente también puede provocar trastornos del ritmo cardíaco.

Si el niño ha metido los dedos en un enchufe y no puede sacarlos, no hay que tocarlo –la otra persona también resultaría electrocutada– sino que se debe cortar la corriente desde el contador.

Si la electrocución se debe a un cable, hay que separarlo con un bastón o un objeto seco (de plástico o de madera), ya que la humedad es buena conductora de la electricidad.

Si el niño ya no respira, se le debe practicar de inmediato el boca a boca y un masaje cardíaco (*véase* pág. 363).

Los aparatos electrodomésticos (estufas, teléfono) no deben usarse en los cuartos de baño. Hay que proteger los enchufes mientras el niño sea pequeño y, en cuanto tiene edad para entender, se le deben explicar los peligros de la electricidad. (*véanse* págs. 256 y 304).

Encefalitis

La encefalitis es la inflamación del cerebro, a veces conjuntamente con la de las membranas que lo recubren, las meninges (se habla entonces de meningoencefalitis). Las consecuencias neurológicas a menudo son graves.

□ Los síntomas suelen ser preocupantes: trastornos de la conciencia (somnolencia, apatía, delirio); dificultades de alimentación (deglución difícil o atragantamiento); convulsiones si se tiene fiebre y, a veces, sin fiebre.

Se debe llamar al médico urgentemente. Por regla general hospitalizará al niño en un servicio especializado para conocer la causa de la encefalitis y poder tratarla. La mayoría de las veces, la enfermedad es de origen infeccioso (sobre todo vírico), aunque se pueden dar otras causas.

Encopresis: VÉASE HIGIENE.

Enfermedad por arañazo de gato: VÉASE ANIMAL DOMÉSTICO.

Enuresis: VÉASE HIGIENE.

Epiglotis (inflamación de la)

La epiglotis es la lámina cartilaginosa que protege las vías respiratorias cuando se traga. La inflamación (epiglotitis) la vuelve voluminosa. El aire no puede pasar hacia la tráquea y se produce ahogo. Esta enfermedad rara y contagiosa afecta sobre todo a niños de 2 a 6 años. Se debe a una bacteria, denominada Haemophilus influenzae.

□ Los síntomas son los siguientes: sea cual fuere el período del año, y por lo tanto con independencia de las infecciones víricas estacionales, el niño tiene molestias en la laringe al respirar. De golpe, le sube la **fiebre** (39-40 °C) y respira produciendo un ruido característico (**estridor**). Además, siente **dolor** cuando traga y tiene una salivación muy abundante. La voz sale ahogada y ninguna secreción obstruye los bronquios (**tos** clara). El niño prefiere permanecer sentado, inclinado hacia delante, para respirar mejor. Le duele demasiado para poder abrir la boca y mostrar la garganta.

Si el médico confirma el diagnóstico de una epiglotitis, se debe hospitalizar al niño urgentemente.

En el hospital, un médico realizará una intubación: meterá un tubo por la tráquea, a través de la nariz o de la boca, para que el oxígeno pueda llegar hasta los pulmones. Para combatir la infección, se administran **antibióticos** por vía intravenosa.

Epilepsia

La epilepsia se caracteriza por crisis de **convulsiones** *repetidas que aparecen súbitamente sin ser provocadas por la fiebre.*

□ Las crisis se desarrollan de la siguiente forma: el niño, sin fiebre, repentinamente es presa de convulsiones. Pierde el conocimiento y se cae, y sus brazos y piernas sufren unas sacudidas durante algunos segundos. Poco a poco, vuelve en sí. La crisis dura de dos a tres minutos. Luego, el niño se duerme. Se habla de epilepsia cuando se han producido al menos dos crisis sucesivas sin fiebre.

En el recién nacido o el bebé, la epilepsia se manifiesta de forma diferente: la convulsión está más localizada y es característico que los ojos se pongan en blanco justo después de la pérdida de conciencia, aunque ésta sea breve.

Las crisis epilépticas se deben a un mal funcionamiento de la corteza cerebral causado por lesiones o enfermedades: traumatismo craneal o traumatismo durante el parto, **encefalitis**, **meningitis**, tumor cerebral, **intoxicación por medicamentos**, etc. Pero, en el niño, lo más común es que se trate de una epilepsia *esencial*, es decir, sin causa aparente.

¿Qué se puede hacer ante una crisis epiléptica? Mantenerse tranquilo y comprobar que el niño no corre peligro (si se ha caído en la calle, por ejemplo); desabrochar con cuidado las ropas que se ajusten al cuello y elevar la cabeza; mantener abiertas las vías aéreas, sin poner ningún objeto entre los dientes, y esperar que la crisis pase. Si dura más de cinco minutos y el niño permanece inconsciente, hay que llamar al médico.

En todos los casos, ante una primera crisis de epilepsia, es imprescindible buscar la causa. El médico examinará el sistema nervioso del niño (reconocimiento neurológico), y completará los datos con un electroencefalograma, una **TAC** y un análisis biológico. Luego, recetará el tratamiento adecuado.

Los anticonvulsivantes son medicamentos que disminuyen la frecuencia de las crisis. Si en los dos años siguientes no se produce ninguna nueva crisis, el médico puede proponer la reducción o la interrupción del tratamiento.

Epistaxis: VÉASE HEMORRAGIA NASAL.

Equimosis: VÉASE MORETÓN.

Eritema de pañales: VÉASE DERMATITIS AMONIACAL O DE JACQUET.

Erupción cutánea

Una erupción cutánea se caracteriza por la aparición en la piel de enrojecimientos, granos o manchas que pueden transformarse en vesículas a veces rellenas de pus.

□ Las erupciones cutáneas pueden presentarse de diferentes formas: **eritema** (simple congestión de los capilares de la piel que se manifiesta por un enrojecimiento que desaparece bajo presión), **púrpura** (manchas rojizas que traducen pequeñas hemorragias), vesículas, pequeñas ampollas, etc.

En función del aspecto de la erupción, aunque también de las condiciones de su aparición y su evolución, los diagnósticos que pueden darse son varios; en especial, el **sa-**

rampión, la **rubéola**, la **varicela** y la **escarlatina** se manifiestan por fiebres eruptivas muy específicas. A menudo, como en el caso de la **roséola**, la erupción significa que la enfermedad está curada.

Escáner: VÉASE TAC

Escarlatina

La escarlatina es una enfermedad infecciosa eruptiva que se debe a una bacteria, el estreptococo. Afecta a los niños, aunque hoy en día su incidencia es cada vez más escasa.

□ Se puede pensar en una escarlatina ante la aparición de una erupción en el curso de unas **anginas** benignas, con dolor de garganta, **fiebre** alta y **ganglios** voluminosos en el cuello (adenopatías). Aparecen multitud de pequeños puntos rojos en el cuello, las axilas y los pliegues de la ingle. La lengua está roja, descamada por lo bordes y blanca en el centro.

El médico recetará un tratamiento **antibiótico** para evitar complicaciones, como un **reumatismo** articular agudo. Es necesario controlar la proteinuria (presencia de proteínas en la orina) durante el mes que sigue a una escarlatina, al igual que después de cualquier angina debida al estreptococo. Para evitar el riesgo de escarlatina, en la actualidad muchos pediatras optan por tratar con antibióticos sistemáticamente todas las anginas, ya sean víricas o bacterianas, ya que los resultados de los cultivos de las muestras de secreciones de la garganta tardan demasiado.

Sólo el estado del niño determina si puede ir al colegio o no, puesto que en cuanto se trata la enfermedad con antibióticos ya no existe riesgo de contagio.

VÉASE: ALBUMINURIA.

Escoliosis

La escoliosis es una desviación lateral de la columna vertebral.

□ El niño no está recto, en especial cuando se encuentra sentado a la mesa o cuando permanece mucho tiempo de pie. En el reconocimiento clínico, el médico no encuentra ninguna basculación de la pelvis, ni una anomalía en la columna vertebral, ni una longitud anormal de los miembros. Esta actitud se corrige sin problemas si el niño se esfuerza por mantenerse recto. No se debe a una escoliosis real, sino que se trata de una «actitud escoliótica».

No obstante, se debe controlar con regularidad la columna vertebral durante toda la etapa de crecimiento, ya que la escoliosis puede aparecer antes de la adolescencia.

□ **En el niño.** La escoliosis afecta a las niñas en 8 de cada 10 casos y no suele tener explicación. Se caracteriza por una deformación de la columna vertebral, que adquiere un aspecto sinuoso que el niño no puede rectificar. Además, aparece un bulto en la espalda cuando se le pide al niño que se incline hacia delante. Una exploración clínica y una radiografía permiten que el médico prescriba un tratamiento específico. Suele ser de tipo ortopédico (a veces, el niño debe llevar un corsé), o, en las formas más graves, una corrección quirúrgica.

□ **En el bebé.** La escoliosis puede reflejar una anomalía de la columna vertebral. También puede estar relacionada con una **minusvalía** o una malformación, y se tratará en el marco de una atención generalizada del bebé.

Espasmos del llanto:

VÉASE APNEA DEL LLANTO.

Estenosis pilórica:

VÉASE VÓMITOS.

Estomatitis

Una estomatitis es una inflamación de la mucosa de la boca causada, la mayor parte de las veces, por un virus.

□ El niño puede negarse a comer de repente porque tiene un **dolor** intenso en la lengua y la boca. La exploración de la boca revela la presencia de pequeñas manchas blancas que se suelen localizar, sobre todo, en las encías y las mejillas, y pueden sangrar durante la evolución de la enfermedad. El niño puede tener al mismo tiempo **fiebre** alta (39-40 °C), lo que refleja un origen herpético.

Un tratamiento local a base de enjuagues con antisépticos permite evitar los riesgos de sobreinfección. Si al niño le cuesta mucho tragar los alimentos habituales, hay que darle alimentos líquidos (yogures, helados o platos que no requieran demasiada masticación). Un tratamiento analgésico local atenuará el dolor.

La curación se alcanza en general al cabo de una semana, sin que ningún tratamiento específico pueda acortar la evolución de la estomatitis. A veces, el médico hospitaliza al niño durante unos días para aplicar un gota a gota cuando hay dificultades para alimentarlo.

Estrabismo

El niño con estrabismo bizquea: uno de sus ojos está desviado. El estrabismo es un defecto del paralelismo del eje óptico de los ojos que produce un trastorno de la visión binocular.

□ Hasta los 6 meses, el aprendizaje de la visión atraviesa en el bebé por un período de estrabismo, llamado de *acomodación*. El estrabismo de acomodación es intermitente. Por el contrario, cualquier estrabismo permanente es anormal.

En los niños mayores, el estrabismo, con una desviación de los ejes de los ojos y un trastorno de la visión binocular requiere un reconocimiento oftalmológico. El médico busca primero la existencia de una ambliopía, es decir, una disminución importante de la agudeza visual de un ojo (el ojo desviado) o, a veces, de los dos. Una detección precoz, antes de los 2 años, facilita un alto porcentaje de recuperación, mientras que ésta es casi nula a partir de los 6 años.

En el niño de menos de 2 años que bizquea, se puede detectar sin problemas una ambliopía debida al estrabismo: cuando se tapa el ojo «bueno», el niño llora o se agita. A partir de los 2 años, diversas pruebas permiten hacer un diagnóstico más preciso.

El tratamiento tiene dos fases: primero, la corrección óptica, a partir de los 6 meses si es necesario, mediante una oclusión ocular o la aplicación de adhesivos translúcidos en las gafas para obligar al niño a usar el ojo «malo»; en segundo lugar, entre los 2 y los 6 años, una gimnasia ocular (reeducación ortóptica) que obliga al niño, si se asocia con el uso de gafas, a utilizar los dos ojos. Hoy en día es poco frecuente recurrir a la cirugía correctora.

Estreñimiento

El niño está estreñido si las heces son duras y defeca muy de vez en cuando: menos de una vez al día antes de cumplir el año, menos de una vez cada 48 horas entre 1 y 4 años, y menos de tres a la semana después de los 4 años.

□ El tránsito intestinal es distinto de un niño a otro y también varía con la edad. Se puede considerar que un niño está estreñido antes de la edad de 1 año si hace sus necesidades menos de una vez al día; entre 1 y 4 años, si la frecuencia es de menos de una vez cada dos días; y a partir de los 4 años, menos de tres veces a la semana.

□ **El bebé se alimenta con leche materna.** Sin duda, hace sus necesidades con frecuencia, por lo general una vez por toma; aunque no es extraño que algunos bebés sólo defequen –heces de consistencia blanda– una vez al día, o incluso cada dos días, sin dolor ni hinchazón del vientre, mientras engordan con normalidad. En estos casos, la leche materna se absorbe totalmente y no deja residuos. Se habla de «falso» estreñimiento.

□ **El bebé toma biberón.** Si parece que está estreñido, lo primero que hay que hacer es tomar algunas medidas simples: comprobar si se ha preparado bien la leche, usar un tipo de agua ligeramente laxante y darle también de beber zumo de naranja natural o zumo de ciruelas. El tránsito intestinal se restablecerá por sí solo. No es conveniente recurrir a medicamentos, y los supositorios son inútiles a esta edad.

□ **El niño mayor.** A los niños les gusta la carne, las pastas y las féculas, pero este tipo de alimentación reduce el bolo fecal y provoca a menudo estreñimiento. Por lo tanto, hay que dar al niño verdura y fruta, y hacer que beba con regularidad. Sin embargo, existen otras causas de estreñimiento: se quiere que el niño aprenda a hacer sus necesidades demasiado pronto y este aprendizaje le parece difícil; no se siente a gusto en los lavabos del colegio y se aguanta; acaba de hacer un viaje o de pasar unos días lejos de la familia.

El tránsito intestinal se restablecerá rápidamente si se resuelve alguno de estos problemas. Mientras tanto, el médico recetará un antiespasmódico para reducir el dolor de abdomen y productos para hidratar las heces.

VÉASE: COLON IRRITABLE.

Estridor

El estridor es un ruido agudo que se oye durante la inspiración.

□ Puede ocurrir que el bebé haga un ruido al respirar durante los primeros días o semanas de vida. Puede deberse a que tiene la nariz tapada. Basta con destaparle la nariz mediante una instilación de suero fisiológico, seguida de una limpieza de las ventanas nasales con un trocito de algodón.

Sin embargo, este ruidito puede volverse más agudo, en especial durante los esfuerzos de inspiración o cuando toma el biberón. Además, una rinofaringitis puede acentuar el estridor. Un especialista en otorrinolaringología reconocerá al bebé y hará, si lo considera necesario, un examen de la laringe con un fibroscopio para determinar la causa exacta.

El estridor puede deberse a una consistencia anormalmente blanda del cartílago de la laringe (laringomalacia). Como consecuencia, durante la inspiración la laringe se comprime u obstruye. Por regla general, esta anomalía desaparece espontáneamente durante el primer año de vida.

Existen otras anomalías anatómicas que pueden producir estridor y que se detectan mediante laringoscopia. En algunos casos, puede ser necesaria una intervención quirúrgica.

Evaluación neonatal

El término evaluación neonatal agrupa todos los exámenes médicos que se realizan al bebé en cuanto nace para comprobar si presenta alguna malformación o padece una enfermedad concreta.

□ Además, unos días después del nacimiento, se hacen exploraciones adicionales para detectar posibles afecciones congénitas.

□ **La fenilcetonuria.** Hacia el quinto día de vida, se toma como muestra una gota de sangre pinchando el talón del niño. El análisis (prueba de Guthrie) permite comprobar si el recién nacido está afectado o no por la fenilcetonuria (*véase* pág. 146).

□ **El hipotiroidismo.** La posible insuficiencia de la glándula tiroides también se detecta mediante análisis de sangre, empleando la misma muestra. La gravedad de los síntomas varía en función de la importancia del hipotiroidismo. Pero si no se trata la enfermedad, el niño hipotiroideo padecerá retrasos del crecimiento, del desarrollo cerebral y de la madurez sexual.

Este diagnóstico precoz de las enfermedades congénitas permite aplicar cuanto antes el tratamiento adecuado y minimizar así los trastornos que podría causar su futura evolución natural. En España, de momento sólo se practica la búsqueda sistemática de estas dos enfermedades, pero no es de descartar que en el futuro se intente detectar otras afecciones congénitas, como ya se hace en otros países.

VÉASE: APGAR (PUNTUACIÓN DE), COCIENTE DE DESARROLLO, HORMONA, INGENIERÍA GENÉTICA, LUXACIÓN CONGÉNITA DE CADERA.

Exantema súbito:

VÉASE ROSÉOLA.

F G

Fenilcetonuria

La fenilcetonuria es una enfermedad hereditaria que se manifiesta con trastornos neurológicos y retraso mental. Bastante rara, afecta a alrededor de 1 recién nacido de cada 15.000.

□ Al niño que padece fenilcetonuria le falta una enzima necesaria para que el organismo pueda utilizar la fenilalanina, un aminoácido procedente de la alimentación. Debido a este defecto, la fenilalanina se acumula en el organismo y alcanza niveles tóxicos que producen trastornos neurológicos, como tensión muscular excesiva, **convulsiones** y **movimientos anormales**.

Hoy en día, la prueba de Guthrie, que se realiza alrededor de la primera semana después del parto, permite detectar enseguida una posible fenilcetonuria. La tasa de fenilalanina en la sangre se calcula a partir de una gota que se coloca en un papel filtro especial (la muestra se coge mediante una punción en el talón del recién nacido). Si esta tasa es alta, el niño deberá seguir una dieta pobre en proteínas que contengan fenilalanina. El régimen se debe cumplir escrupulosamente durante los primeros años de vida, es decir, durante el período de crecimiento y maduración del cerebro.

Estas normas dietéticas permiten evitar las complicaciones neurológicas y el retraso mental que puede provocar la fenilcetonuria. Con el tiempo, la alimentación podrá ser normal. Sin embargo, las mujeres afectadas deben seguir un régimen estricto durante el embarazo, y si es posible desde antes de quedar embarazadas, para minimizar los riesgos de graves malformaciones (malformación cardíaca o **microcefalia**) en el feto causadas por una intoxicación de fenilalanina.

VÉASE: EVALUACIÓN NEONATAL.

Fibrosis quística

La fibrosis quística, también conocida como mucoviscidosis, es una enfermedad hereditaria caracterizada por un fallo en las secreciones de múltiples glándulas, que son más espesas de lo normal y dan lugar a variados trastornos. Se caracteriza, entre otras cosas, por una especial predisposición a las infecciones pulmonares crónicas. Las precauciones que se instauran precozmente, tanto en el plano antiinfeccioso como en el alimentario, no garantizan la curación.

□ La fibrosis quística es la más frecuente de las enfermedades genéticas. En los países europeos, afecta alrededor de 1 niño de cada 1.500. La transmisión de esta afección se realiza por el mecanismo de herencia recesiva (*véase* **transmisión genética**), lo que explica que aparezca a menudo en niños cuyos padres no la padecen.

En el bebé, los primeros síntomas de fibrosis quística corresponden a episodios de tos o de ahogos repetidos, debidos a una anomalía de la consistencia de la mucosidad bronquial. En realidad, todos los órganos que tienen secreciones propias presentan una anomalía en la consistencia de los productos que elaboran: el páncreas, el hígado, la piel, etc. De hecho, precisamente unas pruebas destinadas a analizar el sudor, que es anormalmente salado, constituyen uno de los principales métodos para confirmar el diagnóstico.

A veces, los síntomas que hacen sospechar la existencia de una fibrosis quística corresponden a trastornos digestivos, como una eliminación tardía del meconio, una **oclusión intestinal** neonatal, una **diarrea** crónica o un retraso del crecimiento ponderal.

En los últimos años, los avances de la genética y de la biología molecular han permitido localizar el gen responsable (situado en el cromosoma 6) y descubrir que diversas mutaciones pueden ser su causa. La mutación más frecuente representa el 70% de los casos, pero ya se han identificado más de un centenar. Estas técnicas se pueden aplicar al **diagnóstico prenatal**, mediante el análisis de las vellosidades coriónicas a partir de la décima semana de amenorrea.

A pesar de los recientes progresos, el tratamiento no permite garantizar la curación. Asocia la fisioterapia respiratoria diaria, para prevenir la obstrucción de los bronquios, el tratamiento antibiótico de los episodios de sobreinfección pulmonar y un control dietético precoz (régimen rico en calorías y proteínas, y suplementos vitamínicos que permiten ganar peso y normalizar las deposiciones). En algunos casos, se puede considerar el trasplante de pulmones; pero el gran número de órganos afectados plantea problemas de difícil solución. Los avances decisivos y las soluciones que todos esperamos vendrán probablemente de la **ingeniería genética** y de la biología molecular.

Fiebre

Un niño tiene fiebre si la temperatura rectal (tomada en reposo) supera los 37,5 °C. La fiebre en sí misma no es una enfermedad: la mayor parte de las veces sólo refleja que el organismo reacciona ante la agresión de un ***virus*** *o de una* ***bacteria****.*

□ La fiebre suele estar causada generalmente por una infección, aunque un niño puede también tener fiebre si está excesivamente abrigado.

□ **¿Cómo hacer bajar la temperatura?** Mientras se espera al médico, hay que desvestir al niño: dejarlo desnudo o con poca ropa. También se le debe dar de beber con regularidad, comprobar que la temperatura de la habitación no sobrepase los 20 °C, darle baños tibios con una temperatura del agua de 2 °C menos que la suya (por ejemplo, 37 °C si tiene 39 °C de fiebre) y administrarle un antitérmico (por ejemplo a base de paracetamol), respetando las dosis adaptadas a su peso.

¿Cuándo se debe llamar al médico? Si la fiebre persiste durante más de doce horas y, además, aparecen otros síntomas (**erupción** cutánea, trastornos digestivos, irritación de la garganta, **dolor de cabeza**, **tos**, etc.), o si se está preocupado, se debe consultar con el médico.

□ **La fiebre en los niños pequeños.** La temperatura puede alcanzar fácilmente los 40 °C en el bebé. Conviene consultar al médico sin demora si el niño, además de tener fiebre, se pone pálido, si tiene la piel amoratada, si los labios están azulados (principio de **cianosis**), si las manos y los pies están fríos, si tiene somnolencia o si emite gritos quejumbrosos. El médico intentará detectar las causas de la fiebre y recetará el tratamiento adecuado.

En el bebé y los niños de menos de 4 años, al margen de los síntomas descritos más arriba, la fiebre es sobre todo temible por los riesgos de **convulsión** (en un 3 a 5% de los niños). Por este motivo, debe tratarse en cuanto supera los 38 °C.

Fimosis

El prepucio es el repliegue de piel que recubre el glande. A veces es demasiado estrecho en el recién nacido. Esta estrechez es característica de una fimosis.

□ Cuando se lava al recién nacido, es habitual no poder descubrir del todo el glande. Esto es normal en el recién nacido y no requiere ninguna intervención médica manual o quirúrgica. No hay que intentar descubrir el glande forzando la piel; ni es necesario acudir a un cirujano. La distensión natural del prepucio permitirá atenuar progresivamente la fimosis. Unas pequeñas adherencias pueden seguir «pegando» el prepucio al glande, pero se eliminan con facilidad mediante pequeñas tracciones sucesivas durante el aseo local o justo después del baño. A menudo, se observa que en estas condiciones se produce una acumulación de una sustancia blanquecina, el esmegma, que se debe a la descamación de las células de la mucosa.

Unas maniobras demasiado bruscas para descubrir el glande pueden provocar una parafimosis. En estos casos, el prepucio retraído aprieta demasiado la base del glande y produce fuertes dolores e hinchazón local que hacen difícil, e incluso imposible, volver a cubrirlo. Si ya no se puede cubrir el glande ni bajo la acción de calmantes para el dolor, o si la adherencia persiste o el niño tiene molestias al orinar, puede ser necesario practicar la **circuncisión**.

Fisioterapia

La fisioterapia incluye una serie de procedimientos terapéuticos basados en la práctica de movimientos activos o pasivos. Puede mejorar tanto las funciones respiratorias como las locomotrices. La fisioterapia también da buenos resultados en las personas que tienen afectado el sistema nervioso.

□ **Fisioterapia neurológica.** Cuando se padecen afecciones neurológicas, congénitas o adquiridas, pueden presentarse trastornos del tono muscular y de la motricidad que desembocan en una tensión excesiva sobre la columna o los miembros. El fisioterapeuta limita o reduce las deformaciones que podrían producirse a corto o a largo plazo. La reeducación también permite, tras una afección aguda, acelerar la recuperación neurológica mediante ejercicios adaptados a las posibilidades del niño.

□ **Fisioterapia ortopédica.** Esta técnica de reeducación permite mejorar una desviación de columna vertebral (escoliosis, lordosis), volver a aprender a caminar normalmente después de una operación quirúrgica en una pierna (fractura) o reducir un **dolor**, una inflamación o una contractura. Los ejercicios que aconseja el fisioterapeuta o las manipulaciones pasivas que ejerce sobre el cuerpo del niño evitan la anquilosis (entumecimiento que hace imposible el movimiento) que se produce cuando se está en cama mucho tiempo. Además, el calor y los masajes alivian las tensiones, los dolores y los espasmos musculares.

□ **Fisioterapia respiratoria.** ¿Qué puede hacer un fisioterapeuta por un niño que tiene una **bronquitis** crónica, una **bronquiolitis**, **asma**, una neumopatía o una **fibrosis quística**? ¿O por un niño que acaba de sufrir una **intervención quirúrgica** que le impide respirar con normalidad? Al mismo tiempo que el tratamiento recetado por el médico y el uso de aerosoles, recurrirá a diversas técnicas que exigen la participación del niño, activa o no, en función de la edad y de su capacidad de comprensión.

– Percusiones torácicas (*clapping*). El especialista golpea de forma repetida la espalda del niño para despegar las secreciones y que pueda así escupir con mayor facilidad.

– Aceleración del flujo espiratorio. El niño aprende a respirar a fondo para provocar la tos y desobstruir los bronquios.

Estas sesiones pueden ser cotidianas o semanales. Los padres pueden aprender estas técnicas y practicarlas con el hijo en casa.

Flúor

El flúor es un mineral presente en ciertos alimentos que, al incorporarse al esmalte de los dientes, lo fortalece e impide el desarrollo de las caries.

□ La mineralización de los **dientes** de leche se inicia a partir del 4.° mes del embarazo y prosigue hasta la erupción, a partir del 5.° mes de vida aproximadamente, según el bebé. Los ocho incisivos definitivos y los cuatro primeros molares se mineralizan también durante la gestación. Por lo tanto, es importante que la madre tome suficiente flúor para garantizar la buena dentición del hijo.

La alimentación aporta muy poco flúor para proteger los dientes contra las caries, aún cuando se adopte la costumbre de cocinar con sal fluorada. Una de las mejores formas de asegurar una buena aportación es la fluoración del agua corriente, pero ésta no es todavía una práctica habitual en la mayor parte de España. Por este motivo, el médico suele recetar flúor en comprimidos a la madre durante el embarazo y al bebé en cuanto nace.

□ **Antes del parto.** Puede que el médico recete flúor en comprimidos a partir del cuarto mes de embarazo.

□ **A partir de los 2 años.** Hay que enseñar al bebé a cepillarse los dientes con un dentífrico fluorado. Aunque la eficacia del cepillado deje que desear al principio, es una costumbre que se debe adquirir muy pronto. Hay otros métodos de aplicación de flúor, que se pueden realizar en casa, como los gargarismos de flúor, o que lleva a cabo el odontólogo, con quien conviene hablar sobre este tema.

□ **Desde el nacimiento hasta los 2 años.** El médico puede aconsejar que se le dé flúor al bebé en forma de fluoruro de sodio. Hay que respetar escrupulosamente las dosis que se recetan, ya que el exceso de flúor puede producir, a la larga, manchas en el esmalte dental (fluorosis).

Fontanelas

Las fontanelas del bebé son unas zonas membranosas comprendidas entre los huesos del cráneo antes de la osificación completa del mismo. En el bebé con buena salud, son planas y flexibles.

□ El tamaño de las fontanelas varía de un bebé a otro.

Los padres conocen muy bien la fontanela anterior. Situada en la parte alta del cráneo, detrás de la frente, tiene la forma de un rombo de unos 2,5 cm. Flexible y elástica, permite apreciar los latidos de la circulación cuando se pone la mano encima con suavidad. Es frágil, pero mucho más resistente de lo que parece. Por lo tanto, no se debe tener miedo cuando se lava al bebé. Esta fontanela se cierra hacia los 18 meses, 2 años como mucho.

La fontanela posterior, en la parte trasera del cráneo, se puede palpar después del parto; más pequeña (0,6 cm de diámetro), tiene la forma de un triángulo. Se cierra hacia los 2 meses de vida.

La fontanela anterior presenta a veces anomalías que deben alertar a los padres. Se tensa a menudo cuando el bebé grita; sin embargo, si la tensión persiste cuando está tranquilo y, sobre todo, si la fontanela se abomba, hay que consultar enseguida con el médico. Si, por el contrario, la fontanela está un poco hundida con respecto a la curvatura general del cráneo y el bebé tiene algún trastorno coincidente, como **diarreas** o problemas digestivos, se puede sospechar que padece una **deshidratación**; en estos casos, también hay que consultar al médico.

Si la fontanela anterior del bebé todavía no se ha cerrado a los 2 años, puede ser síntoma de **raquitismo** (falta de vitamina D).

Fototerapia

La fototerapia permite atenuar la intensidad de la ictericia del recién nacido mediante la aplicación de rayos de luz –blanca, azul o verde– de una longitud de onda bien definida.

□ La luz que se utiliza en fototerapia ejerce una acción química sobre las moléculas de bilirrubina presentes en la piel. La energía suministrada por la radiación luminosa modifica la estructura de esas moléculas y, al hacerlas solubles en el agua, permite su eliminación por vía urinaria. Mientras se aplica la técnica, la eficacia del tratamiento se mide evaluando la tasa sanguínea de bilirrubina.

Según el origen de la ictericia, se pueden asociar a este tratamiento otros cuidados. Por lo general, el niño soporta muy bien la fototerapia, aunque es necesaria una vigilancia regular porque la exposición dura mucho y deben ir cambiándose las zonas expuestas. Suele ponerse al recién nacido en una incubadora para mantener la temperatura constante. Además, es necesario proteger los ojos del niño de los rayos ultravioletas con una venda o una máscara opaca, lo que puede ponerle nervioso al cabo de cierto tiempo de exposición.

VÉASE: ICTERICIA DEL RECIÉN NACIDO.

Fractura

Una fractura es la ruptura de un hueso causada, en la mayoría de los casos, por un golpe repentino (caída, accidente). Normalmente, una caída poco grave no suele producir fracturas en el niño, salvo si sus huesos son algo débiles.

□ Si después de una caída, el niño se queja de un **dolor** fuerte a la altura de algún miembro (muñeca, tibia, tobillo), no hay que obligarle a moverse. Si le duele mucho, hay que tranquilizarlo (y, sobre todo, no dejar ver la propia preocupación).

Se debe observar el lugar dolorido. ¿Hay un hematoma (coagulación de sangre bajo la piel que produce hinchazón)? ¿El miembro está deformado? ¿La piel está desgarrada? Si el niño presenta alguno de estos síntomas, hay que llamar enseguida al médico o al servicio de urgencias y atenerse a las indicaciones que den. Mientras se espera la asistencia médica, no hay que darle ni comida ni agua. Puede que sea necesaria una **intervención quirúrgica** y, en ese caso, tiene que tener el estómago vacío. Una radiografía confirmará o no la fractura.

Existen varios tipos de fracturas.

□ **Fractura abierta.** Una o las dos partes del hueso roto han atravesado la piel, dejando la lesión al aire libre (peligro de infección).

□ **Fractura cerrada.** Las partes del hueso roto no han desgarrado la piel.

□ **Fractura desplazada.** Las dos partes del hueso se han alejado una de otra durante el accidente o poco después.

□ **Fractura en tallo verde.** El niño cojea después de una caída. El hueso quizá se haya roto bajo el efecto del traumatismo, pero se mantiene dentro de la sólida funda del periostio.

Según el tipo de fractura, se aplicará un tratamiento ortopédico (escayola) o quirúrgico (operación quirúrgica y fijación mediante placas de metal). La zona de la fractura se mantendrá inmovilizada con una escayola durante dos o tres semanas, y la rehabilitación se hará de forma espontánea.

Frenillo de la lengua:

VÉASE LENGUA (FRENILLO DE LA).

Furúnculo

Un furúnculo es un grano rojo, duro y doloroso, causado por una inflamación de la raíz de un pelo. Sólo aparecen en los niños mayores y en los adolescentes.

□ Los furúnculos suelen aparecer en la espalda, en la parte posterior del cuello, en las nalgas y en el cuero cabelludo. La inflamación tiene como origen una infección causada por el estafilococo dorado.

El furúnculo crece, se llena de pus y le sale un punto blanco en el centro. Poco a poco, la piel que lo cubre se hace más fina, hasta que deja salir el pus.

El (la) adolescente no debe rascarse, ya que puede propagar la infección alrededor del primer furúnculo (formación de un ántrax), o a otras zonas del cuerpo. Si al intentar manipular un furúnculo, el(la) adolescente se toca la cara y, en especial, las alas de la nariz, puede causar otra afección mucho más grave: una tromboflebitis (inflamación de una parte de una vena con formación de un coágulo).

Hay que estar atentos, ya que un furúnculo mal curado puede dejar una cicatriz poco estética. Mientras se espera la consulta del médico, se debe aplicar sobre el furúnculo una compresa estéril impregnada de antiséptico y sostenerla con un esparadrapo. El médico recetará un tratamiento **antibiótico** y quizá efectúe una punción del furúnculo con una aguja esterilizada si aún tiene pus.
VÉASE: BACTERIAS.

Gammaglobulinas

Las gammaglobulinas (o inmunoglobulinas) son unas proteínas fabricadas por el sistema defensivo y presentes en el suero sanguíneo que también se llaman anticuerpos.

□ Existen cinco tipos de inmunoglobulinas: las IgG, que son las más importantes, las IgA, las IgM, las IgD y las IgE. Son producidas por unas células especializadas del sistema inmunitario, los linfocitos B. Cada una de las inmunoglobulinas reconoce un antígeno de forma específica.

Cuando se produce un ataque, primero se fabrican IgM, que participan en la eliminación del antígeno; luego, las IgG, que permiten reconocerlo si se produce otro ataque. Las **vacunas** se basan en este principio.

□ **Inmunidad del bebé.** Al crecer, el bebé se enfrenta a los **virus** y las **bacterias** de su entorno y adquiere, poco a poco, una inmunidad natural. Su tasa de inmunoglobulinas, inferior a la del adulto, aumenta con la edad. A veces, si presenta episodios infecciosos repetidos, se le administran inyecciones intramusculares de gammaglobulinas, pero todavía nunca se ha demostrado la eficacia de esta práctica.

Sin embargo, en ocasiones los bebés tienen pocas defensas inmunitarias o carecen de ellas, lo que se suele diagnosticar después de repetidas enfermedades infecciosas graves. En estos casos, se pueden hacer perfusiones sanguíneas de inmunoglobulinas a razón de una vez al mes. Estos anticuerpos extraídos de la sangre le aportan una mejor protección contra las infecciones.

□ **Inmunidad del recién nacido.** Hasta el momento del parto, el niño recibe de su madre inmunoglobulinas de tipo G, que le protegen durante algunos meses de las infecciones.

Ganglios

Los ganglios son unas pequeñas formaciones intercaladas en el recorrido de los vasos linfáticos. Garantizan la defensa del organismo contra las infecciones.

□ Se pueden notar esos pequeños bultos si se palpa el cuello del niño (bajo las orejas o las mandíbulas) o en la axila y las ingles. También existen ganglios en todos los órganos, en especial en los **pulmones** y el tubo digestivo.

Los ganglios filtran las partículas extrañas que transporta la linfa, el líquido incoloro que contiene plasma y glóbulos blancos. De esta forma, frenan el paso de los **virus** y las **bacterias** y estimulan la producción de glóbulos blancos que se encargan de destruir los gérmenes antes de que lleguen a la sangre. Esta función de filtro explica su hinchazón (o adenopatía) en caso de infección.

Si los ganglios del niño parecen anormalmente hinchados, hay que consultar al médico para que determine la causa. Si esta hinchazón se sitúa en el cuello, puede deberse a distintas infecciones: faringitis, **anginas**, absceso dental, **otitis** o **impétigo**. A veces, esta hinchazón de los ganglios aparece en distintos puntos del organismo y refleja infecciones más difusas: víricas, como la **rubéola** o la **mononucleosis infecciosa**; o parasitarias, como la **toxoplasmosis**; o, menos frecuentemente, una enfermedad inflamatoria o una enfermedad de la sangre (leucemia). El médico pedirá unos análisis complementarios para determinar el tratamiento.

Garrapatas: VÉASE ANIMALES DOMÉSTICOS.

Gases intestinales

Los gases intestinales se expulsan por el ano. Se deben a la fermentación de los alimentos que no se han digerido del todo y que se produce en el intestino grueso.

□ **En el bebé.** El bebé expulsa gases. Llora y se tensa. Si no se observa ninguna otra anomalía (las heces son normales y el peso aumenta con regularidad), estos pequeños trastornos, que sin duda son molestos para el niño, no deben preocupar demasiado.

Hay que controlar las reacciones digestivas y seguir, en cuanto a la alimentación se refiere, los consejos del médico; es mejor no darle demasiada harina, féculas y azúcar, que producen una fermentación excesiva. Los gases desaparecerán sin más tratamiento.

□ **En el niño de 2 años y mayor.** Si el niño es mayor, los gases intestinales pueden deberse a un **estreñimiento**. Las **heces** están más tiempo en el intestino y fermentan.

Los gases disminuirán tratando el estreñimiento. Hay que dar al niño más verdura y fruta, y hacerle beber lo suficiente. Se debe comprobar si en el colegio se aguanta las ganas de ir al lavabo, con el pretexto de que tiene aprensión. Si el estreñimiento persiste, hay que hablar con el médico.
VÉASE: COLON IRRITABLE, DOLOR DE ABDOMEN.

Gastroenteritis

La gastroenteritis es una inflamación del estómago y los intestinos, generalmente causada por una infección vírica. Provoca trastornos digestivos repentinos, a veces violentos, y no suele durar más de dos o tres días. No es grave, con la condición de que se prevenga el peligro de deshidratación.

□ Si el bebé tiene **diarrea** asociada a otros trastornos digestivos (pérdida de apetito, náuseas, **vómitos**), el médico probablemente diagnosticará una gastroenteritis.

Esta enfermedad suele estar causada por un **virus**, a veces una **bacteria**, que infecta el tubo digestivo y tiene pocas consecuencias infecciosas a nivel general. A veces, se debe a una salmonela o un colibacilo, lo que puede diseminar la infección por el organismo; en estos casos es necesario un tratamiento **antibiótico**. En algunas ocasiones, en los bebés de menos de 12 meses, se puede sospechar la existencia de una intolerancia a la leche de vaca.

Hay que seguir alimentando al bebé, pero sobre todo hidratándolo con soluciones que le aporten el agua y las sales minerales que necesita para equilibrar las pérdidas digestivas (en la farmacia se venden productos especiales con este fin).

A partir de los 5 o 6 meses, se le puede dar de comer manzana cruda rallada, plátano machacado, harina de arroz o arroz y compota de membrillo. En general, los síntomas de gastroenteritis no duran más de dos o tres días.

Si el niño no admite ningún líquido o alimento, hay que llamar al médico, que evaluará la situación. A veces es necesario hospitalizarlo para controlarlo y, en su caso, rehidratarlo mediante perfusión intravenosa (cuando las pérdidas de agua y sales minerales producidas por los vómitos y la diarrea son demasiado importantes).

Por otro lado, el análisis de las heces (coprocultivo) ofrecerá al médico datos muy valiosos e indispensables sobre el origen de la infección.

Gemelos

Los gemelos son dos niños gestados en un mismo embarazo. A nivel mundial, se da un embarazo gemelar cada 80 embarazos.

□ Los gemelos pueden provenir cada uno de un huevo diferente (falsos gemelos o mellizos fraternos) o bien los dos del mismo huevo (gemelos auténticos).

□ **Falsos gemelos.** En casi tres cuartos de los casos, los dos niños proceden de dos óvulos fecundados por dos espermatozoides distintos. En estos casos, se desarrollan dos huevos (cigotos), con sus correspondientes placentas y en dos bolsas amnióticas diferentes. Se dice que el embarazo es dicigótico. Los dos fetos pueden ser del mismo sexo o no y tienen el mismo parecido genético que dos hermanos nacidos de embarazos sucesivos.

□ **Gemelos auténticos.** En otras ocasiones, los niños provienen de un huevo único que se ha dividido en un estadio precoz del desarrollo. Se dice que el embarazo es monocigótico. En este caso, los dos fetos tienen obligatoriamente el mismo sexo y la misma dotación genética.

Sean los gemelos falsos o auténticos, deben diferenciarse; cada uno debe volverse autónomo: hay que darles nombres de pila claramente diferentes, vestirlos de forma distinta, acostarlos en camas separadas, comprarles juguetes personales y reservar el mismo tiempo para cada uno de ellos.

□ **Los embarazos gemelares.** Presentan más riesgos que los embarazos simples (**hipotrofia**, **retraso del crecimiento intrauterino**, **prematuridad**). Por este motivo, si se esperan gemelos, el control médico debe ser más exhaustivo.

La llegada de gemelos a una familia supone un mayor grado de dificultad que el nacimiento de un único hijo. Hay que intentar buscar una ayuda familiar durante las primeras semanas.

Gluten

El gluten es una proteína de origen vegetal que se encuentra en el trigo y también en otros cereales, como la cebada, el centeno y la avena. El arroz, la soja y el maíz no tienen gluten (véase *pág. 186*).

□ El gluten puede provocar una reacción de intolerancia que se caracteriza por una **diarrea crónica**. Esta intolerancia, llamada *enfermedad celíaca*, produce carencias de vitaminas y calorías.

El peligro de intolerancia al gluten es aún mayor cuando su introducción en la alimentación es precoz; por este motivo, no se les da a los bebés antes de los 6 meses. (Las harinas primera edad no tienen gluten.)

Para confirmar una intolerancia al gluten, el médico hace una biopsia del intestino delgado (análisis de una muestra del intestino). En caso de intolerancia demostrada al gluten, prescribirá al niño un régimen sin gluten, con arroz, maíz y soja. Hoy en día se comercializan numerosos preparados alimenticios sin gluten.

Golpe de calor

Un golpe de calor es una forma concreta de ***deshidratación*** *aguda que se debe a una exposición prolongada al sol o al calor.*

□ El niño suda y su temperatura supera los 40 °C. Está cansado, tiene vértigo, náuseas y **dolor de cabeza** seguido de **vómitos**. Puede presentar trastornos de la conciencia (alucinaciones visuales, delirios). En los casos extremos, un golpe de calor puede producir una **pérdida de conocimiento**, **convulsiones** y **coma**.

Si el niño tiene los primeros síntomas de un golpe de calor, hay que darle un baño tibio (a una temperatura 2 °C inferior a la de su cuerpo) para refrescarlo. También se le debe dar de beber. Si la temperatura no baja, hay que llamar al médico.

Los niños aguantan peor el calor y el sol que los adultos. Por lo tanto, es necesario tomar ciertas precauciones en pleno verano. Lo mejor es que lleven un gorro y estén a la sombra o en lugares frescos y bien aireados. Nunca se debe dejar a los niños dentro de un coche que esté al sol, ni permitir que estén tomando el sol mucho rato en la playa. También es recomendable vestirlos con ropa ligera e hidratarlos con regularidad,

por ejemplo con soluciones hidrosalinas que se venden en farmacias.
VÉASE: INSOLACIÓN.

Gripe

*La gripe es una enfermedad contagiosa causada por un **virus**. Se da sobre todo en invierno.*

□ Los síntomas de la gripe son los siguientes: el niño está cansado, tiene **fiebre** y escalofríos. En la espalda y los miembros, nota un **dolor** similar al de las agujetas. También le duele la cabeza. Tiene la garganta seca y le molesta (síntomas de una faringitis). Es posible que tenga náuseas, vomite o padezca **diarrea**. La fiebre suele tener una curva característica, con dos picos cercanos a los 40 °C que se alcanzan con un intervalo de 24 o 48 horas.

Hay que consultar al médico para que compruebe la ausencia de otras patologías o que no existen complicaciones. Una vez que ha diagnosticado la gripe, recetará un tratamiento para combatir la fiebre y, en su caso, los trastornos digestivos.

Los cuidados recomendados son éstos: el niño debe descansar y beber a menudo zumos de frutas naturales o infusiones calientes.

Existe una **vacuna** antigripal, que hay que volver a aplicar cada año porque el virus sufre mutaciones. Esta vacunación sólo está recomendada para los niños débiles, afectados, por ejemplo, por una malformación del **corazón** o una enfermedad pulmonar (neumopatía). También se puede vacunar a los que sufren a menudo **bronquitis** o rinofaringitis.

La gripe es trasmitida por las personas afectadas por el virus: al toser o estornudar, lo propagan a su alrededor. Por lo tanto, si un miembro de la familia tiene gripe, hay que tomar precauciones. En especial, no se le debe permitir acercarse a un bebé.

Gritos

Los gritos son habituales en el bebé y, de hecho, son su principal medio de expresión.

□ No suele ser fácil descubrir su significado. Sin embargo, con la costumbre, los padres pueden traducir sin problemas algunos llantos (*véanse* págs. 185, 197 y 206).

Grupos sanguíneos

Los grupos sanguíneos permiten clasificar a los individuos en función de los antígenos que tienen en los glóbulos rojos y los anticuerpos naturales del suero. El conocimiento de los grupos sanguíneos es indispensable para las transfusiones de sangre y los trasplantes de órganos.

□ **Factor Rh.** Este factor sanguíneo es independiente de los grupos del sistema ABO, pero también es muy importante conocerlo porque puede ser causa de accidentes transfusionales o de incompatibilidad entre la madre y el bebé que está gestando (se habla de incompatibilidad Rh materno-fetal).

La transmisión de los grupos sanguíneos sigue las leyes de la genética (*véase* pág. 43).

□ **Grupo A.** Los glóbulos rojos tienen el antígeno A. El suero contiene anticuerpos anti-B (44% de la población).

□ **Grupo B.** Los glóbulos rojos tienen el antígeno B. El suero contiene anticuerpos anti-A (9% de la población).

□ **Grupo AB.** Los glóbulos rojos tienen los antígenos A y B, pero el suero no contiene anticuerpos anti-A ni anti-B (3% de la población).

□ **Grupo ABO.** Existen varios grupos sanguíneos, pero el conjunto más importante para la transfusión sanguínea es el sistema ABO, en el que se distinguen cuatro grupos.

□ **Grupo O.** Los glóbulos rojos no tienen antígenos A y B. El suero contiene anticuerpos anti-A y anti-B (44% de la población).

□ **Transfusiones sanguíneas.** Antes de cualquier transfusión, se determina a qué grupo pertenece una persona. Es imprescindible saber a qué grupo sanguíneo pertenece un niño para realizar una transfusión sanguínea en caso de accidente o de **intervención quirúrgica**.

Si es del grupo AB, puede recibir sangre de cualquier otro grupo sanguíneo (A, B, AB u O).

A las personas del grupo O se les llama «donantes universales», ya que se puede hacer una transfusión de su sangre a cualquier persona, sea cual fuere su grupo sanguíneo.

Gusanos intestinales

Los gusanos intestinales son parásitos que pueden llegar a verse alrededor del ano o en las heces.

□ Los gusanos se propagan con facilidad, ya que los huevos que producen la infestación se transmiten sin problemas de la mano a la boca... especialmente en los niños pequeños.

Existen principalmente tres tipos de parásitos intestinales.

□ **El ascáride.** Este gusano puede causar **dolor de abdomen** y **vómitos**. También puede producir **alergias**. Es difícil detectar el ascáride, que es un gusano de gran tamaño, a menudo de más de 10 cm. Un análisis de sangre (eosinofilia) y de las **heces** permite precisar el diagnóstico y adaptar el tratamiento.

□ **La tenia.** Los anillos finales de este parásito son como pequeñas cintas blanquecinas de 2 a 3 mm de ancho que se evacuan por el ano, aunque no con las heces. Este parásito se transmite principalmente por la carne de buey o de cerdo poco hecha. En este caso, también el médico recetará un tratamiento muy simple. Se debe mantener una higiene escrupulosa para evitar recidivas.

□ **Los oxiuros.** El niño tiene picores alrededor del ano, generalmente por la noche. Si se observa el ano, se pueden ver unos pequeños gusanos blancos de unos milímetros de largo. El médico recetará un tratamiento simple, que se debe administrar a toda la familia a título preventivo. Hay que lavar las sábanas y los colchones para evitar el contagio.

Guthrie (prueba de):

VÉASE FENILCETONURIA.

H

Heces (análisis de las)

*El análisis de las heces (o coprocultivo) permite buscar e identificar los gérmenes que hay en las materias fecales. El médico lo solicita en caso de afección digestiva (**diarrea aguda, gastroenteritis**).*

□ El tiempo transcurrido entre la toma de la muestra y su cultivo debe ser lo más corto posible, ya que las materias fecales son un medio de cultivo muy eficaz, lo que podría ser fuente de errores de interpretación. Se deben llevar enseguida las heces al laboratorio o recoger la muestra en el propio laboratorio.

Por otra parte, si el niño ha tomado antibióticos en los días o semanas anteriores al análisis, el equilibrio habitual de la flora intestinal se altera.

Si el niño con diarrea tiene restos de sangre en las heces y **fiebre** alta, el coprocultivo permitirá la detección de posibles bacterias y el médico podrá recetar los **antibióticos** adecuados.

Sin embargo, este análisis presenta ciertas limitaciones: no permite diagnosticar las diarreas agudas de origen vírico, que son con diferencia las más habituales. Además, el tubo digestivo tiene muchas bacterias de forma natural y con el coprocultivo no se detectan necesariamente las que provocan la enfermedad. Finalmente, el plazo para obtener los resultados, del orden de tres a cuatro días, es demasiado largo ya que, entre tanto, la diarrea se puede haber curado.

Hemofilia

*La hemofilia es un trastorno hereditario de la coagulación de la sangre debido al déficit de una de las proteínas del suero que intervienen en el proceso de la coagulación: el factor VIII, en caso de hemofilia A, o el factor IX, cuando se trata de la hemofilia B. Este déficit provoca **hemorragias** anormalmente abundantes y prolongadas en caso de herida.*

□ Las **caídas** de un niño hemofílico conllevan hemorragias, **moretones** y hematomas (acumulación de sangre bajo la piel) desproporcionados con respecto a la importancia del golpe.

Aprender a caminar produce muchos traumatismos de este tipo: se pueden tener hemorragias en las articulaciones, que dificultan los movimientos. En cuanto se sospecha de la existencia de una hemofilia, hay que consultar al médico sin demora.

Se puede detectar fortuitamente una hemofilia atenuada en el transcurso de una **intervención quirúrgica** o de una prueba de coagulación (análisis de sangre que estudia la capacidad de coagulación).

La sangre de un niño hemofílico carece de unas proteínas necesarias para la coagulación llamadas *factor VIII* o *IX*. La hemofilia A (déficit del factor VIII) es más frecuente que la B (déficit del factor IX). La enfermedad puede ser grave, moderada o atenuada.

El tratamiento básico consiste en la administración periódica de concentrados del factor deficitario. Hasta hace poco, estos concentrados sólo podían obtenerse a partir de la sangre procedente de donantes, pero hoy en día ya pueden emplearse proteínas similares a las naturales que se obtienen mediante **ingeniería genética**, lo que elimina los riesgos de transmisión vírica (**hepatitis** B, C, VIH).

Esta anomalía hereditaria es transmitida por las mujeres pero sólo afecta a los varones (un recién nacido de cada 5.000). La hemofilia también puede aparecer sin antecedentes familiares (de un 25 a 30% de los casos).

□ **Tratamiento de urgencia.** En caso de hemorragia abundante, se debe comprimir ***firmemente la zona que sangra*** con los dedos y llamar al médico. El niño hemofílico debe evitar las actividades en las que se puede herir, incluidos deportes como el judo o el fútbol. Por el contrario, la natación y caminar son muy recomendables.

Hemorragia

*Una hemorragia es una pérdida de sangre del sistema circulatorio, por regla general debida a un traumatismo por culpa de una **caída**, una **herida**...*

□ La velocidad a la que sale la sangre de la herida depende del tipo de vaso sanguíneo dañado: «rezuma» de los vasos pequeños (capilares), fluye de una vena (tiene un color rojo oscuro) y brota a borbotones de una arteria (rojo vivo).

□ **Herida leve.** El niño se ha hecho un arañazo o un corte superficial. Hay que lavar la herida con agua y jabón para eliminar la grava u otros restos que pudiera haber. Luego, se debe cubrir ligeramente la herida con una compresa estéril para secarla y aplicar un antiséptico local. Si la herida sigue sangrando, lo mejor es presionarla con una gasa durante un cierto tiempo y poner una tirita.

□ **Herida profunda.** El niño se ha hecho un corte profundo con un cristal, un cuchillo, etc. ***Si la hemorragia es muy importante,*** hay que llamar al médico o a un servicio de urgencias. Mientras se espera la ayuda, conviene mantener elevada la parte del miembro herido, colocar un apósito estéril sobre la herida y presionar con firmeza para detener la hemorragia, durante unos minutos si fuese necesario. Aunque la sangre rezume a través del apósito, no se debe quitar, ya que podría arrancarse el coágulo y la hemorragia volvería a reproducirse. Lo mejor es añadir más apósitos y hacer un vendaje compresivo de toda la zona. Cuando se ha seccionado una arteria (la sangre sale a borbotones), hay que presionar la arteria con el pulgar (*véase* pág. 362).

□ **Hemorragia sin herida.** Las heridas no son la única causa de las hemorragias. Se pueden producir hemorragias bajo la piel (**púrpura**, hematomas, **equimosis**). Si el niño tiene a menudo **hemorragias nasales** o de las encías, si hay restos de sangre en la orina o las heces, se debe consultar al médico para que determine el origen de estas anomalías.

VÉASE: INFECCIÓN URINARIA.

Hemorragia nasal

Una hemorragia nasal (o epistaxis) se puede deber a una caída, un golpe o aparecer espontáneamente. La epistaxis es un síntoma por lo general benigno, frecuente en el niño, aunque siempre es preferible consultar con el médico.

□ **Hemorragias en caso de golpe.** Aunque no es frecuente en el niño, ya que su nariz está esencialmente constituida de cartílago, una fractura de la nariz puede ser la causa de una hemorragia. Si el golpe no ha sido directamente en la nariz, y a pesar de ello el niño sangra por la nariz, hay que llevarlo de inmediato a urgencias, ya que la hemorragia puede ser un indicio de fractura de cráneo.

□ **Hemorragias espontáneas.** La hemorragia suele estar relacionada con una fragilidad de los vasos sanguíneos de la mucosa nasal. Se puede detener sin problemas sólo con aplicar una pinza con los dedos para comprimir el lado que sangra durante cuatro o cinco minutos. Si la hemorragia persiste o recidiva, hay que consultar a un otorrinolaringólogo, que cauterizará los vasos de la nariz si diagnostica una debilidad particular.

□ **Hemorragias repetidas.** Cuando las hemorragias se repiten, el médico pedirá unas pruebas de coagulación de la sangre. Si se detecta un trastorno de la coagulación, recetará el tratamiento adecuado.

Hepatitis vírica

La hepatitis vírica es una inflamación del hígado causada por un virus. Se distinguen diversos tipos de hepatitis víricas, según el tipo de virus.

□ **Hepatitis A.** El niño tiene **fiebre**, la piel y las mucosas amarillas (**ictericia**). La orina es oscura y espumosa. Le duele el abdomen, vomita, pierde el apetito y parece cansado. A veces, tiene **picores**.

El médico pedirá un análisis de sangre para comprobar el estado del hígado y ver si se detectan anticuerpos específicos de la hepatitis A.

La hepatitis vírica A es frecuente, pues afecta a alrededor de un 60% de la población. El virus se trasmite por vía digestiva (agua, manos sucias, alimentos contaminados). Por regla general, la enfermedad dura unos días, como máximo dos o tres semanas. El niño se cura sin tratamiento ni dieta especial. En principio, no puede ir al colegio mientras dura la ictericia.

Si el niño tiene menos de 3 años, es preferible administrarle **gammaglobulinas** a título preventivo para evitar un contagio precoz o atenuar la evolución de la hepatitis A. La inyección debe ponerse durante la semana que sigue al contacto con una persona enferma.

Actualmente, existe una **vacuna** contra el virus de la hepatitis A.

□ **Hepatitis B y C.** Estas hepatitis son menos frecuentes pero pueden transformarse en crónicas, lo que las convierte en más graves. Se transmiten por vía sexual o transfusión sanguínea.

Existe una vacuna eficaz contra la hepatitis B. Se administra al niño expuesto al riesgo de contagio, por ejemplo, cuando padece enfermedades que hacen necesarias transfusiones repetidas o cuando un miembro de la familia es portador crónico del virus. También se administra después del parto a los recién nacidos cuya madre es portadora crónica. Además, desde hace poco se aplica a los adolescentes dentro del calendario de vacunación sistemática, y es muy probable que dentro de poco se incluya en la vacunación de todos los bebés.

Herida

*Las heridas causadas por una caída o un **golpe** son más o menos graves. Según el tipo de vaso sanguíneo afectado, las hemorragias son más o menos abundantes.*

□ Hay que limpiar la herida con agua y jabón, poniendo especial atención en eliminar la tierra o la grava, si es necesario lavándola debajo del grifo. En caso de duda, hay que llevar al niño a urgencias para que le examinen la herida.

Si está afectada una arteria, la sangre sale a borbotones y es de un rojo intenso. La compresión de la herida puede frenar la hemorragia, pero de todas formas hace falta llevar al niño la hospital más cercano cuanto antes.

Se debe comprobar que la vacuna antitetánica del niño tiene aún validez; en caso contrario, hay que administrar una dosis de recuerdo. Algunas veces, el médico recetará **antibióticos**.

En caso de **mordedura** de animal, hay que verificar que éste esté vacunado contra la rabia. A título preventivo, el médico prescribirá un tratamiento antibiótico para el niño, ya que el peligro de infección es mayor.

VÉASE: HEMORRAGIA.

Hernia

Se tiene una hernia cuando un órgano o parte de un órgano sale de la cavidad donde está situado normalmente.

□ **Hernia inguinal.** Una protrusión en el bajo vientre, tanto a la derecha o a la izquierda de los órganos genitales como a la altura del escroto en el niño, significa que parte del intestino sale por el conducto inguinal (que es por donde cada uno de los **testículos** desciende hasta el escroto). Es mejor esperar a la edad de 6 meses para practicar una posible operación quirúrgica.

Si no se trata, la hernia puede estrangularse: no se puede reintroducir con una presión, se vuelve dura y voluminosa. El estrangulamiento puede producir en el niño un **dolor** intenso e incluso una **obstrucción intestinal** (detención del tránsito intestinal y **vómitos**). En estos casos, la operación debe llevarse a cabo sin demora.

En el caso de las niñas, este mismo defecto de la pared abdominal puede ser la causa de una hernia de ovario. Esta hernia tiene la forma de un pequeño hueso de aceituna, que se puede palpar a la altura de uno de los labios mayores. Se debe operar lo antes posible, ya que la hernia puede generar trastornos de la circulación que llegan a perturbar la vitalidad del ovario.

□ **Hernia umbilical.** El recién nacido puede tener un pequeño bulto blando a la altura del ombligo que aumenta de tamaño cuando llora o hace esfuerzos por defecar. Esta hernia umbilical no es grave y se produce cuando una parte del intestino empuja la pared abdominal. El médico comprueba si la hernia se reintroduce con una presión manual, en cuyo caso no receta ningún tratamiento. Por regla general, la hernia desaparece espontáneamente cuando aumenta el tono de los músculos del abdomen, en la mayor parte de los casos antes de los 4 años.

Si, no obstante, la hernia persiste después de esa edad, puede eliminarse con una operación quirúrgica.

Herpes genital

El herpes genital es una enfermedad de transmisión sexual (ETS) causada por el virus Herpes simplex *tipo 2 que afecta a los adolescentes y los adultos, y se manifiesta por una **erupción** dolorosa en los órganos genitales.*

□ Después de un período de **incubación** de alrededor de una semana, aparecen **picores** y una sensación de quemazón. Sobre los órganos genitales se forman unas pequeñas vesículas que estallan y dejan unas pequeñas lesiones dolorosas que tardan en curar entre diez y veintiún días. Se puede tener **fiebre**.

El herpes genital no tiene curación definitiva. Sin embargo, si se administra un tratamiento precoz ante un acceso, se puede atenuar e incluso evitar su evolución. Un medicamento antivírico y ciertos productos contra el dolor aceleran la curación. Como es lógico, hay que abstenerse de mantener relaciones sexuales durante la erupción de las vesículas, ya que el virus es muy contagioso.

Hay que hacer un seguimiento médico minucioso a la mujeres embarazadas que padecen herpes genital. Si en el momento del parto hay una erupción, existe un gran peligro de que la madre contagie al bebé, lo que expondría al recién nacido a complicaciones graves. Antes del parto, el equipo obstétrico y pediátrico controlará el final del embarazo (mediante exploraciones vaginales) y decidirá la necesidad de practicar una cesárea o de tratar al recién nacido (*véase* pág. 57).

Herpes labial

*El herpes labial se manifiesta con la **erupción** de pequeñas vesículas, parecidas a gotas de agua, alrededor de los labios. Esta afección contagiosa se debe al **virus*** Herpes simplex *tipo 1.*

□ Al principio, al niño le salen unos diminutos granos rojizos en forma de racimo alrededor de los labios, que se transforman en vesículas del tamaño de una cabeza de alfiler. Tiene sensación de quemazón. El interior de la boca también puede verse afectado (cara interna de las mejillas, lengua, paladar). En estos casos se habla de **estomatitis** herpética y la **fiebre** suele ser alta (39 °C-40 °C). El niño tiene dificultades para comer.

El herpes labial se debe al **virus** *Herpes simplex* de tipo 1. Este virus, muy contagioso, puede provocar complicaciones locales (sobreinfecciones bacterianas, inflamación de los **ganglios**) y, sobre todo, propagarse hasta el ojo. Por este motivo, hay que consultar al médico enseguida. Recetará un tratamiento local y medicamentos antivíricos para así evitar los riesgos de secuelas irreversibles.

Después de la desaparición de las vesículas, el virus se reactiva de cuando en cuando, produciendo pupas sin gravedad localizadas en el mismo sitio, cerca de los labios. Reaparecen en forma de accesos cuando se tiene una infección, **fiebre**, se está cansado, tras una exposición al sol e incluso durante la **regla** en las jovencitas.

Los tratamientos locales (antisépticos o **antibióticos**) disminuyen la intensidad de las erupciones pero no impiden que el virus vuelva a atacar.

VÉASE: AFTAS.

Herpes zoster

El herpes zoster o zona es una afección vírica dolorosa que se manifiesta con vesículas sobre la piel localizadas a lo largo del trayecto de los nervios.

□ Un niño que ya ha pasado la **varicela** puede tener un herpes zoster años más tarde. En realidad, la varicela y el herpes zoster están causados por el mismo virus. Cuando se padece la varicela, el virus no se elimina del todo, sino que permanece latente en los ganglios nerviosos.

Durante cualquier período de disminución pasajera de las defensas inmunitarias (infección vírica o tratamiento de larga duración), el virus puede reactivarse y causar una erupción cutánea localizada en una región del cuerpo limitada al recorrido de un nervio (dermatoma).

La erupción, que a veces viene precedida por una sensación de ardor o quemazón, empieza por regla general con un eritema, seguido de la aparición de las vesículas, que se transforman enseguida en costras, como en el caso de la varicela. Basta con la aplicación local de antisépticos para activar la curación. Si es necesario, un jarabe antihistamínico puede atenuar los picores.

Si el herpes zoster se localiza en la cara (zona oftálmica) o si el niño está especialmente débil, el médico recetará un tratamiento antivírico específico.

Las personas débiles e inmunodeficientes deben evitar a los enfermos afectados por la varicela. Se les puede administrar anticuerpos específicos (inmunoglobulinas) asociados a un tratamiento antivírico que ***suele recetarse*** en estos casos.

Hidrocefalia

La hidrocefalia es un exceso de líquido cefalorraquídeo en la cavidad craneal.

□ En el lactante, la hidrocefalia se suele desarrollar progresivamente. El aumento de la presión en el interior del cráneo conduce a un aumento de su volumen. (Los médicos miden regularmente el perímetro craneal de los bebés precisamente para detectar cualquier aumento anormal.)

En los niños mayores, las fontanelas ya están cerradas y las suturas, soldadas; el volumen del cráneo no puede aumentar. En estos casos, la hidrocefalia produce trastornos neurológicos que indican el exceso de presión que hay dentro de la cavidad craneal. El niño puede presentar trastornos de la conciencia inexplicables (somnolencia, torpeza o excitación excesivas) o dolores de cabeza que aparecen al final de la noche o al despertar; a veces, ocurre que no puede mirar hacia arriba o que, de repente, ve mucho peor. Normalmente, estos trastornos van asociados con vómitos.

Ante estos síntomas, hay que consultar enseguida al médico, que reconocerá al niño de forma concienzuda y pedirá exámenes complementarios, que se determinan en función de la edad y la posible enfermedad (**ecografía**, **TAC**, **RMN**).

Hidrocele

El hidrocele es una acumulación excesiva de líquido alrededor del testículo.

□ El hidrocele puede afectar a los bebés y a los niños mayores. Se manifiesta por un aumento de volumen, a menudo repentino, de una o de las dos bolsas escrotales; pero no hay ni **dolor** ni **fiebre**. A veces, una irritación local o un traumatismo favorecen el hidrocele. En otras ocasiones, está en comunicación con el bajo vientre (cavidad peritoneal) a través del conducto que permite que desciendan los testículos hasta el escroto durante la vida intrauterina; en este caso, suele estar asociado a una **hernia** inguinal.

Si el niño tiene una o las dos bolsas muy voluminosas hay que consultar de inmediato al médico. Se asegurará de que no hay una torsión del testículo u otro trastorno que requiera un tratamiento inmediato.

La mayoría de las veces, el hidrocele desaparece de forma espontánea y tan repentinamente como apareció. Si persiste o el volumen es excesivo, puede ser necesario operar; la intervención es muy sencilla.

Si la acumulación de líquido está localizada y aparece como una pequeña bola por encima del testículo (quiste del cordón espermático), suele ser necesario operar, ya que es doloroso y puede provocar una torsión del testículo.

Hierro: VÉASE ANEMIA.

Higiene

Un niño sabe controlar sus ganas de orinar y de defecar cuando puede controlar los esfínteres (músculos circulares que sirven para mantener cerrado el ano o la vejiga).

□ La adquisición del control de los esfínteres es variable de un niño a otro. Sin embargo, un niño sólo puede hacerlo de forma duradera si es lo suficientemente maduro, tanto en el plano físico como en el neurológico y afectivo, como para ser capaz de retenerse voluntariamente hasta que se encuentre en situación de satisfacer su deseo de orinar o ir al lavabo (*véase* pág. 258). Los niños suelen controlar la evacuación intestinal antes de cumplir los 3 años. Controlan completamente la vejiga, tanto de noche como de día, unos meses más tarde (hacia los 4 o 5 años, como mucho).

□ **La encopresis** designa la ausencia de control de la evacuación intestinal una vez superados los 3 años. El médico comprobará que el niño no padezca trastornos neurológicos que puedan causar una anomalía en el control del esfínter anal o problemas digestivos. Muchas veces, la encopresis está relacionada con un **estreñimiento**. La acumulación de heces en la parte final del colon produce una distensión del recto. Por este motivo, el niño no siente la necesidad de ir al lavabo. El tratamiento del estreñimiento suele bastar para que la encopresis desaparezca.

La encopresis también puede deberse a trastornos psicoafectivos o a un retraso en la maduración. Una separación, la entrada en el colegio o unos padres excesivamente exigentes pueden provocar esta falta de control.

□ **La enuresis** designa la ausencia de control de la vejiga. Afecta a cerca del 15% de los niños, con clara predominancia de los niños varones. Aparece de noche, durante el sueño.

Si el niño sigue haciéndose «pipí» encima durante el día una vez cumplidos los 4 o 5 años, el médico comprobará primero que no tenga una infección urinaria o una malformación de las vías urinarias. Si se descartan estas causas, habrá que buscar una razón de orden psicológico, afectivo o un problema en las relaciones.

Se dice que la enuresis es *primaria* cuando nunca ha existido control. Aunque este tipo de enuresis puede verse favorecida por el entorno familiar o un retraso de la maduración de control del esfínter, su origen puede estar en ciertos trastornos psicoafectivos. El niño con enuresis no suele tener confianza en sí mismo ni autonomía. Hay que hablar con el médico.

La enuresis *secundaria* aparece en un niño que se «aguantaba» antes. Un acontecimiento, una separación o un shock afectivo pueden ser la causa.

Hiperactividad

Es muy movido, lo toca todo, desobedece, está insoportable, imposible... El niño no permite ni un momento de respiro y no se sabe qué hacer para que se calme.

□ Es normal que un niño pequeño se mueva mucho, pero no que esté inquieto todo el rato sin motivo. Si la hiperactividad es una simple reacción a un conflicto pasajero, hay que intentar solucionar el problema con sentido común y el niño se calmará con bastante rapidez.

Si el comportamiento turbulento y desordenado del niño perturba a los que le rodean, puede que la causa sea una cierta inestabilidad psíquica, o una falta de diálogo o atención. Cuando es un poco mayor, la incapacidad para concentrarse un tiempo prolongado en el colegio o la imposibilidad de someterse a la disciplina colectiva también son señales de alarma.

Sobre todo, no hay que administrar **calmantes**, ni tan siquiera de forma temporal. Estos medicamentos no solucionarán los motivos de la agitación. Hay que comentar las dificultades con el médico. Él podrá sugerir una consulta médico-psicológica en un centro especializado para evaluar la personalidad y el desarrollo psicomotor del niño, buscar los posibles déficit sensoriales y analizar los comportamientos de quienes le rodean. Cada familia tiene umbrales de tolerancia diferentes y las reacciones de los padres influyen en gran medida en el comportamiento del niño nervioso. En todos los casos, unas sesiones de reeducación psicomotriz y un poco de relajación ayudarán a que el niño se calme y se concentre. Se debe intentar que la vida cotidiana sea regular y que practique algún deporte.

Hipertermia maligna: VÉASE TEMPERATURA.

Hipertonía vagal

La hipertonía vagal (del nervio vago o neumogástrico) puede producir diferentes trastornos cuya gravedad depende de la edad del niño. Se manifiesta de varias formas.

□ En los bebés de menos de un año, una actividad exagerada del nervio vago se manifiesta generalmente por accesos aislados de palidez y una ralentización del ritmo cardíaco. A esta edad, parece que es la causa de ciertos trastornos graves e incluso de algunos casos de **muerte súbita del lactante**.

Por este motivo, si el bebé presenta los síntomas anteriormente descritos, hay que consultar al médico; para concretar el diagnóstico, muchas veces se requiere un período de observación en el hospital para buscar una inestabilidad del ritmo cardíaco.

En los niños pequeños, esta hipertonía se manifiesta por una detención de la respiración cuando, por ejemplo, lloran violentamente, se caen, tienen una impresión fuerte o un disgusto. Esto puede acontecer ante una **apnea del llanto**, con **cianosis** (coloración azul de la piel) y **pérdida de conocimiento**.

Las manifestaciones de la hipertonía vagal también pueden desencadenarse por **vómitos** (**reflujo gastroesofágico** del lactante), por **dolor de abdomen**, por los esfuerzos para orinar o defecar y, a veces, por el simple hecho de tomar el biberón. En una cuarta parte de los casos hay antecedentes familiares.

Si el médico diagnostica una hipertonía vagal en el bebé de menos de un año, recetará un tratamiento medicamentoso (con un derivado de la atropina) para evitar las consecuencias graves. A partir del primer año de vida, los riesgos se vuelven despreciables (síncope sin gravedad) y no es necesario ningún tratamiento; sin embargo, algunas actividades deportivas, como el submarinismo a pulmón libre, quedan terminantemente prohibidas.

Hipo

El hipo es una contracción brusca del diafragma, acompañada de un sonido involuntario característico.

□ El hipo aparece en el lactante mientras toma el biberón o justo después. ¿A qué se debe el hipo? El diafragma del niño se contrae de forma repetida y las vibraciones de la glotis transmitidas a las cuerdas vocales producen ese breve sonido agudo.

Por regla general, el hipo se desencadena cuando el niño bebe demasiado deprisa y traga aire. El estómago se hincha, estimula el diafragma y provoca este efecto. Este hipo es muy corriente y no resulta nada preocupante. Sólo hay que esperar a que se pase haciendo pausas durante la toma. Para facilitar el eructo, hay que coger al niño en posición vertical o acostarlo sobre el vientre, ligeramente levantado.

Si el niño regurgita a menudo después o durante los ataques de hipo (**reflujo gastroesofágico**), se debe hablar con el médico.

En casos excepcionales, el hipo, asociado a otros síntomas (el bebé toma mal el biberón, regurgita, su curva de peso no es óptima), puede deberse a una inflamación del esófago.

Hipospadias

En los niños varones, el hipospadias es una malformación del meato (orificio) urinario, que queda situado bajo el glande o en la cara posterior del pene y no en la punta del glande.

□ El hipospadias afecta alrededor de 1 bebé de cada 550; se detecta después del parto. Para corregirlo, la cirugía ofrece unos resultados muy satisfactorios. (La operación suele realizarse durante el segundo año de vida.)

Hipotermia: VÉASE TEMPERATURA (VARIACIONES DE LA).

Hipotrofia: VÉASE RETRASO DEL CRECIMIENTO INTRAUTERINO.

HLA (antígenos o sistema)

Los antígenos HLA (sigla de su denominación en inglés Human Leukocyte Antigen*) son unas proteínas que están presentes en los tejidos de forma natural y participan en la defensa del organismo frente a las infecciones. Para hacer un trasplante de órganos o una transfusión de glóbulos blancos se debe conocer su categoría (A, B, C o D).*

□ Llamados también *antígenos de histocompatibilidad*, los antígenos HLA están presentes en todas las células del organismo y sus características dependen de la herencia. Existen cerca de 150 millones de combinaciones de grupos HLA distintos, lo que confiere a cada individuo su especificidad. Los cuatro grupos principales (antígenos A, B, C y D) son independientes del sistema de **grupos sanguíneos** ABO. Los genes que los codifican están en el **cromosoma** 6.

Estos antígenos HLA reconocen y mantienen nuestra «personalidad» biológica o inmunológica contra las agresiones exteriores (infecciosas, químicas) o interiores (mutaciones). Los antígenos HLA son indispensables para el funcionamiento de ciertos linfocitos T (glóbulos blancos), ya que les permiten reconocer y destruir las células extrañas o anormales.

□ **Predisposición genética a ciertas enfermedades.** Algunos grupos HLA parece que desempeñan un papel predisponente en ciertas enfermedades (por ejemplo, la esclerosis múltiple está asociada al grupo HLA-

A3). Quizá esto podría explicar el carácter hereditario de ciertas enfermedades.

□ **Transfusión de plaquetas o glóbulos blancos.** En ocasiones, los antígenos HLA pueden ser la causa de accidentes de inmunización durante las transfusiones.

VÉASE: TRANSMISIÓN GENÉTICA.

□ **Trasplante de órganos.** Cuando se hace un trasplante de un órgano, el sistema inmunitario del receptor reconoce como extraños los antígenos HLA del donante y los ataca, provocando el rechazo. Sin embargo, si se puede encontrar un donante cuyos antígenos HLA sean muy parecidos a los del receptor (a menudo un pariente y, mejor aún, un gemelo), los riesgos de rechazo del trasplante disminuyen.

Homeopatía

El tratamiento homeopático consiste en administrar al enfermo, en forma muy diluida, una sustancia que se piensa que puede producir trastornos idénticos a los que presenta el enfermo.

□ En primer lugar, la homeopatía pretende estimular las reacciones de defensa del organismo. El segundo principio consiste en reducir la cantidad de sustancia medicamentosa hasta dosis infinitesimales. Los remedios homeopáticos se presentan en forma de gotas o de gránulos que hay que colocar bajo la lengua.

□ **Consultas.** La homeopatía no pretende curar una enfermedad concreta sino los trastornos que presenta el enfermo; el tratamiento es sintomático. Durante la primera consulta, el homeópata mantiene una larga conversación para apreciar el morfotipo del enfermo y su comportamiento.

□ **Indicaciones.** La homeopatía está indicada en caso de enfermedad funcional (debida a un mal funcionamiento de un órgano cuya estructura no está lesionada). Se usa especialmente en las afecciones cuyas causas predominantes o importantes son psicológicas.

No se recurre a la homeopatía si el enfermo puede beneficiarse de un tratamiento más eficaz (cirugía, **antibióticos**, etc.) o si la afección es grave (cáncer, esclerosis múltiple), ni en caso de urgencia ni para las enfermedades consideradas incurables por la medicina actual. Nunca debe dejarse un tratamiento no homeopático anterior por un tratamiento homeopático sin recomendación médica.

Hormona

Una hormona es una sustancia química que es secretada a la circulación sanguínea en muy pequeñas cantidades por una glándula o un tejido especializado. Cuando llega con la sangre al órgano sobre el cual debe desarrollar su acción, lo estimula o lo inhibe, según el caso.

□ Las hormonas controlan numerosas funciones corporales, en especial el crecimiento, el desarrollo sexual y las reacciones del cuerpo ante el estrés o las enfermedades. Las glándulas que segregan estas hormonas constituyen el sistema endocrino: son la hipófisis, las glándulas suprarrenales, las gónadas (ovarios o testículos), el páncreas, la tiroides, las paratiroides y, en las mujeres embarazadas, también la placenta. Los riñones, los intestinos, el cerebro y otros órganos también segregan hormonas. En el niño, los desarreglos del sistema endocrino suelen provocar una disminución de la secreción hormonal (mucho más excepcionalmente, un aumento). En la actualidad, existen hormonas naturales o de síntesis que pueden servir para sustituir a las hormonas que faltan, por lo que la mayoría de estas enfermedades se pueden curar.

□ **La adrenalina.** Segregada por las glándulas suprarrenales, prepara y adapta al organismo para el estrés.

□ **La cortisona o las hormonas corticosteroides.** Las segregan las glándulas suprarrenales y controlan el uso que hace el cuerpo de los alimentos, así como la eliminación de sodio y agua en la orina.

□ **La insulina.** Segregada por el páncreas, regula el aprovechamiento de la glucosa por parte de las células del organismo y, por tanto, la tasa de azúcar en la sangre. En caso de **diabetes** insulinodependiente, debe administrarse en forma de medicamento.

□ **Las hormonas paratiroideas.** Son segregadas por las glándulas paratiroides e intervienen en el metabolismo del calcio y el fósforo.

□ **Las hormonas tiroideas.** Provienen de la tiroides. En los niños, estas hormonas son indispensables para un buen crecimiento físico y un desarrollo mental normal.

□ **Los estrógenos.** Segregadas por los ovarios, estas hormonas son indispensables para el desarrollo sexual de la mujer y el funcionamiento del sistema reproductivo.

Hormona del crecimiento

La hormona del crecimiento es una sustancia producida en la hipófisis que estimula el crecimiento y el desarrollo normal del organismo mediante la modificación de la actividad química de las células.

□ La hormona del crecimiento actúa sobre el cartílago del crecimiento, también llamado *epifisario*, que se encuentra principalmente en los extremos de los huesos largos de los miembros, aunque está presente en todos los huesos. La hormona estimula la multiplicación de células cartilaginosas, su crecimiento y su transformación en células óseas.

Cuando el niño crece poco o el médico detecta una ralentización del crecimiento, el retraso puede deberse a un déficit de la hormona del crecimiento. Si el médico confirma el diagnóstico, el niño deberá seguir un tratamiento sustitutivo de larga duración. Se le administrará la hormona del crecimiento hasta la pubertad, siempre bajo un estricto control médico. Antiguamente, la hormona del crecimiento se obtenía de cadáveres humanos; hoy en día, se sintetiza gracias a las técnicas de la ingeniería genética.

VÉASE: INGENIERÍA GENÉTICA.

Hospitalización

Un niño puede necesitar un tratamiento en un hospital o que se le someta a exámenes médicos que requieren una estancia hospitalaria más o menos prolongada. Sin embargo, la hospitalización no siempre se puede programar: a veces, cuando es el resultado obligado de un accidente o una enfermedad, se desarrolla en un clima de urgencia e inquietud.

□ La hospitalización hace que el niño cambie de entorno de un día para el otro. Ya no tiene las mismas referencias y no sabe qué cuidados va a recibir, ni por qué, ni durante cuánto tiempo, salvo si ha sido posible prepararlo con antelación (*véase* pág. 250).

Los padres desempeñan un papel muy importante en la tarea de tranquilizarle, establecer un clima de confianza entre los médicos y él, y rodearle de cariño. Para esta estancia, lo mejor es darle sus juguetes preferidos y, sobre todo, el «objeto de seguridad» (oso de peluche, «trozo de tela») que lleva a todas partes, para que se sienta rodeado de cosas familiares. Hay que explicarle (cuando tiene edad para comprender) el tratamiento al que le van a someter los médicos o la **intervención quirúrgica** que le van a practicar.

En muchos hospitales, actualmente los padres pueden estar junto a sus hijos la mayor parte del día e incluso dormir cerca de ellos. Esta presencia permanente del padre o de la madre tranquiliza al niño y crea un clima que puede favorecer la curación.

VÉASE: ANESTESIA, DOLOR, OBJETOS DE SEGURIDAD.

I

Ictericia

*En el niño, una coloración amarillenta de la piel y de las mucosas se debe a un mal funcionamiento del hígado (retención de la bilis), típico de numerosas enfermedades, como la **hepatitis** vírica.*

□ Para evaluar la importancia de la ictericia, el médico pregunta a los padres sobre los síntomas asociados. ¿Las heces del niño están descoloridas? ¿Tiene **fiebre**, **dolor de abdomen**, **picores**? Un análisis de sangre y de orina y una **ecografía** ofrecerán los datos que necesita el médico para instaurar un tratamiento en función de la enfermedad que padece el niño. Sin embargo, si la retención de bilis se prolonga, puede tratarse de una carencia de vitaminas. La bilis desempeña un papel muy importante en la absorción de las vitaminas por parte del tubo digestivo. En estos casos, será necesario administrar vitaminas mediante inyecciones intramusculares.

Con mucha menor frecuencia, la ictericia es la expresión de una destrucción masiva de glóbulos rojos, o hemólisis, y va acompañada de los trastornos típicos de la **anemia** (**palidez**, **cansancio**, ritmos cardíaco y respiratorio acelerados). En estos casos, hay que llevar al niño al hospital.

Ictericia del recién nacido

En los días que siguen al parto, la piel o el blanco de los ojos del recién nacido pueden adquirir una coloración amarillenta.

□ La mayoría de las veces, se trata de una ictericia simple, transitoria y sin gravedad. Sin embargo, la ictericia del recién nacido también puede reflejar una incompatibilidad sanguínea entre el feto y la madre (*véase* pág. 43) o traducir un problema más general. El reconocimiento del niño y unos análisis de sangre permiten determinar las causas.

□ **Ictericia por leche materna.** Si la ictericia se mantiene durante más de una semana, puede ser causada por otras afecciones. Cuando la madre da de mamar, puede ocurrir que la leche materna contenga una sustancia que disminuya la actividad de las enzimas del hígado encargadas de la transformación de la bilirrubina. Si el examen del bebé da resultados normales y si al calentar la leche a 57 °C durante diez minutos se consigue una disminución de la ictericia, se trata de una ictericia benigna y puede continuarse con la lactancia (*véase* pág. 185). De lo contrario, habrá que buscar otras causas.

□ **Ictericia simple o fisiológica.** Por lo general, la ictericia se presenta aislada, sin **fiebre** ni trastornos digestivos. Las heces tienen un color normal. El examen del bebé no refleja ninguna anomalía. Esta ictericia del recién nacido se presenta frecuentemente en los niños **prematuros**.

El color amarillento de la piel se debe al aumento del nivel sanguíneo de bilirrubina. La bilirrubina es un pigmento que procede de la degradación normal de la hemoglobina, es decir, de la renovación constante de los glóbulos rojos. En el hígado, sufre una transformación química imprescindible para que pueda ser eliminada del organismo. A veces, esta transformación no es lo bastante eficaz durante las horas que siguen al parto; el defecto se corrige rápidamente y la ictericia desaparece enseguida, a lo sumo en unos días. Unas sesiones de **fototerapia** disminuyen su intensidad.

Impétigo

El impétigo es una infección de la piel, sin gravedad pero contagiosa. Lo produce una bacteria, en la mayoría de los casos el estafilococo dorado o el estreptococo.

□ La piel de alrededor de la boca y de la nariz y la del cuero cabelludo se cubre de pequeños granos que estallan y liberan un pus amarillento. A veces, se trata de pequeñas ampollas que se parecen a las de una **quemadura**. Luego se forman unas costras que dejan unas cicatrices redondeadas y de color un poco más claro.

El impétigo produce **picores**. Al rascarse, el niño puede propagar la infección a otras partes del cuerpo o contagiarla a otros niños. Por este motivo, no puede ir al colegio mientras no se le cure la enfermedad.

Cuando hay más de cuatro o cinco lesiones, el impétigo puede diseminarse por todo el cuerpo y el médico receta un tratamiento **antibiótico** por vía general, además del tratamiento local. Hay que lavar la piel del niño con un antiséptico espumante diluido para eliminar las costras reblandecidas por la pomada. Para evitar el contagio, las toallas y las servilletas del enfermo no se deben mezclar con las de los demás miembros de la familia, y hay que lavarlas con agua hirviendo. El impétigo no suele generar complicaciones. En algunos casos excepcionales, el estreptococo puede producir trastornos renales o cardíacos.

Incubación de una enfermedad

*La incubación de una enfermedad corresponde al tiempo que transcurre entre la penetración del **virus**, la **bacteria** o el **parásito** en el **organismo** y el inicio de los síntomas.*

□ El plazo de incubación varía entre unas horas, unos días –especialmente para las enfermedades de las vías respiratorias– y algunas semanas e incluso varios meses para otras enfermedades.

Durante este período, es imposible saber si el niño está contaminado o no, ya que no existen signos particulares.

Sin embargo, si el niño ha estado con otro niño portador de la enfermedad y se teme que haya sido contagiado, en algunos casos (**hepatitis** B) se puede intentar cortar la enfermedad vacunándolo lo antes posible; en ciertas ocasiones, el médico recetará una inyección de **gammaglobulinas**.

Incubadora

*La incubadora es el aparato en el que se mantiene a los bebés **prematuros** o de poco peso (**hipotrofia**) hasta que han crecido lo suficiente para vivir en su casa y alimentarse con normalidad.*

□ Este aparato es como una gran caja transparente de plexiglás. Permite mantener al bebé a una temperatura constante y vigilarlo de cerca. El aire se calienta según sus necesidades (por lo general, alrededor de 30 °C) y se humidifica. La temperatura del recién nacido se controla con una sonda térmica pegada a la piel.

Si el niño es prematuro, se le coloca en la incubadora, ya que su debilidad lo expone a las infecciones. La respiración, la digestión y la regulación de la temperatura todavía no están en perfecto estado de funcionamiento. De ahí que sea necesario alimentarle por sonda, a veces oxigenarle mediante ventilación y, si tiene **ictericia**, exponerle a una luz azul (**fototerapia**) para provocar la degradación química de la bilirrubina.

Infección urinaria

Es la infección que afecta a los órganos que constituyen el sistema urinario: la uretra, la vejiga, los uréteres y los riñones.

□ **En el bebé**. La infección urinaria se manifiesta con una falta de apetito (**anorexia**), **diarrea**, **vómitos** o **fiebre** sin causa aparente. Hay que consultar con el médico, quien examinará al niño y solicitará, en caso de duda, un análisis de orina para determinar el origen de la infección.

El médico pedirá siempre una **ecografía** de los riñones y, si lo considera necesario, una radiografía de las vías urinarias para buscar una malformación o los motivos de un mal funcionamiento. Estos exámenes pueden poner de relieve una anomalía, como un reflujo vesicoureteral, que hace subir la orina desde la vejiga hacia los uréteres en dirección a los riñones. Según los resultados de los exámenes, existen diversos tratamientos: **intervención quirúrgica**, tratamiento antiséptico de larga duración o simple control médico.

□ **En el niño.** En el niño de más edad, la infección urinaria se manifiesta con micciones dolorosas o emisión de una orina turbia, a veces teñida de sangre. (Hay que recordar, sin embargo, que la remolacha y ciertos medicamentos dan un color rojizo a la orina.) Un análisis de orina permitirá identificar la **bacteria** responsable de la infección. El médico recetará **antibióticos**; en función de la edad del niño y la gravedad de la infección, el tratamiento se administrará por vía oral o vía intravenosa (en este último caso, en el hospital).

Ingeniería genética

La ingeniería genética es la rama de la biología que estudia los genes y los cromosomas. Gracias a esta ciencia, se han podido identificar la estructura y las anomalías de ciertos genes causantes de algunas enfermedades hereditarias o de origen genético.

□ Las técnicas de manipulación genética y de los **cromosomas** han permitido elaborar ciertas aplicaciones médicas.

□ **Experimentación con animales.** Se transfieren a animales de laboratorio algunos genes patológicos para investigar la enfermedad y probar diferentes terapias antes de aplicarlas al hombre.

Quizá con la ingeniería genética se consiga ***en los próximos años*** corregir algunas anomalías de los genes humanos. Sin embargo, los problemas son numerosos, tanto en el plano técnico como ético.

□ **Hormonas de síntesis.** Hoy en día, la principal aplicación de la ingeniería genética es la producción de hormonas humanas (insulina, antiguamente de origen animal, que está destinada a los diabéticos; hormona del crecimiento, que se utiliza para tratar ciertos retrasos del crecimiento) y proteínas que se usan para ciertos trastornos, como por ejemplo, el factor VIII de la coagulación, que se administra a los hemofílicos.

□ **Vacunas.** La ingeniería genética ha permitido suprimir el riesgo de «enfermedad vacunal», al fabricar las partes del virus que provocan la reacción inmunológica pero que no pueden transmitir la enfermedad.

VÉASE: CARIOTIPO, TRANSMISIÓN GENÉTICA.

Insolación

La insolación está causada por una exposición demasiado prolongada al sol.

□ La exposición al sol es benéfica, con la condición de que esté adaptada a la edad y la piel del niño. La insolación puede provocar una **quemadura de sol** o un **golpe de calor**.

La cabeza del niño es proporcionalmente mayor que la del adulto y, en consecuencia, la superficie de exposición también es mayor. El niño, por su parte, no sabe cuándo puede sufrir una insolación. Si juega al sol, hay que acordarse de protegerle siempre la cabeza con un gorro y elegir los lugares más sombreados y aireados. Por último, se le debe dar de beber con regularidad para evitar una **deshidratación**.

Intervención quirúrgica

Para curar muchas afecciones es necesario practicar una intervención quirúrgica, que puede estar programada de antemano o decidirse con carácter de urgencia.

□ Independientemente de si la operación está programada o es imprevista, hay que preparar psicológicamente al niño, ya que para todo el mundo siempre es difícil aceptar que le hurguen en el cuerpo. Debe establecerse un cierto clima de confianza entre el equipo médico y los padres para que el niño se sienta seguro. Lo mejor es explicarle las razones de la operación y describirle lo que va a pasar con palabras simples y sin asustarlo. También hay que dejarle objetos familiares (por ejemplo, si todavía es pequeño, el peluche que lleva siempre consigo) y estar cerca de él el mayor tiempo posible. En la actualidad, muchos hospitales están equipados para que uno de los padres pueda dormir en la habitación del bebé.

Algunas operaciones, como el drenaje de un **absceso** o una pequeña sutura después de un **corte**, son muy sencillas y rápidas, con **anestesia** local o regional (epidural, por ejemplo).

Otras operaciones requieren anestesia general, cuya duración, variable, puede superar varias horas (intestinos, corazón). Gracias a los avances de la medicina, la mayoría de las veces el niño despertará en óptimas condiciones y las funciones más importantes (tránsito intestinal, por ejemplo) se restablecerán tan rápidamente como después de una anestesia breve.

La técnicas de diagnóstico por imagen (radiografía, **ecografía**, **TAC**, **RMN**) permiten hoy en día precisar la enfermedad y preparar mejor las intervenciones, y han convertido en excepcionales las operaciones «de exploración».

Algunas intervenciones corrientes pueden practicarse en el ambulatorio (sin que nadie tenga que interrumpir durante mucho tiempo sus actividades cotidianas) o con una **hospitalización** muy corta. Por ejemplo, la apertura del abdomen (laparotomía) puede reducirse a unos cuantos puntos gracias a los avances de la laparoscopia. Sin embargo, aunque este tipo de operaciones tienen la ventaja de dejar una cicatriz mínima, hay que dar siempre prioridad a la seguridad y dejar al niño durante un tiempo prudencial en el hospital, donde estará mejor atendido que en casa.

Invaginación intestinal

*La invaginación intestinal es un repliegue de una parte del intestino sobre sí mismo causado por una irritación o una inflamación local. Suele afectar habitualmente a niños de menos de 3 años y puede producir una **obstrucción intestinal**.*

□ Los síntomas que deben alertar sobre la situación son repentinos: el niño se queja de **dolor de abdomen**, se pone pálido, grita anormalmente (grito estridente en el lactante) o parece inquieto. Vomita y se niega a comer. Hay que consultar enseguida con el médico para que efectúe una exploración clínica y una **ecografía** del abdomen para diagnosticar o descartar la invaginación intestinal.

En la mayoría de los casos, la invaginación se localiza entre el intestino delgado y el colon (primera parte del intestino grueso). Si se prolonga o el diagnóstico llega demasiado tarde, la invaginación puede provocar una isquemia (interrupción de la circulación sanguínea del tubo digestivo) y hemorragias en la pared intestinal que dejan rastros en las **heces**. En función de la evolución, el médico propondrá hacer un enema de bario terapéutico, a cierta presión, para recolocar con suavidad la porción de intestino afectada. Si no se consigue este objetivo, es necesario operar.

Invidencia: VÉASE VISIÓN (TRASTORNOS DE LA).

Irritación cutánea

Este término se utiliza para designar todas las manchas redondeadas y rojizas que aparecen en la piel, pero no corresponde a una definición médica precisa de lesión cutánea.

□ Un detergente demasiado irritante o un jabón pueden ser la causa. El uso de una pomada hidratante restablecerá el equilibrio de la piel del niño.

Sin embargo, este tipo de lesiones pueden deberse a una dermatosis, como el **impétigo** (pústulas que al secarse forman costras espesas), o a una **micosis** (irritación de la piel causada por un hongo), que deben tratarse rápidamente.

El origen también puede ser un **eccema** constitucional (dermatitis atópica) o de contacto, que hay que tratar después de establecer el diagnóstico.

VÉASE: ALERGIA, ERUPCIÓN.

L

Labio leporino

El labio leporino es una malformación caracterizada por una hendidura en el labio superior debida a un defecto de soldadura durante el desarrollo del embrión. Además, muchas veces las dos mitades del paladar tampoco están bien soldadas.

□ Alrededor de un recién nacido de cada mil nace con labio leporino y el paladar hendido.

En un tercio de los casos, estas hendiduras son visibles desde el exterior. Van desde una simple «muesca» en el labio superior hasta una hendidura que puede llegar hasta la nariz. De forma menos habitual (25% de los casos), la hendidura sólo se ve si el niño abre la boca. El velo del paladar y la campanilla están fisurados. En otros casos, la malformación es más compleja.

El examen pediátrico que se realiza al nacer permite detectar enseguida el problema, aunque también se puede ver a veces en una **ecografía** durante el embarazo.

El niño con esta malformación traga con dificultad. Existen unas tetinas especiales que ayudan a tragar. Una alimentación precoz con cucharilla permite retrasar la **intervención quirúrgica** hasta que se den las mejores condiciones. La operación se hace entre los 3 y 6 meses de vida y devuelve al niño un aspecto normal. Las fisuras del paladar se cierran por regla general antes del año. En este caso, la operación quirúrgica también ofrece buenos resultados.

Laringitis

Una laringitis es una inflamación de la mucosa de la laringe, causada habitualmente por un ***virus****.*

□ Los síntomas son repentinos e impresionantes: el bebé se pone a toser en plena noche. La **tos** es ronca. Tiene dificultad para respirar y la inspiración produce un silbido. La temperatura alcanza los 38 o 38,5 °C. Hay que llamar de inmediato al médico.

Mientras llega, se puede aliviar al bebé poniéndole en posición sentada y humidificando el aire de la habitación (vapor de agua en el cuarto de baño). También se debe refrescar al niño para que la **fiebre** no suba y/o darle un antitérmico común (paracetamol) en las dosis indicadas para su edad y peso. Es posible que el médico, en cuanto llegue, le ponga una inyección de **corticoides** (cortisona).

Cuando estos trastornos aparecen durante una enfermedad infecciosa más grave (una laringitis aguda sólo provoca un simple dolor de garganta con una voz rota y tos ronca), puede tratarse de otra enfermedad, la **epiglotitis**. Hay que llamar urgentemente al médico.

Si el recién nacido o el bebé padece laringitis a menudo, el médico lo enviará a un especialista en otorrinolaringología que hará una fibroscopia (introducción de un tubo óptico muy fino en la laringe). A veces, el cartílago de la laringe es demasiado blando (laringomalacia), lo que favorece la repetición de episodios de este tipo. En la mayoría de los casos la curación es espontánea antes de los 18 meses.

Leche (intolerancia a la)

Cuando el lactante presenta dificultades para alimentarse (regurgitaciones, ***vómitos****,* ***diarrea****,* ***dolor de abdomen****), en algunos casos puede tratarse de una intolerancia a la leche, en especial si la lactancia es artificial.*

□ Sin embargo, estos síntomas no son específicos y pueden deberse a cualquier otro tipo de trastorno digestivo. En todos los casos, será el médico quien indicará lo que hay que hacer. Ante los problemas para alimentar al bebé, es inútil cambiar de marca de leche; las composiciones de las leches son muy parecidas entre sí y su origen es el mismo.

□ **Intolerancia a la lactosa.** La intolerancia primitiva a la lactosa, el azúcar principal de la leche, es excepcional. Se debe a una carencia constitucional (rara) de la enzima necesaria para degradar la lactosa o a las consecuencias de una diarrea. En estos casos, hay que excluir temporal o definitivamente la lactosa de la dieta y sustituirla por una leche de transición sin lactosa.

□ **Intolerancia a las proteínas de la leche de vaca.** Las leches maternizadas que se dan a los lactantes se fabrican a base de leche de vaca. Las proteínas de la leche de vaca pueden producir reacciones inmunológicas que impiden un buen funcionamiento del intestino. Además de los síntomas anteriormente descritos, la intolerancia a las proteínas de la leche de vaca causa un estancamiento de la curva de peso del bebé e incluso un adelgazamiento.

Para confirmar el diagnóstico, el médico recetará alimentos sin proteínas de leche de vaca durante un período que oscila entre doce y dieciocho meses.

Lengua (frenillo de la)

El frenillo de la lengua es un pequeño repliegue mucoso que la une al suelo de la boca.

□ A veces, el frenillo de la lengua del recién nacido o del bebé es algo corto, aunque no suele impedirle chupar o usar la lengua con normalidad. Por lo general no hace falta seccionarlo (pequeña intervención dolorosa que puede causar una hemorragia). El frenillo de la lengua se alarga a medida que el niño crece y rara vez se recurre a la cirugía.

Lunar

Un lunar (nevo pigmentario) es una pequeña mancha beige o marrón que a veces sobresale un poco.

□ Los lunares están constituidos de células que fabrican el pigmento marrón de la piel, la melanina. Suelen ser benignos.

□ **Lunares peligrosos.** Algunos lunares tienen una evolución que debe llamar la atención. Cambian con rapidez de tamaño y de color, tienen una superficie irregular, son molestos y dolorosos porque están sometidos a traumatismos repetidos (por ejemplo, en la cintura al roce del cinturón), o están situados en lugares poco habituales (por ejemplo, bajo una uña). También pueden sangrar. En todos los casos, hay que consultar al médico. No es normal que estos nevos degeneren en cáncer, pero es preferible considerar una posible ablación quirúrgica que no dejará ningún rastro.

□ **Lunares simples.** Estos lunares no crecen y son más abundantes en las personas pelirrojas. La **exposición al sol** favorece su aparición. Estos nevos mantienen su tamaño, su color y su aspecto. No requieren tratamiento.

VÉASE: ANGIOMA

Luxación congénita de cadera

Una luxación congénita de cadera es una anomalía de la cadera que se debe a un desplazamiento de la cabeza del fémur, que queda fuera de la cavidad del hueso ilíaco (hueso de la pelvis).

□ La luxación de cadera suele ser habitual en los bebés que se presentan de nalgas durante el parto y afecta más a las niñas que a los niños. Al nacer, la cabeza del fémur todavía no está del todo formada, ya que sólo durante el primer año se osifica, amoldándose a la cavidad del hueso de la pelvis.

Este problema ortopédico se investiga sistemáticamente después del parto y durante los primeros meses de vida. El reconocimiento médico permite distinguir entre una mala posición en el útero (factor de riesgo de inestabilidad) y una cadera luxada o luxable. En caso de duda, el médico pedirá una radiografía hacia el 3.er o 4.º mes de vida del niño, momento en el que madura el hueso, o una **ecografía** (al final del 1.er mes).

Si se mantienen los muslos separados con una almohadilla durante dos o tres meses, la cabeza del fémur se puede volver a situar en la cavidad de la pelvis. También existe una férula especial, llamada *férula de abducción*, que produce los mismos efectos.

M N

Macrocefalia

La macrocefalia es un desarrollo excesivo del cráneo.

□ Cuando el bebé nace, su cerebro aún no está del todo desarrollado. La medición del perímetro craneal se realiza de forma sistemática en los reconocimientos de rutina del recién nacido. Permite controlar el crecimiento, ya que es el desarrollo del cerebro lo que provoca el aumento del tamaño del cráneo.

Un aumento demasiado rápido del perímetro craneal suele ser el reflejo de un proceso anormal y obliga a efectuar exámenes neurológicos. A veces, la macrocefalia lleva asociadas otras anomalías o signos de hipertensión intracraneal. Unos exámenes complementarios (**ecografía** transfontanelar, **TAC**, **resonancia magnética nuclear**) permiten diagnosticar el origen y determinar el mejor tratamiento.

Algunos bebés son «cabezones»; si no hay ninguna anomalía asociada, el perímetro craneal crece con regularidad y hay antecedentes similares en la familia, esta macrocefalia, llamada *familiar*, es benigna. En este caso, una vez descartada una anomalía estructural, basta con una simple vigilancia.

Malestar del lactante

En los lactantes, los accesos de palidez durante (o después) del biberón, a menudo asociados a regurgitaciones o ***vómitos****, e incluso a una respiración irregular que puede llegar hasta la* ***pérdida de conocimiento****, son motivo para consultar al médico enseguida, incluso si los trastornos sólo duran unos segundos.*

□ Estos trastornos podrían ser el signo de distintas afecciones, la mayoría de las cuales se pueden tratar: crisis convulsiva, anomalía del ritmo cardíaco, **apnea** obstructiva, **reflujo gastrointestinal**, **hipertonía vagal**.

En algunos casos, especialmente si se sospecha el riesgo de **muerte súbita del lactante**, el médico hospitalizará al bebé para vigilar el ritmo cardiorrespiratorio y realizar exámenes complementarios.

La mayor parte de las veces, la exploración clínica y, si es necesario, unos exámenes complementarios permitirán al médico encontrar la causa de los malestares y recetar el tratamiento adecuado. Algunas veces, es imposible determinar las causas; en esas ocasiones, el médico puede pedir que se controle el ritmo cardíaco del bebé en casa mediante monitorización.

Malos tratos

Los niños que sufren malos tratos son víctimas de una violencia voluntaria o de falta de cuidados, ya sea por parte de sus padres o de las personas que se encargan de ellos.

□ Esta definición corresponde a los casos más graves, pero sólo abarca una parte de los malos tratos. Existen malos tratos de orden psicológico que no dejan huellas físicas pero que afectan de forma considerable a la personalidad del futuro adulto que es el niño.

La participación de un niño o un adolescente en actividades de carácter sexual que no puede comprender, impuestas por los padres u otros adultos que tienen autoridad sobre él, es una forma de malos tratos que empieza a estar reconocida, aunque desgraciadamente sigue siendo subestimada.

Se trate de actos brutales o de falta de cuidados, también existen los malos tratos llamados *institucionales* (sufridos en los centros que toman el relevo de la familia para el cuidado, la manutención o la educación de niños, a veces minusválidos).

Dentro de la familia, los malos tratos pueden considerarse como una «enfermedad» de la relación entre los padres y los hijos. Se dan en todos los niveles sociales. Los médicos y los asistentes sociales conocen los factores de riesgo y los síntomas, que son llamadas de atención. Pero, de forma más generalizada, es responsabilidad de todos, en nuestra condición de adultos y padres, velar por la protección de los niños y favorecer su desarrollo personal con la ayuda de la propia sociedad y sus leyes.

Responder a la violencia con más violencia no suele arreglar las cosas; escuchar a los demás, con sus diferencias, permite abordar e intentar comprender por qué ciertas situaciones desembocan en desgracias que, de hecho, todo el mundo padece.

Manchas de vino:

VÉASE ANGIOMA.

Mareos de los viajes

Los viajes en barco, en avión o en automóvil pueden provocar, en algunos niños, mareos repetidos.

□ El movimiento de los vehículos es la causa de una estimulación exagerada del órgano del equilibrio, el laberinto del oído, que nos informa de la posición en el espacio, incluso en ausencia de puntos de referencia visuales. Esta excitación provoca bostezos, somnolencia, náuseas, accesos de **palidez** y, muchas veces, **vómitos**.

La simple aprensión ante el viaje puede desencadenar la aparición de trastornos en el niño. Antes de salir, hay que tranquilizarle e intentar que el viaje se desarrolle en un ambiente sereno y sin angustias. Afortunadamente, estos mareos se atenúan a medida que el niño crece.

□ **Automóvil, barco.** Hay que saber que es mejor dar una comida ligera antes de salir que una comida abundante, que sólo conseguiría acentuar las náuseas. Además, y sólo por prescripción del médico, el niño puede tomar un antiemético o un sedante suave media hora o una hora antes de la salida.

□ **En avión.** Los bebés pueden viajar en avión desde las primeras semanas de vida. Al despegar y al aterrizar, hay que dar de beber al niño. El líquido provocará movimientos de deglución que equilibran la presión entre las fosas nasales, el oído interno y los distintos senos de la cara. De esta forma, el bebé no notará los cambios de presión atmosférica que «taponan las orejas».

Mastoiditis

La mastoiditis es una inflamación de origen infecciosa al hueso mastoides, situado junto al oído. Gracias a los avances de la medicina, esta enfermedad es cada vez más rara.

□ Con un tratamiento **antibiótico** y/o, según los casos, una miringotomía (incisión en el tímpano), las **otitis** medias agudas se curan en unos diez días. Después, el médico debe verificar necesariamente si el tímpano del niño ha vuelto a la normalidad. Una otitis que no se cura enseguida, que se ha tratado tarde o que se ha complicado desde un principio puede provocar la propagación de la infección al hueso que contiene el oído medio (mastoides). En caso de mastoiditis, el tímpano no evoluciona hacia la curación.

Sin embargo, las otitis no siempre derivan en una mastoiditis. Se puede sospechar que se sufre una mastoiditis si hay signos inflamatorios (edema y enrojecimiento de la zona, e incluso supuración de oído reciente); dolor puntual que se percibe justo detrás del pabellón de la oreja; y persistencia de una anorexia o una curva de peso estancada.

Unos exámenes complementarios (otorrinolaringológicos y, si es necesario, radiológicos) permiten al médico determinar cuál es el mejor tratamiento. Muchas veces se tratará de una operación quirúrgica, la mastoidectomía, que permite la limpieza de la infección ósea. El peligro de la mastoiditis es el riesgo de propagación a las meninges (provocando una **meningitis**) e incluso de propagación general, por lo que conviene no dejar que se desarrolle.

Masturbación

Los niños se tocan y acarician los órganos sexuales con frecuencia, tanto en la tierna infancia como durante la pubertad.

□ Para ciertos padres puede resultar chocante ver cómo sus hijos se acarician los órganos sexuales. Sin embargo, la masturbación no es ni anormal ni peligrosa. Simplemente significa que el niño descubre su cuerpo.

No obstante, si el niño se desentiende de sus compañeros de juegos, se repliega sobre sí mismo y centra su actividad en practicarse los tocamientos, es mejor consultar con el médico. Puede padecer trastornos del desarrollo que, naturalmente, deben preocupar a los padres.

En los demás casos, es decir, la mayoría de las veces, hay que tolerar y banalizar estas masturbaciones. Los discursos moralistas, que generan ansiedad y culpabilidad, son nefastos para el desarrollo del niño y tan inútiles como cualquier tratamiento o la administración de calmantes.

Meningitis

Una meningitis es una inflamación de las meninges, las membranas que protegen el encéfalo y la médula espinal.

□ **Prevención.** Existen varios gérmenes que pueden causar la meningitis: el meningococo, el *Haemophilus influenzae* y el neumococo. Hay vacunas, pero sólo pueden aportar una solución parcial y todavía no están incluidas en el calendario de vacunación sistemática, por lo que sólo se emplean en grupos de riesgo o cuando el niño presenta factores predisponentes particulares. La vacuna antimeningocócica no protege contra todos los tipos de meningococos. La vacuna anti-*Haemophilus* puede administrarse precozmente, antes de los seis meses. La vacuna antineumocócica no siempre se tolera bien.

Los familiares de un enfermo de meningitis deben tratarse y/o vacunarse para evitar la propagación de la enfermedad.

□ **Síntomas.** Si, a lo largo de una enfermedad, el niño no soporta la fiebre como de costumbre, parece indiferente a todo o, al contrario, está muy excitado, sin que ni tan siquiera se le pueda calmar cogiéndolo en brazos, hay que llamar al médico. Estos signos de alarma suelen ir a menudo acompañados de **dolor de cabeza**, **vómitos** o negativa a alimentarse.

El médico buscará otros síntomas de la meningitis: presión anormal o abombamiento anormal de las fontanelas en los bebés, erupción cutánea que no se borra con la presión (**púrpura**) o rigidez en la nuca. Si se confirma el diagnóstico de meningitis, pedirá una punción lumbar para determinar con precisión su origen.

□ **Tratamiento.** La meningitis suele ser de origen vírico; en esos casos, sólo se tratan el dolor y la fiebre. Si está causada por una **bacteria**, debe administrarse lo antes posible un tratamiento **antibiótico** adaptado al germen.

La palabra *meningitis* todavía da miedo. Sin embargo, las técnicas médicas actuales permiten curar esta enfermedad sin dejar secuelas en la mayoría de los casos. Cuanto antes se establezca el diagnóstico –y, por lo tanto, el tratamiento–, mejor es el pronóstico.

Micosis

Una micosis es una enfermedad de la piel o de las mucosas debida a la proliferación de un hongo microscópico.

□ **Cuero cabelludo.** La tiña se manifiesta por placas de piel calvas (alopecia). Los cabellos se caen o sólo miden unos pocos milímetros. El niño tiene **picores** y puede propagar la infección al rascarse. La micosis se trata con antifúngicos locales.

□ **Pie de atleta.** El niño tiene picores entre los dedos del pie. La piel se espesa, se vuelve blanca y se agrieta. Esta micosis se ve favorecida por un exceso de transpiración y el uso de calcetines de nailon.

En todos los casos, un tratamiento antifúngico y la eliminación de las condiciones que favorecen la micosis consiguen una curación rápida.

□ **Piel.** Una micosis se manifiesta por una placa roja de unos centímetros cuadrados, rodeada de piel que se desprende. Un tratamiento antifúngico local suele bastar para hacerla desaparecer sin dejar rastro.

VÉASE: CABELLO (CAÍDA DEL), MUGUET.

Microcefalia

Cuando el cráneo tiene un volumen reducido, se habla de microcefalia.

□ Los médicos controlan la evolución del perímetro craneal de los bebés y los niños pequeños midiéndolo a menudo. Esta simple medición permite evaluar el crecimiento cerebral, iniciado antes del parto y que prosigue a lo largo de los primeros años de vida a un ritmo rápido. Los médicos se fijan, sobre todo, en el crecimiento regular del perímetro craneal. Todo estancamiento o ralentización clara del crecimiento los lleva a buscar otros síntomas de una posible enfermedad; en especial observan los avances psicomotores y realizan una exploración neurológica. El médico también preguntará a los padres sobre el desarrollo del embarazo y solicitará exámenes neurorradiológicos (**ecografía** transfontanelar, **TAC** craneal o **resonancia magnética nuclear**) para establecer el diagnóstico.

La microcefalia puede deberse a un **retraso del crecimiento intrauterino** de origen infeccioso (**rubéola**), a una infección por citomegalovirus, a una adicción (alcohol) o a anomalías genéticas.

A veces, se trata de un problema aislado: debe controlarse el desarrollo psicomotor y psicoafectivo del niño. En otros casos raros, puede reflejar una soldadura prematura de las suturas de los huesos del cráneo (estenosis del cráneo), sobre todo cuando está asociada a una deformación o a signos de hipertensión intracraneal; en general, es posible practicar una corrección quirúrgica.

Migraña

Algunos tipos de ***dolor de cabeza*** *presentan características particulares o inhabituales: dolor de un solo lado del cráneo, trastornos visuales o malestar general con náuseas o* ***vómitos****. Todos estos signos, que pueden presentarse aislados o asociados de formas diversas entre ellos, caracterizan la migraña.*

□ Las migrañas, aunque raras en el niño, pueden aparecer, sin embargo, a partir de los 4 o 5 años; se deben a un trastorno vascular funcional, muchas veces de carácter familiar. En estos casos, se puede administrar analgésicos (ácido acetilsalicílico o paracetamol) en dosis adecuadas a la edad del niño, pero a veces es necesario recurrir a otros tratamientos.

En ocasiones, las migrañas están asociadas a trastornos neurológicos. Las crisis de dolor pueden ir acompañadas de trastornos visuales a veces angustiosos (visiones luminosas dolorosas, reducción del campo visual). En este caso es necesario realizar exámenes especializados para eliminar la posibilidad de una afección de otro tipo. Una vez desechada esta hipótesis, el médico propondrá un tratamiento para evitar la repetición de estos episodios: los factores de orden afectivo, que también conviene evaluar, favorecen a veces este tipo de migrañas.

Minusvalía

La minusvalía es una desventaja física o mental que puede afectar en diferentes grados al niño en su vida diaria.

□ El nacimiento de un niño minusválido o el descubrimiento, algo más tarde o después de una enfermedad, de un trastorno motor o intelectual que impide llevar una vida normal, siempre es una prueba muy difícil de superar, un auténtico drama (*véase* pág. 148).

Los avances de la medicina permiten detectar un cierto número de enfermedades incluso antes de que se declaren, pero no sirven para nada si no se ofrece un trato específico a esos niños, que muchas veces necesitan cuidados particulares, en especial cuando se requiere una reeducación psicomotriz de larga duración.

Hay muchas asociaciones e instituciones que ayudan a los padres de hijos minusválidos y ponen a su disposición equipos especializados (*véase* pág. 343).

La integración de un niño minusválido en las estructuras escolares debe decidirse en función de sus posibilidades de aprendizaje y de adaptación a la vida colectiva. Se puede recurrir a centros especializados, que en ocasiones acogen a los niños en régimen de internado (institutos médico-pedagógicos) o, en la mayoría de los casos, como externos. Aunque estos cuidados durante la infancia pueden considerarse satisfactorios, la inserción social y profesional del adulto minusválido está todavía en sus albores y sigue siendo en la actualidad un problema no ha sido resuelto.

Miopatía

Las miopatías constituyen un grupo de enfermedades hereditarias que se caracterizan por la degeneración de los músculos.

□ Existen diversas formas de miopatías, según la edad en la que aparecen los primeros síntomas, la rapidez del desarrollo de la enfermedad y su forma de transmisión hereditaria.

Las miopatías pueden ser progresivas o no progresivas. Generalmente, empiezan atacando a los músculos que sirven para mantener la postura (estar de pie, estar sentado); esto explica que los bebés afectados no puedan mantenerse sentados a la misma edad que el resto de los bebés. Entre tanto, pueden verse atacados simultánea o sucesivamente ***otros músculos o grupos de músculos***. También pueden aparecer trastornos respiratorios si el diafragma está afectado; en estos casos, la miopatía se revela con motivo de una enfermedad infecciosa o de una dificultad para alimentarse (trastornos de la deglución). Una disminución de los movimientos de la cara caracteriza a menudo el origen miopático de los trastornos.

El diagnóstico del problema corresponde a un equipo multidisciplinario especializado que coordine las medidas de reeducación y de tratamiento ortopédico. Desgraciadamente, todavía no existe ningún tratamiento que permita la recuperación de la fuerza muscular.

La investigación básica en los campos de la genética y de la biología molecular quizá permita en un futuro cercano entender mejor los mecanismos de estas afecciones musculares y proponer tratamientos específicos.

Miringotomía

La miringotomía es una sencilla intervención que consiste en drenar las secreciones acumuladas en el oído medio mediante una pequeña incisión en el tímpano. Este drenaje se efectúa para evacuar el pus de una otitis purulenta.

□ Durante una rinofaringitis o una otitis media aguda, el niño parece más cansado que de costumbre y más gruñón. Tiene **fiebre** y se queja mucho de **dolor** de oído. El médico, al reconocerlo, verá el tímpano abombado por la presión del pus o de las secreciones. Esta presión es la causante de los dolores que sufre el niño.

Un otorrinolaringólogo efectúa la miringotomía bajo anestesia local. Realiza una incisión en el tímpano con un estilete mientras controla la operación con un otoscopio (instrumento equipado de una luz y una lupa para examinar el tímpano). La operación permite que el pus salga al exterior y calma enseguida el dolor, que muchas veces se subestima en los bebés que son muy «tranquilos». Para curar la otitis, se recetará un tratamiento **antibiótico**.

La miringotomía también puede practicarse en caso de perforación espontánea, aunque insuficiente, del tímpano. La otorrea (secreción del oído) se desarrolla entonces en condiciones óptimas. El otorrino también estudiará el estado del tímpano con el otoscopio.

Mongolismo: VÉASE TRISOMÍA 21.

Mononucleosis infecciosa

*La mononucleosis infecciosa es una infección aguda debida al virus Epstein-Barr. Se manifiesta por unas **anginas** fuertes, acompañadas de **fiebre** alta y un aumento del volumen de los ganglios.*

□ Esta enfermedad afecta con frecuencia a los niños, aunque también ataca a adolescentes y adultos jóvenes. Se conoce como «enfermedad del beso» porque el virus, presente en la saliva, puede transmitirse con un beso en la boca.

El niño tiene fiebre y **dolor de cabeza**. Presenta **ganglios** voluminosos y padece unas fuertes anginas. Las amígdalas inflamadas le impiden tragar bien y pueden molestarle al respirar. Es posible que tenga problemas hepáticos (del hígado) que se traducen en algunos casos por **ictericia**. También forman parte de los síntomas el **dolor** articular (artralgia) o muscular (mialgia).

El médico, después de pedir un análisis de sangre, confirmará el diagnóstico. La mononucleosis infecciosa se cura sin tratamiento al cabo de cuatro a ocho semanas y no deja ninguna secuela. Si, a pesar de todo, el médico ha recetado penicilina (**antibiótico**) contra las anginas, el niño puede sufrir una erupción análoga a la del **sarampión** aproximadamente hacia el décimo día del tratamiento.

Mordeduras

*Aunque parezca benigna, la mordedura de un **animal doméstico** no debe pasarse por alto.*

□ El peligro de infección bacteriana es real. Hay que desinfectar la piel de la zona de la mordedura con una solución antiséptica y verificar la vigencia de la vacuna antitetánica del niño.

Si la mordedura es de un perro desconocido, conviene llevarlo a un veterinario para así someterlo a observación y que se compruebe su identidad y si está vacunado contra la rabia.

Las mordeduras o arañazos de gato pueden causar una infección particular que se manifiesta al cabo de cierto tiempo.

□ **Mordeduras de serpiente.** Aunque bastante raras, se producen en verano. En España, sólo son peligrosas las víboras, concretamente las pertenecientes a las especies *Vipera aspis* y *Vipera latastei*; su mordedura se puede reconocer por la presencia, generalmente a la altura del tobillo, de dos puntos rojos separados de 5 a 7 mm. Se acompaña de **dolor** intenso, que molesta al andar, y de la aparición de un edema. Un poco más tarde, aparecen **vómitos**, **dolor de abdomen** y trastornos de la circulación sanguínea (pulso acelerado, caída de la presión arterial). El niño debe ser llevado con urgencia a un hospital, donde se le tratarán todos estos síntomas. (La hospitalización es más eficaz que la aplicación de un suero antivenenoso, cuya tolerancia puede ser baja.) También hay que controlar la vigencia de la vacuna antitetánica y, en su caso, ponerla al día.

VÉASE: ANIMAL DOMÉSTICO.

Moretón

El término médico que corresponde a lo que vulgarmente se conoce como «moretón» o «cardenal» es equimosis.

□ Habitualmente, una equimosis aparece después de un golpe o de una **caída** que provoca una hemorragia en la piel. Al contrario que el hematoma, la equimosis no produce un «bulto». La piel se vuelve azul y pasa por distintos colores, para no dejar ningún rastro al cabo de unos diez días.

Si al niño «le sale un moretón» después de una caída, se le puede aplicar un paño húmedo helado sobre la piel durante diez minutos para reducir el **dolor** y la hinchazón de la zona.

Si la equimosis no se atenúa al cabo de una semana, si se repite, si aparece al mismo tiempo que una **hemorragia** nasal o de encías o una **púrpura** (manchas rojizas en la piel), o si su importancia es desproporcionada con respecto al golpe, hay que consultar al médico, sobre todo si se localiza en un lugar que no sea la rodilla, el codo, la pantorrilla o la espinilla. El médico solicitará un análisis de sangre para hacer un recuento de glóbulos rojos, glóbulos blancos y plaquetas por milímetro cúbico (recuento sanguíneo) y comprobar si el niño no presenta un trastorno de la coagulación.

Movimientos anormales

Cuando los bebés gritan o están mamando, a veces realizan movimientos bruscos o tienen temblores en los miembros o en el mentón. La mayoría de las veces, estos movimientos son el reflejo de la inmadurez del sistema nervioso del recién nacido o del bebé.

□ Los movimientos repentinos cesan al mismo tiempo que los gritos o si se mantiene el miembro inmóvil a la fuerza. Sin embargo, es mejor que un médico reconozca al bebé, ya que pueden deberse a una disminución de los niveles de calcio en la sangre (tetania). A veces, los movimientos son muy bruscos, prosiguen aunque se inmovilice el miembro y dan la sensación de pequeñas sacudidas rítmicas; en estos casos, suele tratarse de clonías, **convulsiones** que obligan a llamar de inmediato al médico si el niño delira o pierde el conocimiento.

Si el bebé tiembla, quizá tenga **fiebre**. Si, al mismo tiempo, tiene la piel amoratada, está **pálido** y los pies y las manos están fríos, hay que consultar enseguida con el médico.

Movimientos rítmicos:

VÉASE BALANCEO.

Muerte súbita del lactante

En la actualidad, la muerte súbita del lactante es la primera causa de mortalidad de los niños entre 1 mes y 1 año. A pesar de los esfuerzos preventivos que se realizan, su frecuencia permanece estable: alrededor de 1 a 3 casos por cada 1.000 nacimientos (véase pág. 198).

□ Esta tragedia suele sorprender normalmente durante el sueño, en un momento en el que el niño presenta sin duda una parada cardiorrespiratoria refleja. Hoy en día, la causa de la muerte súbita del lactante puede descubrirse en alrededor de dos tercios de los casos.

□ **Apoyo psicológico.** El trato y el seguimiento de una familia que acaba de sufrir la tragedia que es la muerte súbita del lactante requiere equipos médicos hospitalarios especializados. El apoyo psicológico es básico; ayudará a superar esta prueba dolorosa, que hace sentirse culpables a los padres y también a los hermanos y hermanas; con este apoyo se pretende atenuar su desesperanza para que puedan pensar en el futuro.

□ **La muerte súbita inexplicable del lactante.** Se corresponde con la muerte sorprendente de un bebé, que aparentemente tenía buena salud, sin que se encuentre ninguna enfermedad y causa precisa (alrededor de un tercio de los casos).

□ **Muerte súbita del lactante.** Se pueden avanzar muchas hipótesis, que no se excluyen entre sí, para intentar explicar la muerte súbita del lactante. Puede tratarse de una apnea (**parada respiratoria**) que a veces afecta durante el sueño a un bebé prematuro o portador de una anomalía neurológica, aunque no siempre sea así. La apnea también puede ser causada por una **hipertonía vagal** asociada a un **reflujo gastroesofágico**. En los bebés de menos de 4 meses que no saben respirar por la boca, una obstrucción nasal relacionada con una infección de las vías respiratorias superiores puede causar una parada de la respiración (lo que justifica el tratamiento local de todas las **rinitis**).

Es importante encontrar la causa de la muerte súbita del lactante, ya que permite orientar mejor el control de los embarazos posteriores y tomar medidas preventivas adecuadas durante el primer año de vida de los niños siguientes (tratamiento sistemático del reflujo gastroesofágico, control y tratamiento de una hipertonía vagal).

□ **Prevención.** Se deben aplicar ciertas normas preventivas a todos los bebés:

– acostar al bebé en un colchón duro; no usar nunca colchones o almohadas demasiado blandos;
– no tapar demasiado al bebé, para que no pase demasiado calor;
– tratar sistemáticamente todo reflujo gastroesofágico;
– consultar siempre al médico en caso de problemas del bebé (pausas respiratorias, apnea, cambio del color de la tez). Intentará determinar la causa y buscará una hipertonía vagal, que será tratada si se diagnostica;
– consultar enseguida al médico cuando el bebé tiene fiebre;
– no dar nunca calmantes ni jarabes sin prescripción facultativa antes del año de vida. Además, no hay que reutilizar nunca los medicamentos recetados para una enfermedad anterior sin consultar al médico.

Muguet

El muguet es una micosis causada por un hongo microscópico, denominado Candida albicans. *Se manifiesta en la boca bajo la forma de placas blancas y también se conoce como candidiasis oral.*

□ El bebé tiene una sustancia blanquecina sobre la lengua, la cara interna de las mejillas y el paladar. Estas placas son adherentes y están rodeadas de un halo inflamatorio más rojo y a veces doloroso. El niño no tiene **fiebre**, pero le cuesta comer. Tiene poco apetito y regurgita con facilidad. También puede presentar un **eritema de los pañales** localizado en los repliegues de la piel y alrededor del ano que, a pesar de los cuidados, no se cura.

El muguet puede aparecer y recidivar si las tetinas de los biberones están mal esterilizadas o si el niño se lleva constantemente a la boca un chupete que no está muy limpio.

El hongo causante se desarrolla en la boca y el intestino, donde está normalmente presente. Pero, si un tratamiento **antibiótico** recetado para una enfermedad destruye la flora intestinal, el hongo se multiplica en exceso y produce los síntomas del muguet.

Si el niño tiene muguet, hay que limpiarle regularmente la boca con agua bicarbonatada. El médico recetará un tratamiento antifúngico que hará efecto en pocos días. No obstante, se debe respetar escrupulosamente la duración del tratamiento, que es al menos de quince días, porque la candidiasis puede reaparecer muy rápido. Normalmente, esta micosis no afecta a los niños de más de 6 meses, salvo si sus defensas inmunitarias están debilitadas.

Nalgas irritadas:

VÉASE DERMATITIS AMONIACAL O DE JACQUET.

Nevo pigmentario:

VÉASE LUNAR.

Obesidad

Se considera que un niño es obeso si su peso es superior en más de un 20% al peso medio que corresponde a su talla y edad. El exceso de grasa suele deberse a una alimentación demasiado abundante.

□ A lo largo de todo el crecimiento, el médico controla el peso y la talla del niño. Si está demasiado gordo, seguramente es porque come demasiado para sus necesidades reales. Es muy raro que el exceso de peso se deba a una enfermedad endocrina o a un factor congénito; además, en esos casos aparecen otros síntomas.

El médico recomendará primero un régimen para reequilibrar la alimentación y moderar el aporte de calorías; también aconsejará la práctica regular de algún deporte.

Sin embargo, es difícil que el niño acepte las normas dietéticas elementales. No sólo se siente privado o frustrado por el propio régimen, sino con respecto a los demás miembros de la familia que no tienen que soportar las mismas restricciones. Suele ser habitual que una sobrecarga ponderal sea el signo revelador de ciertos problemas psicológicos que impiden que el niño se «controle» con los alimentos. El niño se refugia inconscientemente en la comida para olvidar sus carencias afectivas o sus problemas de relación. Hay que intentar escucharlo más y respetar su autonomía. La ayuda y el apoyo afectivo de los padres siempre son necesarios, sobre todo si el niño es pequeño, ya que en esos casos se siente poco motivado para perder peso.

La motivación es mayor en un(a) preadolescente. Preocupado(a) por su aspecto físico, tendrá más fuerza de voluntad para cambiar su imagen y sentirse mejor con su cuerpo. Pero no basta con querer, hay que entender las causas de este desequilibrio alimentario. La colaboración de un psicólogo es a veces tan importante como las reglas dietéticas saludables que recomienda el médico junto a la práctica de algún deporte.

VÉASE: ANOREXIA.

Objeto transicional o de seguridad

Durante la más tierna infancia, muchos niños (aunque no todos) se chupan el pulgar o se apegan a un juguete o un objeto. Es absolutamente normal y hay que respetar estas actitudes.

□ Muchos bebés y niños pequeños se chupan el pulgar cuando se duermen o, a veces, en los momentos de aburrimiento o de tristeza. Los padres conocen el valor tranquilizador de este gesto. Otros niños necesitan tener junto a ellos, también cuando van a dormir (es decir, cuando se separan de los padres), un muñeco, un peluche, un trapo, una pequeña manta o una prenda de vestir que los tranquiliza y cuya función simbólica es mantener una unión con el entorno. Los padres saben que tienen que llevar a todas partes su muñeco o su peluche.

Los psicólogos llaman a estos elementos *objetos* transicionales o *de seguridad*, ya que sirven para sobrellevar la transición entre el estado de «fusión» afectiva del recién nacido con su madre y la relación que tiene con ella unos meses más tarde, después de darse cuenta de que se trata de una persona externa y separada de él. El valor simbólico del objeto transicional ayuda al niño a estructurarse. Por lo tanto, no se trata en ningún caso de una actitud infantil regresiva que se deba combatir.

Al contrario, el objeto transicional debe respetarse siempre; la evolución natural del niño y su madurez psicológica hacen que termine por abandonarlo, habitualmente entre los 8 y los 10 años. La persistencia de un apego excesivo más allá de esta edad es, por lo general, una llamada de atención; en otras palabras, un síntoma de un problema de orden psicológico que debe tenerse siempre en cuenta.

Obstrucción intestinal

La obstrucción intestinal es una obstrucción parcial o total del intestino delgado o del intestino grueso que hace imposible la evacuación de las heces.

□ El bebé se niega a tomar el biberón o el niño no puede beber. Si vomita todo lo que come, puede que sufra una obstrucción del intestino delgado. Si tiene el abdomen hinchado, si ya no hace sus necesidades ni tiene gases, puede tratarse de una obstrucción del intestino grueso (colon). En todos los casos, hay que consultar al médico.

□ **El bebé.** En el bebé, una obstrucción intestinal que se declara repentinamente puede deberse a una **invaginación intestinal** aguda (repliegue de una parte del intestino delgado sobre sí mismo) o a una **hernia** estrangulada que se puede detectar mediante el reconocimiento de la ingle o del escroto.

□ **El niño.** En el niño, muchas veces la oclusión intestinal se debe a una **apendicitis**.

En todos los casos, y después de la confirmación del diagnóstico por lo general mediante una **ecografía**, es urgente intervenir quirúrgicamente.

□ **El recién nacido.** La obstrucción intestinal en el recién nacido suele deberse a una malformación del tubo digestivo y se manifiesta a las pocas horas del parto. El intestino puede retorcerse sobre sí mismo produciendo el efecto de un nudo (*vólvulo*) que bloquea el tránsito intestinal.

Oído (anomalías del pabellón)

Las orejas pueden tener una consistencia blanda al nacer o tender a separarse a lo largo de los primeros años de vida.

□ **Consistencia blanda.** El pabellón del oído de los recién nacidos **prematuros** puede ser blando y no cartilaginoso. Estas orejas replegadas se deben en la mayoría de los casos a que su maduración aún no ha terminado, aunque esté en vías de hacerlo.

□ **Orejas «de soplillo».** La separación de las orejas aparece progresivamente a lo largo de los primeros años de vida. Este problema se puede corregir con una **intervención quirúrgica**.

Para un niño, tener «orejas de soplillo» puede ser difícil de soportar. Las bromas de los amigos o la actitud de su entorno familiar pueden crearle un complejo de inferioridad.

Sobre todo, no hay que intentar pegar las orejas del niño con esparadrapo u obligarle a llevar una venda. Sólo se conseguiría acentuar los complejos, sin que su morfología cambie ni un milímetro. Lo mejor es consultar con un cirujano plástico.

La edad ideal para esta intervención se sitúa entre los 8 y los 10 años, ya que hay que tener en cuenta el crecimiento del pabellón auricular.

Oído (cuerpo extraño en el)

Es poco habitual que un objeto pequeño que se haya metido en el oído provoque una lesión del tímpano. En realidad, suelen ser los torpes intentos por sacarlo los que pueden dañar el conducto auditivo (hemorragias) o el tímpano.

□ Si lo que se ha metido en el oído es un insecto, hay que inclinar la cabeza del niño hacia un lado y verter un poco de agua tibia en el oído para que el insecto salga a la superficie. En todos los demás casos, nunca hay que intentar sacar el objeto; se podría hundir aún más. Se debe consultar enseguida a un otorrinolaringólogo o llevar al niño al servicio de urgencias del hospital más próximo. Allí sacarán el cuerpo extraño con unas pinzas adecuadas que no dañarán el oído del niño.

Ojos

Los ojos pueden padecer trastornos leves o más graves.

□ **Conjuntivitis.** Si las secreciones se deben a una **conjuntivitis**, el médico recetará un tratamiento específico a base de colirio o de una pomada adecuados.

□ **Cuerpo extraño en el ojo.** Si un cuerpo extraño microscópico se ha metido en un ojo, hay que lavarlo con agua tibia.

Si el cuerpo extraño es visible, se puede intentar sacar con el dedo envuelto en un pañuelo limpio.

Si está incrustado, y puede dañar el ojo, hay que llevar al niño sin demora al servicio de urgencias del hospital más cercano.

Si se trata de un producto químico que ha afectado al ojo, se debe colocar la cabeza del niño de lado, para poder aclarar el ojo desde el interior de la cara hacia el exterior (para que el producto químico no entre en el otro ojo). Después de lavarlo con abundante agua fría, hay que llevar al niño al servicio de urgencias del hospital.

□ **Drenaje insuficiente de las lágrimas.** Si las secreciones persisten, pueden deberse a una falta de drenaje de las lágrimas. Las lágrimas humedecen permanentemente el globo ocular y el movimiento reflejo de los párpados las «barre» como si fuesen un limpiaparabrisas. A continuación, son drenadas hacia las fosas nasales por un conducto de diámetro pequeño, el conducto lacrimal. Un lagrimeo excesivo y persistente y las conjuntivitis repetidas son signos reveladores de una obstrucción del canal. Si aparece una tumefacción en el ángulo interno del ojo, lo mejor es consultar al oftalmólogo para evitar infecciones. El médico puede proponer la desobstrucción del conducto lacrimal, aunque pocas veces se hace antes de los 6 meses de vida.

□ **Golpe en el ojo.** Si el niño recibe una pelota de tenis o un puñetazo en el ojo, hay que llevarlo al servicio de urgencias del hospital, aunque no parezca nada grave. Los médicos comprobarán que no se haya producido un desprendimiento de retina.

□ **Secreciones de los ojos**. Al despertarse, el niño puede tener los párpados pegados por unas secreciones resecas. Se pueden limpiar estas secreciones con un algodón empapado de agua esterilizada o suero fisiológico.

VÉASE: VISIÓN (APRECIACIÓN DE LA), VISIÓN (TRASTORNOS DE LA).

Ortodoncia

El término ortodoncia designa las técnicas que sirven para prevenir o corregir las malformaciones dentales, y en especial las irregularidades de los dientes en el momento de la erupción y del crecimiento.

□ El especialista construye aparatos que ejercen presiones o algunas tracciones que modifican la orientación de los dientes mal situados. Los aparatos también permiten corregir el encaje de los maxilares que, cuando es anormal, puede ser la causa de trastornos del lenguaje.

Orzuelo

Un orzuelo es un pequeño furúnculo doloroso situado en la raíz de una pestaña, en el borde del párpado. El furúnculo es del tamaño de un grano de cebada.

□ Una **bacteria**, el estafilococo dorado, es la causante de los orzuelos. Si el niño tiene una tumefacción roja en el borde del párpado y si la hinchazón es dolorosa, puede tratarse de un orzuelo que se está formando. El tratamiento es esencialmente local: el médico recetará una pomada **antibiótica**, que deberá aplicarse durante el tiempo suficiente para que la infección no se propague o se repita.

Otitis

Una otitis es una inflamación del oído externo (conducto auditivo), interno (laberinto) o medio (caja del tímpano y huesecillos). Los niños se suelen ver especialmente afectados por la otitis media.

□ El niño que padece una otitis tiene **fiebre**. Vomita a menudo y no tiene apetito. Ya no aumenta de peso. La otitis media puede ser aguda (dolor que aparece de repente) o crónica (persistente, de forma indolora, durante un largo período).

En el reconocimiento médico, el tímpano se ve rojo (otitis congestiva) o blanco amarillento (otitis supurante). A veces, se produce una secreción de pus (otorrea) que pone de manifiesto la perforación espontánea del tímpano.

□ **Origen.** La otitis proviene de varios fenómenos sucesivos. Muchas veces, una rinofaringitis produce una obstrucción de la trompa de Eustaquio, el canal que permite la aireación de la caja del tímpano desde las fosas nasales, y dicha obstrucción degenera en una otitis. Una mala aireación de la caja del tímpano se traduce en un aumento de las secreciones locales, que se espesan cada vez más y se acumulan para convertirse en una otitis serosa, cuyos síntomas son más discretos que los de la otitis aguda. La otitis aguda supurante, o purulenta, se debe a una sobreinfección en el seno de esta cavidad, que ha quedado cerrada.

□ **Tratamientos.** En caso de otitis congestiva, el médico recetará un tratamiento que pretende curar los síntomas: antipiréticos para luchar contra la fiebre y gotas para disminuir el dolor.

El tratamiento de la otitis supurante suele requerir a menudo el uso de **antibióticos** y gotas. La necesidad de practicar una **miringotomía** depende del aspecto del tímpano. En todos los casos, el médico debe vigilar la evolución de la enfermedad hasta la curación total, ya que existen riesgos de complicaciones si la fiebre persiste o si el tímpano no recupera su aspecto normal.

La otitis serosa puede revelarse por una sucesión de otitis supurantes, que no siempre tienen relación con las rinofaringitis estacionales, de las que son a veces una complicación.

En el niño pequeño, muchas veces se sospecha que hay una otitis serosa cuando se detecta una disminución de la audición (motivo, a veces, de ciertas dificultades para aprender a hablar) o incluso una sordera. El tratamiento se basa en la supresión o reducción, dentro de lo posible, de los factores que favorecen las rinofaringitis. Si esto no basta, hay que restablecer la permeabilidad de la trompa de Eustaquio o colocar unos pequeños tubos de drenaje en el tímpano; a veces se realiza la ablación de las **vegetaciones** (adenoidectomía).

Paladar hendido y labio leporino: VÉASE LABIO LEPORINO.

Palidez

Algunos niños rubios o pelirrojos tienen por naturaleza la piel muy blanca. Esta palidez no es inquietante. Sin embargo, un niño puede palidecer de golpe o de forma progresiva y duradera. Esta palidez anormal puede deberse a varios factores.

□ **Accesos de palidez.** A veces, el bebé palidece sin razón aparente. El médico recomendará un período de observación en el hospital para determinar el origen de estos accesos de palidez (intoxicación, **hipertonía vagal**, etc.).

□ **Palidez con piel amoratada en caso de infección.** Quizá el niño padezca una mala tolerancia cardiovascular a la infección. Hay que consultar al médico enseguida.

□ **Palidez persistente.** Después de reconocerlo, el médico solicitará un análisis de sangre. Si se detecta una tasa de hemoglobina insuficiente, el niño tiene anemia y, muchas veces, falta de hierro. El médico recetará la medicación adecuada.

□ **Palidez súbita.** El niño ha tenido una fuerte emoción, un traumatismo o, simplemente, tiene frío. Basta con tranquilizarlo o calentarlo y recuperará enseguida el color.

VÉASE: PARADA RESPIRATORIA, PÉRDIDA DE CONOCIMIENTO.

Paperas

Esta enfermedad contagiosa de origen vírico afecta a las glándulas salivales principales, las parótidas, situadas por delante y debajo del pabellón del oído. Su nombre médico es parotiditis.

□ El niño tiene dificultades para tragar, la boca seca, está cansado y tiene **fiebre**. Además, la hinchazón alrededor de las orejas da a su cara un aspecto de «pera». No tiene granos en la piel, aunque puede presentar enrojecimientos en la boca, frente a los premolares, donde se encuentra el canal que drena las secreciones de las glándulas salivares hacia la boca (conducto de Stenon).

La **incubación** de las paperas dura unas tres semanas. El enfermo puede contagiarlas unos días antes de la aparición de los síntomas y durante alrededor de diez días. El virus se propaga con la saliva de los enfermos. La mayoría de las infecciones se contraen en el colegio o las transmite un miembro de la familia.

El niño debe guardar cama mientras tenga fiebre. Hay que prepararle platos que no exijan una masticación prolongada. No existe ningún tratamiento particular, aunque el médico recetará una medicación que atenúe la fiebre y el **dolor**.

La tumefacción de las glándulas salivales se reabsorbe en una semana. El niño no debe volver al colegio hasta la desaparición de los síntomas.

En algunas ocasiones, la enfermedad puede complicarse con una **meningitis** o una pancreatitis que produce **dolor de abdomen** y **vómitos**. Por este motivo, desde hace ya varios años se aplica sistemáticamente la **vacuna** contra las paperas a todos los niños, hacia los 12-15 meses de edad, asociada a las vacunas contra la **rubéola** y el **sarampión**.

El riesgo de orquitis (inflamación del testículo, que aumenta de tamaño y duele) sólo afecta a los chicos después de la pubertad. Contrariamente a una idea ampliamente extendida, la orquitis nunca causa esterilidad.

Parada respiratoria

Una detención momentánea de la respiración (cuyo término médico es apnea) es un fenómeno habitual en el recién nacido y el lactante, ya que su respiración, irregular, puede verse interrumpida por pausas.

□ El bebé tiene apneas de menos de diez segundos; en este caso la cara no cambia de color y el ritmo cardíaco permanece normal: no hay que inquietarse.

Pero, si las apneas se repiten y se prolongan, la cara palidece o toma un color azulado (**cianosis**), hay que hablar con el médico. Estos episodios, en especial en los bebés de menos de 3 meses, pueden ser el síntoma de una **bronquiolitis**, que requiere una vigilancia hospitalaria. Las apneas también pueden deberse a un **reflujo gastroesofágico** (regurgitación del contenido ácido del estómago hacia el esófago) o a llantos violentos (**apnea del llanto**). En todos los casos, es importante consultar al médico, que aplicará, después de examinar al niño, el tratamiento adecuado.

En caso de **prematuridad**, el centro nervioso que controla la respiración del bebé aún no está del todo maduro y las apneas suelen ser frecuentes. En el hospital, se le coloca en una **incubadora** para garantizar una mejor oxigenación. A veces, se administran un suplemento de hierro y vitaminas y ciertos medicamentos (a base de cafeína).

Si la detención de la respiración se prolonga, o si se produce en otro contexto, se tratará de una auténtica parada respiratoria, y en este caso la conducta inmediata a seguir corresponde al boca a boca (*véase* pág. 363).

VÉASE: MALESTAR DEL LACTANTE.

Parotiditis: VÉASE PAPERAS.

Pechos (desarrollo precoz de los)

Los pechos pueden desarrollarse temporalmente en los días que siguen al parto, sea cual fuere el sexo del recién nacido. En caso de pubertad precoz, la niña también puede presentar un inicio de desarrollo mamario.

□ **En el bebé.** El desarrollo de los pechos después del parto suele inquietar a los padres, en especial cuando se trata de un niño. Sin embargo, no tiene nada que ver con una **ambigüedad sexual**. Este desarrollo, tanto en los varones como en las chicas, se debe al paso de las hormonas femeninas maternas antes del parto. Estas hormonas estimulan la actividad de las glándulas mamarias, al igual que en las madres, e incluso pueden llegar a causar una ligera secreción láctea temporal. Estas manifestaciones no tienen nada de anormal y desaparecen sin cuidados especiales al cabo de varios días.

A los pocos meses (o a veces después del parto), una niña pequeña puede presentar un desarrollo mamario, en ocasiones unilateral. Cuando se palpa, se puede notar un nódulo pequeño, duro y sensible. Si no aparece ningún otro signo de pubertad precoz (vello en el pubis o aceleración del crecimiento) y si el médico no nota ni aceleración del crecimiento ni adelanto de la edad ósea, este desarrollo excesivo de los pechos refleja una sensibilidad extrema a la baja tasa de hormonas que hay en el cuerpo. En este caso, no es necesario ningún tratamiento específico.

□ **En la niña de más edad.** El desarrollo de los pechos puede ser el primer síntoma de la pubertad precoz, que es anormal. Hay que consultar al médico para que confirme el inicio de la pubertad y descarte la posibilidad de una enfermedad.

VÉASE: VELLO PÚBICO.

Pérdida del conocimiento

Cuando alguien pierde el conocimiento, no sólo se desmaya, sino que, además, su sensibilidad y su facultad de moverse desaparecen. Este estado da la impresión de muerte inminente, que preocupa a los que lo rodean.

□ Por lo general, el ritmo cardíaco y el respiratorio no se frenan. Sin embargo, si un niño se desmaya, hay que controlar enseguida que estas funciones vitales se mantienen. En caso contrario, se debe intentar restablecerlos lo antes posible mediante el boca a boca y, en caso necesario, un masaje cardíaco (*véase* pág. 362).

La pérdida del conocimiento puede tener diversas causas.

□ **Convulsiones.** Vaya acompañada de **fiebre** o no, una crisis convulsiva suele producir muchas veces la pérdida del conocimiento. Si se prolonga o se repite, necesita un tratamiento urgente.

□ **Enfermedad infecciosa.** En algunos casos, una enfermedad infecciosa que ya se ha declarado puede producir la pérdida del conocimiento, que va precedida o acompañada de trastornos de la conciencia (el niño habla de forma incoherente y se agita, aunque abre los ojos si se le llama). Es el reflejo de una evolución desfavorable de la enfermedad. Se debe llamar urgentemente al médico en cuanto aparecen los primeros problemas.

□ **Malestar del lactante.** Se puede sufrir una pérdida del conocimiento debido a un trastorno causado por un **reflujo gastroesofágico**, que puede estar asociado o no a una **hipertonía vagal**.

□ **Traumatismo craneal.** Una pérdida del conocimiento breve no es preocupante. Sin embargo, hay que ir enseguida al servicio de urgencias del hospital más cercano; a menudo, es imprescindible un control médico, ya que el niño puede presentar, en las horas o días siguientes, trastornos neurológicos causados por una **hemorragia** intracraneal.

□ **Apnea del llanto.** A veces, el niño llora por una caída sin gravedad, una reprimenda o una frustración. Estos lloros violentos pueden provocarle una detención de la respiración (apnea del llanto) y pérdida del conocimiento.

VÉASE: CAÍDAS, COMA, PALIDEZ.

Pesadillas

Un niño que tiene pesadillas se despierta por la noche. Angustiado por las imágenes de su sueño, ya no sabe si corresponden a la realidad o no. Hay que escucharle, consolarle y tranquilizarle.

□ Las pesadillas que perturban el sueño del niño pueden parecer impresionantes. Sin embargo, no son motivo de gran inquietud. Forman parte de su desarrollo psíquico normal y se deben, en general, a motivos simples y fáciles de identificar.

Permiten que el niño se libere de las tensiones y los conflictos: problemas en el colegio o en la familia, peleas –inevitables– con sus hermanos y hermanas o con sus compañeros de juegos, un cambio de domicilio, alejamiento de uno de los progenitores... Quizá haya visto un programa demasiado violento en la televisión; o el ambiente familiar no es lo suficientemente sereno.

Cuando un niño tiene una pesadilla, hay que escucharle, tranquilizarle y hablarle con calma. Se volverá a dormir enseguida. Y, durante el día, lo mejor es dejarle contar el sueño que tanto le ha asustado. Si las pesadillas se repiten, no hay que administrar **calmantes**, que no resuelven este problema. Hay que pedir consejo al médico, quien, si lo considera necesario, enviará al niño a un psicólogo.

VÉASE: TERRORES NOCTURNOS.

Picadura de insecto

Al contrario que los insectos de los países tropicales, los de los países templados sólo excepcionalmente *transmiten enfermedades infecciosas o parasitarias. No obstante, las picaduras de mosquito, de garrapata o de abeja producen muchas veces* ***picores*** *y pueden ser el inicio de una infección local.*

□ **Abejas, avispas, abejorros.** Las picaduras producen un edema. El aguijón suele quedar insertado en la piel y no es fácil de quitar. Además, su manipulación puede aumentar el dolor y la inflamación local, ya que se libera más veneno.

Si el niño tiene varias picaduras, o ha sido picado en una zona muy sensible (cuello, cara, boca), es posible que se desarrolle un edema importante que puede tener, en algunos casos, consecuencias graves; un médico debe examinar al niño de inmediato o hay que llevarlo al servicio de urgencias del hospital más próximo. Si la picadura se localiza en la boca o los labios, se le puede dar al niño un cubito de hielo para que chupe mientras se espera la llegada de ayuda y evitar así un edema con hinchazón de la lengua, que podría causarle un sofocamiento.

En casos excepcionales, cuando se

trata de niños alérgicos o que han adquirido una hipersensibilidad por culpa de picaduras anteriores, puede sobrevenir un trastorno grave con **palidez**, aceleración de la frecuencia cardíaca, **vómitos** y molestias respiratorias. Hay que llamar a una ambulancia para trasladar al niño al servicio de urgencias del hospital más cercano.

□ **Arañas.** Sus picaduras son más dolorosas y pueden provocar un pequeño mareo breve y sin gravedad.

□ **Garrapatas.** Estos parásitos, que transmiten a menudo los perros, deben quitarse con cuidado para que la cabeza no quede adherida a la piel, ya que podría causar una sobreinfección e incluso un **absceso**.

□ **Mosquitos.** Las picaduras son rojas e inflamadas, a veces abultadas y duras, y producen picor. El niño se rasca con frecuencia. Se puede aplicar una loción antiséptica en las picaduras y, en algunos casos, una pomada calmante antihistamínica.

Picores

Los picores (o prurito) son una sensación de cosquilleo o irritación que produce la necesidad de rascarse.

□ Un gran número de **erupciones** cutáneas o de enfermedades de la piel producen picores.

Antes de los 4 meses, el lactante no sabe rascarse y el prurito le provoca agitación o un malestar difuso.

En cambio, el bebé algo mayor calma los picores rascándose y, por este motivo, se produce lesiones en la piel (arañazos, **hemorragias** o costras) que son, a su vez, fuente de infección (**impétigo**).

Los picores pueden estar causados por una **alergia**, un **eccema**, una **urticaria**, un **prurigo** o enfermedades como la **varicela**, la **sarna** o la **diabetes**... Si el prurito está localizado alrededor del ano, el niño puede padecer oxiuriasis, enfermedad parasitaria producida por **gusanos intestinales**.

El médico determinará la causa exacta de los picores y recetará el tratamiento específico adaptado a la enfermedad detectada. Existe un gran número de cremas para calmar el prurito.

VÉASE: CABELLO (CAÍDA DEL), QUEMADURAS DE SOL.

Pie de atleta

El pie de atleta es una micosis que produce picor entre los dedos del pie.

□ Aunque el niño se lave los pies con normalidad, puede padecer esta afección cutánea. La piel que hay entre los dedos del pie se vuelve blanquecina. No es raro que supure y que aparezcan fisuras dolorosas, manchas rojas o vesículas.

El pie de atleta se debe a un hongo. La transpiración y la maceración de los pies dentro de los zapatos favorecen esta micosis. La infección afecta a menudo a la gente que practica algún deporte, lo que explica el nombre que se da a esta micosis. La maceración es mayor si el niño lleva zapatos de material sintético o calcetines de fibra acrílica que impiden una buena aireación.

Las cremas, polvos o aerosoles antifúngicos consiguen la curación. Sin embargo, el pie de atleta tiene tendencia a reaparecer a menudo, aunque no afecta a otras regiones del pie ni causa complicaciones. Naturalmente, andar con los pies descalzos o llevar sandalias acelera la curación.

Pies (deformaciones de los)

Las deformaciones congénitas de los pies se suelen detectar después del parto. En casos excepcionales, pueden ser el signo de una enfermedad neurológica o neuromuscular constitucional, o surgida durante el embarazo. La mayoría de las veces, sólo reflejan las limitaciones mecánicas que ha padecido el feto en el útero, especialmente en los embarazos gemelares o múltiples, en los partos de nalgas, cuando el útero presenta anomalías o hay falta de líquido amniótico.

□ **Pie zambo.** Con este término se designa un conjunto de deformaciones del pie que impiden que entre en contacto con el suelo por los puntos habituales. En el lenguaje corriente, el pie zambo es una deformación irreductible del pie, que padece una hiperextensión y una rotación hacia dentro, llamada también «equino varo». Esta deformación, que afecta alrededor de 1 recién nacido de cada 1.000, requiere la instauración de un tratamiento ortopédico inmediato. El tratamiento es largo, comenzando por una serie de manipulaciones para lograr que el pie adopte una anatomía normal; luego es preciso mantener el pie en su posición correcta durante algún tiempo, para lo cual se recurre a la aplicación de vendajes y, más adelante, al empleo de diversos tipos de férulas y calzados ortopédicos, todo ello asociado a unas sesiones cotidianas de **fisioterapia**.

Si el resultado no es satisfactorio, hay que practicar una o varias operaciones quirúrgicas. En todos los casos, es imprescindible mantener una vigilancia ortopédica mientras el niño está en período de crecimiento. El tratamiento puede parecer muy exigente, pero ayuda a que el niño ande sin cojear y practique algún deporte en condiciones normales.

□ **Pies planos.** Cuando el niño aprende a andar, el aspecto plano, extendido, de la bóveda plantar puede llegar a inquietar a los padres. No obstante, este pie plano sólo está relacionado con la posición de pie. El pie no presenta ningún otro tipo de deformación, como la desviación del talón hacia el exterior.

No es necesario llevar zapatos con refuerzos internos o plantillas ortopédicas, sino que hay que animar al niño a que ande con los pies descalzos, a poder ser en la arena, y a que practique actividades (baile, bicicleta, saltar a la cuerda) que refuerzan la musculatura de las plantas de los pies.

□ **Pies torcidos.** Estas deformaciones menos graves de los pies pueden detectarse en la evaluación del recién nacido o a lo largo de las consultas de los primeros meses.

La más frecuente es el pie talo, causada por una presión directa de la pared del útero sobre el pie del feto. El pie ha mantenido una flexión dorsal forzada sobre la pierna y sólo se apoya sobre el talón al andar. Resulta imposible caminar sobre las puntas de los pies. Si la planta está girada hacia fuera (valgo) o hacia dentro (varo), es necesario realizar manipulaciones diarias que el fisioterapeuta puede enseñar a los padres. En general, el pie vuelve progresivamente a su posición normal sin tener que aplicar ningún tratamiento ortopédico.

Sin embargo, cuando es el eje del pie el que está torcido hacia el interior, hay que inmovilizarlo con una banda adhesiva o unas pequeñas férulas. Los resultados suelen ser excelentes.

Piojos

Los piojos son unos parásitos que se parecen a minúsculas arañas grisáceas, visibles a simple vista. Los huevos de piojo, las liendres, tienen el aspecto de pequeños granos redondeados de alrededor de 1 mm de diámetro y de color grisáceo, y se adhieren a los cabellos.

□ Aunque se lave con regularidad el cabello al niño, puede coger los piojos en el colegio, sobre todo en invierno, cuando los gorros y las bufandas se intercambian con facilidad. En general, los picores que causan estos parásitos son el signo revelador de la pediculosis (lesiones de la piel debidas a los piojos).

Hay que aplicar lociones «antipiojos» en los cabellos, dejarlas actuar durante unos diez minutos y lavar luego con un champú especial que se vende en farmacias. A continuación, se debe peinar al niño con un peine de púas finas para eliminar los piojos muertos y las liendres.

Todos los miembros de la familia tienen que seguir el mismo tratamiento el mismo día para evitar el contagio. También es necesario lavar las sábanas y la ropa de la familia al mismo tiempo, y repetir el tratamiento una semana más tarde para evitar que los piojos reaparezcan.

Poliomielitis

La poliomielitis es una enfermedad causada por un virus. Con una incidencia hoy en día prácticamente nula en España gracias a la vacunación sistemática de todos los niños, se manifiesta por una parálisis de los miembros.

□ La vacunación, muy eficaz, se efectúa en tres dosis iniciales separadas por intervalos de dos meses, al tercero, quinto y séptimo mes de vida, seguidas de dos dosis de recuerdo a los dieciocho meses y cuando el niño tiene entre cuatro y seis años.

El contagio se produce por la ingestión de agua contaminada con el virus. Los síntomas iniciales son **anginas**, rinofaringitis o **gastroenteritis**. En algunos casos imprevisibles, el virus pasa a la sangre y afecta al sistema nervioso. En estas ocasiones, las consecuencias neurológicas pueden ser temibles. Cuando el virus ataca la médula espinal, se producen unas parálisis dolorosas más o menos extendidas de los miembros y existe la posibilidad de que aparezcan dificultades para deglutir o trastornos respiratorios.

No existe ningún tratamiento eficaz contra la poliomielitis. Por lo tanto, es capital controlar la validez de la vacunación antes de viajar a un país del Tercer Mundo y administrar un recuerdo, si es necesario.

Si los padres temen que ellos o el niño se hayan podido contagiar sin estar protegidos, es necesario vacunarse durante el período de la posible **incubación**.

Prematuridad

Se dice que un niño es «prematuro» si nace antes de la fecha prevista para el parto (41 semanas después de la última regla), aunque se habla sobre todo de prematuridad si el parto se produce antes de 36.ª semana de embarazo.

□ En la 36.ª semana de gestación, los pulmones del feto están lo suficientemente desarrollados para que pueda respirar bien de forma autónoma. El recién nacido que nace antes de esa fecha, y en especial antes de la 33.ª semana, puede sufrir la enfermedad de las membranas hialinas (afección broncopulmonar que puede causar la asfixia progresiva). Cuanto más prematuro es el niño, menos desarrolladas tiene las funciones respiratoria, cardiovascular y digestiva para poder mantener una vida extrauterina.

• Hoy en día, los avances de la **reanimación** después del parto permiten garantizar la supervivencia de un feto que casi no es viable, aunque al precio de una alta mortalidad y de consecuencias fatales todavía muy grandes. El recién nacido debe estar rodeado de un equipo especializado que lo atienda las 24 horas del día. La larga separación que exigen estos cuidados específicos es una dura prueba para los padres y para el propio niño.

Por este motivo, el verdadero tratamiento de la prematuridad reside en la prevención de los factores de riesgo obstétrico a lo largo del embarazo con un control regular.

Prolapso

En el niño, el prolapso (o caída de un órgano) sólo puede afectar al recto, la parte final del intestino grueso. Se caracteriza por la aparición de un «burlete» rojizo en los alrededores del ano.

□ El prolapso puede aparecer a la altura del ano cuando el niño hace un esfuerzo (evacuación de las heces, gritos, lloros, **tos**). La mayoría de las veces, desaparece cuando el niño deja de empujar, aunque en ocasiones es necesario volverlo a situar a mano; operación muy sencilla.

La aparición de un prolapso se debe a una insuficiencia muscular del perineo, frecuente en el lactante, asociada a un **estreñimiento**.

No es habitual tener que recurrir a una operación quirúrgica, ya que el prolapso desaparece a medida que se trata el estreñimiento y que el niño crece.

En casos muy raros, el prolapso puede reflejar una **fibrosis quística**, ya que la consistencia de las heces obliga al niño a hacer grandes esfuerzos para evacuarlas. El prolapso se ve favorecido por los problemas de alimentación relacionados con esta enfermedad. Pero, incluso en estos casos, desaparece espontáneamente.

Prurigo

El término prurigo designa los picores intensos y las reacciones cutáneas causadas por las picaduras de insecto.

□ Durante el verano, en las piernas del niño pueden aparecer unas pápulas redondeadas de unos milímetros de diámetro. Muchas veces, sobresalen como granitos bastante duros. Estas lesiones son reacciones a una **picadura de insecto** o a la penetración de parásitos bajo la piel, a menudo unos pequeños ácaros (sarna). El niño no puede evitar rascarse, a veces hasta sangrar. Las lesiones pueden infectarse y diseminarse a otras partes del cuerpo (**impétigo**).

Si el niño no tiene **fiebre** y no presenta otros trastornos, bastará con aplicarle una loción antiséptica en las zonas afectadas. Si lo considera necesario, el médico recetará antihistamínicos para calmar los picores. Las lesiones suelen desaparecer al cabo de una semana.

Prurito: VÉASE PICORES.

Pulmones (enfermedades de los)

Cualquier afección, generalmente de origen infeccioso (en la mayoría de los casos vírica o bacteriana), que concierne a los pulmones se llama neumopatía.

□ Cuando una enfermedad afecta a los pulmones, el niño tose y su respiración se acelera de forma repentina o a veces progresiva a lo largo de varios días. Al mismo tiempo, puede tener **fiebre** y su estado general se altera.

Un reconocimiento médico y un examen radiológico servirán para determinar el origen de la enfermedad. Se podrá curar al niño con un tratamiento adaptado a base de antipiréticos y fluidificantes bronquiales, asociados a sesiones de **fisioterapia**. Si se sospecha que sufre una infección bacteriana también se le administrarán **antibióticos**.

En todos los casos, es necesario vigilar la evolución mediante exámenes médicos y radiológicos hasta la curación total. Una neumopatía que se prolongue más allá de dos o tres semanas puede reflejar algo distinto a una infección: por ejemplo, un **cuerpo extraño** que ha pasado inadvertido, un **reflujo gastroesofágico** o una enfermedad, como la **tuberculosis**. A veces, los lactantes soportan mal las neumopatías (como la **bronquiolitis**). En esos casos, se hospitaliza para observación y un tratamiento en condiciones óptimas.

Punción lumbar

La punción lumbar permite analizar el líquido cefalorraquídeo para precisar el origen de una posible ***meningitis****. No es dolorosa ni verdaderamente peligrosa, pero suele preocupar a los padres por el simple hecho de la existencia de una posible meningitis.*

□ **En el recién nacido o en el bebé,** si la infección no puede determinarse por ausencia de signos visibles, la punción lumbar permite confirmar o no la presencia de una **meningitis**, que si no se diagnostica a tiempo puede tener consecuencias fatales.

□ **En el niño,** la meningitis se manifiesta con **fiebre**, **dolor de cabeza** y rigidez de la nuca. La punción lumbar permite determinar el origen de la meningitis y prescribir el tratamiento adaptado. En caso de meningitis purulenta, la eficacia de los **antibióticos** se controla con punciones lumbares a lo largo del tratamiento. A veces, la punción se hace para establecer un diagnóstico ante trastornos nerviosos o de la conciencia.

Después de una punción lumbar, es recomendable permanecer acostado unas horas para evitar crisis de dolor de cabeza, a veces violentas, o el aumento pasajero de los trastornos meníngeos («síndrome de pospunción lumbar») debido a una pequeña fuga sin gravedad de líquido cefalorraquídeo.

Púrpura

El término púrpura designa la aparición de manchas cutáneas rojas o azuladas que no desaparecen bajo presión y que se presentan por culpa de algunos trastornos o enfermedades. Las manchas se deben a pequeñas hemorragias bajo la piel.

□ Cuando la **erupción** surge durante una infección acompañada de **fiebre**, puede reflejar una inflamación de la pared de los vasos sanguíneos (vasculitis) o una afección meníngea, la mayoría de las veces causada por el meningococo.

Hay que llamar enseguida a un médico o llevar al niño al hospital más cercano.

Una púrpura puede deberse también a una escasez de plaquetas, células de la sangre que favorecen la coagulación. Puede estar asociada a **hemorragias nasales** o de las encías, o a una pérdida de sangre por las vías urinarias o en órganos más internos. En todos los casos, tras examinar al niño, el médico pedirá un análisis de sangre para determinar el tipo y la causa de la púrpura. Según los resultados de los análisis, recetará el tratamiento adecuado.

Púrpura de Schönlein-Henoch

Esta púrpura es una afección benigna que se caracteriza por una erupción a la altura de los tobillos o de las nalgas, si el niño guarda cama. La erupción se acompaña de hinchazón, a veces dolorosa, de las articulaciones, ***dolor de abdomen, vómitos*** *o* ***rechazo de la comida****.*

□ La púrpura de Schönlein-Henoch suele aparecer muchas veces durante un período de infección vírica o espontáneamente, sin motivo conocido. Aunque se llame *púrpura*, la afección no se debe a un problema de coagulación o a una falta de plaquetas de la sangre; está relacionada con una inflamación de la pared de los vasos sanguíneos (vasculitis).

Sin embargo, es necesario vigilar médicamente al niño después de la curación, ya que la púrpura puede reaparecer. En todos los casos, no quedan secuelas, ni tan siquiera en las articulaciones. No obstante, el niño puede presentar trastornos renales que se manifiestan tardíamente por una **albuminuria** o una hematuria (sangre en la orina).

El médico recetará el tratamiento que cura los síntomas. También controlará con cuidado la posible afección renal durante varias semanas y solicitará unos análisis complementarios en caso de evolución o de signos de gravedad.

Quemaduras

Las quemaduras son lesiones accidentales que se producen en la piel por el contacto con un líquido caliente o hirviendo, un aparato caliente (horno, plancha, tostadora...) o una toma eléctrica sin protección. Los productos de limpieza también pueden causar quemaduras químicas (hay que llamar urgentemente al hospital).

□ Ante una quemadura grave, se debe llamar al médico (o al hospital). Para disminuir el escozor real de la piel, lo mejor es quitar enseguida la ropa en la zona quemada, salvo si es de tejido sintético y se ha fundido. Si se puede, hay que lavar la zona con agua. No se debe aplicar nada más sobre la piel.

Si la quemadura es superficial, el médico recetará un tratamiento antiséptico local, que se aplicará con un apósito estéril (que se debe cambiar varias veces al día al principio).

La hospitalización (a poder ser en un centro especializado) es preferible en los siguientes casos: quemadura extensa (más del 10% de la superficie total del cuerpo), aunque parezca superficial; quemadura eléctrica; quemadura localizada en la cara, cerca de los ojos o de la boca o del ano, en los pliegues del cuerpo o en las manos.

VÉASE: ELECTROCUCIÓN, QUEMADURAS DE SOL.

Quemaduras de sol

El niño ha estado mucho tiempo al sol y la piel se le ha puesto roja. Este enrojecimiento, que produce quemazón y resulta doloroso, es todavía más intenso si el niño es rubio o pelirrojo.

□ Los rayos solares han alterado las células superficiales de la piel y los pequeños vasos sanguíneos subyacentes. Esta forma de **quemadura** suele ir muchas veces acompañada de **picores** (prurito) y puede ser fuente de infección.

El enrojecimiento de la piel (**eritema**) producido por una quemadura de sol no es grave, aunque debe tratarse. Hay que aplicar una crema que sea al mismo tiempo hidratante y calmante, y hay que dar de beber al niño.

Si aparecen ampollas, se debe aplicar una solución antiséptica. Si son profundas, pueden dejar una mancha blanca o marrón para siempre.

Al niño y, en especial, al bebé se los debe proteger del sol siempre y no tienen que permanecer nunca bajo sus rayos sin gorro ni ropa ligera. También se los puede proteger con cremas que filtran los rayos solares perjudiciales, aplicándolas cada dos horas, especialmente después de los baños de mar. Es mejor cubrir las partes afectadas con ropas ligeras de algodón y, en la montaña, hay que redoblar las precauciones y usar una crema de «protección total».

VÉASE: DESHIDRATACIÓN AGUDA, GOLPE DE CALOR, INSOLACIÓN.

R

Raquitismo

El raquitismo es una enfermedad del crecimiento y de la osificación debida a un defecto en la absorción de calcio y su fijación en el hueso, lo que está relacionado con una carencia de vitamina D. No conlleva retraso en el crecimiento en lo que se refiere a la altura, salvo en casos muy graves de carencias múltiples.

□ Los niños raquíticos tienen los extremos de los huesos largos ensanchados, lo que se traduce por una nudosidad visible, especialmente en las muñecas. Algunos signos del raquitismo se pueden ver en las radiografías. En casos más raros, el niño tiene manifestaciones de hipocalcemia (insuficiencia de la tasa de calcio en la sangre) bruscas (contracciones musculares espasmódicas o crisis de tetania, espasmo laríngeo).

A título preventivo, es posible que el médico recete vitamina D, para administrar al bebé hasta los 2 años. Este período de crecimiento es muy importante porque, por ejemplo, la talla del niño pasa de 50 a 75 cm en el primer año de vida. El crecimiento rápido y las necesidades de calcio del bebé hacen que sea necesario darle grandes cantidades de leche (materna o maternizada) o de productos lácteos (yogures, queso blanco).

VÉASE: FONTANELAS.

Reanimación

Todas las técnicas de reanimación permiten garantizar el mantenimiento de las funciones vitales cuando el organismo no puede hacerlo por sí mismo.

□ Después de una **intervención quirúrgica**, se suele pasar a unidad de reanimación para garantizar la vigilancia del niño operado. En caso de fallo del corazón o de los sistemas respiratorio, digestivo o renal, se aplican enseguida las técnicas de asistencia médica.

Cuando se trata de una enfermedad infecciosa o una enfermedad respiratoria, quizá sea necesario trasladar repentinamente al niño a una sala de reanimación del mismo hospital donde está ingresado o a otro establecimiento mejor equipado.

De igual forma, los recién nacidos que presentan ciertos problemas o los prematuros cuyos órganos aún no pueden garantizar su autonomía quedan bajo los cuidados de un equipo de reanimación neonatal.

Rechinamiento de dientes

El rechinamiento de dientes, o bruxismo, suele aparecer durante el sueño del niño, aunque también se produzca, de forma más o menos voluntaria, durante el día.

□ Según las circunstancias, el rechinamiento de dientes puede ser benigno o reflejar trastornos de gravedad variable.

□ **Durante el día.** Más raramente, el rechinamiento puede darse durante el día, de forma más o menos voluntaria. Puede reflejar una anomalía de la posición relativa de los dientes (mala oclusión dental). Hay que consultar a un especialista en **ortodoncia**, cuyo trabajo consiste en corregir estas malformaciones.

El rechinamiento de dientes puede aparecer a lo largo de una crisis de espasmofilia (contracciones musculares que se parecen a las **convulsiones**, pero cuya gravedad es menor).

□ **Durante la noche.** El niño está profundamente dormido y, de repente, le rechinan los dientes. Este ruido es desagradable para los que lo rodean, pero no indica ningún problema especial. Si el rechinamiento se vuelve habitual, puede ser el síntoma de una dificultad de carácter psicológico.

□ **En los niños minusválidos.** Algunas minusvalías neurológicas presentes al nacer causan dificultades para controlar los movimientos de la mandíbula y provocan rechinamiento de dientes. Es necesario un tratamiento médico específico.

Reflujo gastroesofágico

El término reflujo gastroesofágico designa la regurgitación del contenido ácido del estómago hacia el esófago.

□ Durante la toma, o más a menudo cuando se le da biberón al niño, éste puede eructar y provocar la subida de la leche, una regurgitación. Este pequeño trastorno no es inquietante si pasa justo después de la toma o del biberón.

Sin embargo, la reincidencia de este fenómeno o su aparición mucho después de las comidas, con síntomas de dolor (el bebé se retuerce) y palidez, es síntoma de un mal funcionamiento de la zona de unión entre el esófago y el estómago. Hay que consultar al médico para que recete un tratamiento adecuado.

Regla

La aparición de la regla o menstruación, el característico flujo de sangre de origen uterino, es el signo de que la niña se encuentra en plena pubertad. La primera regla, llamada menarquia, se sitúa en la actualidad alrededor de los 12 años y medio. Los ciclos menstruales suelen ser irregulares entre los doce y los dieciocho primeros meses y luego reaparecen cada cuatro semanas aproximadamente.

□ Las reglas normales no duran más de tres a cinco días y la hemorragia es moderada. Sin embargo, la niña puede tener pérdidas abundantes e indoloras durante los primeros ciclos, que pueden causar una hemorragia aguda o una **anemia** progresiva. Se debe consultar al médico para que recete el tratamiento adecuado.

Un poco antes o durante el período de la regla, la niña puede tener **dolor de abdomen**, concretamente en el bajo vientre, náuseas, **dolor de cabeza** o sentirse muy cansada. Estos trastornos también suelen aparecer en los seis o doce meses posteriores a la primera regla. Se deben a la enorme facultad que tiene el útero para contraerse y que se ve favorecida por un exceso de prostaglandinas.

Antes de la pubertad, una pérdida

de sangre en una niña debe poner en estado de alerta. Un sencillo examen ginecológico permitirá conocer su origen.

A veces, al nacer, las niñas pueden tener una pequeña hemorragia genital. No hay por qué preocuparse. Desaparece al cabo de unos días sin que sea necesario ningún tratamiento.

Resfriado

El resfriado es una inflamación de la mucosa nasal debida a un virus.

□ El niño tiene rinorrea (secreción nasal). La secreción puede ser clara o purulenta. Una desinfección rinofaríngea y unos medicamentos contra la fiebre suelen bastar para curar el resfriado.

La inmunidad del bebé o del niño es menor que la del adulto, lo que explica la frecuencia de los resfriados durante la infancia. Los resfriados repetidos de los niños pequeños forman parte del aprendizaje necesario de su sistema inmunitario.

Resonancia magnética nuclear: VÉASE RMN.

Retraso del crecimiento intrauterino

A veces, el feto no se desarrolla siguiendo la evolución normal. En estos casos, el niño nace con un peso inferior a la media ponderal que es habitual al nacer (hipotrofia). Si, además, el recién nacido tiene una talla pequeña, presenta un retraso de crecimiento intrauterino.

□ **Hipocalcemia.** A título preventivo, la mujer embarazada debe tomar dosis de vitamina D, al igual que el recién nacido a partir de los primeros días de vida. La tasa de calcio en la sangre se mide el 2.º o 3.er día después del parto. Según los resultados y los signos eventuales de hipocalcemia (agitación, temblores, trastornos respiratorios), el médico recetará un tratamiento.

□ **Hipoglucemia.** Para paliar una baja tasa de azúcar en la sangre, se debe aumentar el número de comidas (siete u ocho al día), lo que disminuye los períodos en ayunas, que el niño no podría soportar. También puede ser necesaria una sonda gástrica para mantener una alimentación continua. Unos análisis de sangre a intervalos regulares permiten controlar la tasa de glucemia.

□ **Hipotermia.** Si la temperatura es demasiado baja, se colocará al recién nacido en una **incubadora**. En todos los casos y sea cual fuere el origen del retraso del crecimiento intrauterino, el desarrollo de estos niños debe controlarse médicamente con especial atención, ya que, aunque algunos engordan bastante rápido y crecen con normalidad, otros pueden presentar una cierta debilidad.

□ **La hipotrofia** puede deberse a una anomalía del feto o a la incapacidad de la placenta para suministrar los nutrientes necesarios. Unos exámenes médicos determinarán el origen y orientarán el tratamiento en función de los resultados.

Un recién nacido de poco peso es más débil. Debe mantenerse bajo la vigilancia de un equipo médico, ya que puede presentar trastornos metabólicos.

Retraso del lenguaje

Un niño que tiene un retraso del lenguaje deforma las palabras de manera persistente, tiene un vocabulario limitado con respecto a los niños de su misma edad o construye las frases de forma torpe.

□ Un bebé de 3 meses que se desarrolla normalmente empieza a balbucear (intenta contestar a su madre) y, hacia el final del primer año de vida, manifiesta una buena comprensión (señala con el dedo, designa, mira). En ese momento pronuncia sus primeras palabras y luego las va uniendo poco a poco. Hacia los 2 años y medio empieza a decir «yo» (*véase* pág. 262).

Durante los reconocimientos rutinarios, el médico comprueba la integridad de las funciones intelectuales (**cociente de desarrollo**) y auditivas (pruebas de audiometría) del niño. Si detecta un problema, o si los padres temen un retraso del lenguaje, podrá solicitar un examen más profundo.

En muchos casos, se puede ayudar a que un niño recupere el retraso del lenguaje con unas sesiones de reeducación. Cuanto antes se empiece, más posibilidades tiene el niño de progresar: antes de los 6 años, la mayoría de los problemas del lenguaje son reversibles. En ocasiones excepcionales, los trastornos del lenguaje se inscriben en un problema de minusvalía de nacimiento o debida a una enfermedad. A veces, están relacionados con dificultades del desarrollo de la personalidad.

El «mutismo» de un niño puede deberse a una falta de estimulación verbal por parte de sus padres o de las personas que le rodean. Si el niño no presenta ningún otro trastorno físico o psicológico, y su comprensión y su desarrollo general son normales, los padres deben provocarle la «necesidad» de expresarse con palabras y no con gestos, para que se le pueda entender bien y consiga comunicarse con el exterior.

VÉASE: AUTISMO, DISLEXIA.

Reumatismo

El reumatismo se caracteriza por una afección inflamatoria o degenerativa de una o varias articulaciones.

□ **Artritis crónica.** Excepcionalmente, un niño puede verse afectado por una artritis crónica. Se manifiesta por una rigidez progresiva o anquilosis. Un equipo especializado debe hacerse cargo del niño para que siga un tratamiento antiinflamatorio y que la evolución se controle de cerca.

□ **Dolores articulares.** Durante una infección de origen vírico, el niño puede notar **dolor** en las articulaciones. Sin embargo, el examen médico no detecta ningún signo de infección o inflamación local, por lo que no debe hablarse de reumatismo. Habitualmente, estas manifestaciones no duran mucho y se curan sin dejar secuelas.

□ **Reumatismo articular agudo.** El reumatismo articular agudo, que en la actualidad es totalmente excepcional, se caracteriza por una afección febril debida al estreptococo. Esta enfermedad inflamatoria, de naturaleza postinfecciosa, afecta sucesivamente a las articulaciones grandes y, a veces, al corazón, lo que la convierte en una enfermedad muy grave (hay riesgo de endocarditis reumática).

La eficacia de los tratamientos preventivos han hecho de este reumatismo, conocido también como *fiebre reumática*, algo excepcional. Cuando se tienen anginas, la prescripción sistemática de **antibióticos** permite evitar la propagación de la enfermedad a las articulaciones y previene, de esta forma, toda complicación.

Rh (factor):

VÉASE GRUPOS SANGUÍNEOS.

Rinitis alérgica

La rinitis alérgica es una inflamación de las fosas nasales causada por un alergeno, como el polen, el polvo doméstico, los ácaros... Se presenta en forma de rinorrea, con secreciones claras.

□ El niño puede sufrir con regularidad rinitis con secreciones claras (coriza o fiebre del heno) o estornudos repetidos. Tiene la «nariz tapada» y respira con dificultad.

Las mucosas que cubren las fosas nasales y los bronquios son de la misma naturaleza y reaccionan de la misma forma a la irritación, se deba a una **alergia** o a una infección.

Si la rinitis se debe a una alergia, puede aparecer en una estación concreta (por ejemplo, debido al polen en primavera). Cuando sea posible, hay que intentar alejar al niño de los alergenos responsables. El médico puede recetar antihistamínicos o antiinflamatorios.

La rinitis clara suele preceder a las crisis de asma. En cuanto aparecen estos síntomas, hay que dar al niño el tratamiento broncodilatador recetado por el médico para evitar la crisis.

RMN

RMN es la sigla de resonancia magnética nuclear, un método de diagnóstico basado en la resonancia de los núcleos de las moléculas sometidas a un campo magnético de gran potencia. Los datos que se obtienen por medio del ordenador se traducen en imágenes sobre una pantalla.

□ **Inconvenientes.** El coste del aparato de RMN es alto y se tarda más en obtener las imágenes que por medio de la TAC. Además, el paciente debe estar acostado e inmóvil alrededor de media hora, lo que plantea problemas en el caso de los niños y los bebés. Por ello, a veces se aplica una anestesia general.

□ **Ventajas.** La RMN ofrece unos datos tanto o más precisos que la **TAC**. Las imágenes son más contrastadas (tejidos normales y anormales) y se obtienen diferentes planos de corte. Los datos son especialmente valiosos para el cerebro, el corazón y las articulaciones.

Se pueden efectuar exámenes de este tipo a un niño varias veces sin peligro, ya que los órganos no se ven afectados como cuando se usan rayos X, lo que ocurre al sacar radiografías.

Rodilla valga

El término médico rodilla valga designa la desviación de las rodillas hacia dentro, por lo que los miembros inferiores adoptan la forma de una X. Familiarmente, se suele hablar de «niños patizambos». Esta deformación aparece en los niños de entre 2 y 5 años y suele desaparecer espontáneamente.

□ Las rodillas del niño se tocan y las piernas se separan hacia fuera. No puede juntar los pies. Estas deformaciones no provienen ni de los huesos ni de las articulaciones; reflejan una flexibilidad excesiva de los músculos y los ligamentos. Simplemente, el peso del cuerpo obliga al niño a mantener esta postura.

Si el niño se desarrolla con normalidad, no hay por qué inquietarse. A lo largo del crecimiento, las rodillas recuperarán su posición normal. El médico se limitará a controlar la evolución de la columna vertebral, la pelvis, los pies y la bóveda plantar. Hay que animar al niño a que coja el triciclo o la bicicleta para que desarrolle los músculos de las piernas.

□ **Exceso de peso.** Si el niño está «llenito» u **obeso**, el peso del cuerpo es excesivo para sus piernas. Hay que intentar determinar con ayuda del médico el origen de esa obesidad y adaptar la alimentación en consecuencia.

Ronquido

*En el niño, los ronquidos suelen estar causados por una **rinitis** o una rinofaringitis que, al taponar la nariz, impiden que pase el aire y hacen que el niño haga ruidos al respirar.*

□ **El bebé.** Hay que limpiarle regularmente la nariz con suero fisiológico, ya que es incapaz de respirar por la boca hasta los 3 o 4 meses de vida.

□ **El niño.** Si ronca al dormir, quizá las **vegetaciones** de sus fosas nasales sean demasiado voluminosas e impidan pasar el aire. La hipertrofia de las vegetaciones suele deberse a rinofaringitis repetidas. Un otorrinolaringólogo comprobará la ausencia de **otitis** serosa y recetará el tratamiento adecuado. En algunos casos, puede recomendar la ablación quirúrgica de las vegetaciones (adenoidectomía).

□ **El niño mayor.** Puede haber sufrido un golpe que haya desviado el tabique nasal. En estos casos, la obstrucción de una de las fosas nasales puede causar los ronquidos y requiere una **intervención quirúrgica** que corregirá este pequeño defecto.

Roséola

*La roséola es una enfermedad infecciosa que también se conoce como exantema súbito o sexta enfermedad; se debe a un **virus** del grupo **herpes**. Se caracteriza por fiebre alta, seguida de una erupción pasajera.*

□ La roséola suele afectar sobre todo al lactante. Después de una **incubación** de duración variable, que no se manifiesta por ningún síntoma concreto, aparece la fiebre. A menudo alta (de 39 a 40 °C), a veces resiste al tratamiento antitérmico. Sin embargo, baja al cabo de tres o cuatro días y le sigue una erupción de manchas de un rosa pálido a la altura del tronco, que no afectan ni a la cara ni a los miembros. El niño puede tener una **convulsión** febril que no debe preocupar en exceso.

Rubéola

La rubéola es una infección causada por un ***virus*** *y caracterizada por una* ***erupción*** *en la cara, el tronco y los miembros. Es benigna para el niño pero grave para las mujeres embarazadas, ya que el feto puede contagiarse y sufrir diferentes tipos de anomalías (****rubéola congénita****).*

□ Los primeros síntomas de la rubéola son una **fiebre** ligera y una erupción en la cara que se extiende a todo el tronco y las extremidades. Esta erupción no es lo suficientemente característica para diagnosticar una rubéola. A veces, aparecen otros signos: el niño puede presentar ganglios inflamados en el cuello y sentir dolores articulares, principalmente en los dedos. El médico recetará simplemente un tratamiento contra la fiebre.

La **vacunación** contra la rubéola se practica sistemáticamente entre los 12 y los 15 meses, junto con la del **sarampión** y las **paperas**, y se repite hacia los 11 años en el caso de las niñas, a fin de evitar todo riesgo de contagio durante un futuro embarazo.

Rubéola congénita

La rubéola congénita afecta al feto al inicio de su desarrollo si la madre se contagia durante los cuatro primeros meses de embarazo.

□ Hasta el tercer mes de embarazo, la rubéola congénita produce malformaciones cerebrales, cardíacas, oculares y auditivas. Cuando el feto tiene más de tres meses, la rubéola puede causar un **retraso del crecimiento intrauterino**, una **hepatitis**, una afección de los pulmones o los huesos...

El médico comprueba si la mujer embarazada está inmunizada contra la rubéola al principio del embarazo. Si no lo está, hay que evitar el contacto con personas que puedan ser portadoras del virus.

Una mujer embarazada que ha estado en contacto con un enfermo de rubéola debe someterse a un primer análisis antes de los diez días siguientes; quince o veinte días más tarde se realizará otro análisis. Será este último análisis el que permitirá saber si ha sido contagiada o no y si ha transmitido a su futuro bebé la rubéola congénita (*véase* pág. 53).

El único tratamiento existente es preventivo y consiste en la **vacunación** sistemática de los niños y de todas las jovencitas. Cualquier mujer en edad de procrear que no está segura de haber pasado la rubéola o de estar vacunada, debe vacunarse. La vacuna está contraindicada durante el embarazo.

S

Sabañón

El sabañón es una lesión debida al frío que se presenta por regla general en los extremos de los miembros (dedos), los labios, la nariz o las orejas.

□ Al principio, la zona afectada se enrojece; luego se hincha y duele. En los casos graves, puede formarse una ampolla comparable a la que aparece después de una **quemadura**, con fisuras y grietas. Una desaparición de la sensibilidad, y por lo tanto del dolor, indica que el sabañón es profundo.

Los sabañones suelen curarse con la aplicación de una pomada protectora y cicatrizante. Sin embargo, pueden llegar a dejar secuelas e incluso requerir, en los casos más graves, la amputación de un dedo. Sólo son visibles una vez se han formado. Por este motivo, en invierno hay que tomar medidas preventivas, sobre todo en la montaña durante la temporada de deportes de invierno.

Hay que vestir al niño con ropa de abrigo y evitar llevarlo durante mucho tiempo en brazos o en la sillita; sin actividad física, la temperatura del cuerpo baja muy rápidamente.

Sarampión

*El sarampión es una enfermedad infecciosa febril y contagiosa que se debe a un **virus**. Asocia una rinitis con una **conjuntivitis**, una tos espasmódica con una **laringitis** y una **erupción** de manchas rojas.*

□ El sarampión suele declararse con **fiebre** (39 °C), rinitis asociada a una conjuntivitis, tos y laringitis. Luego aparecen unas manchas rojas en el cuello (detrás de las orejas), que se extienden a todo el cuerpo en dos o tres días. En ocasiones, la erupción puede tener el aspecto de una **púrpura**. En ese caso, se deben realizar análisis para comprobar el nivel de plaquetas en la sangre, que puede haber bajado.

El sarampión suele ser benigno, aunque puede haber complicaciones: **convulsión** febril, **otitis** purulenta, **enfermedad pulmonar** (o neumopatía), etc. El médico tratará, ante todo, la fiebre y en algunos casos recetará **antibióticos**.

En ocasiones excepcionales, el virus puede generar otras complicaciones, como la meningoencefalitis. Por esta razón, entre otras, debe vacunarse contra el sarampión a todos los niños.

El niño es especialmente contagioso durante la **incubación**, que es difícil de detectar. También por este motivo es recomendable vacunar a los niños. La vacuna requiere una sola dosis, que se aplica entre los 12 y los 15 meses, asociada a las vacunas de la **rubéola** y de las **paperas**. Entre un 5 a 10% de los casos, produce una erupción mínima sin gravedad.

Si en una colectividad (por ejemplo, en el parvulario) se declara una epidemia de sarampión, se puede vacunar simultáneamente a todos los niños, ya que la inmunidad se puede adquirir durante los diez días que dura la incubación.

VÉASE: ENCEFALITIS, PULMONES (ENFERMEDAD DE).

Sarna

La sarna es una enfermedad de la piel causada por el Sarcoptes scabiei, *un diminuto parásito perteneciente a la familia de los **ácaros**. Esta enfermedad contagiosa es hoy en día poco común.*

□ Los síntomas de la sarna son los siguientes: el niño tiene **picores**, sobre todo de noche. Si tiene menos de 2 años, las lesiones se suelen situar en el abdomen, los pliegues de la ingle, bajo los brazos, en las palmas de las manos y en las plantas de los pies. Si es mayor, las lesiones suelen localizarse entre los dedos y en las muñecas.

Estas minúsculas vesículas perladas y grisáceas son producidas por los parásitos hembra. Cavan bajo la piel unos surcos, donde ponen los huevos (dos o tres al día). Las larvas se hacen adultas al cabo de dos o tres semanas. Más tarde, aparecen unas pústulas rojizas que provocan picores. El niño, al rascarse, favorece la formación de costras y arañazos, que a su vez se infectan y se parecen entonces al **impétigo**.

El médico recetará unas soluciones insecticidas en forma de loción o de pomada. Estos productos se deben aplicar por todo el cuerpo del niño (excepto la cabeza) después del baño. Si tiene menos de 2 años, las soluciones no deben permanecer en contacto con la piel más de 12 horas. A pesar de la destrucción de los parásitos, los picores pueden seguir durante dos semanas. Los padres y los familiares deben seguir el tratamiento al mismo tiempo, ya que se han podido contagiar sin saberlo. Durante toda la duración del tratamiento, hay que lavar todos los días ***la ropa y las sábanas*** a 60 °C, y desinfectar todo lo que no se puede lavar.

Mientras no esté curado, el niño no debe ir al colegio, ya que la sarna es muy contagiosa.

Sida

El sida (sigla de síndrome de inmunodeficiencia adquirida) se debe a la infección por VIH o virus de la inmunodeficiencia humana, cuya principal particularidad es que ataca las células del sistema inmunitario y destruye el sistema de defensa del organismo.

□ La presencia de anticuerpos contra el VIH en la sangre, detectada con técnicas inmunológicas (Western Blot), significa simplemente que el virus está presente en el organismo (mientras que, para otras enfermedades, la presencia de anticuerpos significa habitualmente que la persona se ha enfrentado ya al germen causal y ahora está curada). Esto es lo que define la seropositividad con respecto al VIH. De todos modos, ello no implica un trastorno del sistema inmunitario: puede existir, tanto en el niño como en el adulto, un tiempo de latencia de varios años entre el contagio y los primeros síntomas de la enfermedad.

Se estima que una madre seropositiva transmite el virus VIH al feto al final del embarazo o durante el parto entre un 20 y un 30% de los casos. Sin embargo, es difícil saber con certeza si el niño es portador del virus, ya que, al final del embarazo, recibe los anticuerpos maternos y presenta al nacer el mismo perfil serológico que la madre.

Actualmente, la detección de los antígenos víricos o, directamente, del virus mediante unas técnicas especiales permite confirmar o descartar su presencia y administrar sin demora el tratamiento antivírico.

El sida se manifiesta por infecciones bacterianas, víricas o parasitarias, cuyo carácter poco frecuente (o repetición) y el gran número de órganos afectados (pulmones, tubo digestivo, cerebro) revelan el déficit inmunitario. Hoy por hoy, no existe ningún tratamiento curativo y el pronóstico de esta enfermedad sigue siendo tan reservado en el niño como en el adulto.

El conocimiento de la fecha del contagio y la detección precoz del virus permiten aplicar lo antes posible los tratamientos antivíricos en los recién nacidos, con lo que se cree que la eficacia es mucho mayor.

Síndrome de Down:

VÉASE TRISOMÍA 21

Sinusitis

La sinusitis es la inflamación de los senos paranasales, es decir, los espacios huecos que hay en los huesos de la cara en comunicación con las fosas nasales. Se manifiesta por una rinitis obstructiva que se repite o hace crónica y a veces por una fiebre persistente con algunos episodios de dolor de cabeza.

□ La sinusitis sólo afecta a los niños de más de 5 años, ya que el crecimiento de los senos maxilares es progresivo hasta esa edad. En cuanto a los senos frontales, no pueden verse afectados, por el mismo motivo, hasta los 6 o 7 años.

En el bebé, existen cavidades sinusales que pueden infectarse; este tipo de infección debe curarse con rapidez, en particular con un tratamiento **antibiótico**.

Las celdas mastoideas pueden infectarse por difusión de una otitis purulenta y ser la causa de una **mastoiditis**, que hay que tratar con antibióticos. El estado general del niño se altera y su curva de peso se estanca. En la mayoría de los casos, este diagnóstico puede emitirse ante la persistencia de una **otitis** purulenta y la imposibilidad de que el tímpano se normalice.

En ocasiones, durante una rinofaringitis banal, aparece un edema muy doloroso en el ángulo interno del ojo: suele reflejar una inflamación de la parte superior del hueso de la nariz (o etmoiditis). Hay que administrar rápidamente por vía intravenosa un tratamiento antibiótico.

Sol (exposición al)

El niño, al igual que el adulto, necesita exponerse al sol, en especial para sintetizar la vitamina D, esencial para el crecimiento.

□ La exposición al sol no debe ser excesiva, ya que un abuso puede causar quemaduras o trastornos neurológicos (**insolación**). Por otra parte, las temperaturas altas pueden aumentar las pérdidas de agua y causar una **deshidratación** en los más pequeños, cuyas necesidades de agua son importantes. Además, el peligro de un **golpe de calor** es real si el niño permanece expuesto a una temperatura elevada en un lugar cerrado, como un coche o un apartamento, aunque sólo sea durante unos minutos.

En la playa, hay que asegurarse de que el niño lleve siempre gorro.

Se debe proteger del sol la piel de los niños y más aún si tiene la tez clara (rubios o pelirrojos) o frágil. Existen cremas de protección solar cuyos índices se adaptan a cada caso. La aplicación debe renovarse cada dos horas y después de cada baño.

Sonambulismo

Un niño sonámbulo se levanta mientras está dormido. Puede andar o jugar en ese estado de automatismo, que resulta sorprendente para los que le rodean.

□ El sonambulismo verdadero es, de hecho, muy raro. Debe distinguirse de la acción del niño que se levanta más o menos dormido para ir a la habitación de sus padres o reclama su presencia.

El sonambulismo, que suele ser ocasional, afecta entre un 15 y 20% de los niños de 5-12 años. Los accesos de sonambulismo aparecen principalmente en la primera parte de la noche o, con menos frecuencia, el niño se levanta en un estado de pánico similar al de los **terrores nocturnos**. En todos los casos, hay que consultar al médico. Reconocerá al niño para determinar si se deben hacer exámenes complementarios o aplicar una terapia adaptada a cada caso.

Soplo cardíaco

Un soplo corresponde a un ruido anormal del corazón que se percibe en la auscultación cardíaca.

□ Si, en ausencia de cualquier otro síntoma de enfermedad, el médico percibe de forma aislada un ruido anormal cuando ausculta al niño, significa que existe una turbulencia en el flujo de sangre en el paso hacia una cavidad cardíaca o a uno de los grandes vasos sanguíneos, sin que necesariamente haya anomalías estructurales ni malformación. Sin embargo, el médico seguramente realizará una ecocardiografía para descartar del todo la posibilidad de una anomalía cardíaca. Si el examen es normal, no hay que someter al niño a ningún tratamiento. Hay que saber que la mayoría de estos soplos, llamados *funcionales*, desaparecen espontáneamente.

Muchas veces, un soplo cardíaco en un recién nacido refleja una malformación del corazón. Algunas enfermedades del corazón pueden descubrirse más tarde por la presencia de ciertos signos: ahogo cuando se hacen esfuerzos, respiración rápida, cianosis... que nunca se declaran en caso de soplo cardíaco funcional.

VÉASE: CORAZÓN (ANOMALÍA DEL).

Sordera

El hecho de oír mal (hipoacusia) o de no oír nada (sordera) afecta el aprendizaje del lenguaje y el desarrollo de la personalidad. Es importante garantizar la detección de estas anomalías lo antes posible.

□ Detectar la sordera en el bebé no siempre es fácil. Sin embargo, es bueno saber que los antecedentes familiares, una infección durante el embarazo (en especial, la **rubéola**), un parto prematuro o el nacimiento de un niño con poco peso son factores de riesgo conocidos.

Si el niño reacciona a los ruidos, a los cuchicheos, si detecta el origen de los sonidos, no hay motivo de inquietud. Sin embargo, no hay que dudar en repetir las pruebas con regularidad, ya que la calidad de su audición puede evolucionar.

□ **La sordera congénita.** Se dice que esta sordera es «de percepción» ya que están afectados el órgano auditivo del caracol (situado en el oído interno) y el nervio auditivo. El médico hará una valoración exhaustiva lo antes posible para recomendar el aparato mejor adaptado.

□ **Sordera de transmisión.** Esta forma de sordera es adquirida; se debe a una afección del oído medio. Por lo general, la responsable es una **otitis** serosa, aunque también puede ser consecuencia de un traumatismo o de ciertos tratamientos. La sordera puede detectarse con motivo de una sobreinfección (otitis purulenta) o por un descenso del nivel de audición, cierta dificultad para concentrarse o incluso algunos problemas escolares. Hay que consultar rápidamente con un otorrinolaringólogo, que establecerá un diagnóstico y la terapia que debe seguirse.

VÉASE: RETRASO DEL LENGUAJE.

Sueño

El sueño es un período esencial en el ritmo de «actividad/reposo» cuya sincronización con el día y la noche es progresiva.

□ El recién nacido duerme de dieciséis a dieciocho horas de media (los extremos se sitúan en once y veintitrés horas, respectivamente). A partir de las primeras semanas de vida, el lactante tiene, como el adulto, los cuatro tipos de sueño: adormecimiento, sueño ligero, sueño lento y sueño profundo.

Durante el primer año, la duración del sueño nocturno se prolonga con relación al sueño diurno. El sueño nocturno representa un 88% del tiempo total y el sueño tranquilo aumenta claramente (70%). Poco a poco, aparecen los cuatro estadios de profundidad del sueño.

A la edad de 1 año, el niño duerme de trece a catorce horas cada día; con 4 años, de once a doce; y a los 16 años, ocho.

El niño necesita hacer la siesta al menos hasta los 2 años, pero algunos niños a los 6 años siguen durmiendo por las tardes.

□ **Autoacunamiento/balanceo.** A veces, y ya a partir de los 4 meses, el niño se balancea rítmicamente durante la fase de adormecimiento y, en algunos casos, se da golpes o hace ruidos más o menos violentos. En general, este autoacunamiento no es patológico; en algunos casos, puede reflejar trastornos del desarrollo o del aprendizaje.

□ **Despertar nocturno.** Es normal que el niño se despierte por la noche hasta los 3 meses de vida aproximadamente. Normalmente, es por culpa del hambre, aunque pueden existir otras causas: trastornos digestivos, ruidos exteriores, padres inquietos que hacen que el niño se angustie...

Estos trastornos pueden reaparecer más tarde, entre el año y los 4 años (*véase* pág. 247). En los adolescentes, el insomnio nocturno (despertarse por la noche o muy temprano) suele deberse a los sueños. Los motivos son complejos y pueden provenir de problemas personales o familiares.

□ **Dificultades para dormirse.** A lo largo del segundo año de vida, el niño, que está volviéndose autónomo, percibe al mismo tiempo su dependencia con respecto a sus padres. Puede tener miedo de la oscuridad y el aislamiento puede provocarle inquietud y angustia. Necesita que lo tranquilicen con un ritual al acostarse (baño, cuento, «peluche») para calmar sus miedos.

Los adolescentes pueden padecer problemas para dormir debidos a una cierta inquietud o a una angustia. Los «calmantes» pueden resultan útiles de forma temporal y siempre con prescripción médica. Pero estos trastornos deben de entenderse más como signos de atención que reflejan un malestar que hay que considerar globalmente.

□ **Pesadillas, terrores nocturnos.** También pueden aparecer mientras el niño duerme (*véase* pág. 294).

□ **Rechinamiento de dientes.** El rechinamiento de dientes (bruxismo) durante el sueño nunca se debe a problemas dentales. Puede traducir cierta tensión.

Suturas craneales

Entre las dos fontanelas principales del bebé (anterior y posterior) existe una línea ligeramente sobresaliente en medio del cráneo, la sutura sagital. Se corresponde con la unión entre los huesos del cráneo, de los que garantiza el crecimiento. Esta sutura es la más fácil de ver, aunque existen otras.

□ El cerebro no ha terminado su crecimiento y sigue desarrollándose a lo largo de los primeros meses de vida; el cráneo aumenta de volumen. El médico mide con regularidad el perímetro y el crecimiento del cráneo para detectar la menor anomalía del desarrollo.

Aunque sea excepcional, a veces la soldadura de una o varias suturas es prematura y el cráneo se deforma. Si la deformación no se trata a tiempo, puede causar una hipertensión intracraneal.

Las suturas se sueldan definitivamente y el cráneo deja de crecer poco a poco a lo largo de la segunda infancia y de la adolescencia. Las suturas, claramente visibles en las radiografías de la cabeza, son como finos surcos tortuosos que acaban por «desaparecer».

T

TAC

Este estudio, cuya denominación es la sigla de tomografía axial computarizada y también conocido como escáner, es un método de radiología que permite obtener imágenes por cortes de los tejidos o de los órganos gracias a un aparato, el tomógrafo, que emite rayos X en haces muy finos alrededor de la parte estudiada.

□ La absorción de las radiaciones varía en función de la densidad de los tejidos que atraviesan.

Este método permitió al principio estudiar la estructura interna de los órganos que eran de difícil acceso, como el cerebro, pero hoy en día la técnica está adaptada para estudiar el cuerpo entero, especialmente las estructuras móviles como el tórax y el abdomen.

Si el paciente necesita controles repetidos, se puede proponer la **RMN** (resonancia magnética nuclear), ya que no comporta riesgos de radiación (aunque no es el mismo tipo de estudio).

Sin embargo, la TAC tiene la ventaja de proporcionar imágenes en pocos segundos, lo que es muy importante en el caso del niño porque no es necesario recurrir a una anestesia general, sólo se debe administrar una ligera medicación previa.

Tartamudez

La tartamudez es un trastorno de la elocución que se manifiesta por la repetición involuntaria y a sacudidas de algunas sílabas. A veces, el niño pronuncia con dificultad algunas palabras, lo que produce el bloqueo de la respiración, seguido de una expresión explosiva.

□ Este trastorno afecta más al niño que a la niña y suele aparecer frecuentemente hacia los 3 años, para desaparecer al cabo de unos meses. Sin embargo, hay que tener muy en cuenta un inicio de tartamudez en un niño mayor. Si el niño no tiene anomalías anatómicas que dificulten la articulación de las palabras, la tartamudez refleja problemas de relación, una cierta fragilidad emotiva, timidez o una **agitación** excesiva. Unas sesiones de reeducación foniátrica y de relajación podrían devolverle la confianza y facilitar la elocución.

Temblores: VÉASE MOVIMIENTOS ANORMALES.

Temperatura (variaciones de)

*Independientemente de la **fiebre**, la temperatura del cuerpo puede subir (hipertermia) o bajar (hipotermia) con respecto de la media, que se sitúa entre 36,5 y 37,5 °C.*

□ La fiebre es un buen factor de defensa contra las infecciones porque limita la proliferación de los microbios (**virus** y **bacterias**) cuando alcanza los 38 o 39 °C. Sin embargo, no está exenta de riesgos en los más pequeños. Puede causar trastornos neurológicos o metabólicos.

□ **En el recién nacido.** El recién nacido soporta mal una bajada de la temperatura. Por este motivo, en las maternidades hay lámparas especiales y/o una **incubadora** en la sala de parto para calentar al niño en caso de **prematuridad**, **hipotrofia** o hipotermia.

□ **Hipertermia**. La hipertermia no es sinónimo de fiebre. Se corresponde con una subida de la temperatura del cuerpo causada por un calor excesivo o una saturación de la humedad del aire. El niño tiene más dificultades para regular su temperatura. Para evitar la hipertermia, no hay que exponer al niño a un calor excesivo, especialmente en invierno (calefacción, ropa demasiado abrigada); ni dejarlo en un ambiente cerrado. Hay que airear siempre la habitación donde esté y desconfiar de los ambientes húmedos y calientes, como los cuartos de baño.

□ **Hipotermia.** La hipotermia se caracteriza por una temperatura rectal inferior a 36,5 °C. Puede declararse temporalmente durante una afección de origen vírico y, entonces, no reviste gravedad, aunque hay que suspender el tratamiento contra la fiebre, ya que resulta inútil. Simplemente, se debe tapar un poco más al niño.

En invierno o en altitud, el niño puede enfriarse rápidamente, sobre todo si no realiza ninguna actividad física importante, aunque esté bien abrigado.

Terrores nocturnos

*A diferencia de las **pesadillas**, los terrores nocturnos son la expresión de ilusiones o alucinaciones inconscientes que no despiertan al niño (véase pág. 294).*

□ Los terrores nocturnos están entre los trastornos del sueño más impresionantes, no para el niño, que no se acuerda de nada, sino para los que le rodean. No deben preocupar demasiado, a menos que el médico detecte otra patología. Con todo, se ven favorecidos por un ambiente perturbado (ansiedad, separación, tensión familiar). Lo mejor es consultar al médico para estudiar con él cómo resolver el problema.

VÉASE: PESADILLAS, SUEÑO.

Testículos no descendidos

Justo después del parto, el reconocimiento del recién nacido varón permite, entre otras cosas, comprobar si los testículos están bien situados en las bolsas del escroto.

□ Es bueno saber que, a veces, durante el reconocimiento, el frío y la ansiedad puede hacer subir de forma refleja los testículos hasta el conducto inguinal, donde siguen siendo palpables.

Si al final de la primera infancia, hacia los 6 o 7 años, uno o los dos testículos todavía no han bajado hasta el escroto, es necesario que el niño se someta a un tratamiento médico o una **intervención quirúrgica**.

Tetania

La tetania se caracteriza por unas crisis de contracciones musculares espasmódicas.

□ Cuando el niño respira profunda o muy rápidamente, puede notar un hormigueo en las manos, una contracción en los dedos o en la mano y, muchas veces, una sensación de ahogo o de opresión torácica. Estos síntomas se deben a una disminución excesiva del nivel de dióxido de carbono en la sangre. La tensión y las emociones (miedo, susto, temor) provocan estos trastornos en las personas emotivas e incluso pueden llegar a causar un desmayo breve. Se debe realizar un examen completo, en especial cardiológico y neurológico, para comprobar el estado general del niño.
□ **En el bebé.** La tetania está relacionada con una hipocalcemia (bajo nivel sanguíneo de calcio) que debe solucionarse con urgencia, ya que muchas veces refleja un **raquitismo**.
□ **En los niños.** La repetición de crisis de tetania caracteriza la espasmofilia, que se da más en las niñas. Un psicólogo puede ayudar al niño a que supere sus angustias.

Tétanos

El tétanos es una enfermedad infecciosa grave causada por un bacilo que se encuentra en el suelo. En los países donde se practica una vacunación sistemática a los niños desde su más tierna infancia, el tétanos ha desaparecido casi por completo.
□ Esta enfermedad grave, incluso fatal, se manifiesta primero con contracciones musculares dolorosas, en especial en la cara. Sólo las personas que no han sido vacunadas pueden contraer el tétanos. La vacuna se aplica inicialmente con tres dosis administradas con dos meses de intervalo a partir de los tres meses, junto con las vacunas contra la **difteria** y las **paperas**. Es necesario administrar una dosis de recuerdo hacia los dieciocho meses y otra entre los cuatro y los seis años, para seguir luego con una revacunación cada diez años durante toda la vida. La vacuna no entraña riesgos y garantiza una protección eficaz al 100%.

Hay que controlar que la vacunación antitetánica del niño esté al día. Si ya es mayorcito y se hace una herida con un objeto sucio (astilla, espina, clavo, etc.), le muerde un animal o le pica un insecto, hay que ir lo antes posible al médico o al hospital más cercano para ver si hace falta administrar una dosis de recuerdo.

Tics

Los tics son contracciones bruscas y rápidas de algunos músculos, sobre todo de la cara, que provocan gestos involuntarios y estereotipados.
□ La mayoría de las veces, los tics aparecen como parpadeos, resoplidos o encogimientos de hombros incontrolables. Pueden surgir de forma aparentemente espontánea o después de un trauma psicoafectivo o una enfermedad. Por lo general, desaparecen a lo largo de la infancia, aunque a veces duran hasta la edad adulta. Se pueden deber a una falta de confianza en uno mismo, o asociarse a trastornos del **sueño**, una **enuresis**, una **tartamudez** o a dificultades del aprendizaje. La impaciencia de las personas que rodean al niño no facilita la desaparición de los tics. El médico puede recomendar un tratamiento a base de medicamentos. También puede ser necesaria ayuda psicológica.

Tiña: VÉASE CABELLO (CAÍDA DEL).

Tomografía axial computarizada: VÉASE TAC

Tortícolis

La tortícolis es una contractura dolorosa unilateral del cuello que obliga a mantener la cabeza inclinada o sin poder girarla. Las causas son múltiples.
□ En el niño, muchas veces la tortícolis se debe a una mala postura durante el sueño. En esos casos, desaparece en pocos días. El médico recetará un tratamiento contra el dolor o un tratamiento ortopédico. Si la tortícolis dura más de cinco días, hay que consultar de nuevo al médico.

Tortícolis congénita

La tortícolis congénita, que se detecta al nacer, se caracteriza por una desviación lateral permanente de la cabeza. El recién nacido no tiene ningún otro problema.
□ Esta tortícolis congénita se debe a una mala postura del feto dentro del útero que ha provocado un hematoma o la retracción de un músculo del cuello, el esternocleidomastoideo. Esta retracción produce una inclinación permanente de la cabeza, con el mentón girado hacia el lado opuesto.

Unas sesiones de fisioterapia permiten devolver la posición normal a la cabeza. Son más eficaces y duraderas cuanto antes se realicen.

Tos

La tos es un reflejo que provoca una espiración forzada, brusca o a sacudidas. Puede ser voluntaria (evacuar secreciones de los bronquios), pero la mayor parte de las veces es incontrolada y se debe a un atragantamiento por alimentos o a una irritación de las vías respiratorias.
□ **Tos húmeda.** Esta tos, con expectoración, es muy útil porque provoca la evacuación de las secreciones de los bronquios. Unos fluidificantes y ejercicios de fisioterapia permiten eliminar con más facilidad las secreciones. Los jarabes contra la tos sólo deben usarse por prescripción facultativa, especialmente en el bebé.
□ **Tos irritante.** La inflamación de los bronquios puede deberse a una **gripe** o a una **enfermedad de los pulmones** causada por un **virus**. En estos casos, la tos es espasmódica e irrita, a su vez, los bronquios. Además del tratamiento de la enfermedad, en esta situación el médico puede recetar antitusígenos; sin embargo, los jarabes contra la tos deben usarse con mucha prudencia en el bebé y en el niño pequeño.
□ **Tos repetitiva.** Esta forma de tos, si es frecuente, puede ser de origen asmático. El médico buscará la causa para curar la enfermedad y no sólo la tos.
□ **Tos súbita.** Si el niño empieza a toser de golpe, sin que sufra ninguna infección, puede que se haya atragantado o que tenga un **reflujo gastroesofágico**. Hay que consultar al médico para comprobar la ausencia

de complicaciones e iniciar un tratamiento, si es necesario.

Tos ferina

*La tos ferina es una enfermedad contagiosa causada por una bacteria. La tos intensa que la caracteriza es siempre agotadora para el bebé, ya que produce pausas respiratorias (**apneas**) que son causa de asfixia.*

□ El niño tiene una rinofaringitis con un poco de fiebre (38 a 38,5 °C) o una **bronquitis**. Tose violentamente de forma repetida. A veces, esta tos va seguida de **vómitos** y también de mareos. La tez se le pone azulada (**cianosis**).

Si el niño todavía es un bebé, en ningún caso hay que administrarle calmantes contra la tos. Lo mejor es darle de beber regularmente para evitar la **deshidratación** (debida a los vómitos) y alimentarle a menudo, en pequeñas cantidades, entre los ataques de tos.

Si el niño no está vacunado contra la tos ferina y la piel se vuelve azulada en cada ataque de tos, hay que llevarlo al hospital, donde se le pondrá bajo vigilancia durante unos días. El equipo médico le suministrará los cuidados adecuados (desobstrucción nasal, aspiración de las secreciones, oxigenación).

La tos ferina evoluciona durante dos o tres semanas y no deja secuelas respiratorias ni bronquiales.

La inmunidad (resistencia a la enfermedad) de la madre no se transmite al bebé y al lactante sólo se le puede vacunar a partir del 3.er mes de vida. Sin embargo, al lactante de menos de 3 meses se le puede administrar un tratamiento preventivo si hay riesgo de contagio. Si ha contraído la enfermedad hace menos de 48 horas y todavía no tose, se le pueden inyectar anticuerpos específicos. Para evitar el contagio, se puede tratar con antibióticos a los bebés de menos de 6 meses que están en contacto con un enfermo.

Un niño con tos ferina no debe ir al colegio durante treinta días a partir de los primeros ataques de tos.

De todos modos, hoy en día esta enfermedad es ya infrecuente, debido a la **vacunación** sistemática de todos los niños. La vacunación se inicia a los 3 meses, con tres dosis que se administran con dos meses de intervalo, junto con las vacunas contra la **difteria** y el **tétanos**. Luego, se administran dosis de recuerdo a los dieciocho meses y entre los cuatro y seis años.

Toxoplasmosis congénita

La toxoplasmosis congénita es una enfermedad que transmite una madre enferma de toxoplasmosis al feto a través de la placenta.

□ La toxoplasmosis es una enfermedad infecciosa causada por un parásito que vive, entre otros sitios, en la carne poco hecha. En los niños y adultos, los principales síntomas son la **fiebre**, el **cansancio**, la hinchazón de los **ganglios** (adenopatías) y los dolores musculares. La curación se produce de forma espontánea, sin tratamiento.

La toxoplasmosis congénita se transmite por vía placentaria y es mucho más grave (*véase* pág. 54), ya que puede provocar trastornos neurológicos y diversas malformaciones en el feto. Una muestra de sangre fetal obtenida mediante punción del cordón umbilical, bajo control ecográfico, permite confirmar o no el contagio y aplicar el tratamiento adecuado. Habrá que vigilar el desarrollo de un recién nacido contagiado y, en especial, su capacidad visual.

Transmisión genética

Un cierto número de enfermedades constitucionales se deben a la transmisión, en el momento de la concepción, de una anomalía genética.

□ La anomalía genética puede afectar a un cromosoma entero, que es supernumerario (trisomía) o falta (monosomía), a un grupo de genes, a un solo gen aislado o a una parte de un gen. La **trisomía 21** y la **hemofilia** son dos ejemplos de enfermedades constitucionales debidas a una anomalía genética. Una mitad del patrimonio genético de un individuo proviene del padre y la otra, de la madre; lo que significa que cada gen está por duplicado en los 23 pares de cromosomas de la especie humana, excepto algunos de los que se encuentran en los cromosomas sexuales en los niños (cuya dotación genética contiene un cromosoma sexual X y otro Y). Algunos caracteres, sean normales o no, los transmite un único gen (caracteres monofactoriales).

□ **Gen dominante.** Si un solo gen anómalo es capaz de transmitir una anomalía, se dice que este gen es *dominante*. El estudio del árbol genealógico permite encontrar un cierto número de elementos que demuestran este modo de transmisión: aparición del carácter en cada generación, transmisión desde un abuelo aproximadamente a la mitad de su descendencia, ausencia de consanguinidad o transmisión independiente del sexo.

□ **Herencia autosómica recesiva.** Cuando la anomalía sólo aparece si los dos genes del par de cromosomas correspondientes están alterados, el estudio del árbol genealógico demuestra la existencia de: unos padres sanos pero portadores de la anomalía, una mayor **consanguinidad**, una transmisión desde un abuelo aproximadamente a la cuarta parte de su descendencia y una transmisión independiente del sexo.

□ **Otras formas de transmisión.** Existen otras formas de transmisión, como la herencia relacionada con el sexo. La hemofilia, por ejemplo, es transmitida por las mujeres (que son portadoras del defecto de un gen localizado en uno de sus cromosomas X) y afecta sólo a los hombres (que heredan de su madre el único cromosoma X de que disponen).

Traumatismo craneal

Un traumatismo craneal es un golpe que puede producir una lesión en el cráneo o en el cerebro. Las consecuencias pueden ser graves y exigen que se les preste atención.

□ Después de una caída o un golpe en la cabeza, el niño puede perder el conocimiento durante unos momentos y volver inmediatamente en sí. Si su comportamiento es normal, el accidente seguramente no es muy grave. Sin embargo, se le debe vigilar con cuidado y, ante la menor duda, llevarlo al médico. Por el contrario, si la pérdida de conocimiento se prolonga o surge en las horas o días que siguen al golpe, hay que llamar inmediatamente al médico o la ambulancia, o llevar al niño al servicio de urgencias del hospital más próximo.

Muchas veces, el niño que ha sufrido un traumatismo craneal tiene **dolor de cabeza** persistente y trastornos digestivos (náuseas, **vómitos**) que reflejan claramente una conmoción cerebral que requiere un examen neurológico. La radiografía permitirá detectar una posible fractura del cráneo, que en algunos casos excepcionales puede provocar una complicación inmediata (hematoma extradural por herida arterial).

En los bebés, hay que controlar el perímetro craneal durante las semanas siguientes al accidente. Un crecimiento excesivo traduce la formación de un hematoma subdural (derrame de sangre que se forma con lentitud) causado por una hemorragia venosa. En estos casos, el niño debe ser tratado en un centro especializado.

Trisomía 21

La trisomía 21, llamada vulgarmente mongolismo y también conocida como síndrome de Down, constituye un conjunto de rasgos constitucionales debidos a una anomalía cromosómica (tres cromosomas en vez de dos en el par 21). El niño presenta un aspecto físico característico y cierto grado dificultades en el aprendizaje y su capacidad intelectual.

□ El niño con trisomía 21 se reconoce por varios signos: cara redondeada y plana, cabeza pequeña (**microcefalia**), miembros cortos, manos anchas y cortas con un solo pliegue en mitad de la palma, ojos oblicuos dirigidos hacia arriba y lengua gruesa (que muchas veces sobresale de la boca entreabierta). La mayor parte de estos niños presentan un **retraso del crecimiento intrauterino** y una clara hipotonía muscular.

El estudio de los cromosomas del recién nacido a partir de una muestra de sangre (**cariotipo**) permite confirmar el diagnóstico.

El principal factor que favorece la aparición de trisomía 21 es la edad de la madre: estadísticamente, el riesgo de tener un hijo afectado es de 1/2.000 antes de los 25 años y de 1/70 a los 40 años. Probablemente se deba al envejecimiento de los óvulos, que ya están en los ovarios de las mujeres desde que nacen. Por este motivo, se propone el estudio del cariotipo fetal mediante amniocentesis a las mujeres embarazadas mayores de 35 años.

Alrededor del 25% de los niños con síndrome de Down presentan una anomalía congénita del corazón, que se puede corregir mediante cirugía. Algunos tienen anomalías digestivas. Los peligros de orden infeccioso o de enfermedad de la sangre (leucemia) son superiores a la media.

Con todo, el mayor problema es su desarrollo intelectual deficiente. Sin embargo, su capacidad intelectual puede mejorarse con esfuerzos constantes de educación y estimulación. Estas dificultades requieren que tanto el niño como los padres reciban la oportuna ayuda especializada, desde la más tierna infancia, ya que de ello puede depender las expectativas de futuro.

Tuberculosis

La tuberculosis es una enfermedad infecciosa y contagiosa causada por el bacilo de Koch.

□ Cuando un niño padece una afección pulmonar que persiste más de quince días, si tose, tiene **fiebre** y está cansado, hay que consultar al médico. El facultativo, después de reconocerlo, solicitará una radiografía de los pulmones del niño para comprobar si existe una anomalía que podría hacer pensar en una tuberculosis.

Normalmente, es un pariente cercano quien transmite el bacilo de Koch al niño. Por lo tanto, el médico intentará tratar a la persona que lo ha contagiado, al igual que al resto de los parientes que hayan estado expuestos a la enfermedad.

Hoy en día, se cuenta con fármacos efectivos contra el germen causante de la tuberculosis, por lo que esta enfermedad ya no provoca las complicaciones de antaño.

U

Uñas (lesiones por rascarse)

*Los niños que tienen **picores** por una erupción pueden arañarse involuntariamente con las uñas.*

□ El niño o el bebé tiene un **eccema**, una **urticaria** o cualquier otra afección de la piel. No puede evitar rascarse para calmar los picores. Pero al rascarse se araña y se produce lesiones cutáneas que son fuente de una sobreinfección bacteriana.

Naturalmente, se le pueden cortar las uñas para minimizar las consecuencias al rascarse, o ponerle manoplas; pero estas medidas no eliminan las molestias del niño. Lo mejor es tratar enseguida la enfermedad infecciosa o la alergia que padece.

Uñas (morderse las)

Morderse las uñas es un gesto bastante habitual, tanto en el niño como en el adulto, que traduce un cierto grado de tensión nerviosa. Muchas veces, al empezar la enseñanza primaria y con el inicio de los exámenes orales y escritos, el niño se siente estresado por la «competitividad» escolar y empieza a morderse las uñas. Esta manía se conoce como «onicofagia».

□ Este gesto involuntario puede ser una manía benigna que evolucione favorablemente o estar asociada a manifestaciones de ansiedad excesiva y a una falta de confianza en uno mismo.

No se debe castigar al niño o aplicarle una laca amarga o jugo de áloe en las uñas. Estas medidas autoritarias podrían fijar el trastorno o crear otros aún más graves, ya que el niño estaría más angustiado ante las altas exigencias de los padres.

Al contrario, hay que intentar comprender por qué se muerde las uñas y en qué circunstancia concretas. Si se le escucha, se le puede ayudar a superar sus problemas pasajeros y a que recupere la confianza en sí mismo. Poco a poco, se olvidará de morderse las uñas.

Urticaria

La urticaria es una erupción cutánea muchas veces más impresionante que grave.

□ El niño tiene pápulas rosáceas o placas de contornos irregulares, un poco elevadas y que producen fuertes **picores**. Esta erupción puede estar localizada en un punto del cuerpo, como sucede después de una picadura de ortiga, o extenderse por todo el cuerpo, por culpa de una infección, de la ingestión de ciertos alimentos o, incluso, por la toma de un medicamento.

Para calmar los picores, el médico recetará un tratamiento antihistamínico. Además, comprobará si el niño tiene un edema en la cara o una hinchazón de la laringe, que ocasiona ciertas dificultades respiratorias y para la que recetará un tratamiento corticoide mediante inyección.

Si las crisis de urticaria se repiten, quizá el niño sea alérgico o tenga una tendencia atópica. A veces, es difícil determinar qué factor desencadena la alergia. Sin embargo, la mejor forma de evitar las reacciones es identificar el alergeno responsable y evitar que el niño entre en contacto con él.

Muchas veces, se suele sospechar que algunos medicamentos, como los **antibióticos**, son la causa de la urticaria. No obstante, esta erupción cutánea puede deberse a la enfermedad infecciosa, en la mayoría de los casos vírica o bacteriana, para la que se han recetado los medicamentos.

V Z

Vacunas

*Vacunar a una persona consiste en inocularle un agente patógeno, **virus** o **bacteria**, a veces «vivo pero atenuado», o muerto e inactivo, o incluso simplemente una de las sustancias que contiene o que produce. De esta forma, el organismo entra en contacto con el germen o uno de sus derivados y produce anticuerpos (inmunoglobulinas) para protegerse. Los glóbulos blancos (linfocitos) también se sensibilizan y en el futuro «reconocerán» al agente patógeno. Este reconocimiento provocará una respuesta de los anticuerpos, que impedirán que se declare la enfermedad.*

□ Las vacunas representan, sin duda, la mejor prevención para las enfermedades infecciosas. Basta con recordar la desaparición de la viruela tras implantarse la vacunación sistemática en todo el mundo.

La eficacia de las vacunas es notable (100% para la vacuna antitetánica) y sería aún mejor si toda la población respetase el calendario. Cuando hay un retraso, generalmente no hay que volver a administrar las primeras dosis sino que basta con la aplicación de los recuerdos.

Se pueden recomendar un cierto número de vacunas, distintas de las que se incluyen en el calendario de vacunación infantil sistemático, si la persona se expone a riesgos concretos (viajes al extranjero, condiciones de vida distintas, etc.).

Varicela

*La varicela es una enfermedad causada por un **virus** y caracterizada por la erupción de unas vesículas particulares que desaparecen al cabo de unos diez días.*

□ Muchas veces se puede diagnosticar una varicela cuando en la raíz de los cabellos aparecen unas vesículas de entre 2 y 5 mm de diámetro. Luego, en la mayoría de los casos, la erupción se generaliza. El niño tiene una **fiebre** moderada. Al cabo de 48 horas, las vesículas se rompen y se convierten en unas costras que caen al cabo de una semana. Durante varios días puede persistir una cicatriz redondeada y blancuzca. Se pueden dar varios accesos eruptivos sucesivos.

El médico, después de reconocer al niño, confirmará o no el diagnóstico y recetará un tratamiento sintomático, basado en la aplicación sobre la piel de un producto antiséptico para evitar una sobreinfección bacteriana provocada al rascarse debido a los **picores**. Los picores se pueden atenuar con antihistamínicos. Para tratar la fiebre causada por la varicela es mejor usar paracetamol que ácido acetilsalicílico.

Un niño con varicela no puede ir al parvulario o al colegio hasta que se haya curado. Por regla general, la enfermedad no deja ninguna secuela, aunque pueden padecerse complicaciones neurológicas sin gravedad y pasajeras (sensación de vértigo).

Vegetaciones

*Las vegetaciones adenoides son unos órganos linfoides, como los ganglios, que están situados al fondo de las fosas nasales. Ofrecen, al igual que las **amígdalas**, una cierta protección contra los microbios (**virus** o **bacterias**) que pueden entrar con facilidad en el organismo a través de las fosas nasales o la garganta.*

□ En el bebé, que se ve obligatoriamente afectado por gérmenes y virus, puede ocurrir que la estimulación de esta defensa natural sea excesiva y provoque un aumento del volumen. Esta hipertrofia impide que el aire entre por las fosas nasales y obliga al niño a respirar con la boca abierta y a hablar de forma gangosa.

La inflamación de las vegetaciones, llamada *adenoiditis*, puede taponar la trompa de Eustaquio (que une el oído medio con las fosas nasales) y causar una **otitis** serosa crónica o de repetición. La otitis puede volverse purulenta o producir un descenso de la audición.

Si el tratamiento no basta para curar la inflamación, el médico puede recomendar una ablación quirúrgica de las vegetaciones (adenoidectomía), asociada o no a un drenaje del tímpano. Esta intervención sólo puede practicarse a niños mayores de 1 año para evitar los peligros de «rebrote» y, por lo tanto, de recidiva.

Vello púbico

*Durante la pubertad, empieza a crecer **vello** en el pubis. La aparición de pelo suele venir precedida generalmente por el desarrollo de los pechos en la niña, aunque también puede ser el primer signo visible de la pubertad, a partir de los 9 años en la niña y un poco más tarde, hacia los 11, en el chico.*

□ **Aparición precoz.** La pubertad se declara a veces antes, generalmente sin motivo especial. Sin embargo, hay que realizar un examen clínico y biológico, ya que puede deberse a un funcionamiento anormal del hipotálamo y de la hipófisis, o de los ovarios. Es necesario realizar una exploración biológica y neurorradiológica.

En algunas raras ocasiones, el vello púbico aparece aislado, sin que existan otros signos del inicio de la pubertad.

En ambos casos, una aceleración del crecimiento y de la maduración ósea pueden dar como resultado una estatura final baja. En función de los exámenes complementarios, se estudiará la oportunidad de un tratamiento específico para frenar los efectos.

Verrugas

Las verrugas son unas pequeñas excrecencias cutáneas, duras y rugosas, que se localizan principalmente en las palmas de las manos.

□ Estos tumores benignos de la piel se deben a un grupo de **virus** (papovavirus), que convierten las verrugas en contagiosas y hacen que sea fácil

Calendario de vacunaciones en España

Edad	Vacunas	Consideraciones
• 3 meses	• Difteria, tétanos, tos ferina, poliomielitis	• Las vacunas contra la difteria, el tétanos y la tos ferina se agrupan en la vacuna triple bacteriana o DTP • La vacuna antipoliomielítica es la Sabin oral trivalente • Primera dosis
• 5 meses	• Difteria, tétanos, tos ferina, poliomielitis	• Segunda dosis
• 7 meses	• Difteria, tétanos, tos ferina, poliomielitis	• Tercera dosis
• 12-15 meses	• Sarampión, paperas, rubéola	• Estas tres vacunas van agrupadas en la vacuna triple vírica • Dosis única
• 18 meses	• Difteria, tétanos, tos ferina, poliomielitis	• Primera dosis de recuerdo
• 4-6 años	• Difteria, tétanos, poliomielitis	• Las vacunas contra la difteria y el tétanos se agrupan en la vacuna doble bacteriana o DT • Segunda dosis de recuerdo
• 6 años	• Prueba de la tuberculina	• No es exactamente una vacuna, sino una prueba para conocer el estado de inmunización del niño frente a la tuberculosis • Se lleva a cabo en la revisión escolar periódica
• 11 años	• Rubéola	• Se aplica a todas las niñas, aunque previamente hayan recibido la vacuna triple vírica; a veces se utiliza esta vacuna en vez de la antirrubeólica
• 12 años		
• 14-16 años	• Hepatitis B • Difteria, tétanos	• Sólo en algunas Comunidades Autónomas • Dosis de recuerdo (a esta edad, se aplica una vacuna especial para adultos, denominada vacuna Td)

• La vacuna antitetánica debe seguir aplicándose cada diez años durante toda la vida

su diseminación en el propio niño afectado y a los otros niños que lo rodean.

Aunque pueden desaparecer espontáneamente es mejor tratarlas con soluciones específicas, para evitar su multiplicación. Si el tratamiento local no tiene efecto o si las verrugas reaparecen, el dermatólogo puede eliminarlas con frío (crioterapia), mediante la aplicación de nitrógeno líquido en las excrecencias.

□ **Verrugas plantares.** Es frecuente que los niños tengan en la planta del pie una masa blanquecina en la dermis que es dolorosa cuando se presiona. Lo más sencillo es recurrir desde un principio a la aplicación de nitrógeno líquido, que suele llevarse a cabo en dos o tres veces, con una o dos semanas de intervalo. Si es necesario, una pequeña **intervención quirúrgica** permitirá eliminar definitivamente esta molesta verruga.

VIH

El virus de inmunodeficiencia humana, que es el causante del sida, forma parte de un grupo especial de virus llamado retrovirus. Este virus es capaz de traducir su molécula de ARN, en la que está inscrita su dotación genética, en una molécula de ADN, que puede entonces integrarse en el genoma humano.

□ En la actualidad, los distintos tipos de VIH que se han identificado con certeza se transmiten por vía sexual o sanguínea. En el recién nacido, el contagio se produce al final del embarazo o durante el parto. El 20% de los niños seropositivos han sido contagiados por la madre. En caso de seropositividad, se desaconseja la lactancia materna, ya que el virus puede pasar a la leche.

El VIH suele parasitar algunos glóbulos blancos (linfocitos) y provoca un déficit inmunitario característico del sida. El único tratamiento eficaz contra la epidemia que causa este virus es preventivo (entre otros, el uso de preservativo), ya que, hoy por hoy, no existe ningún tratamiento que permita eliminar el virus del sujeto contaminado. De todos modos, los avances en el tratamiento antivírico, con la combinación de diversos medicamentos específicos, está mejorando notablemente las perspectivas de curación del sida.

Virus

El término virus designa a un cierto número de agentes patógenos

que, a diferencia de las ***bacterias****, necesitan parasitar células vivas para desarrollarse.*
□ Los virus son partículas más pequeñas que las bacterias; son invisibles al microscopio óptico, aunque identificables con el microscopio electrónico.

Un virus contiene material genético formado por una molécula de ácido desoxirribonucleico (ADN) o de ácido ribonucleico (ARN) más o menos larga. El ácido nucleico penetra en la célula infectada por el virus y se integra directamente en su material genético. El virus modifica el metabolismo de la célula para que fabrique sólo los componentes que él necesita para su propia multiplicación. De esta forma, la célula infectada produce cientos de miles de nuevas partículas víricas antes de ser destruida.

Los virus tienen una gran especificidad de especie, ya que los que provocan enfermedades en los animales no pueden, en la mayoría de los casos, transmitirse al hombre, y viceversa. También tienen una especificidad de órgano, e incluso de tipo de célula.

Aunque la mayoría de las enfermedades víricas son benignas, algunas son temibles, como el **sida**, que está relacionado con el virus de inmunodeficiencia humana (**VIH**). Sin embargo, la eficacia de las vacunas contra la **poliomielitis**, la **hepatitis** B y otras infecciones víricas es casi absoluta.

Visión (apreciación de la)

Desde las primeras horas de vida, se puede someter al recién nacido a un examen para apreciar su visión, ya que es capaz de mantener intercambios sensoriales con su entorno en una habitación con una luz tenue.
□ El recién nacido se siente atraído por las caras y, en especial, por la de su madre, sobre todo si le habla al mismo tiempo. También dirige la mirada hacia una luz suave u objetos brillantes o lo suficientemente contrastados (tiras negras y blancas). Desde los primeros días de vida, el recién nacido desplaza su mirada en un ángulo de varias decenas de grados.

Si, después de varios exámenes sucesivos, el bebé no fija la mirada o efectúa movimientos lentos de barrido, puede padecer ambliopía. También hay que llevar al médico a un niño que sigue bizqueando después de los 6 meses de vida. Este **estrabismo** puede reflejar un trastorno de la visión que se debe curar lo antes posible.

La agudeza visual, que es de 4/5 al final del primer año de vida, alcanza un nivel de 9/10 entre los 3 y 5 años, fecha en la que se efectúan las pruebas de detección. Un **dolor de cabeza** o una dificultad de acomodación pueden ser el signo de trastornos de la visión.

VÉASE: VISIÓN (TRASTORNOS DE LA).

Visión (trastornos de la)

La disminución de la capacidad visual de uno o de los dos ojos se llama ambliopía.
□ Un ojo es amblíope con respecto al otro si la diferencia de agudeza visual es superior en 3/10.

Lo mejor es detectar los problemas lo antes posible. Si el bebé no orienta espontáneamente los ojos hacia una luz suave o si los movimientos de los ojos parecen independientes, hay que consultar enseguida a un oftalmólogo. Unas pruebas muy sencillas permitirán diagnosticar si existe o no una ambliopía.

□ **La ambliopía orgánica.** Si el ojo está mal formado o padece una enfermedad (por ejemplo, **toxoplasmosis congénita**), la corrección de esta ambliopía orgánica es difícil, e incluso imposible.

□ **La ambliopía funcional.** Si el niño bizquea (**estrabismo**) y si sus ojos tienen una anatomía normal, cuanto más precoz sea la detección del estrabismo, más eficaces serán los tratamientos. Debe saberse que el lactante bizquea naturalmente hasta la edad de 6 meses cuando fija la vista en un objeto o una cara que estén cerca. Este estrabismo de acomodación sólo dura unas semanas, el tiempo necesario para que el niño adapte su visión a la distancia.

VÉASE: ESTRABISMO, VISIÓN (APRECIACIÓN DE LA).

Vómitos

Los bebés y los niños suelen tener vómitos frecuentes. Pueden ser ocasionales o reflejar una enfermedad digestiva.
□ Si un niño que tiene una infección vomita violentamente, hay que consultar inmediatamente al médico. Los vómitos podrían ser producto de una **meningitis** o una infección otorrinolaringológica o urinaria. Los vómitos biliosos pueden ser el signo de una **obstrucción intestinal**.

La presencia de rastros de sangre en los vómitos es un signo de lesiones de estómago o de esófago. Una fibroscopia digestiva permitirá precisar el origen y adaptar el tratamiento.

Un vómito aislado (o un episodio de vómitos sucesivos), sin **fiebre** ni **diarrea** ni alteración del estado general, se considera ocasional y suele ser benigno. Sin embargo, hay que pensar siempre en un motivo alimentario (intoxicación, indigestión). En los bebés, los errores alimentarios pueden provocar vómitos repetidos; no obstante, también pueden ser producto de un **reflujo gastroesofágico** o una estenosis del píloro (anillo muscular o esfínter que separa el estómago del duodeno y permite controlar la evacuación del contenido gástrico hacia el intestino delgado). En este último caso, se impone una **intervención quirúrgica**.

Los vómitos pueden producir una **deshidratación**, sobre todo si el niño se niega a alimentarse. Por lo tanto, es vital determinar las causas lo antes posible.

Vulvitis

La vulvitis o inflamación de la vulva se caracteriza en la niña por un enrojecimiento de los órganos genitales externos y ***dolor*** *o prurito cuando orina.*
□ Es excepcional que una niña tenga una vaginitis antes de la pubertad. En ese caso, puede que haya sufrido un traumatismo o que se haya introducido un cuerpo extraño en la vagina. La irritación de los órganos geni-

tales externos puede deberse a una **masturbación**, lo que no reviste gravedad.

También pueden ser responsables unos **gusanos intestinales**, los oxiuros, que hasta entonces habían pasado inadvertidos y que llegan desde el ano hasta la vulva. El médico recetará un tratamiento local poco agresivo para no provocar otra irritación. En caso de oxiuriasis, se administrará un medicamento específico.

VÉASE: GUSANOS INTESTINALES.

Zona: **VÉASE HERPES ZOSTER.**

Zurdo

La persona zurda usa preferentemente la mano izquierda o el pie izquierdo.

□ Los niños pequeños usan indistintamente la mano izquierda y la derecha. La lateralización del cerebro (predominio del hemisferio derecho para los zurdos o del hemisferio izquierdo para los diestros) se desarrolla de forma progresiva y a una edad diferente según los niños. Suele ser en el parvulario, entre los tres y los seis años, cuando el niño manifiesta una preferencia por una de las dos manos.

Antiguamente, se obligaba a los niños zurdos a usar la mano derecha. Esto podía provocarles trastornos del lenguaje y dificultades en el aprendizaje de la lectura. Hoy en día, se recomienda no contrariar a los niños zurdos.

Si se tiene un hijo ambidextro, es decir, que usa indistintamente las dos manos, no hay que intervenir antes del último año de parvulario. Habrá que elegir una mano para el aprendizaje de la escritura; lo mejor es hablarlo con el profesor y/o el médico si la elección se presenta difícil.

Tablas dietéticas

En las siguientes tablas podrá encontrar información que le permitirá equilibrar las comidas del niño según su edad.

CANTIDAD DIARIA DE LECHE DE 1 A 3 MESES

Edad	Volumen total en ml	Número de comidas
desde el nacimiento hasta los 8 días	100-400 ml	7-6
8-15 días	500 ml	7-6
15-30 días	600 ml	(7)-6
2 meses	600-700 ml	6-5
3 meses	720 -800 ml	6-5
4 meses, inicio de la diversificación	780-820 ml	4-5

CONTENIDO EN LÍPIDOS Y UTILIZACIÓN DE LAS MATERIAS GRASAS DE CONDIMENTACIÓN

Nombres	% en lípidos	Consejos de utilización
Aceite de girasol, maíz y soja	100	para ensalada cocción poco elevada
Aceite de cacahuete	100	calor elevado (fritura) aliño
Aceite de oliva	100	cocción bastante elevada
Mantequilla	84	cruda o fundida nunca cocida
Nata fresca	30-36	sólo se usa cruda
Nata líquida o semidescremada	15-20	sólo se usa cruda
Materias grasas para untar semidescremadas	41	sólo se usan crudas
Margarinas vegetales (girasol, maíz, otros)	84	para untar cocción poco elevada
Margarinas animales y vegetales	84	para untar cocción, repostería
Manteca de cerdo	100	cocción
Salsa mayonesa	65	

CANTIDAD DIARIA DE CARNE, PESCADO Y HUEVOS, DE 6 MESES A 10 AÑOS

Edad	Cantidad cruda en g	Equivalente protídico*
6 meses	10 g de carne o pescado	1/2 yema de huevo o 1/4 de huevo duro
7-8 meses	15 a 20 g de carne, hígado o pescado	1/3 de huevo duro
9-12 meses	20 a 25 g de carne, hígado o pescado	1/2 de huevo duro
1-3 años	30 a 50 g de carne o pescado	1 huevo
3-6 años	70 a 100 g de carne o pescado	2 huevos
7-10 años	100 a 120 g de carne o pescado	2 a 3 huevos

* Huevo calibre 60

CANTIDAD DIARIA DE LECHE DE 1 A 3 MESES

Alimentos	Cantidad	Equivalente *en terrones de azúcar n.º 4 (5 g)*
Azúcar en polvo	15 g (1 c. de café)	1
Azúcar en polvo	15 g (1 c. sopera)	3
Zumo concentrado	15 ml (1 c. sopera)	3
Gaseosa, refrescos, etc.	150 ml (1 vaso)	3 a 4
Mermelada - miel	15 g (1 c. sopera)	2 a 3
Papillas a base de harina infantil endulzada	100 g (2/3 de taza de té)	1
Chocolate en polvo	15 g (1 c. sopera)	1
Chocolate en tabletas	50 g (1 onza)	6
Galletas	5 a 10 g (1 unidad)	1
Compota, potitos	100 g (1 tarro)	3
Natillas	130 g (1 tarro)	4
Yogur, *petit-suisse*, queso blanco*	125-150 g (1 tarro)	2 a 3
Helado	125 ml (1 tarro)	3
Sorbete	100-125 ml (1 tarro)	4

* Con frutas o aromatizado.

CAPÍTULO

9 Biografías

Gracias a los trabajos tanto de pediatras como de pedagogos y psicólogos se ha avanzado enormemente en el conocimiento del mundo de la infancia.
Durante mucho tiempo, el niño fue considerado como un adulto en miniatura. A finales del siglo XVIII, su salud, sus necesidades y sus comportamientos empezaron a enfocarse de forma distinta.
En el siglo XIX, los médicos se dedicaron sobre todo a reducir la mortalidad infantil, que era tremenda por culpa de las epidemias, una higiene deficiente y una alimentación insuficiente o mal adaptada.
El siglo XX ha estado marcado por la eclosión de disciplinas específicas de la infancia, período de la vida del que Sigmund Freud fue el primero en subrayar su decisiva influencia sobre la posterior personalidad adulta.

Amiel-Tison *(Claudine)*, **pediatra francesa**
□ Responsable del servicio de medicina neonatal del hospital Baudelocque de París, ha dedicado importantes trabajos a la maduración del sistema nervioso del recién nacido. Se le debe la confección de una tabla de evaluación neurológica del niño de 0 a 1 año.

Bettelheim *(Bruno)*, **psicoanalista estadounidense de origen austríaco**
(Viena 1903 - Silver Spring, Maryland, 1990).
□ Deportado a Dachau en 1938 y luego a Buchenwald, esta experiencia trágica le sirvió para sacar ciertas conclusiones: si una personalidad puede desestructurarse cuando se enfrenta a situaciones extremas, debe ser posible «reconstruir» niños psicóticos (cuya personalidad está alterada) y readaptarlos adecuando sus condiciones de existencia. En 1944, fundó el Instituto ortogénico de Chicago, centro de acogida para jóvenes autistas (niños muy replegados sobre sí mismos), donde disfrutaban de una gran autonomía y de un entorno tranquilizador. Escribió numerosos libros, entre los que destacan *La fortaleza vacía* (1967), *El peso de una vida* (1973) y *No hay padres perfectos* (1988).

Binet *(Alfred)*, **psicólogo francés**
(Niza 1857 - París 1911).
□ Su nombramiento en 1904 para una comisión encargada de organizar la enseñanza de los niños retrasados le permitió poner a punto un método para identificarlos. Inventó pruebas de «inteligencia» para determinar una media por edad de la capacidad intelectual de los niños. De esta forma, evaluaba el adelanto o el retraso de un niño. También elaboró una escala métrica de la inteligencia (E.M.I.), que inauguró la era de los tests mentales.

Bowlby *(John)*, **médico y psiquiatra británico**
(Londres 1907).
□ Después de la Segunda Guerra Mundial, realizó un estudio sobre las consecuencias de la separación del bebé de su madre. Del estudio extrajo la noción de apego, unión precoz y privilegiada que se establece entre madre e hijo a partir de sensaciones y percepciones que los unen. Para él, este apego constituye el elemento unificador de la personalidad.

Brazelton *(T. Berry)* **pediatra estadounidense**
□ Fundador de la Unidad de desarrollo del niño en el Children's Hospital de Boston, en 1973 concibió una escala del comportamiento neonatal para evaluar las aptitudes y el estado del sistema nervioso del recién nacido. En sus obras, muestra cómo superar los problemas de relación entre padres y niños pequeños.

Bretonneau *(Pierre)*, **médico francés**
(Saint-Georges-sur-Cher 1778 - París 1862).
□ Después de descubrir el carácter contagioso de la difteria, demostró que la «dotienenteritis», conocida hoy como fiebre tifoidea, se disimulaba detrás de distintas «fiebres esenciales». Practicó la primera traqueotomía (operación quirúrgica que se hace en la tráquea) y salvó así a muchos niños pequeños del garrotillo (una de las formas de la difteria). Mucho antes que Pascal, adelantó que las «enfermedades específicas se desarrollan bajo la influencia de un principio contagioso, de un agente reproductor».

Budin *(Pierre)*, **tocólogo francés**
(Énencourt-le-Sec 1846 - Marsella 1907).
□ Para mejorar las expectativas de los niños nacidos en su servicio de la Casa de la Caridad de París, creó una consulta para enseñar a las mujeres que acaban de dar a luz las normas de higiene infantil. Estas «consultas de lactantes» se extendieron enseguida. También se interesó por la alimentación de los niños, fomentando la lactancia y estableciendo los principios de un buen uso de la leche de vaca.

Claparède *(Édouard)*, **psicólogo y pedagogo suizo**
(Ginebra 1873 - íd. 1940).
□ Eminente psicólogo, fundó en Ginebra el Instituto Jean-Jacques Rousseau (1912) destinado a las investigaciones sobre la psicología del niño. Opuesto a la doctrina oficial, concibió la idea de un colegio que tuviese en cuenta la psicología de cada niño. Se trataba de despertar el interés del alumno proponiéndole ejercicios en forma de juegos, de movilizar sus energías para que pudiese trabajar sin cansarse. Sus principios se encuentran muy particularmente en el movimiento de los métodos activos, del que se inspiraron Ovide Decroly, Célestin Freinet y María Montessori.

Cramer *(Bertrand)*, **psiquiatra suizo**
□ Médico jefe de un servicio de psiquiatría infantil en Ginebra, ha centrado sus investigaciones sobre las relaciones precoces padres-hijos y ha elaborado una obra pionera en el desarrollo de la psicoterapia madre-bebé. Le debemos obras como *De profesión bebé* (1990) y *Le bébé est une personne* (1992).

Debré *(Robert)*, **médico francés**
(Sedan 1882 - Kremlin-Bicêtre 1978)
□ Este gran pediatra, que hizo de su servicio clínico de los Enfants-Malades

un centro de reputación mundial, dedicó su vida a la investigación y, esencialmente, a la lucha contra las enfermedades infantiles (difteria, escarlatina, etc.). Fue uno de los pioneros de la Protección materna e infantil y de la Medicina escolar. En 1946, fundó la Unicef (Organización de las Naciones Unidad para la Infancia) con Ludwig Rajchman.

Decroly *(Ovide)*, **médico y pedagogo belga**
(Renaix, Bélgica, 1871 - Uccle 1932).
□ Después de interesarse por los niños retrasados, en 1907 abrió en Bruselas un colegio experimental para niños normales. Para él, el colegio es una sociedad en miniatura en la que se aprenden las leyes de la vida en comunidad. Todas las adquisiciones deben basarse en la observación y la acción. Su método global de aprendizaje de la lectura ha sido muy apreciado desde 1936. Desde entonces, en varios países se han instalado colegios Decroly.

Dewey *(John)*, **psicólogo y pedagogo estadounidense**
(Burlington, Vermont, 1859 - Nueva York 1952).
□ Creador de una «escuela laboratorio» en la universidad de Chicago, consideraba el colegio como lugar privilegiado del aprendizaje de la vida en sociedad. El alumno debía iniciarse en la autodisciplina y orientarse hacia la realización de un proyecto personal elegido libremente en el marco de actividades colectivas basadas en talleres y trabajos artesanales.

Dolto *(Françoise)*, **psiquiatra y psicoanalista francesa**
(París 1908 - íd. 1988).
□ Famosa psiquiatra, dedicó su obra a «la causa de los niños» (título de una de sus últimas publicaciones). En la línea del psicoanalista Jacques Lacan, que estudió las psicosis infantiles, trabajó la terapéutica con niños neuróticos o psicóticos (*Le cas Dominique*, 1971). Convertida en una personalidad muy conocida gracias a sus escritos (*Psicoanálisis y pediatría*, 1938) y a sus emisiones radiofónicas, despertó el interés y el entusiasmo del público por el psicoanálisis.

Escherich *(Theodor)*, **pediatra alemán**
(Ansbach 1857 - Viena 1911)
□ Este pediatra fue el primero en señalar la importancia de la infección bacteriana en las enfermedades digestivas del niño y en identificar el colibacilo. Estudió el bacilo diftérico, el de la disentería y los efectos y las complicaciones de la fiebre tifoidea. Luchó también en favor de una higiene mejor de la leche y de una mayor exigencia de limpieza en los cuidados de los lactantes.

Fanconi *(Guido)*, **pediatra suizo**
(Peschiavo 1892 - íd. 1979).
□ Profesor de pediatría, tuvo una influencia considerable en la evolución de esta disciplina tanto en su país como en el extranjero. Investigó la mayor parte de las enfermedades del niño, en especial la escarlatina, la anemia, la solitaria y el síndrome de Debré-Toni-Fanconi).

Freinet *(Célestin)*, **pedagogo francés**
(Gars 1896 - Vence 1966).
□ Fue primero profesor y fundó en Vence su propio establecimiento donde perfeccionó nuevas técnicas educativas basadas en el interés, la actividad, la libre expresión del niño, el trabajo colectivo y la responsabilidad individual. Introdujo la imprenta en el colegio, los intercambios interescolares y las cooperativas escolares. Elaboró un material pedagógico que permite el trabajo escolar individual. El movimiento de la Escuela moderna francesa (1994) tiene sus orígenes en Freinet. Su pedagogía contribuyó mucho a la evolución de los métodos de enseñanza en los años sesenta.

Freud *(Anna)*, **psicoanalista británica de origen austríaco**
(Viena 1895 - Londres 1982).
□ Refugiada en Londres junto a su familia durante la Segunda Guerra Mundial, la hija de Sigmund Freud (fundador del psicoanálisis) creó unas guarderías en las que se recogía a los bebés cuyas familias se habían visto dispersadas. Así estudió los efectos de la separación y el papel de la madre en el desarrollo del niño. Una vez acabada la guerra, continuó su trabajo en la clínica de terapia de niños de Hampstead (Londres), que había fundado en 1952. Adaptó los métodos del psicoanálisis clásico, tal y como los había definido su padre, al universo infantil. Se esforzó por establecer las relaciones entre la pedagogía y el psicoanálisis, considerando que el análisis de los niños debía asociarse a medidas educativas.

Freud *(Sigmund)*, **médico austríaco**
(Freiberg, hoy Pribor, Moravia 1858 - Londres 1939).
□ A partir de las observaciones que realizó sobre sus pacientes adultos (exploración del inconsciente), el ilustre fundador del psicoanálisis pudo afirmar, en primer lugar, la existencia de la sexualidad en el niño (1909). Elaboró sus famosas teorías sobre el complejo de Edipo –sentimientos que surgen de la atracción erótica del niño por el progenitor de sexo opuesto– o sobre la angustia de la castración. De esta forma, demostró la importancia

del ambiente familiar y del entorno en la génesis de muchos trastornos afectivos. Su obra ha modificado profundamente los presupuestos de la psicología y de la psiquiatría infantiles.

Gesell *(Arnold Lucius)*, **psicólogo estadounidense**
(Alma, Wisconsin, 1880 - New Haven, Connecticut, 1961).
□ Fundador en la Universidad de Yale de la Clínica del desarrollo del niño, observó los comportamientos de los bebés y los niños pequeños mediante tests, películas y espejos sin azogue. Puso a punto una escala de desarrollo de la motricidad, del lenguaje, de la adaptación y de las reacciones con respecto a los demás que se aplica a los niños de entre 4 semanas y 5 años.

Grancher *(Jacques Joseph)*, **médico francés**
(Felletin, Creuse, 1843 - París 1907).
□ Profesor y especialista de las enfermedades del niño, luchó obstinadamente contra la tuberculosis. Para evitar el contagio familiar de los bebés, en 1903 creó una obra para acogerlos en el campo. Impuso reglas de higiene estrictas para proteger a los bebés del contagio en los hospitales.

Heubner *(Otto)*, **pediatra alemán**
(Mühltroff 1843 - Dresde 1926).
□ Especialista de las enfermedades infantiles, fundó el primer hospital para niños de Leipzig y el primer colegio de pediatría de Alemania. Destacó por sus trabajos sobre la nutrición y las necesidades energéticas del niño.

Klein *(Melanie)*, **psicoanalista inglesa de origen austríaco**
(Viena 1882 - Londres 1960).
□ Esta psicoanalista fue una de las primeras en dedicarse al psicoanálisis de los niños. Para observarlos, recurrió al juego, dándoles juguetes e instrumentos. Su original concepción del psiquismo del bebé, al que atribuía una gran riqueza y complejidad (fantasmas, conflictos intelectuales), fue objeto de grandes discusiones.

Lebovici *(Serge)*, **psiquiatra y psicoanalista francés**
(París 1915).
□ Fundador de la Escuela parisiense de psicoanálisis del niño y cofundador de la revista *Psychiatrie de l'enfant*, se ha especializado en la terapia de grupo: discusiones libres, asociación de ideas basadas en dibujos, una situación test, etc. También se ha interesado por las relaciones que pueden existir entre la psicopatología del niño y la de su madre.

Leboyer *(Frédérick)*, **médico y escritor francés**
□ Este antiguo jefe de servicio dimitió en 1973 del Colegio de médicos al considerar que la medicina se deshumanizaba. En sus libros, se encuentra su concepción del «parto sin violencia»: el niño debe nacer en un ambiente suave o con música; hay que evitar los gestos demasiado enérgicos y sumergirlo enseguida en agua tibia para recordarle el medio prenatal.

Mannoni *(Maud)*, **psicoanalista francesa de origen holandés**
(Courtrai 1923).
□ Especializada en el análisis de los niños neuróticos o psicóticos, creó en 1969 la Escuela experimental Bonneuil, institución abierta al mundo exterior. Su rechazo a todo tipo de medicación y psiquiatrización de la locura la incluyen en la corriente antipsiquiátrica de los primeros sesenta, que niega el carácter patológico de la enfermedad mental.

Marfan *(Antonin)*, **médico francés**
(Castelnaudary 1858 - París 1942).
□ Este pediatra describió la enfermedad hereditaria que lleva su nombre y publicó en 1899 un *Tratado de la lactancia y la alimentación de la primera edad* que fue durante mucho tiempo un clásico. Fundó la revista *le Nourrisson* (1913-1922) y creó el primer puesto de asistente social.

Minkowsky *(Alexandre)*, **médico francés**
(París 1915).
□ Especialista en neonatología, creó una unidad de investigación sobre la biología del feto y del recién nacido que es una autoridad en el mundo científico. Fundador de la primera revista internacional dedicada al feto, ha escrito numerosas obras, entre las que destacan *Biologie du développement* (1981) y *Pour un nouveau-né sans risque* (1976).

Montessori *(Maria)*, **médico y pedagoga italiana**
(Chiaravelle, cerca de Ancona, 1870 - Noordwijk, Holanda, 1952).
□ Apasionada por la psicología de los niños pequeños, en la escuela que fundó en Roma en 1907 se esforzó por interesarlos e instruirlos con ayuda de un material escolar abundante y variado. Así nació su método pedagógico centrado en el desarrollo de las sensaciones, el gusto por el orden, la precisión y el trabajo bien hecho.
Muchos colegios, agrupados en una Asociación Montessori internacional, perpetúan sus métodos.

Neill *(Alexander Sutherland)*, **psicoanalista y pedagogo británico**
(Forfar, Escocia, 1883 - Aldeburg, Suffolk, 1973).
□ Fundó el colegio Summerhill donde

el niño, sin ninguna limitación, hacía el aprendizaje de su libertad manifestando su propio deseo, su espontaneidad, su alegría de vivir y su creatividad. La ideas de Neill, reflejadas en varios libros (como *Hijos en libertad*, 1967), le valieron críticas: en particular, se le reprochó que favorecía la protesta y la anarquía.

Papiernik *(Émile)*, **médico francés**
(París 1936).
□ Obstetra, en 1969 puso a punto una técnica de prevención del parto prematuro que hoy en día se aplica en muchos países.

Parrot *(Jules Joseph)*, **médico francés**
(Exideuil 1829 - París 1883).
□ Médico-jefe del hospicio de Enfants-Assistés, luchó contra la mortalidad de los bebés hospitalizados, como lo demuestran su famoso *Rapport sur l'allaitement artificiel des enfants dans les hôpitaux et hospices* (1874) y la gota de leche modelo que creó en su establecimiento.

Pestalozzi *(Johann Heinrich)*, **pedagogo suizo**
(Zurich 1746 - Brugg 1827).
□ Conmovido por el desamparo de los niños abandonados, en 1799 creó en Burgdorf un complejo educativo experimental para acogerlos. Su pedagogía descansaba en la enseñanza mutua, la disciplina por el trabajo y el respeto del niño. Abogaba por la actividad física, los trabajos manuales, las salidas y el juego. Su obra inspiró tanto la creación de las escuelas normales francesas como la creación de los primeros jardines de infancia.

Piaget *(Jean)*, **psicólogo y pedagogo suizo**
(Neuchâtel 1896 - Ginebra 1980).
□ Este especialista estudió la psicología de los niños, a los que observó sistemáticamente: primero los suyos y luego los alumnos de una escuela de chicos de todas las edades. Describió el desarrollo del pensamiento y del lenguaje en cuatro fases: un estadio sensorio-motor, durante los dos primeros años de vida (el niño aprende por la experiencia); un estadio preoperatorio, de 2 a 7 años (las percepciones de los objetos concretos pueden sustituirse por palabras); un estadio de las operaciones concretas, de 7 a 12 años (los objetos se clasifican según su parecido y sus diferencias); un estadio de las operaciones formales a partir de los 12 años (el niño empieza a experimentar con operaciones abstractas lógicas). Piaget fundó una nueva disciplina científica: la epistemología genética, o el estudio de las estructuras sucesivas del saber.

Spitz *(René Arpad)*, **psicoanalista estadounidense de origen austrohúngaro**
(Viena 1887 - Denver, Colorado, 1974).
□ Sus trabajos se centraron sobre todo en los intercambios emocionales entre el bebé y la madre. Demostró que, cuando no se puede establecer el «diálogo madre-hijo» entre los 3 meses y el año de vida (por ejemplo, en el caso de los bebés acogidos en instituciones), el bebé sufre unas carencias afectivas que desembocan en trastornos psicóticos graves.

Spock *(Benjamin McLane)*, **médico estadounidense**
(New Haven, Connecticut, 1903).
□ Este pediatra emocionó a millones de lectores de todo el mundo con su obra *Tu hijo* (1945), que fue la guía de toda una generación de padres. Su originalidad residía en presentar en un solo volumen datos relativos a la puericultura, la patología y consideraciones sobre la psicología del niño y el adolescente.

Stern *(Daniel)*, **pediatra y psiquiatra estadounidense**
□ Facultativo avezado en el trabajo psicoanalítico e investigador mundialmente conocido por sus trabajos sobre la primera infancia, en sus dos libros, *El mundo interpersonal del infante*, 1985, y *Diario de un bebé*, 1992, se identificó con las sensaciones del niño pequeño e intentó recrear su mundo imaginario.

Tarnier *(Étienne, llamado Stéphane)*, **cirujano-tocólogo francés**
(Aixerey, Côte-d'Or, 1828 - París 1897).
□ Luchó con éxito por aplicar en obstetricia las ideas de Pasteur y de Lister sobre la asepsia. Sus investigaciones contribuyeron a hacer bajar de forma espectacular la mortalidad de los prematuros. Para ellos, preconizó el aislamiento, la higiene perfecta, una alimentación adecuada, mediante intubación nasal, y un ambiente húmedo y cálido. En 1880, fabricó la primera incubadora.

Thirion *(Marie)*, **pediatra francesa**
□ Especialista en medicina neonatal, ha abogado por una técnica que mejore la lactancia, tanto para el bebé como para la madre. Se le deben varios libros, entre los que destacan *l'Allaitement* (1980) y *le Sommeil, le rêve et l'enfant* (con M.-J. Challamel, 1988).

Trousseau *(Armand)*, **médico francés**
(Tours 1801 - París 1867).
□ Discípulo del médico francés Pierre Bretonneau, contribuyó a popularizar la técnica de la traqueotomía (incisión de la tráquea) y se especializó en el tratamiento de las

enfermedades infantiles. Sus trabajos sobre la difteria, las fiebres eruptivas y el asma son especialmente notables.

═══

Wallon *(Henri),* **psicólogo francés** (París 1879 - íd. 1962).
□ Fundador, en 1925, del Laboratorio de psicología del niño y del Grupo francés de educación nueva, defendió una concepción del psiquismo enfocada bajo los aspectos afectivo e intelectual. Para él, el momento decisivo se sitúa hacia los 3 años, edad en la que el niño toma conciencia de su propia existencia y de su relación con los demás. En 1946, presidió la Comisión de reforma de la enseñanza, lanzó la experiencia piloto de las clases nuevas en los liceos y creó la psicología escolar. También fundó la revista *Enfance*.

═══

Wechsler *(David),* **psicólogo americano de origen rumano** (Lespedi, Rumania, 1896 - Nueva York 1981).
□ Este psicólogo elaboró varias escalas de medición del desarrollo de la inteligencia, entre las que hay una para niños en general (Wechsler Intelligence Scale for Children, o W.I.S.C.) y otra para el período preescolar y primario (W.P.P.S.I.). Se usan en muchos países.

═══

West *(Charles),* **médico inglés** (Londres 1816 - París 1898).
□ Fundador del famoso Hospital for Sick Children de Londres, primer hospital para niños de Gran Bretaña (1852), es también el autor de obras importantes, como *Curso sobre las enfermedades del lactante y de la infancia* (1848), reeditadas muchas veces y traducidas a varios idiomas.

═══

Winnicott *(Donald Woods),* **pediatra y psicoanalista inglés** (Plymouth 1896 - Londres 1971).
□ De ideas originales, se preocupó por los problemas de los niños muy pequeños y subrayó la importancia de las relaciones madre-hijo, que concebía como una unidad indisociable, y la importancia del juego como forma de descubrimiento y de exploración del mundo.

═══

Zazzo *(René),* **psicólogo francés** (París 1910)
□ Es él quien ha demostrado la existencia de la capacidad de imitación de los niños a partir de los primeros meses de vida (que hasta entonces no se reconocía). Ha dedicado varias obras a la medición de la inteligencia y al examen psicológico del niño. También se ha interesado por los gemelos para analizar el origen de las diferencias individuales.

Índice

Los números en cursiva remiten a las ilustraciones. Los números en negrita a las entradas del glosario médico.

A

B

C

D

E

F G

H

I J

L

M N

O

P Q

R

S

T

U

Créditos fotográficos

B.S.I.P.: **Stéphant** pág. 48 a.

Cosmos: **Motta/Van Blerkon/S.P.L.** pág. 25.

Diaf: **P. Dannic** págs. 39, 93, 274, 344 y 357; **P. Sommelet** págs. 283 y 324; **S. Villerot** pág. 351.

Explorer: **Perrichon** págs. 232-233.

Fotogram-Stone: **Mac Neal Hospital** pág. 48 b.; **L. Monneret** pág. 61 i y pág. 61 d; **L. A. Peek** pág. 263 i; **A. Cox** págs. 263 d y 267; **C. Kunin** pág. 303; **P. Correz** pág.319; **B. Robbins** págs. 319 y 332; **J. F. Causse** pág. 335.

Marco-Polo: **F. Bouillot** pág. 235 d, pág. 251 i y pág. 274 d.

Nilsson L.: págs. 24-25, 26, 26-27, 28, 32 y 33.

Petit-Format: **Guigoz** págs. 11 y 29; **Nestlé** pág. 30.

Scope: **Guy P.** pág. 61 m.

a: arriba; b: abajo; d: derecha; i: izquierda; m: en medio.

Agradecimientos

Fotografías
Larousse agradece la amable contribución de: Formes-création Daniel Boudon, Balloon, Natalys, boutiques Jouets + - centre commercial Italie II.

Los autores quieren dar las gracias a las siguientes personas:
Christine Le Goedec, comadrona; doctora Olivia Del Pino, jefe de servicio asistente; Annie Lenté, asistente social.

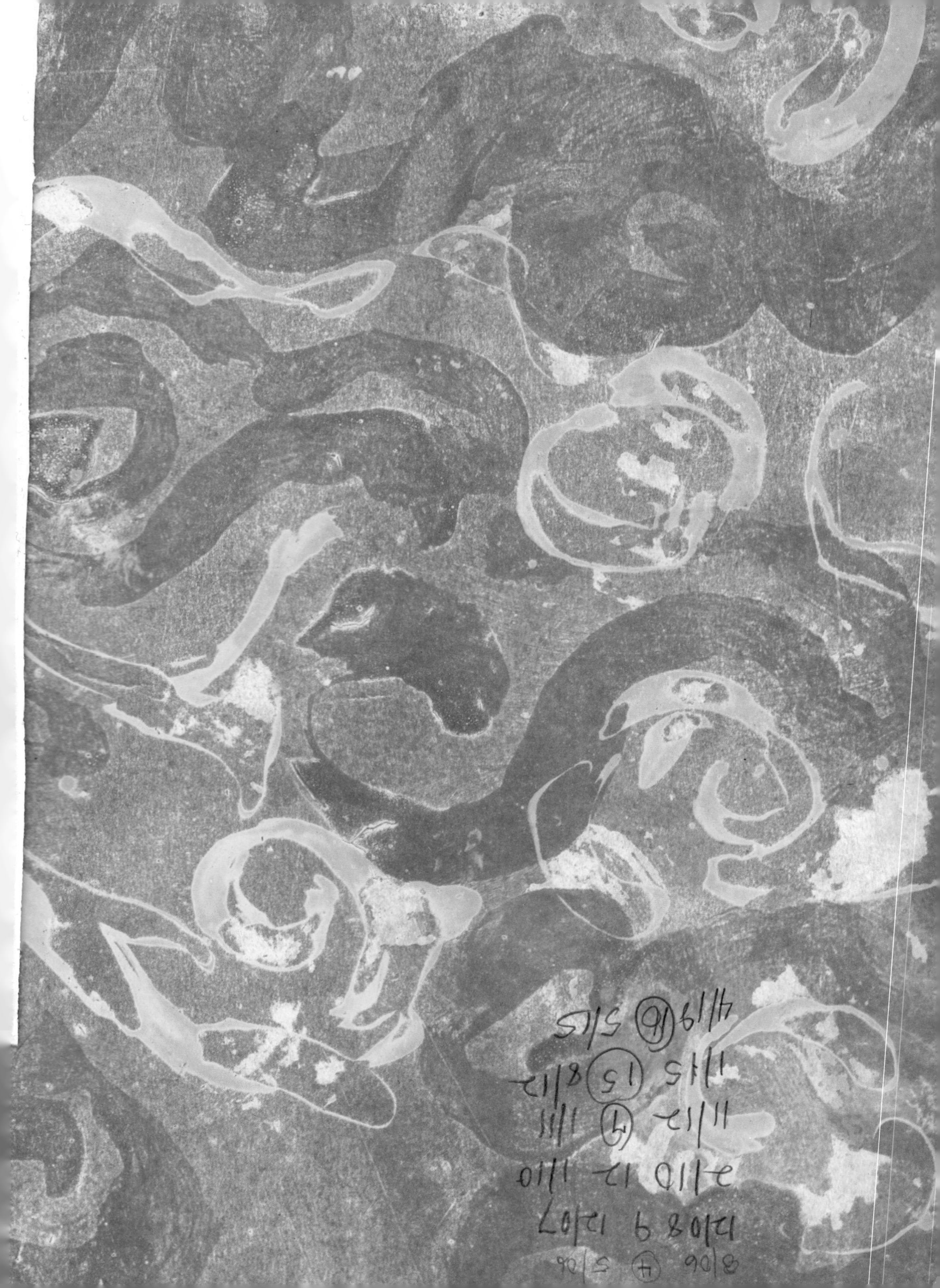